《当代中国人物传记》丛书

王樹聲傳

《王树声传》编写组　著

Contemporary China Publishing House

图书在版编目(CIP)数据

王树声传/《王树声传》编写组著. -- 北京：当代中国出版社，2007.7（2024.6重印）

ISBN 978-7-80170-271-5

Ⅰ.①王… Ⅱ.王… Ⅲ.①王树声（1905~1974）—传记 Ⅳ.① K825.2

中国版本图书馆 CIP 数据核字（2007）第 101982 号

出 版 人	王　茵
责任编辑	陈　莎　周显亮　张　白
责任校对	康　莹
责任印务	刘艳平
装帧设计	北京华子图文设计公司
出版发行	当代中国出版社
地　　址	北京市地安门西大街旌勇里8号
网　　址	http://www.ddzg.net
邮政编码	100009
编 辑 部	（010）66572180
市 场 部	（010）66572281　66572157
印　　刷	中国电影出版社印刷厂
开　　本	720毫米×1060毫米　1/16
印　　张	27.75印张　3插页　563千字
版　　次	2007年7月第2版
印　　次	2024年6月第2次印刷
定　　价	98.00元

版权所有，翻版必究；如有印装质量问题，请拨打（010）66572159 联系出版部调换。

《王树声传》编写组

主　　　编　温瑞茂　王淼生
编写人员　温瑞茂　刘双才　王建强
　　　　　　张婉英　张从田

出版说明

1982年，中共中央书记处讨论通过、中共中央宣传部发文布置在全国范围内编写出版《当代中国》丛书。根据编写计划，《当代中国》丛书依内容共分为五类，人物传记是其中之一。由于人物传记涉及方方面面，情况繁杂，且编写时间长，1991年人物传记从《当代中国》丛书中分立出来，确定为《当代中国人物传记》丛书。

《当代中国人物传记》丛书编辑委员会在丛书总序中说：

"二十世纪的中国，是一个风云际会、英杰辈出的时代。正是伟大的时代造就出灿若群星的历史伟人；也正是历史伟人们艰苦卓绝的奋斗历程和忘我建树的光辉业绩，才能充分地体现着潮流之所趋、人心之所向，才最深刻最生动地反映着奔腾前进的伟大时代。他们一生的业绩，恰恰构成了从旧中国到新中国这一旷古未有的历史性大变革的缩影。正因为这样，修撰作为中华人民共和国缔造者的一代杰出历史人物的传记，其意义自是远远超越记述个人身世的范围。这套传记丛书，无疑应当看作是，当代中国千百万爱国志士、革命先驱的杰出代表用毕生的血和汗谱写出的挽救祖国、振兴中华的可歌可泣的历史画卷，它将是永远矗立于世世代代人民心中的革命丰碑。《当代中国人物传记》丛书中的每一部传记，都可读作当代中国的救国史，中华人民共和国的开国史、建国史；每一部传记都可读作结束中国苦难危亡命运的革命史，披荆斩棘建设社会主义的奠基史、创业史。"

"《当代中国人物传记》丛书，首批编撰的是中华人民共和国建国时期的开国元勋和各方面的最杰出人士的传记。这批传记的主人公将包括：党和国家的主要领导人（其中毛泽东、周恩来、刘少奇、朱德、邓小平、陈云的传记，将由中共中央文献研究室编写、出版）、人民军队中功勋卓著的元帅、参与新中国创建大业的各民主党派的领导人和各方面的著名爱国人士、贡献突出的著名科学家、文学家和艺术家，以及为中国民主革命事业和社会主义事业做出重大贡献的国际主义战士，等等。毫无疑问，他们既是当代中国最卓越的代表，同时也是彪炳千秋青史的历史巨人。当然，如同一切历史人物一样，我们时代的杰出代表也不可能不受到历史条件的限制，也必然会具有这样那样的弱点、短处，一生中也不免会发生这样那样的某些过失。但是，所有这些，当如日月之蚀，堂堂正正公之于众亦无损于他们形象的光辉。他们为中华民族创建的功业，他们的革命精神、高尚情操，他们的鸿才睿智、嘉言懿行，无不震古铄今，垂范后世。这是中华民族一份永远值得倍加珍摄的宝贵精神财富。"

"愿人们从这部《当代中国人物传记》丛书中，以这些历史人物的光辉业绩为典范，学习他们的革命献身精神、爱国主义情操和坚定的社会主义信念，为中华民族的历史伟业做出更大的贡献。"

我社有幸承担了《当代中国人物传记》丛书的编辑出版工作，自1991年以来陆续出版了一批中华人民共和国开国元勋的传记，获得很好的社会影响。我们将继续按照丛书的编辑出版方针，把《当代中国人物传记》丛书编辑出版工作做好，以飨读者。

书中图片绝大部分为本书编写组提供，因时间仓促等，有的图片未能注明著作权，特致歉。请相应著作权人知晓后，与当代中国出版社总编室联系（电话：010-66572131），以便我们再版时准确署名及支付稿酬。

当代中国出版社
2021年11月

王 树 声（孟昭瑞摄于1964年）

目　录

第一章　思进步图报国的小知识分子 ································· **001**
　　一、出身小地主家庭 ··· 001
　　二、接受革命思想启蒙 ·· 007
　　三、加入中国共产党 ·· 013

第二章　麻城县农民运动的领袖 ······································· **021**
　　一、组织麻城县第一个乡农民协会 ································· 021
　　二、大义灭亲 ·· 027
　　三、只身突围赴武汉搬兵 ··· 032
　　四、"三寨"歼敌树声威 ··· 039
　　五、逆境奋进显赤胆 ·· 043

第三章　参加黄麻起义 ··· **049**
　　一、组织九月暴动 ··· 049
　　二、参与领导黄麻起义 ·· 052
　　三、坚持黄麻北部斗争 ·· 055

第四章　鄂豫皖根据地创始人之一（上） ··························· **058**
　　一、转战木兰山，开辟柴山堡 ······································ 058
　　二、参加三次反"会剿" ··· 065
　　三、平汉路上三战三捷 ·· 068
　　四、参加鄂豫皖苏区第一次反"围剿" ····························· 072
　　五、攻势作战五十天，活捉岳维峻 ································ 076

第五章　鄂豫皖根据地创始人之一（下） ··························· **082**
　　一、东取独山，西战浒湾，南下蕲黄广 ··························· 082
　　二、参加黄安、商潢、潢光战役 ··································· 088

三、参加第四次反"围剿" ……………………………… 101
　　四、掩护突围殿后，西进开路先锋 …………………… 107

第六章　参与创建川陕革命根据地 …………………………… 111
　　一、进击川北 …………………………………………… 111
　　二、参加反三路围攻 …………………………………… 117
　　三、参加反六路围攻 …………………………………… 129

第七章　长征路上 ………………………………………………… 139
　　一、强渡嘉陵江，夺占剑门关 ………………………… 139
　　二、守住岷江东岸，掩护党中央 ……………………… 147
　　三、转战川康边 ………………………………………… 152
　　四、第二次北上 ………………………………………… 158

第八章　血战河西走廊 …………………………………………… 165
　　一、临危受命 …………………………………………… 165
　　二、征途血战 …………………………………………… 173
　　三、祁连山游击 ………………………………………… 178
　　四、只身回延安 ………………………………………… 182

第九章　在太行山上 ……………………………………………… 187
　　一、在抗大和马列学院学习 …………………………… 187
　　二、大力发展地方武装 ………………………………… 194

第十章　创建豫西抗日根据地 …………………………………… 215
　　一、参加中央党校整风 ………………………………… 215
　　二、喜结连理 …………………………………………… 217
　　三、毛泽东委以重任 …………………………………… 219
　　四、挺进豫西 …………………………………………… 223
　　五、在日伪顽夹击中求生存 …………………………… 232
　　六、进军伏牛山 ………………………………………… 237
　　七、迎接抗战胜利 ……………………………………… 241

第十一章　中原突围 ……………………………………………… 245
　　一、南下鄂豫边 ………………………………………… 245
　　二、向西突围 …………………………………………… 251
　　三、创建鄂西北根据地 ………………………………… 261
　　四、开展反"清剿"斗争 ……………………………… 268

第十二章　重返大别山 …………………………………………… 277

一、重建鄂豫解放区 ………………………………………… 277
　　二、"坚持大别山就是胜利" ………………………………… 280
　　三、在战略决战后的日子里 ………………………………… 287

第十三章　指挥大别山剿匪 …………………………………… 294
　　一、请缨剿匪，初战告捷 …………………………………… 294
　　二、军政结合，全面驻剿 …………………………………… 304
　　三、组织群众清匪反霸，建立基层政权 …………………… 311

第十四章　主持湖北军区工作 ………………………………… 316
　　一、清匪肃特，保卫新生人民政权 ………………………… 316
　　二、领导军区整编与扩军 …………………………………… 322
　　三、致力于军区部队建设 …………………………………… 326
　　四、推进普遍民兵制 ………………………………………… 334
　　五、情系老区人民 …………………………………………… 342

第十五章　为军械工作现代化奠基 …………………………… 345
　　一、出任总军械部长，加强改善政治工作 ………………… 345
　　二、坚持和完善军代表制度 ………………………………… 350
　　三、建立健全现代军械管理和技术保障体制 ……………… 358
　　四、向现代科学技术要战斗力 ……………………………… 364
　　五、造就政治素质高、专业技术精湛的人才队伍 ………… 368

第十六章　在军事科学院 ……………………………………… 374
　　一、研究总结建国前武装斗争的经验 ……………………… 374
　　二、筹建军事技术教研馆 …………………………………… 380
　　三、苦撑局面 ………………………………………………… 387
　　四、"党的好同志" …………………………………………… 394

王树声生平大事年表 …………………………………………… **403**
后　记 …………………………………………………………… **439**

第一章 思进步图报国的小知识分子

一、出身小地主家庭

1905年5月26日（清光绪三十一年四月二十三日），在湖北省麻城县乘马岗区一个名叫项家冲的小山垸，伴随着一阵响亮的啼哭声，一个男婴降生了。

这是一户姓王的人家，这个男婴就是王树声。

那时大概不会有人料到，这个呱呱坠地的婴儿，日后会成为一位叱咤风云的中华人民共和国开国大将！慈爱善良的祖母，见到襁褓中的他粗门大嗓、圆头圆脑，甚是可爱，便给他取了个"国荫"的乳名，恐怕也只是寄托自己的美好愿望罢了。

■ 王树声故居项家冲

麻城县境地处大别山南麓，高踞鄂东北边陲，界交豫皖，背负雄关，面朝江汉。据《麻城县志》记载，在两汉时，该地为西陵辖地。东晋时，因后赵南侵，其部将麻秋在今县城东北15里的古城畈筑城以守，始有麻城之名。南北朝时，南梁置信安县。隋开皇十八年（公元598年），改信安为麻城县，此麻城建制之始。

在半殖民地半封建社会的中国，麻城人民也和全国人民一样，深受着帝国主义和封建主义的双重压迫。自1840年西方列强凭借坚船利炮撞开中国大门之后，"洋人"即开始来到这边远的山区，倾销"洋货"，排挤土货，同时兴建教堂，网罗教徒。辛亥革命虽然摧垮了两千年的封建帝制，但并没有改变中国半殖民地半封建的社会状况，麻城人民依然处在水深火热之中。列强的经济掠夺和政治、文化侵略有增无减，贪官污吏、土豪劣绅和洋教士横行乡里，人民生活暗无天日。全县人口不到15%的地主富农，占据全县总面积80%以上的土地。封建地租一般占全部收获物的50%左右，有的竟高达70%—80%。官僚、地主还巧立各种名目，拼命榨取农民的血汗。北洋军阀的横征暴敛和连年混战，更加剧了百姓的痛苦。野蛮的经济剥削和政治压迫，使"小康之家，亦无不为生计所虑"，广大贫苦民众更是债务丛集，终年劳动，却不得一饱。当时流传的这样一首歌谣，真实地反映了农民的悲惨处境：

牛毛杂税霸王捐，茫茫苦海哪有边。

铁板租子阎王债，死也难来活也难。

一年三百六十日，糠菜难得饱一餐。

位于麻城县西北部的乘马岗区，相传在很久以前，曾有一匹神马喜欢每晚都来这里的一家旅店饮水。当地一位徒步进京赶考的秀才，因故就要误了考期，正在一筹莫展之际，得乘此神马及时赴考，后竟金榜题名。然而，乘马岗区的名字尽管美丽，但由于与附近同被称作"麻城北乡"的顺河区一样，所处多为山区丘陵，交通比较闭塞，经济发展也就长期处于更加落后的状态。单就大革命前社会经济的特点而言，同麻城南部相比，一方面，这一地区大地主较少，中小地主、富农较多，相对分散的土地高度集中于中小地主、富农手中，这种土地占有的集中和土地使用的分散，便构成了农村土地问题和农业发展的根本矛盾；另一方面，这一地区的中小地主和富农只是单凭土地的收入生活，农民也多靠租种地主、富农的土地来养家糊口，经营手工业、商业者甚少，封建和半封建的土地关系在这里占着极为重要的经济地位。因而在土地贫瘠的乘马、顺河一带，农民所受的剥削最重，贫困化的程度更甚，常有中农破落为贫农，而不少贫雇农则沦为乞丐。对绝大多数人家来说，生活，简直就是天天在吃苦受罪。

处在水深火热中的广大农民，为了生存，曾不断奋起抗争。起初，他们寄希望于打官司，为自己"伸冤"，可"八字衙门朝南开，有理无钱莫进来"，穷人要告状，根本没有说话的地方，却往往被逼得倾家荡产，妻离子散。这条路走不通，农民们就自发地组织起来，或焚烧地主的房屋，或砸开地主的谷仓，分抢地主的财物。乘马、顺河两地1923—1925年间，就发生过多起这类事件。1923

年，一个被毒打后割掉耳朵的长工，在一天深夜，带着几个穷兄弟，闯入了大河铺罗家河恶霸地主丁枕鱼的家里，抢走了丁家的许多财物，临走时，放了一把大火，烧毁了丁家大院的一些房屋。1924年，几个农民化装潜入乘马张家岗地主"张八老爷"家，抢走了8根金条，一捆纸币和其他一些财物。1925年，麻城大灾，林店邹家垸大地主邹达清却囤满仓圆，饥饿的农民组织起来，闯入邹家，砸开了粮仓，把粮食全部分光。但由于缺乏正确的领导和严密的组织，穷人们这种自发的、分散的斗争，又往往以家破人亡、远走他乡而告终。然而，它却反映了穷苦农民不屈不挠的反抗精神。

当然，就这时的王家来说，还没有被逼到不得不"铤而走险"的绝路上。但是，他们作为社会的下层，同样企盼着能改变自己的生活处境和社会地位。

乘马岗的王氏家族，总共十几户人家，散落在项家冲和石槽冲这两个紧密相连、几无分界而面积不过2000平方米的小山村。追溯这个家族的历史，按照《任氏家谱》的记载，其先祖系三槐堂世系①，原籍江西。元朝末年，江淮之间历经战乱，地广人稀。朱元璋建立明朝后，大兴屯田，同时为削弱江南陈友谅反抗朱明的势力，遂迁江西、湖北的14万户人口入中原。王树声的先祖因此便由江西抚州金溪迁徙来到河南商邑（今商城县），后移至新县（原属光山县）赛山寨脚下王家湾，再后来，其中的一支又辗转移居湖北麻城县乘马岗一带，垦荒务农，繁衍生息。

直到王树声的祖父王德成这一辈，乘马岗王氏家族的人们虽然早已结束了颠沛流离的日子，但却常常为生计所累，忙碌终日却难得温饱，幸运之神迟迟再未光顾。王德成同胞兄弟三个，由于所继承的微薄的祖业不足以糊口，兄弟间便很早分家，各谋出路。老大德荣住在石槽冲河边上，老二德华、老三德成分住项家冲的东、西两头。为了能出人头地，王德成自幼读书，倾心尽力，盼望学有所成，谁知事不遂愿，未能科场扬名，虽心有不甘，却又无奈，只好放弃仕途，在家乡靠教私塾兼行中医养家糊口。由于薪水太低，维持一家人的生活总有一定困难。平生未获半点功名的王德成，随着年岁已高，胸中愈加郁闷，失意的苦痛和家庭的窘境不时折磨着他，直至临终之前，还不忘将自己未了的心愿寄托在儿孙身上。

王树声的父亲王泽香和伯父王泽馨，并没有按照老人家的意愿舞文弄墨，而是选择了迥异于他们父亲的人生道路，成为治家过日子的能手。王泽香善于做粉房生意兼务农，王泽馨则精于经商。哥俩凭着年轻力壮，常常起早贪黑。经过多年的辛勤劳作，惨淡经营，到他们中年时，全家已积累起水田十余石（四十余亩）、山林数块、房子3座、耕牛4头、马1匹，还有做粉房生意的一份家产，另雇种田长工1人，伙夫1人。王家尽管家业不大，但靠着土地的出租和经商的

---

① 北宋王祐知子必贵，手植三棵槐树于庭前，其子旦果相宋真宗，因以号三槐堂，其后裔称三槐堂世系。

利润，在当时已算是殷实之家。出身于这样的家庭，童年时代的王树声虽然没有饥寒交迫的遭遇，但也没有娇生惯养的条件，而是从小就感受到了生活的艰难、劳动的艰辛。

后来，王树声曾经这样写道：

> 个人虽然出身于小地主家庭，但并未直接参与剥削，实际上属于小资产阶级的小知识分子范畴，富于正义感，对地主、恶霸等专横行为甚为不满。①

当时的王家不仅生活相对比较富裕，而且人丁日显兴旺。王树声有本房和堂房的兄弟姊妹10人，自己同胞兄弟4人、妹1人，伯父家兄弟3人、姐2人。按照家谱规定的辈分，这一代中的男孩属"宏"，女孩属"玉"。所以，树声这一房亲兄妹，分别取名为宏忠、宏恕、宏信、宏义、桂玉；另一房堂兄妹，分别称为宏文、宏学、宏儒、娇玉、春玉。在这众兄弟群中，树声排行第五，名为宏信，乳名国荫，家人都亲昵地称他"国份"，而乡亲们则叫他"老五"。在以后艰苦卓绝的革命生涯中，随着他职位的不断晋升，"老五"的称呼就逐渐被淡忘了，取而代之的是王姓后面加职务，或者直称"树声同志"。树声，是他在上学后改称的大号。后来，"王树声"这个名字就伴随他一直走完人生的路程。

按照中国封建社会的传统观念，儿女成群是家族兴旺的标志。所谓"多子多福""不孝有三，无后为大"，在人们头脑中起着根深蒂固的作用。大革命之前，王树声一家和伯父一家的10个兄弟姐妹，在当地是令人羡慕的。可谁能料到，到后来红四方面军离开鄂豫皖根据地西进时，短短的几年，这10人中仅有王树声1人幸存下来。死去的亲人，有的在敌人的屠刀下英勇就义，有的却在张国焘的"肃反"中被错杀。

1970年，王树声口述了有关家人的情况：

> 大堂兄王宏文，湖北省第一师范学校毕业，后任教员、教育局长（麻城县的），1923年加入中国共产党（引者注：应为1922年），参加过麻城县委工作，1927年被捕，在宋埠被敌人杀害；二堂兄王宏学，1926年入党，参加了黄麻秋收起义和木兰山地区游击战，是创立鄂豫边根据地领导人之一，于1931年"肃反"时，被张国焘杀害；堂弟王宏儒，1926年入党，曾任红军第一师特务队队长，后在战斗中负伤牺牲；大堂姐王娇玉、二堂姐王春玉及其丈夫马友雷，均是共产党员，于1927年被国民党反动派枪决；自己大哥王宏忠，1926年参加革命（入党时间记不清了），1930年任中共麻城组织部长，同年被敌人杀害；二哥王宏恕，1926年入党，1927年参加农民自卫军，参加了黄麻秋收起义和鄂豫皖及木兰山游击战，曾任红军第一军第三团六连指导员，参加过潢川战役，在南亚港战斗中英勇牺牲；弟弟王宏义，1926年他13岁时加入农民协会，1927年地主恶霸丁枕鱼反攻时将其逮捕，被残酷吊打，胳膊致残，在苏维埃运动时，参加了麻城县共青团

---

① 《王树声自传》，1953年2月，手稿。

工作,"肃反"时被张国焘杀害;妹妹王桂玉(又名自谦),参加过红军被服厂工作,"肃反"时被张国焘杀害。另外,宏忠之妻被敌人打(烧)死,其子饿死;宏恕之妻"肃反"时被张国焘杀掉,其子炳松被国民党部队抢走了。树声家里,在大革命前,全家原有十四人。大革命失败后,被国民党反动派烧杀拆散、流浪死亡,只剩下一个侄女王翠荣,现本家已无一人。①

以上所述牺牲者还只是王树声一家。如果就整个乘马岗王氏家族来说,大革命前共有15户人家,可到后来,只剩下很不齐全的6户,其中的9户消失了,甚至连王氏亲戚诸族中的很多户也都续烟无人,如马家、董家、胡家、龚家、刘家、徐家、桂家等。②当然,这只是后话。不过,那几年王家人口的不断增加,倒是直接促使了这个大家庭不得不一分为二。1911年,王树声的父亲和伯父各立门户,王树声的祖母由他父亲赡养。从此,独撑门户的王泽香自知肩上的担子更重,过日子也就愈加卖力。

王树声祖母王丁氏温良和善,当地百姓妇孺皆知;其舐犊情深,令全家和睦温馨。王树声的母亲王徐氏,更是个朴实、贤惠的农村妇女,心地善良,勤劳节俭。由于王泽香经营粉房生意多半在外,王徐氏自然成了家里生活的实际组织者。她把毕生的心血和感情,全部倾注在料理家务、照顾公婆和抚育子女上。祖母和母亲两位女性善良、纯朴、厚道的品德,对王树声性格人品的塑造有着直接的影响。不仅如此,王泽香夫妇更没有忘记将孩子们陆续送进本地私塾,企盼他们将来或许能有所出息,以告慰先父在天之灵。不料,由于操劳过度、积劳成疾,这一对对未来充满希望的夫妇,还不到40岁便在短短的3年间抛下了年迈的老母和5个尚未成人的孩子,相继离开人世,那是在王树声6岁和9岁的时候。

父母的先后去世,使王树声一家的生活陡然发生了变化。办完丧事,家中已是所剩无几。

白发人送黑发人,悲痛欲绝之后,年过花甲的老祖母不得不挑起支撑全家、抚育一群幼小孙儿的重担。从此,孤儿寡老,相依为命。生活的艰辛,过早地落在孩子们尚显稚嫩的肩膀;世态的炎凉,不适宜地刻印在孩子们本应纯洁的心灵。

由于家道中落,本该在父母怀里撒娇的王树声,似乎觉得自己突然长大了。他咬紧牙关,在祖母的慈爱中,同两位哥哥一起默默地忍受并强挺着承担起生活"馈赠"的一切磨难。同时,他还用自己稚嫩的小手,悉心地呵护着弟弟和妹妹,常常在他们受到别人欺负时及时地站出来。这样的童年,留给王树声的自然不是家乡山水的美丽风光、孩提时代的幸福快乐,可以说只有心灵中难以抹去的阴影、头脑里不堪回首的记忆。正是这种环境,造就了王树声性格的又一面:吃苦耐劳、倔强耿直、疾恶如仇。

从这时起,王树声开始帮助祖母做些力所能及的家务劳动,拾粪捡柴是经常

---

① 以上材料为王树声夫人杨炬提供。
② 王恩厚:《难忘的岁月》,中医古籍出版社1998年版,第16页。

做的事情，渴了就到河沟里喝口水，饿了就在山上挖野菜充饥。童年的劳动使他认识和尝遍了多种野菜，也意想不到地为他以后在艰苦的革命战争年代里提高野外生存能力，渡过粮食奇缺的难关，打下了良好的基础。直到革命胜利后，身为大将、官居高位的王树声，还经常吃些粗粮、野菜，并严格要求自己的家人和身边的工作人员生活朴素、不要忘本。

家庭变故的另一个影响，就是孩子们不可能全都读书了。老祖母在执掌家政以后，经过一番痛苦的抉择，最后决定将已送私塾的其他孙儿接回家中，帮助其耕田种地、养猪放牛以维持生计，而单单留下王树声一人继续就读。这主要是因为他天资聪颖，又读书用功。在负担不起全部孙儿上学费用的情况下，也要尽力培养一人，这或许是老祖母试图弥补当年自己老伴临终前遗憾的最无奈也是最现实的选择。

那时候，在乘马岗这样偏僻的山村，新学还没有兴办，孩子们要读书，只能进旧式的私塾。自然地，在如此的"子曰铺"里，依旧可以"尊孔读经"。私塾的学生修业无限制，不分年级，一般春季开学，冬季散馆。教材或家长自定，或塾师确定。学生入学不仅要交学费，每逢过年、过节，还要给先生送钱，送鱼、肉、鸡、鸭等，此所谓"四礼八节"。因而多数穷苦人家的孩子是读不起的，纵有个别贫苦子弟苦于求学，也往往被生活所迫，读过一年半载就不得不中途退学。从7岁开始入私塾的王树声，已能感觉到父亲去世后家庭的艰难处境，也理解祖母和母亲的一片苦心，所以在学习上特别勤奋。虽然他对所学的课本内容懵懵懂懂，对先生刻板的教学方法也常感枯燥，但是他的记忆力极强，识字、背书又多又快，成绩在全班名列前茅，常常受到先生的夸奖。就这样，冬去春来，年复一年，王树声先在蒙馆读了《三字经》《百家姓》《千字文》《教儿经》，后又入经馆读了四书五经、《幼学故事琼林》《古文观止》《唐诗三百首》，还学会了打算盘，能写一手隽秀的毛笔字……

其间，中国正酝酿着深刻的社会变革，滚动已久的旧民主主义革命浪潮在辛亥革命失败后逐渐归于平静，一场更加伟大的新民主主义革命风暴在五四运动发生后开始骤然兴起，而身居荆楚大地的湖北时常处于革命运动的浪尖风口上。因而，革命风暴也就很容易从武汉这个"震中"波及和影响到100多公里地以外的麻城地区。

当然，这一切对尚在读私塾的王树声来说，显然不会在他的幼小心灵产生多么大的震动。但是，有一点当是自然的，那就是：这时的王树声，书是会背了不少，可不明白的事情却越来越多。比如，为什么老祖母省吃俭用、含辛茹苦地支持自己上学？为什么自己能上学，而家里的兄弟姐妹和外面的许多小伙伴却只能放牛打柴？为什么舅爹丁枕鱼家里住的房子那么多、吃得那么好，而周围不少人甚至连住的、吃的都没有？还有，为什么穷人租种地主家的土地，在每年的收割之前，都要请地主来"说课"，也就是打酒买肉、杀鸡宰鸭地请地主到家大吃一顿，而最终还是要把大部分收获物交给地主？

关于这些问题，王树声多次问过饱经沧桑的老祖母。可每一次，心地善良、不善言谈的老人家总是慢慢放下手中的活计，在一阵怅然若失后回答："命啊！"

"命"是什么？"命"能不能改变？读了10年私塾的王树声依然弄不明白。他常常思索着，只是觉得这世道太不公平！

二、接受革命思想启蒙

长期闷在那所破旧的私塾祠堂，王树声渴望了解外面的世界。

机会终于来到了。

1922年，经在湖北省第一师范学校读书的堂兄王幼安帮助和介绍，17岁的王树声告别了味同嚼蜡的私塾生活，怀揣着老祖母的千叮咛万嘱咐，第一次走出家门前那弯弯的山路，翻过平日里连做梦都想飞过的山岭，来到武汉这个素有"九省通衢"之称的大都市，就读于武昌高小补修学校。①

王树声的心里是多么高兴啊！在原先封闭的山坳里，王树声的生活圈子是那样小，视野是那么窄；而今，呈现在他眼前的是一个光怪陆离的大千世界，一切是那样的新鲜和新奇：这里没有私塾中那穿着长袍"哼哼唧唧"的"古董"先生，却不乏或循循善诱或慷慨激昂的年轻教员；上课时很少讲"子曰""诗云"之类的枯燥内容，而多学国文、算术等现代课程；街上有熙熙攘攘的人流，琳琅满目的商店；也有满身油污的工友，蓬头垢面的乞丐；当然还有招摇过市的官僚绅士，耀武扬威的军阀部队……

王树声从堂兄那里知道了"革命"这个词汇，听说了"国民党"、"共产党"的活动，也了解了"工潮"、"学潮"和"罢工"、"罢课"。有一次，他还跟随堂兄在湖北省立第一师范有幸聆听了董必武（董用威）抨击反动势力的演讲，从此，先生那慷慨激昂、鞭辟入里的演讲如同先生蓄胡须、着长衫的慈爱形象一样，都使他永远难忘。不过，这时期的王树声难以感觉也难以懂得的，那就是此时的武汉，已经从资产阶级革命运动的前沿基地，开始成为具有初步共产主义思想的革命知识分子和共产党人进行革命活动的重要地区，成为影响湖北全省工农运动高涨的指导中心。

早在1920年春天，黄安籍的董必武就在武汉涵三宫创办了私立武汉中学，与陈潭秋等人在推行教育改革的同时，积极从事革命活动，为马克思主义在湖北的传播和武汉共产党早期组织的建立，作出了很大贡献。8月，武汉的共产党早期组织——"共产党武汉支部"在武昌抚院街董必武的寓所正式成立。同年冬，董必武组织马克思学说研究会，一方面作为共产党早期组织的公开活动阵地，另一方面吸收先进知识分子研究马克思主义，为发展党的成员准备后备军。1921年7月，中国共产党第一次代表大会在上海召开，董必武、陈潭秋作为武汉共产

---

① 王树声自填档案材料。

主义小组的代表出席了大会。党的一大之后，董必武、陈潭秋返回湖北，到武汉和黄安、麻城等地区更加广泛地宣传马克思主义，促进马克思主义与工农运动更紧密地结合，并以武汉中学和其他驻汉学校为基地，吸收黄安、麻城等地的进步青年入校，在他们中间建立和发展党团组织，培养革命分子，然后再把这些人送回去。其中，王树声的大堂兄王幼安就是麻城籍最早的进步青年学生之一。

王幼安，又名王宏文，长树声9岁，1916年毕业于麻城县高等小学，1918年考入湖北省立第一师范。1919年爆发的"五四"反帝爱国运动，给他内心以深刻触动，并促其思想逐渐觉悟。1921年中国共产党成立后，董必武、陈潭秋等加强对湖北省立第一师范的宣传和组织工作。王幼安在那里受到董必武等进步老师的培养、熏陶，接受了革命思想，并于1922年经董必武介绍加入中国共产党，成为麻城县最早加入中国共产党的人。次年春，他按照董必武的指示，回故乡任麻城县高级小学校国文教员，一边教书，一边培养进步青年，宣传马克思主义。

也就在1923年的春天，王树声凭着扎实的私塾功底，再加上武昌高小补修学校一年的正规学习和提高，终于以优异的成绩考取了麻城县高级小学校。

考取县高小，对于世世代代生活在像项家冲、乘马岗这样小山坳的人们来说，无异于山窝里飞出了金凤凰。"中了秀才"的王树声，在同伴们羡慕的目光和乡亲们美好的祝福中，来到了他向往已久的麻城县高级小学校，并被编入该校第10期学生的名册。

麻城县高级小学校，其前身为清朝的科举试场——亭州试院（即考棚），1903年（光绪二十九年）改建为麻城县高等小学堂，1912年（民国元年）又废学堂改称高级小学校。但正如多年来人们积习难改，依旧把麻城小学称作"考棚"一样，这所名为新式的高级小学校，由于承袭了太多的历史包袱，实际上仍残留着不少封建的色彩，折射着辛亥革命的不彻底性。譬如，在全校的老师中，多半是清末的举人、拔贡、秀才，说话常常"之乎者也"，观念比较陈腐保守，专门教授诗文经学等传统课程；少半是新式学校的毕业生，思想趋于开明进步，主要讲解国文、算术、历史、地理等现代课程。因而在学校内部，不仅存在着新旧现象的鱼龙混杂，有时甚至还进行着新旧思想的激烈交锋。

在无忧无虑而又对未来充满幻想的王树声看来，麻城县高小虽然比起武昌高小补修学校显得落后了些，但比起家乡的私塾毕竟多了不少的新鲜内容和现代气息。经书典籍之类，他原来在私塾读过许多，自然用不了太大功夫；引起他浓厚兴趣的，便是那些充满清新气息的现代课程。他以自己特有的自觉和成熟，徜徉在知识的海洋中。

学习成绩的优异，使王树声很快受到师生们的好评；他活泼开朗、耿直憨厚的性格，也同样赢得了大伙的喜爱，以致在入校后不久，同学们就慷慨地"赠予"他两个富有特点的绰号。

第一个绰号叫"绷麻子"。

那时，18岁的王树声血气方刚，身强力壮，精力旺盛。他经常穿着一件对襟青土布小褂，留一个当时很时髦的分头，浓浓的眉毛，炯炯的眼神，厚厚的嘴唇，魁梧的身材，仪表堂堂，英姿勃发。只是他脸上长了不少粉刺，稍一激动，粉刺疙瘩涨得通红，像鼓绷绷的麻点，于是，大伙就用本地话送给了他一个"绷麻子"的绰号。特别是进行足球比赛时，王树声带球过人，满场奔跑，"绷麻子，加油！"的喊叫声常阵阵响起。

以后走出校门参加革命，很少再有人提起或知道这个绰号，可熟悉他的人只要看到王树声满脸粉刺疙瘩一红，不用说那便是他动了火，铁了心，说一不二的"信号"，尤其是在他指挥打仗的时候。

第二个绰号是"团长胚子"。

当年盘踞湖北的军阀吴佩孚，曾派遣一团人马镇守麻城。军队进城那天，县知事亲率各界头面人物，扎彩摆酒，鼓乐相迎，不敢有丝毫怠慢。王树声和同学们也被拉来充作欢迎的队伍，排在最前面。只见那位团长趾高气扬，被大队马弁簇拥着，在县知事的带路下，大摇大摆、威风八面地进了县大堂。

半是稀奇半是艳羡。回到学校，爱逗的王树声就在同学们的面前，模仿起那位团长的派头来。他那惟妙惟肖又略带夸张的表演，逗得大伙忍俊不禁。于是，同学们又送他一个"团长胚子"的绰号。

可谁又能想到，数年之后，王树声还真的成了一团之长——鄂豫皖红军第一军第一师第一团的团长，冲锋陷阵，令敌胆寒；以后又当师长、军长，直至红四方面军副总指挥，南征北战，戎马倥偬，为中国人民的解放事业奉献出自己的一生。

不过，说起王树声后来走上光荣的革命道路，不能不提起也在麻城县高级小学校教书的堂兄王幼安这时期对他的影响。

如果说，在武汉求学的一年中，王树声还只是通过堂兄忙碌的身影和对自己偶尔的谈话，似懂非懂了一些进步道理，那么，在麻城读书期间，王树声则直接成为堂兄从事革命宣传、动员工作的对象之一。

王树声和其他同学一样，最喜欢听的是王幼安老师的国文课，这倒主要不是因为他是自己的堂兄，而是因为他坚持新的办学方向，采用与众不同的教学内容和新鲜活泼的教学方法：常结合课文，密切联系社会现实，声情并茂，侃侃而谈，讲清政府的腐败无能，讲列强对中国的侵略，讲血泪斑斑的国耻民辱，讲割地赔款的不平等条约……每每讲得声泪俱下，引得满堂一片嗟叹！

同时，王幼安在学校还以帮助学生建立课外学习小组为名，秘密建立起"马列主义研究小组"，利用自己从武汉带来的大量书籍资料，组织青年阅读《新青年》《向导》《湘江评论》《武汉星期评论》等进步书刊和有关俄国十月革命的小册子，从中吸收马克思主义；经常鼓励学生细心地思考，热烈地讨论，分析社会现实，谈论人生道路，探求祖国前途。王树声和他的同窗好友蔡济璜、刘文蔚、桂步蟾、徐其虚、李培文、王友勋等，都先后被吸引过去。就这样，从王幼安老师那间朴素的小屋里，他们如饥似渴地汲取着新鲜的思想营养，春风化雨般领悟了革命道理；他们了解了辛亥革命、"十月革命"和"五四运动"的发生发展，他们认清了帝国主义、封建主义和贪官污吏的反动本质……慢慢地，追求真理、要求变革的革命思想，在青年学子们的心中萌发。

王树声更有切身的体会和深刻的感悟：两年来，从项家冲到大武汉，再由武汉到麻城，其中既有强烈的对比反差，也有某种共同的东西，那就是所有的富人一般黑，天下的穷人是一家。贫富差距的根源不在于以前老祖母所说的每个人的"命"，而在于社会制度的不公平，悲惨命运的改变只能靠穷人自己的斗争。如果说以前，他还仅仅是为自家的不幸和邻居的穷苦感到愤愤不平，那么现在，他逐渐意识到，处于水深火热之中的是占人口大多数的劳动者，需要改造的是整个社会、整个国家；并且只有广大受压迫的劳苦大众紧密团结起来，跟帝国主义侵略者和封建军阀、土豪劣绅作坚决的斗争，才能有光明的出路。于是，王树声开始立下志向：不要再冥思苦想个人的命运和出路问题了，而要一腔热血为国家、民族、社会寻找出路。

1923年2月，直系军阀吴佩孚血腥镇压了京汉铁路工人大罢工，制造了骇人听闻的"二七"惨案，蓬勃兴起的工人运动浪潮陷于低落局面。4月，董必武、陈潭秋等组织领导了武汉各界群众反帝爱国游行示威及举行国民大会，声援北京、上海等地的"收回旅大""抵制日货""废除二十一条"的反帝运动。这一斗争振奋了武汉群众的革命情绪，也点燃了湖北各地爱国运动的火焰。

5月，武汉的学生宣传队来到麻城县城，他们在街头闹市散发传单，发表演讲，举行"五七国耻纪念日"①活动。只见五颜六色的传单上印着"对日实行经济绝交""废止二十一条""抵制日货""誓雪国耻，保卫中华"等口号。慷慨激昂的青年学生以《国耻歌》的歌词"高丽国，琉球岛，与台湾，地不小，可怜都被日本并吞了！民危急、国飘摇，帝国列强又对我国提出灭国条。无公理，无人道。好山河，葬送掉。同胞呀，快快起来把国保"为题材，把1915年5月7日袁世凯接受日本帝国主义强加给中国的"二十一条"，逐条向群众讲解，然后又大声疾呼：大家看看吧，我们的商店里摆的都是些什么？洋油、洋火、洋纱、洋布，还有洋烟、洋酒、吗啡、肥田粉……哪一样不是东洋货！日本帝国主义就是这样从经济命脉上卡住了我们的脖子，压垮了我们的民族工商业，把我们的血汗和钱财，都榨取到他日本去了。同胞们，只要还有一点民族自尊心，我们能视而不见、坐而不管吗？！

听者议论纷纷，激愤异常。麻城人民久蓄心头的反帝火种被点燃了！

王树声感到浑身热血沸腾，他和大家一样都再也不能坐下去了。很快，由王幼安、王树声、蔡济璜、刘文蔚等进步师生串联、组织，在麻城掀起了一个各

---

① 1915年1月，日本政府向袁世凯提出灭亡中国的"二十一条"。经过几个月的谈判，日本政府于5月7日提出最后通牒，限48小时内答复。袁世凯称帝心切，于9日答复，除第五条"容日后协商"外，其余全部接受。消息公布后，全国人民都起来反对。后将5月7日作为国耻纪念日。

界爱国人士参加的抵制日货的爱国运动。王树声和同学们佩戴着"抵制日货委员会"的大红袖章，向过往群众宣传要爱国，要拒绝日货，商人不应该贩卖日货，大家也不要购买日货。他们还进出各家商店，检查日货，盘点登记，闹得红红火火。少数被吓坏了的反动店主，推出县商会会长作"挡箭牌"，下令各商店关门，不准学生干预商务；还雇用一批流氓打手，专门跟学生作对，处处捣乱。

但是，被爱国热情激起的学生们，无所畏惧。王树声带领大家，怒斥商会会长，痛击流氓打手，最后在群众的支持下，把查出的日货聚积起来，付之一炬。

望着在大火中化为灰烬的各色日货，王树声不禁想起了当年民族英雄林则徐在虎门销烟的壮举，心头陡然升起一股豪情。在过往群众赞叹的目光中，他与同学们又说又笑地走在返校的路上。忽然，几间外形奇异的房子映入眼帘，于是，他心中一下子又变得沉重起来。

那是一所教会学校，A字形的房屋屋脊，A字形的门窗上沿，房内的墙上还刻画着各种神魔鬼怪的图案，在一片昏暗的阴影下，使人看起来有几分寒栗。刚来麻城上学时，王树声曾与几位同学一起来这儿"探视"过，不过，那仅仅是出于好奇。后来，他从王幼安老师的讲课中，了解了一些关于教会和传教士在麻城侵略的历史。

还是在19世纪末的时候，伴随着帝国主义对中国的步步侵略，西方的传教士扛着"十字架"来到偏远的麻城县境内，传教布道，设立教堂。他们仗着洋枪洋炮的保护，到处为非作歹，残害人民，犯下种种罪行，当地百姓早已怒不可遏。1892年5月，麻城县宋埠教堂的两名瑞典、意大利传教士公然污辱民女。愤怒的群众击毙教士，焚毁教堂。此所谓"麻城教案"。事后，清朝官府却以处死两位领头人李金狗、徐全福，向洋人赔偿巨款，重修教堂等做法，了结此案。当地人民对此案的处理非常不满，把这事编成了花鼓戏、皮影戏的节目到处演唱，用这种特殊方式来揭露统治阶级的奴颜婢膝，歌颂两位农民英雄的民族气节。

从此，王树声对敢于斗争的农民英雄无比崇敬，对横行霸道的外国传教士强烈憎恨。同时，通过这两年的反封建的思想启蒙教育，使他懂得了世界上根本就没有上帝或菩萨。因而，他不仅在学习中逐渐涤荡着自己心灵世界中相信命运和菩萨的唯心主义尘埃，而且通过许许多多的事实，更清楚地看到，宣传菩萨越厉害，它的欺骗性和蒙蔽作用就越严重。所以，他觉得，如果说有什么上帝或菩萨，那它也是一个十分凶恶的怪物，对苦难的人们，起着禁锢、愚昧甚至吞食的作用。

不久，发生了王树声带领同学们大闹洋教堂的事情。

事情还得从洋教士欺压中国人说起。为了便于传教，愚弄百姓，笼络人心，西方传教士在麻城县各地设立教堂以后，又开办了几所小学，招收中国儿童，但往往又附有若干先决的苛刻条件。比如这所与县高级小学校相邻的教会学校，是由意大利天主教传教士李道纯创办，他打着"为中国人开办"的幌子，免收学费，却同时规定：凡要求入学者，必须信仰天主教，严格参加教会的"礼拜"，并且不得随意接触外界，等等。

有一个家庭贫困的学生十分渴望读书,但又实在无力交纳学费,出于能继续上学的考虑,被迫"信仰"天主教,入了这个教会学校。只因迷恋功课,"礼拜"难免偶尔有所不周。主持校务的传教士,借口此生"对上帝不诚",便将这名学生无理开除。

消息传到县高级小学校,广大师生无不义愤填膺。许多进步学生再也坐不住了,他们立即碰面,商讨对策,并一致公推王树声、李培文等为代表,向教会学校提出抗议。不想那洋教士态度蛮横,将学生代表拒之门外。愤怒的学生队伍转而冲向邻近的天主教教堂,在那里又遇到闻讯赶来弹压的县警备队人马。真是火上浇油!血性的青年学子们更被激怒了,只听王树声大吼一声,顿时人群中飞起的石头、瓦块,便雨点般地飞向洋教堂……

王树声等人大闹洋教堂的事,一下子轰动了麻城县城,也惊动了县知事。县知事立即将县高级小学的校长召来,一顿训斥后又限令其严办此事。慑于官府的压力,向来循规蹈矩的校长决定开除王树声、李培文两人的学籍。得此消息后,王幼安一边据理力争,一边组织蔡济璜、刘文蔚、桂步蟾等人,分头发动全校师生实行罢课,积极声援学生的爱国行为。

众怒难犯。学校当局迫于广大师生的强大声威和压力,最终只得收回开除王、李学籍的成命。

正义终于取得了胜利,同学们在赞叹"绷麻子"的同时,也不由地有一种扬眉吐气的感觉。

"初试锋芒"的王树声并不觉得心里轻松多少,他想起暑假中王幼安老师在给一位贫苦农友看病时说过的话:"现今我们中国,外受帝国主义的野蛮侵略,内遭大小军阀的黑暗统治,老百姓处于水深火热之中,不革命不得了哇!""只要大家同心协力,革命定会成功的。"[①]是啊!大闹教堂,只是一件小事,要把这黑天昏地的社会闹个天翻地覆,才是大事。但是,这又是何等的不容易啊!

在向进步的人生和真理的道路迈开第一步的时候,王树声犹如一个初学挑担子的孩子,感到肩膀上沉甸甸的压力。尽管前面将会有山有水,也要经风历雨,可他从小养成的性格,他所具有的品质,使他很少胆怯,很难退缩。

据当时曾在麻城县高级小学校上学的学生后来回忆,王树声从来就胆大不怕邪事。记得一次学校生活不好,王树声一下子把桌子掀翻,饭菜撒了一地。从小就备尝生活艰辛的王树声,平时对于饭菜是不大介意的,一日三餐,填饱肚皮就行了。然而,承包学校伙食的奸商,竟贪得无厌地从学生身上刮油,把饭菜质量搞得越来越差,学生屡次交涉后也均无结果。就是由于王树声这次掀桌子,才引起了校方的关注,也激发起师生们对奸商的一致谴责,从而好好教训了承包学校伙食的投机奸商,为同学们出了一口憋在肚里好久的窝囊气。此后,学校的伙食竟有所提高了。

[①] 湖北省麻城市地方志编纂委员会编:《麻城县志》,红旗出版社1993年版,第564页。

俗话说："初生牛犊不怕虎。"学生时代的王树声血气方刚，激情满怀，像一盆初现火苗的红炭，若遇疾风催拨，即刻燃成一团炽烈的火焰。

三、加入中国共产党

1924年，是中国革命历史上不同寻常的一年，也是王树声的人生之路发生转折的一年。

这年1月，中国国民党第一次全国代表大会在孙中山的主持下，通过了以反帝反封建为主要内容的宣言，在事实上确立了联俄、联共、扶助农工的三大政策，并确认了中国共产党党员、中国社会主义青年团团员以个人身份加入国民党的原则，选举一批共产党人参加国民党中央的领导工作。这是中国共产党实践民主革命纲领和民主联合战线政策的重大胜利，也是孙中山晚年推进中国革命的一大历史功绩。于是，第一次国共合作得以正式形成，轰轰烈烈的国民革命从此开始。

当时，阶级矛盾日趋尖锐的鄂东北地区，已呈"山雨欲来风满楼"之势。农民惩治地主、开仓分粮、抗租抗债等自发斗争，此起彼伏。为进一步宣传马列主义，引导农民由自发斗争走向自觉斗争，培养和造就更多的革命骨干，董必武先后几次写信回家，请亲属和乡友推荐学生赴省城报考私立武汉中学和其他进步学校。因而，黄安、麻城报考和被录取进武汉中学、共进中学、启黄中学和省立第一师范等校的人数逐年增多。这对热血沸腾、有志参加革命的青年是一个大好的机会。王树声是多么渴望能抓住这次机遇啊！然而，机遇却与王树声失之交臂，命运之神还是给他开了一个不大不小的玩笑。

这年年底，王树声从麻城县高级小学校毕业了。可是，他并没有能力做出符合自己志向的选择，像许多同学那样，去省城继续就读，而是由于家庭经济困难被迫辍学，回乡照顾曾拉扯自己长大的祖母和经营所剩无几的家业。那时，年近七旬的老祖母尽管苦苦支撑着整个家庭，但毕竟是心有余而力不足，垂暮之年，即想早日了却一桩心愿：为自己最疼爱的孙子树声成家立业。就这样，在王树声高小毕业时，这个家庭又一分为三：已经结婚的大哥宏忠、二哥宏恕各人自立门户，年幼的小弟宏义和小妹宏玉暂由大哥抚养；尚未成家的树声分得一份微薄的家产，和年迈多病的祖母一起生活。

如果王树声从未走出过家门前那石楼子岗的狭小天地的话，在当时绝大多数家庭还难得温饱的情况下，这也许是一个不错的、至少是可以接受的选择。可是，他毕竟见过了世面，开阔了眼界，他不可能再像父辈那样"安分"了。更重要的是，由于近几年所受进步思想的熏陶，他对自己的人生道路有了更高的追求和理想。

第二年春节过后，王树声怀着复杂的心情送走了昔日朝夕相处的同学蔡济璜、刘文蔚、桂步蟾、徐其虚等，他们已分别考入了省城的武汉中学和启黄中学；又依依惜别自己的兄长和人生道路的领路人王幼安，他在学校旧势力的极力反对下（被污为"不务正业"）也要离开麻城，去应城法院工作（时间不长，随后至武昌第五小学任教）。

用像关在笼子里的鸟儿来形容这时的王树声，应该是再恰当不过了。失落、无奈、惆怅，无时不在袭扰着他。正巧，本乡私塾无师开馆，乡亲们就诚意邀他前去执教。总算有点事干，在别无选择的情况下，王树声便极不情愿地当了一名私塾教师，在由王氏祠堂改作的私塾里教起书来。

把命运和私塾联系起来意味着什么，读过10年私塾的王树声自然十分清楚；若再想起一生穷困潦倒、郁郁寡欢的祖父，更使他有一种不寒而栗的感觉。他无论如何不能甘心就此碌碌无为，然而他又的确无法改变目前的处境。苦闷中，他只好时常找来《七侠五义》《西游记》《三国演义》《水浒传》之类的书籍消磨时光，并每每为书中那些兵头将帅的谋略智慧所启迪，为剑客武豪的侠肝义胆所折服。这时，他虽然还未想到直接从戎，但却萌发了寻找出路的念头。于是，他就越发想起不久前那些远走高飞的同窗好友，此时他们正在人生的道路上一展鸿鹄之志；而自己则犹如屋檐下的燕雀，难经风雨，成天只能在这"子曰铺"中转来转去，却不了解外面的变化。

的确，那时候，外面的世界正在发生着急剧的变化。

1925年1月，中共四大在上海召开。大会决定在全国范围内建立和加强党的组织，3人以上即可成立支部。大会强调农民问题在中国，尤其是在民族革命时代的中国之特别重要性，提出了普遍组织农民协会、建立农民自卫军以保护农民利益的方针政策。同年7月，董必武领导召开了国民党湖北省第一次代表大会，正式成立了国民党湖北省党部。湖北地区第一次国共合作局面的形成，为中国共产党在全省开展革命活动创造了有利条件，使国共两党的组织都得到了较大的发展。

武汉作为华中革命的策源地，也成为越来越多的有志青年走上革命道路的起始站。在革命斗争的洗礼和董必武、陈潭秋等的教育影响下，在武汉读书的蔡济璜、桂步蟾、刘文蔚、徐其虚等麻城籍进步青年学生，确立了对马克思主义的信仰，先后加入了中国共产党，成为无产阶级先锋队的一分子，从而为中共麻城县党组织的创建作了思想上和组织上的准备。同年夏，在武汉的麻城籍共产党员组成中共麻城工作组，王幼安任组长。[①] 工作组一成立就十分重视农民问题。为贯彻中共三大关于"农民当中国人口百分之七十以上，占非常重要地位，国民革命不得农民参与，也难成功""中国共产党若离开了农民，便很难成为一个大的群众党"的指示精神，遵照董必武等的工作部署，蔡济璜、刘文蔚、刘象明、邓天文等中共麻城工作组成员，在这年暑假期间回到家乡，利用走亲串友等方式，向群众宣传反帝反封建思想，开展革命活动。

这样，在挨过半年难熬的时光以后，王树声终于见到了朝思暮想的昔日同窗好友蔡济璜、刘文蔚等，并如饥似渴地向他们打听外面的情况，他们当然更不会

---

① 参见湖北省麻城市地方志编纂委员会编：《麻城县志》，红旗出版社1993年版，第564页。

"忘记"这个当年曾带头焚烧日货、大闹教堂的"团长胚子"。从好友们那里，王树声看到了《国民》杂志、《每周评论》、《共产主义ABC》、《共产党》、《共产党宣言》、《资本论入门》等进步书刊，知道了孙中山在广东领导的国民革命、国民党"一大"和"联俄、联共、扶助农工"的三大政策，同时也了解了苏联的工农政权、中国共产党的主张和大革命发展的形势。

值得一提的是，这时期对王树声进行革命串联的，除了昔日的同学之外，还有以"亲戚加同学"特殊身份的徐子清、徐其虚和桂步蟾等人。俗话说：娘亲有舅，爷亲有叔。由于王树声过早地失去了母亲，外祖母家那边就在生活上尽量地给以接济。特别是年龄与王树声相仿的小舅徐子清和表侄徐其虚（王树声母亲的堂兄之孙），在自己早一步确立了共产主义信仰之后，又逐渐地对王树声进行革命思想的影响。桂步蟾是王树声堂嫂（王宏学妻子）之兄，每次受中共党组织派遣由武汉返乡，从不忘借访亲之名，向王树声灌输革命道理。

信息的交流，心灵的沟通，使王树声孤寂和消沉的心又随着时代脉搏一起跳动，希望之火重新燃起。

到这年冬天，中共麻城工作组成员趁着放寒假的机会再回麻城，在县城无河桥统计所成立了中共麻城县特别支部委员会，王幼安任书记（1925年冬至1926年9月），邓天文、蔡济璜、刘文蔚、刘象明等为特支委员。中共麻城特支成立以后，遵照上级党组织的部署，明确了当前的主要任务就是建立和发展共产党的组织，筹建国民党县党部，建立农民协会，开展农民运动，并力求将这三项工作紧密结合在一起进行。随后，徐子清、徐其虚、刘象明、桂步蟾、胡静山等人组成的党小组，按照中共麻城特支的部署和要求，首先在群众基础较好的乘马、顺河地区进行秘密活动，确定对象，发展党员。思想进步的知识分子王树声，自然被列为主要的发展对象之一。

这时的王树声，早已辞掉自己毫无兴趣的私塾教师一职，刚刚于1926年初被聘为乘马岗区初级小学的校长。尽管这里的条件比原来的私塾好了许多，"校长"的头衔在农村一般人眼里甚至还颇具"身份"，但他依然觉得没有多少兴趣，缺乏任何激情。相反，他经常迷恋的是好友从武汉带来的进步书刊，思考的是三民主义或共产主义思想，向往的是加入国民党或共产党组织。

不久，王树声终于"如愿以偿"，在同学和亲友的劝导下，面对着孙中山先生的画像，诵读着《总理遗嘱》，加入了中国国民党。他一扫过去那种消沉郁闷的精神状态，情绪为之一振。

但是，王树声并没有把加入国民党当作自己人生道路上的终点站，从此停止对进步思想和真理的追求，相反，他开始站在新的起点上思考、比较，又在思考、比较中慢慢意识到，孙中山的国民革命思想是不彻底的，不可能从根本上解决中国的社会问题。而人类社会问题和中国社会问题的根本解决，只能仿效苏联走社会主义道路，即实行彻底的无产阶级革命。于是，他又有了新的选择和追求。

1926年2月13日，这天是中国人民的传统节日——春节，也是王树声一生中永远不能忘怀的日子。①

这天早上，在远远不绝的鞭炮声中，王树声刚刚起床，就迎来了满面春风、穿着一新的桂步蟾和刘象明。他俩在高嚷着"过年好"，并恭恭敬敬地给年迈的老祖母拜过年后，便和王树声一同来到厢房，关上门，再拉上门栓。坐在床沿上，桂、刘二人听取了他近来的思想情况汇报后，向其透露了真情：他们是国共两党的双重党员。他们讲道，同中国国民党的政纲不同，中国共产党的最终纲领是实现没有压迫、没有剥削、各尽所能、按需分配的共产主义社会。现阶段之所以与国民党合作，是因为它的主张适合中共的最低政纲；而且，共产党员参加国民党仅仅是以"个人身份"，一切政治性的言论行动，要受中共的制约。他俩还各自谈了对王树声的看法。

王树声神情专注地听着，他感到，中国共产党才是真正能代表最广大劳动阶级利益的政党，才是能改变整个国家命运的希望；中国共产党纲领和主张的基本思想，正是自己几年来内心隐隐约约欲表达并向往的。于是，他当即毫不犹豫地要求加入中国共产党，并坚决表示，为了党的事业和理想，即使赴汤蹈火、流血杀头，也在所不惜、义无反顾。

桂、刘二人交换了一下眼色，脸上露出了满意的笑容，这是知己好友们之间的真诚祝贺。只见刘象明从怀里取出一块红布挂到墙上，原来这是一面绣着斧头、镰刀的党旗。桂步蟾悄悄对王树声说道：鉴于你对中共主张的竭诚拥护和对革命事业的极力追求，经过一段时间的严格考验，党的秘密组织已批准你正式加入中国共产党，我们俩即是组织委托的介绍人。接着，在桂步蟾的带领下，王树声郑重地举起右拳，面对着鲜红的党旗庄严宣誓："我自愿加入中国共产党，服从党的纪律，为共产主义奋斗终生，严守秘密，誓不叛党。"

几天以后，王幼安又代表中共党组织正式找王树声谈话，进一步向他介绍了中国共产党的性质、宗旨和革命纲领，并勉励他时刻不要忘记入党誓言，在未来的革命斗争中锻炼自己，提高自己。

这样，王树声成了一名无产阶级先锋队的光荣战士，在历经坎坷以后终于找到了自己最理想的政治归宿。像鱼儿跃进了广阔的大海，似雄鹰飞翔在无垠的蓝天。从此，他感到精神上有了真正的依托，思想无比充实，时刻充满着激情，浑身有使不完的劲儿。他决心要走出一条不同于祖辈的全新人生道路，不管前面有多么巨大的险风恶浪，多么艰难曲折的革命道路，都将履行自己的誓言，把一切奉献给党和人民的崇高事业。

时隔27年之后，王树声在《自传》中饱含真诚地写道：

> 加入了共产党，即受党的教育，特别是入党誓词对个人教育很大，初

---

① 关于王树声入党的时间，有1926年2月、6月和8月三种说法。据曾经担任王树声警卫员的杨伯钧回忆，1972年春节期间的一个早晨，他陪王大将散步，聊天的时候，王树声得知杨伯钧是在1970年入党后，说道："你不简单呢，不到20岁就入党了，我入党时年龄还比你大，21岁。现在是72年的春节，我入党的时间是1926年春节，到现在四十多年了……"

步明确了革命的目的和党员的义务,增强了斗争的坚决和勇敢牺牲精神。

正是由于王树声选择了无悔的人生道路,认识到人生的真正意义,所以,在其后近半个世纪的革命生涯中,虽屡遭坎坷,历尽艰辛,仍百折不挠,鞠躬尽瘁,为实现共产主义的伟大理想而奋斗不息。

大革命时期,由于湖北全省还处在直系军阀吴佩孚的黑暗统治之下,国共两党的活动只能隐蔽进行。特别是中国共产党党员、中国共产主义青年团团员的发展都是在极秘密的情况下,往往利用亲戚、邻里、同学、故旧等关系,像"滚雪球"般进行的。当发展对象确定后,先由介绍人个别培养,考察一段时间,具备了入党入团条件后,经小组或特支讨论通过,再吸收为党、团员。新党员、新团员要向党、团组织宣誓。那时,党团都有自己的代号,党员称为C.P.或"大学",团员称为C.Y.或"中学"。当时发展党员的要求和条件很高,入党前要进行审查和考验,然后,根据实际表现,小组提名,干部讨论,交上一级领导机关批准,最后才能举行入党宣誓。党员要严守党的机密,自己入党后,不可告诉任何人,甚至连自己的父母、妻子、儿女也不许知道,谁泄露了组织机密和违反党的纪律,轻则警告、检讨、开除,重则处死。党组织经常教育党员,要为人民敢于牺牲自己。这种"滚雪球"式的发展党员或团员,具有极强的凝聚力和向心力,所以无论党员还是团员,都能够在极端困难的条件下,冒着生命危险,秘密工作,坚持革命斗争。

此后,王树声作为中共麻城特支领导下的党小组的一名成员,以教书作掩护,暗地里积极展开了革命的宣传和发动工作。

王树声首先在自己的兄弟姐妹中进行鼓动,并得到了他们的真心响应和支持。尽管他们都从父辈那里继承了一份微薄家业,但在那"大鱼吃小鱼,小鱼吃虾米"的世道,在天灾频仍、兵祸连年、苛捐杂税多于牛毛的年代,纵使终日埋头苦作,又怎能确保养家糊口呢?因此,当王树声在兄弟姐妹中宣扬孙中山"打倒军阀""二五减租""耕者有其田""天下为公"的主张时,他们纷纷表示赞同。再加上他们早就受到过大哥王幼安进步思想的影响,现在更加倾心思想进步,都愿意跟随王树声走革命道路。不久,王树声的大哥王宏忠、二哥王宏恕、弟弟王宏义、妹妹王桂玉(自谦)、伯父家二哥王宏学、弟弟王宏儒、大姐王娇玉、二姐王春玉,都先后参加了革命,以后又接受了中国共产党的主张,成为光荣的中国共产党党员或中国共产主义青年团团员。

接着,王树声又奔走于自家的亲戚诸族。他多次来到马家凹已出嫁的堂二姐春玉家。二姐夫马友雷,在内亲王幼安、王树声的影响下,在革命真理的感召下,思想进步很快,这个大地主的少爷和他的弟弟马友超毅然加入了中国共产党。他的地主老子知道后极力反对,马友雷振臂一呼,领着农友们分了自家的全部家财,自己搬到项家冲玉春娘家居住。以后曾是王树声妻叔的胡静山,本身也是地主家的少爷,同王树声并肩参加革命,从事革命工作积极主动。他们与王树声都成了可谓"亲戚加同志"的亲密战友。不仅如此,王家的其他亲戚朋友很多也都热情投入革命。仅王树声三房家的亲戚就有董家、胡家、徐家、桂家，其家庭成员中的绝大部分后来参加了武装斗争，参加了红军队伍，不少人成了红军中的革命骨干，如徐子清、徐其虚成为商南起义的主要指挥者，桂步蟾成为工农红军的基层领导人，胡静山、马友雷、马友超等成了当时和后来地方的基层领导人。

就是这样，一旦确立了革命信仰，明确了人生方向，王树声不仅把自己的人生投入革命之中，而且将革命引入自己的家庭及家族中。在王幼安、王树声的影响和发动下，王氏家族真可谓是"全族革命"。

1926年7月，在中国共产党的积极主张和推动下，国民革命军正式出师北伐，一路所向披靡，势如破竹。在连克汀泗桥、贺胜桥后，又于9月上旬进逼武汉，威震长江南北，军阀吴佩孚仓惶逃跑。

由于大革命高潮的推动，麻城革命运动空前高涨。在国共合作的旗帜下，共产党员蔡济璜、刘象明、徐子清、刘文蔚、王幼安等，遵照党的指示，以个人身份加入国民党，建立起国民党组织体系。9月，中国国民党麻城县党部在县城无河一道桥统计所成立，下设农人、工人、商人、妇女、青年、组织、宣传、训练八部，蔡济璜任书记长。随后，全县12个区也都建立了国民党区党部。然而，中共麻城县特支在帮助国民党创设组织的同时，一刻也未忘记党中央的指示："我们加入国民党，但仍旧保存我们的组织，并须努力从各工人团体中，从国民党左派中，吸收其阶级觉悟的革命分子，渐渐扩大我们的组织，谨严我们的纪律，以建立强大的群众共产党之基础"；共产党必须完全"站在国民党的中心地位"，牢牢掌握革命统一战线的领导权；[①]并及时做出工作布置：一面秘密组建各区委，着重在农村发展党员，一面公开合法地组织农民。[②]

根据中共麻城县特支的工作部署，王树声和徐子清、胡静山、桂步蟾、廖荣坤等，利用当时国共合作的有利条件，打着国民党的旗号，在乘马岗、顺河集一带领导"办党"（发展国民党），举行各种会议，培养积极分子，同时将运动中涌现出来的积极分子秘密吸收为共产党员，从而使中国共产党在这一地区的活动逐渐有了根基。

10月10日，北伐军攻占武昌，并生擒敌守城司令刘玉春。随着北伐战争的胜利进行，中国革命的中心由广州转移到武汉。湖北的工农运动出现了一个空前高涨的局面。工农运动的高涨，一方面要求共产党加强对运动的领导，另一方面又为共产党队伍的扩大提供了十分有利的条件。

机不可失。王树声和徐子清、徐其虚、廖荣坤等共产党员积极活动，并决定于10月15日，恰逢农历九九重阳节这一天，在乘马岗乘马会馆以建立国民党区党部为名，举行会议，以推动革命形势的发展。

[①] 参见中国共产党第三次全国代表大会《关于国民运动及国民党问题的决议案》，载《中国共产党历次重要会议集》，上海人民出版社1982年版，第26页。

[②] 参见湖北省麻城市地方志编纂委员会编：《麻城县志》，红旗出版社1993年版，第230页。

乘马会馆，在当地来说是个比较讲究的建筑，坐落在一个山坡上，脚下是一条水流潺潺的小河。它以青石铺基，青瓦盖顶，三间前厅，三间后厅，主厅坐西朝东，又由两侧各六间房相连，组成个正方的"口"字形。再加上门前六棵柏树，挺立两旁；两面石鼓，一左一右。整个布局，看上去浑然紧凑，古朴大方。这里原是一座佛教庙宇，名叫华祖殿，建于清朝乾隆年间，后被改建为学堂。①现在，穷苦大众要利用它开展革命活动。

这天，参加会议的共有48人。王树声和徐子清、徐其虚、胡静山等，是大会的主持人。蔡济璜、刘文蔚、刘象明等，代表上级莅临指导。全县8个区也都派人前来祝贺。大家欢聚一堂，全场气氛热烈。会场内挂着孙中山先生的遗像，开会时还宣读了"总理遗嘱"。会议提出的革命主张是实行三民主义，革命的口号是"打倒帝国主义""打倒不平等条约""打倒万恶军阀""打倒贪官污吏""打倒土豪劣绅""打倒流氓地痞""实行二五减租"等。在会上，王树声被宣布担任国民党小组长，并且讲了话，他提出了"应以乘马岗为中心向四邻进行发动"的主张。

也就在这次大会上，秘密建立了当地第一个中国共产党支部——中共乘马区支部，作为国民党乘马区分部的领导核心，由徐子清任书记。每个乡设立一个党小组，王树声任第二乡党小组长。

不久，中共党组织又在王家楼召集会议，研究如何进一步开展革命活动与组织发动群众的问题，参加会议的共四五十人，他们都是具有革命思想的青年。会上，王树声提出了反帝反封建的口号，他说："我们这些人家里，虽有钱有田，但都是靠剥削群众得来的。我们不能和土豪在一起，要推翻这种不合理的制度，要加入共产党。"会议最后决定迅速发动农民群众，建立农民协会，并进行了分工：徐子清、徐其虚等到西张店一带，王树声等到乘马岗一带负责建立和组织农民协会，并以国民党的名义积极发展共产党的组织。

王家楼会议之后，便开展了实际的革命发动工作。王树声等以乘马岗为中心，通过同学、亲戚和朋友关系进行串联，并多次在石槽冲他的家里、王氏祠堂等地秘密召开会议，扩大共产党的活动。嗣后，乘马岗四乡、六七乡、九乡（以上今均属河南新县）相继成立了中共党支部。

在附近的河南省光山县，也留下了王树声的足迹。1926年3月以后，王树声利用自己与当时光山支部领导人黄介人是远门表兄弟的关系，多次去光山，与其商议在泼陂河东南部通往麻城的留神桥一带发展中共党员、建立支部事宜。后因北伐战争开始，两人各自分管的农会工作繁忙，在留神桥建立支部的事就搁置下来。但由于此时奠定的基础，不久这一带终于建立了共产党的支部。

---

① 当时的乘马岗村北边有一条西北至东南流向的小河，因乘马会馆坐落在村子的北面、小河的南岸，故又被当地人称作"河南会馆"。该建筑于1930年秋，国民党军对鄂豫皖苏区进行第一次"清剿"时被烧毁。1937年，国民党驻军让河南籍商人集资重建为商会会馆。参见湖北省麻城市地方志编纂委员会编：《麻城县志》，红旗出版社1993年版，第531页。

至 1927 年 5 月，麻城县的中共党组织有了明显的发展，有中国共产党党员 25 人。[①] 按照党章规定"凡有党员三人以上均得成立一支部"，各地相继建立了党支部或党小组。

随着革命形势发展的需要，中共党员人数的增加，党的基层支部的增加，建立县委的时机成熟了。同年 5 月下旬，根据中共五大精神，中共麻城县委员会在育婴堂宣告成立，蔡济璜任书记，刘文蔚、刘象明、王幼安、吴济民、邓天文、王树声、冯术功等为县委委员，下辖 5 个区委、7 个支部。这时的王树声，同时还兼任国民党麻城县党部委员。[②] 从此，在中共麻城县委的领导下，全县形成了统一的组织系统，建立了"强大的群众共产党之基础"，也就在农村革命高潮中保证了中国共产党的坚强领导。但是，中共党组织的发展及其活动又是很不平衡的，大体说来，以麻城城厢、乘马岗、顺河集等地较好。特别是乘马、顺河两区，中共党组织的活动更是卓有成效，逐渐发展了一批贫苦农民和手工业工人入党，以至于共产党在这一地区一呼百应，革命斗争开展得有声有色。而究其原因，关键的一点在于这些地区活跃着一支首先觉悟了的、土生土长的革命知识分子群体。

在麻城革命历史的起始阶段，像王树声这样的革命知识分子，作为一支强大的生力军，积极活跃于斗争的前台。尽管他们人数不多，最初理论水平也不太高，可是一旦他们觉悟起来，就会喷发出不容抑制的能量；他们不仅"富于政治感觉"[③]，而且充满献身精神；他们在传播马克思主义的过程中，又自觉地与当地的农民群众相结合，真正成为以农民为主体的人民革命运动的组织者和领导者，"在现阶段的中国革命中常常起着先锋的和桥梁的作用"[④]，从而为轰轰烈烈的大革命和以后的土地革命战争准备了深厚的群众思想基础。

---

① 参见《中共湖北省委关于湖北农民暴动经过之报告》（1927 年 10 月），载中央档案馆、湖北省档案馆 1983 年 12 月编的馆藏本：《湖北革命历史文件汇集》；红安县委党史资料征编委员会编：《黄麻起义》，武汉大学出版社 1987 年版，第 23 页。
② 参见《王树声自传》。
③《毛泽东选集》第 2 卷，人民出版社 1991 年版，第 641 页。
④ 同上。

第二章　麻城县农民运动的领袖

一、组织麻城县第一个乡农民协会

王树声是一个知识分子，更确切地说，是一个农民出身的知识分子。在他身上流淌着农民的热血，体现着农民特有的性格；他骨子里充满着对农民天然的爱和难舍的情。当王树声去世许多年以后，了解而又理解父亲的长子王鲁光，把自己的父亲定位为：农民中的知识分子，知识分子中的农民。

王树声本人是什么成分并不重要，事实上，在他刚刚确立自己人生的追求目标之后，即满怀激情、义无反顾地投身到轰轰烈烈的农民革命洪流，成为麻城县农民运动早期历史上一位杰出的勇士。

1925年初的中共四大会议，第一次作出了关于农民运动的决议，指出：中国共产党要领导中国革命达到胜利，"必须尽可能地系统地鼓动并组织各地农民逐渐从事经济的和政治的斗争"，并提出反对土豪劣绅、反对预缴钱粮、拒绝陋规及不法征收、取消苛捐杂税等主张，同时认为必须普遍组织农民协会，建立农民自卫军，保护农民利益。这年秋天，董必武来到麻城县宋埠张杰垸，利用各种不同方式，接触群众，宣传群众，号召群众团结起来，向封建势力展开斗争，依靠团结起来的力量，从封建枷锁的桎梏下挣脱出来，做主宰自己命运的革命人。到冬天，中共麻城特支成立以后，其成员更是常常深入农村，宣传党的主张。

1926年1月，湖北省农民协会正式成立，并于3月召开了省农民协会代表大会。与此同时，中共党组织不断派出特派员，到各县加强对农运工作的领导。

这样，麻城在武汉上学的革命知识青年，连同在麻城的革命同志，首先来到县西北的西张店、乘马岗一带，他们利用当时国共合作的条件，进行革命的宣传与组织发动工作。但由于当时仍"处在直系军阀的高压之下，工作极其困难"[1]，为了保护农民的革命积极性，不致遭到反动势力的压制和打击，中共麻城县特支决定采取秘密方式，建立和发展农会组织。

王树声利用教学职业和校长职务的掩护，活动起来更加方便。他把教学之余

---

[1]《第一次国内革命战争时期的农民运动资料》，人民出版社1983年版，第467页。

的主要精力,都放在对贫苦农民的宣传上。在乘马岗初级小学简陋的教室里,他往往白天教孩子们读书,夜晚就教农友们识字,向农友们传播革命思想。他经常同农友们促膝长谈,以心换心,谈生产、谈生活,讲最近的革命形势,因而大家都把他当作自己的知心人,乐于听他说话。

有一次,他启发着问大家:"我们这些泥巴腿,一年到头面朝黄土背朝天地没命干活,打下的粮食能堆积成山,摘下的棉花能塞满仓库,可为什么还总是吃不饱穿不暖呢?"

有人说是"生辰八字"不好,有人说是祖先没有占到风水宝地,所以只能吃苦受穷。

王树声摆摆手,说道:我们这些人贫穷,绝不是我们的命运不好,生来命苦,也不是没有选好风水,天生就该倒霉。是什么呢?是我们每天辛勤劳动的果实一半以上都被地主家收租剥削去了,是我们所处的世道是个黑白颠倒、不公平的世道。我们要想不挨饿受冻,有自家的田种,有自己的衣穿,穷人们就必须紧紧团结起来,与地主老财们进行斗争,推翻这个黑暗的世道。孙中山先生在广东领导的国民革命,实行三民主义,要打倒军阀贪官,打倒土豪劣绅,实行二五减租,平均土地。我们穷人就要翻身了。

农友们听着真新鲜,全都听入了神,连声说要是那样就好了。王树声说:"快了,大家就等着看吧!"

慢慢地,如春风化雨般,农友们从王树声那里懂得了这样的革命道理:穷人种田,而土豪收租,这是非常不合理的事情。现在我们要把土豪劣绅打倒,自种自吃,再也不受他们的剥削;土豪劣绅能不能打倒,关键看我们自己。我们若是一盘散沙,就没有力量去打倒他们。如果我们组织起来,成立农民协会,力量就大了,土豪劣绅一定会被打倒。

暑假,在武汉上学的革命青年又回到了麻城家乡,徐其虚等人在王家楼堂屋的大门上张贴标语:"穷莫忧愁富莫夸,哪有常穷久富家。土豪把我穷人压,不劳而获得荣华。只要农民团结紧,千年铁树也开花。"

正是王树声等人的这些宣传和发动,使闭塞的山村逐渐燃起了反封建的星星之火。

在北伐军到达武汉之前,尽管湖北军阀当局封闭了省农民协会,压制农民运动,但是已经觉醒了的广大农民并未被吓倒,农民运动在极端艰难困苦之中"日有发展"。在不到一年的时间里,仅乘马岗、顺河集两区,就有石槽冲、上楼、王家冲、段家冲、九家楼、万义、安家畈、林店、料棚等地先后建立起秘密的农民协会,并开展了活动,从而为以后农民协会的大发展打下了良好的基础。

到这年9月,随着北伐军胜利进军湖北,在中共麻城县特支的领导下,麻城县农民协会筹备处在考棚成立,由刘象明、徐子清分别担任正、副主任。这是一个公开合法地领导农民运动的专职机构。

10月,北伐军攻占武汉,北洋军阀在湖北的反动统治被推翻,中共党组织的活动和农民协会遂由秘密转为公开。于是，麻城农民运动的风暴勃然兴起，并且迅猛地发展起来。

特别是乘马岗一带，由于中共党组织深入而广泛的宣传发动，贫苦农民们很快沸腾起来，革命情绪空前高涨。王树声更像一只无畏的海燕，在电闪雷鸣、狂风暴雨中翱翔拼搏，经受工农革命的战斗洗礼。

10月18日（农历九月十二日），这是麻城革命史上一个具有重要历史意义的日子。这天，在乘马岗东岳庙和石槽冲王家祠堂大门口的墙壁上，同时出现了组织农民协会的通告。

当天，日头还搁在西山岭头，王树声等就来到东岳庙大门口，摆出几张农家方桌，放上纸墨笔砚，笑容满面地站在桌前，迎候前来报名登记的人们。眨眼工夫，附近各垸数百农友陆续来到，大部分是青年人，有石槽冲、项家冲、上垸、付家铺的，也有董家凹、罗家凹、朱家畈、孙家畈和胡家冲的。人们互相打着招呼，递着烟袋，整个会场上笑语不绝，好不热闹。这时，王树声站到一个凳子上，清了清嗓子，激昂地对农友们讲道：我们的穷日子快到头了，穷人要翻身了。正在进行的北伐战争就是要打倒军阀，打倒贪官污吏和土豪劣绅，实行二五减租，平均土地。列宁领导俄国十月革命成功了，建立了工农兵政权和集体农庄，人人有田种，有地耕，有吃有穿有住。他指着墙壁上的通告，兴奋地告诉大伙儿：农民协会是贫苦农民的组织，是为贫苦农民办事的。它不同于以前的任何一种农民组织，它是在国共合作推动的国民革命运动中，农民群众要当家作主的组织。这个组织的规模可大呢！湖南、广东、江西都已经办起来了，我们隔壁的黄安县也正在办，我们要把贫苦的农友组织起来，同土豪劣绅、贪官污吏作斗争，要打倒这些人，一切权力归农会，把田地夺回来，取消强加在我们头上的各种苛捐杂税。一句话，贫苦农友要闹革命，要翻身……

"好哇，这样的农民协会，我们参加！"人们笑逐颜开，热烈鼓掌，随后争先恐后地报名登记。王树声不断地抄写着人名，一个接一个，应接不暇。

第二天，许多垸子的青年妇女也前来报名。有一个十三四岁的小姑娘，衣衫褴褛，挤到前面，怯生生地也要求报名。当得知她是一个受尽了地主欺凌的丫头，至今还没有名字时，王树声长叹一声，说道："以前，地主老爷们咒骂我们穷人是'黄泥巴腿子、黑脚杆子，成不了气候，成不了文章'。现在大变了。我们穷人就是要成气候，这是顺理成章的事。"并当场给小姑娘取名叫"项成章"。

报名结束，王树声站起来，扬了扬手上的花名册，当众宣布："从现在起，大家就是顶天立地的农会会员了！谁再敢欺负你们，你们就来找农会，农会为你们做主！农会就是大家的靠山！"

这次报名，一直持续了三天，这就是麻城革命史上有名的"庙岗起身"。就这样，在王树声等人的组织下，麻城县历史上第一个乡农民协会，即乘马岗区第二乡农民协会（小组长王树声），就公开成立了。①它的成立，标志着当地农民在党组织的领导、宣传和教育下，开始觉醒，开始团结起来，向束缚他们的罗网冲决。

"庙岗起身"几天后，农民协会在石槽冲王家祠堂开会，又有不少人报名参加，农会会员很快就扩至100多人。接着，大河铺的农民协会在元乾寺宣布成立，有会员120余人。到12月，大河铺以北的小寨、仓子港、余家河等地（现属河南新县），以南的冷水坳、邱家畈、丁家畈等地，也都相继建立起自己的农民协会。

当年冬天，由于王树声等人的积极活动，在各乡农民协会建立的基础上，乘马岗区农民协会又在乘马会馆隆重宣告成立，主席胡静山，组织部长王树声（兼第二乡农协小组长）。乘马岗区农民协会下辖13个乡，这是麻城县历史上建立的第一个区农民协会。同时，王树声的几个弟兄和至亲，像宏忠、宏恕、宏学、宏儒、马友雷、马友超等，也都被选为各基层农会的领导成员。

1926年王树声在乘马会馆组织成立麻城县历史上第一个区农民协会，图为乘马会馆旧址。

为了让穷人们相信农民协会不是"雷声大，雨点小"，王树声和桂步蟾一起商量决定，减租减息首先从自家做起。于是，他们分别走进各自的佃户廖荣生、萧志道的家里，当面向两位老农宣布：从今以后不要再向东家交课，减租减息就从自家开始。他们又动员自个儿的兄弟姐妹，亲自登门，向本家的佃户和债户宣告：从今后再不收租收息，并当场退佃、退押，甚至焚毁地契、借约。此后，徐子清、徐其虚也动员家人，主动将自家的田地和财物等分给贫苦群众。行动是最好的语言。他们的实际行动赢得了广大群众的普遍信任和拥戴，从而又使他们产

---

① 参见湖北省麻城市地方志编纂委员会编：《麻城县志》，红旗出版社1993年版，第12页。

生了极强的号召力。穷苦人看到这些地主子弟参加革命后立场坚定，爱憎分明，当真和自己一条心，都奔走相告，喜笑颜开，赞扬"共产党是真革命"，"共产党是真心为穷人"。

在王家楼（今属河南省新县）四乡农会召开的群众大会上，王树声望着黑压压的人群，双手叉腰，慷慨激昂：我们为什么要打倒帝国主义、军阀官僚和土豪劣绅呢？因为它们是中国封建政府统治、压迫、剥削穷人的后台支柱和基础，不打倒它们，穷人翻不了身，无法做到耕者有其田，无法做到不交租课。接着，徐其虚讲世界上没有鬼神，要破除封建迷信，烧香烧纸求神拜佛是骗人的，都救不了穷人，世界上也没有什么救世主，穷人只有组织起农会，联合起来，团结起来才能救穷人。最后，胡静山讲妇女要解放，男女平等，婚姻自由，放足剪发等。会上高唱打倒列强的战歌，高呼打倒帝国主义、军阀官僚、土豪劣绅的口号，好不热闹，人们无不欢天喜地，城乡真是大变了。①

在甘家堂（今属河南省新县）六乡农会成立大会上，面对着从附近村庄赶来的四五百群众，王树声讲道："农民协会是什么组织呢？是为我们穷人办事的共产党领导的组织。我们穷人一年到头忙，吃不饱，穿不暖。那些土豪劣绅不干活，不种田，偏偏吃好的，穿好的，还要欺负我们种田佬，这世道太不公平了！"他端起粗瓷大碗喝了一口水，用手指着殿堂内的泥菩萨问大家："过去，我们对这些泥菩萨烧香磕头，求神灵保佑，可我们发财没有呢？没有。天天烧香，天天受穷，这全是骗人的。真正能够救我们出苦海的，不是'救苦救难''大慈大悲'的观世音，而是中国共产党！我们穷人要想有田种，有饭吃，有衣穿，过上好日子，只有跟共产党走，组织起农会跟那些吸血鬼干！……"②

在石河寨山顶的观音庙前，王树声等人向前来参加农会会议的穷苦百姓讲官府和财主老爷们的压迫，讲历代农民起义失败的原因，讲革命政党领导的必要性。他还挥着手臂对大家说："我们成立了农民协会，还要组建农民义勇队，要举起手中的刀枪，保卫革命的顺利进行。"并鼓励青年人当场报名参加义勇队。③

正是在王树声的直接影响下，乘马岗一带的许多青年如许世友、陈再道等开始懂得革命道理，走上了革命道路。

王树声还利用各种机会，教农友们学唱语言朴实而寓意深刻的革命歌谣：

农民快快觉悟醒，天天起五更，归家戴星月，热天冷天都是苦辛勤。豪绅和地主，要租逼人命；……（《农民快快觉悟醒》）

可怜中国女同胞，锥耳又缠足……在家孝父母，出嫁敬丈夫，一生当奴隶，不敢对人言……快快起来争夺平等权。（《妇女歌》）

叫声农友们，快快要觉醒，为什么世上人吃人，这样不平等。不是命注

---

① 参见王恩厚：《难忘的岁月》，中医古籍出版社1998年版，第22页。
② 许世友：《我在红军十年》，战士出版社1983年版，第40页。
③ 参见《陈再道回忆录》，解放军出版社1988年版，第21—26页。

定,不是我无能,全是统治阶级剥削者,一手来造成。……劳苦大众要出头,只有闹革命。大家团结紧,奋起作斗争,一心跟着共产党,才能得翻身。(《发动歌》)

不论是骄阳似火的白天,还是淫雨蒙蒙的夜晚,乘马岗区的山山岭岭、村村寨寨,都留下了王树声和战友们急匆匆的身影。他们不辞辛苦地到乡下逐垸逐村地开展革命宣传,还经常利用亲戚朋友、家族关系进行传播。他们宣传北伐,宣传打倒帝国主义、封建主义,打倒军阀、土豪劣绅,同时也讲马列主义、共产主义,讲苏联革命成功等。尽管多数农民对帝国主义不大理解,也不知马列主义是什么,但对土豪劣绅和反动军阀是知道的,对他们给农民造成的危害是清楚的;他们对建立一个不剥削人不压迫人的社会并不十分清楚,但觉得打倒了土豪劣绅和反动军阀就能松口气、就能有饭吃,革命有活路、革命有前途。由于农民们最痛恨土豪劣绅和军阀,反抗土豪劣绅和军阀直接关系到大家的切身利益,所以最得人心。

不仅如此,王树声等人还联合邻县黄安的吴焕先诸同志,在西张店、垸店、顺河集、蟠龙集等地,深入发动群众,积极组织引导,冲破地主土豪的封锁,先后也成立了农民协会,当地的土豪劣绅被捉了起来,地主的权力被打倒。

1926年夏秋,王树声几次去河南省光山县泼陂河找光山支部领导人黄介人,串联发动建立农民协会,并在黄的带领下到光山西南部殷家棚一带,调查农民运动,宣传黄安、麻城的农运情况。在这年秋冬,光山殷家棚廖店共产党员熊德成在殷家棚发动群众建立农民协会时,讲道:王树声在麻城乘马岗东岳庙成立农民协会,穷苦农友们说王树声"庙岗起身"。我们殷家棚也有东岳庙,我们农会也在东岳庙办,我们这条冲不是叫庙冲吗?就叫"庙冲起身"吧!

对于这时期自己的工作态度,若干年以后,王树声在《自传》中朴实而又欣慰地评价道:

> 参加革命后,在党的教育和同志们的帮助下,在北伐胜利和农民斗争热情的影响下,更增强了个人革命的热情与积极性。

正是由于王树声和战友们满怀高涨的革命热情,进行积极的革命活动,到1927年的春天,仅就整个乘马地区而言,除磨角楼、骑路铺两个乡的少数地区外,普遍成立了农民协会组织,会员40000余人。

在中共党组织的领导下,农民协会从它诞生之日起,就以强大的生命力吸引着千千万万的穷苦农民。他们纷纷要求参加农会,以至于农协不得不定出一条限令:限定每户只能以户主为代表参加一人。可是,群众的革命热情异常高涨,这一限令难以实行,只好采取自愿加入的原则。一时间,农民协会以及妇女会、红色少年先锋队等其他革命群众组织都得到了很大的发展。

为了保证农会的纯洁性和革命性,农会规定了入会的条件,一般是"四不要":不要土豪劣绅,不要恶霸地主,不要地痞流氓,不要和地主豪绅划不清界线的人。农民入会时,只需报名,填写简单的表格,不发会员证,也不交会费,然后再给每个会员发放一根三色带(由红、白、蓝三种颜色的布带组成,宽2

寸，长2尺5寸），叫"三民主义带"，后来改为纯红色的"赤化带"，执行任务时挂在身上，作为会员标志。

农民协会的工作任务是组织和团结所有农民和农村中一切反封建的人，打倒土豪劣绅，领导群众清算积谷公款、减租减息、破除迷信和扫除一切封建恶习，唤醒农民觉悟，争取农民解放。在当时轰轰烈烈的农民运动中，农民协会实际上成了乡村的民主政权，既对付敌人，又处理农民内部的事务。

农民组织起来了。他们喜在心头，笑在脸上，喊着"打倒帝国主义""打倒封建军阀""打倒土豪劣绅""打倒贪官污吏""一切权力归农会"的口号，向恶霸地主、土豪劣绅展开了面对面的斗争。

随着大革命高潮的掀起，农村地主豪绅政权被摧垮，几千年来封建政权的根基开始动摇，反动封建礼教被打得落花流水，吸毒、赌博、迷信等社会恶习也都受到极大的冲击。广大农民从内心里感到：现在是我们黑脚杆子的天下了。

乘马、顺河地区首先燃起的农民运动的熊熊烈火，迅速扩展到麻城全县，各地乡、区农民纷纷起来夺取豪绅地主政权，农民协会如雨后春笋般建立起来。到1927年5月，全县13个区及其所属340个乡都成立了农民协会，其会员达12.4万人之众[1]，一个前所未有的农民运动的新局面正在呈现。

对此，王树声从内心感到高兴和自豪。

二、大义灭亲

在王树声早期的人生之路上，几乎每一步成长都离不开周围亲友的关爱和帮助，因而他倍加珍惜这份浓浓亲情。同时，自从他立下决心跟定共产党干革命的那一刻起，对他来说，党的事业又是至高无上的。

麻城各地农民运动的蓬勃兴起，动摇了地主豪绅在乡村的封建统治，他们恐慌异常，对农民运动极端仇视，把成立农会污为"地痞流氓"糜乱地方。他们有的暗地以"族规"、"家法"、辞佃来阻止农民加入农会，有的对加入农会的农民威胁恫吓，或施以小恩小惠，拉拢利诱，千方百计地破坏农民协会，还有的不法豪绅以防匪抢劫为由，加固宅院，扩充家丁，准备以武力与农会对抗。

为了保障农民运动的深入发展，对付反动豪绅的反抗和破坏活动，中共党组织号召农民协会把会员武装起来，加强农会组织的力量。

乘马岗区大河铺罗家河村有个大土豪，名叫丁枕鱼，有良田七八百亩，房屋几十套，雇有众多长工短工，全乡大部分农民都是他的佃户。他仗着有钱有势，为非作歹，恶贯满盈。最令人发指的是，他竟然兴出了什么"初夜权"——哪家

---

[1] 参见《中共湖北省委关于湖北农民暴动经过之报告》（1927年10月），载中央档案馆、湖北省档案馆1983年12月编的馆藏本：《湖北革命历史文件汇集》；红安县委党史资料征编委员会编：《黄麻起义》，武汉大学出版社1987年版，第23页。

佃户要娶亲或嫁女，首先要把姑娘送到他那里，让他先"开导"。不然的话，他就让婚礼成丧礼，让洞房成牢房。邓家湾一姓萧的姑娘，冬月就要出嫁，但丁枕鱼硬是霸占着不让出嫁。

丁枕鱼的儿子丁岳平，心狠手辣，是依仗父权欺压穷苦百姓的一条恶狼。

石破天惊的农民运动兴起后，农民协会下令减租减息。这对虎狼父子，视农会为眼中钉、肉中刺，发誓要与农会较量到底。他们搜罗一批流氓打手，请了"老师"，秘密组织了红枪会，与农会对抗，甚至扬言："谁狗胆包天闯入我罗家河，我丁家爷们等着！"

起初，农会对丁枕鱼没有动手。原因是，他有保镖，比较难啃；更主要的是，他与这时担任区农会组织部长的王树声有着很近的亲戚关系：按亲戚的辈数来说，丁枕鱼和王树声的祖母是同胞姐弟，也就是说，丁枕鱼是王树声的嫡亲舅爹。因此，大家不好硬去破这个情面。

然而，这个不可一世的大恶霸竟先动手了。1926年12月20日（农历十一月十六日），丁家父子指使手下爪牙们公然捣毁了大河铺乡农会罗家河分组的办公室，撕掉了街头上农会刚刚贴上的标语，然后得意洋洋地狂笑而去。

乘马岗区农民协会领导人胡静山、徐子清、王树声等听到这个消息，立即召开紧急会议，研究对策。到会人员，群情激怒，义愤填膺。王树声首先主动提出立即捉拿丁枕鱼，打掉他的反革命嚣张气焰。他不提，大家发言还积极，他一提，会议反倒冷了场。当他意识到大家的顾虑，便直截了当地问："是不是因为丁枕鱼是我的舅爹？"

大伙看了王树声一眼，心里知道：王树声平时最孝敬老祖母，他又是由祖母一手拉扯大的。即使不看僧面也得看佛面，他这个外孙，能狠心去惩治自己的舅公吗？大伙心里这么掂量着，谁也没作声。

这实在是一场严峻的考验，不论是对刚刚兴起的农民运动，还是对王树声本人。

王树声心窝一缩，急得毛躁火辣的。他大声说道："我们家有钱、有田，我舅爹家有钱、有田，都是剥削来的，我们闹革命，就是把穷苦农友组织起来，打倒土豪，消灭剥削，才能翻身解放。"最后，他越说越激动："请农友们放心，我王树声坚决和大伙站在一起，革命到底，永不变心！"①

王树声一席话，说得大伙心里的石头落了地。但是，也有的人不大放心，劝他说："老五啊，你真心实意干革命，我们信你的，不过丁枕鱼与你祖母关系太亲近了。"

"要革命，就不能讲亲戚情面。谁反对农会，就是我的亲爹娘老子，该斗也要跟他斗！"说着，王树声"啪"的一声，用拳头砸了一下桌子，斩钉截铁地说："走，今天就找丁枕鱼算账去！"

会议结束时，已是半夜时分。共产党员们冒着刺骨的寒风，摸着漆黑的小

---

① 秦基伟、徐深吉、罗应怀：《怀念我们的副总指挥王树声同志》。

王树声带领农民活捉大地主丁枕鱼（画）

路，分途到各个村庄召集农会会员集合。

整个乘马岗沸腾起来了，满山满畈响起了呐喊声，人人争相传告："王树声带头打丁枕鱼，走哇，参加打老虎啊！"成百上千的农会会员，无数对丁家怀有深仇大恨的群众，革命的热情像火山爆发一样迸发出来，一个个扛起大刀、长矛、鸟铳、锄头，直奔罗家河，很快就把丁枕鱼的住宅围得水泄不通。这时，天已黎明。罗家河分会的廖荣坤带着十几个身背大刀的青壮年，首先翻墙而入，外面的会员，一边攻打，一边向丁家家丁喊话："穷人不要为丁枕鱼卖命送死！"

在睡梦中的丁家父子万没有料到这一着，慌乱之中，丁岳平从后门溜掉，丁枕鱼钻进伙房里面的柴草堆里。

大门被攻开了，人们如潮水般地涌进丁家大院，从柴草堆里拖出正吓得瑟瑟发抖的丁枕鱼，你一拳我一脚，把他打得嗷嗷直叫，连连叩头求饶。

农友们指着丁枕鱼说："过去头顶你的天，脚踏你的地，你逼死了我们多少人啊！现在这个天，这个地是我们的了。"曾被丁枕鱼霸占了未婚妻的吴某，上去把丁枕鱼揍了一顿，咬牙切齿地骂道："你害得我结不了婚，成不了家，现在该我报仇了！"

随着一阵吆喝，丁家的粮仓被砸开，"阎王账"被点燃。红红的火焰照耀着正忙于分粮的农友们兴奋的脸庞……

"脸皮"既已撕破，更是一往无前。带着强烈的革命积极性、主动性和正义感，王树声又带头向自己亲戚中的其他少数反动分子开战。丁家岗有个外号叫"狗老八"的恶霸地主，是他的亲大舅。"狗老八"到河南光山纠集红枪会反对农会，破坏农民运动，其儿子"盐菜石头"也是坚决反对农会的死硬分子。王树声带领农友们在大庙将"狗老八"父子一同抓获，并当场处决。

这次斗争，像惊雷轰动了整个乘马，一连好几天，各乡都闹起来，怒涛滚滚，山呼海啸。农民协会的影响日益扩大。

丁枕鱼等土豪劣绅的反动气焰被压下去后，人们无不拍手称快，奔走相告，世代受尽压迫剥削的农民群众挺直了腰杆。特别是王树声大义灭亲的壮举，一传十，十传百，不胫而走，不翼而飞，在山乡城镇迅速传播开来，如催人奋进的号角，激励着广大的贫苦百姓更加勇猛地同土豪劣绅展开坚决的斗争。

农民斗争的烈火更加旺盛地燃烧起来，如火如荼的农民运动进一步走向深入。在"一切权力归农会"的口号下，土豪劣绅在政治上遭到沉重打击之后，紧接着必然是他们经济地位的动摇。当地的中共党组织正确贯彻了党的反帝反封建纲领，把斗争的着眼点放在解决农民的经济问题上，领导农民由减租减息发展到抗租抗息，开仓分粮，直至没收土豪劣绅、不法地主的财产。拿着原始武器的穷人们，协助农会又捕捉了方家湾反动区长王既之的侄子王子历等十几个土豪劣绅，并把他们的粮仓打开，把被搜刮去的积谷陈粮，一袋袋，一筐筐，喜笑颜开地背回家去。西张店一带的大土豪王芝庭、方勉之等，由于公然拒绝农民协会提出的减租减息政策，也被农民协会抓了起来。广大农民群众在惩治土豪劣绅的斗争中，在政治上、经济上同时获得解放和翻身，他们扬眉吐气，高兴地唱起了自己编的《农会歌》：

> 打起鼓来鼓起锣，
> 我们唱个农会歌，
> 农友们多么快活
> ……
> 减租减息又减课，
> 苛捐杂税都免却，
> 翻身日子真好过。
> 不是共产党来掌舵，
> 哪有这个好结果，
> 农友们时刻紧跟着。

麻城农民协会惩治地主豪绅的斗争，有力地动摇了反动统治在农村的政治和经济基础，在全县造成了空前未有的农村大革命。农民群众在这场疾风暴雨的斗争中，经受了锻炼，显示了农村大革命主力军的伟大力量。此后，麻城地区的革命群众，无论革命环境如何艰苦，始终英勇不屈地坚持斗争，这种光荣的革命传统，就是从这时锻炼成长起来的。

在这场激烈的阶级斗争中，王树声公开地背叛了剥削阶级，作为无产阶级先锋战士的一员，坚定地与广大劳苦群众站在一起，并以自己的行动赢得了群众的信任和拥戴，在群众中有着极强的号召力。他本人从中也增长了斗争才干，受到了很大的启发和鼓舞。

好似一转眼的工夫，1927年的春节就要到了。世代当牛做马的穷苦人，盼来了翻身后的第一个新春佳节，男女老少都沉浸在欢乐之中。

然而，在暴风骤雨般的农民运动面前，一切被列为革命对象的人，都吓得心惊肉跳，惶惶不可终日。他们有的携带金银财宝，逃到了武汉三镇；有的去投亲靠友，跑到了避风的河南光山新集；有的躲在麻城县城，求助于国民党右派的庇护。他们每到一个地方，就造谣惑众，混淆视听，咒骂农民协会和共产党人。正当这个时候，麻城县代理商会会长、大劣绅李舜卿，与国民党右派县长刘芳①、县承审官徐某等互相勾结，阴谋破坏农民运动，解散农民协会，推翻当时共产党人领导的国民党县党部，并放出已被农会逮捕的土豪劣绅。顿时，县城里的情势紧张起来。

中共麻城县特别支部很快得知了敌人的阴谋，立即开会商讨对策，决定先发制人，在敌人没有动手之前，调动乘马岗等区的农民来城，把县城闹它个天翻地覆，粉碎这一反革命阴谋。

1927年2月2日，正是农历正月初一，乘马岗区农会接到中共麻城特别支部的紧急通知：调乘马岗区农会会员奔赴县城，火速支援。王树声等人立即行动，迅速集合了数千农民，身背大刀，肩扛长矛，手提橄耙，顶着凛冽的寒风，像巨龙一样，浩浩荡荡地向县城涌去。一路上，不断有闻讯自动赶来的农民加入队伍，许多妇女从家里端着茶、饭热情慰问。下午，县城里的大街小巷，顿时人山人海，刀矛林立，犁头会旗飘扬。农民武装在城内革命力量的配合下，果断地逮捕了大劣绅李舜卿，同时还逮捕了反对农会、多次制造纠纷、带头闹事的工会会长罗佑章（绰号"罗偏头"，是个工贼），并把他们送进牢房。驻在县城内一个营的国民党部队，以及县警备队的几十条人枪，虽然想保护这些人，但慑于农民队伍人多势众，一时都不敢轻举妄动。县长刘芳和承审官徐某由于顽固地反对农民的革命行动，也被县农民协会当众宣布停职。县农会还同时宣布，全县"一切权力归农会"。在一段时间内，农会掌握了捉人、关人、处决反动分子的权力。这时，麻城县的机构虽然是国民党的政权机关，实际上已掌握在共产党的手里。

麻城县农民运动的发展，各级农民协会领导的打倒土豪劣绅的斗争，在整个湖北省产生了广泛的影响，省城的许多报纸都给予热情的鼓励和报道。1927年3月，《汉口民国日报》曾以《麻城农民协会收五毒》为题报道了一则消息："麻城的土豪劣绅，王芝庭、朱碧山、方勉之、方孝亭、余子游5人在麻城无恶不作，无钱不要。农友们看见他们，听着他们的名字就害怕，把他们叫五毒。我们看了这诨名，就晓得他们对农民的狠处了。但是，麻城兴了农民协会以后，农友们不说不怕五毒，反来收了五毒了。现在省农协，已将五毒内的一毒余子游捉起来了，还有四毒也要一起捉来才好了，才免得他们再放出毒来害农民……"

麻城县农民协会的威望日益提升，农民革命的情绪更加高涨。农民们兴奋地说："盖子揭开了，革命就要革到底！""共产党是真正领导穷人革命的，一定要

---

① 1926年秋，北伐军攻克武汉后，刘芳由北伐军方面派来担任麻城县第一任代理县长，并改县知事公署为县政府。

跟着共产党干到底！"

为了加强对农民运动的领导，适应新的革命形势，1927年3月，中共麻城县特支和县农会决定，选送刘文蔚、桂步蟾、龚正华三人前往武昌，到毛泽东举办的中央农民运动讲习所去学习。同时，县农会还选派刘象明、曾赛珠、屈绳武、曾森仪等参加湖北省第一次农民代表大会。

百炼才能成钢。在农民革命这座大熔炉里，王树声总是愿意主动接受锻炼，经受考验，使自己不断成长；他对革命事业的无限忠诚和在革命工作中的出色表现，自然无愧于党组织的信任和同志们的信赖，因而他很快被任命为县农会的组织部长。

担当重任的王树声，视野更加开阔。他深知，在这场激烈的阶级斗争中，广大贫苦农民表现出了大无畏的革命精神，他们是农民运动的主力军；农民运动的继续深入开展，关键在于各地要有更多的觉悟了的骨干分子，才能使刚刚点燃的农民运动的星星之火，扩大成为燎原之势。因此，这段时间，他在中共麻城县特支的大力支持下，以县农会的名义，在考棚连续组织举办了三期农民运动训练班，专门培训各区、乡农民协会骨干，共300余人。当时，由于各区、乡农会骨干大都没有文化，只是凭着朴素的阶级感情起来闹革命，常有许多旧意识和糊涂观念作怪。譬如，有人认为革命就是大烧大杀，不分青红皂白，恨不得把所有地主家庭都烧光杀尽；有人认为打倒了土豪劣绅就是革命成功，该轮到自己做官享福，甚至趁机报自己私仇或大捞一把；有人只认宗族关系、亲友感情，不讲阶级关系和革命情谊；也有人分不清国共两党的区别，统称"党先生"，奉若神明，给国民党右派分子破坏革命运动以可乘之机；等等。因此，培训班在注重实际工作方法学习的同时，还特别重视革命理论的学习，注意及时澄清和纠正一些错误认识。这样，麻城农运工作扎扎实实地向前发展，为将来革命斗争的需要打下了坚实的基础。

三、只身突围赴武汉搬兵

1927年的春天，大别山麓显得异常美丽，麻城北乡的农友们也格外忙碌，他们第一次这样精神爽快地在田间耕作，人人满怀喜悦，希望有一个好年景，秋后五谷丰登，大家都能吃上几餐饱饭。

在经历了连续的奔波后，略感劳顿的王树声及其农会的战友们真想稍稍歇口气。可是，人愿难遂。

被骤起的农运风暴惊吓而跑的麻城土豪劣绅们，并不甘心自己的失败，无时不在做着伺机反攻倒算的准备。他们逃亡到邻省河南，勾结当地的黑暗势力，以光山县新集为中心，以原有的反动民团为基础，大力扩充"红枪会""白枪会""黑枪会""孝子会""扇子会"等反动武装组织。他们从山东、河北招募来一批地痞流氓当"拳师"（即"教师爷"），训练会匪。每次训练时，摆上一张桌子，烧上三炉香，"教师爷"们坐在中间，手捻佛珠，口中念着"功到百日，刀枪不入""枪炮响，扇子动，子弹打不中"之类的"咒符"，让会员们光着膀子练刀枪，练"气功"，哄骗他们为豪绅老爷们卖命。

说起红枪会，其渊源最早始于白莲教，在元、明、清三代，就广泛地流传于民间。那时候，各地造反起义的农民，常借白莲教名义起事。到后来，因为他们在起义时人人头扎红布巾，手持红缨枪，于是就慢慢演变成"红枪会"的名称。

大别山南麓，山峦叠嶂，道路曲折，地形复杂，交通不便。在大革命前期，这里虽少军阀危害，但多土匪骚扰，为了防匪保家，许多村庄举办起红枪会。这时的红枪会组织，多数名副其实，是为防匪保家而建，很少被坏人利用。随着北伐战争的节节胜利，在鄂豫皖三省边界，农民运动得到迅速发展。一些地方的土豪劣绅，为维护自己的切身利益，抵抗革命力量的发展，纷纷成立红枪会等组织，利用农民落后、迷信的思想，仍以防匪保家为名，欺骗和强迫群众参加。这些组织名称繁多，五花八门，实际上都是为土豪劣绅所利用的反动武装。到了1927年初，为了与红枪会争夺群众，一些地区的中共党组织，抽出强有力的共产党员，也办起了"红学"，即党领导下的革命的红枪会，以红枪对红枪，对瓦解地主豪绅办的反动红枪会，团结和组织广大农民，起到了一定的积极作用。

3月，一些外逃的土豪劣绅纠集一股红枪会匪进攻麻城北乡一带。王树声和战友们率领农民敢死队、义勇队和广大群众英勇抗击，将其赶跑。农民革命武装与反动武装红枪会之间的生死较量由此开始。

4月12日，蒋介石在上海发动反革命政变，大肆屠杀共产党人和革命群众，成为大革命由高潮走向失败的转折点。在这样的政治气候下，麻城北乡逃亡在外的一批土豪劣绅认为卷土重来、夺回他们失去天堂的大好时机终于来到。

4月下旬，西张店的"八方会首"王芝庭、大恶霸地主丁枕鱼的儿子丁岳平、反动区长王既之的儿子王仲槐、王子历的哥哥"王九聋子"等反动头子，以"红枪会""白枪会"为主力，纠集各种反动武装共1万余人，由河南南下，气势汹汹地向乘马岗、顺河集等地区猖狂进攻。这帮匪徒打到乘马岗一带后，杀人放火，抢劫财物，破坏生产，捣毁农会，残害农会干部和革命群众，凡剪发的妇女一个不留，统统杀掉，王树声等一些撤走的农会干部受到悬赏"通缉"。生机勃勃的麻城北乡一时变得阴风凄凄，遍地是焦黑的灰烬，到处是悲惨的哭声。

面对残暴之敌，中共麻城县特别支部成员沉着冷静，一面率领农民武装和革命群众进行坚决英勇的抗击，一面以麻城县党部及各团体的名义"迭电"国民党湖北省党部、省政府请示解决办法①，并派王树声星夜赶赴武昌，向省里告急。

一路上，王树声奋步疾行，到武昌后找到中共湖北省执行委员会委员、时任

---

① 参见1927年4月29日《汉口民国日报》，载《中国工农红军第四方面军战史资料选编·鄂豫皖时期》（上），解放军出版社1993年版，第68页。

湖北省政府负责人的董必武，代表中共麻城县党组织向他汇报了关于麻城反动地主武装屠杀革命群众，进而包围县城的情况。董必武听后十分愤慨，让王树声准备一下，在联席会议上再作汇报。那时汪精卫等控制的武汉国民党中央还未同共产党公开决裂，因而必须争取各方面的支持才能解决问题。

在董必武主持召开的国民党湖北省党部、省政府和省农协等各方代表参加的联席会议上，王树声慷慨激昂地汇报了土豪劣绅捣毁农会、捕杀干部和革命群众、制造"麻城惨案"的经过。大家听后颇感震怒，纷纷主张采取果断措施。会议最后决定，立即成立"麻城惨案委员会"前去调查处理。该会由省党部代表丁涛庵、省政府代表刘云庭、省农协代表郭树勋（郭述申）等省、县两级有关人员组成。4月22日，麻城惨案委员会成员在王树声的陪同下前往麻城。

这时候，麻城形势进一步恶化。匪徒们从乘马岗南犯，经过一路烧杀，于4月底包围了麻城县城，狂吠"要清党，要放人，要报仇"，并扬言要"血洗麻城，报仇雪恨"，妄图抢回在押的丁枕鱼、王子历和李舜卿等恶霸头子。

麻城县城，地处丘岗起伏中的一片平地上，是一座只有两三里见方的小县城，虽说四周筑有厚厚的城墙，但是，城内除了几十人的县警备队，并没有守军。县长刚刚上任，听说反动红枪会要进攻麻城，慌忙调来郑其玉的部队，拟作守备。而郑部名义上是自卫军，实际上是由夏斗寅的看家部队——民团刚刚改编的，不仅人数少，且无战斗力，又与农会不一条心。因此，早在红枪会围城之前，中共麻城县党组织和农民协会就火速动员县城附近的穷苦农民，城里的工人、店员、贫民，同撤退到县城的乘、顺两区的义勇队一起，守城抗敌。

由于当地驻军的姑息纵容，麻城反动势力愈加猖獗，纠集会匪2000余人，于5月初对县城发动了疯狂进攻。

麻城惨案委员会成员同中共麻城县党组织、县农协的领导蔡济璜、王树声等，一起登上城头，率领农民自卫军战士，手持大刀、长矛和少量的步枪、鸟铳，搬来大量石头、瓦片和石灰罐，守卫在麻城北门的城墙上。

参加守城的每个人，当时都明白这样的道理：不跟着共产党走，穷人就没有活路；只有共产党，才能救穷人，才能救中国。有了这个朴素的认识，就有了坚定的信念。因此，尽管势单力薄，可大家万众一心，斗志昂扬。但是，一开始，也有一些人被怪模怪样、装神弄鬼的红枪会匪徒的阵势唬住，心里不免产生怯意，一时有点不知所措。就在这时候，王树声从身旁队员的手里，拿过一支步枪，瞄准冲在最前面的"师爷"，"叭"的一枪，子弹不偏不斜，正好打在"师爷"的心窝上。"师爷"倒地，群匪乱阵，红枪会"刀枪不入"的鬼话被戳穿。紧接着，守卫县城的义勇队队员，以飞叉、石头、竹竿、石灰罐和少数步枪，狠狠杀伤敌人。匪徒们应声倒地，伤的伤，亡的亡，再也不敢硬冲。

混战中，只见"王九聋子"坐着大轿，指挥一股匪徒，悄悄由北门向西门方向蠕动。在城墙上密切注视战况的王树声发现这一情况后，即带领部分义勇队战士，隐蔽地转移到西门城墙上。"王九聋子"凶神恶煞般地吼叫着，众匪徒蜂拥向西门冲击。面对着黑压压一大片敌人,究竟怎么打?王树声仔细地观察敌情,突然眼前一亮,命令义勇队队员搬起石灰罐专门瞄准"王九聋子",等他靠近时,王树声大喝一声,只听"轰"的一声,十几个石灰罐朝"王九聋子"砸去。其中一个石灰罐不偏不倚正好砸中"王九聋子"的脑袋,他顿时毙命。丁岳平见势不妙,急忙收兵,仓皇后退,不敢攻城了。

麻城城头这一仗,虽然规模不大,但它毕竟是王树声登上军事舞台的第一个亮相。初次实战,王树声的军事才干即崭露头角。特别是在张牙舞爪、气势汹汹的强敌面前,他沉着冷静,既不怯阵,也不死打硬拼,而是运用计谋,打敌要害,擒贼擒王,挫敌之锐气,树我之威风,这是难能可贵的。

首战告捷,人们欢欣鼓舞。不过,围城的会匪虽然被吓退了几里路,但是并没有撤走。如果敌人长期围困,必然会给守城的军民带来严重的困难。麻城惨案委员会与中共麻城县特支、县农协立即召开紧急会议,研讨下一步对策。大家一致认为:敌人决不会善罢甘休,由于农民武装人数很少,形势依然十分危急,必须再赴省城,请求援兵。

可是,派谁去武汉搬兵呢?

大家都自告奋勇。关键时刻,王树声当仁不让,主动请缨:"武昌我熟悉,董必武同志我认识,他们一定会支援的。"望着他那被激红了的脸庞,大家从心底里信任他,但同时又不能不为他捏着一把汗。

■ 王树声赴武汉搬兵,向董必武等汇报。(画)

午夜时分，王树声经过简单化装后，从北门的一个偏僻处神不知鬼不觉地吊下了城墙，悄悄摸近敌人的住处，点上一把火。等火烧起来之后，他再大喊救火，边跑边喊，冲破敌人的包围。然后，城里的人组织侧翼出击，吸引敌人，掩护他安全出境。

军情如火急。王树声一口气赶到武昌，向董必武汇报了麻城面临的严重形势。董必武在与各方面联系后，又同担任湖北省农民协会名誉主席的毛泽东一起商定，派中央农民运动讲习所的学生军，驰援麻城，镇压地主武装；同时以国民党省党部及省政府名义，急令正在黄安剿匪的省警卫团一个营，前往麻城协同学生军作战。

王树声心里悬着的一块石头终于落了地。中央农民运动讲习所是在毛泽东的主持下举办的，"农民运动讲习所的使命，是要训练一般能领导农村革命的人才出来，对于农民问题有深切的认识，详细的研究正确解决的方法，使锻炼者有农运的决心，几个月后，都跑到乡间，号召广大的农民群众起来，实行农村革命，推翻封建势力"[①]。讲习所学生实行军事化管理，除了学习农民运动知识和一般的革命理论以外，还特别注重军事训练。由汉阳兵工厂拨给学校步枪400支，大部分学员都有1支步枪和150发子弹，以资实地训练。第一届入校学生实际人数为739人，由全国17省选送而来，其中有麻城籍学生3人。此时，王树声想起不久前，自己还代表县农会欢送刘文蔚等3人前往农讲所学习的情景。

5月14日晚11时，中央农民运动讲习所一大队的武装学生250余人，由武昌汉阳门登船顺江东下。学生军头戴大檐帽，身穿灰军装，背负竹斗笠，肩扛"汉阳造"，个个雄赳赳，气昂昂。

王树声与学生军同船出发，他的心像滔滔大江一样涌起激浪，有着说不出的喜悦和激动。在他的皮箱里，还带回了12支新买的驳壳枪。

15日，学生军一行到了团风，当晚在黄冈围剿会匪，打死当地匪徒十余人，打死"教师爷"2人。16日宿营白果，17日上午与省警卫营一起到达麻城县城。

消息快如风。当学生军和省警卫营向麻城疾进途中，围城会匪就闻风丧胆，惊恐万状。"神兵学生军来了！""武汉的军队来了！""快跑——快跑——快跑！"匪徒们仓皇北撤，缩回罗家河、方家垱、熊家冲等反动据点去了。就这样，在革命武装的威慑下，一枪未发，麻城县城解围了。

17日下午，学生军排着整齐的队伍，唱着响亮的战歌，从南门进入麻城县城。满城群众敲锣打鼓，夹道欢迎。

"老五这回立了一大功！"领导和农友们热情赞扬王树声赴武昌搬兵任务完成得好。

他笑笑说："是湖北省和董必武同志关怀我们，援救了我们，功劳归于党！"

麻城解围后，根据国民党湖北省党部新近正式公布的、由董必武主持制定的

---

① 《第一次国内革命战争时期的农民运动资料》，人民出版社1983年版，第119—120页。

《湖北省惩治土豪劣绅暂行条例》和《湖北省审判土豪劣绅委员会暂行条例》，中共麻城县委、县农协成立了以蔡济璜、刘象明、王树声等为首的审判土豪劣绅委员会，并依靠学生军的支持，于18日在杨基塘召开了由数千人参加的群众斗争大会。在王树声的主持下，大会公审了作恶多端、民愤极大的李舜卿、丁枕鱼、王子历等反动分子，并当场将他们枪决。

又是王树声，惩处了自己的舅爹丁枕鱼！

王树声用自己的实际行动，在人们心目中树立起无私无畏、忠于革命的高大形象，更加坚定了群众跟着共产党干革命的信心。

随后，为了稳定革命局势，学生军、省府警卫营、农民敢死队（由乘马岗、顺河两区的200名农民组成）和县自卫军郑其玉部一起，在中共麻城县委和县农协的领导下，挥戈北上，向会匪遁逃的乘马岗地区挺进。惨案调查委员会也一同前往。这次追歼的具体部署是，学生军正面追歼，警卫营从西侧迂回，再集中主要兵力端掉会匪老巢——方家坳，给敌人以毁灭性的打击。

剿匪队伍到达乘马岗以后，将指挥部设在乘马会馆。乘马岗区农会立即组织农民集会，热烈欢迎学生军和革命队伍的到来。会上，学生军代表讲了话，宣传革命道理，号召农会武装起来，进行反帝反封建的斗争，给当地农民以很大的鼓舞。当听说要进攻会匪时，附近的农民手持锄头、扁担、大刀、长矛、鱼叉、鸟铳，自动地跟随革命队伍，积极参加战斗。由于广大农民参加歼匪，指挥部只好重新作了战斗部署，分兵两路，以主要兵力去攻打方家坳，另以一部分兵力去攻打罗家河。

罗家河是丁枕鱼的老巢，自从农会处决了丁枕鱼之后，丁岳平咬牙切齿，嚎叫着要报"杀父之仇"。他继其父充当红枪会会首，又是还乡团头目，更加穷凶极恶。

退守罗家河后，为做垂死挣扎，他大办酒席，准备迎接从河南请来的"拳师"。这天，饭菜已准备好了，"拳师"还未到。但是，从王福店打探消息的匪徒却气喘吁吁地跑来向丁岳平报告说："学生军已经打来了！"正做重整军威美梦的丁岳平，听到这个消息，心里十分惊慌，为了给下面的人壮胆，却装着满不在乎的样子说："不要怕，你们在屋子里把大门闩起来，就是来了十万八千，只要听我的，也可以抵住。"正说话间，一阵枪响，随之杀声震天，学生军、农民敢死队及群众已经打来了。丁岳平听见枪声和喊杀声，吓得面如土色，带着一些匪徒仓皇逃窜。革命武装追了一阵，打死了几个匪徒，救出了被丁岳平关押的农会干部和会员。最后，农协派人将丁岳平家里的财产酒肉分给了农民，然后烧毁了丁岳平的房子。罗家河战斗结束后，学生军及农民敢死队顾不上休息，立即支援主力攻打方家坳去了。

方家坳是麻城地区封建土豪和红枪会匪徒的大本营。它背倚山冈，前临大塘，易守难攻。大土豪王既之早就勾结反动枪匪，在这里筑起了围墙炮楼。他们强迫当地农民参加红枪会，并从河南搬来一些带有少数枪支的流氓作为帮凶，与农民协会为敌。当红枪会匪徒被农民自卫军从麻城击溃后,便重新聚集在方家垸,紧闭大门,加紧构筑工事,在炮楼上架起土炮、土枪,发誓与农民自卫军对抗到底。

为了打掉敌人这个堡垒,5月19日下午1时许,王树声带领一两千农民武装,与学生军一起,以迅雷不及掩耳之势团团包围住了方家垸。

进攻开始后,大军分路向方家垸猛攻。红枪会的匪徒们居高临下,从炮楼、寨墙、房屋的枪眼口,用钢枪、土炮、土枪拼命顽抗,打得学生军和农军抬不起头来。双方就这样一攻一守,一直打到黄昏,寨子依然未破。

其实,学生军虽然是人手一支"汉阳造",可毕竟不是正规部队,啃起方家垸这样的硬骨头来,办法不多。王树声带领的农民敢死队和义勇队等武装,战斗热情很高,复仇心切,勇猛顽强,可基本上没有什么军事素养,攻寨效果很差。另一支担任攻寨的自卫军郑其玉部,由于是从民团刚刚改编过来的,与红枪会有着千丝万缕的联系,表示"自己人不打自己人",所以战斗中阳奉阴违,不是按兵不动,就是虚张声势。

这时,攻打罗家河的那支队伍增援来了,两股力量会合一起,立即召开战地会议。大家及时总结经验教训,认为不能硬攻,只能智取。王树声突然想到以前读过的《三国演义》,想起了火攻的妙招。他把用火攻寨的想法告诉了大家,得到了众人的响应。于是,重新部署兵力,确定用火攻来消灭敌人。

天黑以后,附近的群众运来了四五百担柴草以及许多破棉絮。一切准备停当之后,学生军和农民武装再度发起猛攻。农民敢死队的枫树炮(将枫树心挖空,内装炸药、铁钉等物,炮身用榨油的铁箍箍紧)和学生军的钢枪集中封锁住敌人炮楼的枪眼。紧接着,几个敢死队队员冲上去,他们有的头上缠着湿棉絮,有的顶着桌子,都挟起柴草,在学生军的掩护下,向围墙逼近。靠近围墙后,大家便燃起柴草,迅速朝敌据点里和房子上扔。这时枪匪一土炮打来,一个农友壮烈牺牲。但是匪徒的枪炮吓不倒英勇的学生军和苦大仇深的农民,反而愈加激起了大家的满腔义愤。抱柴草的人更是临危不惧,毫不退缩,趁着敌人的土炮装火药的空当,猛冲向前,终于把马棚烧着了。这天晚上恰巧大风骤起,顷刻之间,浓烟滚滚,烈火腾腾,方家垸变成一片火海,直烧到半夜。敌人被烧得焦头烂额,乱成一片。王树声脱掉上衣,手持大刀,乘势率领部队冲进方家垸。在这之前,王既之眼看末日来临,便狗急跳墙,指使一个亡命之徒,买通了郑其玉,让其从后山潜逃。当学生军发觉后,马上追赶,只抓到了一个爱财如命的地主婆。方家垸一仗,极大地鼓舞了广大农民群众的斗志,再次显示了王树声的胆量过人和智勇双全。

攻下方家垸后,学生军、警卫营的战士,分别驻在乘马岗等地进行休整。5月21日,中共麻城县委和县农会在乘马岗青砖河召开了斗争大会,枪毙了付某田、张老三、王正先等土豪劣绅。

经过三天休整,学生军、警卫营挥师直捣会匪老巢——熊家冲。但途经丁家岗时,在香炉山下不幸中了会匪的埋伏,尖兵班猝不及防,伤亡过半,大部队只得暂时后退。这次战斗失利,主要原因是没有动员那些熟悉情况、又作战勇敢的农民参加战斗。经过总结,吸取了教训,中共党组织立即动员农民配合作战。农民们扛着锄头、扁担、大刀、长矛,浩浩荡荡,随学生军、警卫营前进。在广大农民的配合下,第二天便攻下了熊家冲,活捉了会匪头子"六魔王"胡幼安,并就地镇压了一批会匪头目。学生军、警卫营及农民武装斗志昂扬,乘胜追击,一直打到河南新集的东南地区,沿途捣毁了会匪设的许多"香堂",解救了许多被捆绑吊打的无辜群众和农会干部,缴获了大量武器。接着,部队兵分二路回撤,沿途继续扫荡红枪会残匪,胜利地回到乘马岗。至此,麻城境内的枪匪据点基本肃清。

在反击大军直捣新集一带的会匪老巢时,有位农民自卫军战士气急之下,放火烧了一个红枪会会徒家的房子。当王树声了解到这个会徒也是穷苦人,只不过是被欺骗蒙蔽而加入红枪会时,他敏感地觉察出问题的严重性,当即抓住这件事教育大家:农友们,天下穷人是一家。有的人加入了红枪会,大多也都是被土豪劣绅威逼或上当受骗的。我们决不能乱烧乱杀,把自己的兄弟推到敌人怀里。要学习学生军,秋毫无犯,才能得到农友的拥护和支援。穷人只有一条心,团结战斗,才能彻底翻身!

说完,他看了看不远处被摧毁的岗楼,然后带领大家搬来岗楼的材料,帮那家穷人又搭好了房子。这无形、最好的宣传,不仅引来附近不少群众赶来送行,而且感化了不少被红枪会蒙骗胁迫的穷苦人,争相倒戈投奔。

学生军、警卫营驰援麻城,共进行战斗20余次,总计处决和击毙土豪劣绅、会匪头目、"教师爷"及匪徒200余人。学生军的到来,虽然没有直接消灭大量敌人,但却沉重地打击了反革命势力,基本上扫清了反动的红、白枪会的据点,缴获了大批武器,挽救了黄麻地区的革命力量,对麻城县农民武装斗争的坚持和发展,对当地农民群众革命觉悟的唤醒和提高,都产生了积极、深远的影响。

5月26日,学生军、警卫营等胜利返回麻城县城。中共麻城县委、县农会在县城东面的马道子召开了万人参加的祝捷大会,蔡济璜、刘文蔚、王幼安、王树声及学生军、警卫营负责人都热情洋溢地讲了话。31日,学生军、警卫营等人员在广大群众的欢送下,离开了麻城,凯旋武昌。

四、"三寨"歼敌树声威

建立农民政权,推翻地主豪绅统治,是一场你死我活的激烈阶级斗争,是一场剧烈的农村革命,因而农民政权必须拥有自己的武装。对于这个问题,中共中央在1925年1月就曾提出:在普遍组织农民协会时,建立农民自卫军。由于当时国民革命军北伐尚未开始,各地农民协会尚未成立,所以农民自卫军也不可能建立。随着北伐战争的胜利发展,各地农民协会相继成立,中共中央的上述主张得到了国民党的赞同。1927年3月,国民党二届三中全会在对农民宣言中提出:

"须使农民有足以保卫其自己利益的武装,这是农村的革命胜利即民主势力推翻封建势力胜利之确实的保障。"①根据这个精神,国民党湖北省党部训示各县:在农民协会领导下,成立农民自卫军,作为常备军事组织;各县农民自卫军成立后,分驻全县要地,以保卫农民运动的发展。

实际上,在与土豪劣绅的尖锐斗争中,中共麻城县党组织就已经逐渐认识到建立农民革命武装的重要性。早在1926年秋末冬初,随着乡一级农会组织的建立,为了对付反动武装向开展农民运动的地区进行的骚扰袭击,保卫农会和农民运动的胜利成果,各乡村开始纷纷组织起农民义勇队。后来,由于斗争的需要,有的区、乡在农民义勇队的基础上组建了农民敢死队。

当麻城惨案发生后,面对反动红枪会穷凶极恶的进攻,各地农民武装奋起抵抗,并在麻城解围后,积极配合讲习所学生军和警卫营,乘胜追击,取得了反击红枪会等反动武装斗争的胜利。同时,经过这次生死攸关的激烈斗争,中共麻城县党组织更加清醒地认识到,保卫革命的胜利成果,必须拿起枪杆子。

关于麻城农民群众武装的建设问题,当时曾经积极参与这项工作的王树声时隔多年后回想起来,仍记忆犹新:

> 在以上一系列的斗争中,党吸取了历次斗争的经验,深感建立革命武装的重要,农民群众对武装的要求也很强烈。于是,就在追击红枪会的过程中,成立起农民敢死队,约二百余人,和广大武装农民配合省里派来的武装一起作战。这支队伍一成立起来,作战就非常勇敢,红枪会几次反扑,都是敢死队配合援兵冲上去把它打垮。当时参加敢死队的,都是斗争最坚决的农民,所以叫敢死队,顾名思义,就是谁不怕死,谁就参加。他们拿的多是刀矛、土铳等原始武器,矛子要比红枪会的长。铁矛不够,就用竹子削尖,用桐油炸过,同样锐利得很,当时仅有四枝步枪,是从县警备队搞来的,因为打坏了一枝,故称"三枝半"……②

1927年5月底,中共麻城县委、县农协根据湖北省农协颁布的《农民自卫军条例》,在乘马岗将农民敢死队正式改为麻城农民自卫军,大队长刘文蔚。由3个排组成,余佩芳为一排长,廖荣坤为二排长,余雅太为三排长,熊振翼为教练长,共100余人,长、短枪六七十支(开始时4支,后来买了10多支,又缴了一些步枪)。③农民自卫军完全脱产,是全县的武装基干力量。另外,地方各村还组织起了不脱产的农民自卫队。自卫队以自备的刀矛、鸟铳作武器,随时听候召唤,去参加保卫家乡的战斗。

那时,随着蒋介石集团的叛变革命,国内的政治局势发生了根本的变化,武汉国民政府内部斗争形势也日趋复杂、严重。5月15日,武汉国民革命军独立

---

① 《第一次国内革命战争时期的农民运动资料》,人民出版社1983年版,第46页。
② 王树声:《黄麻起义及其前后的一些斗争情况》,载《中国工农红军第四方面军战史资料选编·鄂豫皖时期》(上),解放军出版社1993年版,第404—405页。
③ 参见《陈再道回忆录》,解放军出版社1988年版,第49页。

第十四师师长夏斗寅发动叛乱,率部进攻武汉,并直抵纸坊。时任武汉卫戍区司令的叶挺,在农民运动讲习所学员、武汉军事政治学校学员和武汉工人纠察队的配合下,率部将夏斗寅叛军击退,才使武汉政局暂时转危为安。

根据上级的指示,中共麻城县委,曾多次召开会议,分析形势,研究敌情,商讨对策。他们一致认为,蒋介石在上海叛变革命后,当前的敌我形势,正朝着对己不利的方面逆转,夏斗寅部虽被叶挺部击退,但斗争必将继续下去,波及湖北各个地区,对此应有充分的思想准备。

果然,被打退的麻城县的反动地主豪绅们,听到夏斗寅部叛乱的消息,就如同打了一针强心药,马上收拾残兵败将,重新集结所谓"打不死"的红枪会组织,不断地向农民政权和农民武装发起进攻。这些红枪会匪虽是乌合之众,但气焰嚣张,破坏性极大。

不过,经过锻炼了的农民武装,从武器装备到作战经验和军事素质,都有了较为明显的改善和提高。当敌人发动反扑时,农友们不再惊慌,农民自卫军也显得沉着和镇静。

作为农民自卫军指挥员之一的王树声,尽管开始对领兵打仗还是个"门外汉",但经过几次战斗洗礼,他还是摸出了一些门道。以前打仗只知道自己一股脑儿地冲在最前面,而现在多少知道一点"排兵布阵"。在与红枪会这样的反动武装的较量中,王树声开始认识到"战略战术"的重要性。

面对反动势力的猖狂进攻,王树声和他的战友们,率领麻城农民自卫军和其他群众武装,紧紧依靠广大农民群众的大力支持,坚决自卫,英勇反击,在保卫家乡、保卫生产的斗争中,经受住一次又一次的考验,取得了一个又一个的胜利。

乘马岗地区,北部接河南光山县,东部与本县黄土岗、福田河相连,西部则是农民运动蓬勃发展的黄安。这样,从敌我双方的态势上看,乘马岗区就成了必争的前沿,而地处鄂豫边界的破寨岗、癞痢寨、杨泗寨等地,又居于乘马岗区边缘的几座大山上,更成了争夺的要冲。

特别是破寨岗,位于乘马岗区的南部,扼通往麻城腹地以至整个黄安的交通咽喉,南北长2公里,东西宽1公里,主峰海拔250米,山势虽不太高,但地形陡险,地理位置重要。早在太平天国时期,为了取得军事上的主动,太平军一部曾冒死进攻山上的石寨,最终攻破,破寨岗因而得名。

6月12日,由光山的反动民团头子严炎齐亲自出马督阵,以反动地主林佑亭、戴石亭、余治桥等为骨干,纠集了会匪近万人,从福田河黄土岗方面分三路向破寨岗进犯。其意图是:攻下破寨岗,打开一条通道,先占领乘马岗地区,进而向黄安一带进犯。

敌人进攻之前,麻城自卫军就三次接到黄土岗区农会送来的情报,因而做好了准备,在破寨岗上严阵以待。这天,当探听敌人即将逼近时,守寨的农民自卫军立即鸣放"号炮"(即抬枪),很快就集合了六七千农民群众,他们拿着刀矛、扁担,一齐上山参战。敌人凭着人多武器好,又以为有"拳师"撑腰真会刀枪不入,便壮着胆子一口气冲到了山寨的石墙下。守寨的自卫军战士无所畏惧,在王树声等的率领下,与农民紧密配合,依托有利地形,同来势汹汹的敌人展开了肉搏战,枪挑刀砍,势如卷席,终于打退了他们的进攻,守住了寨岗。中午时分,严炎齐又指派一名姓兆的"拳师",带领匪徒再次向山寨发动猛攻。在敌人快要冲上山头的关键时刻,农民自卫军的一名战士一枪打中了"拳师",其他匪徒一见自称"刀枪不入"的拳师都受了伤,吓得赶紧逃跑。经过三天三夜的激烈战斗,敌人最终狼狈逃窜,农民自卫军乘胜追击40余里,并捣毁了光山俞家垸红枪会的香堂。这次战斗,共打死并活捉会匪3000余人,其中大小匪首十多个,缴获武器多件。

为了纪念麻城农民自卫军成立后取得的首次大胜利,王树声提议将破寨岗改名为"得胜寨",还作了这样一首诗歌:

　　英雄得胜寨,破贼树声威。
　　山顶红旗展,豪绅胆颤惊。

接着,光山和麻城福田河等地的红枪会匪聚集成群,再次进犯乘马地区。王树声与县委其他领导进行紧急磋商后,迅速组织农民自卫军和一部分农民武装,开赴癞痢寨阻击。当敌人向山寨进攻时,前来助战的县警备队一部怕死不敢反击,农民自卫军见此情景,当机立断夺过警备队的枪,进行顽强抵抗,终于打退敌人的多次进攻。

之后,王树声认为,在目前情况下,反动势力不撞得头破血流,是不会善罢甘休的。他要求各乡农民武装对附近山寨分兵把守,各司其责,随时准备抗击来犯之敌。

6月28日,连吃败仗的红枪会匪又纠集数千人,以突然袭击的方式将杨泗寨重重包围。这时把守此寨的仅有96名农民自卫军、义勇队战士,使用的武器也只有几支盒子枪,其余是刀矛鸟铳、竹竿木棍以及滚礌石。更严重的是,他们除了几升元豆和一缸水,既无粮又缺水,但他们却毫无惧色,凭险坚守。敌人围攻了三天三夜,无数次攀爬攻击,除了死伤惨重,无一得逞。到第三天的半夜,自卫军战士将草帽放在城垛子上,把竹竿整齐地竖在城墙周围,布置成严阵以待的样子迷惑敌人,然后选择敌人防守不严的寨西边的丛林,用葛藤结索从陡坡处滑下,安全地转移到石楼子岗。到第四天上午,太阳老高了,敌人壮着胆子开始向寨上围攻,当发现寨内空无一人,只能恼羞成怒地烧了岗棚,精疲力竭地逃走了。3天的激战,自卫军中除1人叛变外,只有1人负轻伤,而敌人却伤亡100余人,仅会匪头目就被打死六七人。

农民协会自从成立,即与地主豪绅武装展开了殊死较量。其间的一系列战斗,不仅间隔的时间较短,而且双方参战的人数少则数千,多则上万,充分反映了阶级对抗的激烈程度。农会的斗争是群众性的,又是在中国共产党的领导和影响下发生、发展的;它展示了农民阶级反对豪绅地主阶级斗争的积极性和坚决性,极大地锻炼了广大农民群众,为以后更大规模的革命斗争奠定了基础。同时，王树声和他的战友们也从中更加认识到发动人民群众、组织农民武装的重要性，逐步摸索着指导武装斗争的宝贵经验。

五、逆境奋进显赤胆

继蒋介石发动"四一二"反革命政变后，1927年7月15日，汪精卫等控制的武汉国民党中央也召开"分共"会议，决定同共产党决裂，彻底背叛了孙中山制定的国共合作政策和反帝反封建纲领。随后，对共产党人和革命群众实行大逮捕、大屠杀。至此，由国共两党合作发动的大革命宣告失败。中国的天空，乌云密布，白色恐怖笼罩着大地，革命暂时转入低潮。

8月3日，国民党中央执行委员会训令湖北省各县党部自即日起停止活动，听候改组。8月中旬，湖北省农民协会改组委员会发出通电，令各县、市农民协会停止活动，听候改组。接着，国民党武汉政府派遣一批反动军政人员到麻城"清党""改组"，宣布解散县、区、乡各级农会，强令改编农民武装，并大肆搜捕共产党员和革命分子，疯狂镇压革命运动。

霎时间，腥风血雨笼罩了麻城各地。豪绅地主阶级的反革命气焰更加嚣张，一些逃亡在外的地主豪绅纷纷带着反动武装回乡反攻倒算，民团、红枪会又不断地向乘马岗、顺河集地区进攻。一场严峻的考验摆在中共麻城县党组织和广大人民的面前，也摆在王树声这个血气方刚的年轻革命者面前！

还要不要坚持革命？在这紧要关头，革命队伍里有些人开始动摇。有的农会会员认为，省里、县里都不能去了，还有什么搞头。中共党组织内部也开始发生分化，极少数动摇投机分子有的跑到了武汉，有的到亲戚家里躲藏起来，也有的成了叛徒。在人心慌乱不安，局势极其险恶的情况下，中共麻城县委被迫迁到乘马、顺河农村地区，转入地下隐蔽状态。但是，经过大革命洗礼的麻城县广大人民群众没有怯懦和动摇，依然抱着破釜沉舟、坚持到底的决心。经过斗争锻炼并与群众有着血肉联系的真正的共产党人和革命者也没有畏惧和退缩，而是更坚定地留在麻城北部独立领导着人民坚持斗争。王树声和他的亲密战友蔡济璜、刘文蔚、桂步蟾、徐其虚等浑身是胆、横眉冷对。他们愤怒地扯掉国民党反动派的青天白日旗，以"革命就像一个尖底的篮子，只能提起，不能放下"来激励贫苦人民，在黑暗中高举着革命的光辉旗帜。由于他们群众发动得好，并掌握了一支武装，在突发事变面前，不是措手不及、束手待毙，而是同附近黄安县的革命者相互配合，义无反顾，紧紧依靠广大人民，继续组织领导农民，坚持斗争，保护了自己，保护了群众，也为后来的大规模武装斗争积蓄了力量。

曾受王树声影响而参加革命，当时是乘马岗区六乡农民义勇队骨干的许世友，在半个多世纪后这样写道：

我们这支农民武装，也面临着关连身家性命的抉择。一年来，我们这些泥腿子站起来了，说话响了，腰杆硬了，还不是因为有共产党的领导，因为我们手上有了枪杆子？放下枪杆子，就等于放弃了一切，没有枪杆子，我们就要再吃二遍苦，再遭二茬罪。与其等待那些刽子手杀上门来，还不如提着脑袋去杀出一条生路。干革命总是要死人的，杀头不过碗大的疤，不死就要干共产党，就要同那些贪官污吏、土豪劣绅干到底！大别山人民是杀不尽的，革命的烈火是扑不灭的。农友们认准了一个理：农民协会还要办！枪杆子不能丢！不打不能安身，不打没有出路！①

因此，从整个麻城县的政治形势来看，地主豪绅在大革命失败后卷土重来，反攻倒算，和共产党人及工农大众不屈不挠的斗争烈火，同时出现在麻城大地上，革命与反革命的较量更加激烈了。

为适应革命形势的需要，统一领导农民自卫军和农民义勇队及农民群众的斗争，中共麻城县委于7月下旬在乘马岗邱家畈成立了麻城县防务委员会，由王树声、徐子清具体负责。防务委员会的主要任务是负责军事指挥和筹备武器，防范土豪劣绅反动武装红枪会的进攻。接着，乘马、顺河两区也成立了区防务会。

8月中旬，逃亡在河南光山、新集的一些土豪劣绅，借助蒋、汪叛变的反革命嚣张气焰，在王芝庭的串通下，又麇集一团，重整旗鼓，策划杀回麻城，"剿灭赤党"。

王芝庭是麻城西张店的大恶霸、原民团团总，素有"活阎王"之称。农民运动开始时就曾把这个大恶霸抓住揪斗。但他狡猾成性，农民运动声势一大，又像泥鳅一样溜掉。因而，他的逃跑在王树声等县委领导人和西张店贫苦群众的心中留下了一层阴影。这次，王芝庭亲自出马，纠合民团、红枪会三四千人，恶狠狠地扑向麻城，企图返回他的老家西张店，恢复其原有的反动统治。

中共麻城党组织得知这一情况后，认为应该抓住这个时机，狠狠打击一下敌人，让其知道麻城县的共产党和人民群众有力量同他们斗争下去。于是，王树声迅速召集县防务委员会成员，认真商讨作战计划。大家认为，必须发动群众，动员一切力量参战，具体做法是：在鄂豫交界的北界河，设伏消灭王芝庭的民团和红枪会；在集合农民自卫军和组织农民群众做战斗准备的同时，派人到黄安县商请黄安农民武装配合作战。

北界河东西两岸，山峦起伏，岗岭重叠，是个很好的伏击战场。这个地区北连河南光山，南接湖北麻城、黄安，是王芝庭要打回老家的必经之地，选在这个地区伏击是十拿九稳的。

8月17日拂晓，麻城自卫军、义勇队和附近农民群众共约1万人，埋伏在鄂豫交界的北界河东边起伏的山冈上，布下了三道防线：自卫军配备在第一线，钢枪队又在最前面；第二线是带有大刀、长矛、梭标、土炮的农民义勇队；第三线是成千上万的拿着各种武器的农民武装。黄安县前来助战的农民自卫军则配备

---

① 许世友：《我在红军十年》，战士出版社1983年版，第54页。

在西山武昌庙脚下和大坳口等处，既防止敌人逃跑，又防止敌人增援。

时值盛夏，骄阳似火，热浪滚滚。早就向县委请战要求"打头阵"的王树声，亲率自卫军战士，一直趴在阵地上，汗水不住地往下淌，虫子、蚂蚁不停地往身上爬，实在难受极了，但为了消灭王芝庭，大家仍然耐心等待。直到中午时分，忽然传来了"滴滴答答"的喇叭声。远远望去，一列长长的队伍有数千人，像一条毒蛇在蠕动。队列中间还有一乘大轿，这显然是王芝庭亲自出马了。有个战士性子急，举枪要打，被王树声示意制止，他太清楚"打蛇要打七寸"的道理了。当敌人终于进入伏击圈时，只听三声炮响，自卫军钢枪队猛烈开火，敌人顿时一片混乱。王树声猛然跃起，指挥埋伏在山沟、丛林里的自卫军和农民义勇队，如猛虎一般地扑向敌群。农民群众也立即呐喊助威。满山遍野，旌旗招展，刀矛挥舞，杀声震天。农民自卫军猛打猛冲，将其先头部队打垮，后面的敌人在溃退中互相践踏。农民武装乘胜追击。当残敌溃退到西山脚下时，又遭到黄安农民武装的猛烈痛击。

战斗接近尾声，自卫军和义勇队开始打扫战场，然而却没有发现王芝庭。于是，王树声下令再分头搜查。一个农民自卫军队员冲到田坎下，突然发现一个家伙躲藏在稻田里发抖，便照他屁股戳了一矛子。那家伙痛得直喊饶命，原来他就是无恶不作的王芝庭。队员们立刻把他的四肢捆绑起来，抬到王家楼南街。

北界河一战，不仅活捉了王芝庭，还打死了乘马区反动区长王既之的儿子王仲槐等数百人，俘虏 2000 多人，缴获步枪 12 支、驳壳枪 3 支、马 6 匹，刀矛不计其数，使农民自卫军得到了很大的补充和锻炼。更为重要的是，这是汪精卫叛变革命之后，乡里土豪劣绅纷纷反攻倒算以来，黄麻两县人民在面临着严峻考验的情况下，以大无畏的革命精神反抗敌人的进攻所取得的第一次重大胜利。这一胜利大大鼓舞了广大农民群众坚持斗争、争取胜利的信心。

麻城人民热烈欢庆这一重大胜利，在西张店召开万人参加的祝捷大会上，王芝庭等人受到公审并被当即处决。王树声在大会上发表讲话，号召群众拿起武器，准备更严峻的斗争。他说："活捉王芝庭，砍下他的头，这是重大的胜利，但是斗争还在继续！现在蒋介石、汪精卫、夏斗寅都叛变了革命，他们倒转枪口屠杀革命人民，实行白色恐怖，他们犯下了滔天罪行！我们怎么办？我们要坚决反对反革命！我们要武装保卫革命！我们要打倒蒋介石！打倒汪精卫！打倒军阀和土豪劣绅！实现耕者有其田，将革命进行到底！"①

接着，王树声又率领农民自卫军直捣西张店的河东湾，端掉王芝庭的老窝，活捉了王芝庭的弟弟王润先，将其就地正法，并平分了他家财产，焚毁了全部地契。

然而，敌人是狡猾的，他们进攻农民自卫军、义勇队的手段也是多种多样的，既有军事进攻，也有政治瓦解。因此，农民自卫军成长的道路也绝不会一帆风顺。

---

① 王恩厚：《难忘的岁月》，中医古籍出版社 1998 年版，第 25 页。

关于农民自卫军的成长情况，曾经全身心地参与麻城农民群众武装建设的王树声有着深刻的认识。他后来在总结中写道：

> 麻城县先后有过三种自卫军，有三种不同的结果。
>
> 自各地农民协会组织起来以后，县及八个区都组织了自卫军，县有七八十人、枪，每区有二三十人、枪。它是在党的领导下组织起来的，但由于基础不好，第一次国内革命战争失败后，就先后解体了。
>
> 另一种农民自卫军是由郑其玉的民团改编的（约有一营人）。这个民团是夏斗寅的看家部队。1927年2月，改编为自卫军，用省的名义委郑其玉为自卫军大队长。但当时只拿出一个连驻在城内（连长叫夏凤池），听县农协指挥，其他部队仍给夏斗寅看家。反动红枪会围县城时，他们袖手旁观，打方家湾时，他们表示不满，说："自己人不打自己人"，不仅消极作战，并私通敌人。"七·一五"后，又还其本来面目，成为反革命武装。
>
> 最后一种农民自卫军，是在党领导农民群众向地主阶级作斗争的烈火中生长起来的。这支武装由小到大，愈战愈强，成为农民群众武装斗争的骨干力量。
>
> 但是，这支农民自卫军也经历不少风险。①

自卫军接二连三的胜利，特别是北界河战斗的胜利，使土豪劣绅们日夜不宁，如坐针毡。他们对农民武装恨之入骨，多次进行收编诱降，当企图落空后，便秘密地对农民自卫军施以瓦解活动，以达到"内里蛀空"的效果。

虽然中共麻城县党组织对农民自卫军的建设始终十分重视，但由于还缺乏掌握与领导革命武装的经验，农民自卫军逐渐被旧军官出身的教练长熊振翼操纵起来。

熊振翼曾在旧军队里做过官，由于他伪装积极，自卫军成立时，便被"就地取材"任命为教练长。但他本性未改，恶习照旧，贪图金钱美色，讲究吃喝玩乐，在执行训练任务中，官架子十足，经常打骂自卫军队员。领导上虽然多次找他谈话，指出其缺点和错误，他却我行我素。领导上考虑由于没人懂军事训练，所以一直没把他拿下来。

以老奸巨猾著称的恶霸地主、反动区长王既之，深知熊振翼的出身为人，又看他担任农民自卫军教练长的职务，早在心里打上熊的算盘，选中他作为从内部瓦解自卫军的目标，思谋着怎样将他拉过来。于是，王既之投其所好，使用美人计，利用女儿勾引熊振翼，并许配为妻，唆使熊振翼拖枪叛变后将自卫军改编为民团，由熊当民团团长。

熊振翼被引诱上钩以后，又与一排长余佩芳勾结，把最好的枪支编在第一排，以便其掌握利用。这一阴谋活动被一排的两个共产党员发觉，马上秘报上级。

中共麻城县委得悉这一情况后，感到问题严重。蔡济璜、刘文蔚、王树声、

---

① 王树声：《黄麻起义及其前后的一些斗争情况》，载《中国工农红军第四方面军战史资料选编·鄂豫皖时期》（上），解放军出版社1993年版，第406—407页。

廖荣坤等领导人，立即召开紧急会议，研究对策。廖荣坤想用他领导的第三排和另一个排（二排）的兵力，武力解决这一叛变阴谋。但考虑到对方可能用红枪会等配合叛变，又觉得两个排兵力太单薄，感到武力解决没有把握。经过反复商量，他们最后研究出一个智破方案：一面先用防务委员会的名义召集自卫军三个排开会，重新布防，将三个排分散在三个地方，一排分在靠近黄安的东岳庙，名义上是担任向新集方向的警戒任务；一面暗中派人去黄安，请求黄安自卫军协助粉碎熊、余的叛变阴谋。

随后，又制订一个具体实施计划：趁着夜黑，请来黄安农民自卫军；然后，到一排驻地东岳庙，先借谈工作名义把门叫开，再以武装为后盾，出其不意地解除一排的武装，逮捕熊振翼、余佩芳。

这样，由于军情急迫，黄安搬兵，责任重大。派谁去完成这一任务呢？关键时刻，人们把信任的目光再一次投向王树声。

就在第一排去东岳庙的同一时间，王树声身负中共麻城县委的重托，急到黄安搬兵求援。中共黄安县委得知情况后非常重视，同意派一部分农民自卫军和百余名革命的红枪会会员，由潘忠汝、戴克敏、吴先筹等县委负责人亲自带领着连夜出发。不巧，由于天黑，再加上赶路心切，队伍走错了山道，绕了一个很大的圈子，等到达东岳庙时，天已破晓。

一排的队员正在出操，看见这么一支带武器的队伍直奔他们而来，以为是光山的红枪会偷袭，便举枪射击。黄安的农民自卫军以为一排已经叛变，也毫不示弱地进行还击。就这样，双方各死一人。

这时，附近的农民听到枪响，也以为是反动的红枪会来了，纷纷拿起大刀、长矛、锄头、扁担，围上来支援一排作战。

双方剑拔弩张，眼看一场更大的悲剧就要发生。关键时刻，王树声临危不乱，在与黄安自卫军领导人商议后，他不顾自己的安危，在阵前首先向群众喊话，说明情况，消除误会，群众听后离开了一排驻地。接着，王树声又向一排喊话，宣布熊振翼、余佩芳的罪恶活动，一排的队员们在共产党员的带头下，不顾余佩芳的威胁，停止了射击。王树声带黄安农民自卫军乘机冲入东岳庙，逮捕了余佩芳和追随他的一个班长。

当时熊振翼不在一排，已化装跑到新集城密商叛变活动去了。

余佩芳被捕的消息，很快传到了新集。王既之知道自己的如意算盘已经落空，留着熊振翼已经无用，便把他杀了。

但是，这件事，对中共麻城县委和王树声本人的教育也是极其深刻的。它说明，共产党必须时刻注意和加强对农民武装的领导，十分重视思想政治工作，防止敌人从内部进行分化瓦解。

不久，王树声代表县防务委员会，根据中共麻城县委的指示精神，把麻城农民自卫军在王家楼村集合整编。经黄、麻两县县委商议，决定潘忠汝兼任麻城农民自卫军大队长（10月下旬，中共湖北省委派遣黄埔学生、曾参加过北伐军的吴光浩接替潘忠汝任麻城自卫军大队长），统率两县革命武装。至此，确立了共产党对麻城农民自卫军的绝对领导权。

在大革命失败后的一个多月里，中共麻城县党组织坚持斗争，锻炼了干部，团结了群众，纯洁了农民自卫军。特别是粉碎熊振翼叛变阴谋的斗争，对保证自卫军的健康发展至关重要。为了适应形势发展的需要，中共麻城县党组织和广大人民，同中共黄安县党组织保持着密切的联系，互相鼓舞，互相支援，共同对敌，结下了深厚的革命友谊。尽管当时两县的中共党组织对革命斗争下一步的发展方向和路线、策略还没有明确的认识，但是他们的斗争，为以后联合举行黄麻起义奠定了扎实的基础。

革命之路，在王树声和战友们的脚下延伸着……

第三章　参加黄麻起义

一、组织九月暴动

民国十六年，
湖北黄麻县，
就把革命办。
县委和区委，
做过普宣传。
组织农协会，
办起青年团。
大家联合起，
反抗杂税与苛捐！

直到九月间，
就把主义变，
破县城、杀贪官，
一致要共产，
各区开大会，
男女倡平权，
义勇队成立，
防务会不变，
军阀土劣走狗一律要杀完。

这是黄安（今红安）、麻城人民对"九月暴动"的真实写照。

哪里有压迫，哪里就有反抗！

1927年国民党叛变革命后，中国共产党于8月1日在南昌发动武装起义，打响了武装反抗国民党反动派的第一枪，从此开始了中国共产党独立领导革命武装斗争和实行土地革命的新时期。8月7日，中共中央在汉口召开紧急会议，总结了第一次国内革命战争失败的经验教训，彻底纠正了陈独秀右倾机会主义在中共中央的统治,确定了以土地革命和武装反抗国民党的总方针,并决定把发动农民举行秋收起义、建立革命政权和军队作为当前中国共产党的最主要任务。会后,中共湖北省委召开会议,制订了在黄安、麻城等7个地区举行秋收起义的计划。

为了贯彻执行湖北省委的暴动计划,9月下旬,中共麻城县委在邱家畈村召开会议,王树声、蔡济璜、刘文蔚、廖荣坤等20多人参加。会上省委代表传达了八七会议精神,要求麻城县迅速行动起来,动员群众举行暴动。会议决定同黄安县农民统一联合行动,共同举行秋收起义。

邱家畈会议后,王树声作为麻城县委委员和县防务委员会负责人,迅速投入到武装起义的组织准备工作中。

首先是宣传发动群众,为暴动进行思想准备。根据县委的分工,王树声到林家山向当地党员和农民自卫队队长传达了八七会议精神和县委的决定,并就如何发动群众作出部署。之后,王树声深入到乘马岗、顺河等地农村,串大街走小巷,坐在农家的床头,蹲在灶膛边,与农民兄弟促膝交谈。他当过小学校长,讲起话来循循善诱,深入浅出。他讲大革命失败后的形势,国民党的反动政策,农民的出路,暴动的目的,革命的未来。他的话如春风吹开了农民的心扉,像春雨沁入受苦群众的心田。在王树声等人的宣传鼓动下,农民心头的怒火被点燃,参加革命的热情被唤起。一时间,农民们纷纷登记加入农民协会,小伙子们争先恐后地加入自卫队。

其次是进行组织准备。群众的情绪起来了,更重要的是如何把群众组织起来。在这一方面,王树声主要做了两项工作:一是受县委委托,加强县、区防务委员会和乡防务分会,以此作为农民暴动的公开领导机关。县、区防务委员会下设总务、宣传、组织、经济、军需、文化等股,各股挑选当地有声望的和斗争坚决、勇敢的共产党员负责。王树声还规定了防务委员会的主要任务是:没收豪绅地主的财产,开仓济贫;发动群众,武装群众;给豪绅地主派款子,筹集革命经费;组织群众,打击反动武装。麻城县防务委员会组织的加强和健全为暴动提供了有力的组织保证。二是与县委其他成员一起集中精力抓好农民自卫队的建设,积极动员农民参加自卫队,将之作为起义的骨干力量。在王树声等人的努力下,短短的几天时间里,麻城自卫队迅速壮大,他亲自发展的队员就达几十人,从而为暴动准备了力量。

最后是进行武器等物质准备。为了暴动,王树声与其他县委成员,组织群众,以庙宇、祠堂为据点,昼夜不停地赶制武器。一时间,几十架火炉熊熊燃起,火炉旁铁锤飞舞,金花四溅,不久,一件件大刀、长矛、铁铳等武器被打造出来。此外,王树声还通过时任教育局长的堂兄王幼安,利用上层关系搞到了一些钢枪。这些钢枪在"九月暴动"和后来的黄麻起义中发挥了重要作用。

暴动的一切准备都在悄无声息地进行着。八七会议精神,犹如一股强劲的东风,吹走了大革命失败后笼罩在麻城上空的阴霾,整个麻城县,像张开的弓箭,一触即发;像洒上油的干柴,一点即燃!

9月26日，轰轰烈烈的"九月暴动"开始了。

这一天，王树声与蔡济璜、刘文蔚等，在邱家畈水果寺门前组织召开了3000人的群众大会。他们在会上先后发言："我们共产党是为穷人的，无产阶级要翻身，农民要翻身，就要杀尽土豪劣绅。""我们要分田地，将来我们还要搞社会主义、共产主义。"激动的人群挥舞着刀枪，"打倒土豪劣绅"的口号响彻云霄。会后，王树声等组织附近几个村的农民，包围了大地主张继全的家，将其逮捕，并没收其全部财产分给农民。

邱家畈暴动以后，农民运动的烈火迅速燃遍麻城北部地区。9月底，王树声等先后在乘马岗的杨家坎、冷水坳和付家河等地，组织召开了数千人的农民大会，举行乘马岗暴动，并带领农民涌向易家桥，没收了恶霸地主陶祖培的家财。

之后，蔡济璜、王树声等到顺河区林家山和北凤咀一带组织召开千余人大会，举行林家山暴动。在王树声等的带领下，当地群众兵分两路，一路到杜家凹、土门，捕捉了土豪"邱麻子"和"八相"，一路到李斯文、李家楼逮捕了土豪"灰包"。与此同时，林店、朝阳店、垸店一带的农民，在徐述风的领导下，举行了三店暴动，近两千农民手持刀矛，直奔王合里洼。土豪王仕学闻讯而逃，农民将其家财全部没收。

10月初，王树声、杨仕典、徐发全领导伍家庙上千农民举行暴动，并率领群众斗争了林家中湾的地主徐庆华。

与此同时，黄安县农民在戴克敏、郑位三、陈定侯等人领导下，举行了大规模的武装暴动，并一度攻占黄安县城。黄麻两县的农民暴动，从9月下旬开始，一直延续到10月初，史称"九月暴动"。10月初，国民党军魏益三第三十一军一个师窜犯黄麻地区，暴动被迫停止下来。

对"九月暴动"，事后王树声作了全面总结。他说：

> 当党的八七会议决议九月间传达到黄麻两县以后，两县党组织迅速制定了贯彻八七会议决议的计划，积极领导广大群众举行起义，到处集会、示威，高呼"打倒国民党反动派"，"实行土地革命"等口号，不分昼夜地捕捉土豪劣绅，没收地主财产，打击反动势力，形成了农民运动的新高潮。
>
> 但是，由于两县党组织，缺乏领导起义的经验，没有及时在农民协会的基础上建立革命政权，没有及时在农民自卫军的基础上，建立起革命军队，因而未能把这时的农民运动推进到武装夺取政权的新阶段。然而，这次起义的意义是很大的。它揭开了土地革命的旗帜，进一步地发动了群众，组织了群众武装了群众，打击了土豪劣绅的复辟活动，基本上肃清了黄麻北乡基本地区的反动势力，特别是党和革命群众，经过这次起义的锻炼，取得了宝贵经验，为继续起义的胜利创造了条件。[①]

---

① 《中国工农红军第四方面军战史资料选编·鄂豫皖时期》（上），解放军出版社1993年版，第409—410页。

二、参与领导黄麻起义

"九月暴动"虽然被迫停了下来,但黄(安)麻(城)地区的革命力量依然存在。到10月中旬,黄安有组织的群众已达万人,农民自卫军有枪240支,麻城有组织的群众达2万人,农民自卫军有枪七八十支。中共湖北省委得知这一情况后,为了继续发动和领导黄麻两县的武装起义,于10月间先后派王志仁、符向一、刘镇一、吴光浩等到黄麻地区,并决定成立中共黄麻区特委,符向一任书记,吴光浩任麻城农民自卫军大队长。

11月3日,中共湖北省委代表在黄安七里坪文昌宫第二高等小学召开黄麻两县党团活动分子会议,正式成立了以符向一为书记的中共黄麻特委和以刘镇一为负责人的鄂东革命委员会。会议吸取了"九月暴动"和鄂南农民起义的经验教训,决定进一步发展组织,改造黄麻党团,整顿农民自卫军,并加强训练。王树声参加了这次会议,他坚决拥护特委的决定,认为只有暴动才能打开黄麻地区的局面,才能使革命向前发展。

七里坪会议后,中共黄麻两县党组织迅速行动起来,动员组织了一批党团员和第二高小的学生,到各区、乡宣传,发动群众,准备武装起义。王树声作为麻城县委委员和县防务委员会负责人,与蔡济璜等在麻城的乘马、顺河等区深入农村,宣传中国共产党武装夺取政权、实行土地革命的方针,并把当地的农民武装起来进行编练,仅在顺河集就组织义勇队员上千人。他还与义勇队员一起,不分昼夜地赶制短枪、刀矛等武器,为起义做好充分的准备。

与此同时,黄安县委在七里坪的古丰岭和十丈山办起了"兵工厂",昼夜不停地为起义部队赶制枪械和刀矛。广大妇女也动员了起来,她们飞针走线,为起义部队缝制起义标志——赤化带(用红布条制成的标志,起义时战士将它斜挂在胸前)和绣有五星、镰刀、锤子的红旗。同时,中共黄麻特委还派人到武汉购买武器。中共麻城县委通过王幼安的关系,从国民党军队里买来10条长枪和10套军装。之后,中共麻城县委"借鸡生蛋",利用王幼安搞来的这10支枪和10套军装,由10个自卫队员化装成国民党军,混入麻城县城,以"剿匪"为名,又顺利地获得了一批枪支,进一步加强了农民自卫军的武装。

就在黄麻两县积极准备更大规模起义的同时,逃亡在外的土豪劣绅们惊恐不安,纷纷赴武汉"请兵"。武汉的汪精卫、唐生智集团因与南京的蒋介石、李宗仁集团正在长江沿岸混战,无力派大军前往镇压,但为了给土豪劣绅们撑腰,只得派国民党军第三十军一个营进驻七里坪。农民自卫军和义勇队员们听到这一消息后,纷纷要求消灭七里坪的敌人。为了打击敌人的嚣张气焰,黄麻特委决定消灭该敌。于是,黄安农民自卫军,麻城农民自卫军一部在广大农民武装的配合下,于11月10日晚浩浩荡荡地向七里坪进发。胆小如鼠的敌人望风披靡,打开南门仓皇逃跑。王树声立即组织自卫队和义勇队员点起火把,猛追数里而归。黄安城内的守敌一个团，慑于农民自卫军强大的声势，黯然退到黄陂县。这次行动虽然未与敌人接触，但使农民军进一步认识到自己的力量，从而信心百倍。

11日，黄麻农民自卫军进驻七里坪，打击土豪劣绅，惩办地主，举行了声势浩大的游行示威。当天，黄麻特委在文昌宫召开第二次会议，决定举行起义，夺取黄安县城，并成立了黄麻暴动指挥部，由潘忠汝任总指挥，吴光浩任副总指挥。

11月13日，国民党军第三十一军一个团窜回黄安城，黄麻暴动指挥部遂决定消灭该敌。于是，震撼大别山区的黄麻起义开始了。

参加攻打黄安县城的武装起义大军，除了黄麻两县的农民自卫军、义勇队外，还有七里、紫云、乘马、顺河等地的两万多名农民。黄陂、孝感的部分农军在徐海东等率领下也赶向黄安。

小小的七里坪，人山人海，大街小巷，镇里镇外，到处是涌动的人流，闪亮的刀枪。太阳快落山时，铿锵有力的三声锣响，浩浩荡荡的起义大军，高唱着暴动的战歌出发了：

> 暴动，暴动！
> 工农打先锋，
> 拿起刀和枪，
> 一同去进攻！
> 暴动，暴动！
> 哪怕白匪凶，
> 拼出一条命，
> 勇敢向前冲！
> 暴动，暴动！
> 天下归工农，
> 再不当牛马，
> 要做主人翁！
> 暴动，暴动！
> 共产党指引，
> 前仆又后继，
> 革命定成功！

按照暴动指挥部的部署，黄安农民自卫军全部，麻城农民自卫军的两个排，以及七里、紫云等区千余精锐义勇队，组成攻城部队；王树声率麻城农民自卫军的另一个排在黄（安）光（山）麻（城）交界的北界河负责警戒，以防河南光山的红枪会增援黄安。

王树声非常想参加攻打黄安县城的战斗，但他深知，警戒任务同样重要，打击援敌也是起义的一部分，它直接关系到起义能否成功。指挥部把这样艰巨的任务交给他，也是对他的信任。

当晚，月明星稀，王树声率部出发了。当他们赶到北界河附近的木城寨时，已是次日午后。乡亲们听说他们是从七里坪来的农民起义军，格外亲切，又烧茶，又做饭，问长问短，特别关心攻打黄安的情况。

王树声告诉乡亲们，就在他们出发来木城寨的同时，起义军主力已奔向黄安。乡亲们听后，个个心花怒放，笑逐颜开，盼望快点传来捷报。

在当地农民群众的帮助下，工事很快就修好了。为了加强力量，王树声还把当地群众组织起来，帮助自卫军防守。他还规定了信号，如果发现北面有敌人的情况，就以山头三声枪响为号，群众闻讯就立即赶来支援，决不让敌人越过木城寨一步。

从14日下午开始，王树声与战友们守在木城寨的各个山头要塞上，严密监视着河南光山方向的动向。与此同时，他们也希望早一点了解到黄安方向的消息。直到黄昏，一名义勇队员兴冲冲地跑来，汇报了黄安的情况，王树声遂奉命率部南返。

原来，从14日凌晨4时开始，攻城部队以自卫军打先锋，义勇队继其后，由西北城角攀梯而上，一举攻入城内，在城内群众的配合下，全歼县警备队，缴获步枪30余支，子弹90箱，活捉了国民党县长贺守忠、司法委员、改组委员等贪官污吏多人及土豪劣绅15人，并打开监狱，释放了被关押的群众，没收了县署、改组委员会等一切财物。起义胜利了，土地革命的红旗第一次插上了古老的黄安城头！

下午4时，暴动指挥部得悉国民党军魏益三部一个团已进至离城10公里的地方，即令将缴获的物资运往七里坪，处决了贺守忠等反动官吏。晚6时，起义军由北门撤出黄安城，敌由西门进城。敌进城后，仍惊恐万分，15日晚撤走。

起义军返回七里坪后，成立了黄安农民政府筹备处。16日，起义军有秩序地进入黄安城。18日，黄安农民政府筹备处在城南广场上举行了万人盛大集会，宣布黄安农民政府正式成立，主席曹学楷。麻城县派出由21人组成的代表团，祝贺黄安农民政府的成立并学习起义经验，以准备夺取麻城，王树声作为麻城县的代表参加了大会。会上，农民政府宣布了"实行土地革命，推翻地主豪绅，保护商业贸易，建立工农政权，反对帝国主义，打倒国民党蒋介石"等为主要内容的政治纲领，发出了《大会通电》和《告黄安民众书》。一时间，群情振奋，欢声雷动。曹学楷发表了扣人心弦的演说："我们种田佬，每年除了完粮饷，送钱给'大老爷'或是被土豪劣绅贪官污吏抓来打屁股、关监牢、砍脑壳以外，再不敢进'大老爷'的衙门。今天，世道变了，我们这些种田佬，公然自己组织政府，自己做起委员来了。这点证明了我们革命者的力量，证明现在是劳农世界，无产阶级的世界了！""这次起义的胜利证明，只有中国共产党能为工农谋解放，只有中国共产党才是工农大众的救苦救难的菩萨，我们热烈欢迎劳苦农民加入本党。"听着这激动人心的演说，王树声异常激动，群众情不自禁地高呼："农民政府万岁！拥护鄂东革命委员会！打倒土豪劣绅、贪官污吏！拥护中国共产党！实行土地革命！"

黄安农民政府成立后，中共黄麻特委组织黄麻两县农民自卫军在黄安城举行了隆重的阅兵仪式。在被检阅的队伍中，王树声站在前列，他高高的个子，英姿勃发，步伐坚定有力，赢得了观众的一片喝彩。

阅兵仪式结束后，中共黄麻特委根据中共湖北省委的指示，宣布成立中国工农革命军鄂东军，黄安县农民自卫军改编为鄂东军第一路，麻城农民自卫军编为第二路，共计300多人。潘忠汝任鄂东军总指挥兼第一路司令，戴克敏为鄂东军党代表兼第一路党代表，吴光浩为副总指挥兼第二路司令，汪奠川为鄂东军参谋长，刘文蔚为第二路党代表，王树声为第二路副司令。从此，王树声开始了真正的军旅生涯。

工农革命军鄂东军的成立是中国工农红军第四方面军的起点，黄麻两县人民把黄安农民政府和工农革命军鄂东军的成立，看成是自己的伟大胜利。为了庆祝这一胜利，黄安人民广泛开展了大规模的庆祝活动，参加者超过7万人。之后，王树声等返回麻城，根据麻城县委的部署，先后在西张店、王家祠堂等地召开农民大会，迅速在全县掀起了土地革命的高潮。

黄麻起义的胜利，不仅推动了黄麻地区的革命斗争，而且促进了河南光山县南部的反动红枪会的内部分化。那些受骗参加红枪会的农民日益觉悟，他们派代表30多人于11月20日到黄安求和，表示愿意接受农民政府的领导。王树声作为鄂东工农革命军的代表，与红枪会代表进行了谈判，向他们宣传中国共产党实行土地革命的主张，教育他们：穷苦农民只有联合起来实行武装起义，打倒土豪劣绅，没收地主阶级的财产和土地，才能翻身得解放。因为红枪会的大部分成员都是穷苦人，因生活所迫才参加红枪会的，他们听了王树声的话，非常高兴，要求派人指导他们的工作。至此，黄麻农民武装与光山南部红枪会之间的武装冲突遂告缓和。

三、坚持黄麻北部斗争

黄麻农民武装与河南光山红枪会的关系趋于缓和，但黄安南乡的反动势力仍利用红枪会、白枪会、大刀会、民团等武装，同农民政府对抗。中共黄麻特委遂决定打击这些反动势力，扩大起义的胜利成果。11月下旬，潘忠汝率鄂东军主力到南乡开辟工作，王树声随军南下。鄂东军在当地农民的配合下，与八里亭红枪会百余人作战，歼其过半，缴枪50余支。接着，在鄂东军的支援下，八里湾附近三四千农民举行起义，惩办土豪劣绅，掀起了南乡农民起义的高潮。

鄂东军主力南下后，黄安反动势力勾结驻河口的国民党第三十军秦敬忠部400余人，于11月28日乘虚进犯黄安城。留守县城的少数鄂东军同全城群众紧密配合，在刘镇一的指挥下，多次打退敌人的进攻。

29日早晨，各地农民群众万余人，闻讯赶至县城增援。下午4时，潘忠汝率鄂东军主力回师黄安，进犯之敌闻风逃窜，黄安保卫战取得了胜利。30日，黄安农民政府在校场岗召开了万人大会，庆祝黄安保卫战的胜利。

黄麻起义的胜利，引起了国民党反动派和豪绅地主的极度恐慌，他们急忙调兵遣将，企图把这个刚刚诞生的红色政权扼杀在摇篮之中。

12月5日，国民党第十二军教导师闻清霖部自豫南进攻麻城西张店，企图进犯黄安城。王树声率麻城农民武装在乘马、顺河群众的支援下，据守各个山头予以抗击，使敌不敢冒进。5日夜，敌人借助夜暗，绕道宋埠尹家河，直袭黄安。鄂东军和义勇队据城固守，并与敌人展开了英勇搏斗，自夜间12时至次日凌晨3时，打退了敌人多次进攻，但终因寡不敌众，城门被攻破，鄂东军和义勇队伤亡严重，仅一部分突出重围。战斗中，鄂东军总指挥潘忠汝、黄安县委书记王志仁在掩护战士突围中英勇牺牲。解放了21天的黄安城又陷入敌手。

敌人侵占黄安后，8日又进驻麻城，并随即侵入七里、紫云、乘马、顺河等区。豪绅地主则乘机勾结国民党军进行报复，许多村庄被焚烧一空，大批革命干部和群众惨遭杀害。仅黄安北乡农民被屠杀者就有千人。在麻城，敌人一次枪杀革命群众即达600人。

然而，敌人的疯狂屠杀，扑灭不了已经燃起的革命烈火。12月中下旬，从黄安突围出来的鄂东军和义勇队，陆续回到紫云区。符向一、吴光浩、戴克敏、曹学楷、汪奠川、戴季英、廖荣坤、徐其虚、江竹溪等在黄安城北的木城寨举行了会议，决定暂时避敌锋芒，除留吴焕先等少数人就地坚持外，大部人员转移到木兰山。

木城寨会议后，鄂东军在箭厂河附近的闵家祠堂集合了72人，携带长枪42支，短枪11支，向西南进发，29日，到达了黄陂北部的木兰山。1928年1月1日，工农革命军鄂东军改编为第七军，吴光浩任军长，戴克敏任党代表，汪奠川任参谋长。下辖3个队，部队以木兰山为中心展开游击活动。

鄂东军转入木兰山后，由蔡济璜、刘文蔚、王树声带领的游击小分队（王树声任队长），继续在黄麻北部地区坚持。他们夜行晓宿，乔装打扮，在最艰苦的条件下顽强斗争。由于白色恐怖严重，麻城最早的中共领导人王幼安、蔡济璜、刘文蔚等先后被敌人杀害。王树声率领的小分队也与党组织失去了联系，斗争日益艰难。

王树声回忆这段历史时说：

反革命军队占领黄、麻地区后，到处搜捕、屠杀共产党人和革命群众。一时乌云盖天，白色恐怖由县城向农村蔓延开来。我党麻城县领导人农协委员长刘象明、教育局长王宏文（王树声之兄）等同志均相继被捕，壮烈牺牲。县委书记蔡济璜潜回乡下，继续领导人民斗争。他曾写了不少革命诗篇，其中有这样一首："明月照秋霜，今朝返故乡，留得头颅在，雄心誓不降。"后来他不幸在病中被反动派逮捕，与刘文蔚（原县自卫军大队长）、邓天文两同志一起在顺河集区林店殉难。三烈士在临死时高唱国际歌，从容就义，敌人为之变色，群众潸然泪下。①

---

① 王树声：《木兰山到柴山堡》，载"中国人民解放军三十年"征文编辑委员会编：《星火燎原》（下），人民文学出版社1958年9月版，第756页。

后来，王树声率领的小分队也被打散。为了找到党组织和鄂东军主力，王树声化装四处打探消息。

一天夜里，王树声悄悄地潜回乘马岗打听消息，不料被敌人发现。敌人一边打枪，一边高喊："抓住王树声赏大洋两百！"枪声打破了深夜的寂静，还没有休息的周大娘听到枪声和喊声，急忙出外察看情况。

处于险境的王树声奔跑着，突然听到一声亲切的呼唤："大侄子！"

王树声停住脚步，看到一张熟悉的面孔。于是，他急忙跑过去，叫了声"干娘！"周大娘二话没说，一把将他拉进门，轻轻地把门闩好。

追赶的敌人，突然不见了王树声的身影，感到奇怪。他们吩咐民团，挨家挨户地搜查。

一个军官嚷道："我们刚才捉一个人，追到街上不见了，你们知道他是谁吗？他就是共产党的头子王树声。谁要是能将他交出来，赏大洋一百。谁要窝藏他，要杀他全家。"

周大娘看到敌人又要杀害无辜百姓，不禁想起黄麻起义后被敌人杀害的丈夫，想起敌人一次杀害的600多百姓，她义愤填膺。但理智告诉她必须想办法，不能冲动，否则不仅救不了王树声，还会伤害百姓。

于是她站出来说："王树声藏在我家里！"

几十个敌人持枪来到周大娘家门口。为了不让敌人进屋，周大娘故意说："王树声带着双枪呢！"

敌人闻听吓得不敢进屋。周大娘见状说："老总，你们躲在门后，我进去把他哄出来，你们再抓？"敌人连声说好。

周大娘见到王树声后说："敌人已经走了，就怕他们守在街头抓你，不如让你政道哥去打探一下消息。"说着拉起儿子就往外走。王树声急忙说："外面太危险，还是我自己去吧！"这下周大娘急了："你是游击队的党代表（应为游击队长，著者注），万一出了事，百姓的仇谁来报？政道去探路，即使敌人抓住了，一问不承认是王树声，大不了挨顿打就完了！"王树声哪里知道，周大娘这是用自己的亲儿子来换他的命啊！

政道刚一出门，就听"不许动！"被敌人抓去了。王树声明白了一切。他急了，要往外闯去救人。周大娘死死地拉住他说："我不能再把你搭进去，你还是想别的办法吧！"

第二天，敌人就在西张店河南面沙滩上将"王树声"处决了，并把他的头挂在树上示众。

解放后，王树声带领慰问团回到家乡，他独自一人步上十里街，去看望那曾经为换取自己性命和百余群众生命而献出儿子的干娘。直到他去世，还念念不忘有再生之德的干娘。

第四章　鄂豫皖根据地创始人之一（上）

一、转战木兰山，开辟柴山堡

从周大娘家逃出后，为了寻找组织和队伍，王树声扮成小贩，走村串巷，暗中打探。

1928年2月上旬的一天，王树声从乘马岗地区南下来到湖北省罗田县的三里畈。三里畈是一个大镇子，有买卖商号，集市贸易，遇上赶集的日子，大街小巷，熙熙攘攘，非常热闹。这里交通发达，消息灵通。扮作"换米小贩"的王树声，头戴一顶破帽子，遮住半个面孔，身穿青布小棉袄，腰间系一条麻绳，肩挑一副箩筐，里面装着乱七八糟的东西。这时，一个人向他迎面走来。王树声还未认出对方是谁，对方却认出了他。来人诧异地喊道："王树声同志，你从哪里来？"王树声惊奇地瞪大眼睛一看，于是两双大手紧紧地握在一起。来人正是陈再道。

陈再道与王树声是战友、老相识，这时是鄂东军的战士、工农革命军第七军的班长。他为何不在木兰山，却来到了三里畈？

原来，1928年1月26日，国民党第十二军一个团向木兰山进攻。为了避开同优势敌人作战，工农革命军第七军决定除留少数人在木兰山坚持斗争外，主力由军长吴光浩带领，向黄冈境内转移（因中共黄冈县委发动过起义并成立了工农革命军第六军）。经一昼夜急行军，第七军于27日到达了黄冈北部的大崎山，与中共黄冈县委和第六军会合。此后，由于敌人尾随而至，第七军遂与第六军分开，东进到罗田三里畈。

就这样，王树声经过一个多月的寻觅，终于找到了工农革命军第七军主力。后来王树声在回忆这段历史时说：

> 秋收暴动失败，革命走向低潮之后，有不少共产党员动摇叛变。但个人在这一斗争中始终是坚决的，从未动摇过，而且在党的教育和同志们的帮助下锻炼得更加坚决。

第七军主力到达三里畈后，敌人又跟踪而至，部队遂折向西南黄冈附近的回龙山。由于该地区革命力量遭到严重破坏，又是平原，部队活动异常困难，第七军遂经三街店、紫潭河，绕太平桥，于3月初返回木兰山，与留在当地坚持斗争的曹学楷、徐朋人等会合。随后，王树声任第七军第二队党代表。

木兰山位于黄陂县北五六十里处，离黄安县城七八十里，矗立在仙河东岸，周围有1000多户人家。它方圆六七十里，一天可绕其跑一圈儿；山势也不算高，海拔只有五六百米。站在山顶，北可遥望巍巍大别山，南可俯瞰九省通衢的武汉三镇。相传这里是巾帼英雄花木兰的故乡，人们为了纪念她，将此山取名木兰山。这里是湖北历代道教、佛教的活动中心之一，建有七宫八观三十六殿，连附属设施建筑面积达3万平方米。这里还是吴光浩的家乡，凭着他与方丈的关系和战士们严明的纪律，部队很快在山上住了下来。

由于木兰山回旋余地小，敌人经常来攻，部队集中活动比较困难。为此，第七军回到木兰山后，吴光浩、戴克敏、王树声、曹学楷、徐其虚、廖荣坤等在洪岗山召开会议，决定改变斗争策略，将部队编为四个短枪队，以木兰山为中心，分散游击，并准备在适当时机打回黄麻地区。会议还决定，为"争取红枪会、仁义会群众，加强地方工作，军队党组织兼黄陂县委"。会后，根据分工，吴光浩带一个短枪队在四姑墩、河口一带活动；戴克敏、徐其虚带一个队回黄麻老区活动；汪奠川带一个队在黄陂北部活动；王树声、廖荣坤带一个队到麻城白果、白鸭山一带活动；曹学楷、徐朋人、戴季英等则隐蔽在木兰山周围，联络起义失散人员，做当地群众工作。会后，各队分散行动，时聚时散，昼伏夜出，声东击西，采取灵活的游击战术，时而远袭，时而近扰，在方圆百里的地区，神出鬼没地打击敌人。

3月下旬的一个夜晚，王树声、廖荣坤带领的短枪队在枫林店住宿。他们刚吃过晚饭正准备休息，只见四五个人簇拥着一个面目狰狞的家伙走进，仔细一看，原来是福河田的反动头子彭汝霖。他依仗其亲戚国民党军官郑重的势力，横行乡里，无恶不作。大革命失败后，他勾结国民党军，屠杀了无数群众。仇人相见分外眼红，王树声、廖荣坤决定立即捉拿彭汝霖。于是，王树声使了一个眼色，几个战士猛扑上去，将彭汝霖抓住。处决了彭汝霖后，王树声、廖荣坤率部东进麻城，在麻城消灭了白果镇和井家山的民团，缴枪20余支。

这期间，木兰山地区的形势日益严重，汪奠川所率的1个队9人，由于一时疏忽，在黄陂汪家西湾遭敌袭击，全部损失。

1928年4月初，黄麻地区的形势发生了很大变化。一是国民党军第十二教导师因同桂系第十八军发生冲突，从黄麻撤回河南，国民党军力量减弱；二是第七军一部已秘密地返回了七里、紫云、高桥等地活动，并在群众的帮助和掩护下，于4月7日消灭了紫云区上戴家的民团，为第七军主力重返黄麻创造了有利条件。根据这种情况，4月下旬，第七军在木兰山下的陈秀冲召开会议，决定重返黄、麻，再组暴动。会议总结了前段斗争的经验，明确提出："以原暴动区为基础"，"用游击战争方式号召群众"，"首先消灭反动民团和大打反动分子"，"不打城市"，"建立党团组织"，"寻找避难的同志"，"宣传地主国民党罪恶"，"实行土地革命，土地归农民，宣传我们再不退走"。①王树声参加了会议。会后，第七军全部返回黄麻老区，与在原地坚持斗争的吴焕先等人会合。

王树声率部返回黄麻后，恢复和建立中共党团组织，寻找失散的战友，慰问受害者家属，发动群众控诉敌人杀害革命干部和群众的暴行。战士们还把"从暴动中学习革命知识，从暴动中学习斗争""杀尽土豪劣绅，报仇雪恨"等标语刻在树上、墙上。第七军的行动极大地鼓舞了黄麻人民，复仇的烈火迅速燃遍了饱受摧残的七里、紫云、乘马、顺河等区。在当地群众的主动配合下，第七军先后歼灭或赶跑长冲、两道桥和长塘边等地的地主武装和民团，争取了麻城西张店"清乡团"12 人投诚。黄麻地区的革命斗争又活跃起来，当地群众将之称为"二次暴动"，并兴高采烈地唱道：

　　党员游击转回还，

　　黄陂到黄安；

　　先打"清乡团"，

　　铲土豪、除劣绅，

　　一心要"共产"！

　　谁敢来抵抗，

　　叫他狗命完；

　　民团把枪缴，

　　军士又回还，

　　只急得土豪劣绅两眼朝上翻。

正当黄麻地区的革命斗争再度兴起的时候，桂系军阀很快加强了对这一地区的进攻。其第十八军派一个团控制了七里坪、乘马、箭厂河等大小集镇，并帮助豪绅地主组织"清乡团"等反动武装，疯狂地进行"清剿"。在此情况下，第七军与优势之敌周旋于鄂豫边的大别山区，处境十分困难。

几个月的游击生活，使第七军领导觉得，要坚持长期的武装斗争，必须有一个相对稳定的立足点作为依托。否则，强敌来攻，部队势必一日数迁，东奔西走，风餐露宿，疲惫不堪，处境更为困难。那么，立足点选在哪里呢？

当时，为了避开桂系军阀的进攻，第七军经常活动在天台山，并在反复来往当中试探性地进驻柴山堡，发现这里是个可以立足的地方。第七军领导人遂于 5 月在黄安县檀树岗以西的清水塘召开会议，决定开辟以柴山堡为中心的根据地。第七军领导人之所以做出这一决定，是因为：

第一，柴山堡位于河南省光山县南部，地处湖北、河南两省的黄安、麻城、光山三县交界，俗称三不管的地方，反动统治力量薄弱。湖北的敌人来攻，可以转移到河南境内，河南敌人来攻，可以转移到湖北境内。当地的土豪劣绅多数逃亡在外，中小地主一方面怕国民党军敲诈勒索，另一方面又怕黄麻农民运动的打

---

① 《中国工农红军第四方面军战史资料选编·鄂豫皖时期》（上），解放军出版社 1993 年版，第 12 页。

击，因此采取两面应付的态度。虽然柴山堡的红枪会势力很大，曾与革命势力发生严重对抗，但经过黄麻起义和共产党政策的影响，内部已经分化，会众多数已经不再坚决与革命势力为敌了。

第二，柴山堡位于大别山中段腹地，纵横 30 余里，人口 1.5 万多，山高岭叠，树高林密，周围又有木城寨、黄石崖、摩云山、观音寨和黑石寨等环绕，地势险要，且物产丰富，便于长期坚持游击战争。

第三，这里的群众生活相当贫困，有强烈的革命愿望，迫切地要求起来革命。大革命前，这里不足 10% 的地主富农却占有 80%—90% 的土地。当地群众在黄麻起义的影响下，积极要求进行土地革命。他们说："七里坪、乘马岗打了土豪，不交租，又分田，我们为什么替土豪劣绅卖命？"

第四，柴山堡和黄安、麻城的紫云、乘马相连，工农革命军在这里活动，既可以开辟新区的工作，又可以保持与黄麻老区的联系，得到老区人民的支援。

清水塘会议后，为了在鄂豫边实行武装割据，第七军主要做了三件事：第一是积极开展军事斗争，第二是进一步发动群众，第三是做好统一战线工作。

清水塘会议后的第三天，国民党第十八军驻紫云区长冲的部队一个营和一个便衣短枪队，由土豪方晓亭带路，向第七军驻地河南湾奔袭。方晓亭血债累累，黄麻起义失败后，他在箭厂河的稻田里一次就杀害了 300 多人，其中有不少共产党员、农会干部和群众骨干。这次，他又带领国民党军前来奔袭，新仇旧恨，一股脑涌上了广大指战员的心头。军领导吴光浩、曹学楷等，立即进行战前紧急动员，要求一定要打好这一仗，好好教训这群敌人。按照吴光浩的部署，各部队迅速登上驻地四周的山头，埋伏在树林草丛中。

那是一个雾蒙蒙的早晨，河南湾的山山岭岭，都裹在白茫茫的雾气中。敌人进入了伏击圈，只听吴光浩大喊一声："打！"王树声率领部队猛冲下去，与其他部队一起将敌击溃，俘敌 2 名，缴长短枪 3 支。国民党营长回去后，将方晓亭痛打一顿。群众用歌谣赞颂第七军："工农革命军真勇敢，河南湾打一仗，盒子枪缴三管，方晓亭挨皮鞭。"河南湾一仗，歼敌和缴获虽然不大，却使盘踞黄麻主要城镇的敌人不敢轻举妄动，这对开展柴山堡的工作起了很大作用，对柴山堡一带人民影响很大。

在取得军事斗争胜利的同时，第七军做了进一步发动群众的工作。根据军领导的布置，王树声率部队写标语、贴传单，经常三五人一组分散在鄂豫边界要道，向过路的农民、担贩宣传革命道理和中国共产党的主张，并经常分散住在山上小村子里做群众工作。军领导吴光浩还明确要求：在群众家中吃饭，每顿都要给钱；敌人打来了，群众受到损失，给予抚恤。通过这些工作，很快取得了群众信任。此外，第七军还利用各种关系发展党员，先后在梅花、程土等村建立了党组织和支部，发展党员 50 多人。

柴山堡一带，红枪会势力强大，几乎遍布了每个村寨。对红枪会采取什么政策和态度，是关系到第七军能否在柴山堡站住脚的大问题。为此，军领导经过研究，决定对其采取争取、改造、利用和打击的方针。王树声过去与红枪会打过不少交道，因此，军领导指派他做争取改造红枪会的工作。受领任务后，王树声积极开展工作，耐心细致地与其各级首领谈话、谈判，或向其会众宣传破除迷信，讲解革命道理。他卓有成效的工作，对争取红枪会起了一定作用。再加上第七军派可靠的人打入红枪会内部进行瓦解等方法，使红枪会的危害减小到最低限度。

为了总结开辟柴山堡以来的工作经验，加强工农革命军的建设，巩固并扩大柴山堡割据区域，1928年7月，第七军在尹家嘴召开会议。会上，根据上级指示，工农革命军第七军改编为中国工农红军第十一军第三十一师，吴光浩任军长兼师长，戴克敏任师党代表，曹学楷任参谋长，陈定侯任政治部主任，并成立了司令部。全师120人，共有长短枪100余支，共编为4个大队（对外称团，分别为第九十一、第九十二、第九十三、第九十四团），第一大队大队长潘遐龄（后为晏仲平），党代表王树声；第二大队大队长廖荣坤，党代表江竹溪；第三大队大队长徐其虚（后为倪志亮），党代表吴先筹；第四大队大队长程昭续（后为林柱中），党代表江子英。会议对革命武装、党的建设、政权建设和土地革命等重大问题进行了讨论，并做出了相应的决议。如：为了扩大群众武装，会议决定组织少先队、赤卫队、赤卫军，建立兵工厂，修理和自制武器，并在黄陂、黄安两县边界设立购枪处。会议还决定，为了加强地方政权和党的领导，决定恢复黄安、麻城两县委和部分区委，改变过去军队和地方组织不分的情况；光山设3个区委，黄陂设县委，罗山及孝感设工委，黄冈设特支，并普遍开展"五抗"（抗租、抗捐、抗税、抗课、抗债）及没收地主的财产，进一步发动群众。

随着革命形势的发展，为了加强党的领导，1928年10月，中共湖北省委决定组建中共鄂东特委（原黄麻特委组织在黄安城失陷时已遭破坏），管辖黄安、麻城和光山南部。以王秀松为书记，吴光浩、曹学楷、戴克敏、徐朋人、徐其虚、戴季英、王树声等为委员。

尹家嘴会议后，王树声、廖荣坤带领红三十一师第一、第二大队从柴山堡回到乘马岗、顺河等老区开展斗争。老区广大贫苦农民见到红军莫不欢欣鼓舞，奔走相告。王树声他们每到一地，乡亲们都含着热泪控诉国民党匪军和地主武装的滔天罪行，纷纷要求红军向敌人讨还血债。为了发动群众，扩大工农武装割据的地盘，把麻城北乡同柴山堡革命根据地连成一片，王树声率部投入了惩办土豪劣绅和反动民团的斗争。首先惩办了为非作歹的豪绅杨太宏兄弟和丁家岗的甲长凌永昌，随后在农民的配合下开始了对当地"清乡团"的进攻。

当时顺河区豪绅陈实生、彭篆生的"清乡团"50多人枪驻扎在云雾山。云雾山地处赤白交界，也是顺河通往麻城的交通要道。陈实生、彭策生在顺河集、料棚一带设卡子，并经常向地方上要钱、要粮、要柴，连过路的人也要留下买路钱。群众深受其害，早已恨之入骨："实生狗种好大胆，竟敢扎在云雾山，派匪四乡来收款，一派派到林家山，抓到农民要银元。"因此，王树声率部回来后，群众要求立刻攻打云雾山。于是，王树声、廖荣坤率第一、第二大队在五六千农民的配合下，一举攻入山寨，俘敌30多人，缴步枪20余支，只有陈实生带少数匪徒跑掉。

紧接着，10月的一个漆黑夜晚，王树声、廖荣坤率第三十一师第一、第二大队从50里外奔袭乘马六乡的段家畈"清乡团"。王树声是乘马人，对通往段家畈的路和其周围的地形了如指掌。半夜时分部队到达了段家畈。为防意外，王树声、廖荣坤命令部队在村外隐蔽待命，指派熟悉地形的许世友（乘马六乡人）带两个战士进村侦察。许世友等很快摸清了情况：团丁们都已沉睡，团总在与几个头目打牌。据此，王树声和廖荣坤令红军战士们迅速向"清乡团"团部冲击，团总还没反应过来，乌黑的枪口已抵在了胸口，正在做美梦的团丁们也被红军缴了械。就这样，没费一枪一弹，段家畈"清乡团"30多人全部被俘，其刚从武汉买来的10支"汉阳造"和几箱子弹也成了红军的战利品。

之后，王树声、廖荣坤率红三十一师第一、第二大队乘胜占领了杨泗寨，继而消灭了朱家冲、丁家岗和徐家围子等民团，还击溃了麻城国民党正规军一个营的进攻。在红军的打击下，地主豪绅丧魂落魄，纷纷逃跑，驻乘马的国民党军一个连也连夜逃遁。

11月，大土豪王既之勾结国民党军范志钦团一部进犯，占领乘马，继续向北进至麻城与光山交界的韩家山。这时的王树声通过与吴光浩等的接触，学习到了许多军事知识，并不断在斗争实践中加以丰富。面对强大的敌人，王树声不再一味地带头猛冲猛打，而是更注重指挥艺术，不仅消灭敌人，更注意保存自己。为了打退范志钦团的进攻，消灭敌人，又不致造成大的伤亡，王树声除留一部分牵制敌人外，与廖荣坤率主力转到东边的打油尖，抄袭敌人后路。敌人被迫后退，乘马地区重新回到革命怀抱。

光山西南有一个大山寨，寨主（"清乡团"团总）张胜元是杀人不眨眼、无恶不作的大土豪，处处与红军作对。11月中旬，王树声、廖荣坤率部打下徐家围子的第二天，张胜元窜至麻城向国民党驻军求救。于是，国民党军派一个营跟着张胜元向乘马岗开来。红三十一师第一、第二大队得到报告后，王树声、廖荣坤、徐其虚等大队领导立即开会研究打还是不打。会上，大家对敌情作了认真分析，认为：国民党军魏益三部驻麻城的这个团，士兵大多为地主富农子弟，再加上一些地痞流氓。虽然他们打着保护地方治安的旗号，称王称霸，横行乡里，实际上并无多大战斗力。于是，决定在大山寨前的香炉山伏击敌人。

这天的上午，张胜元带着国民党军向香炉山扑来，埋伏在山坡、树丛中的红军严阵以待。当敌人进至离红军阵地只有几十米时，只听一声令下："冲啊！"红军战士猛然向敌人冲去，没等敌人明白过来是怎么回事，红军已经冲到了面前。红军战士的刺刀、大刀、梭标在敌群中飞舞，敌人招架不住，纷纷后退。后来，敌营长发现红军最好的武器也不过少数的"汉阳造"，于是又赶着队伍反扑过来。王树声指挥红军依托有利地形顽强抗击。经过激战，敌人尸横遍野。敌营长见势不妙，带着残兵败将逃回麻城，张胜元逃回大山寨后，命令"清乡团"闭门死守。

国民党军撤逃后,王树声、廖荣坤带领部队转头回攻大山寨。

张胜元认为他的寨子"固若金汤",并狂妄地说:"他王树声有能耐,就带人来打吧,我张胜元在寨子里恭候。"

大山寨的确很坚固,它建筑在两个相连的山上,青石砌墙,厚达尺余,一般的枪炮子弹奈何它不得。

王树声等指挥红军把大山寨包围起来,并亲自到寨前观察地形。之后,根据敌人城防坚固、不能强攻的情况,制定了"草船借箭"的作战方案。为了消耗敌人,王树声命令敢死队从老百姓家借来十几张大桌子,每张桌子盖上几层湿棉被,就像一辆辆"坦克"。黎明时分,敢死队员每人顶上一张这样的桌子,排着队向敌寨门前移动。守敌见到这些庞然大物,个个吓得不知所措。张胜元命令守敌用各种枪疯狂射击。湿棉被上弹痕累累,但敢死队员却安然无恙。待敌人的子弹快打完了,敢死队员们立即从桌子下钻出来,抬着云梯向寨门冲去。他们登上寨墙,打开寨门,迎接部队进寨。已没有多少弹药的敌人,无法抵抗红军战士的勇猛攻击。经过激战,盘踞在大山寨的"清乡团"被消灭,红军拔掉了割据区内的一颗钉子。

与此同时,柴山堡以西的观音保、罗山南部的宣化店、孝感北部的汪洋店也为红军所掌握,以柴山堡为中心的鄂豫边工农武装割据区域迅速扩大。

鄂豫边革命斗争的蓬勃发展,严重威胁着桂系军阀在鄂东北的统治。为了消灭革命力量,1929年2月18日,桂系第十八军出动两个团,向柴山堡实施围攻。红三十一师分三路向敌人兵力空虚的侧后游击。其中,第一、第三大队为第一路,在王树声等率领下,由黄安北部向西活动。首先在禹王城歼灭了黄安仙居"清乡团",接着又攻下了熊家畈、涂家湾。在这些胜利的影响下,当地数万群众纷纷起来支援红军作战和没收豪绅地主财产。

1929年3月,蒋桂战争爆发,桂系第十八军从黄麻地区仓促调走。红三十一师利用军阀混战之机积极向外发展。王树声率27人来到麻城县顺河区,3月21日顺河豪绅陈实生率"清乡团"来攻。为了消灭敌人,王树声设计让群众在垸店虚设酒席20桌,虚张声势,迷惑敌人,而令附近群众分布在四面山上助威。陈实生的"清乡团"遂不敢妄动,有的见势纷纷逃跑。王树声命令部队采取迂回战术,抄敌人后路。结果,"清乡团"被打垮,红军缴枪29支。从此,顺河区的地主武装基本被肃清。与此同时,红三十一师的第二路和第三路分别向黄安以南和麻城以北出击,也取得了不小的胜利。到5月,红三十一师消灭数股反动民团,缴枪140余支,鄂豫边工农武装割据日益扩大。

革命形势的迅猛发展,迫切需要统一和加强党的领导。为此,1929年5月初,黄安、麻城、黄陂、孝感四县县委和红三十一师党委召开了联席会议,会议通过了成立鄂东北特委的决议,徐朋人为书记,王树声等为委员。

5月初,红三十一师师长吴光浩率十余人赴商南帮助起义,行至罗田县滕家堡，遭敌袭击，壮烈牺牲。他的牺牲是鄂豫边革命斗争的重大损失，也使王树声失去了一位好领导、好战友。

鄂豫边的武装斗争，在蒋桂战争期间得到了大发展。到1929年5月，鄂豫边界武装割据地区已从北面的柴山堡，向南扩展至黄安的八里湾、桃花和麻城近郊；向东扩展至麻城的黄土岗附近；向西扩展至孝感的汪洋店附近。在这纵横百余里的地区内，乡村中的反动统治全部崩溃；党组织有了很大发展，仅黄麻两县即有1600余党员；农民委员会普遍建立，七里、紫云、乘马、顺河等基础较好的地区已开始分配土地；红三十一师发展到了390人，黄麻两县还建立了近200人的脱产赤卫队。边界各地区的武装斗争、建立政权和土地革命已紧密结合，鄂豫边革命根据地初步形成。

在此形势下，为进一步贯彻中共六大决议，5月30日，中共鄂东北特委在中央巡视员胡秉彦的指导下，召开了黄安、麻城、黄陂、孝感四县县委和红三十一师党委第二次联席会议。会议经过热烈讨论，于6月9日通过了形势与任务、农民运动、组织问题、苏维埃问题、扩大游击战争、职工运动、士兵运动、训练与宣传八个决议案。会议还根据中共中央指示，正式选举了新的鄂东北特委，徐朋人为书记，曹学楷、徐宝珊、王秀松、王树声等为委员。

1929年夏，鄂豫边地区的武装斗争、土地革命和政权建设更加紧密地结合起来，革命斗争进入了一个新的阶段。

对鄂豫边的武装割据斗争，王树声回忆道：

柴山堡时期是鄂豫边根据地建设由摸索到逐渐明确的时期。在这一时期，鄂东北的党，根据自己斗争实践的经验，和毛主席在井冈山创造革命根据地的启示，逐渐走上了在敌人统治力量薄弱、地形条件对我有利的边界地区，实行"工农武装割据"的道路，利用边界地区的有利形势，使黄麻老区的斗争与柴山堡的斗争互相配合，互相支持；在斗争中采取了正确的策略，如分化敌人，中立一些可以中立的力量，大力发动群众，武装群众，红军作战与广大赤卫队、武装农民相结合，等等。所以能够在敌我力量十分悬殊的情况下（当时只有数十人枪），取得边界数十万群众的直接支持，不仅保存了自己，粉碎了"围剿"，消灭了大量反动地主武装，而且使党的建设、军队建设、政权建设都有很大发展，并开始分配土地，使根据地建设初具规模，为一九三〇年及以后鄂豫边苏区的大发展奠定了基础。①

二、参加三次反"会剿"

在鄂豫边革命形势迅速发展的同时，1929年5月，中共商（城）罗（田）麻（城）特别区委（归鄂东特委领导）领导的商南起义胜利，成立了中国工农红

---

① 《中国工农红军第四方面军战史资料选编·鄂豫皖时期》（上），解放军出版社1993年版，第415页。

军第十一军三十二师，开创了豫东南革命根据地。蒋桂战争结束后，为了消灭红军，从6月开始，蒋介石调集鄂豫两省部队，对鄂豫边、豫东南两块革命根据地连续发动了三次"会剿"。王树声率部在广大人民群众的支援下，为粉碎"会剿"进行了英勇战斗。

6月26日，敌罗森独立第四旅两个团，分别自湖北黄陂、黄安出发，向北"进剿"；驻河南潢川、光山之李克邦暂编第二旅的一个营和光山反动红枪会数千人，由北向南截击；驻麻城之夏斗寅第十三师补充团和黄土岗一带地主武装也配合行动，妄图围歼红三十一师于黄安、麻城、光山交界地区。

这时，徐向前已经受中共中央委派来到鄂豫边，担任红三十一师的领导。① 敌"会剿"开始前，红三十一师的部队大部在外游击，仅王树声和廖荣坤的第一、第二两个大队（100多人枪）在黄安的七里、紫云区活动。由于鄂东北特委事先并没有得悉敌人"会剿"的情报，当敌进攻时，王树声、廖荣坤只能率部仓促应战。虽然这两个大队在广大群众的配合下进行了顽强抗击，但敌人凭借优势兵力，很快占领了七里、紫云地区，紧接着北路之敌也侵入了柴山堡。在此情况下，中共鄂东北特委决定采取"避强击弱"的方针，集中两个红军大队，在徐向前的指挥下，对战斗力较弱的北路之敌李克邦部和红枪会展开反击。

此时，李克邦部和红枪会已进至柴山堡、白沙关一带。为保卫根据地，徐向前指挥王树声、廖荣坤两个大队，在三四千手持刀矛、土枪的群众配合下，向敌猛扑过去。经过5次激战，毙李克邦部百余人，活捉红枪会头子戴五爷，缴枪40余支，北路进犯之敌狼狈逃窜。7月1日，红军攻占白沙关，歼灭地主武装数百人。与此同时，七里、紫云、乘马、顺河等区的群众和赤卫队在中共地方党组织的领导下，对敌罗森部及第十三师补充团展开袭扰。每天晚上，土炮轰鸣，呐喊声此起彼伏，彻夜不绝，弄得罗森部寝食不安，疲惫不堪，只好悄悄地撤退，龟缩在河口、七里坪、黄安、麻城等城镇，不敢出战。至此，"罗李会剿"被粉碎。7月1日晚，白沙关万人集会，镇压了一批恶霸和红枪会头子。光山南部地区的群众也纷纷起来同地主豪绅展开斗争，革命根据地扩展至光山陡沙河以南。

"罗李会剿"被粉碎后，蒋介石又调集鄂豫两省反动军队，于8月中旬对豫东南和鄂豫边两根据地发动了"鄂豫会剿"。

此时，敌罗森部已西调襄樊，夏斗寅第十三师于6月下旬全部由鄂西荆门、当阳调至鄂东，成为这次"会剿"的主力。其具体部署是：第十三师分两路，一路由南向北，一路由西向东进攻；李克邦部和商城县民团顾敬之部由北向南堵击；皖西之敌第四十六师由东向西配合行动。敌人企图是，第一步将红军四面包围，分进合击，消灭红军主力；第二步，分区"清乡""搜剿"，组织反动地方武装，清查户口，诱迫群众自首，并实行血腥镇压，以达到摧毁革命根据地之目的。

---

① 1929年5月，吴光浩牺牲后，鄂东北特委怕影响部队和群众情绪，决定暂不公布消息。6月，徐向前从上海到鄂东北后，任红三十一师副师长，实际上负责全师的军事指挥工作。

针对敌人之部署，红军采取了"与敌周旋、避强击弱"的作战方针。

8月10日，敌第十三师第三十九旅第七十八团及补充团在麻城、罗田反动民团配合下，分别由松子关、长岭关、铜锣关北进，向豫东南根据地进攻。红三十二师先后在马王冲、吴家店、佛堂坳、南溪、汤家汇、火把岭等地抗击敌人，歼敌补充团一部，缴枪50余支。之后移至外线作战，向麻城、光山边界转移。

敌在向豫东南根据地进行进攻的同时，也向鄂豫边根据地发动了猛烈的进攻。

8月14日，敌第十三师第三十七旅由黄安城、七里坪等地出动，于下旬先后进至箭厂河、郭家河、白沙关一带。接着，敌第三十八旅也由麻城谢店、中馆驿等地出发，于25、26两日分别侵入到乘马岗、顺河集。

为粉碎敌人的进攻，在徐向前的指挥下，王树声率部英勇作战。27日红三十一师主力在白沙关与敌第七十四团一个营激战5小时，毙敌60多人；30日在顺河集附近的鹅公山袭击敌第七十六团一个营，毙敌10余人；9月3日在磨角楼歼敌1个排。后来由于敌人强大，继续在内线作战不利，红三十一师转移至八字门楼与红三十二师会合。

敌人发现红军主力转移到外线后，便疯狂地进行了"清乡"。但是，中共地方党组织领导群众积极开展广泛的游击战争，实行空室清野，赤卫队密布山村，到处袭击敌人。敌人每到一地，都陷入困境。这样，敌人的"清乡""搜剿"的计划不仅无法实现，其后方也受到很大威胁。

敌发现红军主力在光山、麻城边界后，于9月12日将侵入豫东南之第七十八团和补充团西调，企图再次合击红军主力。红三十二师乘敌调动之机返回商南，并先后消灭了禅堂、吴家店、南溪、丁家埠等地的地主武装，镇压了一批反革命分子和土豪劣绅。

红三十一师则分兵数路向南出击。先后消灭了黄陂的长堰、夏店，黄安的八里湾，麻城的谢店等地的反动民团，缴枪100余支。至此，侵入鄂豫边根据地的敌人处处受困，到处挨打，不得不于9月下旬退守根据地边缘各据点，第二次"会剿"被粉碎。

"鄂豫会剿"被粉碎后，1929年10月上旬，驻河南信阳的徐源泉第四十八师两个团进驻罗山、光山，会同在湖北境内的夏斗寅第十三师，又对鄂豫边革命根据地发动了所谓的"徐夏会剿"。

10月7日，北面之敌第四十八师两个团，侵占了宣化店、陡沙河、二道河后，于11日继续向根据地推进；同时，南面之敌第十三师一个团也向黄安以北地区推进。王树声率部在徐向前的指挥下，集中在黄安、光山边境，伺机打击敌人。

当时，附近群众全部外逃，在山林中以野菜度日，迫切要求红军迅速消灭敌人。徐向前回忆这段历史时说："那时，敌人一来，地方上总要求我们打，生怕我们不打，说来说去，无非是怕丢地盘，怕打烂坛坛罐罐。我们有我们的想法，要打得有胜利的把握，自己的伤亡和消耗要少，消灭敌人要多。丢枪，伤亡一大堆人，打败仗，可不行。不然，有生力量消耗太大，部队情绪给打下去了，以后就不好办。地方和军队，常常在打不打的问题上闹矛盾，发生争执。军队里也有人怕群众受损失，主张和敌人硬拼。我们还是坚持有利条件下就打，不利条件下就不打，这一点不能动摇。"① 正如徐向前所说的，王树声、廖荣坤等按徐向前的指示率部与敌周旋，等待时机。

面对敌人大兵压境，怎样打呢？徐向前确定，打伏击。敌人有多少，红三十一师并不清楚，情报主要是靠地方党和群众提供。中共地方党组织提供的情报说，敌人只有四五百人。于是，徐向前下决心打。

根据地形和情报，王树声、廖荣坤率部埋伏在敌撤退时的必经之路天台山、铁岭子一带。这里树高林密，地形非常有利于打伏击战。当时的主要想法就是抓一把就走，缴获一些枪弹，补充自己。但是战斗一打响，才发现敌人足有两个团，这正是徐源泉的主力。徐向前在正面指挥，被敌人的火力压得喘不过气来，而在侧翼的王树声部也没占到便宜。强大的敌人反扑过来，部队只好撤退。徐向前由于有腿伤，险些落入敌手，最后被廖荣坤率人救了回来。这一仗，由于情报不准，口张得又太大，部队放了羊，没打好，伤亡十几人，第二大队的党代表桂步蟾也牺牲了。

与此同时，中心区的赤卫队，再次对敌展开了大规模的袭扰活动，使敌人耳目失灵，行动受制，供应困难，寝食不安。正在这时，冯玉祥和蒋介石之间发生了军阀混战，蒋介石急忙调兵应战。13日，敌军第四十八师两个团调往信阳，接着敌第十三师也调往平汉路。这样喧嚣一时的"徐夏会剿"遂告破产。红军乘敌人撤退之际，兵分三路出击。在王树声、廖荣坤等带领下，红军战士勇敢战斗，先后在长岭岗、柿子树店、姚家集、河口镇等地消灭和击溃四个民团，缴枪百余支。同时，曹学楷率红三十一师一部进行阻击，歼敌一部。

王树声在率部参加粉碎敌人连续"会剿"的过程中，通过与徐向前的接触，进一步丰富了自己的军事知识，学到了许多军事指挥艺术，并灵活运用于实践中，积累了丰富的游击战经验，逐渐锻炼成了一个优秀的指挥员。

三、平汉路上三战三捷

在连续粉碎鄂豫两省国民党军三次"会剿"的斗争中，地方武装和红军进一步壮大起来。到1929年底，各县均组织起一支有数十人至一二百人脱产的赤卫队，红三十一师发展到700余人，红三十二师发展到500余人。在此基础上，根据中共中央的指示，1929年11月20日正式改组鄂东北特委为鄂豫边特委，以徐朋人为书记，统一领导鄂豫边、豫东南根据地的斗争。同月，在中共六安中心县委和霍山县委的领导下，举行六（安）霍（山）起义，随后成立了红军第三十三师。根据形势的发展，1930年2月25日，中共中央决定，组织鄂豫皖

---

① 徐向前：《历史的回顾》，解放军出版社1988年版，第54页。

边特委，辖鄂豫皖三省边界的二十余县。3月18日，中共中央又决定将红军第三十一、第三十二、第三十三师改编为中国工农红军第一军，并成立红一军前敌委员会。

4月，中共中央委派郭述申等到达鄂豫皖边，随即在箭厂河召开会议，传达中央指示，正式成立中共鄂豫皖边特别区委员会，郭述申为特委书记。会议对中央的指示进行了充分讨论，作出了改编红军的决议，王树声作为鄂豫皖边特委委员参加了会议。

会后，鄂豫皖边红军即行改编，建立了红一军军部。军长许继慎，政治委员曹大骏，副军长徐向前，政治部主任熊受暄。同时组成了红一军前敌委员会。改编后的红一军下辖3个师和1个独立旅。红三十一师改编为第一师，师长徐向前（兼），政治委员戴克敏（后为李荣桂），参谋长刘英；全师辖5个大队（团），共800人。红三十二师改编为第二师，师长漆德伟，政治委员王培吾，参谋长漆海丰，下辖第九十七、第九十八、第一〇一、第一〇二4个团，全师600人。红三十三师改编为第三师，师长周维炯，政治委员姜镜堂，副师长萧方，下辖第一〇六、第一〇七两个团，全师300人。红三十一师第十一大队改编为军部教导队；红三十二师一部及地方武装组成独立旅，旅长廖业祺，下辖300人。改编后的红一军全军共2100人。

鄂豫皖特委和红一军的成立，统一了根据地的领导，统一了红军的指挥，对于扩大红军、发展根据地和开展大规模的斗争，具有重大意义和作用。

部队改编后，王树声任红一师第一大队（团）大队长。

1930年5月，中原大地硝烟再起。11日，蒋介石、冯玉祥和阎锡山之间爆发了中原大战。为集中兵力对冯、阎作战，蒋介石将布防于鄂豫皖边界对付红军的夏斗寅第十三师、徐源泉第四十八师、陈耀汉警备第二旅，调往平汉线，这使鄂豫皖边界地区周围的敌人大量减少，守备空虚。除战斗力不强的郭汝栋第二十军一部部署在鄂东地区外，边界地区只有地方武装和民团驻守。红一军抓住这一有利时机，大举出击，向外发展，扩大根据地。

6月中旬，红一军兵分两路，向外发动攻势作战。由军长许继慎、政委曹大骏率红二、红三师为一路，向皖西的六安、霍山西部地区发动进攻；由副军长徐向前率领红一师为一路，向平汉路南段出击。

6月11日，王树声率第一大队在徐向前指挥下从二郎店出发西进。战士们一听说要进攻平汉线，个个欢欣鼓舞，兴奋异常。

部队出发前，徐向前与王树声等交换意见，决定把攻击的首选目标定为杨家寨车站。

杨家寨车站是平汉铁路南段的一个小站，介于广水与花园镇之间，车站四周围有寨墙，设有寨门，并有国民党郭汝栋部两个连驻守。该地离敌军主力部队较远，周围地形比较复杂，便于红军隐蔽接近。

12日凌晨3时，红一师到达杨家寨附近，并迅速将车站包围。根据徐向前的部署，王树声第一大队的尖刀排由许世友率领，担负打开寨门的任务。这时，朦胧的月光下，只见敌人哨兵一个正靠着墙吸烟，另一个则无精打采地来回溜达。王树声向许世友打了个手势，许世友即率尖刀排的一个班向寨墙下摸去。说时迟，那时快，敌两个哨兵还没省过味来，就被卡住了脖子。这个班立即从小门冲进去，打开了寨门。

正在做梦的敌人，被枪声惊醒，像一群炸了窝的马蜂，四处狂奔乱窜。在徐向前的指挥下，各大队英勇作战，不到一小时就解决了战斗。守军两个连除少数被击毙外，其余全部当了俘虏。

战斗结束了，战士们扛着缴获的钢枪，兴高采烈地离开了车站。许世友打趣地对王树声说，郭汝栋的部队也是水豆腐，一拍就碎嘛！

杨家寨战斗后，红一师移驻夏店地区，进行了第一次扩编。根据地一批地方武装和新入伍的战士补入部队，全师由原来的5个大队扩编为3个支队和1个特务大队，每个支队下辖4个大队。全师扩大到1200余人。扩编后，王树声任第一支队支队长。

杨家寨守敌被歼后，6月26日，郭汝栋的独立旅第一团由广水进至杨平口以南的郑家店地区，其第二旅第四团由花园进至小河溪地区，企图对红一师进行报复。

28日，徐向前根据孝感游击队派人送来的情报，决定集中兵力在杨平口以东地区用伏击手段歼灭敌第一团。

28日晚，红一师从黄柴畈出发，经半夜急行军，在杨平口附近与孝感游击队会合。

29日拂晓，师部根据杨平口地区的地形条件，将王树声率领的第一支队配置在杨平口以东的山脚下埋伏，第二、三支队在山上埋伏，孝感游击队在杨平口以西山下埋伏，师特务大队及孝感游击队一部前往郑店附近引诱敌人。

29日上午，诱敌部队在郑店与敌接火。他们根据作战计划，与敌若即若离，边打边撤，沿澴水河东侧诱敌北进。骄狂的敌人认为红军是小股部队，不堪一击。于是命令倾巢进攻，紧追不舍。

紧追师特务大队的是敌一个先头营，再往后则是人头攒动，黑压压的一片。过了片刻，敌后卫营也过了杨平口，大部进入了伏击圈。

这时师指挥所所在的寨北山上响起了嘹亮的军号声。于是，王树声大吼一声："同志们，上！"第一支队的战士们如离弦之箭，以泰山压顶之势冲向杨平口，迅速切断了敌人的退路。顿时枪声大作，杀声震天。敌人遭此突然打击，猝不及防，东躲西藏，四处逃窜。有的敌人还没搞清怎么回事就命归西天，也有的还没来得及放枪就做了俘虏。不到2个小时，敌人后卫营大部被歼。

与此同时，红一师第二、第三支队也以凌厉攻势歼灭了敌先头部队第三营。敌第二营在团长朱云清的带领下，抢占了傅家山北侧的一个高地，负隅顽抗。在徐向前的统一指挥下，红一师集中全部兵力向敌发动猛攻，最后将其全歼，朱云清无可奈何地当了俘虏。

经 4 小时激战，红一师共毙伤敌人 200 多人，俘敌团长以下官兵千余人，缴获各种枪支 1000 多支，这是自鄂豫皖红军成立以来首次全歼敌人一个正规团。大量缴获使红军的武器装备得到很大改善，梭标和土造的"单打一"大都换成了五响快枪"汉阳造"。

杨平口战斗，不仅打出了红一师的军威，同时也极大地鼓舞了广大群众的斗争热情，平汉铁路沿线的农民在中共地方党组织的领导下，一夜之间就把杨家寨至王家店 10 公里的铁路扒了个乱七八糟，使蒋介石武汉行营大为震惊。

杨平口伏击战胜利后，红一师重返黄柴畈，并进行了第二次扩编。全师将 3 个支队编成第一、第三两个团。每团辖两个营，每营辖 3 个连，共 1500 人。王树声任第一团团长。

7 月下旬，红一师再次出击平汉路。首先攻下了敌守备薄弱的郝家湾车站，尔后转至青山口。这时红一师从中共应山县委得知，平汉线南段敌兵力薄弱，在距青山口 20 公里的花园镇仅驻有国民党军钱大钧部教导三师第五团。该敌辖有步兵营、重机枪营、迫击炮营及直属步兵连，武器装备较好，其主要任务是培训下层军官和士兵，战斗力并不很强。同时驻小河溪的郭汝栋部一个团已退守广水，使得花园镇守敌相当孤立。红一师经过研究，决定夜袭花园镇，全歼守敌。

28 日夜，红一师从青山口出发，急速向花园镇挺进，准备拂晓前发起攻击。王树声率红一团走在全师最前头。

花园镇是平汉路上的一个重镇，西傍澴水，东、南、北三面均为平原。钱大钧的第五团虽然战斗力不强，但总兵力 1400 余人，与红一师兵力相当，且有坚固建筑物和机枪掩体，红一师要全歼该敌也不是轻而易举的事。

按照预定部署，王树声的第一团从东南向路东区实施攻击，第三团从正南攻击花园镇的路西地区。但由于后卫部队走错了路，耽误了时间，拂晓才到达花园附近，失去了夜袭的有利时机。徐向前当即召开紧急会议，讨论打与不打。

这时，中共地方党组织送来情报：昨天夜里，花园镇南、北两头仓库相继失火，敌人为救火折腾了大半夜，现正在睡觉。徐向前当即决定，仍按预定部署攻击花园镇。

王树声从师部开会回来，立即召开连以上干部会议，部署作战，并以许世友的第一连在师特务队之后，负责扫清敌人岗哨。

接受任务后，许世友率第一连在路旁半人高的棉花地里前进。这时天已大亮，到镇上卖菜、卖柴的群众三三两两顺着大路向前走。敌人两个哨兵对过往行人一一检查。许世友乘其不备，从棉花地里跃出，抡起大刀，左右开弓，把两个哨兵砍翻在地。第一连随即跃上大路，冲向敌军阵地，歼灭了正在睡觉的守军一个连。

敌重机枪营发现了红军，以猛烈的火力封锁了第一团前进的道路。王树声当即命令许世友连在正面牵制敌人，以主力向敌两翼迂回。在第一团主力的两面夹击下，敌人重机枪营（欠一个连）全部被歼。

接着，王树声指挥第一团越过铁路，向敌团部所在地横街发起进攻。这时，红军第三团也突入镇内，消灭了敌人的步兵营，与第一团会合攻入横街，一举歼灭了敌团部和一个重机枪连，活捉了敌团长。

花园镇战斗，红军经过3个多小时激战，以极小的伤亡代价，全歼敌一个整团1400余人，缴获重机枪8挺，迫击炮5门，长短枪800余支。

此战之后，红一师移兵小河口，受到了当地群众的热烈欢迎。他们纷纷前来慰问红军，许多青年人踊跃报名参军，几天之内红一师扩大到3000多人。为此，红一师进行了第三次扩编。全师编为两个步兵团即第一、第三团，并用花园镇战斗中缴获的装备编了一个机炮混成团。

扩编后的红一师，士气高昂，武器装备得到了改善，战斗力明显增强。8月上旬，红一师西越平汉路，袭占云梦县城，部队在城内驻兵三日，开仓分粮，宣传群众，扩大了红一师的影响，之后东返小河溪一带。

当时群众中流传一首歌谣，赞颂红一师出击平汉线取得的胜利：

平汉游击五十天，三战三捷三扩编。

红军声势震武汉，革命烽火遍地燃。

红一师第三次扩编后，王树声仍任第一团团长。

红一师转移至平汉路以东后，8月21日，国民党军戴民权部三个团来犯。红一师遂由小河溪向黄安四姑墩转移，诱敌深入。四姑墩西面是一条河，红一师在四姑墩东北防御。22日，在徐向前指挥下，王树声率第一团出击，与第三团一起歼敌1个营，敌遂以两个团反扑。正在这时，许继慎率红二、红三师赶到，从侧翼迂回，红一师从正面反击。王树声率第一团涉水向西猛攻。结果，红一军歼敌一个团，击溃敌两个团。此后，王树声又率部参加了红一军在小河溪击退彭启彪第十四旅反扑、歼敌一个团的战斗。

四、参加鄂豫皖苏区第一次反"围剿"

正当革命形势迅速发展的时候，李立三"左"倾冒险主义的各项决议和计划，于1930年6月下旬到8月间陆续传达到鄂豫皖边区。根据中共中央关于《新的革命高潮与一省或数省的首先胜利》的决议，鄂豫皖边特委决定总的暴动区域为平汉线之孝感、花园、广水、信阳，甚至提出了"打到武汉过中秋"的口号。8月下旬，红一军三个师会合后，军前敌委员会即根据"长江总行动委员会"给予的任务和指示，同鄂豫皖边特委组成"京汉特区行动委员会"，以便集中力量向平汉路出击。

9月中旬，红一军从四姑墩出发，沿平汉路东侧北上，首战广水。

广水筑有城墙，东西两面是河，只有南北一条路连接。守军夏斗寅部在南北两面修筑了层层工事，凭坚据守。

9月21日拂晓前，红一军从城北发起攻击。由于守敌早有防备，袭击未能奏效，遂转为强攻。红一师仰攻城北山头，但上去一批被打下来一批。王树声虽指挥第一团前仆后继，英勇作战，但由于当时部队攻坚能力差，又无炸药，伤亡严重。一些连损失了1/3的兵力，个别连的连长和3个排长都牺牲了。激战至午后，部队撤回到四姑墩。

在四姑墩，红一师补充了六七百人，王树声第一团的各连也都补入了几十名新兵。22日，红一军向信阳发动进攻。当日午夜，王树声以第一团第一营为前卫攻打火车站，23日拂晓前，第一团占领车站，歼敌一个营，并控制了城北铁路边的山头，以掩护攻城部队的安全。但天亮后，敌人的装甲列车从北面开来，车上的大口径火炮向车站猛烈轰击，南面的援军也赶到。有鉴于此，许继慎命令部队撤出战斗，向东转移。

王树声率部来到光山（军部率红二、红三师已袭占光山）以东15里的地方，对潢川方向警戒。第二天吃早饭的时候，忽听一营方向枪声骤起，原来潢川敌人一个团前来偷袭。当时，红军第一营在一座小山梁的东面，第二营在山梁的西面，由于第一营第三连麻痹大意，敌人已经抢占了山梁。为打退敌人的进攻，王树声命令第二营配合第一营抢回山梁。第二营猛打猛冲，扑向山梁，敌人向东北方向溃退。接着，王树声又令部队发起追击。在红军的猛烈追击下，敌人建制被打乱，大部在稻田中被歼。事后，王树声教育部队，在敌占区作战，必须时刻提高警惕，做好警戒工作，决不可疏忽大意。

10月上旬，红一师北上攻打潢川。本来计划是突袭进城，部队晚八九点攻城。结果被敌人发现，关上了城门。红一师大部被阻于城外。已经摸进城的第一团第二营的一个连，也被打了出来。徐向前遂决定由突袭改为强攻，由王树声的第一团担任主攻。

潢川城垣坚固，四面是水壕，守敌是一个旅。为完成任务，王树声以第一营的第二连和第二营的第四连作为尖刀连，配合攻城。在火力的掩护下，这两个连涉水接近城墙，搭梯攻城。敌人的机枪射出一条条火舌，石块从城上纷纷砸下，第二连一个排一下子损失了1/3，第四连伤亡更大。此战红军虽歼敌一个营，但鉴于继续攻城实在不利，师部遂命令撤出战斗。

此后，王树声又率部参加了红一军攻克罗山、歼敌一个团的战斗。

10月中旬，红一军在光山城内召开了第一次党员代表大会。会议针对红一军存在的山头主义等不良倾向，强调加强党的领导，加强政治工作和统一指挥、统一组织、严格纪律，通过了关于政治任务、组织问题、宣传教育问题、政治工作等决议。为了打破本位主义和地域观念，会议还决定将部队统一整编。第一师由3个团合编为第一、第三团；第二、第三师合编为第二师，辖第四、第六团。同时从第一、第二师各抽调5个连对调混编。第一师师长刘英，政治委员李荣桂；第二师师长孙永康，政治委员王培吾。不久，又将军属独立旅、黄麻补充营与皖西独立第一师合编为第三师，师长萧方。整编后，各级党组织健全起来，军有前委会，师、团有党委会，营连有党支部，班、排有党小组。全军共有6000

余人,军长许继慎,政治委员兼政治部主任曹大骏,副军长徐向前,参谋长李昂茨。王树声仍为第一师第一团团长。

部队整编后,红一军于10月下旬移驻罗山潘新店地区。王树声率第一团第一营驻陡沟。在这里,王树声与当地游击队负责人会面,送给他们一些枪支、子弹。

这时,夏斗寅部正向根据地南部地区进犯,黄麻地区形势吃紧。为此,鄂豫皖边特委书记郭述申专程赶来豫南调红一军南下。10月底,红一军接到中共中央长江局指示,要求游击平汉路南段,把鄂豫皖根据地向长江沿岸扩大,打通鄂东根据地与蕲(春)黄(梅)广(济)红十五军①的联系。据此,红一军决定打下罗山再行南下。

11月初,敌人占领罗山,红一军命红一师第二次攻打罗山。当时,红军并不清楚对方的兵力。师部遂以王树声第一团打主攻,以第三团为预备队。王树声指挥部队猛攻了一夜,始知守敌为张印相的第三十一师。部队攻城受挫,伤亡不小,只得撤出战斗。之后,王树声率部随红一军主力奉命南下。

红一军南下后,王树声率部参加了11月11日攻打黄陂姚家集、13日攻打黄安的战斗。由于敌人工事坚固,均未奏效。之后,红一师直扑黄安东南的谢店,歼灭了夏斗寅第十三师补充团的一个营。

11月底,天气转冷,红军战士们还穿着单衣,冬装尚无着落。这时,地方上送来情报说,新洲空虚,只有民团把守。新洲是个商埠,城内店铺不少,有金店、布店、粮店、当铺。为解决冬装问题,军前委决定攻打新洲。30日夜,王树声率部冒雪南进。南方的雪边下边化,道路泥泞难行,战士们摔倒了爬起来再走,一个个变成了"泥猴"。部队途经潘家塘时,得悉敌郭汝栋部第二混成旅刚刚到达新洲宿营。

红一军军部立即指挥各部突然发起攻击,结果红军没费一枪一弹,就将正在睡觉的敌人两个团及特务营全歼。此战缴获了大批枪械弹药和军需物资,红一军解决了棉衣问题,从军长到战士每人还发了一块银元。

12月1日,红一军东移罗田县但店。在红一军南下寻找红十五军期间,红十五军为寻找红一军北上皖西、豫南。一个走南,一个走北,未能在途中会合。这时,中共中央派曾中生来鄂豫皖任特委书记,他在但店传达了中共中央六届三中全会精神。王树声组织第一团传达、学习讨论了三天。大家统一了思想认识,积极准备投入第一次反"围剿"作战。

12月初,蒋介石在对中央苏区发动"围剿"的同时,令李鸣钟指挥鄂、豫、皖三省"围剿军"共8个师另3个旅10万兵力,开始了对鄂豫皖革命根据地的第一次"围剿"。

---

① 1930年6、7月,驻阳新根据地的原蕲、黄、广地区革命武装同赣西北和阳新、大冶地区部分革命武装,先后改编为红八军第四、第五纵队。10月16日以该两纵队为基础改编为红十五军,军长蔡申熙,政治委员陈奇,全军约2000人。

敌人"围剿"的具体部署是：以夏斗寅第十三师、萧之楚第四十四师、徐源泉第四十八师，由麻城的宋埠、黄陂的河口，由南向北"围剿"；以吉鸿昌第三十师、张印相第三十一师，由商城、罗山由北向南；以岳维峻第三十四师、戴民权新编第二十五师及新编第一旅由平汉线自西向东；以范熙绩第四十六师、警备第二旅、潘善斋新编第五旅，由皖西自东向西，企图合围鄂豫皖革命根据地红军。

12月4日，红一军从但店北上。一路上，王树声看到了敌人犯下的滔天罪行。只见那些遭敌人洗劫的村寨，房屋被烧，一片片断壁残垣，乡亲被杀，尸陈街头巷尾。指战员们看到自己用流血牺牲建立起来的根据地，被敌人破坏得满目疮痍，不禁潸然泪下，决心要多打几个胜仗，惩罚罪恶滔天的敌人。

红一军主力到达商南大埠口地区，与红三师会合。这时，皖西"围剿"之敌已进至金家寨地区，红一军遂决定消灭这股敌人，并分兵两路，向皖西金家寨挺进。

12月14日，王树声率红一团随主力奔袭金家寨，全歼敌第四十六师一个团和反动民团共千余人，缴枪1300多支。15日，红一军又在鹅毛岭歼敌一个营，16日占麻埠、独山、叶家集等重镇，18日，乘胜东进青山店、苏家埠、韩摆渡，又歼敌第四十六师两个营，尔后分兵两路，进逼六安县城。

六安城由敌第十六师一部把守，城坚壕深。红一军军部以王树声的红一团与红六团攻击六安城南，以红三、红四团攻击城北。围攻一天后，由于敌援兵到来，双方形成对峙，互有伤亡。鉴于继续攻城不利，红一军撤围南下，以红一师威逼霍山，以红二师集中两河口地区。

敌鄂豫皖三省边区"绥靖"督办李鸣钟见六安一度被围，霍山告急。速调第三十师一个旅由商城进占金家寨，以第二十五师一个旅由固始进占叶家集，敌安徽省主席陈调元亦以第四十六师和警备第二旅全力防守六安，企图从东南北三面组织对红一军新的合围。

为了粉碎敌人的合围计划，红一军主力集结于麻埠地区，准备歼敌一路。红军进入麻埠地区后，抓紧时间进行了休整，准备迎敌。王树声组织红一团做好了随时进行战斗的准备。

麻埠是皖西的重要城镇之一，有"小上海"之称，街上店铺很多，物资丰富，时值迫近年关，群众将准备过年的东西纷纷拿出来慰问红军。

12月29日，敌第四十六师及警备第二旅，分左中右三路向麻埠进犯。左路为第一三七旅、警备第二旅一个团，由霍山经佛庵前进；中路为第一三八旅两个团，由苏家埠经独山前进；右路为第一三六旅第二七一团，由韩摆渡经石婆店前进。

根据上述敌情，红一军前委决定集中主力在运动中击破各路敌人进攻，并由徐向前率王树声红一团和红三团、红四团北出，迎击敌中路两个团；以第六团自叶家集地区南下石婆店，钳制敌右路第二七一团；以地方游击队、赤卫军于麻埠以东钳制敌左路；军直属部队和机关守麻埠。

30日凌晨，王树声的红一团与红三、红四团从麻埠出发，迅速北上迎击中路之敌。9时左右，与敌前卫一个团在东香火岭遭遇，进入战斗。这里地形对红军非常有利，南北两侧为高地，中间是一条横贯东西的土路。于是，王树声迅速指挥红一团与红三团一起抢占了南北高地，居高临下，对敌进行猛烈的侧击。同时，徐向前命令红四团从正面发起猛攻。敌人遭到突然打击，顿时乱作一团，被压缩于东香火岭的山沟里，经4个小时激战，全部被歼。敌后卫第二七六团见势不妙，急忙掉头回窜，抢占同兴寺两侧高地，固守待援。

王树声率部从同兴寺南面发起攻击。在红三团的配合下，全歼敌该团。与此同时，红四团于西香火岭地区歼灭了右路的第二七一团。

东西香火岭战斗，仅用一天时间，红一军歼敌3个团，缴获步枪1700余支，迫击炮数门，电台1部。

敌第四十六师遭受毁灭性打击后，残部龟缩于六安不敢出战。敌第三十、第二十五师也吓得向商城、固始撤退。这一胜利不仅粉碎了敌对皖西的"围剿"计划，而且极大地振奋了人民群众的斗志。群众纷纷起来向土豪劣绅、恶霸地主讨还血债，报名参加红军。六安革命委员会也宣告成立，并将六安独立营扩编为独立师，壮大了红军力量。广大军民在胜利的喜悦中迎来了新年。

国民党军对皖西根据地的"围剿"被粉碎后，红一军前委留第七团（皖西作战期间成立）在皖西活动，尔后率红一、红二师向豫南进击。此时，敌吉鸿昌第三十师一个旅，也从金家寨向商城撤退。

1931年1月14日，红一师向西开进。王树声率红一团走在最前面，当行至二道河西南的四姑墩时，将反动民团一部包围，并展开攻击。正在这时，敌第三十师一个团突然从背后向红一团袭击，红一团两面受敌。王树声指挥若定，沉着应战，与敌展开了激烈战斗。随红一团行动的徐向前一面派传令兵迅速调后续部队增援，一面指挥红一团向敌发起冲击。红一团在徐向前、王树声的率领下，经三次冲击，才突破敌阵地。由于没有手榴弹，王树声指挥部队与敌展开白刃格斗。在后续部队的配合下，经两个小时激战，将敌消灭。是役，红军俘敌数百人，缴枪400多支、山炮两门。这也是红一军第一次缴获敌人山炮。紧接着，红一军留一部兵力解决叶家墩子民团，大部队乘胜追歼敌第三十师的另两个团，敌人在红军追击下逃往商城，红军遂进驻二道河。至此，进攻豫南的国民党军亦被打退，国民党军对鄂豫皖的第一次"围剿"被粉碎。

五、攻势作战五十天，活捉岳维峻

1931年1月中旬，红一军与红十五军会师于商南的长竹园，尔后开往麻城的福田河。遵照中共中央指示，两军合编为中国工农红军第四军。以中共中央派来的旷继勋、余笃三分任军长和政治委员，参谋长徐向前，政治部主任曹大骏。原红一军第一师与红十五军第一团合编为红四军第十师，师长蔡申熙，政治委员陈奇，副师长刘英，下辖第二十八、第二十九、第三十团；原红一军第二师与红十五军第三团合编为红四军第十一师，师长许继慎，政委庞永俊，副师长周维炯，下辖第三十一、第三十二、第三十三团；原红一军第三师第七团改为独立团。合编后的红四军全军1.2万余人。红四军成立后，王树声任第三十团团长。

红四军成立后，鉴于进攻鄂豫皖的敌人已转入守势，中共鄂豫皖临时特委决定转入进攻作战，确定了以红军主力突击敌人弱点，调动敌人于运动中加以歼灭的作战方针，同时以主力红军一部配合根据地的地方武装扫除敌人孤立据点，收复失地。

根据上述方针，旷继勋、余笃三指挥第十、第十一师全部，首次利用围点打援战法，发起磨角楼（在麻城北部）战斗，歼敌千余人，缴枪千余支。

磨角楼战斗后，王树声奉命率第三十团（另有第二十九团一部配合）围攻河南省光山南部重镇新集。

新集是大别山区的一座山城，地处鄂豫两省交界，南经湖北麻城、黄安直通武汉，东经商城进抵六安、合肥，北出淮河之滨，西近平汉路，是重要的交通要冲。它三面环山，东临潢河，城墙高两丈，全部用长方形岩石砌成，城墙上架有土炮，枪眼密布，城外挖有护城河，易守难攻。新集城长期以来一直由恶霸地主曾远卿、刘建甫两家统治。可以说新集是当地土豪劣绅的避难所和封建反动余孽的大本营。守城的民团和红枪会成员有1000多人，火力虽不强，也不是训练有素的正规部队，但骨干都是地主豪绅搜罗的兵痞、惯匪等亡命之徒，他们与革命为敌，依靠国民党的支持，不断"清剿"农民革命武装。因此，要想攻占新集，也不是轻而易举的。此前红军曾两次攻打，都未攻克，这次王树声率部攻打新集，可以说是重任在肩。

为了完成上级赋予的任务，王树声首先对全团进行了深入的动员。他对干部战士说，打新集是军首长交给我们的光荣任务，也是对我们每位干部战士的严峻考验。我们要吸取以前久攻不克的教训，发扬敢打敢拼的战斗作风，用胜利来向军首长汇报，把红旗插上新集城头！他号召全团："我们要打下新集过新年！"

1月底，王树声率部从麻城福田河出发。时值农历腊月，大雪纷飞，寒风凛冽。为了不让敌人发觉，达成战斗的突然性，王树声指挥部队不走麻城直通新集的大道，而是绕道黄安，攀登崎岖山路，从西侧迂回到新集城北。当时，新集的东、南、西三个城门因离苏区近，敌人早已经用石土堵死，只剩北门白天通行，夜晚封闭。2月2日夜，王树声率部把新集团团围住。

王树声带领几个营长察看完地形，下达了作战部署：第一营担任主攻，布置在城北，第二营在右翼，第三营在城东潢河对岸布设阵地，团指挥所设在西北山脚下一个小庙里。配合作战的红二十九团一部布置在城南，切断敌与麻城的通路。红三十团各营在夜暗的掩护下占领了阵地。

第二天天亮，敌人发现被包围，惊惶失措，慌忙用城墙上的土炮对红军猛烈轰击。霎时间，城墙上冒起一股股黑烟，尔后是沉沉的"轰轰"声，接着是一些圆石丸飞向红军阵地。敌人企图用土炮抵御红军攻城。王树声也不客气，指挥部队把仅有的几门迫击炮架在城北100来米的山上，向敌人还击。然而，炮弹一连打了几十发，却很难打到城墙上，不是落在城外的护城河，就是落在城内西北角的菜地里，对敌杀伤威胁不大，看来只靠几门炮是打不开敌城防的。

此后，敌人白天紧闭城门不出，加强城头检查，一到晚上就点起松油灯，燃起火把，把整个城头照得如同白昼一般。而那些民团、红枪会徒则手持长矛，守在暗处，时刻防备红军架梯爬城。以前他们就是采取这种以长矛顶住梯子向外推的办法破坏红军攻城的。

新集一时难以攻克，王树声心急如焚，一连几天，茶饭不思，夜不能寐，苦思破敌之策：敌人之所以猖狂，这么顽固，而红军之所以攻不破敌人的防守，还不就是因为那又厚又高的城墙吗？看来要打下新集，除了用炸药炸开敌人吹嘘的"固若金汤，牢不可破"的城墙，别无他法。然而，在敌人严密戒备的情况下炸药怎样安放呢？更何况又从哪儿搞到威力大的黄色炸药呢？

带着这些问题，他召开了军事民主会议。会上，干部、战士你一言，我一语，献计献策，使问题得到了解决。这就是：用挖地道的办法安装炸药；没有黄色炸药就用黑色炸药代替；没有雷管可以用迫击炮的引信；导火索可以用纱布裹上火药做；炸药可以用棺材装，里面还可以放些迫击炮弹、铁块、石块、秤砣等，以增加威力。

考虑成熟后，王树声连夜向徐向前等军首长汇报了自己的打算，军首长都称妙计。

于是，在当地群众的支持下，很快找来了150公斤黑色炸药，又从地主家弄来一口大棺材，准备了许多破铜烂铁等。爆破条件具备后，王树声下令开挖地道。

地道口选在了离城北关五六十米的地方，因城北关两旁靠近城墙的房屋虽然多半被敌人烧毁，但剩下的残垣断壁可以作掩护。

为了保证挖掘地道的安全和进度，王树声一面组织少数兵力佯装攻城，吸引迷惑敌人，一面组织部队昼夜不停地轮番挖土、运土。

为了保证打下新集，王树声还做了两手准备：城墙炸开了，部队就从爆破口突进去；万一炸不开，就趁爆破之机强行突击攻城。为此，他从军部手枪营、交通队和各连挑选了120名身强力壮、作战勇敢的战士组成了由第一营副营长廖荣坤任队长的爬城队。

2月10日，在当地群众的大力支持下，部队终于挖出了一条50多米长的坑道。爆破准备就绪后，王树声指挥攻城部队隐蔽集结在离北门不远处，配合攻城的赤卫队和支前的群众紧跟其后，只等城墙被炸开，一齐冲进去。

攻城时刻到了。战士们匍匐在地上，凝视着前方的城墙，全神贯注地等着爆破的瞬间。

下午5时多，王树声下令"点火"。长长的自制导火索冒着火花快速燃去。"轰隆"一声巨响，一团浓重的黑烟在北门上空升起。刹那间，硝烟弥漫，砂石横飞，北门西部的城墙，被炸开3米多宽的大口子。

"城墙炸开了！""城墙炸开了！"战士们高喊着。随着一阵嘹亮的冲锋号，爬城队员一跃而起，冒着烟尘冲进爆破口，像一支支利刃插向敌胸膛。

敌人做梦也没想到，坚固的城墙竟然顷刻间会被炸开，急忙调集兵力，从缺口两侧拼命抵抗，妄图堵住红军的进攻。

在王树声的指挥下，红军战士如猛虎下山，挥舞着大刀，甩着手榴弹，不停地扫射着向前冲杀，后续部队和赤卫队也从缺口拥入。敌人支撑不住了，纷纷逃窜，红军迅速占领了北门。

与此同时，城南、城西的攻城部队也乘敌人慌乱之际，迅速架起云梯，攻入城内，沿着南北走向的三条街和大西街向前推进，与敌展开了激烈的巷战。

红军从三面冲杀，敌人溃不成军，大部乖乖地做了俘虏。一些敌骨干分子打开东门企图逃走，大部被守在河对岸的红军第三营歼灭，民团团总曾仲颜也被击毙。

经3个多小时激战，红军全歼新集守敌1000多人。

新集战斗的胜利，不仅拔除了敌人安在鄂豫皖苏区中心地带的顽固堡垒，使鄂豫边、豫东南根据地连成一片，而且取得了攻坚战的经验，王树声和红三十团名声大震，誉满全军。

王树声采取的坑道爆破的战法，是红军战史上的首创，为红军乃至解放战争时期的攻坚战创造了经验，这一战法是王树声对红军的一大贡献，也充分体现了他的军事智慧。

新集战斗后，王树声与战友们一起高高兴兴地过了个春节。

之后，鄂豫皖革命根据地的党政机关先后从七里坪迁来，新集很快成为鄂豫皖革命根据地的政治、军事、经济和文化中心。

2月中旬，红四军召开了全军党代表会议，会后鉴于敌人新的"围剿"尚未到来，遂决定向平汉路信阳、广水段出击，以飘忽战略，乘敌不备而歼之。

3月1日夜，红四军冒雪奔袭李家寨车站，截击敌军车一列，全歼车上国民党新编第十二师一个旅，打死敌旅长侯镇华，缴获大量军火物资。继而袭击柳林车站并再度占领李家寨车站，歼敌一个营，击溃敌两个团。

红四军在平汉线作战的胜利，引起了敌人极大震惊。国民党郑州"绥靖"公署主任刘峙，急令第六师主力集结信阳，并令该师第三十八旅、骑兵第一师、第三十一师之第九十一旅、第二十路军之第六十三旅等部，由信阳向南推进。武汉"绥靖"公署主任何成浚，也急令国民党军新编第二旅固守广水，第三十师主力由广水向信阳开进，以第三十四师由孝感经花园沿平汉线东侧向北推进。敌人企图以南北对进和侧后迂回消灭红四军于平汉路东侧。

在各路进击的敌军中，以岳维峻的第三十四师最为冒进突出。3月4日，该师由孝感出发，经花园进抵小河溪，8日下午进占双桥镇地区。距红军主力集结地三里城、大新店仅有25公里。岳维峻将其第一〇〇旅两个团布于漠水西岸刘家湾、松岭山、田子山、罗家城一线，第一〇一旅的两个团布于澴水东岸的长岭岗、刘家楼、白马石岗、小蔡山一线，师部和两个旅部及山炮营均驻双桥镇。

根据南路敌第三十四师孤军冒进的情况，红四军军部决定留第三十二团在三里城监视北面之敌，集中主力6个团（二十八、二十九、三十、三十一、三十三及罗山独立团）南进奔袭双桥镇之敌。具体部署是：红十师3个团从北向南进击漯水西岸之敌，王树声、封俊（第三十团政委）率第三十团担任正面攻击；第二十九团（团长查子清、政委李溪石）向双桥镇西南迂回，断敌退路；第二十八团（团长高建斗、政委甘良发）位于双桥镇以北的二店湾，作预备队。以红十一师从东向西进击漯水东岸之敌，第三十一团担任正面攻击；罗山独立团向双桥镇东南方向迂回，断敌退路；第三十三团位于余家集以西的麻雀岭，为预备队。

按照军部命令，红军各部队于8日夜南下，急奔15公里，于9日凌晨进到指定位置，对敌第三十四师形成了严密的包围。

5时许，两颗红色信号弹划破了夜空，西、东两岸的突击部队第三十团、第三十一团迅速向双桥镇西北和东北敌外围阵地发起攻击。王树声指挥部队首先在刘家湾歼敌一个前哨连，然后乘势攻占了刘家湾西侧高地松岭山；红三十一团也在双桥镇东北歼敌一个前哨连，并攻占了长岭岗以北的后湾、沿岭沟等前沿阵地，从而使镇内的敌第三十四师师部、旅部受到了威胁，岳维峻慌忙组织部队实施反扑。红军第三十团和第三十一团与敌展开了争夺制高点的激战。

天亮后，周围山头、高地上的群众人山人海，喊声震天，为红军呐喊助威。红军战士们受到极大鼓舞，因而士气更高，一次次将敌人的反扑打下去。第三十团第一营与敌在松岭山的争夺尤其激烈。9时左右，敌人的飞机、炮兵也投入了战斗，疯狂地向红三十团第一营所占高地轰炸、射击，阵地上顿时硝烟弥漫。在飞机和火炮的掩护下，敌人以两个团的兵力向松岭山反扑。由于寡不敌众，第三十团第一营的阵地得而复失。

王树声深知丢失松岭山阵地对整个作战意味着什么。为夺回阵地，他毅然命令作为预备队的第二营："跟我上！"

敌人的大炮依然不停地吼叫着，一发发炮弹落在王树声和战士们身旁，顿时发出一声声巨响，化作一团团火焰。有的战士被掀起，血肉横飞，惨烈异常。

为了夺回高地，王树声组织了一次次突击，但由于敌人的火力太猛，突击队被压在半山腰，抬不起头来。王树声一看，强行正面攻击伤亡太大，于是征求政委封俊的意见。政委说："你组织火力在正面吸引敌人，我带一部分人从后面绕过去。"

王树声迅速调整部署，组织部队的机枪、步枪一齐开火，红军战士的喊杀声震天动地。敌人以为红军又一轮的进攻开始了，于是集中所有武器开火猛射。红军也不示弱，与敌对射。就在这时，封俊率部已经绕到敌人后面，一阵冲杀，使敌陷入混乱。王树声抓住战机，指挥部队冲入敌阵地，与敌展开拼杀。在红军的前后夹击下，敌阵地上的一个营被歼过半，残敌逃跑。第三十团第一营重新占领了松岭山。

对此次战斗的激烈程度，几十年后徐向前仍历历在目。他回忆道："周围数十里的群众，也在地方党的动员和组织下，拿着土枪、大刀、长矛前来参战，呐喊声响彻潢水两岸，场面极为壮观。岳维峻'狗急跳墙'，亲自带着两团人出镇反扑。敌人仗着飞机、大炮掩护，与我争夺阵地，企图打开缺口，向南逃窜。战斗十分激烈、残酷。大白天，我们站在山头上，看得清清楚楚：他们扑上来，我军反击下去；阵地被敌夺去，又被我夺回，敌我双方反复冲杀，肉搏格斗，扭成一团。我们的部队真英勇，发挥了近战歼敌的战术特长和勇猛顽强的战斗作风，干部带头冲锋、肉搏，伤亡再大都不打退堂鼓，我十师师长蔡申熙胳膊负伤，仍坚持指挥战斗。这是个硬仗，鏖战了几个小时，难解难分。"①

就在王树声率部与敌进行反复争夺阵地的同时，担任潢水河东岸主攻任务的红军第三十一团，也夺下了镇东制高点，担任迂回包抄任务的第二十九团和罗山独立团，分别到达了指定位置，切断了敌人退路，对敌形成了包围。

战斗进入了最为激烈的相持阶段。这时的松岭山阵地已是一片焦土，弹痕累累，尸体遍地，血迹斑斑。红军战士的枪管打红了，刺刀拼弯了，个个浑身是血。王树声和战士们一样，手枪子弹打完了，大刀也砍卷了刃。他满脸被硝烟熏黑了，衣服上也不知是被弹片还是刺刀留下了几个洞。

战至近午，敌人已经是精疲力竭，红军军部下令预备队第二十八团沿潢水西岸、第三十三团沿东岸，对敌发起了猛烈的分割穿插，突击双桥镇内敌人的核心防御阵地。这一突然行动，很快把潢水东西两岸的敌人分成几块，打乱了敌人的防御体系，敌人指挥系统完全处于瘫痪，军心更加动摇。敌外围阵地松岭山、长岭岗、尖鸡岗和白马石岗等地之敌，纷纷后退。红军正面突击、迂回包围的部队乘势向敌猛烈夹击，将刘家楼、刘家湾、余家畈之敌分割包围，各个击破，歼其大半，残敌向南逃窜。岳维峻一见败局已定，慌忙率镇内之敌向南逃窜，被红军第二十九团、第三十三团截击。同时，红军第三十团、第三十一团也从东、北两面压来，敌人无路可逃，岳维峻也成了红军的俘虏。战至 13 时，战斗胜利结束。经 7 个多小时激战，红军全歼敌第三十四师（1 个师部、2 个旅部、4 个团、1 个山炮营、2 个迫击炮连），毙敌 1000 多人，俘敌 5000 多人，缴枪 6000 多支，山炮 4 门，迫击炮 10 多门。红四军取得了建军以来最大的歼灭战胜利。

王树声任第三十团团长期间，正是红四军进入以运动战为主的作战阶段。在这些运动战中，各部队充分发挥主观能动性，积极配合友邻部队，是完成作战任务的重要条件。在这方面，王树声做得非常出色。在他个人的履历表中这样写道：

> 1930 年在红军第四集团军任卅团团长时，自动指挥部队救援友邻部队脱险，集团军总指挥部曾传令嘉奖一次。②

---

① 徐向前：《历史的回顾》，解放军出版社 1988 年版，第 87—88 页。
② 据考证，时间应为 1931 年，第四集团军应为红四军。

第五章 鄂豫皖根据地创始人之一（下）

一、东取独山，西战浒湾，南下蕲黄广

1931年3月10日，中共中央政治局决定在鄂豫皖边地区成立中央分局，直接领导这一地区的斗争。4月7日，张国焘、陈昌浩等由专人护送，从上海经武汉进入鄂豫皖革命根据地。

为了保证张国焘、陈昌浩等的安全，王树声奉命率第三十团前往迎接。张国焘在《我的回忆》中对王树声及其所部的情况作了描述：

> 王树声团长在这个区域内是参加游击队最早的一个。他自始至终就参加这里一个基干的游击队，从队员积功升到团长。因此，他的个人经历也就是这里游击队成长的经过。这个团长，身体强健，行动敏捷，对于本区的一草一木都了如指掌。谈吐处事，充分流露出久经历练的游击健将的才气。他所率领的第三十团跟他一样，也是在游击战中成长起来的，在红四军中算是资格老而又最有战斗力的一团，共有官兵一千一百多人，步枪八百余枝，重机关枪四挺，这些实力远非黄安独立团所能比拟。全团官兵对于王团长十分敬重，资望较浅的团政治委员也唯他马首是瞻。

张国焘等被接到红军苏区七里坪后，稍事停留，就由王树声团护送前往金家寨。王树声在陪张国焘的途中讲述了鄂豫皖红军和根据地的发展情况，使张国焘对于苏区和红四军的情况有了初步的认识和了解。张国焘回忆道：

> 在一个临时宿营的地方，夜深人静，油灯如豆，王树声滔滔不绝地叙述这些可歌可泣有血有肉的故事，我为之神往，只可惜事隔多年，我的补记自然遗漏甚多，对于王树声当时叙述时生气勃勃的神情，更难形之笔墨，不无遗憾。

> 王树声还指点我，如何从破坏的遗迹来识别系红军抑系白军经过的地方。譬如寨子，双方均不愿完整地留下供对方作据点之用，必须予以破坏；但红军破坏必很彻底，而白军的破坏则仅系敷衍命令，略事点缀而已。又譬如祠堂，白军也为了不留给红军作营房之用，加以破坏；而红军则为避免引起农民家族观念的反感，不加破坏。再譬如庙宇，白军也常加破坏，

而红军则仅捣毁庙内的菩萨，以破除迷信。至于普通民房，白军也有任意破坏的，红军则绝不损及民房。

由此可见，王树声团及红四军的纪律是严明的，深受群众的拥护。

张国焘到达鄂豫皖边区时，国民党军对鄂豫皖根据地的第二次"围剿"刚刚开始。王树声率部在完成护送任务后，迅速投入到了第二次反"围剿"作战中。

早在3月中旬，蒋介石就对鄂豫皖地区的第二次"围剿"进行了部署：以第三十师（欠一个混成旅）、第三十一师（欠一个混成旅）、第三十三师组成"追剿"部队，向根据地中心区域进攻，专寻红军主力作战。另以第五十三师、第二十五师布于潢川、光山、商城、固始地区，第十二师、第四十四师布于罗田、麻城、黄安、黄陂地区，第四十六师另一个旅布于六安、霍山、英山地区，第六师布于平汉路以东组成外围各线的堵击部队，配合"追剿"部队进行"清剿"，企图首先合击新集、七里坪，肃清鄂豫边红军，尔后转向皖西。

4月上旬，敌军外线堵击部队首先在根据地边缘地区展开进攻。其皖西的第四十六师、警备第七旅、保安团等共7个团的兵力，乘红军主力在豫南与民团作战之机，向皖西革命根据地进犯。13日占领独山，14日占领诸佛庵，15日占领麻埠，并伺机进攻金家寨。皖西红军第十二师面对国民党军强大攻势进行节节抗击，并退守到金家寨以东地区。敌人在向皖西发动"围剿"的同时，也向鄂豫边发起了"清剿"。

4月17日，针对鄂豫皖根据地面临的反"围剿"形势，张国焘等与红四军领导人研究决定，以红四军参谋长徐向前率警卫师和第二十八团留在鄂豫边，攻打大山寨和打银尖等民团据点，吸引和牵制"围剿"鄂豫边之敌；以红四军主力东进皖西，打击侵入皖西根据地之敌。

20日，红军第十师、第十一师由商南东进，23日与第十二师在金家寨地区会合。此时，敌第四十六师第一三六、第一三七旅和保安团一部驻麻埠及其附近地区，警备第一团和保安团一部驻独山。红四军领导人根据敌人部署特点，决定避开麻埠强敌，仅以一部牵制之，集中主力攻打独山。具体部署是：以王树声第三十团和第十一师的第三十三团为进攻独山的突击部队，以第二十九、第三十一团为预备队；以第十二师进占东西香火岭，阻止麻埠之敌向东增援；以六霍地区的游击队、赤卫队向六安、霍山方向警戒，负责截断独山之敌退路。

24日，王树声率第三十团从金家寨出发，经杨家滩、白塔畈、石婆店向独山前进，25日拂晓前进至独山镇东北之三里岗，并当即向独山外围接近。6时许，王树声率部向黄伯珰及婆婆冲以南高地之敌发起突然攻击，驻守黄伯珰、婆婆冲以南高地的保安团1个营又1个连，尚未弄清是怎么回事，就被英勇的红军击溃，除少数逃跑外，其余全部被歼。与此同时，红军第三十三团在歼敌一个前哨排后，迅速向南头山进攻，遭到敌一个营顽强抵抗。为增援南头山，独山镇的敌人又调出一个营。这样，独山镇内敌人只留有一个营和部分保安部队，防守空虚。红四军军长旷继勋抓住这一时机，一面命第三十三团加强对南头山的攻击，一面命预备队第二十九团突然自三里岗南下,直扑独山镇。王树声的第三十团在歼灭黄伯珰、婆婆冲之敌后,迅速主动地从东侧向独山镇发起进攻,与第二十九团形成对守敌的钳形突击。9时许,独山镇内之兵力大部被歼,少数向涝河以南突围之敌也被赤卫队等地方武装截歼。此时,南头山之敌亦被红军第三十三团和第二十九团一部包围歼灭。至此,独山镇战斗胜利结束。红军经4小时激战,全歼守军一个多团,毙、伤、俘敌2000余人,缴枪1200余支。

战斗中,由于王树声率部积极主动地支援友邻第三十三团,保证了第三十三团翼侧的安全,为全歼独山守敌立下大功。战斗结束后,王树声受到红四军的通令嘉奖。

在王树声率部与敌在独山激战之时,由麻埠、诸佛庵增援独山之敌,被第十二师阻于东、西香火岭以南地区,相持至中午,见独山之敌被歼,担心红军围攻麻埠,乃向霍山逃去。就这样,红军打破了敌在皖西的进攻,取得了第二次反"围剿"的初战胜利。

国民党军在进攻皖西的同时,也向新集、七里坪发起了进攻。徐向前指挥警卫师、第二十八团和地方武装,对敌不断进行侧击、尾击和袭扰,并在檀树岗给敌以痛击。当得知皖西之敌惨败后,北面之敌乃于5月2日退往罗山,南面之敌也不敢深入,敌第一步"肃清"鄂豫边红军的计划被打破。

然而,敌人并不甘心失败,随后调整部署,以第三十、第三十一师集结于潢川、商城,准备在皖西金家寨、麻埠地区与红四军主力决战。5月上旬,光山之敌第五十三师、麻城之敌第十三师也相继出动,企图在新集、中途店、福田河、滕家堡一线阻击红四军西返。

红四军除留第十二师于皖西外,主力迅速西进,趁敌阻击线尚未形成,转向鄂豫边作战。5月9日,第十师、第十一师到达新集北之浒湾。此时,敌第五十三师4个团从泼陂河南进,企图进攻新集。红四军迅速占领阵地,先以顽强阻击杀伤敌人,然后转入反击,经一夜激战,毙、伤、俘敌近千人,余敌逃窜,困守泼陂河。根据地地方武装乘机向光山南进攻,先后打下团山、扶山、雾山、丘家店、阳家土店、龚家寨等围寨。5月下旬,红四军转向黄安,28日在桃花店、十里铺歼敌四个营,敌人第二次"围剿"被粉碎。

第二次反"围剿"期间,张国焘召开会议,宣布中共中央的决议,撤销中共鄂豫皖边特委,成立中共鄂豫皖中央分局、鄂豫皖省委员会和鄂豫皖军事委员会。中央分局的职权系直接代表中共中央实施领导,有权否决地方党委的决议或撤销地方党委。张国焘任分局书记兼军委主席,沈泽民任省委书记,陈昌浩任共青团分局书记。红军和地方武装统一归鄂豫皖军委直接领导和指挥。从此,张国焘集党、政、军大权于一身。不久,张国焘又对红四军领导干部作了调整,旷继勋为军长,原中共鄂豫皖边区特委书记曾中生为政治委员,陈定侯为政治部主任,下辖第十、第十一、第十二、第十三师。第十师师长刘英,政委康荣生,第十一师师长周维炯,政委余笃三,第十二师师长许继慎,政委庞永俊,第十三师师长徐向前，政委陈奇。王树声调任第十一师副师长兼第三十三团团长。

鄂豫皖革命根据地第二次反"围剿"胜利后，亟待解决的主要问题是红军下一步的行动方针。旷继勋、曾中生等红四军领导人，向中央分局建议：红四军除留一部分兵力结合地方武装扫清商城亲区①等地的反动武装之外，应该集中兵力南下蕲（春）、黄（梅）、广（济）地区，恢复根据地，解决粮食问题，并牵制敌人，配合中央革命根据地红军的反"围剿"斗争。张国焘不仅没有采纳这个正确建议，反而给他们扣上"立三路线残余"的帽子，并命令红四军到商城亲区，解决顾敬之的反动民团。结果大军云集，数十里的山区粮食供应困难。6月底，分局召开第一次扩大会议，曾中生等红四军领导人再次提出红军主力南下的问题。张国焘为执行中共中央给予的援助中央革命根据地第三次反"围剿"斗争的任务，同意部队南下。

红四军接受任务后，立即进行了南下作战的深入动员。7月下旬，红四军军部率第十师的第二十八、第三十团，第十一师的第三十一、第三十三团和第十二师的第三十六团及三十四团一部，由商南亲区向东南进发，准备攻取英山，打开南下通道，作为尔后行动的依托。此时，徐向前调任红四军军长，刘士奇任政治部主任，原军长旷继勋任第十三师师长。

英山位于大别山南麓，是敌人在鄂豫皖边区东南方向的一个坚固据点。当时英山守敌为陈调元部第五十七师第三三七团（3个步兵营、1个重机枪营、1个迫击炮连，共2000余人）和地方武装一部。该团与盘踞潜山、宿松、太湖之敌第三三八、第三三九团构成掎角之势。英山城垣坚固，地形易守难攻。屏障城北的鸡鸣尖高地筑有坚固工事，为敌外围防御的核心据点，由此向北通曹家山有一狭道，两侧均为悬崖峭壁；城东、南与西南有东河环绕；河南岸坡儿坳高地与鸡鸣尖高地南北对峙。

针对敌之部署，红四军决定以奇袭手段先占鸡鸣尖，乘胜再攻英山城。具体部署是：以第十一师为主攻，王树声率第三十三团乘夜暗袭占鸡鸣尖，尔后由北门突入城内，歼灭守敌；第三十一团攻占城南坡儿坳、白石坳，断敌退路；第十二师第三十六团、第三十四团一部位于城东莲花山与九龙山，打击可能由太湖出援之敌；军部与第十师跟进。

为了达成战斗的突然性，8月1日拂晓前，王树声命第三十三团第一营乔装成国民党军，由曹家山向鸡鸣尖前进，由于被发觉识破，守敌遂以密集火力封锁了这一通道。第一营奇袭不成，改为强攻，但经多次冲击，未能奏效。同时，第二、第三营于拂晓占领西门关山和立龙嘴后，并迅即向船形山和凤形山守敌冲击，亦未奏效。攻击城南的第三十一团则发展顺利，他们一举攻占坡儿坳，歼灭守敌，继而居高临下，又歼灭了白石坳之敌。此后，敌人以一个连的兵力妄图夺回白石坳阵地，被第三十一团击退。这时，敌人虽然有城北鸡鸣尖之险，但由于

---

① 亲区：当时商城县的区划名称，此外还有城区、康区、乐区、和区、安区、平区等。

坡儿垴和白石坳被红军占领，城南屏障已失，遂加强南面防守，防止红军从城南突破。

鉴于城北鸡鸣尖地形险要，敌人防守严密强攻不利；城东、城南、城西三面紧靠东河，且地形开阔，不易接近，同时敌人加强了南门的防御，难以突破；而城西北，红军控制了西门关山、立龙嘴阵地，可以瞰制船形山、凤形山，便于组织火力掩护，实施突破。于是红四军决定调整部署，首先攻占船形山、凤形山，从城西北攻城，先解决城内之敌，然后夹攻鸡鸣尖据点。为此，命令第三十三团大部和第三十六团一部担任主攻，首先占领船形山和凤形山，尔后由西北角突入城内；令第三十一团和第三十三团第一营一部分别对城西南角和鸡鸣尖实施佯攻。

受领任务后，王树声立即组织召开班以上干部会议，部署战斗任务，进行紧张的战斗动员。为保证作战任务的完成，王树声和团政委亲自与担任突破任务的第二营干部一起，仔细观察研究了接敌道路和突破程序，并组织部队隐蔽地演习了攻城的战斗动作。

午后4时，红军再次发起攻击。第三十一团突击队在皂角树和白石坳红军火力的掩护下强渡东河，向城墙逼近；第三十三团第一营猛攻鸡鸣尖。守敌的注意力完全被吸引到了佯攻方向。在主攻方向上，王树声指挥第三十三团第二营两个突击连在火力掩护下迅速进抵船形山、凤形山阵地前沿，用稻草捆填平外壕，破坏了铁丝网等障碍，一举突破敌人阵地，歼灭守敌，直趋城垣。在西北关山与立龙嘴强大火力掩护下，第二营突击连迅速登上城墙。这时，西门与鸡鸣尖守敌慌忙以火力阻止红军后续部队前进，企图协同城内守敌消灭已经登城的红军突击队。但红军后续部队在火力掩护下，迅速通过敌人火力封锁，沿船形山、凤形山堑壕前进，配合突击连向两翼扩展，并分别攻占了北门和西门。与此同时，东门、南门和便运门的守敌在红军夹击下，阵势大乱，第三十一团乘势从西南门攻入城内。红军经两小时激烈巷战，将守城之敌全歼灭于南街、小北街。随后，王树声指挥第三十三团第一、第三营对鸡鸣尖守敌南北夹击，敌人被迫投降。

英山战斗中，王树声指挥的第三十三团对战斗的胜利起了关键性作用。此战，全歼守敌团长以下官兵1800余人，缴获重机枪18挺，迫击炮4门，长短枪千余及大量军用物资，打开了红四军南下的通道，对南下蕲、黄、广地区作战具有重要意义。

按照张国焘的主张，红四军攻下英山后要东出潜山、太湖，攻打安庆，威胁南京。徐向前、曾中生根据当时的实际情况认真分析了东出潜山、太湖与南下的利弊后，决定南下蕲春、黄梅、广济，并一面行动一面向中央分局报告。

8月3日，红四军军部把第十二师留在英山掩护后方，率第十师、第十一师，向南进发。在赤日炎炎的盛夏，经两日艰苦行军，红四军到达了蕲春县境。这时得知长江沿岸水涨，武穴一带被淹，红四军乃改变部署，决定先取蕲水、罗田，诱敌进攻而歼灭之，嗣后再相机出武穴或东进。

8日，红四军占领蕲水，继之攻克罗田。19日在蕲春北部漕河镇全歼国民党军新编第八旅，活捉旅长王光宗以下官兵1600多人，并乘胜进占广济城，与湘鄂赣地区的红军遥相呼应。

蕲黄广地区是原红十五军许多干部战士的家乡，这次回来打了胜仗，他们个个笑逐颜开。当地的党组织和群众见红军到来，热情慰问，夹道欢迎，使红军感觉到老根据地的温暖。红军和地方党组织在这一带迅速组织群众展开了如火如荼的斗争。每次开仓放粮或分物，都有无数的群众拥来，领回他们需要的衣物和粮食以及典当的东西，鞭炮齐鸣，像过年一样高兴和热闹。通过积极斗争，打土豪分田地，没收敌仓，在短期内红四军就缴获了大量物资。红军在这里收缴黄金20余斤（后派人送交上海中共中央），银子1800斤，大洋7万元，使红军的补给得到了很大改善。

红军南下的胜利震惊了敌人。敌徐源泉部从鄂西经武汉向东出击，企图切断红军后路。8月30日，敌两个旅四个团进据洗马镇。根据敌情，红四军当即命令第十师、第十一师由南北两面夹攻，第十二师从东西两面配合，以围歼该敌于洗马畈地区。王树声奉命率第三十三团为红四军前卫，担负穿插任务。

由于敌人抢先占领了洗马畈，红军只能从镇西五六里处插过去，在必经之路上刚好有敌一个团驻守，且该敌已经控制了两个大山头，居高临下。王树声率第三十三团，向该敌发起猛攻，敌人以强大的火力进行阻击。第三十三团指战员英勇作战，反复冲锋，血战到中午，终于攻占了山头阵地，将敌压缩到山洼下。经激战，将敌全歼，为全军杀开一条血路。这一仗，第三十三团伤亡较大，王树声也挂了彩。

突破口打开后，红四军其他部队一举攻入镇内，将敌分割包围。经数小时激战，敌人两个团大部被歼，另一个团及其他各团残敌趁夜暗突围，复被红军包围于叶家集。

洗马畈战斗，红军歼敌3个团大部，由于联络指挥有误，未能达成全歼敌人的目的，但给敌以极大的杀伤。

红四军在一个月内以5个团的兵力，连克英山、蕲水、罗田、广济4城，歼灭敌7个多团，俘敌5000多人，缴枪4000多支，迫击炮28门，机枪26挺，电台1部和大批子弹、药品；开辟了以英山为中心的英（山）罗（田）蕲（春）太（湖）大片红色区域；牵制了敌原拟派往江西的部分兵力，有力地配合了中央革命根据地的反"围剿"斗争。

但张国焘对红四军南下攻取英山后，没有按中央分局、军委会的决定出潜（山）太（湖），威逼安庆，而南下武穴，极为不满，三次写信严厉批评，并催促迅速北返。

9月4日，红四军北返到达英山鸡鸣河后，由曾中生主持召开了全军支部书记、指导员以上党的活动分子会议，讨论张国焘的来信。王树声参加了会议。大多数人认为："红四军南下中已经取得了伟大胜利，应该继续留在现地，开展英、蕲、黄、广等地的工作，恢复原蕲、黄、广根据地，并在长江北岸积极活动，牵制敌人，配合中央革命根据地反三次'围剿'的行动，减轻国民党对中央根据地的压力；同时，鄂豫皖革命根据地周围的敌人尚无发起新的'围剿'迹象，老区粮食和物资供应又相当困难，调四军北上是不适宜的。"①会上通过了由曾中生起草的《红四军给鄂豫皖中央分局的信》，并于会后派刘士奇先行北返，向张国焘和鄂豫皖中央分局及军委会面陈一切。

9月13日，红四军刚到麻埠，陈昌浩即坐"列宁"号飞机②赶到驻地，宣布鄂豫皖中央分局决定，撤销曾中生的军政治委员职务，由陈昌浩接任。第二天，部队到达泼陂河、白雀园地区。

二、参加黄安、商潢、潢光战役

根据中共中央指示，1931年11月7日，红四方面军在黄安七里坪宣告成立。对鄂豫皖军民来说，这是一个不平凡的日子。这一天，七里坪倒水河河滩上，人山人海，锣鼓喧天，红旗招展，刀枪林立；队伍整整齐齐，全副武装，精神抖擞；周围的田坎上、山坡上聚拢着无数前来庆祝的群众。王树声穿一身新染的灰布军装，威风凛凛地站在主席台上。他是红四方面军成立大会阅兵总指挥。

据徐向前回忆说："选择十一月七日这一天在七里坪召开红四方面军的成立大会，有两重意义：一是为了庆祝'十月革命节'；二是七里坪乃当年黄麻起义队伍首次集合攻打黄安的出发地，因而也是大别山区第一支工农红军的诞生地。会前，确定由王树声同志担任阅兵总指挥，组织各部队进行了认真的演练。"③

大会开始后，张国焘在会上宣读了中共中央军委关于成立中国工农红军第四方面军的命令后，王树声陪同徐向前、陈昌浩检阅了部队，徐、陈讲了话。

新组建的中国工农红军第四方面军，由徐向前任总指挥，陈昌浩任政治委员。下辖第四、第二十五军，共3万多人。第四军无军部，归方面军总部直接指挥，共3个师。第十师师长倪志亮，政治委员甘元景，辖第二十八、第二十九、第三十团；第十一师师长王树声，政治委员甘济时，辖第三十一、第三十二、第三十三团；第十二师师长陈赓，政治委员刘杞，辖第三十四、第三十五、第三十六团。第二十五军是1931年10月间在麻埠成立的，军长旷继勋，政治委员王平章，下辖第七十三、第七十四、第七十五师。第七十三师师长刘英，政治委员吴焕先，辖第二一七、第二一八、第二一九团；第七十四、第七十五师尚在筹建中。彭杨军政干部学校④直属方面军总部。

红四方面军的成立，标志着鄂豫皖红军进一步的发展壮大，并使部队在建设

---

① 徐向前：《历史的回顾》，解放军出版社1988年版，第98页。
② 1930年2月16日，红军在宣化店西南陈家河缴获国民党飞机后命名为"列宁"号。
③ 徐向前：《历史的回顾》，解放军出版社1988年版，第108页。
④ 为纪念革命烈士彭湃、杨殷，1931年5月鄂豫皖特区军委所辖之军政干部学校第四分校改名为彭杨军政学校，蔡申熙任校长。

上又提高了一步，在作战行动上更加集中，指挥更加统一，从而为进行更大规模的运动战创造了条件。

方面军成立时，国民党军正酝酿对鄂豫皖革命根据地发动第三次"围剿"，在鄂豫皖地区周围的兵力增加到15个师。其部署是：在豫南地区配置有汤恩伯第二师、曾万钟第十二师、陈耀汉第五十八师、戴民权第四十五师；在鄂东北地区配置有彭振山第三十师、张印相第三十一师、葛云龙第三十三师、赵冠英第六十九师、萧之楚第四十四师、夏斗寅第十三师、徐源泉第四十八师等部；在皖西地区配置有岳盛瑄第四十六师、阮肇昌第五十五师、李松山第五十七师、厉式鼎第七师等部。此外，还有张钫第二十路军集结于信阳一带。

然而，由于"九一八"事变激起了全国高涨的抗日反蒋浪潮，国民党内部许多地方派系借机反蒋，特别是粤系与蒋介石间的矛盾更为加剧；在鄂豫皖地区国民党军中，西北军与蒋介石之间的矛盾也有发展。这些使得敌人虽然做了第三次"围剿"部署，却迟迟不能开始行动。

为此，红四方面军成立后，鄂豫皖军委会决定，抓住这一有利时机，利用第二次反"围剿"胜利的形势，主动发起攻势作战，打乱敌人的部署，进而粉碎敌人的"围剿"。

红四方面军发起的第一个进攻战役是黄安战役。

黄安县城是南线敌人伸向根据地的重要据点，位置突出，而且陷于根据地和游击区的包围之中。守敌为国民党杂牌军赵冠英第六十九师，该师辖两个旅4个团，包括反动民团，共1万余人。其部署是：师部和第二〇六旅驻城内，第二〇七旅驻城外，控制着环城的潘家湾、陈家畈、王家畈、课子山、长林塝、田湾铺等据点，并在城西的下徐家和城北的东王家设立了两个前出据点。配属该师的敌第三十师第二〇七团，分驻城南的桃花镇和城西南的高桥河，以维护黄安到宋埠、黄陂的运输线，保证军需供应。

在敌第六十九师的侧后，部署有敌4个师作为援应。黄安以东的麻城由敌第三十一师驻守，东南方向的宋埠由敌第三十师驻守，南面的黄陂由敌第三十三师驻守，西南方向的孝感由敌第四十四师驻守。鄂豫皖根据地南部敌人的一线兵力呈"山"字形部署。

根据敌人的部署，红四方面军决定以第十一、第十二师和第十师第三十团及黄安独立团共8个团的兵力，发起黄安战役，采取"围城打援"的战法，吸引援敌，于野战中歼灭之。具体部署是：以王树声、甘济时率第十一师并指挥黄安独立团，在麻城赤卫军的配合下，首先消灭桃花镇和高桥河的守敌，控制交通线，并打击由宋埠、黄陂和麻城等地的援敌；以陈赓第十二师和第十师之第三十团，在黄安赤卫军的配合下，攻歼黄安外围之下徐家、东王家等前出据点的守敌，并在附近部署兵力，准备打击由黄安来援之敌。

受领任务后，王树声根据方面军的战役部署对所属部队进行了任务区分：以第三十二团向桃花店进攻，第三十一团与黄安独立团向高桥河进攻，第三十三团

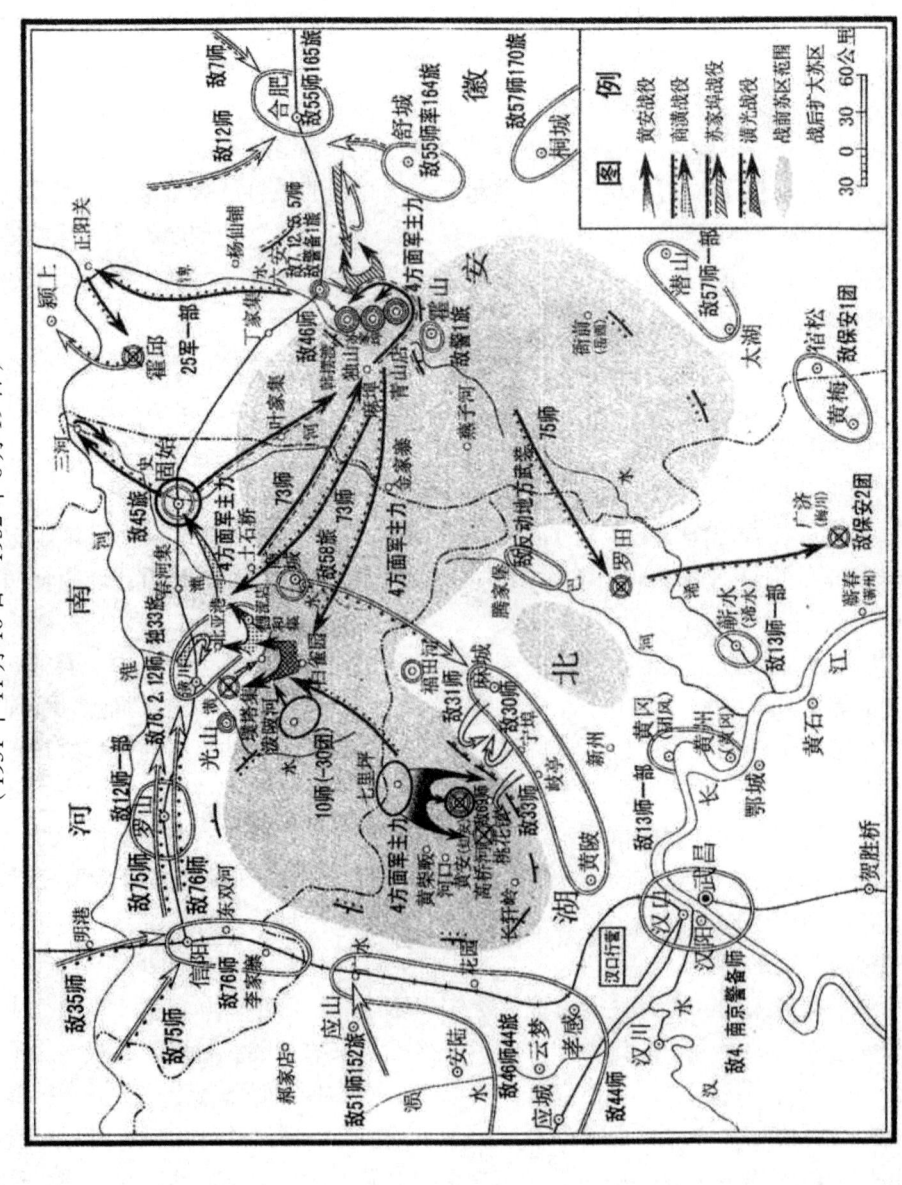

红四方面军打破敌人第三次"围剿"计划的作战经过要图
（1931年11月10日—1932年6月19日）

及麻城赤卫军一个团打援。

11月10日夜，红军从七里坪出发，各部按计划到达指定位置，分别向敌据点发起攻击和准备打援。王树声、甘济时率第十一师和黄安独立团，绕过黄安城，直扑城南，于12日、13日先后击退了敌第三十三师和第三十师第九十旅以及城内敌人的增援，并于18日、20日一举攻克了桃花镇和高桥河，全歼守敌第二〇七团，控制了黄安通往宋埠、黄陂的交通线，准备打援。与此同时，第十二师和第十师第三十团，在击退敌多次增援后，也于14、20日先后攻下了东王家和下徐家据点，全歼守敌两个营及地方武装一部共1200多人。至此，经过10天激战，红军全部攻克了黄安城外围据点，完全切断了守敌与外界的联系，胜利地完成了第一步作战计划。

为达成围城打援的目的，方面军在完成第一步作战计划后，重新调整了部署：以第十二师指挥黄安独立团，紧缩对黄安守敌的包围；以第十一师指挥黄麻赤卫军部署于黄安城以南、宋埠、黄陂以北的大小峰山、五云山、嶂山地区，在桃花店南北构筑阵地，准备打援；以第三十团为总预备队，置于嶂山西侧的云台山。

王树声善于打硬仗、恶仗，曾率红一团、红三十团、红三十三团打过无数的攻坚战，立过赫赫战功，对于打援并不陌生，也取得过骄人的战绩。但率一个师打援还是第一次。为了打好这一仗，他对如何打援动了不少脑筋。

王树声深知，这次打援的对象是国民党的正规军，不能用过去那种小打小闹的办法，必须发挥红军英勇顽强、善于近战的特长。为此，他决定采取纵深梯次配置，以第三十三团部署于大小峰山一线作为第一道防线；以第三十二团扼守五云山第二道防线；以第三十一团置于嶂山第三道防线。王树声企图通过层层抗击，逐步诱敌，把敌引至嶂山一线时，再围而歼之。这样的部署富有弹性，有利于弥补红军武器装备不如敌人的弱点，通过调动敌人，发挥红军运动战的特长。

黄安守敌为了摆脱困境，曾几次突围，遭到红军第十二师的痛击，损失1000多人，被迫龟缩城中待援。

为解黄安之围，12月7日，宋埠敌第三十师两个旅经水佳河出援，进至第十一师阵地前面。

战斗完全是按王树声的作战计划进行的。首先与敌接火的是第三十三团。该团在抗击敌人一阵后，即由大小峰山主动撤至桃花店北面的五云山、周家坳第二道阵地。敌人占领桃花店后，于8日拂晓进攻周家坳，第三十二团在予敌以重大杀伤后与第三十三团一起撤至嶂山一带第三道阵地。敌人见红军一触即退，觉得红军也不过如此，于是就放胆攻击前进，这正好落入了王树声为其设置好的口袋。

9日，敌人一个旅进至嶂山脚下的十里铺。站在山头上的王树声通过望远镜看见敌人完全进入了口袋，立即命令第三十二团进行正面阻击，扎紧口袋。命第三十一团和第三十三团分别从两翼猛烈反击。随着嘹亮的冲锋号声，战士们如猛虎下山般地向敌人压过去，山脚下喊杀声一片。红军从三面冲过来，很快包围了敌先头团。敌旅长彭振山见状，不敢前去解救，带着残兵败将连夜逃回宋埠。然而，王树声对只歼敌一个团极为不满，气得要找指挥断敌后路的指挥员算账。可是一了解情况才知道，就在战斗发起的前一夜，担负穿插敌后任务的第三营营长已经被"肃反"掉了。

敌人多次增援失败后，仍不甘心，紧接着又开始了更大规模的进攻。12月18日，敌第三十师又从宋埠、歧亭出动，分两路向黄安增援。右路进攻大、小峰山，左路进攻上独山、研子湾高地。鉴于敌人这次增援兵力较大，并根据前几次打援的经验，方面军决定采取大胆放敌人进入，尔后集中兵力从两翼出击的战术，以求大量歼灭敌人。当敌猛扑桃花店红军阵地时，第三十三团在给敌杀伤后即主动撤出，当夜转到王家湾。19日，敌进占五云山，继向嶂山攻击。20日拂晓前，敌组织敢死队向第十一师第三十一团之嶂山阵地实施夜袭。由于该团第五连疏于戒备，被敌突破，敌人爬上嶂山峰顶，直逼王树声的指挥所；拂晓，敌人在炮火掩护下发起全线猛攻，情况十分危急。王树声一面组织师直手枪队、通信队协同第三十一团在正面与敌展开肉搏战，一面令第三十二、第三十三团在两翼对敌展开激战。

敌人猛烈的炮火，把红军的阵地几乎翻了个个儿。整个阵地尘土飞扬，弹片横飞，烈焰熊熊。敌人一个波次一个波次地向红军阵地冲来，红军战士视死如归，子弹打完了，就用手榴弹；敌人就要冲入阵地了，他们就端起刺刀，跃出战壕，以白刃格斗将敌击退。

黄安城内赵冠英部听到城外猛烈的炮声，如同抓到了救命稻草，即打开城门，向嶂山方向突围，与红军围城部队在黄安城南门发生激战。王树声深知，如果让城内外敌人会合到一起，黄安战役将毁于一旦。

在这危急时刻，徐向前亲自带着总部手枪营赶到嶂山。他一面令手枪营第二连向逼近第十一师指挥所之敌反击，协同第三十一、第三十二团作战；一面命所有打援部队全线出击。并急令总预备队第三十团立即从嶂山以西的倒水河西岸向敌左侧迂回，命第十二师第三十五团配合第三十三团从嶂山以东王家湾向敌右侧包抄。

正当徐向前指挥部队抗击敌人进攻时，突然一颗子弹击中了他的右臂，鲜血直流。

正在包扎伤口的徐向前对急速赶过来的王树声说："不要管我，快组织力量，把敌人打下去！"

王树声迅速回到指挥所，命令第三十一、第三十二团继续在正面阻击敌人，第三十三团从右侧包抄敌人。部署完毕，就抄起一把大刀，率领手枪队和直属队加入了正面的战斗。第十一师的官兵们，看到师长抡起大刀与敌搏斗，群情振奋，在"为总指挥报仇"的喊声中向敌群冲去。

在红军三面猛烈攻击下，敌人溃不成军，弃尸千余，抛枪千余支，狼狈逃窜。王树声令第三十一团乘胜追击，俘敌400余。第三十三团亦追至宋埠围寨前，彻底打垮了敌人的这次增援。

"嶂山战斗,我军阵地几乎被敌突破,为我们始料所不及。但部队打得英勇、顽强、主动,充分表现了红军队伍的优良的战斗素质。"① 这是徐向前作为当时最高指挥员对王树声所率第十一师的评价。同时他也深有感触地说:"在那样危急的情况下,指挥员在不在现场指挥,意义大不一样。越是关键、激烈、危险的时刻,下级指挥员看到你在现场,镇定从容,士气就越打越旺盛,再危险的局面,也能撑得住。"②"作为一个军事指挥员,沉着坚定,从容不迫,很重要。遇到危险,你自己首先慌张起来,怕得要命,部队不乱套才怪呢!"③

徐向前、王树声正是这种临危不惧的优秀指挥员!红四方面军形成的顽强战斗作风是与王树声等指挥员的作风分不开的。

时为方面军总部手枪营第二连连长的秦基伟回忆说:"在打援战斗中,王树声师长指挥第十一师和第十师三十团,打得英勇顽强,多次与敌白刃格斗。他们连续鏖战三昼夜,击溃敌4个旅共8个团的反复冲击,胜利完成了打援阻击任务。"④

在进行打援战斗的同时,担任围城任务的第十二师及黄安独立团等地方武装,一面缩小对黄安的包围圈,一面做好攻城准备。同时,对守敌展开了强有力的政治瓦解工作,将大量揭露国民党蒋介石罪恶和解释红军政治主张及俘虏政策的传单、标语、布告、画报,利用各种方法向敌军散发。黄安守敌经过红军30多天的围困,粮弹匮乏,援军无望,军心彻底动摇,一些士兵和下级军官纷纷出城投降。此时的赵冠英部已成了瓮中之鳖。

方面军鉴于攻城的条件业已成熟,决定于22日夜向黄安城发起总攻。兵力部署是:第三十五团担任主攻,从西北角攻城;第三十六团为二梯队,以一个营在西门佯攻,主力随第三十五团从北门进攻;第三十四团一个营向东门佯攻,以两个营夺取城外西南溜坡山阵地;黄安独立团和赤卫军一部在总攻发起前攻下课子山,尔后配合攻城;第十一师第三十二团集结在城西山背李家村作为攻城预备队,并准备截击突围之敌;第三十一、第三十三团和第十师第三十团在城南洗手盆、嶂山地区集结待机;总部骑兵连随时准备追击突围逃跑之敌。为配合攻城作战,进一步瓦解敌人的士气,方面军总部令"列宁"号飞机直接参战。

22日上午10时,"列宁"号飞临黄安城上空,投掷宣传品和迫击炮弹,给敌人造成骚扰和威胁。黄安独立团和赤卫军趁飞机轰炸、敌人慌乱之机,攻下了课子山,歼守敌1个营大部,残敌逃入城中。当日夜10时,总攻开始。第三十五团突击部队迅速登上城墙,随即向两翼发展。敌师长赵冠英见城池被攻破,固守无望,急令部队从南门突围,自己则化装由西门逃出。位于城西的第三十二、第三十六团,立即展开追击、截击,将逃敌5000多人全歼于城西郊。次日,赵冠英逃至通往河口镇的路上,被赤卫军活捉。

---

① 徐向前:《历史的回顾》,解放军出版社1988年版,第113页。
② 同上。
③ 同上书,第114页。
④《红军反"围剿"——回忆史料》,解放军出版社1994年版,第450页。

黄安战役历时43天，红军歼敌第六十九师全部和第三十、第三十三师各一部，共计1.5万余人，其中俘敌师长赵冠英以下近万人；缴枪7000余支，迫击炮10余门，无线电台1部及大量军用物资。

黄安人民为纪念这一战役的胜利，颂扬红军的英雄业绩，在城内举行了隆重的庆功大会，并将黄安县改名为寓意深远的红安县。

黄安战役结束以后，为打击北线敌人，夺取商城，向北扩大根据地，红四方面军总部决定发起商（城）潢（川）战役。

此时，敌以重兵集结于豫东南地区。其中曾万钟第十二师主力位于潢川城区，一部置于城南商潢公路的北亚港；汤恩伯第二师及唐云山独立第三十三旅布于北亚港东南商潢公路上的傅流店、豆腐店、江家集一线；陈耀汉第五十八师主力位于商城，一部置于城北商潢公路上的河凤桥；戴民权第四十五师位于固始地区，与上述诸敌互为掎角。

1932年1月8日，驻豫特派"绥靖"公署主任刘峙令敌第二十路总指挥张钫率部开赴豫南，统一指挥该区部队进行"进剿"，企图首先控制大别山北麓商、潢、固（始）地区，以商潢公路为基干，南经商城及其以南亲区、麻城东北区直至麻城，构成一条隔离地带，加强对鄂豫皖革命根据地东部（皖西）和西部（鄂豫边）的分割，从而便于以后的大举"进剿"。

根据敌人的部署，红四方面军总部初步制订了商潢战役计划：第一步，腰斩敌第二师，控制商潢公路，切断商、潢两城敌军之间的联系；第二步，相机夺取商城。

根据战役计划，1月13日，红四方面军总部率第十、第十一、第十二师由黄安地区冒雪北进，同时令在皖西活动的红二十五军第七十三师西进，参加这一战役。

红四方面军到达商潢地区后，鉴于敌人以重兵设防商城，短期内难以攻克，同时敌人第二师摆在商、潢中间，兵力比较分散，无坚固城垣作为依托，是敌人布势中的一个薄弱环节的情况，决定按预定计划进行，首先歼敌第二师。并部署如下：以王树声第十一师首先进攻北亚港，切断敌第二师与潢川之敌第十二师的联系；尔后，陈赓第十二师由西向东进迫敌第二师右侧；第七十三师以一部兵力与商城、固始地方武装，歼灭或驱逐郭陆滩、汪家棚、草庙集等地敌第四十五师，切断敌第二师与固始之敌联系，主力由东向西进迫敌第二师左侧，从而构成对敌第二师的合围，并分割歼灭之；第十师为预备队，随方面军指挥所集结于仁和集地区。

1月上中旬接连下的几场大雪，把蜿蜒起伏的大别山装扮成了白茫茫的雪海，呼啸的北风卷起松软的积雪，漫天飞舞，把阴沉的天空搅得雾蒙蒙的。1月19日，王树声率第十一师作为先头部队，冒着风雪急速北进，并神不知鬼不觉地包围了北亚港。

攻打北亚港，对王树声来说可谓重任在肩。这里不但驻有敌坚固设防的第十二师一个团，而且北亚港处在商城、潢川之间，是敌第十二师与第二师的接合部，占领北亚港，就可以切断商、潢两敌之间的联系，有利于红军控制商潢公路，提高作战的灵活性，向西北可威胁潢川，向东南可攻打商城，从而使红军处于游刃有余的地位。

红军各团进入攻击位置后，王树声一声令下，部队从南北两面同时向北亚港猛攻。在轻重机枪掩护下，红军战士英勇冲杀，守敌顽抗死守。战斗进入僵持状态。为避免重大伤亡，王树声改为强攻与侧击相结合的战法，派部进占潢川与北亚港之间的十里头。

敌第二师为了确保与潢川之敌的联系，21日以第四旅第八团由北亚港东南的傅流店出发增援。该敌与第十一师激战一日，被歼400余人后窜入北亚港，仍然处于第十一师的包围之中。22日，敌第十二师和第二师共三个团分别从潢川、傅流店出发，南北对进，再次援救北亚港，被第十一师和第十师一部击溃，北亚港之敌却乘机逃往潢川。第十一师遂占领北亚港，切断了敌第二师与潢川第十二师的联系。敌第二师见红军在北侧攻击猛烈，遂沿商潢公路向南收缩于豆腐店、江家集、双椿树一线，企图与商城地区敌第五十八师靠拢。23日，红军第七十三师进至上石桥，从东面向敌人压过来，同时红军第十二师在第十师一部的配合下由西面向河凤桥、江家集、豆腐店逼近。狡猾的汤恩伯见势不妙，乘红军尚未完成包围之际，率第二师及独立第三十三旅仓皇绕经潢（川）固（始）大道逃回潢川。26日，河凤桥之敌在红军第七十三师的进逼下逃入商城。红军相继占领了豆腐店、江家集、河凤桥等要点，完全控制了商潢公路，同时切断了商城与固始之间的联系，使商城之敌第五十八师完全处于孤立和被包围状态。

虽然敌第五十八师被围于商城，但因商城城坚难破，而且敌第二师、第十二师未受重创，强攻商城必然造成极大伤亡，红四方面军总部遂决定采取"围点打援"的方针，对商城围而不打，伺机在商潢公路附近歼灭来援之敌。据此，调整部署如下：以第七十三师和第十师三十团在赤卫军的配合下，围逼商城，并造成准备强攻之势，引诱潢川之敌来援；以第十师第二十九团抵近潢川监视敌军，如其出援，即节节抗击，诱敌深入；以方面军主力集结在商潢公路两侧，准备打援；以地方武装监视固始之敌。

商城之敌被围以后，惧怕重蹈黄安守军被歼之覆辙，频频呼救。潢川城内虽有敌人两个师，但由于刚遭打击，心有余悸，不敢出援。于是敌驻豫特派"绥靖"主任刘峙急令张钫率第七十六师由信阳赶赴潢川，会同第二、第十二师驰援商城。

2月7日，敌第二师、第十二师、第七十六师及独立第三十三旅共19个团的兵力出动，沿商潢公路分两路向东推进。右路为敌第二、第七十六师，沿潢商公路前进；左路为敌第十二师及独立第三十三旅，经潢（川）固（始）大道之高店南下。方面军总部判断，敌兵力虽众，来势汹汹，但未摸清红军企图，且时值大雪，道路泥泞，敌人装备笨重不易展开。如占据有利地形，集中力量乘其在运动中实施勇猛突击，有可能歼其一部，溃其大部。于是以第十二师担任正面阻击,第十、第十一师置于左侧,第七十三师置于右侧,准备实施两翼迂回包抄。

2月8日晨,敌人右路自傅流店向豆腐店前进,左路也向南延伸至豆腐店东北罗家、方家一线。上午9时,红军第十二师与敌右路在豆腐店以西接火后,顽强抗击,从正面死死地顶住敌人的疯狂进攻,双方形成对峙。这时,敌左路步步向豆腐店逼近,红军第十二师右翼受到威胁,方面军即令第七十三师北进,向敌左翼迂回,并在罗家歼敌一个团,接着遭敌阻击,也形成对峙。

当日下午,王树声、倪志亮分别指挥第十一、第十师从左侧迂回,在刘寨包围了敌第二师和第十二师的两个指挥部,王树声令第三十二团抢占了傅流店之白露河渡口。右路敌人见后路被切断,军心动摇,向后溃退。左路敌军见势不妙,也慌忙撤退,不敢恋战。红军乘势向敌猛突,数万敌军人仰马翻,向北溃退。红军挟威向北一路猛追,势不可当,直追至潢川城郊,歼敌4000余人,缴枪2000多支。商城守敌见援军溃败,乃扔下大量辎重,弃城突围,逃往麻城。10日,红军不战而克商城,至此商潢战役胜利结束。

这次战役中,王树声指挥第十一师打头阵,力克北亚港,切断商潢两处敌人的联系,为全军打援创造有利条件;继而发扬英勇顽强、机动灵活、猛打猛追的战斗作风,率领全师与兄弟部队一道以10个团的兵力击败了敌优势装备的19个团的进攻,消灭了敌第十二师等大量有生力量,重创了国民党嫡系汤恩伯第二师,迫使北线之敌龟缩潢川、固始等据点,不敢轻举妄动。

战斗结束后,第十一师政委甘济时指挥打扫战场时却不见了师长王树声。他急得大声喊:"警卫员,师长呢?"

满身血污的警卫员支支吾吾地说:"昨晚,打着打着就和师长冲散了。"

甘济时觉得情况不妙,下令:"赶紧找师长!"

"师长!王师长!"大家喊着散开来,在沟沟坎坎、战壕内和掩体内,查验着一具具尸体。

甘济时在尸体堆里突然发现一个躯体还在蠕动,急忙上前,翻过来一看,正是王树声,高兴得大喊起来:"师长在这里!"

只见王树声浑身是血,右手死死地攥着一把大刀,左手紧紧地握着打完子弹的手枪。

甘济时抱起不省人事的王树声,也不管他哪儿受了伤,指挥担架将他抬走。

原来是一颗子弹从王树声肩胛打进去,从后腰穿出,差一点儿击中心脏。这颗子弹与他多次受过的腿伤相比,不知要危险多少倍,差一点儿就要了他的命。

说来也怪,也是这次重伤,却救了他的一条命,使他躲过了被"肃反"错杀一劫。

从1931年6月开始,在张国焘的主持下,鄂豫皖根据地从军队到地方开展了以反对所谓"改组派"、第三党等为主要内容的"肃反"运动。

张国焘是一个权势欲极强的人,他到达鄂豫皖后,以中央代表、鄂豫皖中央分局书记、鄂豫皖军事委员会主席三重身份,很快实现了对鄂豫皖根据地党、红军和政权的改造,建立起个人的家长制统治。"东出"与"南下"之争,特别是鸡鸣河会议后,张国焘把反对教条主义、宗派主义、主观主义和实现个人野心结合在一起,借机剪除异己,使"肃反"运动到了令人发指的程度。徐向前回忆说:"白雀园肃反,闹得真凶。张国焘亲自审讯。开始还让我参加会议,因为我提了些不同意见,保人,说我刚来鄂豫边时廖荣坤等同志就是营长、连长,打仗好等,以后就干脆把我甩到一边,连会也不让参加,甚至暗地里审查我。'肃反'的对象,主要有三种人:一是从白军中过来的,不论是起义、投诚的还是被俘的,不论有无反革命活动,要审查;二是地主富农家庭出身的,不论表现如何,要审查;三是知识分子和青年学生,凡是读过几年书的,也要审查。重则杀头,轻则清洗。为了防止部队发生异动,张国焘等分局领导人还决定,以营为单位拆散混编;中央分局和鄂豫皖省委组成巡视团,派到各师,监督'肃反'。弄得人人自危,熟人见了面都不敢说话,生怕被说成是'秘密组织'、'反革命活动'。就连王树声、倪志亮这些老同志见到我,都不敢说什么。真是一片白色恐怖的气氛!"①

在"肃反"扩大化的错误下,仅仅3个多月时间,鄂豫皖苏区就有2500名以上的红军指战员被"肃反"掉。其中,在被杀害的红军干部中,军级17人,师级35人,团级44人。

就在这种环境下,王树声怀着复杂、压抑的心情,在医院里度日如年。

一天,王树声听到戴克敏被捕的消息。

百雀园"肃反"纪念地

对于戴克敏,王树声是再了解不过了。戴克敏是鄂豫皖根据地的主要创始人之一。徐向前来根据地担任红一师师长时,他是政委;王树声任团长时,他曾是

① 徐向前:《历史的回顾》,解放军出版社1988年版,第102—103页。

团政委，出生入死，与王树声一道率领部队打了无数次胜仗，并在战斗中两人结下了深厚的革命友谊。这样对革命有功的人，这样老资格的忠诚的共产党员怎么会是"改组派"呢？王树声想到这些，也不免有一些担心，自己会不会也被抓起来呢？

王树声的担心并不是多余的，按张国焘定的三条"标准"，他占了两条，他既读过书，又出身于地主家庭。然而，不幸首先降临到了王树声家人头上。

一个傍晚，在红军被服厂工作的妹妹王桂玉来看王树声，这使他非常激动，因为受伤后还没有一个亲人来看他。

可妹妹给他带来的却是不幸的消息，堂兄王宏学和弟弟王宏义在"肃反"中被杀害。

听到这一消息，王树声感到格外震惊。王宏学与他一起参加黄麻起义，一起在木兰山打游击，他怎么会成为"改组派""第三党"呢？而被敌人打断一条胳膊的堂弟王宏义就更没有理由成为"肃反"的对象。王树声无论如何也想不通。

可他万万没有想到的是，这一次与妹妹的相见竟成了永久的诀别。不久，王桂玉与徐向前的妻子程训宣、王树声的弟媳等一同在"肃反"中被杀害。

"肃反"扩大化，使王树声失去了所有亲人，他成了王家的独苗。

"项庄舞剑，意在沛公。"对王树声家人及其下属的"肃反"，在很大程度上是为了整王树声的材料，想通过整他的家人和下级来达到整王树声的目的。所幸，王树声躲过了"肃反"这一劫。

王树声在他的自传中写道：

> 1931年，张国焘到鄂豫皖，在军队中首先提出：反游击主义、军阀主义，即进行肃反，大批捕人、杀人。把我原来的上级和同级、下级干部几乎捕完。地方上也进行肃反，由于我的家庭是地主成分，二嫂、弟、妹均被捕杀。我思想上有些顾虑，但未表现不满，只是随时准备被捕。后因我在河南潢川县战役中负重伤（时任十一师师长），因此，获得了党的分局、省委诸多同志的爱护，才解除了被肃的顾虑。

事实正是如此。王树声作为红军的一员战将，是在鄂豫皖土生土长的，资格老，经受过许多考验。虽然打起仗来脾气很大，但平时为人友善，对中共中央派来的干部极为尊重。而张国焘在鄂豫皖搞"肃反"扩大化，很大程度上是为了消除异己，树立自己至高无上的权威。王树声作为一员能征惯战的虎将，平时将全部精力放在带兵打仗上，对他的权威不会造成什么影响，而"肃反"最严重的时期，王树声已负重伤，也就使他被排除在重点"肃反"之列。等他伤愈后，红军已取得了苏家埠战役的胜利，蒋介石正准备对鄂豫皖根据地进行第四次"围剿"，张国焘被迫停止新一轮的"肃反"，此时由于"肃反"和几次大战，红军已是严重缺"将"。

此外，王树声能团结同级，关心下级，有很好的群众基础，也是他躲过"肃反"一劫的原因之一。据他的警卫员杨伯钧回忆，王树声自己就说过："我对于党派来的新的同级干部合作得很好。"曾任红军第七十三师文书、红四方面军机要科长的曹广化将军对此也有很深的感受：

> 王树声作为一个年轻的军队领导人，他是一个很有耐心和很有涵养的知识分子，尊重人是他优秀品质之一。在当时，红四方面军的制度，军政主官是政委说了算，师、军各级都是这样，都是政委决定一切。军长、师长只管作战，但就是在作战方面，在指挥决定权上也是由政委说了算，政委决定了就行了。当时，第七十三师政委张广才，是个烧窑工人出身，是个不识字的政委，性情又很暴烈，大家的话他一般听不进去。在干部里面要搞好关系是不太容易的事。可是，王树声在与他处理关系方面，做得很好。一般在行军作战以后，王树声总要主动找政委谈话。他把主要精力用在打仗上，他在打仗方面是很负责的。除打仗之外，他不管其他的事，做到不干预政委决定了的事，避免了很多的矛盾。在红四方面军入川前这一长时期内，他们两人领导的部队有发展，我认为这与王树声能够处理好两人之间的关系是有关的。王树声作为一个青年知识分子，要与不识字的工人干部团结好，要做到这一点是很不容易的。我觉得他与工人出身的张广才政委之间的团结是一个很大的优点。这里我说的对王大将的印象问题，我认为是实事求是的，我作为一个老党员来说，是认真对待的。

王树声深知，部队的基础在连队，连队的基础是士兵。他关心爱护每个战士，与士兵亲如弟兄，爱兵至诚。对此，张贻祥将军几十年后记忆犹新：

> 他很关心战士的生活，经常问我们团长、营长，你们部队洗脚了没有？不仅要问，还要经常下来查一查，他下到连队后就到战士住的地方看一看，问他们昨晚洗脚了没有。因为那时候，打起仗来天天都在走路，洗脚成了一个很重要的事情。如果晚上不及时洗脚、泡脚，第二天就不能走路，也就打不了仗。所以，必须做到即使不吃饭也要弄水洗脚。那时候，我们在老百姓的牛槽、马槽、沟湾里洗。如果不洗，他就会责问连长、指导员，部队没有洗脚，你是怎么搞的，这样能打仗吗？明天还能走路吗？这方面管得可严呢！他通过这些小事提高部队战斗力。他很关心战士，要求他们吃饱饭。到了吃饭时，王树声如果来了，就要问战士吃了没有，都吃饱了没有。他千方百计地让战士吃上饭，不管什么东西只要是能吃的，总是说要让战士吃饱，说战士不吃饱肚子就打不好仗。
>
> 记得有一次，他把我们团参谋长、团政治部主任都叫去。要我们都站着，他声色俱厉地批评我们说："我们对部队不关心，这样下去部队能打仗吗？现在正在打仗，敌人要消灭我们，这个样子不是要打败仗吗？你们一定要做好，不让敌人消灭我们，你们要想方法消灭敌人，要保存有生力量。"他说得很不客气。在战争年代，尤其是面临强大敌人的时候，不严不行啊！否则，部队带不好，不能打仗。

王树声作为一名能征善战的指挥员，加之他的这些优秀品质，他把自己完全融入部队，把自己融入了干部战士的心中，想肃掉他，也不是件容易的事。

当然，即使在"肃反"的白色恐怖气氛下，也不是一点真情都没有。一个午后，房东告诉王树声蔡申熙给他送来了一只老母鸡和一套军装，这使王树声激动不已。在当时"肃反"的特殊环境下，人人自危，搞不好就被说成是"改组派"。蔡军长在这种情况下还能来看他，使王树声备感温暖。

1932年6月，伤愈归队的王树声接任了第七十三师师长之职。①

苏家埠战役后，红二十五军以六安、霍山两县独立团为基础，组建了红军第七十四、七十五师，留在皖西活动。方面军总部率第十、第十一、第七十三师和少共国际团西进豫东南，在商城地区与第十二师会合。此时，红四方面军总部获悉，敌张钫第二十路军在苏家埠战役期间，乘机南犯，进占了根据地的双柳树、仁和集等地，修筑工事据守，并欲继续向前推进。为了歼灭进犯之敌，恢复潢川、光山南部根据地，红四方面军总部决定发起潢（川）光（山）战役。

敌第二十路军有第七十五、第七十六两个师，共6个旅。其中两个旅担任潢川城及其外围的守备，一个旅位于潢川、固始间的桃林铺，一个旅（3个团）驻仁和集，一个旅（2个团）驻双柳树。敌部子举新编第二十师则驻守光山城及其以南的椿树店、槐树店等地。

针对敌人"巩固潢川，四处分兵，广占地盘"的布势，红四方面军决定：第十师由商城直出光山以南之椿树店、槐树店，钳制光山之敌；第十二师进攻双柳树；第七十三师并指挥少共国际团包围和消灭仁和集之敌，并吸引潢川之敌南援；第十一师潜出潢川以南的璞塔集、彭店地区，歼灭可能由潢川来援之敌。

6月12日晚，王树声率第七十三师和少共国际团将仁和集之敌李万林部三个团包围。为了吸引潢川之敌出援，王树声命令部队在阵地前沿构筑工事，对敌围而不攻，并日夜袭扰守敌。此时，陈赓率第十二师将双柳树之敌包围；红军第十一师则秘密进至璞塔集以南的杨集，切断了潢川守敌与双柳树、仁和集之敌的联系。13日，双柳树之敌被歼，仁和集之敌陷于孤立，极度恐慌，14日、15日，仁和集之敌多次突围未果。16日拂晓，防守仁和集寨西之敌约两个团突围西窜。王树声当即令第二一八、第二一九团跟踪追击。红军第二一八、第二一九团指战员发扬英勇顽强、穷追猛打的战斗作风，在仁和集的谈楼地区，将西窜之敌两个团全部歼灭，并活捉敌旅长李万林。与此同时，红军第二一七团向仁和集寨内守敌发起猛攻，并迅速攻入寨内，守敌亦纷纷西逃，少共国际团迅速封闭敌人突破之缺口，配合第二一七团将敌约一个团全部歼灭于仁和集。

在王树声率部激战于仁和集的同时，第十师在椿树店、槐树店地区歼敌一个团大部；第十二师也在双柳树、姚家楼、傅流店地区歼敌一个旅；第十一师在璞塔集地区歼敌两个团和反动民团千余人，活捉敌第七十六师参谋长李亚光。

潢光战役，仅5天时间就歼敌正规军8个团和反动民团一部，毙、俘敌近万

---

① 第七十三师师长刘英在苏家埠战役中负伤。

人，缴枪 7000 余。其中，王树声率部歼敌 3 个团，俘敌 3000 余，缴获各种枪支 2000 余。

三、参加第四次反"围剿"

红四方面军连续取得了黄安、商潢、苏家埠、潢光战役的胜利，拔除了长期盘踞在革命根据地内的反动据点黄安和商城，使鄂东北、豫东南和皖西三块根据地连成一片，使鄂豫皖根据地成为当时仅次于中央革命根据地的全国第二大苏区。这时的鄂豫皖根据地东迄津浦铁路，西达平汉线，北临淮河，南濒长江。它南慑南京，西逼武汉，与国民党南京政权隔江相峙，犹如一把尖刀插在敌统治的心脏，被国民党视为心腹之患。这时，全国各地的红军和苏区也进一步发展，对国民党政权构成严重威胁，蒋介石决心对全国红军发动第四次"围剿"，并将目标首先指向了鄂豫皖苏区。

为了消灭鄂豫皖红军，1932 年 5 月 22 日，蒋介石亲任鄂豫皖三省"剿匪"总司令，积极准备对鄂豫皖革命根据地发动更大规模的第四次"围剿"。6 月 12 日，蒋介石在庐山召开会议确定了"围剿"的战略步骤：首先集中主要力量消灭鄂豫皖、湘鄂西两区的红军，然后全力进攻江西中央革命根据地，以重点进攻，分区"围剿"的办法，达到各个击破红军的目的。为了实现这一计划，敌人组成左、中、右三路军，何成浚任左路军司令官；蒋介石兼任中路军司令官，刘峙任副司令官；李济深兼任右路司令官，王钧任副司令官。除以左路军专对湘鄂西革命根据地外，中、右两路军共 24 个师又 6 个旅约 30 万人的精锐部队，在 4 个航空队的配合下，全力压向鄂豫皖革命根据地。

在敌人"围剿"前，鄂豫皖中央分局书记兼鄂豫皖军委会主席张国焘，对形势作了错误的分析和估计，因而在制定战略方针等一系列重大问题上发生严重的错误。

7 月初，中共鄂豫皖中央分局委员、鄂豫皖省委书记沈泽民赶到前线，在夏店召开了中央分局会议，讨论军事行动的方针。会上，沈泽民在张国焘的支持下否决了徐向前、陈昌浩"我军连续作战，疲惫已极，当务之急是养精蓄锐，休整训练。应当停止外线进攻作战，把主力摆到鄂豫边界，一脚踏在根据地，一脚踏在白区，边休整部队，边掩护地方开辟工作，为粉碎敌人的'围剿'做准备"[①]的建议，决定红军主力南下进攻麻城，并提出"打下麻城、宋埠、歧亭、黄陂，来准备'八一'的到来，打到武汉去，实现数省政权的首先胜利，完成准备同帝国主义作战的先决条件"的口号。[②]

接到攻打麻城的命令后，王树声率第七十三师与红四方面军主力一道，顶着烈日，向麻城急进。

---

① 徐向前：《历史的回顾》，解放军出版社 1988 年版，第 126 页。
② 《中国工农红军第四方面军战史资料选编·鄂豫皖时期》（下），解放军出版社 1993 年版，第 676 页。

麻城是鄂东重镇，也是敌人在鄂豫皖根据地南部边缘地区的一个顽固堡垒。此时，敌第三十军第三十一师驻麻城、宋埠，第三十师驻黄陂，第五十四师驻罗田，三个师互为犄角，互相策应。另外，麻城北部福田河、黄土岗驻有部分国民党地方武装和反动民团。

敌人固守麻城，是蒋介石的一个重要战略考虑。这样做一方面可以牵制红军主力，另一方面又可以东西相援，配合中路、右路作战。为此，蒋介石命令死守麻城，拖住红军。因此，张国焘关于"围攻麻城"的决定，正中了蒋介石的圈套。

根据敌人的部署情况，红四方面军总部决定以第十一师取福田河、黄土岗，第十师插至黄土岗与麻城间的长岭地区，防麻城之敌北援，第十二、第七十三师置于麻城以西霸王山外，相机扫除麻城外围之敌并做围城打援准备。

7日下午，王树声率第七十三师开始向麻城以西的外围据点霸王山、五脑山、麻姑洞阵地发起攻击，敌第三十一师第九十三旅凭坚固守，战斗异常激烈。王树声见正面攻击难以奏效，遂命一部从霸王山、五脑山、麻姑洞与麻城县城间的平畈插入红石堰、红石咀、七里桥等村镇，迂回敌第九十三旅背后，隔断了该敌与麻城的联系，使其大乱。红军第七十三师主力乘机夹攻，很快解决了战斗。这一仗红军全歼敌第九十三旅另一个山炮营，俘敌旅长章祖卿以下官兵2000余人，缴枪2300余支，机枪40挺，山炮5门，迫击炮40余门。

敌第三十一军军长张印相见麻城被围，急调驻黄陂一带的第三十师驰援。红四方面军总部鉴于麻城地势平坦，守军城防工事坚固，强攻不易奏效，加之援敌已近，遂以少数兵力监视麻城之敌，以第十一、第十二、第七十三师向西南出击。18日，红军占领仓子埠，进逼黄陂县城，威胁武汉。敌人急调驻武汉的第八十九师向北，罗田的第五十四师向西南，麻城的第三十、第三十一师向南对红军三面夹击。

24日，方面军主力调头北上，在李家集、靠山店、甘棠铺一线向敌杀了一个回马枪，击溃敌第八十八旅，重创敌第九十旅，全歼敌特务旅1个团，缴枪千余支。

8月初，王树声率第七十三师随方面军再次围攻麻城，并控制了霸王山、麻姑洞一线阵地。

在此期间，敌人对鄂豫皖根据地的第四次"围剿"已经开始。北线之敌进至大新店、宣化店、花山集一线；东线之敌进至霍丘南之河口、丁家集及浉河一带；西线之敌进至夏店、蔡店、长轩岭等地，均迫近根据地中心区域。蒋介石见其各路未遭有力反击，遂改变"步步为营、稳扎稳打"的战法，于8月7日下令总攻，要求各路以疾速秘密的手段深入根据地中心，寻歼红军主力。10日，担任主攻的敌陈继承纵队开始向七里坪急进，卫立煌纵队两个师及归其指挥的总预备队第八十九师也抵河口一带，直扑黄安。

在如此严重的形势下，张国焘不得不撤麻城之围，命令已经十分疲惫的红军昼夜兼程，回师迎击国民党军的进犯，以保卫革命根据地中心区域。根据敌情，红军理应将主力转移至机动位置，乘敌举师轻进之机，诱敌至对红军有利地区，选其一路予以歼灭，从而各个破敌，打破敌之"围剿"。而张国焘却令方面军主力直赴黄安迎击进犯之敌主力，企图以主力对主力，一举粉碎"围剿"，这就使得已疲惫不堪的红军在反"围剿"作战中更加处于被动境地。

受领任务后，8月10日夜，王树声率七十三师由麻城地区出发，急奔黄安。11日中午，红四方面军先头第十二师在黄安城西冯寿二、冯秀驿地区，猛烈阻击敌先头李默庵第十师。激战至晚，红军第十一师赶到，由北向左翼迂回，配合第十二师反击。是时，敌第八十三、第八十九师亦赶到，双方形成对峙。13日晨，王树声率第七十三师，向敌右翼出击，虽经激烈战斗，但也未得手。激战过程中，敌陈继承纵队已由北向南迫近七里坪，并派一个旅经华家河向冯秀驿北观音堂进扰，威胁红军的侧翼。方面军鉴于再战不利，遂命令主力撤出战斗，转向七里坪，打击陈继承纵队。当日下午，黄安失陷。

红四方面军主力赶到七里坪后，迅即在倒水河东岸占领阵地。第十一、十二师在北，布于酒醉山；第十、第七十三师居中，布于大小雾咀山（亦称悟仙山）；独立第一师在南面，布于古凤岭。为了打好这一仗，王树声对所属各部进行了深入的战前动员，向各级干部讲清形势，积极做好打恶仗的各项准备工作。这时，新谷尚未登场，粮食极为困难。在"誓死保卫苏区，一切为了前线胜利"的口号下，根据地中心区域的广大人民群众全力以赴，支援红军作战，有的拿出麦种供部队食用，有的从田中选择早熟的稻谷，现收现打，以供军粮。红军指战员非常感动，纷纷表示："吃群众一粒米，就要消灭一个敌人！"

王树声率第七十三师坚守的大小雾咀山是方面军的主阵地。为了抗击敌人的进攻，他组织部队在河西、河东滩头、山脚下、半山腰和山头构筑了五道阵地，准备层层抗击。

8月15日拂晓，敌人全线出动，向红军阵地猛攻。担任主攻的第二师，其第五旅由周田渡过倒水河，正面突击红第七十三师主阵地大小雾咀山；其第六旅于右翼经小明家、双河口渡河向古凤岭进攻；其第三师第九旅配合第五旅向大小雾山北麓进攻。敌第二、第三师是蒋介石的嫡系部队，装备好，又有飞机大炮掩护，攻势相当猛烈。

面对敌人的飞机轰炸和炮火袭击，王树声命令除观察哨外，部队全部进入战壕隐蔽待机。

敌人炮火之猛烈是王树声生平所未见。阵地上的树木被全部炸燃，倒水河畔硝烟弥漫，烈火熊熊，把凉爽的早晨炸得像火炉一样，使人透不过气来。

王树声指挥部队在河西顽强阻击了敌人一个多小时后，命令部队主动撤到河东主阵地。

敌人第二师师长黄杰见轻易突破了红军的第一道阵地，兴奋不已，命令部队抢渡倒水河攻击前进。

倒水河宽约百米，水深及腰。敌人一窝蜂似的涉水向河东攻来。就在前面的敌人刚刚上岸，后面的敌人已经下河的时候，王树声大喊一声："打！"红军第七十三师的第二道阵地上就射出了一排排密集的子弹，冲在前面的敌人顿时倒下一大片。河中的敌人一看不好，争先恐后地掉头往回窜。与后面下河的敌人互相冲撞，乱作一团，再加上河水流动，行动困难，敌人成了红军练习射击的活靶子。

黄杰没有想到红军来这一手，急忙命令炮兵对红军第七十三师阵地猛轰。一阵狂轰滥炸之后，敌人在轻重机枪的掩护下，又发起了新一轮的冲击，并很快冲过河来。

王树声明白，与敌人拼火力那是"乞丐与龙王比宝"，红军的长处是与敌进行近战，一旦与敌人绞在一起，敌人优势的炮火和轻重机枪就失去了作用。于是，他果断命令部队停止射击，准备与敌人拼刺刀。

之后，王树声甩掉上衣和帽子，抽出大刀，让政委在指挥所指挥，自己率领部队，冲下山来。

山上山下的红军兵合一处，与敌人展开了白刃战。

红军战士见师长亲自冲入敌阵，备受鼓舞，个个士气陡增，勇猛杀敌。这时敌人的炮兵和重武器全成了摆设，一点也帮不上忙，黄杰只能眼睁睁地看着自己的部队被红军杀得鬼哭狼嚎。

激战至中午，敌人在河东留下了上千具尸体，被迫退回河西。

黄杰见攻了半天，没有前进一步，并不甘心。他觉得红军消耗得也差不多了，于是孤注一掷，把所有兵力都用上，来一个全线进攻，企图一举打垮红军。

这次敌人在大小雾咀山、酒醉山和古凤岭一线投入了上万人的兵力，新的恶战开始了。

为了给敌第二师致命一击，王树声一直让敌人爬到半山腰。之后，他命令担任预备队的一个团从斜刺杀出，把敌人拦腰切断，同时指挥两个团从山上冲下来。

顿时，在倒水河东岸数里长的战线上，到处都是喊杀声和刀枪的碰撞声。

经一小时激战，第二师就支持不住了。站在主阵地指挥的徐向前，抓住了这一有利时机，命令第十、第十一、第十二师全部迅速出击，从敌侧翼扑向进攻大小雾咀山的敌人，一举歼灭了敌第五旅两个团大部。敌人全线后退。之后，红军主力渡河西进。

黄杰见势急调第四旅第八团和第六旅第十一团加强倒水河西防线。敌第三师第九旅第十七团也向南延伸，策应第二师。徐向前指挥红军主力攻入敌阵地，与敌展开逐点争夺和反复肉搏。红军指战员前仆后继，血染征衣，战斗之激烈为鄂豫皖区前所未有。激战至傍晚，红军终于从正面突破了敌阵地，向纵深推进。敌第二师全线溃退，红军乘机歼灭敌第四旅第八团和第六旅第十一团大部，并直插白马嘶河，占领敌第二师指挥所。

敌第二纵队指挥官陈继承见整个防线有被突破之危险，急调第八十师增援第二师，令第三十一师向第二师靠拢。因敌猬集七里坪一带高地固守，红军虽经反复冲击，也未能将其击溃。此时已近天明，相持下去对红军不利，徐向前遂令部队停止进攻，撤至倒水河以东，扼守酒醉山、古凤岭一线阵地，战局转为相持状态。

8月17日，敌卫立煌纵队第八十三、第八十九师由黄安地区北出，分别向仙山、古凤岭进攻，企图与陈继承部夹击红军。同时派一部兵力开往宣化店，企图配合北路之敌张钫纵队会攻鄂豫皖革命根据地首府新集。有鉴于此，方面军总部乃率主力向檀树岗转移，另寻战机。

七里坪之战，红军重创了国民党军第二师，杀伤敌5000多人，缴枪3000多支。但由于没有大量歼灭敌有生力量，击破敌人一路，故未使整个战局发生有利于红军的根本变化。而且红军经过此次战斗，自身伤亡和消耗也很大，继续处于不利的地位，给以后的作战带来了更大的困难。

红四方面军主力转移到檀树岗后，进行了短暂的休整补充，之后到达新集以北的浒湾附近。这时，陈继承率敌第三、第八十、第八十三、第五十八师从西面宣化店地区赶来。张国焘不是让红军避开敌主力，在运动中歼敌，而是继续令红军西进迎敌。据此，红四方面军总部遂以王树声率第七十三师监视北面之敌张钫纵队；以第十师布于檀树岗阻止敌卫立煌纵队北上；以第十一师、第十二师在扶山寨、四面山、金兰山、旗盘山一带歼敌。

扶山寨战斗，虽然歼敌2000余人（第十二师师长陈赓负伤），但并没有改变敌我力量对比的形势。这时，北面之敌张钫纵队和南面之敌卫立煌纵队却又步步向红军侧后紧逼，与陈继承纵队构成对红军的包围之势。这种形势完全出乎张国焘的意料。于是他一面命令红军主力向东转移，一面仓促成立中共鄂东道委（相当于地委）留在该地领导武装斗争。他则率中央分局、鄂豫皖省委以及鄂豫皖省苏维埃政府等机关撤出新集，随红军主力向皖西革命根据地中心金家寨地区转移。9月9日，新集陷入敌手，14日，豫东南重镇商城也被敌占领。

9月10日，红四方面军总部率第十、第十一、第十二、第七十三师四个主力师转移到金家寨地区，与在当地活动的第二十五军第七十四、第七十五师会合后，决定打击进入麻埠之敌徐庭瑶纵队，但行至东、西香火岭时，因行动暴露，敌早有戒备，难以下手。此时，卫立煌、陈继承两纵队已经沙窝、新店尾追而来，与皖西敌右路军形成东西夹击之势。红四方面军遂转头南下，决定在霍山、英山和罗田，会合地方武装，寻机歼敌。当部队行至燕子河，得悉英山已被敌占领，部队只好停止前进，休息待命。

9月27日，中央分局在燕子河召开会议，讨论下一步的行动方针问题。会议决定"以郭述申和独立四师师长徐海东等同志带少部兵力及地方武装，在皖西和潜太地区扰敌后路，主力红军则先取英山，再向黄麻地区转移"[①]。

9月底，王树声率红七十三师从燕子河出发，经长山冲出西界岭、五显庙直趋英山。可英山之敌上官云相部凭工事据守，红军没有战机。遂移师东进，10月上旬回到黄安的高桥河、河口镇地区。

王树声率红七十三师随方面军经英山、罗田北返后，国民党武汉行营觉察到

---

① 徐向前：《历史的回顾》，解放军出版社1988年版，第135页。

聚歼红军于长江北岸的计划已经落空，又怕红军抄其后路，威胁武汉，便急令陈继承纵队、卫立煌纵队，由东而西，并进长追；又令其西线第一师和中路总预备队第八十八师、八十三师等部，分别由平汉线经河口镇、华家河向黄安、麻城方向堵击。红四方面军先头第十、第十二师刚进入河口镇以东地区，即同敌第一师、第八十八师遭遇，红二十五军一部也与敌第十三师遭遇。在河口激烈战斗中，红二十五军军长蔡申熙，红十一师政委甘济时牺牲。

10月9日，红四方面军主力向黄柴畈地区转移。敌陈继承纵队先头第二师即尾追而至，并向红军发起了猛烈的攻击。方面军命王树声率第七十三师担任艰巨的阻击任务。为了阻击追击之敌，掩护方面军主力转移，王树声迅速组织第七十三师占领河口镇东北仙人洞、邹家集、两河口一线高地。

面对蜂拥而至的敌人，王树声动员大家："眼前的敌人是我们手下的败将，我们狠狠地打，决不能让敌人前进半步，做到人在阵地在！"红七十三师以刺刀、手榴弹打退了敌人七八次冲锋。战至黄昏，王树声重新组织力量，并组织一个敢死队，向敌人发起反击。骄狂的敌人被打得措手不及，前来督战的敌副师长柏天民也被击毙。

王树声率第七十三师经过一天的战斗，抗住了敌人整整四个团连续的进攻，歼敌千人，再次重创敌第二师。敌不得不等待援军，再不敢贸然进攻。这就为主力的转移和鄂豫皖中央分局及四方面军总部研究下一步行动决策争取了宝贵的时间。

敌第二师进攻受挫后，国民党军重新调整部署，准备合围红军：以陈继承纵队和第十三师部署于河口镇以东至华家河一线，准备从南面和东面进攻；以马鸿逵纵队由平汉线东侧南下，向四姑墩方向进攻；以第一师和第八十八师从河口镇向北进攻。此时，红四方面军的活动空间只有几十平方公里，形势十分危急。10日晚，中共鄂豫皖中央分局在黄柴畈召开了紧急会议，讨论行动方针问题。会议决定：留红二十五军第七十四、第七十五师与各独立团，由沈泽民负责，在根据地坚持斗争；中央分局率方面军总部及第十、第十一、第十二、第七十三师及少共国际团，跳出根据地，暂时到平汉路以西活动，伺机打回根据地。

由于王树声奉命率部阻击追兵，正在两河口镇东北地区与敌激战，没有参加这次会议，也不知道会议的内容。他接到转移命令后，指示部队甩掉重装备，轻装上路。当然，他不知道此行的目的，也不知道要到哪里，他所要做的就是率部掩护中央分局和方面军向西突围。

从此，王树声与他的战友们踏上了漫漫的西征之路。

这一走就是十几年，是他万万没有想到的。

四、掩护突围殿后，西进开路先锋

10月11日晚，在中共鄂豫皖中央分局率领下，红四方面军主力2万余人分左右两路纵队，从四姑墩出发，经两天两夜急行军，突破国民党军两个师的防线，在平汉线西的陈家巷地区会合。期间王树声率第七十三师担任后卫任务，一路上与敌厮杀，据徐向前元帅回忆："西越平汉路时，红七十三师与尾追之敌激战三小时，将敌击退，保证了全军的安全转移。"①

14日，方面军经过洛阳店、新店向原红三军②活动的璩家湾一带转进。16日达鲍家店，在这里，方面军召开了师以上干部会议，讨论是否南下与红三军会合。张国焘认为若与红三军会合，大兵团行动笨重，加之湖北大水灾，粮食困难，决定到鄂豫边原九军③的活动地区，休整待机。

蒋介石发现红四方面军主力跳出其包围圈后，马上实行"追剿"部署，以卫立煌率李默庵第十师、蒋伏生第八十三师和罗启疆独立第三十四旅，跟踪追击；以胡宗南第一师北沿花园至襄阳的公路，萧之楚第四十四师南沿京山至宜城的公路，平行追击；原在襄阳、枣阳、宜城地区的刘茂恩第六十五师和冯鹏翥第六十七师，则依托沙河堵击。企图将红四方面军主力聚歼于襄（阳）、枣（阳）、宜（城）地区。

19日拂晓，王树声率第七十三师掩护方面军主力进至枣阳南之新集地区。当日，红军第十一师击退追兵第八十三师。为了造成反击的有利态势，红四方面军令第十二师抢占制高点乌头观，但未能占领。入夜，国民党第十师和独立第三十四旅先后到达，并占领了乌头观。这一制高点的丧失，使红军右翼的关门山、刀峰岭、吴家集等阵地受到严重威胁，并影响了尔后的战斗发展。

20日晨，国民党军独立第三十四旅、第八十三师在右，全力向宋家集、吴家集发动猛攻；敌第十师在左，依托乌头观有利地势向关门山、刀峰岭攻击，企图左右钳击，围歼红军于新集地区。红军第十、第十一师扼守宋家集、吴家集，第十二师扼守关门山、刀峰岭阵地，奋勇阻击。下午3时，在给敌以重大杀伤后，方面军集中力量向敌薄弱部分独立第三十四旅实施反击，并以第十二师强攻乌头观，准备突破该点后向敌独立第三十四旅侧后迂回，配合第十、第十一师全歼该敌。经激烈战斗，敌第三十四旅损失惨重，向后溃逃。由于没有攻下乌头观，未能形成对溃敌第三十四旅的包抄全歼。黄昏，敌第四十四师赶来增援，猛烈反扑，红军返回原阵地，形成对峙。

---

① 徐向前：《历史的回顾》，解放军出版社1988年版，第140页。
② 1931年3月，湘鄂西贺龙等领导的红二军团根据中共中央命令改称红三军。4月，全军向巴东推进，渡江北上，曾转战鄂西北。此时正转战于湘鄂西地区。
③ 1930年4月，根据中央军委指示，由活动在鄂北的地方武装组织成立了第九军。后在反"围剿"中遭到严重损失。1932年10月，红三军从洪湖突围，途经鄂北，一部与红军第二十六师余部合编为襄北独立团。1933年遭到失败。

21日，敌集中第四十四师、第十师向关门山、刀峰岭猛攻，红军坚守阵地，居高临下，向敌反击，自晨至暮，多次肉搏，阵地上敌弃尸狼藉。此时，西南方向之敌第五十一师向红军侧后攻来，担任掩护任务的第七十三师，在王树声的指挥下与敌展开了激战。与此同时，北面之敌第一师也沿襄阳至花园的公路压过来，对红四方面军形成合围之势。

新集战斗红军意在争取主动，但由于在非常被动的情况下仓促反击，加之未能抢占要点乌头观，因而没有给敌以歼灭性打击，不得不放弃打回根据地的计划，向西北转移。

22日下午，红四方面军到达枣阳西南之土桥铺地区。敌第六十五、第六十七师据守沙河拼命堵击，尾追之敌紧逼于后，敌第一、第五十一师也从两侧攻来，在这十分紧急的情况下，红军前卫第三十二团，奋勇冲杀，打开通路，控制了土桥铺一带沙河地段。同时，王树声率第七十三师与第十一师第三十一团奋力击退了两侧之敌，保证了全军胜利通过了沙河和襄（阳）花（园）公路，向西北转进。

新集、土桥战斗，红军虽歼敌3000多人，但自身也受到了很大损失。王树声率领的第七十三师为保证中央分局和方面军主力的侧后安全、粉碎国民党军围歼红军于襄、枣、宜地区的计划，作出了重要贡献。

10月下旬，时值晚秋，红四方面军所经之地由于连年自然灾害和军阀混战，群众多迁于外，田园荒芜，庐舍为墟，几十里渺无人烟。部队一路忍饥受寒，昼夜行进。继续担任殿后掩护的红七十三师更惨，前面的部队还可以找些野果充饥，他们有时连野果也找不到。经十数日兼程，11月初，红四方面军到达了鄂豫陕交界的南化塘地区。

南化塘地区北靠伏牛山，南傍鲍鱼岭，介于丹江和汉水之间，地形较好，粮食丰足。因此，中共鄂豫皖中央分局和红四方面军总部准备在这里发动群众，建立根据地。然而，红军刚到南化塘3天，追敌又至。11月4日，敌第四十四师进至南化塘北鲍鱼岭地区，敌第六十五师进至南化塘东之化山坪、太山庙一带，南面之敌第一师进至距南化塘十余里之七柯树，东南之敌第五十一师到达了白桑关、黄石坪。敌人企图从东南北三面合围红军。在这种情况下，中央分局和方面军总部决定经鄂陕边之漫川关入汉中。

漫川关是鄂西北通往陕南的要道，其四周都是万仞高山，是闻名天下的雄关之一。

11月11日，红军进至漫川关东之康家坪、任岭地区时，陕军三个团已据漫川关防守，堵住了红军的去路，后面胡宗南等部又追了上来，将红军合围在康家坪至任岭的深山峡谷中，红军又面临着一场生死考验，若冲不出漫川关，将会全军覆没。

徐向前把突破漫川关的艰巨任务交给了王树声的第七十三师和旷继勋的第十二师。

许世友率领的第十二师第三十四团和韩亮臣带领的第七十三师第二一九团，都是以善于打硬仗、恶仗出名的，是红四方面军中攻坚力量最强的两个团。

徐向前亲自把许世友和韩亮臣叫到身边，指着北边的垭口说：拼掉命也要拿下垭口，全军生死，在此一举！

因为事关重大，陈昌浩也亲自上前指挥。王树声和旷继勋也与自己的团队一起行动。

第三十四团负责攻占垭口右侧制高点，第二一九团负责抢占左侧制高点——龙山。龙山距张家庄数公里，是方面军突围通道的制高点，也是敌我双方的必争之地。

受领任务后，王树声迅速指挥第二一九团向山头冲锋，抢占制高点。部队刚抵达山头，即发现敌第四十四师一个旅也正从山背面向上爬，离山头只有几十米了。

王树声将手枪一挥："打！"第二一九团的官兵们一阵猛扫，夹着手榴弹，把敌人打了下去。

时值入冬，天气寒冷，王树声和红军战士一样都是单衣，脚踩草鞋，身上虽然寒冷，但心中都有一团火。他们深知，全军的安危全系在自己身上。

为了达到全歼红军的目的，敌人对龙山第二一九团阵地进行了疯狂的反扑。双方在山顶上展开了拉锯战，战斗打得异常残酷和激烈。山头上的树木全被打掉了树枝，有的只剩下半截树桩，双方死伤惨重。

第二一九团团长韩亮臣在激烈的战斗中也不幸中弹牺牲。王树声当即命令副团长徐世奎接替指挥，坚守阵地。经过英勇苦战，王树声和他的战友们终于控制了北山垭口的龙山。

与此同时，陈昌浩、旷继勋、许世友指挥第三十四团经拼死冲杀，夺占了北垭口，从敌第四十四师两个旅的接合部打开了一条通道。之后，又打退了敌人的多次反扑，使阵地巍然屹立。

张家庄北山垭口的阻击战，整整打了三天两夜。第三十四团和第二一九团以牺牲两千多人的代价，为红四方面军打开了生命之门。

13日黄昏，红四方面军全军冒着敌人猛烈的炮火，快速地穿过了通道。这时王树声又率第七十三师由开路先锋转为后卫。王树声从容地指挥全师人员最后突围。

红四方面军胜利冲破漫川关，进入陕南，使蒋介石聚歼红军于漫川关的梦想破灭了。他的手下卫立煌、胡宗南、李默庵等一个个气急败坏。

事隔几十年后，徐向前回忆当年的战斗情景还很有感慨地说："漫川关突围，是关系我军生死存亡的一仗。许世友那个团立了大功，二一九团打得也不错。"[①]

突出重围的红军兼程急进，翻越野狐岭，抢占竹林关，直折西北，在秦岭山脉中攀岩涉水，暂时跳出了敌人包围圈，11月19日进抵商县杨家斜。

红军在杨家斜休息一天后，为继续贯彻进入汉中的计划，南下出镇安、柞

---

① 徐向前：《历史的回顾》，解放军出版社1988年版，第144页。

水。当部队进至凤凰咀以东牛王寨时，敌第一师已由山阳赶至该地阻击。于是方面军又折而向北，经曹家坪至丰家河。然后以第十一、第十二师为左纵队，第十、第七十三师为右纵队，分别由库峪、汤峪于11月23日进入关中平原。西安敌第十七路军总指挥、陕西省主席杨虎城见红军飘忽而至，逼近西安，急调孙蔚如第十七师在王曲、子午镇一带阻击；尾追之敌第一、第六十五、第四十四、第五十一、第三十五师拥向关中；敌第二、第四十二师则沿陇海线匆忙西进。

11月24日，担任前卫的王树声第七十三师在西安以南四十里的王曲镇与堵击之敌展开了激战。

前来堵击的敌人是杨虎城的主力之一陕军混成旅和特务团。该敌凭借优良的武器装备和坚固的工事进行顽强堵击。担任师前卫的红七十三师第二一八团一时难以打破敌人。

王树声明白，敌人的合围越来越紧，红军必须速战速决，于是亲自指挥第二一七、第二一九团向敌人猛攻。经过几回合的较量，终于打破了敌人的阻击，消灭敌人一个团和一个骑兵营，余敌溃逃。

27日，红四方面军自户县南之衖徨镇，分前后两个梯队继续前进。张国焘带第一梯队第十一师、第七十三师先行；徐向前和陈昌浩率第二梯队第十师、第十二师跟进。当后续梯队行至炉丹村一带时，又被敌第一师两个旅截断，敌第六十五、第四十四师也由东面，第十七师、第四十二师由北面分别向红军逼近，形成三面包围形势，而南面又系秦岭，不易攀登，情况甚为紧急。

作为前梯队的第七十三师受命迅速回援，王树声率部与后梯队一起对敌展开了前后夹击。敌人被逼到一个河湾里，腹背受击，大败而逃。此次战斗，红军毙伤敌第一师团长以下官兵数百人，全歼陕军一个警备旅，俘其旅长以下官兵数千人（经教育后全部释放）。28日，红四方面军进抵周至县南40里的新口子一带。

之后，红四方面军奉中共中央关于在鄂豫陕边建立根据地的指示，再次翻越秦岭，于12月7日抵达秦岭南麓的小河口。

12月8日，张国焘在小河口召开部分师以上干部会议，讨论行动方针。会上曾中生等对张国焘提出了不少意见和批评，这些批评都是同志式的，并建议恢复军委会，集体讨论和决定重大问题。张国焘宣布成立前敌委员会，又任命曾中生为西北革命军事委员会参谋长，张琴秋为方面军总政治部主任。但张国焘对会议期间同志们提出的批评和意见，一直怀恨在心。川陕革命根据地建立后，便借"肃反"，陆续将曾中生、余笃三、旷继勋等逮捕或杀害，张琴秋也被降职使用。

12月15日，红四方面军进驻西乡以南的钟家沟，在这里召开了团以上干部扩大会议。会议讨论了进军川北建立苏区的方针问题，决定立即翻越大巴山，首先占领通江、南江、巴中地区。

钟家沟会议后，开路先锋的重任又落在了王树声的第七十三师身上。王树声和他的战友们又踏上了漫漫风雪的巴山路。

第六章　参与创建川陕革命根据地

一、进击川北

1932年12月，红四方面军摆脱敌人的围追堵截，进抵陕南地区，受到当地党组织和广大群众的热烈欢迎。

然而，由于陕南地区连年灾荒频仍，屡遭兵匪蹂躏，粮食尤为缺乏，红军大部队若在这里久驻，将会遇到很大困难。这时，前敌委员会获悉，四川军阀刘湘与刘文辉为争权夺利，正在成都地区混战，川北军阀田颂尧也调集30多个团前往参战，致使川北后方兵力极为空虚；川北山高林密，沟壑纵横，地势险要，回旋地区广阔，物产也较为丰富。于是，前敌委员会决定，集中力量向四川发展，创建以川北为中心的川陕边革命根据地。12月15日，红四方面军在陕南西乡县钟家沟召开团以上干部会议，传达和讨论进军川北、创建川陕边革命根据地的方针，作出了立即翻越大巴山，出敌不意占领通（江）南（江）巴（中）地区，再待机向外发展的行动部署。会后，红四方面军总指挥部命令王树声率领红七十三师首先翻越大巴山，为全军开路。

大巴山横亘在川陕边界上，海拔1500米，巍峨挺拔，层峦叠嶂。当地人称："雄鹰双展翅，难过巴山顶。"[①] 时值隆冬，冰雪封山，气候十分恶劣。红军拟定的经大天池寺、核桃树翻越大巴山的进军路线是历来入川的一条捷径，上山70里，山梁70里，下山70里。这210里的山道十分险峻，悬崖峭壁林立，怪石巉岩纵横，稍有不慎，即有可能跌入万丈深渊；其中的一些羊肠小道又被荒草、荆棘淹没，加之匪患骚扰，行人早已绝迹。长期转战，体力消耗很大，衣衫单薄的红七十三师，不仅要翻越"巴山天险"，同时还担负着为红四方面军后续部队开路的任务，这的确是个严峻的考验。

为战胜巴山风雪，圆满完成任务，王树声在部队行动的准备上考虑得很周到。受领任务后，他首先对部队进行了深入的思想动员，向广大指战员解释了入川的重大意义，指出只要翻过大巴山，创建起新的革命根据地，红四方面军就能

[①]《川陕革命根据地军事斗争史》，四川大学出版社1987年版，第30页。

发展壮大，号召大家要不畏艰险，作进军川北的先锋。他还对准备工作提出了许多具体要求。如：每个人必须准备数天的干粮和两三双草鞋，并携带一捆稻草，以备行军休息时坐，或铺在路滑的地方，以便通行；把马匹集中起来供伤病员使用；要开好道路，搭好草棚，为后边的部队提供方便。

待一切准备工作就绪后，12月17日，王树声率红七十三师开始向大巴山进军。第二一七团为先头部队，具体任务是：侦察敌情，勘察标示道路，并在每隔5公里的地方搭起一座简陋的小草棚，作为后面大部队伤病员的临时救护站和体弱者的休息处。

黎明前的夜空，寒星闪烁。王树声率领部队踏着皑皑白雪，沿着蜿蜒的山路向上爬。开始，山路两旁还能看到郁郁葱葱的树林和层层的梯田，不时还有村落出现。行进三四十里路后，情况就不同了。路上荆棘丛生，荒草掩路。有的路段两边全是悬崖深涧，一不小心掉下去就会丧命，有的路段又陡又滑，垫上稻草仍然打滑难行。战士们边走边用砍刀或刺刀砍掉路上丛生的荆棘，铲除堵塞道路的大石头，把大小雪窝填平砸实。

作为开路先锋，部队艰难行进的同时，还要不时为后面的大部队搭盖草棚；在显眼的地方插上事先准备好的三角小红旗，为后面大部队指示行进路线；在一些坡陡路滑的险峻地段，还要做出特别标记，以提醒后面的部队注意安全。

越往山上走，风雪越大，狂风卷着雪片直往鼻子和嘴里灌，呛得指战员们喘不过气来，身上很快浸透了汗水和雪水，单薄的衣服冻成了硬邦邦的"白铁夹克"，全身上下几乎都是冰凉的。手冻得像戴着皮手套，又肿又硬。草鞋被雪水浸透了，也结了冰，有的战士的脚被冰磕划破了，渗出的鲜血又很快与雪水冻在了一起，一走就疼得钻心。而且，越往上走，空气越稀薄，一些年纪大或身体弱的人，因缺氧渐渐出现了胸闷气喘、头痛、恶心的症状。太阳升起后，皑皑的白雪反射着夺目的白光，刺得眼睛直流泪，一些战士得了雪盲症。

再大的困难也吓不倒王树声和英勇的红军战士，他们一个个偏着头，侧着身，顶着风雪，冒着严寒，沿着崎岖艰险、陡窄溜滑的栈道，深一脚浅一脚地艰难前进着。一路上，王树声跑前跑后，忙个不停。他认真检查着每个路口的标记，看是否指示明确；路过草棚时，都要用手推推，看是否牢靠。一到悬崖陡壁、雪坑冰坡等危险地段，他就要停留一会儿，招呼行进的战友谨慎小心，注意安全。榜样的力量带动了全师官兵，大家争先恐后地抬担架，帮助伤病员背东西。共产党员更是以身作则，涉危探险，奋不顾身。每到危险地段，他们就主动站在那里，或帮助铺稻草，或拉扶战友，或抢救落险的同志。

为鼓舞士气，王树声还即兴编写了《翻越高山到盆地》的鼓动词：

同志哥，

你说这山陡不陡？

老伙计，

我说越陡越好走。

同志哥，
　　你说这山滑不滑？
　　老伙计，
　　我说越滑越好爬。
　　同志哥，
　　老伙计，
　　我们再努一把力，
　　翻过高山到盆地，
　　哎呀嗬！[①]

在王树声的带动下，宣传队员们利用快板、歌谣、口号等形式，在沿途的拐弯、陡险、泥滑地段，开展宣传鼓动工作。他们或者唱起歌谣："风雪啸啸叫啊，脚踩冰雪笑哟！口渴含冰糕啊，夜宿铺稻草哟！"或者打起快板："上巴山，到四川，穷人日夜把我们盼。同志们，加油上，风雪路滑不要怕。爬高山，别心慌，只顾朝前莫张望。脚站稳，身朝前，两手时刻要帮忙。天气冷，道路滑，难不倒红军英雄汉。"在催人奋进的歌声、锣鼓声和欢声笑语中，大家忘记了疲劳，忘记了饥饿，也忘记了严寒。

宿营时，王树声不顾疲劳，立即组织医务人员，为得了雪盲症的人点眼药；指导冻伤的战士用雪搓洗伤处。他要求带的稻草这时更派上了用场。指战员们刨开积雪，铺上稻草，燃起篝火，以班为单位挤在一起，以抵御巴山异常寒冷的风雪。

正是靠着这种大无畏的革命英雄主义、乐观主义和团结一致的阶级友爱，红七十三师在王树声的率领下，终于把"巴山天险"甩在了身后，而且沿途破冰开路，伐木搭棚，圆满完成了为后续部队开路的任务。

翻过大巴山后，王树声指挥部队迅速推进，于12月18日以迅雷不及掩耳之势，进占通江县北部边界之两河口，顺利地打开入川门户。镇上的百姓闻讯，敲锣打鼓，夹道欢迎。

12月下旬，红四方面军总指挥部决定兵分三路，迅速实施战略展开，夺取通江、南江、巴中，并由王树声率红七十三师为右翼，西出夺取南江。红七十三师奉命入川时，其第二一九团留在了巴山北麓，担任红四方面军后卫，警戒陕西方向。这时，方面军总指挥部考虑红七十三师独立担负一个重要方向作战，只有两个团的兵力有困难，遂将随后跟进的红十师第二十九团划归王树声指挥。

受领任务后，王树声率红七十三师很快从瓦石铺翻山到涪阳坝，向南江方向发展。之后，王树声以第二一八团沿小通江河北上，北拒陕南之敌，经新场坝、青浴口，抵平溪坝，折向南江；以第二一七、第二十九团随师部向南江大河口方向进军。1933年1月9日，红七十三师主力部队经乌龙垭、芭蕉溪、屈家山、梭罗坪进入大河口，击溃孙家山守敌，进逼南江县城。师部设在观光山学堂湾大

[①]《将帅诗词选》，辽宁人民出版社1987年版，第136页。

院，王树声和方面军政委陈昌浩驻内，计划从大河口方向径直进攻南江县城。

正在成都与刘文辉酣战的田颂尧，得知其防区被红军攻入的消息后，慌忙从嘉陵江沿岸调兵堵截。为阻止红军解放南江，田颂尧急调刘汉雄率其主力第十八旅和第十九旅驰援南江。第十九旅杨选福部加上部分民团很快沿太平山、尖子山、元山坪一线布置好了阵地，企图凭险阻拦红军前进。

尖子山系太平山脉的主峰，位于南江县城东南70里，像一个楔子卡在观光山、元山坪和孙家山之间。其山顶方圆，上有一座古庙，四下沟深壁陡，遍布青杠林，仅有一条崎岖山道通向山顶。面对利守不利攻的险峻地形，王树声以主力从正面猛攻敌防御阵地的同时，命令第二一七团派一支小分队奇袭尖子山，拔掉这个楔子，配合正面进攻。

1月14日晚，第二一七团派出的小分队，在向导的带引下，乘敌不备，悄悄绕过哨卡，楔入了尖子山山顶。午夜，小分队以猛烈火力俯射敌阵地。狡猾的敌人遭到突袭，十分震惊，但根据尖子山坡陡、山顶不大的地形情况判断，红军兵力不会太多，仅组织少部火力还击，仍将主力用于堵击红军的正面部队。与此同时，王树声派出的第二十九团部分兵力向太平山守敌发起了进攻，开始尚有进展，夺取了一些次要阵地。但守敌一面组织火力拦截，一面派人向山下泼水。天寒地冻，大雪飘飞，积水很快冻成冰，路滑难行，红军进攻部队只好后撤。

天明后，敌调动了一部分兵力开始向尖子山发起波浪式冲击。山上不足200人的红军小分队，与敌展开了激烈战斗。山顶的树枝、树叶被一扫而光，作为防御工事的古庙很快弹痕斑斑，整个山头笼罩在一片硝烟火海之中。子弹越打越少，古庙里的菩萨、香炉、砖瓦也成了红军的武器。黄昏时分，敌军官举着钱口袋，命令一排"敢死队"冲锋，红军小分队遂与之展开了白刃格斗。经终日鏖战，红军小分队毙伤敌五六百人，但自身伤亡也很大，最后弹尽援绝，被迫撤回。之后，两军按甲寝兵，隔河对峙达9天之久。

鉴于对敌攻击一时不能奏效，善于灵活用兵的王树声遂改变突击方向，避开敌顽固防守的正面阵地，以少数部队在大河口原阵地牵制守敌，集中师部和两个团的主力北上。1月下旬，王树声率部经兴马坎、小河口、任家河到达官禄口一带，与第二一八团会合，并以第二十九团迂回消灭守敌一个多营，前锋伸到糖房坝对岸印马池，距甑子垭10余公里；以第二一八团一部驻赶场溪，距鹿角垭不足5公里。

这时，川军将领任玮璋率部起义，加入红军。任玮璋，四川南部县人。早年曾在泸州讲武堂学习，曾任川军杨森部旅长兼渠县县长。1932年，他在中国共产党的影响和策动下，毅然脱离杨森，率部开到南江北部的桃源，以"打富济贫"作号召，不断接纳远近无以为生的穷人加入队伍。任玮璋比较注意群众纪律，规定不准抢劫民财，不准私取民物，不准奸污妇女，有违犯的都要据情加以处理，因此深得民心，所部迅速扩大到2000余人，称"川北民军"。红七十三师向南江发展时，任玮璋在共产党员张逸民的策动下，率部从桃源向赶场溪方向运动,向红军靠拢。王树声率红七十三师主力进占官禄口、赶场溪一线时,任玮璋随即派张逸民、李载甫前往赶场溪红军前哨阵地高壁庵联系,自己则随后到达赶场溪七里坝。

王树声当即将这一情况报告红四方面军总指挥部。红四方面军总指挥部研究决定,同意任玮璋率部起义参加红军,并指示由王树声和他们协商具体事宜。

1933年1月19日下午,任玮璋在特科大队长陈贡书等十余人的陪同下,来到高壁庵。王树声和红七十三师政委张广才亲切会见了任玮璋一行。任玮璋很快为王树声知识分子的气质所折服,也为他朴实、憨厚、诚恳的态度所感动。经过协商决定,"川北民军"改编为"红军独立师",任玮璋任师长,曾任红十二师政委的刘杞任政委,张逸民任参谋长,李载甫任政治部主任。原来的4个大队,改编为3个团另1个营。任玮璋当日即返回七里坝召集官兵讲话,第一次以"同志们"的称呼,向大家宣布参加红军。他还发表了《我们要翻身,只有坚决起来打倒帝国主义和国民党》的宣言。对于任玮璋起义,远在江西中央苏区的中华苏维埃临时中央政府专门发出通电,给予高度评价,认为"这是中国革命史上光荣的一幕"①。改编后的独立师,随即以崭新的姿态配合红七十三师发起了解放南江的战斗。

甑子垭距南江城10公里,海拔近千米,山峦重叠,易守难攻,是南江城东北方向的屏障。敌刘汉雄第十八旅王耀祖部及官禄口溃军薛廉身团控制着整个防线上的十余个制高点,居高临下,使红军处于仰攻位置。鹿角垭则位于甑子垭东北,是甑子垭主阵地的侧翼。

1月25日拂晓,王树声命令刚刚改编的独立师发起鹿角垭战斗。独立师的特务营,首先向鹿角垭守敌发起突袭,攻占鹿角垭阵地。驻柳垭子和马跃溪之敌各一个营,立即组织疯狂反扑,夺回了鹿角垭。之后,红军独立师集中兵力,在第二一八团一部的配合下,再次将敌击溃,终于牢牢控制了鹿角垭之主阵地,解除了红七十三师主力的侧翼威胁。

鹿角垭战斗激烈进行的同时,王树声率领第二一七、第二十九团,于25日晚,踏着盈尺积雪,从糖房坝过河,推进到甑子垭,下到官山梁,师前敌指挥所设在大井坝农民杨昌文家。这夜正好是中国传统的除夕,可王树声和他的指战员们注定要在战斗中迎来新的一年了。

26日拂晓,王树声得知独立师已牢牢控制鹿角垭后,随即命令红军向甑子垭阵地的敌人发起了猛烈进攻。川军居高凭险,拼死顽抗。红军经数日苦战,消灭守敌1个营,击毙营长杨立卓,但未能攻下制高点。30日,为协调部队行动,激励战士英勇杀敌,王树声亲临前线指挥。鉴于甑子垭山高路险,不宜强攻,王树声重新调整部署,采取了正面佯攻、侧后迂回的战法,并派精干的小部队抢占敌人的虚弱处和战术要点。这一战法果然奏效,守敌第十八旅腹背受敌,军心

---

① 《红色中华》1933年2月19日。

动摇，开始全面溃退。31日，红军夺取了甑子垭。大河口之敌，闻甑子垭丢失，也全线动摇，仓皇溃退。王树声丝毫不给敌人以喘息之机，当即指挥部队乘胜猛追，于2月1日占领南江县城。

入城前，红军朝天打了一阵机枪。城内顿时沸腾，鞭炮齐鸣，锣鼓喧天。素有斗争传统的南江县人民打着早已准备好的小红旗，抬着猪羊，在城门处热烈欢迎红军入城。他们给红军端茶送水，问寒问暖；为红军战士披红挂花，连王树声的大白马也被乡亲们披上了红布。入城后，红七十三师师部驻考棚[①]。王树声要求部队严守群众纪律，不进店，不占屋，一律在街檐下打铺，并立即打开监狱，释放被俘的红军人员和因抗捐运动被关押的群众，受到了南江县人民的赞扬。

当晚，刚刚成立的南江县临时革命委员会组织军民举行了盛大的灯火游艺晚会。南江县革命委员会主席杨芳仁代表全县人民，宣布把这一天定为"灯火节"，以纪念红军驱走黑暗，为人民带来光明。同时，红军在首先入城的东门，雕刻上"红四门"三个金光闪闪的大字，作为红四方面军解放南江的永久纪念。

南江红七十三师师部旧址

军民联欢的喜庆气氛深深感染着王树声，他为红七十三师这支英雄的部队而骄傲，为南江人民高涨的革命热情而信心百倍。

在红七十三师解放南江的前后，红四方面军兄弟部队先后解放了通江、巴中等地区。至此，红四方面军入川仅月余，就解放了通江、南江、巴中三县的绝大部分地区，歼敌3个团，击溃敌8个团，初步完成了进军川北的战略任务。

川北地区，幅员辽阔，物产富饶。巴山支脉纵贯全境，构成有名的大巴山区。山区北部坡陡土薄，气候寒冷，只能种植苞谷、洋芋等，但这里蕴藏着极为丰富的矿藏和茶叶、银耳、黑耳、生漆、桐油、药材、蜡虫、兽皮等土特产，是个宜林宜牧的好地方。南部多丘陵，地势较平，水田较多，主产水稻和小麦，其次是红苕、苞谷、棉花、洋芋及各种豆类、瓜果等。川北人民勤劳勇敢，不仅男子劳动，妇女也参加生产，甚至还是主要劳动力，通江就有"要吃通江饭，妇女打前站"的俗语。

[①] 今南江县检察院。

然而，本应富足的川北地区却因军阀混战和地主豪绅的残酷盘剥，成了穷困和痛苦的人间地狱。据1921年到1934年不完全统计，军阀混战达470次，平均每月有战祸两次。田赋一年数征，而且实行"预征制"，甚至预征到几十年以后。苛捐杂税多如牛毛，农民因缴不起捐税而被吊打时，还要缴吊费、打费。为了收重税，军阀官僚强迫人民用上好土地种植鸦片，这不仅造成粮食减产，而且极大地危害着人民的健康。残酷的暴力是军阀官僚征收苛捐杂税的保证。南江县1932年筹集军款，数目达到了历年来的最高峰，人民倾家荡产也无法缴出，县长就贴出告示说"杀人可恕，欠款难容"，公然屠杀缴不起款的人。在这样的统治下，广大的劳动人民终年过着饥寒交迫、暗无天日的生活。"三月杂粮三月糠，三月野菜三月荒"，是对川北老百姓一年生活的真实写照。他们经常衣不蔽体，穿得襟襟吊吊，很多十几岁的大姑娘，甚至没有裤子穿。由于没有被子盖，夜里老百姓就靠烤点火以保持体温，或者钻进苞谷壳堆里去睡，俗称"冲壳子"。

哪里有压迫，哪里就有反抗，川北人民无不咬牙切齿地痛恨这些吃人肉、喝人血的军阀官僚和地主，整个川北地区"到处布满了干柴"。红军一入川，多年积压在川北人民心中的仇恨瞬间就燃成了熊熊的革命烈火，把反动腐朽的旧政权烧成了灰烬。1933年2月，中共川陕省第一次党代表大会于通江城召开，选举组成中共川陕省委员会，通过了《关于目前政治形势与川陕省党的任务》《发展党的组织与扩大红军》和立即召开川陕省第一次工农兵代表大会等重要决议。中旬，川陕省第一次工农兵代表大会在通江城召开。大会宣布《中华苏维埃共和国宪法大纲》为指导川陕省各项工作的根本大法，通过了《川陕省苏维埃临时组织法大纲》，并正式成立川陕省苏维埃政府。王树声出席了这两个重要会议。

会后，王树声坚决贯彻执行会议精神，随即投身到创建革命根据地的斗争中。他率领红七十三师在南江地区以分片包干的形式发动群众。他派出大批工作队，深入群众，开展工作。在他的带领下，工作队不分白天黑夜，走村串户，联络基本群众，帮助地方建党建政，打土豪，分田地，建立地方武装。从此，南江人民的革命斗争轰轰烈烈地开展起来。

二、参加反三路围攻

红军迅速入川，占领通、南、巴地区，震惊了正在混战的四川大小军阀。他们被迫接受蒋介石"立即罢战言和"的敦促，偃旗息鼓，转而对付红军。号称川北26县"坐地虎"的第二十九军军长田颂尧，因"后院起火"早已坐卧不宁，成为围攻红军的先锋。1933年1月27日，蒋介石委任田颂尧为川陕边区"剿匪"督办，令其乘红军立足未稳，迅速组织围攻，并拨给军费20万元，子弹100万发，派出4架飞机前往助战。同时，盘踞在营（山）渠（县）一带的杨森和达（县）宣（汉）一带的刘存厚两军阀，因各自地盘毗连通、南、巴，也派出部分兵力配合田军行动；与田颂尧相依为命的军阀邓锡侯则援助了田10万元。

2月中旬，田颂尧完成了对红军围攻的部署，投入围攻的兵力达38个团，近6万人，占其总兵力的2/3，分左、中、右三个纵队发动进攻，并根据蒋介石"着重左翼防匪西窜"①的指令，以左纵队为主攻方向，中、右纵队为助攻方向，企图首先夺取南江、巴中，然后分进合击，将红军消灭或逐出川境。

面对气势汹汹的敌人，红四方面军总指挥部在得胜山召开军事会议，通过分析敌我力量后认为：川军虽有蒋介石撑腰，以6万之众发动大规模的围攻，但其装备陈旧，官兵吸鸦片成瘾，战斗力弱；没有同红军交过火，认为红军不堪一击，麻痹大意；田颂尧与其他军阀虽然暂时停止了混战，但仍旧勾心斗角，矛盾重重，很难步调一致。而红军都是从鄂豫皖来的老骨干，英勇善战，远非川军可比；进入川北后，即构筑工事，实施战略展开，在思想上做好了对付敌人围攻的准

■ 巴中碑林中的"王树声大将"碑

备，部队也得到了必要休整和补充；川北人民革命性很强，积极支援红军，这是克敌制胜、粉碎敌人围攻的重要保障。会议根据以上敌我情况和大巴山北高南低、沟壑交错、山高路险、易守难攻的地形特点，决定采取"收紧阵地"的战略方针，即在险地隘口构筑防御工事，以少量红军和地方武装节节抗击、迟滞和消耗敌人，且战且退，诱敌深入，逐步向心收缩，集中兵力，待敌深入到有利于红军作战的地区时，再一举反击，歼其要害，尔后乘胜追击，彻底粉碎敌人的围攻。

依据部队正在分兵发动群众所处的位置和敌左纵队为主攻的情况，红四方面军总指挥部决定：王树声率红七十三师主力位于南江及其以西地区，红十一师师部率两个团（欠第三十三团）位于南江西南之木门、长池地区，以木门河为界，共同对付敌之左纵队；红七十三师第二一八团位于南江东北之碑坝地区，监视并阻止可能来自陕南方面之敌。同时，以第十二师位于巴中、曾口场、兰草渡地区，对付敌中纵队和右纵队；以第十一师一个团位于得胜山监视杨森部；以第十

---

① 陈昌浩：《红四方面军斗争史略》，1937年7月。

师位于通江东北对付刘存厚部,掩护后方安全。

为加强与王树声的联络,红四方面军总指挥部调无线电第二台到红七十三师。对于第二台的到来,王树声热烈欢迎。有了无线电台的帮助,王树声如虎添翼。因为通过无线电台与方面军总指挥部联系,既快又保险,保证了军情的上传下达,同时还可利用无线电台侦听到许多敌军行动的重要情报。当时,敌人旅以上单位都有电台,其请示汇报,上传下达,都用明码。红军的无线电台就可利用自己不通报的时间,侦听敌人的电台,从中获取很多有价值的情报,如敌军行动方向、到达位置、出发时间等。王树声看到第二台侦察到的上述情报,非常高兴,但还不满足。他经常到电台对蔡威台长说:"老蔡,还有什么情况?这些情报很好,能不能搞到敌人的作战命令?如果搞到敌人的作战命令,知道他什么时候进攻,在哪里进攻,是哪个部队,有多少人和武器,那这个仗就好打了。"为了及时获得情报,打仗时王树声总是尽量让电台靠近他的指挥所。新中国成立后,王树声曾对红四方面军的电台工作给予了高度评价,他说,在数倍于我军的敌军的围攻下,如果没有无线电台的工作,那我们的仗是很难打的。

鄂豫皖时期,一些红军将领还没有完全认识到无线电台的重要,无线电台对他们来说,还是一个不熟悉的"高技术"。在反"围剿"作战中,红军缴获了敌人的电台。转移过程中,王树声因为不了解电台的重要性,就让电台队随辎重队一道行动。辎重队不慎被敌人截断,电台队只好将电台的发报机和电池分别埋起来,以免再被敌军缴获。徐向前闻讯后大怒,下令回援辎重队,夺回电台。

吸取这次教训,王树声十分关心第二台的安全。战斗越激烈,他越惦记电台的安全。经常在战斗最紧张时打电话,嘱咐电台注意安全。一天晚上,正下着大雨,王树声冒雨跑到电台。他一进门就对蔡威说:"老蔡,赶快把东西收拾一下,准备随时撤退,敌人是打疯了,过去从来没有打过这样艰苦的战斗。你们准备好,一听到命令,马上就走。"过了一个小时,王树声又打电话给蔡威:"你们准备好没有,随时听命令,准备走。"这一晚上,王树声给电台打了几次电话。从这件事上,足见王树声对电台安全的关心。

为粉碎敌人的三路围攻,王树声受领任务后,立即率部进到南江及其以西指定地域,准备抗击敌左纵队。敌左纵队约20个团,由第四师师长王铭章指挥,集结于广元的元坝、旺苍坝地区,企图进占木门、长池后,夺取南江,进而控制大巴山南麓,切断红军退往陕南的道路。虽然面对优势敌军的进攻,王树声对守住阵地,大量消耗敌人有生力量却很有把握。因为这里悬崖峭壁、深沟老林、夹涧堡寨,重重叠叠,颇有"一夫当关,万夫莫开"之势。这种特殊地形,使敌兵力不易展开,大部队不易运动,笨重机炮不易拖使,大大弥补了红军兵力不足的劣势。为充分利用有利地形,更为有效地杀伤敌人,王树声命令部队一定要把阵地设在险要之处,加紧抢修工事,布置密集火力网,做好阻击敌人进攻的一切准备工作。

2月12日,敌人开始出动,继而控制了巴河右岸地区。18日,敌左、中、

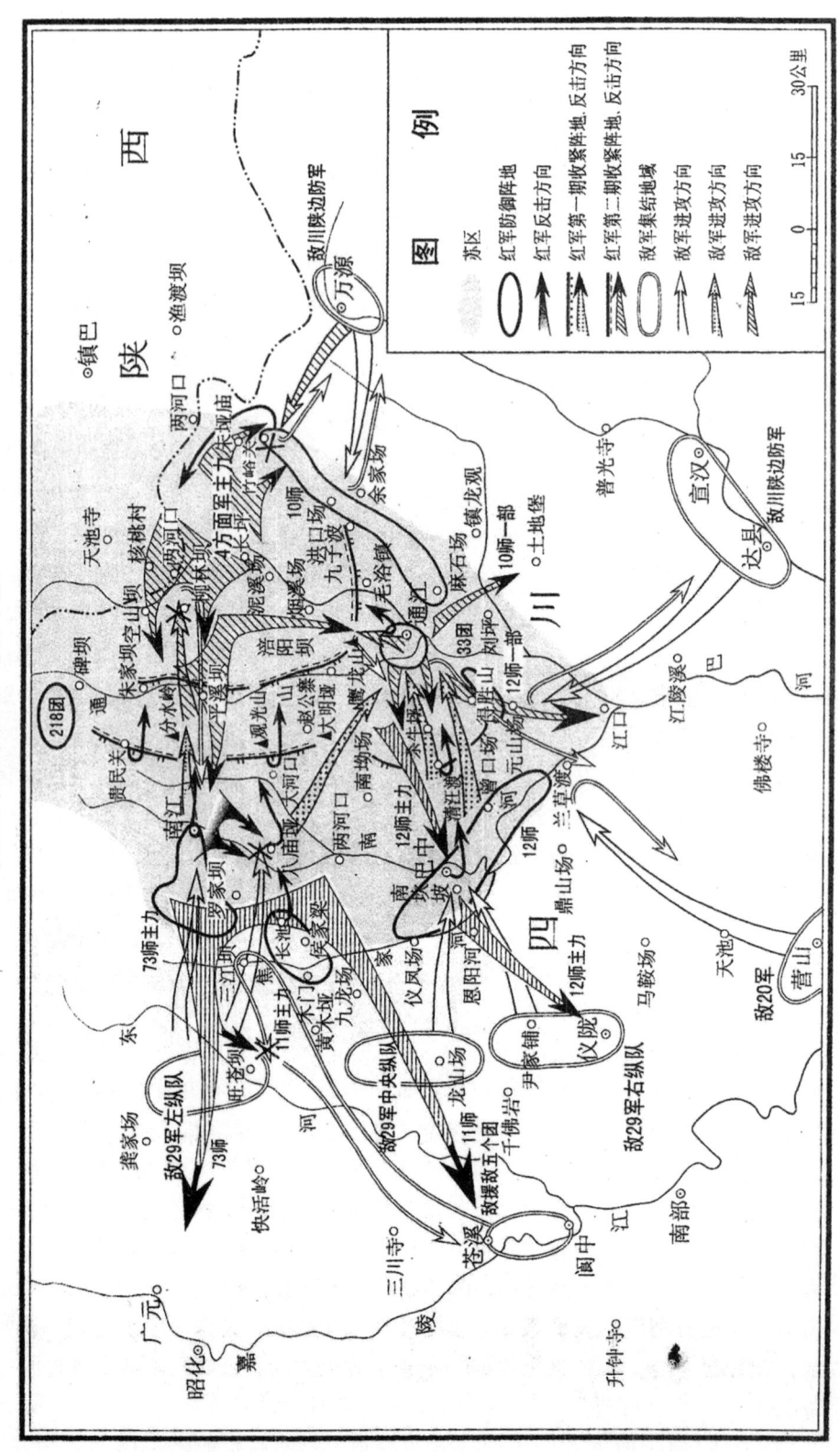

右三个纵队向巴河左岸红军阵地发起全线攻击，战事首先在西部展开。川军每人背一个竹篓，里面放着吸鸦片的烟枪和其他日用品，因此号称"双枪兵"。他们脚板硬，善于爬山，冲击力强，常以羊群式的队形发起集团冲锋，而且前有用钱收买的"敢死队"领头，后有军官压阵督战。只要让他们吸足了鸦片，颇有不要命的劲头。

面对敌人的疯狂进攻，王树声冷静沉着，指挥部队依托阵地，进行顽强抗击。为节省弹药，尽量多杀伤敌有生力量，他总是待敌人密集队形进入红军有效射程时，才命令部队开火。刹那间，机枪"哒哒哒"地争鸣，手榴弹"轰轰轰"地炸响。刚才还十分嚣张的敌人一片片倒下，剩下的则抱头鼠窜，夺路奔命，甚至连武器都扔掉了。后面的敌人还未弄清是怎么回事，就被前面溃退逃跑的敌军冲了个人仰马翻。顿时，敌人的死尸、伤兵，伴随着步枪、烟枪、石块，像倒垃圾一样，乱七八糟地往下滚。经过数日激战，红七十三师大量杀伤了进攻之敌的有生力量，迟滞了敌人的进攻。

在正面坚守的同时，王树声要求部队要善于抓住战机，派出精锐小分队，对进攻之敌进行夜袭、夜摸，以最大限度地消耗敌人的有生力量，扩大战果。为贯彻师长的指示，红七十三师各部抓住战机，纷纷派出小分队，取得了不小的战果。2月25日，第二一七团一部埋伏于梭坡子以西的尖包梁，敌一个营进攻，红军小分队突然出击，毙敌连长以下官兵40余名。是月底的一个午夜，第二一七团一部从二郎包出发，攀登亮垭子绝壁到达梭坡子，向正在吸鸦片烟和处于睡梦之中的敌人突然开火，当场毙敌50名，待拂晓敌增援部队到时，红军早已撤走。

在红七十三师左翼的红十二师两个团，也打得相当出色。其中，第三十二团在木门侯家梁防御三天，全部击溃了敌第二路的疯狂进攻。红军在这一阶段作战中，总计毙伤俘敌左纵队官兵近5000人。红四方面军总指挥部鉴于第一步迟滞、消耗敌人的目的已经达到，遂决定边打边撤，逐步收紧阵地，诱敌深入。2月28日，红十一师放弃通往南江的重要据点长池，转移至八庙垭地区。稍后，王树声率红七十三师退守梭坡子至罗家坝一线，继续阻击敌人。

正当王树声指挥部队在梭坡子至罗家坝一线灵活歼敌时，总指挥部下达了新的任务，要他率部反击八庙垭之敌。

八庙垭位于南江县城以南40里的大山垭口，海拔953米，两侧山高路险，绝壁临河，是川中去南江和陕西的必经之地。本来，红四方面军总指挥部根据这里的有利地形和所处的战略地位，打算在这里阻击一阵，但由于敌我兵力悬殊，敌于3月7日下午全部控制了八庙垭一线，形势十分危急。徐向前总指挥亲自赶到前线，组织王树声等部展开反击。

3月8日拂晓，王树声指挥红七十三师主力在红十一师一部的配合下，采取正面攻击和两翼包抄相结合的战法，乘八庙垭守敌立足未稳，发起反击。这一仗打得十分激烈。守敌第一师第三旅独立团团长何济民，原系彭安匪首，其所部1932

南江县红第七十三师反三路围攻战场旧址

年才由田颂尧收编为第一师第三旅独立团。该团有两个多营的兵力是何匪原班人马,其弟何柱为团副,还有一位胞弟在该团当连长,是典型的"兄弟帮"。面对红军的大举进攻,何济民亲自上阵,指挥机枪手向红军射击。王树声从容镇定,指挥部队英勇冲锋,全歼其第三营,击伤何济民。敌第一师副师长税梯青对独立团损兵折将极为震惊,亲自到前方督战,并抬出两箱银元鼓舞士气。在重赏之下,敌人一窝蜂一样疯狂反扑,但一排又一排地倒在了红军的枪口下。这时,从南面绕道攀山,企图袭击红军机枪阵地的何柱等,刚爬上红军阵地,就成了俘虏。敌人的反扑被打退,王树声指挥部队乘胜反攻,逼得敌人纷纷跳岩,摔死无数。八庙垭反击战,红军歼敌一个团另一个整营,总计毙伤俘敌团长以下1000余人,缴获机枪十余挺,迫击炮十余门,步枪1000余支。之后,王树声奉命率部撤出八庙垭,进驻南江城。

3月18日,敌人以重兵合击南江。王树声鉴于迟滞和消耗敌人的目的已经达到,为避敌锋芒,遂率部主动撤出南江城,继而在甑子垭、梁炮台等地予敌以重大杀伤后,同红十一师退至贵民关、官禄口、观光山、大明垭一线。扼守巴中方向的红十二师,亦撤离巴中县城,收紧阵地至清江渡一线。敌人虽然占领了巴中、南江二城,但为此付出了伤亡近8000人的重大代价,士气受挫,攻势锐减。

3月下旬至4月25日,战局呈现对峙状态,敌我双方都在加紧备战。王树声利用敌我相持的有利时机,严格整训部队,在总结前一段作战经验的基础上,有针对性地开展战场练兵,加强思想政治工作和瓦解敌军工作,并开展了"冷枪杀敌"运动。同时,王树声组织部队,充分发动群众,加紧构筑工事,加强阵地建设。在贵民关至碑坝一线,为了"防北拒南"的战略需要,王树声派出第二一八团的两个连,协助贵民、九岭、五郎坪三乡苏维埃游击队400余人及附近群众700余人共同修建了以太红山为中心的木城。太红山方圆约1.5公里,由大小4座山峰组成。木城由土墙、网桩和深沟组成。从内向外,第一层绕每座山峰筑一周两米高的土墙,土墙中间留射击孔,突出部位搭哨棚;第二层沿土墙外围打圆木桩,用木竹和刺藤编织成网,藤头插地,终年成活,叶茂枝绕,难以逾越;第三层距网桩外5米处挖一条一人多深的堑壕,以阻止敌人进攻。堑、网、墙层层布防，形成了一道坚不可摧的防御阵地。1933年夏和1934年春，敌军几进贵民关，都未能越太红山木城一步。相反，红军利用这一工事，多次以少胜多，巧歼顽敌。

4月26日，敌人经过一个月的休整补充，又开始向红军阵地发起猛烈进攻。

王树声充分运用前一阶段作战经验，在地方武装的配合下，以少数兵力依托险要阵地，顽强阻击，予敌以重大杀伤。26日晚，敌第四师一个团大举进攻周家坟园，企图打开缺口，直趋通江北部。王树声以驻周家坟园的红七十三师第二一七团两个营坚守阵地，与敌激战通宵。翌日拂晓，敌又增加一个团进攻。王树声指挥第二一七团冒雨抗击，战至中午才将敌击退，毙伤俘敌团长以下500余人。

4月29日，红四方面军为集中主力，诱敌再进，主动撤出通江县城，退守通江以北、小通江河以东方圆不及百里的崇山峻岭。之后，王树声率红七十三师在通江以北的大、小骡马和小坎子等地正面坚守，顶住了川军的人海战术，大量杀伤了敌人。

这时，田颂尧被表面的胜利冲昏了头脑，认为红军已溃不成军，急不可待地命令所部自西向东长驱直入，向红军发起全线进攻。实际上，红军虽然已退守到方圆不足百里的狭小地区，但战线缩短，主力已经全部集中。敌人则在进攻中连遭痛打，伤亡逾万。孤军冒进至空山坝附近之左纵队过分突出，与位于通江地区之中、右两纵队间的空隙加大，加之远离后方，补给困难，连日只能靠杀马充饥，早已疲惫不堪，士气低落，而且处在崇山峻岭、峡谷深壑之间，步步涉险，没有了回旋余地。红军反攻的时机业已成熟。

空山坝是一个集镇，位于通江县北部，海拔2500米，东西长30里，南北宽7里，三面环山，东临峡谷，地势险要。5月17日凌晨5点，红四方面军总指挥部在空山坝召开军事会议，决定立即集中主力歼灭冒进空山坝以南的敌左纵队13个团。

会议期间，王树声利用徐向前总指挥接电话的空当，走到红十一师政委李先念和第三十三团团长兼政委程世才的身边，指着地图上一圈挨一圈的等高线说："李政委，多好的地形啊！"然后，他的手指又移向地图上标示的敌人的两个团之间的接合部说："从这里出击很好，就是没有通路。"

李先念满怀信心地说，只要想办法，在余家湾一带是可以开辟一条近路的。他接着说，你们七十三师在小坎子坚持了几天，与敌人争夺每寸土地，每棵树木。同志们那种英勇牺牲、勇敢顽强的精神，是值得我们学习的。

"为了全局的胜利，需要坚持多久，我们就坚持多久。"王树声坚定地说。

这时，徐向前接完电话，回到了原来的位置，对大家通报说，刚才，七十三师指挥所来电话，说敌人仍采用人海战术，集中兵力攻击小坎子阵地，我军伤亡不小。但小坎子是通向空山坝的咽喉，万一丢失，就会影响全线反攻。我已经命令他们，要不惜任何代价，坚持到反攻开始。

说完后，徐向前开始给各师布置反攻任务：第十一师由空山坝向敌左侧迂回,断敌退路;第十、第十二师主力由空山坝以东及长坪地区攻敌右翼;第七十三师继续坚守大、小骡马及小坎子等阵地,伺机转为正面进攻。

空山坝一带是红军退却的终点,大、小骡马和小坎子等阵地在其以西地区,是敌左纵队攻击最猛烈的地方,能否在这里吸引并顶住敌人的进攻,直接关系到红军反攻的胜败。如果正面防守被敌突破,方面军整个反攻部署将付诸东流,并使红军陷于极为不利的境地。徐向前给王树声布置完任务后,特别嘱咐他说:"你那里可是要命的地方啊!伤亡再大,也得顶住。你们顶得住,胜利就有希望。"①

带着总指挥的重托,王树声立即赶回师指挥所,组织部队投入到了紧张而艰苦的坚守防御中。

为了守住这一"要命的地方",王树声指挥部队充分利用有利地形,尽可能地集中火力,沉着冷静地向疯狂冲上来的敌人猛烈射击,打得敌人尸横遍野,血流满坡。敌人一旦靠近阵地,王树声就果断命令部队发起阵前反击,以人在阵地在,誓与阵地共存亡的精神,与敌人展开肉搏,一次次把冲上来的敌人消灭在阵地前沿。经过五昼夜激战,红七十三师固守的阵地安如磐石,最终为反攻胜利赢得了宝贵的时间。

5月21日凌晨,红十一师穿插到位,向敌人发起猛烈攻击。敌人受到突如其来的打击,立刻动摇。王树声乘机指挥红七十三师向敌正面发起猛攻。这时,右翼的红十师、红十二师等部也迂回到位,投入了战斗。刹那间,密集的枪声,手榴弹的爆炸声,骡马的嘶鸣声,红军战士冲杀的呐喊声,"双枪兵"的哭嚎惊叫声,响成一片。从睡梦中惊醒的大烟鬼们乱作一团,惊慌失措,有的提着裤子乱叫,有的赤条条地乱跑,有的拿着枪不分东西地乱放。进攻大、小骡马和小坎子之敌,纷纷丢弃军械、物资,夺路逃生。尽管敌旅长悬赏5000元,令官兵停止退却,就地占领阵地,但无人听命,只顾奔逃。时值倾盆大雨,山洪横流,道路阻塞。敌在退却路上,争相逃命,互相践踏,被挤下悬崖者无数。

王树声乘胜指挥所部大胆穿插,协同兄弟部队将敌左纵队13个团大部分割包围于空山坝以南的余家湾、柳林坝地区。经三昼夜激战,红军大获全胜,全歼敌7个团,溃敌6个团,毙伤俘敌旅参谋长李汉城以下近5000人,缴获长短枪3000余支,机枪20余挺,迫击炮50余门。

敌左纵队顷刻土崩瓦解,中、右纵队风声鹤唳,纷纷溃逃。红军乘胜发起追击。为抓住敌人,王树声命令红七十三师发扬不怕疲劳,连续作战的作风,各部轮换吃饭,紧追逃敌不放。在红军的穷追猛打下,敌人溃不成军,完全丧失了战斗力,被俘者6000余人。

三路围攻的惨败,使四川军阀和国民党极为惊慌。四川军阀刘湘立即补助田颂尧军饷20万元、子弹20万发,以挽救其失败的命运。田颂尧急忙调后方留守部队5个团进至三江坝、长池一线,妄图拼死抵抗。

---

① 徐向前:《历史的回顾》,解放军出版社1988年版,第188页。

5月26日，王树声指挥红七十三师以锐不可当之势收复南江城，之后在大雨泥泞中迅速追至旺苍县的三江坝东岸，驻马家梁分水岭一带，与田军守敌隔河对峙。

三江坝地处分水岭、碗厂河、后坝河的汇合处，三江河（三条河汇合后称为三江河）蜿蜒在前，华盖山雄踞于后。敌人一个旅在三江坝筑工事扼守，红军要进攻守敌，必须先渡三江河。

王树声和政委张广才亲自视察地形，寻找渡河点。他们找到一个水齐半腰深的地方，遂决定由这里渡河发起进攻。第二一七团受领任务后，迅速组织强渡，但连续几次进攻都未奏效。为避免伤亡，王树声果断命令第二一七团改强渡为夜间偷渡。部队受命后，积极为偷袭作准备：一方面，连续几个晚上，组织人员布置疑兵，沿河岸点火，投石河中，制造声响，又频频鼓噪，佯装渡河，敌人通宵惊恐不安，乱放枪炮，但得知上当后则渐渐麻痹；另一方面，派出侦察组，访问群众，查看地形，摸清了敌情。

一切准备就绪后，6月10日夜，偷袭行动开始。红军第二一七团第三营两个尖刀连组成的突击队在当地农民的引导下，避开正面之敌，利用夜幕的掩护，悄悄从马家梁渡河，之后攀登悬崖峭壁，迂回摸进华盖山阵地，将守军包围缴械。这一仗，红军仅以轻伤2人的代价，歼敌500余人，川陕省委6月11日为此专门印发了《华盖山捷报》。12日凌晨，突击队继占敌军高地漏米寨，并歼灭敌人从官厅寨来此的一个先遣队，之后隐蔽埋伏，准备配合主攻部队阻击三江坝溃逃之敌。

12日傍晚，担任正面冲锋的第二一七团第二营，冒雨过河。对面敌人疏于防备，一枪未发。第二营过河后，迅速接近敌指挥所。这时，敌人的哨兵才发现红军已经渡河，但为时已晚。他刚惊叫了几声，红军的手榴弹就在山梁上下响成了一片。随之跟进的后续部队也迅速向敌人旅部发起攻击。顿时，敌人乱作一团，纷纷逃命，敌旅长逃跑时慌张得只穿了个裤衩。途中，又被从华盖山绕道普子岭的突击队阻击，急抄小路逃往旺苍坝。王树声跃马扬鞭，率红七十三师紧追不舍，于15日赶至旺苍坝将该旅大部歼灭。

反攻战斗中，王树声指挥红七十三师，痛快淋漓地毙伤俘敌6000余人，堪称反攻战斗中的杰作。红七十三师因此受到方面军总部嘉奖，第二一七团获得"夜摸奇胜"奖旗一面。之后，王树声挥军直指嘉陵江，前锋进抵广元城下。

至此，历时4个月的反三路围攻胜利结束。红军只用十几天时间就收复了田颂尧费时4个月夺占的川北地盘，总计毙伤俘敌2.4万余人，缴获长短枪8000余支，机枪200余挺，迫击炮50余门。田颂尧因损失惨重，一面痛哭流涕地电呈蒋委员长，请求解除川陕边"剿匪"督办职务，一面收拾残兵败将，退往嘉陵江沿岸。

反三路围攻后，红色根据地扩大一倍以上，面积近3万平方公里，人口200余万，新建立江口、仪陇（县北部地区）、广元（旺苍坝地区）、长池、恩阳（巴中恩阳河地区）、苍溪、万源7个县的苏维埃政权。在根据地的中心通、南、巴地区，已经基本完成分配土地的任务，匪患基本肃清，新区的土地革命逐步走向深入。与此同时,各部队还组成多个扩兵小组,宣传红军的主张和巨大胜利,号召翻身农民踊跃参加红军,保卫胜利果实。

1933年6月底,红四方面军在长池县木门场(今旺苍县东凡乡)召开军事

■ 三江坝

会议,总结反三路围攻的作战经验,讨论加强红军的建设问题。王树声、张广才率领师特务连第一、第三排从旺苍坝赶赴木门参加了会议。会址设在木门场南半山腰的木门寺,这里绿树掩映,幽静异常,使王树声这些整天出入于战火硝烟的战将,好像进入世外桃源一般。

会议由总指挥徐向前、政治委员陈昌浩主持,主要议程是总结反三路围攻的作战经验,并根据部队和地方武装的发展情况,决定扩编军队。

关于反三路围攻的作战经验,会议在各部队总结和交流的基础上,肯定了在敌强我弱和川北地形条件下,在战役开始阶段,实施"收紧阵地"这一战略方针的正确性,使大家对积极防御的战略方针和与之相适应的一套战术原则,有了更加明确的认识。会上,王树声等与会干部对反围攻中的战术运用和指挥艺术进行了深入探讨,为以后部队掀起学习理论和练兵的热潮带了一个好头。

由于王树声在作战中显露出的杰出指挥才能,会议决定提升他为方面军副总指挥。对此,王树声深感责任重大,压力不小。他在《自传》中这样写道:

我任四方面军副总指挥,仍然处于局部指挥地位;且由于水平不高,指挥工作还有些不顺手,故当时有不愿当副总指挥而还乐意当军长的思想。事实上,除指挥一个局部战斗外,对其他全面指挥工作亦少插手。

鉴于部队和地方武装的扩大,会议决定,将红四方面军原有的4个师扩编为4个军。

王树声的老部队第七十三师和南江、红江、广元等县独立团、独立营整编

■ 旺苍县木门镇

为第三十一军。军长王树声（兼），政治委员张广才，政治部主任黄超，下辖第九十一、第九十二、第九十三师。第九十一师师长朱德崇，政治委员林安英，下辖第二七一、第二七三团，暂缺第二七二团；第九十二师师长陈友寿，政治委员杨朝礼，下辖第二七四、第二七五、第二七六团；第九十三师师长叶道智，政治委员王德安，下辖第二七七、第二七九团，暂缺第二七八团。全军实有7个团。

另以第十师为基础，扩编为第四军，军长王宏坤，政治委员周纯全，政治部主任徐立清，下辖第十、第十一、第十二师，共8个团；以第十二师为基础，扩编为第九军，军长何畏，政治委员詹才芳，参谋主任王学礼，政治部主任王新亭，下辖第二十五、第二十七师，共有6个团；以第十一师为基础扩编为第三十军，军长余天云，政治委员李先念，参谋主任文建武，政治部主任张成台，下辖第八十八、第八十九、第九十师，共8个团。方面军的直辖机关和部队有参谋处、总经理部、总医院和警卫第一、第二团、妇女独立营等单位。整个方面军共4万余人。

会议还讨论了"肃反"问题。反三路围攻过程中，张国焘借口部队"不纯"，命令保卫局大肆抓人，进行所谓的"肃反"。有些干部正在前线打仗，就莫名其妙地被污为"改组派""反革命"而遭捕杀。红七十三师因为甑子垭一仗没打好，张国焘立即在全师清洗"右派"和"反革命分子"，逮捕400余人，杀掉百余人，其余罚做苦工；第二一八团因丢失阵地，包括团长徐深吉、政委陈少卿在内的排以上干部大部被抓，连同部分班长在内，共被捕200余人；第二一七团政委闻盛世也遭捕杀。……对此，王树声不免感到疑惑：被捕杀的指战员，大都是从鄂豫皖根据地出来的，他们转战千里，英勇顽强，克服重重艰难险阻；入川后连续作战，坚决勇敢，能有这样的反革命吗？能有这样多的反革命吗？会上，许多师团干部，对此提出强烈的反对意见。会议认真检查了"肃反"中存在的问题及其危害，对在"肃反"中乱捕乱杀的红十二师个别领导进行了批斗。陈昌浩见大家反应强烈，遂做出了停止在部队"肃反"的决定，将抓错的人放回。这是会议的一个重要收获。

王树声虽被提升为方面军副总指挥，但非常注意处理好同军政委的关系。据陈福初、胡正先回忆，他的老搭档、红三十一军政委张广才，是烧窑工人出身，不识字，性情暴躁，只要他交代的事情，绝对不许忘记，而且还比较任性，说怎样就怎样，别人的话很难听进去。当时，红四方面军的制度规定，政委有最后决定权，军长、师长等军事主官只管作战，而且在作战指挥上如发生分歧，同样是政委说了算。为与政委搞好团结，王树声十分注意自己的职权行使，从不越权办事，除打仗外，不管其他的事，更不干预政委决定了的事，从而避免了很多的矛盾。平时在行军作战过程中，他总要抽空找政委说说话，对一些问题交换看法，求同存异，达成共识。对此，曾任红七十三师师部书记的曹广化将军有这样的评价："与不识字的工人干部团结好，要做到这一点是很不容易的。我觉得这是王树声一个很大的优点。王树声作为一个年轻的军队领导人，他是一个很有耐心和很有涵养的知识分子，是一个有所作为的人。"陈福初、胡正先也认为："王树声与同级领导的关系处理得很不错。王树声的工作比张广才要做得细致，这支部队带得好，与王树声的努力是分不开的。"

正当红四方面军扩编整顿时，四川军阀混战重燃战火，刘湘与刘文辉打得不可开交，川陕边革命根据地周围呈现相对稳定的局面。红四方面军抓住这一有利时机，抓紧时间，开展了为期3个月的大练兵运动。

练兵运动中，王树声根据红四方面军总指挥部的统一要求，针对部队大量新战士军事技术差，老战士被提升为干部后急需提高指挥和管理能力的情况和川军火力强、害怕夜战、多利用川北地形凭险固守的特点，在技术上强调射击、投弹、劈刺和土工作业等基础科目训练；在战术上着重加强山地战斗、河川战斗和夜间战斗的训练。训练中，王树声亲自拟订训练计划、授课示范。在王树声的带动下，部队从实际出发，官兵互教，教学相长，技术战术水平有了很大的提高。

为适应部队训练的需要和有计划地提高干部的军事素质，王树声积极响应红四方面军总指挥部"一面斗争一面学习"的号召，坚决反对只知"打仗""冲锋"而不注意研究战术的倾向。对于红四方面军总指挥部印发的《与川军作战要点》《游击战争要诀》《与"剿赤"军作战要诀》《军事知识研究》《步兵基本动作》《追击要点》等重要教材，他不仅要求广大干部结合实战，反复阅读，而且率先垂范，带头研读，从而促进了干部的军事理论素养和战术水平的进一步提高。

在部队大练兵运动取得明显成效和根据地建设全面加强的基础上，西北革命军事委员会决定，乘四川军阀矛盾重重、互相观望、新的围攻尚未准备就绪之机，先声夺人，转入外线进攻，进一步扩大和发展根据地。由于敌人封锁，食盐运不进根据地，一两盐巴贵到一块光洋的程度还不容易买到。为解决军民缺盐的严重困难，红四方面军首先发起攻打田颂尧的仪南战役。从8月12日起，担任主攻的红九军在半个月里攻克了仪陇全县及嘉陵江以东南部地区，占领了10多口盐井；红三十军则进占了阆中的部分地区。

当红九军和红三十军在仪陇、阆中与敌激战时，王树声则率红三十一军向广元方向发起了全线猛攻。广元守敌刘汉雄、王志远部约4个团在城西的千佛岩、莲花池、严家沟至柳林子一线，构筑工事，企图遏止红军的前进。8月15日，王树声以红九十三师攻克红土关、亮垭子、千佛岩、莲花池等地，从北面直逼广元城下，毙伤敌团长以下数百人。18日，又以红九十三师第二七九团利用夜暗，逼近广元城东之天然屏障柳林子，于翌日凌晨发起猛攻。骄横跋扈的守敌王志远部试图顽抗，很快就被红军的猛打猛冲搅乱了阵脚，只好龟缩到山头堡垒中。红军一鼓作气，杀上山头，与敌展开激烈肉搏，击毙敌营长。残敌丧胆，逃入广元城内。与此同时，红九十二师第二七四团主力开始从正面攻打九华岩。守敌拼命顽抗，红军伤亡很大，未克敌阵。第二天清晨，该敌得悉柳林子已失守，无心恋战，暗渡南河，向南山方向逃窜。红军乘胜追击，歼敌大部。这时，红三十一军已三面包围广元城，使广元城守敌不敢轻举妄动；王树声又以一部兵力向北发展，进入毗连广元的陕南宁羌（今宁强县）。在此期间，王树声还以红九十二师第二七六团从广元进占苍溪县的永宁铺、五龙等地，之后佯攻苍溪县城的屏障二道坎，使守敌风声鹤唳，草木皆兵，惶惶不可终日，深恐红军攻破苍溪城。在王树声的指挥下，红三十一军以积极的进攻和佯动，使敌不敢分兵南下支援南部、阆中之敌，为红九、红三十军取得胜利创造了有利条件。

此后至10月底，红四方面军又相继胜利进行了营（山）渠（县）和宣（汉）达（县）战役。王树声则率红三十一军在广元、昭化地区，沿嘉陵江积极佯动，造成红军向西进攻的声势，牵制了大量敌军，给了主攻部队以有力的配合。

三次进攻战役中，红四方面军势如破竹，锐不可当，歼灭敌人近两万，缴获长短枪1.2万余支和大批军用物资，进一步打击了田颂尧部，重创了杨森、刘存厚部，开拓了大片新区。根据地扩大到西抵嘉陵江东岸，东至万源、城口，南达营山、渠县及开江、开县地区，达4.2万余平方公里，人口500余万，同时红四方面军扩展到近8万人。川陕革命根据地进入鼎盛时期。

此时的王树声，横刀立马，纵横驰骋，在广阔的革命天地间，时刻准备着迎接新的革命任务和更大的挑战。

三、参加反六路围攻

1933年9月，刘湘击败刘文辉，结束了双方的混战，四川境内形成了表面的、暂时的统一局面。这样，以刘湘为首的四川军阀得以集中力量对付川陕革命根据地。10月，蒋介石一面调胡宗南的第一师进驻川陕甘边境，防止红军北上，一面催促刘湘早日就任四川"剿匪"总司令，统一指挥川军各部"进剿"红军，并以200万元军费、1万余支枪和500万发子弹，支援他发动对川陕革命根据地和红军的围攻。10月4日，刘湘在成都宣誓就职四川"剿匪"总司令，猖狂表示要在3个月内肃清"赤匪"。接着，调集110余团，近20万人，另有空军2队，飞机18架，在西北起广元、东迄城口的千里弧形线上，向根据地发起了六路围攻。一时间，川陕革命根据地周围重兵压境，大有"黑云压城城欲摧"之势。

面对川军六路围攻的严重形势，西北革命军事委员会和红四方面军总指挥部在通江召开会议。鉴于敌人这次围攻的兵力强大，为了避免不利条件下的决战，会议根据反三路围攻的经验，决定继续采取"收紧阵地"的战略方针，在收紧阵地、节节抗击的过程中，以求得大量消耗、疲惫敌人，创造反攻破敌的条件。据此，会议决定，徐向前总指挥率领红四军全部、红九军和红三十军各两个师及红三十三军，共20余团，布于万源迄宣汉、达县的东线地区，对付主要进攻方向上的国民党军第五路、第六路；王树声任西线总指挥，统一指挥红三十一军主力、红三十军第九十师、红九军第二十七师等共10余团，配置于北起广元沿嘉陵江以东迄营山、渠县以北数百里宽大的西线地区，负责牵制敌第一、第二、第三、第四路。另以红三十一军第二七八和第二七六团分别置于通江县北境的碑坝和旺苍坝以北的三道河地区，监视陕南敌军。

会后，王树声率方面军西线指挥所赶赴战场。西线云集了四路敌军，第一路为第二十八军，由广元、昭化向木门、南江方向进攻，总指挥为该军军长邓锡侯；第二路为第二十九军，由阆中向巴中方向进攻，总指挥为该军军长田颂尧；第三路为李家钰新编第六师和罗泽洲第二十三师，由南充向仪陇、巴中东南的曾口场方向进攻，李、罗分任正副总指挥；第四路为第二十军，由蓬安向鼎山场、通江方向进攻，总指挥为该军军长杨森。四路敌军共有69个团，超过其围攻根据地总兵力的半数，武器装备也比红军强得多。在长达数百里的宽大防线上，王树声手里却只有十余团，而且方面军为了夺取东线的胜利，将红三十一军第二七四团、第二七九团等几个老团都集中到了东线，第九十三师的师长和政委也跟老部队到了东线，第九十二师和第九十三师番号对调，新成立的第二七七团连枪都没发够，只有70%的枪。王树声明白，以这样的实力，要顶住优势敌军的疯狂攻势，达到迟滞敌前进、挫敌锐气的初战目的，实属不易。

为完成红四方面军总指挥部赋予的牵制众敌的任务，王树声认真贯彻积极防御的战略方针，根据川北山险交错，路隘林深，愈往北山势愈险的特殊地形条件，决定采取主次相应、虚实结合的防御原则，即相对集中兵力于主要作战方向，形成重点防御地带；以少数兵力防守于次要作战方向，迷惑和牵制敌人。根据敌我兵力对比和分布情况，王树声以红三十一军大部布于广元至苍溪县境的九花岗、元坝子、快活岭一线，迎击敌第一路；以红三十军第九十师布于苍溪至阆中县境的运山坝、千佛岩地区，迎击敌第二路；以红九军第二十七师布于仪陇至营山、佛楼寺一线，衔接东线阵地，对付敌第三、第四路。为节约使用兵力，他以少数兵力配合地方武装、赤卫队等，防守于次要作战方向，运用遍插红旗、敲锣打鼓等方式广布疑兵，借以迷惑和牵制敌人。在兵力十分紧张的情况下，王树声还果断拿出两个团作为预备队，以便在关键时刻使用。

敌主力猛烈推进的必经之地，也就是红军阻击敌人的关键阵地。为打好阻击，王树声要求各部队，要紧紧依靠人民群众，在人民群众的大力支援下，凭山依险，构筑集团工事，挖掘多道堑壕、盖沟，设置大量鹿寨等障碍物，积存大量滚木礌石等；要分一线、二线、三线梯次配备兵力，构成前轻后重的纵深防御体系和纵横交叉、互为应援的火力网点，以抗击敌人的重点进攻。

作为久经沙场的战将，王树声知道，以10余团抗阻69个团的进攻，战斗肯定是相当激烈和残酷的。为此，他要求各部队从师到排，都要准备好干部伤亡替补名单，并注意加强新部队的战斗骨干配备。同时，他在部队广泛开展思想政治动员，教育广大指战员树立敢打必胜的坚定信心，并要求部队在"提高本领，消灭刘湘"的战斗口号下，掀起敌前练兵热潮，做好战斗准备。

12月上旬，各路敌军相继投入战斗。邓锡侯第一路从未与红军交过手，不知红军的厉害，向广元县的元坝、快活岭、王家坝和苍溪县的三川寺等地，发起猖狂猛攻。鉴于敌人兵力强大，来势凶猛，王树声于12月中旬命令驻广元的红三十一军先后向旺苍、南江转移，在转移中给敌人以有力的阻击，消耗了其大量有生力量，仅快活岭一战，即歼敌近千。当地群众为红军送茶送饭，快活岭上欢声一片。同时，在王树声的指挥下，其他各部红军也都出色地完成了阻击任务。红三十军第九十师一部，在阆中县的鸡山梁，顶住敌第二路三个旅的进攻，阵地岿然不动；红九军第二十七师在仪陇城外围至佛楼寺一线，迭挫敌第三、第四两路的进攻。

在阻敌推进的过程中，西线红军虽然处于防御地位，但王树声审时度势，注意寻敌弱点，一旦战机出现，便果断地集中兵力，组织部队发起反击，常能收到出奇制胜之效。

杨森第四路在秋季的营渠战役中吃了亏，这次急于打回老家，占领营山后，仍继续冒进北犯，想在西线捞取头功。鉴于敌第四路孤军突出，王树声果断命令红九军第二十七师反击，一举袭占城北10里的凤凰寨。杨森的第三混成旅见势不妙，撒腿便逃，红军直追至营山城下，歼其两个团。挨了这一拳，杨森的第四路顿时软了下来。

1934年1月初，敌第三路四个团进至仪陇南的五里墩一带宿营，准备进攻仪陇县城。仪陇是个山城，建在高山顶端，红军居高临下。王树声得知敌夜宿无备，遂命令战役预备队第二七一团和前沿的第二十七师，组成数路小分队，乘敌不备，以夜袭手段向该敌发起突然袭击。当地的赤卫军和群众也赶来助战。一时间，枪声骤响，杀声震天。敌人从迷梦中惊醒，不知虚实，慌忙向南突围，途中碰到前来增援的同伙，也误以为是红军，遂大打出手，双方死伤惨重。经一昼夜激战，红军猛追20余里，先后毙伤敌团长以下400余人，俘敌100余人，缴枪200余支。敌第三路罗泽洲部遭此打击，从此一蹶不振，再也不敢轻举妄动。

红军的武器装备不如敌人，但善于近战、夜战。在防御战中，王树声把红军这一优长发挥得淋漓尽致。敌军在猛烈炮火的支援下，发起"羊群式"进攻时，他要求指战员要从容镇定，不动声色，放胆让仰攻的敌人往上爬，必须待敌人进到几十米以内时再打，而且打就要打狠，步机枪一齐开火，集束手榴弹和滚木礌石一齐抛下。之后，乘敌混乱，再发起阵前反击，以白刃格斗消灭冲上来的敌人。当敌人溃退时，他便指挥部队发起短途追击，以继续杀伤和俘虏敌人。他还根据川军晚上抽鸦片、睡大觉的习惯，经常组织部队以若干小分队，利用暗夜、雨夜，摸进敌营，进行袭击和骚扰，搅得敌军一夕数惊，坐卧不宁。

王树声通过以上战法，指挥西线部队以小的代价换取了大的胜利，圆满达到了迟滞敌人进攻、消耗敌人有生力量的目的。1934年1月中旬，经红四方面军总指挥部同意，王树声率部主动撤出仪陇城、佛楼寺等地，收紧阵地至北起旺苍坝、南沿东河至千佛岩、尹家铺、鼎山场一线，以机动部队在宽大正面上寻敌弱点，不时组织反击；继而又从千佛岩、尹家铺等过分突出的部位撤至九龙场、恩阳河地段，保持环形防御阵线，节节抗击敌人。

西线红军对敌的有力阻击，牵制了敌半数以上的兵力，为东线红军主力歼敌提供了有力的保证。收紧阵地至镇龙观、石窝场地区的东线红军主力，继取得庆云场歼敌近1个旅、马渡观歼敌2000余人的辉煌战果后，趁机发起了马鞍山反击战，歼敌近两个旅，在宽20余里的地段上向前推进30多里，给了东线敌军以沉重打击。敌人第一期总攻在历时三个月后，不仅计划夺取的城镇未能全部到手，而且损兵折将近两万人，锐气日挫，以期一个月实现的第一期总攻计划，在红军的有力阻击下未能实现。

3月上旬，敌第二期总攻开始，西线敌军首先发起进攻。第一路进攻旺苍坝，第二路进攻恩阳河，第三路进攻玉山场，第四路进攻鼎山场，以夺取木门、巴中、通江为主要目标，企图将红军压迫到通江和巴中以北、木门以东地区。面对优势敌军的又一次疯狂进攻，王树声指挥西线红军沉着应战。他指示部队要充分利用有利阵地节节抵抗，以近战、夜战、阵前反击，尽量消耗、歼灭敌人的有生力量，使敌每前进一步都要付出重大代价。在木门地区，红三十一军主力抓住战机，向邓锡侯第一路发起反击，击溃敌数团。在玉山场附近，第二十七师和第二七〇、第二七一团，向冒进至该地区之敌李家钰、罗泽洲第三路发起反击，一举击溃敌8个团。仅这两战，红军即歼敌2000余人。此后，王树声鉴于西线红军已给敌重大杀伤，遂率部退出玉山场、鼎山场、旺苍坝、恩阳河、巴中和木门。3月中旬，东线敌军也投入战斗，重点进攻东西两线的接合部灵台，激战数日，毫无进展，随后改向东线中段老鹰嘴、毛坪一线猛攻，亦遭挫败。东线红军先后歼敌数千人，主阵地屹然未动。敌人的第二期总攻又告失败。

4月3日，敌发起第三期总攻，妄图在东线完成夺取万源的原定计划，在西线进占南江、通江，而后东西两线相向合围。为进一步诱敌深入，以集中兵力，待机破敌，王树声遵照总指挥部命令，指挥西线红军，陆续主动撤出江口、长池、南江等地。撤退途中，王树声抓住敌人向前运动，立足未稳的有利时机，指挥部队在杀牛坪、梁炮台、甑子垭等地，予敌以有力杀伤。仅杨森第四路，即损伤团长1人，营长5人，士兵伤亡更为严重。待部队撤至贵民关、观光山、得胜山一线后，王树声认为，部队已退却到终点，下一步就是要寻找战机，发起全线反攻，以打破敌之围攻。于是，他指挥部队，就地凭险坚守，昼防夜袭，不断消耗和疲惫敌人。东线红军则撤至万源城南，西经镇龙观至刘坪一线防守，也取得不少胜利，特别是镇龙观一战，歼敌第五路4000余人。刘湘的第三期总攻又告破产。

在近半年的三期总攻中，刘湘虽损失3.5万余人，却依然未能实现其摧毁川陕革命根据地、消灭红军的狂妄计划。相反，由于围攻作战旷日持久，各路敌军物资供应日益困难；在红军的沉重打击和政治瓦解之下，部队士气大为低落，逃亡现象日趋严重；内部矛盾开始加剧，特别是西线四路敌军疑惧日深，唯恐一旦"剿赤"军事结束，将会遭到刘湘的吞并。为提高部队士气，缓和内部矛盾，部署新的进攻，刘湘召集各路指挥官，于5月15日在成都召开军事会议，拨出300万元军饷和300万发子弹接济各军，并由唐式遵出面，担保各路军阀于军事结束后均得"安全保障"。会上确定了第四期总攻计划，企图集中兵力夺取通江、万源，西线主力则自通江北部沿川陕边界向东横扫，以达到最后消灭红军的目的。同时，为增强围攻力量，刘湘还调其暂编第二师、教导第二旅、模范师一个旅，组成总预备军，以教导师师长潘文华任总指挥。这样，敌参战兵力达到了140余团，其中刘湘共投入其全部兵力的4/5，计80余团10余万人。他犹如一个输红了眼的赌徒，开始不计血本，孤注一掷。

由于重新调整部署，敌人在整个5月份没有大的进攻行动。红军和根据地人民，乘机积极进行了最后粉碎敌人围攻的准备。王树声一面指示部队加紧阵前练兵，并对伤亡较大的部队进行合编，充实战斗连队；一面深入部队进行政治动员，鼓舞士气。

反围攻以来，根据地人民遭受的牺牲、苦难和压力超出了其所能承受的限度。他们不仅要坚持农业、军工和其他物资的生产，还要担负扩大地方武装，组织运输大军，构筑防御工事等繁重任务。对此，王树声明确指出："川北地形便于守不便于攻。反六路进攻，靠什么呢？主要靠当地群众支援。"他认为，政治工作首要任务有两个：一是动员群众修筑工事，进行紧密配合作战的宣传鼓动工作等；二是筹集粮食。在根据地日益缩小、粮食严重缺乏的形势下，部队吃饭成了大问题。群众宁肯吃野菜、喝清汤度日，也不愿让浴血奋战的指战员挨饿，把家中仅有的少量粮食、胡豆、洋芋、竹笋，都献给了红军。王树声深刻感受到根据地人民为红军、为革命所做出的牺牲，经常提醒战士们要珍惜每一粒粮食。

一天中午，王树声走进红三十一军第九十三师师部，正好赶上师部交通队的战士们吃饭。当他看到有些战士在盛饭时把不少白生生的大米饭撒到了地上时，立即右手一挥，命令交通队全体集合。

来到队前，王树声轻声地问："你们这些小同志，过去家里都有饭吃么？"

"没有！"大伙虽然不知道副总指挥为什么要问这样的问题，但仍旧毫不犹豫地回答。

王树声像检阅部队似的，目光炯炯，扫视了战士们一眼，随后说："是嘛！我知道你们都是挨饿长大的。可你们晓得——"他的声调分明变得严厉起来，"如今你们吃的白米饭，是怎么来的吗？"

一句话提醒了战士们，大伙看着撒在地上的白米饭，明白了副总指挥为什么发火。

王树声紧锁双眉，威严得有些吓人。他指着那些撒落的饭粒，语重心长地说："你们看看吧！这就是我们的亲人——农民——的血汗呀！他们舍不得吃，饿着肚皮供养我们。你们却这样糟蹋，不觉得心疼吗？能对得起父老乡亲、兄弟姐妹吗？！"

一席话说得红小鬼们心服口服，个个羞愧地低下了头。

王树声见此，恢复了和蔼口气："好啦！这次罚你们都捡起来吃了。以后谁要再犯，就从严处理。解散！"

看着大伙捡起了撒落的饭粒，王树声脸上露出了欣慰的笑容，亲切地说："没有吃完的，快添饭，省得吃凉了，闹肚子。吃饱了，有劲了，好狠狠地揍敌人，跟刘湘算账。"

说完，他挥一挥有力的大拳头，"嘿嘿"笑着走了。

6月，红四方面军总指挥部经过一段时间准备后，决定从西线敌之左侧依托巴山发起反击，首先打击邓锡侯第一路，得手后转入反攻，由北向南横扫西线敌军，而后转进东线。6月中旬，为了迷惑敌人和更好地集中兵力，王树声指挥西线红军主动放弃得胜山一带阵地，继而于21日放弃了通江县城。与此同时，东线部队一部则向东出击，占领城口。以上行动果然使敌人产生错觉，误以为红军将由城口出巫溪、奉节直捣云阳、万县，急忙将第五路主力东移至万源附近，防堵红军。

6月下旬，敌第四期总攻开始。被刘湘委任为四川"剿匪"前线军事委员会委员长的江湖术士刘从云，专靠"观天星，卜吉凶"指挥作战，将红军的主动撤退视为他"占卜有灵"。他将总预备军全部投入战斗，以东线为重点，集中50余团向万源城南迄通江城北一线红军阵地猛犯，妄图迅速攻占万源，围歼红军。西线邓锡侯第一路则由西而东，向通江以北的观光山、分水岭一线猛攻。

这时，红四方面军总指挥部见敌主力东移，调动敌人的目的已经达到，随即将东线十余团兵力调往西线。27日拂晓，红军反攻部队分左、中、右三路向进犯分水岭地区之敌发起反击。右路红军将敌两个团包围在官田坝，歼敌500余人，中、左两路经一昼夜激战，连破敌10道防线，直逼敌主阵地马鹿寨。但由于这次反击没有向敌实施大纵深的迂回穿插，以致在敌凭险顽抗下未获大的进展。28日晚，暴雨骤至，山洪暴发，小通江河河水猛涨，严重妨碍了红军后续部队的运动和粮弹供应，加之作战地区狭小，兵力难以展开，红军遂停止反击，撤回小通江河以东，在北起碑坝、南至鹰龙山一线与敌对峙，准备另寻战机。

在此期间，王树声的老部下孙玉清由于作战勇敢，屡建战功，被破格提升为红三十一军军长。王树声得以专任红四方面军副总指挥，集中精力抓西线的反攻作战。

7月上旬，西北革命军事委员会在万源召开军事会议，讨论作战方针，统一思想认识。王树声参加了会议。根据分水岭反击的经验教训，会议确定了首先从东线击破敌第五路，而后再挥戈西向的反攻计划。会议认为，敌增调大批兵力发动新的总攻不久，其下一步必然拼命夺取万源，而红军已退至根据地后部，不宜再退。为保证反攻计划实施和继续给敌第五路以重大消耗，创造反攻决战更有利的条件，会议决定当前的方针是，利用万源一线有利阵地实行坚守防御。西线红军的任务是，坚守小通江河以东的现有阵地，继续牵制敌第一、第二、第三、第四路，配合东线红军的决战防御和反攻。

会后，王树声返回指挥所，动员部队积极响应红四方面军"紧急关头，准备反攻，进行决战"的号召，发扬敢打敢拼、不怕牺牲、人在阵地在的革命英雄主义精神，坚决顶住西线敌军的进攻，为东线决战反攻创造条件。为做好坚守的准备，王树声指示部队要克服松懈麻痹思想，进一步加强防御工事，依据山势从下到上筑成数道堑壕，设置层层鹿寨障碍，并准备大量滚木礌石，以弥补弹药的不足。

7月11日，东线敌军第五、第六两路开始猛攻万源及其以西一线红军阵地。与此同时，西线敌第一路向川陕边界的两河口推进，拟切断红军入陕道路；第二路和第三路以得汉城、第四路和总预备军一部以竹峪关为进攻目标。为配合东线红军保卫万源，王树声指挥西线红军在南起通江附近、北至小通江河一线上，利用山险路隘的有利地形和梯次配置的防御工事，奋力抗击，日夜拼杀，抵挡住了四路敌军的轮番进攻。同时，为减杀敌军的兵力优势，王树声指挥西线各部队充分发挥红军擅长夜摸、夜袭的优势，广泛开展夜袭活动。每当夜晚，小部队和游击队积极出动，钻入敌营，乘"双枪兵"吞云吐雾之际，进行突然袭击，多有斩获，以极小的代价换得了很大的胜利。

人称"夜摸将军"的红三十一军第二七一团团长王友钧，是原红十师特务队队长，精明能干，从鄂豫皖转战入川的路上，很多时候是他带特务队在前开路。进入四川后，时任红七十三师师长的王树声找到红十师师长王宏坤，说自己供给困难，请求帮助。王宏坤便把既擅长筹集物资又擅长夜摸，多次立功的王友钧和特务队一部30余人交给了王树声。王树声对王友钧极为器重，不久即把他调到红三十一军第二七一团任团长。反六路围攻以来，王友钧深刻领会王树声的指挥意图，多次组织指挥小部队进行夜摸、夜袭活动。一天夜晚，王友钧率领手枪队30余人，冒倾盆大雨从平溪坝以北暗渡小通江河，插向敌后方阵地牛角嵌，钻进敌团部。敌团长还没明白是怎么回事，就成了刀下之鬼，团部也被一锅端。待敌发觉，王友钧已率领手枪队化装成川军，押着俘虏和战利品凯旋了。

西线坚守防御的成功，牵制了四路敌军60余团，使其不能东调，有力地配合了东线部队的作战，为反攻创造了条件。在东线万源地区，红军经过20多个日日夜夜的浴血奋战，多次打退敌人的大规模进攻，共毙伤俘敌军万余人。阵前敌尸遍地，血流成河。敌我双方优劣之势的消长发生了有利于红军的变化，反攻条件日益成熟。

鉴于反攻条件已成熟，红四方面军总指挥部决定发起反攻。8月10日夜，东线反攻开始。徐向前指挥部队夜袭青龙观，从敌防线薄弱处打开缺口，而后席卷两翼，楔入纵深，敌人防线全线崩溃。西线川军见东线刘湘主力溃败，大为震惊和恐惧，慌忙重新调整防线，企图阻止红军西进。

8月下旬，东线红军主力迅速西转，开始西线反攻。在徐向前和王树声的指挥下，红军如河决堤，猛打猛追，进展迅速，其中，红四军一部猛追敌第四路，进占兰草渡；红九军一部追击敌第三路，直扑仪陇城；红三十军于9月11日克复巴中。之后，徐向前亲率红三十军及红三十一军第九十三师实施大纵深迂回，在黄木坝（黄猫垭）歼敌1万余人，缴长短枪7000余支，迫击炮40余门，取得反攻以来歼敌最大的一次胜利。接着，红三十军主力继续前进，于22日克苍溪。

在此期间，红三十一军两个师于通江北对川军第一路发起反攻，先后在分水岭、官田坝等地予退却之敌以有力打击，于9月17日收复南江，继而在南江以西三江坝、旺苍坝等地又歼敌第二师第四、第五旅和第三师第七旅各一部，前锋直逼广元城郊。红九军一部于16日收复仪陇，继之收复阆中县嘉陵江以东除县城外的广大地区。

■ 红三十一军在南江官田坝刻的标语

至此，北起广元、南至阆中的嘉陵江东岸地区均行收复。刘湘的六路围攻，以"耗资一千九百万元，官损五千，兵折八万"而彻底破产。刘湘致电蒋介石请罪，表示"难乎为继"，请免四川"剿匪"总司令等兼各职。红军鏖战 10 多个月，以伤亡两万余人的代价，赢得了最后胜利。

经过 10 个月的反六路围攻，虽然红军取得了重大胜利，但川陕革命根据地的元气受到了严重损伤。土地荒芜，粮食匮乏，断瓦残垣，满目疮痍。尽管战后党政机关即全力以赴投入到医治战争创伤的中心任务中，但短时间内难见成效。而且，敌人并不甘心他们的失败，六路围攻失败不久，即在蒋介石的亲自策划下，开始准备"川陕会剿"。川陕革命根据地周围的敌人兵力，很快增加到 200 个团以上。各路军阀蠢蠢欲动，一旦"会剿"开始，红四方面军势必处于腹背受敌的境地。

为迅速恢复和促进各项工作，加强红军的建设，巩固胜利，准备粉碎"川陕会剿"，红四方面军于 1934 年 11 月初和中旬分别在通江县毛浴镇和巴中县清江渡召开党政工作会议和军事会议，讨论如何加强红军的军政建设和准备粉碎敌人新的"会剿"。王树声参加了这两次会议。

毛浴镇党政工作会议，规模很大，连以上单位均派代表参加，共 800 余人。会议着重总结了反六路围攻以来的党政工作，根据政治工作长期积累的一些经验做出了《红四方面军政治与党务工作决议案》，制定了《团政治处暂行工作细则》、《军、师政治部的暂行工作细则》和《红四方面军军训训词》。通过参加会议，王树声对强化思想政治工作，克服政治工作中存在的薄弱环节，有了深刻的理解。

清江渡军事会议，由徐向前主持，各军、师的军政一把手及少数团的干部参加。会议总结反六路围攻的经验，结合当时情况，研究部队军事建设和训练工作，制定了军事教育、参谋、经理、医务、组织等工作大纲。会议还着重研究了打破敌人"川陕会剿"的战略计划和作战计划，讨论并通过了徐向前制订的川陕甘计划。川陕甘计划的基本指导思想是：依托老区，收缩战线，发展新区，主要打击的目标是"川陕会剿"的主力部队胡宗南部，重点夺取甘南的碧口和文（县）、武（都）、成（县）、康（县）地区，并伺机向岷州、天水一带发展，建立新的根据地。这样，既能减轻老区人民的负担，又能解决粮食、兵源等困难，同时也能打破敌人的"川陕会剿"，"而且，这对正在转战中的中央红军，无疑也是一个有利的鼓舞和支援"。[①] 对于这一稳妥可靠、进退自如，扩大川陕革命根据地为川陕甘革命根据地的作战计划，王树声举双手赞成，认为这是一个有远见的战略计划。

会后，王树声返回部队，集中精力抓整训工作，并根据清江渡会议制定的军事工作大纲，指导所属部队，掀起了新的练兵热潮。同时，王树声根据方面军统

[①] 徐向前：《历史的回顾》，解放军出版社 1988 年版，第 256 页。

一部署，按照部队减员情况，将红三十一军由三个师缩编为两个师，辖第九十一师、第九十二师，共6个团。经过3个月的整训，部队的军政素质有了明显提高，兵员、物资得到补充，并且协助地方党政机关促进了根据地各种工作的恢复和开展，为迎接新的战斗任务做好了准备。

"斧头砍开新世界，镰刀割断旧乾坤。"经过艰苦斗争，红四方面军创建的川陕革命根据地，成为"扬子江南北两岸和中国南北两部间苏维埃革命发展的桥梁"①，部队也由入川时的1.5万人发展到5个军约8万人，迎来了红四方面军发展史上的第二个高峰。在这一革命洪流中，年仅28岁的王树声由师长升任军长、方面军副总指挥，不仅把红三十一军建成了一支骁勇善战、纪律严明、作风过硬的部队，而且参与组织和指挥了一系列重大战役，成为徐向前的得力臂膀和红四方面军的卓越将领之一，为创建和保卫川陕革命根据地作出了重要贡献。

对于王树声在这一阶段所表现出的指挥才干，他的战友杜义德评价说："王树声这个人很能吃苦。他主张打有利条件下的仗，没有有利条件就不打。他很讲究策略，能打就打，不能打就走。在反三路围攻和反六路围攻时，王树声是红三十一军军长。他在西线作战，打了旺苍坝、华盖山、三江坝几个战斗，这都是他指挥的。我觉得他很注意保存力量。他很注意团结。他虽然是个副总指挥，大家蛮听他的话。"对于王树声在反六路围攻中的指挥，曾任红四方面军总指挥部作战参谋的陈明义认为："整个作战中，重点在东线，西线是取守势。但王树声也不是单纯的守，有时局部地向敌人进攻。他这个人打仗从来不叫苦，什么兵力不够呀，困难很大呀，我从来没听他说过。他是独当一面的大将。他是有多大的部队打多大的仗。这在指挥员来说是很不容易的。"

---

① 《中国工农红军第四方面军战史资料选编·川陕时期》（上），解放军出版社1993年版，第3页。

第七章 长征路上

一、强渡嘉陵江，夺占剑门关

1935年1月中旬，长征转战中的中央红军占领贵州遵义，中共中央政治局随后在这里召开了具有重大历史意义的扩大会议。会议集中全力纠正了"左"倾教条主义在军事上的错误，结束了"左"倾教条主义在中共中央的统治，确立了毛泽东在红军和中共中央的领导地位，在最危急的历史关头挽救了红军，挽救了中国共产党，为红军长征和中国革命的胜利奠定了最重要的基础。会后，中共中央决定渡江北上转入川西的同时，于1月22日致电红四方面军总指挥部，指示红四方面军迅速集结主力，完成进攻准备，于最近时期向嘉陵江以西进攻，与中央红军协同作战，击破川敌。

此时，红四方面军为实现川陕甘计划，正乘敌"会剿"一时难以开始之际，发起广（元）昭（化）战役，进攻矛头直指胡宗南部。收到中共中央1月22日来电后，西北革命军事委员会立即在旺苍坝召开紧急会议，决定暂停与胡宗南的角逐，放弃城口、万源一带地区，适当收缩东线部队，集中主力在苍溪、阆中间强渡嘉陵江；另以主力一部，由徐向前率领，出击陕南，调动沿江敌人北上，为渡江创造战机。

2月3日，红四方面军集中12个团发起陕南战役，先后占领宁羌、沔县（今勉县）两城和阳平关重镇，迫使胡宗南部、邓锡侯部向川陕边境大举增援。鉴于调动敌人的目的已达到，红四方面军遂于2月中旬迅速回师川北，准备渡江西进，策应中央红军入川。

嘉陵江为巴蜀的四大名川之一，源出陕西凤县的嘉陵谷，由北而南，一泻千里，直下长江，两岸山峦耸立，江面宽阔坦荡，水深流急，堪称天堑。江西岸北起广元、南至南部县境的江防，由田颂尧和邓锡侯两部共52个团重兵把守，由邓锡侯统一指挥。敌人修筑了坚固的江防工事，又提前控制了江中的所有船只。对于无舟楫船筏的红军来说，要想在烟波浩淼的江面渡江作战，确实不容易。红四方面军总指挥部强调，这是红四方面军第一次大规模强渡江河作战，充分准备，精心组织，是渡江战役成功的关键，全军上下必须全力投入到强渡嘉陵江的紧张准备工作中。

要顺利渡江，渡江地段和渡河点的选择至关重要。王树声陪着徐向前翻山越岭，沿嘉陵江东岸行程三四百里，勘察地形、水文，了解敌防御特点和兵力配备情况。经过仔细调查研究，他们终于发现了敌人沿江防守的薄弱地段，选定苍溪南和阆中之间的塔子山为强渡嘉陵江的主要突破点，并计划在苍溪城上游50里的鸳溪口和下游40里阆中以北的涧溪口同时组织强渡。因为这一带是田颂尧的防区，该敌因屡遭红军打击，兵无斗志，且敌意想不到红军会从这里渡江，兵力配置单薄，防守亦较疏懈。这一带江面宽阔，主渡点塔子山地区河道弯向东岸，水势平稳，又有塔子山雄峙东岸，居高临下，便于隐藏船只，发扬火力，掩护强渡。对岸前沿是一片平滩，纵深为丘陵起伏地，利于我渡江部队抢占登陆场，展开兵力，两翼迂回。红军如出其不意，一旦强渡成功，便可造成摧枯拉朽的战役态势，席卷西岸守敌，乘胜占领嘉陵江、涪江之间的广大地区，为进击甘南创造条件。

在选择渡河点的同时，王树声协助徐向前，有针对性地组织部队深入进行了渡江的政治动员。他要求各级部队利用报告会、学习文件、座谈会等形式，反复阐明渡江作战的意义，解除各种思想顾虑，树立突得破、守得住、彻底歼灭敌人的信心。在此基础上，王树声组织部队开展了紧张的水上训练。主要是学习水性知识和操船、泅渡等技术，演习上下船、登陆突破、巩固登陆场和向敌纵深发展等战术动作。

为保证渡江作战的胜利，红四方面军总指挥部决定成立专门用于渡江的特种分队——水兵连，并指定由王树声亲自组织，督促训练。受领任务后，王树声立即投入了紧张的组建工作。他以红军大学学干队一部为基础，同时指示各部队迅速抽调会游水、划船的干部、战士，到旺苍集中。

2月中旬，"红四方面军水兵连成立大会"在旺苍城举行。水兵连下辖4个排，16个班，共220人，连长田启堂，指导员胡孝宏。王树声到会表示祝贺，并指示说："组建水兵连就是为了渡江，原来考虑完成渡江任务后水兵连即撤销，你们仍旧回各部队去。"说到这里，王树声停顿了一下，看看大家"失落"的表情，他提高了声调继续说："后来经过研究，决定水兵连列入方面军建制，直接归方面军总指挥部参谋处领导。因为四川河流多，保留这个连有好处。你们要做好一切准备，加强划船、架桥和游水训练，在训练中要开动脑筋找窍门，做到技术过硬，机动灵活……"王树声的讲话，使全连指战员深受鼓舞，信心倍增，斗志昂扬，决心苦练本领，坚决完成方面军总指挥部交给的光荣任务。

水兵连成立后，立即在旺苍城北的东河开始了紧张的训练。虽然已到冬末，寒冷的北风依然凛冽，河面上还残留着未化的冰凌。为抵抗刺骨的冰水，战士们在下水前都要喝点酒，但时间一长也起不了多大作用，但是战士们士气很高，没有一个人叫苦。由于水实在太冷，训练中有两个战士冻伤了。王树声知道后，立即指示连部调整训练方案，改为上午划船，下午游水。十余天后，部队划船、游水等技术大大提高。2月下旬，王树声到水兵连检查训练情况，对水兵连所取得的成绩给予了肯定，同时从实战需要出发，严格指出了尚存在的一些技术上的毛病，如推船时身体前曲度不够，两臂不直，出力不猛，影响了船的初始速度；划船时桨片入水过重，力度不够，影响了船的行进速度等。最后，他指示水兵连今后的训练要以划船为主，游水训练要达到会踩水，出水时不能有声。遵照王树声的指示，水兵连随即在训练中进行了认真的纠正和改进。

在划船、游水等技术训练有了一定的基础后，王树声开始考虑战术训练了。3月8日，他带着一个步兵营来到水兵连，亲自指导步兵水兵协同渡江训练。第二天，他在训练场观看了渡江演习，进一步提出了训练要求。此后，他又组织步兵分批地参加了训练。由于渡江战斗迫近，训练场地移到元坝子、歧萍、王渡，逐步向嘉陵江靠近。每到一地，他都要求部队因地制宜，分秒必争地进行训练。在王树声的关心和指导下，大家的技术越来越娴熟，协同动作日趋熟练，对渡江充满了信心。

3月初，为扫清渡江障碍，红三十军和红九军、红三十一军各一部向苍溪、仪陇地区之敌发起进攻，迅速取得胜利，俘敌官兵3000余人，缴获长短枪5000余支。至此，北起广元南至南部的嘉陵江东岸的广大地区，除阆中城外，悉为红军控制，为渡江作战创造了条件。与此同时，造船、准备架桥构件、筹集粮食、转运伤员等准备工作也全部按时完成。渡江时机已经成熟。

3月下旬，红四方面军主力云集嘉陵江东岸，在北起广元，南到南部的400多里的江防线上，随时准备发起渡江战役。

渡江前一天，王树声亲自到水兵连进行战前动员。他干净利落地说："同志们，我们的任务就是强渡嘉陵江！嘉陵江江面宽阔，水深流急，渡船不易掌握，一只木船要容一个排的兵力。你们要保证部队准时到达对岸，否则，就会影响整个渡江战斗。"

最后他强调说："渡江任务能否完成，关键就在你们水兵连！大家要做好牺牲的准备，即使剩下一个人，也要完成任务！"

听完王树声的简短有力的动员，水兵连的指战员们个个热血沸腾，摩拳擦掌。他们纷纷表示，坚决完成渡江任务，宁愿死在枪炮下，也不落个怕死鬼的臭名声！

3月28日晚，嘉陵江上雾气茫茫，看不到对岸，急湍的江水，狠命地拍打着江岸，也激荡着红军战士的心。王树声和徐向前进入设于苍溪县南塔子山附近的渡江前线指挥部，渡江部队也已进入指定地点，整装待发。庄严的时刻来到了。徐向前向渡江部队发出了"急袭渡江"的总攻击令。之后，水兵连与红三十军突击部队协同作战，在中路苍溪塔子山渡口首先强渡，向西岸进击。

虽然指战员们尽最大可能保持肃静，但几十只船同时进发，仍免不了发出声响。果然，敌人很快发觉了红军的行动，随即射来密集的炮火。炮弹在江心炸裂，激起高大的水柱，冲击着木船。在敌人密集的炮火下，红军的小船勇往直前，劈波斩浪，全速冲向对岸。有的船被打着了，火光照红了战士们刚毅的脸；有的船被打穿了，船身摇摇摆摆就要下沉的时候，战士们奋勇地跳进寒彻刺骨的江水，游向对岸。当离对岸约20多米时，战士们争先恐后跳下船，涉水展开了冲杀。这时，红军部署在塔子山的炮兵对敌的袭击更为猛烈，流星般的炮弹尖叫着划破夜空，倾泻在对岸敌军的前沿阵地上，有力地支援了渡江部队抢滩上岸。

红军突击部队上岸后，迅速占领了滩头阵地。敌人随即在炮火的掩护下，发起疯狂反扑。徐向前、王树声命令突击部队，要不惜一切代价，坚决守住滩头阵地；同时命令塔子山上红军的炮火要发挥最大的威力支援突击部队巩固滩头阵地。一串串拖着长长火蛇的炮弹，在反扑的敌群中开花。在炮火的掩护下，红军突击部队凭借各种临时掩体，顽强地打退了敌人一次又一次的疯狂反扑。与此同时，红军后续部队乘机利用竹筏架起了浮桥，开始源源不断地通过嘉陵江向敌侧后猛插。

在塔子山渡江的同时，右路红三十一军一部于苍溪以北的鸳溪口强渡成功，之后会同过江的红三十军主力一举攻占敌险要阵地火烧寺，击溃敌刘汉雄部一个旅，巩固了登陆场。左路红九军主力也于阆中以北强渡嘉陵江成功，并攻克阆中。嘉陵江西岸的防线在数路红军的猛攻下，开始全线崩溃。

为了巩固嘉陵江沿岸阵地，扩大战果，扫除向西发展的障碍，红四方面军兵分三路，以疾风扫落叶之势，席卷沿江敌人。左翼红九军一部在红四军一部配合下，攻占南部县城；中路红三十军及红九军另一部攻占剑阁后，以第八十九师控制县城，第八十八师向东北疾进；右翼红三十一军击溃刘汉雄部后，迅速向剑门关推进。4月2日拂晓，第九十三师、第八十八师及第九十一师一个团，分别进抵剑门关下，从东、西、南三面包围了剑门关。

剑门关位于距剑阁北35公里处的大剑山上。大剑山绵延起伏，高耸入云，两崖峭壁千仞，倚天如剑，三国蜀汉时倚崖砌石为门而设剑门关。剑门关作为大剑山的隘口，扼川陕大道，由南向北，只有一条细若羊肠的古道逶迤其间，素有"鸟道天险"之称。杜甫"惟天有设险，剑门天下壮"，李白"一夫当关，万夫莫开"等诗句即指此处。剑门关地理位置十分重要。邓锡侯对这一战略要地极为重视，把它作为江防部署的重要支撑点，派第二十八军宪兵司令刁文俊率3个团据守，密布地堡、堑壕，并派人用十几匹骡子驮来4万银洋作为犒赏，妄图凭借险要地势，将红军堵截在雄关之下。

为攻克天险剑门关，红四方面军总指挥部把这一艰巨的任务交给了王树声。

王树声仔细察看地形后认为，剑门关北面是悬崖绝壁，中间仅有一条只可并行两人的狭窄古道，关口上又修有坚固的城楼，楼门一关，根本上不去；南面则是比较平缓的山坡，山头呈阶梯形，剑门关位于其最高峰。比较起来，由南往北打要容易一些。据此，他定下避开正面、打敌侧后与奇兵突袭相结合的作战方针，并制订了三路进攻剑门关的作战计划：红三十一军第九十一师的一个团为第一路，快速截断关口东面的广元、昭化等地援敌，经黑山观、凤垭子强夺李家

红四方面军嘉陵江战役经过要图
(1935年3月28日—4月21日)

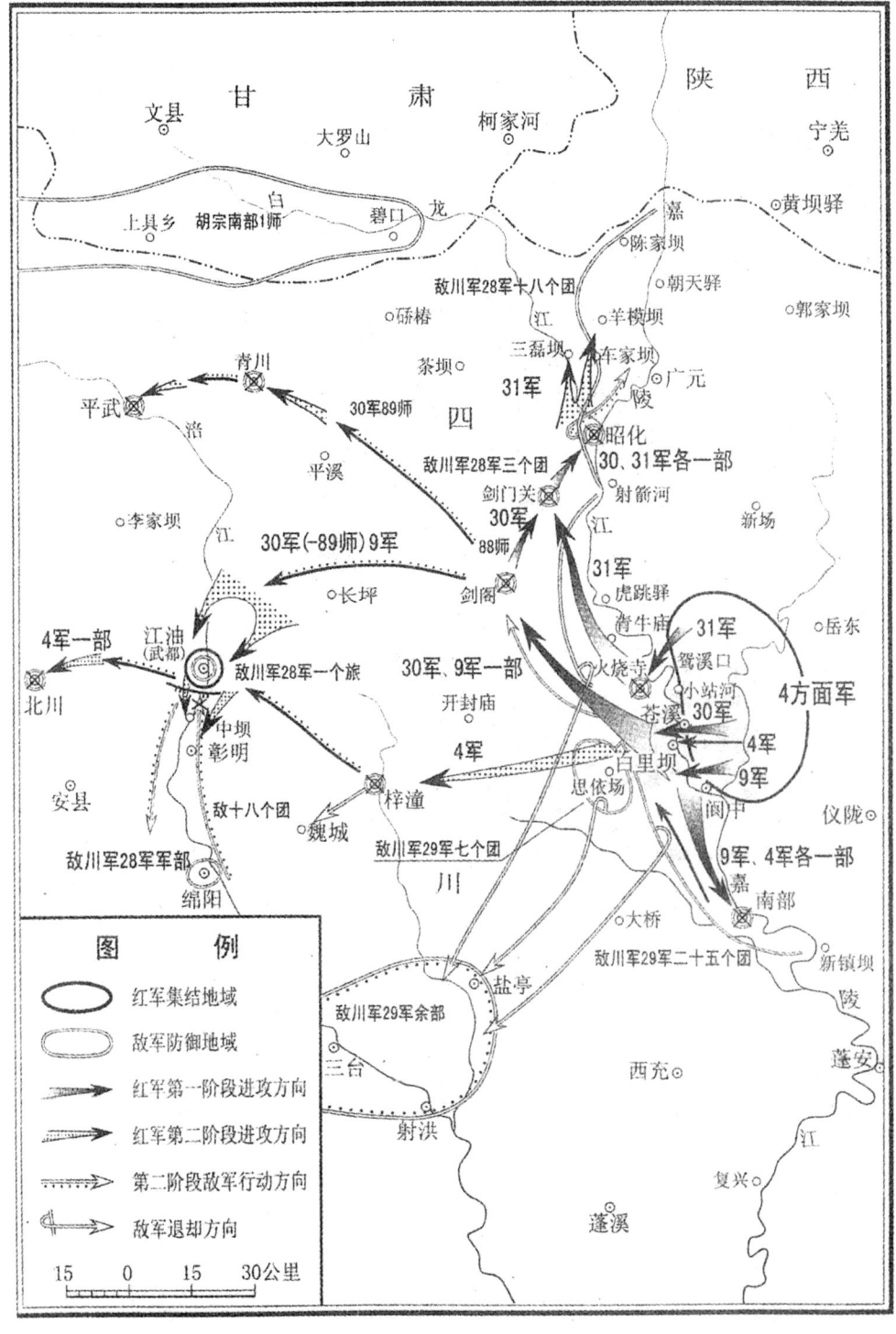

嘴，形成扇形佯攻阵势，以牵制敌人火力；红三十军第八十八师为第二路，由南面直插剑门，策应红三十一军攻关；红三十一军第九十三师和骑兵一部为第三路，从五里坡直冲关槽，攻击关口主峰。王树声亲临前线，指挥战斗。

三路红军随即奉命行动，对敌各个集团工事实行逐点攻击，很快扫清了剑门关外围据点，击溃守敌一个团，迫使敌人逐渐缩小了防御阵地。第三路红军以精选的7名勇士组成小分队，在当地老百姓徐元培带领下，绕道诸王山西侧的梯子崖至金牛峡一带，缴获了一面川军旗帜和一挺机枪，随即化装成川军，边走边喊："兄弟们，自己人！"守关的敌军还没来得及辨别真伪，红军勇士已飞上关楼，高喊着"缴枪不杀"，连毙数敌，占领了关楼。之后，红军紧闭关门，以轻重机枪封锁关口，守敌被迫逃上主峰阵地。

只要拿下主峰，剑门关就破了。为啃下这块硬骨头，王树声决定调第九十二师第二七四团第二营担任主攻任务。这支部队曾荣获"夜袭常胜军"的称号，一直被王树声作为预备队使用，关键时刻才拉上去。王树声将指挥所设在离第二营不到300米的地方，亲自指挥战斗。为加强火力支援，在王树声的请求下，红四方面军总指挥部动用了其直属的迫击炮营及机枪火力，对敌各集团工事实行逐点攻击。

2日11时许，王树声下达了进攻主峰的命令。第二营在迫击炮、机枪火力的掩护下，向主峰发动了攻势。主峰上的川军依仗险要地势和精良武器，在红军仰攻道路上组成密集火力，拼命顽抗。第二营的勇士们沿着崎岖的山路，顶着枪林弹雨，艰难地接近敌人阵地。突然，山谷中一片喊杀声，正在用望远镜观察的王树声皱着眉头对第九十二师师长陈友寿说："糟糕，敌人反扑了。"紧接着，他又命令通讯员："快，跑步告诉九十一师，要他们立刻援助。"但由于敌人的火力实在太猛，第二营被迫退了下来。

之后，第二营再次发起冲锋，攻至半山腰时，狡猾的敌人钻进集团工事负隅顽抗。子弹从头上嗖嗖地飞过，炮弹在身边轰隆隆地爆炸，敌人凶猛的火力压得战士们抬不起头来，第二营营长陈康左臂受伤。为减少伤亡，部队只好又退下来。

王树声双眉紧蹙，思索着进攻的办法。第九十二师师长陈友寿、政委叶成焕的心情也十分沉重，准备换第二营下来，调其他部队上。王树声叫人把二营营长陈康找来，问他有什么想法。陈营长一听要把自己的部队换下来，顿时就急了，他向王树声保证："敌人就是铜金刚、铁罗汉，我们也要把他们打碎！"作为指挥员，王树声深谙哀兵必胜的道理，他当即决定，仍由第二营担任主攻任务，并以红三十一军第九十一师向隘口东侧敌人进攻，红三十军第八十八师向隘口西侧敌人进攻，红三十一军第九十三师做掩护攻击。他还向炮兵连连长下达了命令，要他一定要把炮弹打入敌人的集团工事内。

第三次攻击开始。第二营吸取前两次攻击失败的教训，充分利用地形地物，机智勇敢地接近主峰地段。敌人故伎重演，又龟缩进工事内拼命扫射。部队伤亡很大，第二营鲍政委胸部连中数弹，但他在倒地后仍支撑着身子将手中的手榴弹扔向敌群，最后壮烈牺牲。在这关键时刻，红军的炮兵发挥了作用。炮兵连长亲自瞄准，一发发炮弹连续打中敌制高点上的集团工事，敌人枪声顿哑。陈营长乘隙迅速率部冲进敌人工事，与敌展开了白刃格斗。一个红军战士飞步冲上山顶，撕下川军的黄旗，把红彤彤的军旗插上了主峰。

■ 剑门关战斗旧址

川军制高点一失，顿时乱了阵脚，互相践踏和坠岩而死者甚多。王树声乘胜指挥红军猛打猛追，激战至下午4时，全歼守敌3个团约3000人，一举占领敌人所谓"插翅难渡"的剑门关要隘。

多年以后，时任第二七四团第二营营长的陈康回忆起当时的情景，仍如数家珍：

打剑门关时，参战部队有红三十军、红三十一军、红四军和红九军，采取集团进攻方式，由副总指挥王树声亲自指挥。由于地势对敌人有利，守敌1个旅3个团，加以有坚固的工事，一开始我们没有攻下来。同时，也有我们自己这方面的原因，这就是虽然王树声指挥红三十一军和红三十军一部担任主攻任务，但部队多了，步调不一致。王树声见没有攻下来，心里着急起来。他向炮兵连连长下达命令,要他一定要把炮弹打入敌人的集团工事内。同时,他把我叫来,喊着我当时的名字:"陈五和,你一定要把敌人的工事拿下来!"王树声对二七四团二营印象很好,把它作为一支预备队,关键时刻才投入使用,因为我们这个营特别能打仗,曾荣获"夜袭常胜军"的称号。于是,我带领全营官兵执行这个任务。我提着手枪走到队伍的最前头,接近敌人工事前是一路纵队,按营长、连长、排长的序列往下排着走,到了敌人工事前就展开战斗队形。当我们的炮兵十分精确地把炮弹打在集团工事内,把敌人的火器打哑后,我一声令下,一部分人冲上去了,另一部分人留在敌人工事外面准备抓逃出来的敌人。冲进去的部队歼灭了一些敌人,没有被歼灭的敌人拼命往外逃。由于两面是山,留在外面的部队往敌群中扔手榴弹,也把这些敌人消灭了。

剑门关战斗,是王树声亲自指挥的一个漂亮的歼灭战和攻坚战。王树声的老部下张贻祥认为:"打剑门关,应该说是他的杰作。"剑门关古汉柏很多,又粗又壮,传说是三国时期张飞令蜀军栽种的。战后,王树声和徐向前开玩笑说,山上树太多,我们的马尾手榴弹扔出去,挂在树上掉不下来。一发迫击炮爆炸后,把树上的马尾手榴弹都震到地上,四处爆炸,这可吓坏了敌人,部队趁势一冲,就拿下了山头。徐向前也风趣地说,这种战术,叫"全面开花"嘛!

红军占领剑门关后,国民党军江防彻底崩溃,沿江部队纷纷溃逃。王树声不给敌人喘息机会,当夜麾军由剑门关直扑昭化,次日占领该城,歼灭守军一个团。接着,乘胜向敌深远后方发展,推进至羊膜坝、三磊坝地区,并围困了广元。红四方面军主力则向中坝、梓潼、青川、平武等地进攻。

至4月21日,历时24天的强渡嘉陵江战役胜利结束。红四方面军总计歼敌12个多团,约1万余人,先后攻克阆中、南部、剑阁、昭化、梓潼、平武、彰明、北川八座县城,控制了东起嘉陵江、西迄北川、南起梓潼、北抵川甘边界,纵横二三百里的广大地区。

对于渡江战役,特别是攻克天险剑门关所取得的胜利,西北革命军事委员会在剑阁县城节孝祠内召开的会议上,给予了充分的肯定。认为这不仅巩固了嘉陵江沿岸阵地,进一步扩大了突破口,而且扫除了西进北上途中的一大障碍,为部队扩展创造了有利条件,极大地鼓舞了部队和根据地人民。蒋介石则大为恼火,手令将第二十九军军长田颂尧撤职查办;副军长孙震记大过一次,暂代军长职务,戴罪图功。

接连的胜利,频传的捷报,使得一些干部和战士开始有些飘飘然:有的骄傲自满了,有的说话气粗了,有的甚至不再重视军政、军民关系。每当看到这种情况,王树声总是语重心长地提醒大家说:"同志们呀,军事上我们打了胜仗,固然应该高兴;可还要检查一下,政治上我们做得又如何呢?有时,军事上看起来打了胜仗,可假使危害了群众,造成了不良影响,那政治上就等于打了败仗,我们军事上的胜利也就得不到巩固。"他还经常给部属敲警钟:"不要以为自个儿当了红军就了不得，处处要高老百姓一头。你没当红军前，不也是普通老百姓么？那时，你们常受国民党反动派军队的欺压，你们满意不满意？所以，我们当红军的，只不过是拖了条枪，实际还是为老百姓打仗的。千万牢记，只能学好，不能学坏……"

在王树声的悉心教导下，骄傲的干部和战士很快认识到了自己的错误，更加谦虚谨慎，也更加重视军政、军民关系了。部队每解放一个地方，都积极开展群众工作，传播革命火种，帮助地方建立各级苏维埃政权，发动群众打土豪，分配土地。翻身的穷苦农民，踊跃参加红军，使红军队伍不断得到发展壮大。

二、守住岷江东岸，掩护党中央

遵义会议后，中央红军在以毛泽东为代表的中共中央的领导下，四渡赤水，南渡乌江，并于1935年4月底，以惊人的毅力和神速的行动，进到云南省北部的金沙江南岸，准备北上和红四方面军会师，在川西北建立根据地。蒋介石为防止两大主力红军"合股川西"，以便各个击破，加紧调兵遣将，四面围堵，企图将红四方面军主力聚歼于江油、中坝地区。

为确定下一阶段的行动方针，张国焘在江油地区的一个村寨里召开高级干部会议，徐向前、陈昌浩、王树声及詹才芳、李先念、何畏、王宏坤、王维舟等军以上干部，均出席了会议。会议决定，两军会合后，要在川西北创建根据地。为打破蒋介石的合围，红四方面军下一步应该首先占领北川、茂县、理番（今理县）、松潘一带地区，背靠西康①作为立脚点。会后，红四方面军总指挥部根据会议决定，计划首先突破邓锡侯在土门、北川河谷设置的防线，向西占领岷江流域的松潘、茂县、理番、汶川。

5月上旬，中共中央率中央红军渡过金沙江，进入川西彝族居住区，准备经冕宁北上。为继续向中央红军靠拢，红四方面军主力由北川西进，沿途经过多次激战，连续击溃邓锡侯部11个团的防堵，抢占北川河谷，夺取土门要隘，打开了通向川西北的唯一通道，并于5月中旬乘胜占领茂县。之后，敌人相继投入近20个旅的兵力猛烈反扑，企图恢复失地，均被红军击退，损失兵力万余人。

这时，中央红军正经会理、冕宁北上，两军相距日近。在徐向前、陈昌浩和王树声的领导下，红四方面军一面以前线部队扼阻川敌和胡宗南部的进攻，一面分兵发动群众，筹集粮食、被服、牛羊、盐巴、茶叶、羊毛等物资，准备迎接中央红军和中共中央。迎接中央红军北上，实现两大主力红军会师，一时成为动员和鼓舞部队的巨大动力。无论指挥员还是普通战士，人人都欢欣鼓舞，斗志昂扬，以英勇的战斗、努力的工作，为会师做着准备；无论是各级机关还是基层连

---

① 1928年设西康省，1950年西康省的金沙江以西地区改设昌都地区，1955年西康省撤销，金沙江以东划归四川省，昌都地区划归西藏自治区。

队,到处都呈现出一派紧张而热烈的奔忙景象。

蒋介石为阻挡两大主力红军会师,调集了川军主力、国民党中央军胡宗南部以及甘青两省的马家军,不断向红军防御阵地发动进攻。王树声率领红四、红三十一军各一部和红三十三军,作为红四方面军的后卫,坚守伏泉山、千佛山、土门一线,担任掩护和牵制的任务。他虽然不能亲自迎接中央红军和会见中央领导,但身为后卫部队的总指挥,他深知肩上的责任重大。

千佛山,位于北川、安县交界处,海拔1471米,与伏泉山、大址口、横梁子等高山连成一片,蜿蜒起伏60公里。南面是川西平原,直接威胁成都、绵阳;北面是北川河谷和土门要隘。它既是川西平原的"北边城墙",又是河谷通道的自然屏障。红军要想通过北川河谷西进松潘、茂县、汶川、理番,建立川西北根据地,与中央红军会师,就必须牢牢控制千佛山这道屏障;蒋介石要消灭红军于河谷,川军要保住川西老巢,阻止红军南出,也必须占领这道屏障。因此,千佛山一线就成为敌我双方的必争之地。

为拱卫这一生死之地,王树声命令部队依据险山峭崖构置多道防线,每道防线又构筑了坚固的工事作为支撑。敌人以重兵发起疯狂进攻后,他指挥部队依托险要地形和坚固工事,无数次打退敌人的进攻,牢固地控制着千佛山全线阵地,即使敌人投入十几倍、二十几倍于红军的兵力,阵地也未有丝毫动摇。对此战绩,王树声并不满足。为更多地歼灭敌人,消耗其有生力量,他多次运用诱敌深入的战法,指挥部队坚守山梁要点,让出河谷,诱敌深入其内,然后再运用迂回战术予以消灭,从而成批成批地歼灭了大量敌人。另外,他还以小分队深入敌阵地夜摸夜袭,也取得了不小战果。

千佛山防御战,从不叫苦的王树声克服兵力少、任务重的困难,指挥所部顽强抗敌,牵制了邓锡侯、王缵绪、孙震、许绍宗等部90多个团约14万人的兵力,为两大主力红军的胜利会师提供了可靠的保障。

在此期间,红四方面军西进部队在懋功和中央红军胜利会师。消息传来,王树声和广大指战员一样,高兴异常,斗志倍增。他在自传中这样写道:"这时全军欢天喜地,情绪很高,给我们莫大鼓舞。"

为了欢迎中央红军的到来,王树声积极响应红四方面军总指挥部的号召,不顾战事紧张,立即组织在千佛山的部队捐献了大批的衣服、布匹、毛巾、鞋袜等给中央红军。捐献的物品中,有许多还是新的,指战员平常舍不得穿用,现在都捐献出来,以表达自己的心意。王树声担任过军长的红三十一军,对于捐献活动,尤为积极,一次就给中央红军送去衣服500件,草鞋1400双,毛袜500双,毛毯100条,鞋子170双,袜底200双。对王树声在会师前后的突出表现,中共中央领导给予了充分肯定,周恩来称赞他顾全大局,在困难时还能想到中央红军的战友们,实在难能可贵。

红四方面军同中央红军会师后,为了相互学习,加强团结,双方各自抽调一部分干部和战士,到对方部队去工作。这时,周恩来以中共中央军委副主席的身份，亲笔写信，介绍中央红军中以袁邦光为政委的一个无线电队，来王树声的司令部工作。看着周恩来那隽秀的字迹，王树声的仰慕之情油然而生。他根据周恩来的介绍和要求，热情接待了袁邦光和无线电队的战友们，并在以后的生活和工作中给予了无微不至的关心和照顾。

有一次，袁邦光生病了，王树声几次前去探望，还派人送去一些在当时极为珍贵的大米、白面和很大一块腊肉，并一再叮嘱袁安心养病，别的事情都不要去想。部队要出发了，王树声又亲自安排人员轮换着用担架抬着袁邦光随队北上。当袁邦光病愈归队，而电台要从王树声处调走时，袁邦光怀着依依不舍的心情告别了王树声。王树声这样关心袁邦光和无线电队，一方面反映了他对战友亲如手足的深厚情谊，另一方面也反映了他对周恩来的尊敬之情。

两军会师后，王树声所部担负的掩护和牵制任务逐步减轻，于6月中旬，由东至西逐次撤出阵地。6月26日，中共中央在两河口召开会议，通过了周恩来代表中共中央、中革军委所作的关于目前战略方针的报告。会上，张国焘也表示同意中共中央的战略方针。根据会议精神，中央政治局于28日作出《关于一、四方面军会合后战略方针的决定》，指出当前的战略方针是："集中主力向北进攻，在运动中大量消灭敌人，首先取得甘肃南部，以创造川陕甘苏区根据地，使中国苏维埃运动放在更巩固更广大的基础上，以争取中国西北各省以至全中国的胜利"。为了实现这一战略方针，决定规定："在战役上必须首先集中主力消灭与打击胡宗南军，夺取松潘与控制松潘以北地区，使主力能够胜利的向甘南前进。"①

松潘，是四川西北部的重要城镇，控制着由四川北出甘南的交通要道。红军如及时占领这一地区，就可以不经过川西北的茫茫草地，直出甘南。这时，围追堵截红军的敌人虽然近200个团，但其主力薛岳部已被红军拖得疲惫不堪，急需休息和补充；胡宗南部仍旧分散在松潘、平武、文县地区，尚未集中；四川军阀部队屡遭红军打击，士气低落。这些对于红军主力夺取松潘，迅速北上甘南，实现中共中央确定的在川陕甘创建根据地的战略方针是十分有利的。根据上述敌情，6月29日，中革军委拟定了《松潘战役计划》，准备趁国民党堵截部队立足未稳之机，集中红军主力，"迅速、机动、坚决的消灭松潘地区的胡敌，并控制松潘以北及东北各道路，以利北向作战和发展"。计划规定，两个方面军分组为左、中、右路军和岷江支队、懋功支队，分别由黑水、芦花、懋功、卓克基和岷江东岸之平夷堡等地向北开进。王树声任岷江支队司令员兼政委，率领8个团的兵力，"主要是在平夷堡、大石桥地带，钳制和吸引胡军南向，并隔阻许绍宗（部）从片口向镇江关前进，以便我西岸主力顺利的进到松潘及其东北地带，突击胡敌之背。"为确保完成上述任务，计划要求岷江支队"应派队控制沿江的渡桥及渡船。在支队实现任务后，即就原在地附近渡江转到西岸，跟右路军前进。沿西岸应留掩护部队。草坡方面，应以得力兵力警戒，以掩护东岸支队西移，及

---

① 《中国人民解放军历史资料丛书·红军长征·文献》，解放军出版社1995年版，第537页。

主力北进。"①

受领任务后，王树声感到无比高兴和光荣。7月6日，王树声率岷江东岸的部队，控制北川至茂县一线阵地，继续阻击和牵制川军，并吸引胡宗南部向南。中旬，岷江支队进占距松潘10余里的塔子山，与胡宗南对峙。与此同时，由中央红军和红三十军第八十九师编成的左纵队一部进到松潘以西的毛儿盖地区，并于16日占领毛儿盖，歼灭胡宗南部约1个营；另一部进到黑水、党坝地区。这时，胡宗南部尚未完全集中，夺取松潘的态势十分有利。

然而，张国焘借口所谓"统一指挥"和"组织问题"没有解决，一再故意延宕红四方面军的北上行动。7月下旬，中共中央到达毛儿盖，决定在这里做短暂休整，并研究下一步军事行动。这时，胡宗南部的主力已在松潘地区完成集结，薛岳部已由雅安进抵平武地区，同胡宗南部靠拢，川军也已占领了懋功、绥靖、北川、茂县、威州及岷江东岸地区，正逐步紧缩对红军的包围，企图围歼红军于岷江以西、懋功以北地区。据此，中革军委决定放弃《松潘战役计划》，改取甘肃南部的夏河、洮河流域。

与此同时，中革军委命令王树声率领岷江支队向毛儿盖集中。接到命令后，王树声随即率部向毛儿盖进发。进军途中，沿途经过中央红军第三军团的驻地。红三军团为岷江支队修桥铺路；在粮食极端困难的条件下，把自己很少的粮食送给岷江支队。这种高度的阶级友爱精神，使王树声和他率领的部队深受感动。

由于王树声率领的后卫部队最后向北行进，所以除担任阻击敌人的任务外，很大程度上还肩负着收容队的任务。行进途中，不时收容掉队的伤病员，最后多达五六千人，其行进的艰难程度可想而知。在这种情况下，一向带兵严格的王树声，不允许他的部下有一点闪失，否则，不管什么原因，都要从重处罚。

说来也巧，茂县附近有一条河，河上有两个雁门关，一个在北，一个在南，一个在上河，一个在下河，而且两个雁门关都有一座铁索桥。第三十三团政委胡奇才本应带队按行军路线经北面的雁门关过铁索桥，可不知是时任红军副参谋长的王宏坤没有说清楚，还是胡奇才听错了，结果第三十三团走错了路，又遇敌机轰炸。王树声知道后，赶紧派人去追，所幸把他们及时追了回来。王树声毫不客气，立即宣布撤了胡奇才的职。直到红四方面军第二次北上，胡奇才才被任命为红十二师政委。对于这次"蒙冤"，胡奇才一直"耿耿于怀"，经常就此事和王宏坤摆起龙门阵。②

快到毛儿盖时，王树声的心情越发激动。会见仰慕已久、大名鼎鼎的毛泽东，是他多年戎马征战中的一个挥之不去的期盼。早在麻城突围到武汉搬兵时，他就想到武昌农民运动讲习所见见"毛委员"，但由于当时搬兵重任十万火急，未能如愿。由于紧张的战争环境，两个战略区的隔阻，王树声一直没有机会见到

---

① 《中国人民解放军历史资料丛书·红军长征·文献》，解放军出版社1995年版，第547页。
② 王宏坤：《我的红军生涯》，人民出版社1991年版，第256页。

毛泽东，只是多次读到过他的文章，为他高深的理论、睿智的见解所折服。徐向前每每在他面前提起毛泽东，他总是怀着仰慕的心情静静地听着，揣测着毛泽东的模样。到毛儿盖后，王树声立即策马进谒毛泽东主席、朱德总司令与张国焘汇报请示工作。

一进门，一位身材高大瘦削，面容清癯，带有知识分子气质的人主动站起来和王树声打招呼。张国焘介绍说，这就是毛泽东。王树声赶忙伸出双手，紧紧地握住毛泽东伸过来的大手，谦恭地应答着毛泽东的问候。之后，他又和朱总司令亲切地握手。朱德戴着一顶旧军帽，面带慈父般温和的笑容。如果不是身上的军装，王树声感觉很难把叱咤风云的朱总司令与眼前的这位和蔼、慈祥的"老战士"联系到一起，不禁更增加了几分敬重和钦佩。亲切的问候过后，毛泽东和朱德开始询问后卫部队的情况。王树声认真地一一作了回答。从毛泽东那儿回来，王树声的心情久久难以平静，他为能直接聆听毛主席和朱总司令的教诲而激动不已。

8月3日，红军总部拟订了《夏洮战役计划》，提出"以攻占阿坝，迅速北进夏河流域，突击敌包围线之右侧背，向东压迫敌人，以期于洮河流域消灭遭遇之蒋敌主力，形成在甘南广大区域发展之局势，为这一新的战役目标"①。红军分左、右两路分向阿坝和班佑、巴西开进。王树声在左路军任第一纵队司令员兼政治委员，率第二十五、第九十三师、红五军及第二七一团共9个团，为进攻阿坝的先头兵团。

至8月11日，第一纵队各部分别集中于卓克基、马儿康地区。15日，王树声率部出发，向西北的阿坝前进。由卓克基行至阿坝，要经过草地的边缘地带。秋天的草地点缀着五颜六色的野花，但王树声和指战员们来不及细细欣赏。经过艰苦行军，第一纵队击溃青海军阀马步芳一部的阻击后，于21日占领阿坝。27日，左路军制定了向班佑开进的计划表。王树声随即率第一纵队向东进入了茫茫数百里的大草地。

草地的天气十分恶劣，变化无常，忽而晴空万里，忽而雷电交加，忽而阴雾腾腾，忽而漫天飞雪，白天骄阳似火，夜间严寒难耐；这里既无道路，又无人烟，方向难辨，腐草结成的地表十分松软，底下河沟交错，遍布泥潭，一不小心陷进去，就难以自拔；沿途虽水草丛生，沼泽遍地，但积水恶臭难闻，且大都有毒，不能饮用。王树声率部以藐视一切困难的英雄气概，发扬吃大苦耐大劳、团结战斗的优良传统，顶风雨、战严寒、吃野菜、啃皮带，与恶劣的自然环境进行着顽强的抗争，一步步向班佑靠拢。

与此同时，右路军在徐向前、陈昌浩的率领下，已全部走出草地，并胜利地进行包座战斗，取得全歼胡宗南1个师的重大战果，打开了进军甘南的门户；甘肃南部的文县、武都、西固、岷县地区敌人兵力空虚，碉堡封锁线尚未筑成，正是红军北上陕甘的有利时机。然而，此时的张国焘却在分裂党、分裂红军的道路上越走越

————————
① 《中国人民解放军历史资料丛书·红军长征·文献》，解放军出版社1995年版，第604页。

远。进入草地后，张国焘一再坚持其南下的错误主张，故意拖延部队行动。

经过3天艰苦的行军，第一纵队于9月2日到达了南北流向的噶曲河附近。由于刚下了一场雨，本来很浅的噶曲河正在涨水，一时显得水势滔滔，但最深的地方也只不过齐着马肚子，部队是完全可以徒涉过河的。然而，张国焘却以噶曲河涨水为借口，于9月3日决定，左路军全部返回阿坝，右路军回击松潘。9月5日，他又命令尚在松岗、党坝、卓克基的左路军后路部队停止北上，就地筹粮待命。9月8日，张国焘竟无视党纪、军纪，公然电令红四方面军驻马儿康地区的部队扣留中央纵队，并命令右路军停止向罗达进发，准备南下。9月9日，中共中央致电张国焘，指出北上方针绝对不应改变，左路军应该速即北上，但张国焘仍一意孤行，顽固地坚持其南下的错误主张。在这种情况下，中共中央为了贯彻既定的正确方针，被迫于10日凌晨率领红一、红三军先行北上。

9月5日，在张国焘的强令下，王树声率第一纵队随总部开始返回阿坝，不得不再次通过茫茫的草地。由于没有丝毫的补给，草地行军更为艰苦，王树声率部艰难地行进着。对于眼前发生的事情，他实在难以琢磨清楚，更为红军的命运和革命的前途而忧虑；军令如山，他也别无选择，只有奉命行动一条路。就这样，在茫然与不安中，王树声踏上了南下的艰难征程。

三、转战川康边

9月中旬，左路军和右路军余部奉张国焘的命令，分别从阿坝和包座、班佑地区南下，向大金川流域的马塘、松冈、党坝一带集结，继而南下。9月底，王树声与徐向前在党坝会合。他见到徐向前时，感觉到自己一向敬重的徐总指挥心事重重，抑郁不已，他的心情又增添了几分郁闷。

10月5日，张国焘在理番县卓木碉①的一座喇嘛寺庙里，以突然袭击的方式召开高级干部会议，公然另立党的"中央""中央政府""中央军委""团中央"，并宣布"毛泽东、周恩来、博古、洛甫应撤销工作，开除中央委员及党籍，并下令通缉"。至此，张国焘分裂党、分裂红军的罪恶活动，已经发展到了登峰造极的地步，给中国革命事业造成了不可估量的损失。

此时，国民党军发现红军一部北上，大部南下，立即沿大小金川进行布阵防堵。刘文辉第二十四军2个旅，位于大金川沿岸的绥靖、崇化、丹巴一线；杨森第二十军4个旅另1个团布于小金川沿岸的懋功、抚边、达维一线；邓锡侯第二十八军1个团，凭险据守抚边以东之日隆关等地。

10月7日，张国焘为贯彻其错误的南下方针，打开通往天全、芦山的道路，实现在川康边建立根据地的计划，发布了《绥（靖）丹（巴）崇（化）懋（功）战役计划》。计划规定，以红九军第二十五师、红三十一军第九十三师及红五军

---

① 今马尔康县足木脚。

共8个团组成右纵队,王树声为司令员,詹才芳为政治委员,沿大金川右岸前进,攻取绥靖、丹巴;以红四、红三十、红三十二军及红九军第二十九师大部组成左纵队,从大小金川以东地区进攻,夺取崇化、懋功。8日,右纵队开始行动。

大小金川地区,地形复杂,多深山绝壁和峡谷急流,难攻易守,不便大部队运动。王树声以红九军第二十五师第七十四团首先向绥靖河以北绰斯甲①附近的观音桥强攻,以便渡河南下,与左纵队的进攻夹岸相应。但因守敌刘文辉部事先已将河上的铁索桥砍断,并在河西岸修筑了防御工事,凭险固守,再加上水流湍急,部队硬攻难克,渡河受阻。这时,红军总部临时调整部署,令左纵队的红四军从党坝地区出动,强渡大金川。王树声遂改变强攻战术,命令第七十四团突袭驻守绰斯甲的守敌,终于11日夜占领绰斯甲。同日,红四军渡河成功,沿右岸疾进,于12日克绥靖,击溃守敌刘文辉部两个团,16日克西康省之丹巴县城。

与此同时,其他各部进展顺利。左岸之红三十军于15日攻克崇化。红九军第二十七师于16日克抚边,继而袭占达维。20日,红三十军攻占懋功,守敌杨森部两个旅向夹金山以南逃窜。进占达维之红九军第二十七师主动截击,俘获甚多,继而乘胜向东南发展,连克日隆关、巴朗关、火烧坪、邓生等地。至此,整个战役胜利结束,总计溃敌刘文辉、杨森部6个旅,毙俘敌3000余人。

此战,红军缴获了许多战利品,其中有不少猪肉罐头。右纵队在分享战利品的时候,王树声和詹才芳没有忘记朱德总司令。

"老伙计!敌人给咱们送来这么多猪肉罐头。咱们送些给朱德总司令吧?"纵队政委詹才芳和王树声商量着。

"好哇!"王树声深表赞同,"这些天来,他实在是够操劳的了。应该请他多保重自己的身体啊!"

"那么,由我去安排一下。"詹才芳带着警卫员兴冲冲地去了供给部。②

红军攻克懋功后,对张国焘发泄不满的红三十一军军长余天云被撤职。王树声又兼红三十一军军长。

红三十一军是王树声的老部队,是让他一直感到骄傲的部队。可到了红三十一军,王树声很快发现,部队有些变了:官兵之间感情淡漠,关系紧张,个个像憋了一肚子气。经过仔细调查,他终于弄明白了问题的根子。原来不少领导干部动不动就对部属吹胡子瞪眼;体罚也成为习以为常、司空见惯的事情。王树声心里很不是滋味,决定同这种军阀主义作坚决的斗争。他多次召开连以上干部会议,批判军阀主义的危害,宣扬红军官兵一致、团结友爱的光荣传统。他严厉警告说:"今后决不允许军阀主义作风在我们三十一军横行。谁要再辱骂下级、

---

① 1958年绰斯甲县上寨区划归壤塘,成立壤塘县。1959年绰斯甲县的中、下寨二区与大金县合并成立金川县。

② 詹杨:《做将的足迹——詹才芳将军的故事》,湖北人民出版社1992年版,第127页。

打骂士兵,一定要严加处理!"通过整顿,终于刹住了"开口就骂、动手就打"的邪气,广大指战员心情倍感舒畅。

在狠刹军阀主义歪风的同时,王树声没有忽视军队的纪律,多次强调下级要坚决服从、维护上级的正确领导,对出现的一些自由主义错误,同样予以坚决纠正。一天,军教导营营长又气又委屈地向他"告状",说教导营第三连指导员工作不负责任,有伤病号不报,还不接受批评,并写信讥讽领导。王树声看了看营长递过来的信,皱起了眉头,要营长把写信的指导员喊来。指导员来后,王树声一看,不是别人,而是从小跟自己参军的同乡余树生。王树声知道,这个"红小鬼"革命坚决,打仗勇敢,原在师交通队当战士,后来提升到师政治部当干事,现调军教导营培养,准备任更高的职务。

"这信是你写的?"王树声指着信首先发问。

"是的。"余树生轻声答道。

"为什么这样写?"

"教导营营长自以为了不起,开口就骂骂咧咧,我看不惯,想气气他!"

王树声听后,不动声色,接着问道:"对干部们的这种军阀作风,我已经作过严厉批评了!你们营长最近是不是又打人、骂人了?"

"没有。"余树生的声音更小了。

"他批评你不报你们连伤病员情况,有没有这回事?"王树声又问。

"有。"

"那你为什么这么写?"王树声又点着信问。

连珠炮似的发问弄得余树生面红耳赤,他脖子一挺,不服气地说:"反正我们红四方面军都是土包子,不会花言巧语,有什么就写什么!"

王树声一听,顿时满脸愠色,两眼直盯着余树生说:"我们红四方面军都是土包子?我说你余树生怎么土得这么'怪'呀!连上级的领导都不放在眼里了,现在战事紧张,我没工夫跟你细谈。我看哪,你还是回你的原单位,再好好想想去吧!"

余树生就这样被调离了军教导营。这不仅是对余树生一个人的"处分",也是对当时不尊重上级领导的风气的有力"扭转"。从此,红三十一军上下更加团结了。

古语云:慈不掌兵,但作为人民军队的战将,王树声对部属和战士严格要求的同时,又时时以一副"慈母心肠",无微不至地关心和爱护着他的部属和战士们。他常讲:"带兵的必须爱兵,不爱兵,就是缺乏阶级感情。"他不仅以此教育部属,而且时时注意身体力行,率先垂范。战事越是紧张艰苦,他越是把战士们的冷暖挂在心上。行军路上,他比谁都辛苦,总是跑前跑后,忙个不停:看到哪个伤了、病了,他就把哪个的东西接过来,放在自己的马上;发现谁的鞋子破了,他就找到连队干部,对他们讲:"不要小看一双草鞋,弄不好就误了大事。战士的鞋坏了,打仗时冲不上去,退却时跑不动,很可能就牺牲了!"宿营时,他也要到处转转，不但关心战士们吃饱没有，更关心战士们泡过脚没有。因为部队经常要长途行军，如果晚上不及时洗脚、泡脚，第二天就不能走路。所以，他经常对下面的团长、营长强调，即使不吃饭也要组织战士们弄水泡脚。王树声的这些"严格要求"，深入到了所属每个指战员心中。他的老部下张贻祥，直到现在还保持着每晚泡脚的习惯。

10月间，蒋介石结束了"武汉行营"的工作，正式成立"重庆行营"，将指挥"剿匪"之军事重心由武汉移至重庆，并对川军进行整编，紧缩约三分之一的名额，充实建制，补充了武器装备，使川军的战斗力有所增强。整编后的川军重新调整部署，以刘文辉部约8个团防守金汤至汉源、雅安一线；杨森部约10个团防守芦山、宝兴至大硗碛一线；邓锡侯部约14个团防守宝兴以东邛崃、大邑、双河场、大川场一线；刘湘之模范师9个团集中于天全；另从新津、绵竹等地抽调18个团向西增援。

10月22日，张国焘为彻底消灭杨森、刘文辉，并迎击主要的敌人刘湘、邓锡侯部，以取得天全、芦山、名山、雅州、邛州、大邑等广大地区，发布了《天(全)芦(山)名(山)雅(安)邛(崃)大(邑)战役计划》。计划规定，以红四军、红三十二军为右纵队，由丹巴经金汤取天全，并以一部向汉源、荥经活动；以红三十军及红三十一军第九十三师、红九军第二十五师组成中纵队，王树声任司令员，李先念任政治委员，先进占宝兴、芦山，得手后向名山、雅安及其东北地区进攻，并策应红四军取得天全；以红九军第二十七师为右纵队，除以一部巩固抚边、懋功、达维外，主力向东伸进，威胁灌县、大邑之敌。

10月24日，王树声、李先念率中纵队从懋功地区出发，翻越终年积雪的夹金山，沿陡峭的山路疾进。28日，徐向前、陈昌浩在达维致电王树声，要其集结兵力，以便"在宝兴彻底灭杨森，并乘胜进芦山"[①]。

宝兴附近多系高山峻岭，且有天然河道阻碍，不易攀登徒涉。经调查，王树声发现，宝兴守敌杨森部4个团，纵深配备于沿河左岸，对宝兴后面之高山全无布置，疏于防守，便于红军迂回包抄。他遂以两个团为攻击宝兴之先头兵团，以1个团由宝兴左翼高山迂回宝兴之敌，其余为预备队，随后跟进。31日，王树声指挥中纵队一部沿河而下，占领离宝兴县城7公里的新磨房。次日，中纵队进占宝兴，击溃杨森所部3个旅，乘胜迅速追击。由于动作迅速，使敌来不及收容整理，组织有效抵抗，红军仅以两个团兵力就消灭了4个团以上的敌人，毫不费力地占领了灵关镇、双河场，接着又打垮刘湘教导师的1个旅和1个团的阻击。乘敌溃败，王树声随即以1个师直逼芦山城下。

在追击过程中，王树声发现由灵观到芦山经牙子口、夹口一带山地有七八里长的隘口，地势突兀，且多小路，便于运动。他随即指挥部队先敌占领了夹口一带重要阵地，取得了居高临下、鸟瞰敌人的有利态势。这一行动，不仅使敌增援

[①]《中国人民解放军历史资料丛书·红军长征·文献》，解放军出版社1995年版，第802页。

不及，并迫使敌人溃退至芦山城附近。溃敌至芦山后，会同守敌企图巩固天全、芦山、名山之线，刘湘也急忙调动教导师增援芦山，并企图抢占灵观与芦山间之隘路，巩固芦山城。

11月2日，徐向前、陈昌浩到达宝兴，并于当日致电王树声、李先念指出："我们目前战略：在运动战中首先消灭杨国祯、饶国华两师，然后集中打郭勋祺或邓锡侯。"① 为求得在运动中歼敌，以乘机夺取芦山，王树声接电后随即以红三十一军第九十三师在芦山城北10里处之任家坝与杨国祯教导师的章安平旅展开野外决战。次日，国民党政府第三航空队两次出动飞机进行狂轰滥炸，使红军遭受了一些损失。敌军乘机数度反攻，均被红军击退。战斗异常激烈，守敌教导师师长杨国祯声称要"与芦山共存亡"，并给各旅长以重奖、重罚的特权。

11月9日，在王树声的指挥下，红三十军第八十八师占领五家口（雅安上里场）。敌刘文辉遂下令砍断雅安河上的浮桥，集中兵力守雅安城。同时，右纵队击溃刘湘模范师1个旅后，于10日占领天全县城，随后向东迂回，协同中纵队包围芦山。刘湘为解芦山之围，急令其独立第二旅由名山地区前往增援，进至青龙场至五家口一线纵深配备，企图夺取双河场，截断红军中纵队的后路。根据敌情变化，王树声遂决定以红三十军和红九军各一部，分两路钳击该敌。红军突击队利用夜暗，发挥夜摸特长，神速穿插，首先截断了青龙场通往五家口的要道，将援敌切成两段，尔后主力赶到，将敌围歼，取得了全歼守敌1个团和援敌1个旅的重大胜利。这一战斗，被朱德总司令誉为"彻底消灭了刘湘的主力劲旅"的"模范战斗"。②

消灭援敌后，王树声指挥中纵队在右纵队的配合下，从东、西、北三面向芦山县城发起猛攻。12日，守敌教导师师长杨国祯率残部经飞仙关溃逃雅安，红军占领芦山城。

兵贵神速，是每一个优秀指挥员必须重视和遵循的作战原则。战后，王树声在《宝兴、芦山战斗的经过与教训》中明确指出："追击动作的迅速，使敌无余裕时间收容整理，是追击的基本原则。"③宝兴、芦山战斗胜利的取得，主要得益于动作的迅速。

红四方面军以秋风扫落叶之势，连克宝兴、芦山、天全三座县城，毙伤俘敌1万余人，击落敌机1架，占领了邛崃山以西、大渡河以东、青衣江以北、懋功以南的川康边广大地区，造成了东下川西平原，直逼成都的战略态势。川西平原人烟稠密，物产丰富，这有利于艰苦转战的红军获得物资、人员的补充，度过即将来临的寒冬，同时由此向东更便于策应转战于川黔边的红二、红六军团。据此，红军总部决定，集中中纵队全部及右纵队红四军共15个团的兵力，向邛崃、

---

① 《中国人民解放军历史资料丛书·红军长征·文献》，解放军出版社1995年版，第807页。
② 朱德：《青龙场的战斗是天芦战役中的模范战例》，《红色战场》第4期，1935年12月28日。
③ 《王树声军事文选》，军事科学出版社2000年版，第4页。

名山之间实施重兵突破，然后乘胜东下川西平原。

红军战若雷霆，势如破竹，使刘湘企图阻止红军于天、芦以西的计划破产，惊呼"南路紧急，匪军大股有直趋成都之势"，急调其主力王瓒绪、唐式遵、范绍曾等部及李家钰部，星夜赶赴名山及其东北的夹民关、太和场、石碑岗地区，会同原来的守敌共80余团的兵力，对红军严密防堵。

名山和邛崃之间有大道相通，属丘陵起伏地带，临近四川盆地，地势比较开阔。11月13日，王树声以中纵队一部佯攻名山守敌，集中主力自五家口向太和场、朱家场进攻，14日占领该地。这时，接到徐向前、陈昌浩来电称："无论名山占领与否，总以集中兵力，首先在野外寻机，彻底灭杨、郭残部为主［着］眼，如不可能，则速集结主力钳制正面，准备向李家钰方向前进，及打邛州方向来之敌（援兵），派小部在名、邛大道活动。"[①] 根据总指挥部指示和当面敌情，王树声认为右侧背的李家钰部威胁最大，且因位置突出，较易得手，遂决定先打夹关之敌李家钰部。当晚，中纵队向夹关之敌发起攻击，击溃其两个团，抢占夹关。16日，王树声又挥师攻占邛崃、名山大路上的重镇百丈。敌人急忙出动6个旅进行反扑。经过半日激战，被红三十军及红九军一部击退。之后，左纵队的红九军第二十七师乘胜沿名邛大路进击，势如破竹，仅七十五团一营人即连破敌堡200多个，相继占领黑竹关、治安场、王店子等地。

此时，如再向东打，红军即将进入人粮极丰的川西平原。但是，由于敌人沿邛、名公路纵深配备，碉堡林立，兵力集中，总部遂令部队停止前进，主力向百丈附近靠近，以第九十三师围攻名山，红三十二军向名山至洪雅的大路突击，吸引邛崃方向的敌人出援。

红军进逼川西平原，使刘湘极度震恐。为顶住红军的进攻，他下达了死命令，要川军拼死夺回百丈，援救名山守敌，并强调临阵不前者，一律就地枪决。在刘湘的严令下，敌十几个旅于19日拂晓从东、北、南三面向红军发起疯狂进攻，拉开了百丈决战的帷幕。

战斗一打响，敌人的强大炮火便猛烈轰击红军阵地，整营整团的敌军向红军阵地轮番冲击，同时成批的飞机轮番轰炸。从黑竹关到百丈十多里的战线上，顿时一片火海，爆炸声、枪炮声、喊杀声连成一片。

百丈坐落于名山和邛峰两座县城之间，虽属丘陵起伏地带，多树丛、深沟、水田，但地势开阔，难以隐蔽，红军又缺少对付飞机的经验，因此所受威胁甚大。王树声指挥中纵队，利用丘陵、树丛、深沟和简易工事，与敌展开了苦战。战斗开始后，徐向前也亲临前线指挥。多年以后，他回忆起当时的战斗情形，仍旧历历在目：

> 唯敌机太讨厌，对我前沿纵深轮番轰炸，威胁甚大。部队在开阔地带运动和作战，不易隐蔽，对付敌机又缺炮火，伤亡增大，叫人很伤脑筋。我军

[①]《中国人民解放军历史资料丛书·红军长征·文献》，解放军出版社1995年版，第818页。

坚守在月儿山、胡大林、鹤林场及黑竹关至百丈公路沿线的山冈丛林地带，与敌反复拉锯，血战三昼夜。敌用两旅兵力企图通过水田进占百丈，在我十几挺机枪扫射下，整营整连的敌军，被击毙在稻田里，横七竖八，躺倒一大片。但因该地交通方便，敌人调兵迅速，后继力量不断增加，攻势并未减弱。21日，我黑竹关一带的前锋部队被迫后撤，敌跟踪前进。22日，百丈被敌突入，我军与敌展开激烈巷战。我到百丈的街上看了下，有些房屋已经着火，部队冒着浓烟烈火，与敌拼搏，打得十分英勇。百丈附近的水田、山丘、深沟，都成了敌我相搏的战场，杀声震野，尸骨错列，血流满地。指战员子弹打光，就同敌人反复白刃格斗；身负重伤，仍坚持战斗，拉响手榴弹，与冲上来的敌人同归于尽。①

经过连续七昼夜的激战，红军共毙伤敌1.5万余人，自身损伤亦达万人。由于该地交通方便，敌后续部队仍在不断增加，蒋介石薛岳部已从南面压了上来。显然，长期固守与敌拼消耗，对兵力处于劣势且缺乏补给的红军来说，是十分不利的。据此，红军总部遂令部队于11月下旬撤出战斗，转移到北起九顶山，南经天品山、五家口至名山西北附近之莲花山一线，扼险防守。百丈决战乃告结束。

百丈决战后，王树声对部队的损失十分痛心，这是他带兵作战以来最大的一次损失。作为一个指挥员，他从战术上认真总结了这次战斗失败的教训，认为："第一，警戒的疏忽，特别是敌机飞来时，警戒部队只顾及隐蔽，而不顾及地面的敌人，结果百丈街被敌袭击。在战斗时，主要之敌还是在地面，当然，敌飞机来时要注意隐蔽伪装与疏散；第二，百丈附近地形平坦，且多水田，对此种地形的战斗经验非常不够。在运动时，部队多是拥挤一堆。因受水田或田埂的限制，有些指挥员不知把队伍适当疏开或分散成小队，取平行路运动，是应注意研究的事情。"②

百丈决战的失利，标志着南下红军由进攻转入防御，同时也标志着张国焘南下创建川康边根据地的计划宣告破产。

四、第二次北上

红军南下川康边以来，虽然经过很大努力，在这一地区建立了一些地方党组织、革命政权，组织了大金独立第一师和第二师等地方武装，并发动群众进行了一些支援战争的工作，但由于这些地区多为藏族聚居区和汉藏杂居区，社情复杂，加上历代反动统治者所造成的民族隔阂，发动群众，创建根据地极为困难。同时，这些地区人口稀少，生产落后，红军数万人云集于此，不可避免地产生"与民争粮"的矛盾，只好经常以野菜、土豆充饥，最好的时候也只能吃到两稀

---

① 徐向前：《航史的回顾》，解放军出版社1988年版，第315页。
②《王树声军事文选》，军事科学出版社2000年版，第4页。

一干。时值严冬，又遇几十年未见的大雪，漫山皆白，气候奇寒。由于当地不产棉花，仅能靠搜集到的少量羊毛和羊皮做成衣服御寒，病员激增，加上作战造成的大量减员，红军有耗无补，由南下时的 8 万人锐减到 4 万余人，有生力量日渐削弱。

这时，敌川军主力已集中于东面名山、邛崃地区；蒋介石薛岳部 6 个师加紧向南面的雅安和天全地区集结；第五十三师李韫珩部则位于西南之康定、泸定地区。各路敌军大肆修碉筑堡，加紧封锁，正准备伺机大举进攻。红军东进、南出均不可能，陷入了南下以来最为被动的困难境地。不可辩驳的事实，充分验证了中共中央早先关于"南下是绝路""只有向北，才是出路"①的英明预见。

与张国焘散布的中央率孤军北上，"不拖死也会冻死"②的狂妄断言相反，北上红军在中共中央领导下自 1935 年 9 月中旬由川甘边出发北进，沿途俘获 3000 以上人枪，经过 40 天的艰苦转战，于 10 月中旬胜利到达陕北，与红十五军团会师。接着，胜利粉碎了敌人对陕北根据地的第三次"围剿"，歼敌 3 个多师，使陕北根据地迅速扩展，部队不断扩大。这些胜利的消息，在红四方面军发行的《红色战场》上连续刊载，使南下部队的广大指战员备受鼓舞。同时，在南下碰壁和中央北上胜利的鲜明对照下，广大指战员越来越清楚地认识到，还是党中央的路线对头，而张国焘的南下方针，是毫无出路的，从而对张国焘的分裂主义日益不满，迫切要求北上同党中央会合的情绪日益高涨。

在此期间，全国政治形势也正在发生急剧的变化。九一八事变后，日本帝国主义的侵略魔爪逐步伸向华北，抗日救亡运动迅速扩展到全国许多大、中城市，国内各阶级、各政治集团的政治态度都在发生着有利于抗日救亡的新变化，中国已处在政治形势大变动的前夜。针对这种形势，中共中央于 1935 年 12 月在瓦窑堡会议上作出了《关于目前政治形势与党的任务决议》，确定了抗日民族统一战线的方针。1936 年 1 月 16 日，中共中央将决议内容电告了红四方面军领导人。徐向前回忆说："党的策略路线的重要转变，打开了我们的眼界，使我们受到很大鼓舞。"③1 月 24 日，中共驻共产国际代表林育英也致电张国焘指出：共产国际完全同意中共中央的政治路线，并认为中央红军的万里长征是胜利了。

在内外压力下，张国焘被迫于 1936 年 1 月下旬在任家坝召集会议，讨论中共中央发来的瓦窑堡会议决议的要点。大家在发言中均表示，应在新的策略路线的基础上，团结起来，一致对敌。在这种形势下，张国焘在极力为自己的错误进行辩解后，也只好表示同意中央的新策略。1 月 27 日，张国焘致电林育英、张闻天表示：原则上赞同瓦窑堡会议决议，同时又提出由国际代表团暂代中央职权。

---

① 《中国人民解放军历史资料丛书·红军长征·文献》，解放军出版社 1995 年版，第 690、第 676 页。
② 同上书，第 680 页。
③ 徐向前：《历史的回顾》，解放军出版社 1988 年版，第 320 页。

1936年2月初，敌人经过周密准备后，集中薛岳部6个多师和川军主力，开始向天全、芦山地区大举进犯。红军南下部队面临着前有强敌进攻、后无根据地依托的艰难困境。2月上旬，红四方面军发布《康（定）、道（孚）、炉（霍）战役行动计划》，准备以主力迅速向西增进，取得道孚、炉霍、康定一带地区。根据此计划，红四方面军共编为3个纵队陆续撤离天全、芦山，向康北转移。其中，红三十一军和红三十二军组成右纵队，由王树声指挥，任务是"以三十二军、九十三师先取得金〔汤〕、鱼通地区，设法由金〔汤〕、鱼通渡河截断毛牛敌退路，配合主力取得康定。对天全、泸定方向严行警戒，以九〔十〕一师巩固羊村、龙洞地区，掩护医院之搬运。"①2月11日至23日，南下部队陆续撤离天全、芦山、宝兴地区，在隆冬季节第二次翻越雪山夹金山②，经达维、懋功向西北转移。

2月14日，林育英、张闻天致电朱德、张国焘指出：共产国际同意主力红军向西北发展，红四方面军以第一步向川北，第二步向陕甘为上策。接电后，红四方面军领导人经过讨论，一致赞同北上陕甘的战略方针，遂于3月上旬发布《康道炉战役补充计划》，提出："主力进出于道、炉、甘一带，相机取康定"，"争取这一广大地区中部队之补充、整理、休息，待机行动"。③计划规定，王树声所率领的第二纵队和第三纵队（红四军除外）合并组成第三纵队，王树声任指挥员。3月15日，在王树声的指挥下，红三十一军第九十一师率领第二七三、第二七六团由丹巴出发，向崇化推进，与红九军第二十七师一部一道钳制东南两面之敌；红三十一军军部率第九十三师、第二七七团与红九军第二十五师由丹巴向西钳击泰宁，守敌李相布第五十三师一部弃城南逃康定，泰宁即被红军占领。随后，王树声率部来到党岭雪山的山脚下。

党岭雪山，为横亘于丹巴、道孚间之大雪山中段折多山的主峰，海拔5000余米，是红军长征中所翻越的最大一座雪山。山上终年积雪，空气稀薄，气候变化无常，风暴、雪崩不断。对于雪山，王树声并不陌生；对于翻过雪山，他也是有把握的。但由于长时间艰苦转战，此时的部队已疲惫不堪，指战员们的身体十分虚弱，伤病员也很多。他知道，这些经过千锤百炼的红军战士，都是极其宝贵的革命火种，多保留下一个，将来的革命就多一份骨干力量。保证每个指战员安全顺利地翻过雪山，不被山上肆虐的风雪吞噬，成了他最为关注的问题。为此，他一到雪山脚下，就开始组织部队做好翻越大雪山的准备工作，规定每人带足3天以上的干粮；备有两双草鞋；尽量筹集御寒取暖的衣被、毛皮、辣椒、生姜、青稞酒、干柴等；每个班、排必须配有刨冰攀崖用的铁锹、绳索等。经过调查，王树声了解到，只有在中午时分越过山顶，才能避开风暴袭击。于是，他命令部队半夜出发，拂晓必须赶至山腰，务必在中午时分越过山顶。他还特别强调，要

---

① 《中国人民解放军历史资料丛书·红军长征·文献》，解放军出版社1995年版，第825页。
② 原属红一方面军的部队则是第三次翻越夹金山。
③ 《中国人民解放军历史资料丛书·红军长征·文献》，解放军出版社1995年版，第831页。

照顾好伤病员，抬也要把他们抬过雪山。

漆黑的午夜，王树声带领部队沿着陡峭的山路刨冰破雪，辟路前进。由于山高缺氧，越往上爬，空气越稀薄，呼吸也越来越困难，头昏脑胀，四肢无力。王树声一边艰难地向上爬着，一边根据以往的经验，提醒大家千万不要坐下。王树声的鼓动使指战员们精神抖擞，有的人跌倒了，爬起来拍拍沾在身上的雪接着走；有的人晕倒了，一下子就会有几个战士过来搀扶起他继续前进。伤病轻的，自己或由人搀扶着走；重的，由人抬着走。正是凭着这种顽强的毅力和高度的阶级友爱，红军终于在正午时分到达了山顶，又一次征服了肆虐的风雪严寒，征服了被当地人视为"鬼门关"的党岭雪山。

翻越雪山后，王树声继续率部向道孚、炉霍前进。在此前后，先头部队红三十军于3月1日一举攻占道孚，15日占炉霍，之后乘胜前进，进占西康省东北重镇甘孜。红三十二军在红九军第二十七师的配合下，在懋功以南地区完成掩护主力转移任务后，随即进驻道孚、炉霍。红四军经炉霍向西南疾进，攻占瞻化（今新龙县），缴枪百余枝和电台1部。至4月上旬，红军已控制了东起懋功，西至甘孜，南达瞻化、泰宁，北连草地的广大地区。

红军南下、西进以来，由于长途行军，连续作战，又无兵员补充，部队减员十分严重。为充实连队，迎接正在转战中的红二、红六军团和准备北上，红军总部决定对部队进行整编。整编后的红四方面军，辖红四军、红五军、红九军、红三十军、红三十一军、红三十二军，共6个军19个师，4万余人。王树声任方面军副总指挥兼红三十一军军长，该军政治委员詹才芳，参谋长李聚奎，政治部主任朱良才。经过调整，该军紧缩了机关，充实了连队，辖第九十一、第九十三师，暂缺第九十二师，每师3团，驻崇化、炉霍地区。部队整编后，根据红军总部的指示，大力进行军政训练、发动群众、建立政权、筹备物资等各项工作。在军事训练方面，王树声根据红军总部要求，组织部队着重学习打骑兵、打堡垒、夜间战斗和强渡江河等战术。同时，开展了政治、文化教育和文娱活动，举行了战术表演和体育、文娱竞赛大会。此外，他还率部积极开展群众工作，筹集粮、盐、羊、牛等物资，并号召人人动手打草鞋、织毛衣，缝制帐篷等。

在筹集物资的过程中，部队在鱼科地区因没有敌情观念，不注意搜索、警戒与联络，遭到了当地反动武装的袭击，受到了损失。王树声十分重视这一情况，于4月21日在道孚写了《打鱼科地区反动的经过和经验教训》一文，发表于1936年《红色战场》第6期上。他在文中详尽客观地分析了这次战斗失败的原因和教训，同时指出了部队以后所必须注意的具体问题，并强调"这一经验教训，要立即深入到每个指挥员中去，再不要犯这一血的教训"，"并要立即研究与演习侦察、警戒、搜索动作。特别学习防止和打敌埋伏与设伏动作，怎样去消灭地方反动武装和国民党蒋介石的军队,来完成创造西北抗日根据地之任务"。①该文对提高部队的敌情观念和搜索、警戒、埋伏等战术水平,保障部队安全筹集物资,起到了很好的作用。

4月20日,张国焘、朱德就迎接红二、红六军团的进一步部署致电徐向前、王树声,指出:"会合二、六军为目前主要任务。必须确阻止敌人的截断,相机消灭雅江李敌,并伸到乡城以及金沙江边去迎接二、六军",并要求王树声"先率九十三师两团经扎坝去雅,向前续带九十三师一团跟进,该方由向统一指挥","必要时可将九十一师全部亦开雅江"。②接电后,王树声与徐向前商量后认为,与红二、红六军团会合,一方面需要红四方面军的配合,一方面要靠红二、红六军团巧于运动,且会合的主要目的是要北上,并非要在雅江地区与敌决战,因此出动主力南下雅江是不适宜的。为此,徐向前于21日复电张国焘、朱德:"与二、六军会合后主要目的是北上,大军往返减员必大,且天候亦不允许,我们迟迟而行。"③21日,张国焘复电同意徐向前的意见,指出:"雅江李敌如积极阻隔我会合,应设法消灭之,否则钳制之",并决定派王树声、李先念随徐向前行动。④

4月25日,红二、红六军团胜利渡过金沙江,分两路北进,准备与红四方面军会合。为迎接两军会师,红四方面军总指挥部进行了动员和布置,要求各部队加紧开展迎接红二、红六军团的组织准备工作。徐向前在动员会上说:"红军是一家人,我们和中央红军与二方面军的关系,好比老四和老大、老二之间的兄弟关系。上次我们和老大的关系没搞好,要接受教训。'兄弟阋于墙,外御其侮'。吵架归吵架,团结归团结,不能分家。现在老二就要上来,再搞不好关系,是说不过去的。每个部队都有自己的长处、短处,方针是互相学习,取长补短,加强团结,一致对敌。"⑤王树声听着徐向前意味深长的话语,深深理解着这次会师的重大意义。会后,他根据红四方面军总指挥部的统一部署,组织部队广泛进行了迎接会师的政治动员和物资准备。全军指战员怀着对英勇作战的红二、红六军团的无限敬意,热烈地开展了赶制毛衣、毛袜等慰问品的活动。7月2日,红二、红六军团全部集中于甘孜,与红四方面军胜利会师。会师后,红二、红六军团及红四方面军的第三十二军组成红二方面军。

在此期间,形势发生了更有利于红军北上的变化。5月间,东征的红一方面军胜利回师陕甘苏区,开始西征。中国共产党的抗日民族统一战线政策,越来越得到东北军、西北军和各阶层爱国人士的支持和赞同,红一方面军还同东北军达成了秘密的团结抗日协定。6月间,两广事变发生,蒋介石急调胡宗南部南下,

---

① 《王树声军事文选》,军事科学出版社2000年版。该文收入《王树声军事文选》时,题目改为《鱼科战斗经过和经验教训》,第7—8页。
② 《中国人民解放军历史资料丛书·红军长征·文献》,解放军出版社1995年版,第1024页。
③ 《中国工农红军第四方面军战史资料选编·长征时期》,解放军出版社1993年版,第435页。
④ 同上书,第436页。
⑤ 徐向前:《历史的回顾》,解放军出版社1988年版,第326页。

甘南地区敌兵力空虚。形势的发展，极其有利于红军向甘南发展。经中央领导人多次致电，耐心做工作，以及在朱德、刘伯承、任弼时、贺龙、关向应等力争下，张国焘终于同意红二、红四方面军共同北上，同中央和红一方面军会合，并于6月上旬宣布撤销了他的第二"中央"。

7月初，红二、红四方面军先后开始北上。2日，红九军、红三十一军第九十三师、红四军第十二师、独立师及红四方面军总指挥部组成的中纵队，在徐向前的率领下，从炉霍地区出动，经壤塘、查理寺、毛儿盖向包座前进。3日，红二方面军和红四军第十、第十一师和红三十军第八十八师组成的左纵队，在张国焘、朱德的率领下，从甘孜出动，经东谷、西倾寺、阿坝向包座前进。10日，红五军及红三十一军第九十一师组成的右纵队，由董振堂率领，从绥靖、崇化地区出动，经卓克基、马塘向毛儿盖、包座前进。

这又是一次极其艰苦的行军，红军不得不第三次穿越一望无涯，满目苍凉，茫茫数百里的草地。

虽然这次过草地准备较为充分，但这次比以往两次路程都远，仅中纵队从炉霍到包座，行程即在1500里以上，因而也经历了更加严重的困难。所带粮食不足食用，指战员再次以野菜、草根以致马皮、皮带充饥。在部队刚刚进入茫茫数百里的草地时，王树声病倒了。但他不顾自己病体虚弱，有时把自己的马让给其他的病号骑，有时还替病号背枪。他经常深入到基层连队，亲自做思想政治工作。还有两天路程就要到包座的时候，能够充饥的东西吃光了，掉队的人日益增多。王树声看到这种情形，心情十分沉重，他说："雪山草地没有使我们的红军战士倒下，难道现在还要躺在这里吗？！"他一边艰难地向前走着，一边鼓励着战友们："同志们，坚持走啊，再翻过几个山头就到包座了，到了那里吃饭就有希望了！"就这样，在他和各级干部的宣传鼓动下，干部战士咬紧牙关，克服了许许多多难以想象的困难，顺利地进入甘南地区。[①]

张国焘取消第二"中央"后，中共中央于7月27日批准成立中共西北局，由张国焘任书记，任弼时任副书记，统一领导红二、红四方面军北上。8月5日，中共西北局根据中共中央的指示，发布《岷（县）洮（州）西（固）战役计划》，决定乘敌兵力分散，主力尚未集中，先机夺占岷县、洮州、西固地区，以利继续北进。计划规定，红三十、红九、红五军为第一纵队，主力由包座、俄界经旺藏寺出哈达铺攻岷县，一部取道白骨寺、瓜咱之线相机夺取西固，并向武都佯动；以红四军、红三十一军为第二纵队，王树声任司令员，詹才芳任政委，8月7日至10日分别由包座出动，夺取洮州旧城，尔后主力向临洮方向活动，一部向夏河、临夏发展，以保障左后侧安全；以红二方面军为第三纵队，出哈达铺，策应第一、第二纵队的行动。

8月5日至12日，各纵队先后由包座地区向甘南前进。在王树声的指挥下，

[①] 秦基伟、徐深吉、罗应怀合写的《怀念我们的副总指挥王树声同志》。

第二纵队之红四军经野壶桥、新堡向洮州旧城进攻,第十师克旧城,第十二师攻占洮州,并继续向临洮方向发展。第十师占洮州旧城后,遭到马步芳骑兵旅猛烈进攻,激战一周后,将敌击退。至9月中旬,红二、红四方面军胜利进入甘肃南部,控制了漳县、洮州、渭源、成县、徽县、两当、康县等8座县城和岷县、陇西、临洮、武山、礼县等县的广大地区,为三大主力红军会师西北创造了有利条件。

从9月30日起,红四方面军分作5个纵队,先后由岷州、漳县等地向通渭、庄浪、会宁、静宁地区前进。10月9日,红四方面军总指挥部到达会宁,同红一方面军部队会师。22日,红二方面军总指挥部到达静宁以北的将台堡,同红一方面军之第二师会师。至此,三大主力红军终于胜利会师,具有伟大历史意义的长征胜利结束。

南下的失败和红四方面军遭受的严重损失,以及中共中央北上后胜利局面的开展,使王树声对张国焘的错误有了认识,多次对张国焘的领导,特别是对张国焘的军阀作风表示了不满。对此,张国焘难以容忍,总想找机会换掉王树声。红四方面军总指挥部到达会宁时,张国焘以王树声在工作中有错误和缺点为由,撤去他的红三十一军军长职务,把他调到总指挥部任教导团团长。红二方面军副总指挥萧克调任红三十一军军长。①

对于组织上因工作需要而进行的职务调整,王树声从来不打折扣,从来不在乎自己职务的升降,从来都是愉快而坚决地服从。因为对于一个早已将身家性命交给了党,交给了中国革命事业,终日拼杀于血肉横飞的战场上的人来说,这又算得了什么呢?但是,这次他却感到不快,不愿服从。他认为,这不是组织上的正常调动,是张国焘对他不信任,利用手中权力进行的打击报复。因此,他第一次也是唯一的一次对职务的调动表示了不满。

在三大主力会师的时候,中共中央和中革军委把宁夏战役作为政治上、军事上打开新局面的决定的一环,抓紧进行部署。10月11日,发布《十月份作战纲领》,要求全军争取用一个月时间进行休整,并做好西渡黄河的各种准备,然后红军主力向北发展,夺取宁夏。根据中革军委的命令,红三十军于10月25日渡过黄河;随后,红九军和红四方面军总指挥部及红五军也渡过黄河,准备执行宁夏战役计划。

大病未愈的王树声,迎着肃杀的秋风,抱病随军过了黄河。当时,红九军军长孙玉清和政委陈海松工作配合得不好,而孙玉清曾是王树声的部下,为增强红九军内部团结,王树声随红九军行动,开始了他一生中最为悲壮的艰苦历程。

---

① 因部队行动的辗转变化,直到10月20日萧克才赶到通渭红三十一军军部任职。

第八章 血战河西走廊

一、临危受命

红军渡河部队一上岸，即与马步青的部队和之后前来增援的马步芳的部队激战于一条山地区。经10余日鏖战，红军多次打退敌人的冲锋，共毙伤俘敌2000余人，敌骑兵第五师参谋长、前敌总指挥马廷祥被击毙。但是，红军自身损失也很大。红军第二十七师排以上干部伤亡殆尽，红三十军子弹消耗7000余排。[①]

从10月25日起，蒋介石调集十几个师由南向北大举进攻，企图消灭红军于黄河以东的甘肃、宁夏边境地区。针对这种情况，中革军委提出了首先击破南敌，然后再向北进攻的作战方针。张国焘对重点击破南敌缺乏信心，虽然表面同意中央的部署，但又不断提出异议，并将黄河以东的红四、红三十一军调离作战位置，致使击破南敌的作战计划未能落实。至11月初，胡宗南部已打通增援宁夏的道路，隔断了河东红军主力与河西部队的联系。这样，红军夺取宁夏的计划被迫中止执行，河西部队处于进退两难的困难境地。

河西地区无论生存条件还是敌情，都与河东有很大不同。这里人口稀少、粮食缺乏，水又苦又涩，难以下咽。红军指战员们激战终日，却找不到水喝，直渴得嘴唇干裂，喉咙生烟。这里地形开阔，堡寨稀疏，不便红军集结隐蔽，却利于敌骑兵的运动和突击。红军面对的马家军，多为骑兵，机动灵活，行动迅速。每次进攻，马家军多是先以炮火轰击红军阵地，而后开始集团猛冲，步骑交加，刀枪并举，即使遭受猛烈杀伤，也不肯轻易败退，很快又能组织起第二次、第三次、第四次冲锋。为了避免被红军缴获，他们每人只携带三四排子弹，打完后再回去补充。遇到红军出兵反击时，则迅速退却，引诱红军追击，尔后利用空旷地带，发挥骑兵特长，实行快速反击。况且，归马步芳指挥的正规军有3万余人，另有从青海、甘肃地区等地区强征参战的"国民兵团"约10万人，粮食、弹药、马匹可以源源不断地得到补充。较之马家军，红军只有2.1万余人，粮食、弹药奇缺，每人只带了三四天的干粮，子弹每人也只有十几发，多的也不过二十几

[①] 1排5发子弹。

发,且有耗无补。这一切,都预示着河西红军所走的是一条极为艰险的道路。

一条山战斗后,红四方面军总指挥部于11月6日向中革军委提出《平(番)大(靖)古(浪)凉(州)战役计划》,准备集中兵力西进,首先消灭平番(今永登)、大靖间马步芳部,进取大靖、平番、古浪、凉州(今武威)一带地区,以解决部队的就粮穿衣问题,并于7日向中革军委建议组织党的西北前敌委员会和军委西北分会。8日,毛泽东、周恩来电示:"徐、陈向凉州进,作战时集中兵力打敌一旅,各个击破之。"9日,河西红军分3个纵队向西进发:红三十军为第一纵队,在右翼,由一条山地区向大靖前进;红九军为第二纵队,在左翼,由镇虏堡地区经松山城、干柴洼向古浪前进;红五军为第三纵队,在红三十军之后跟进,执行监视、警戒任务。陈昌浩、徐向前随红三十军行动,王树声继续随红九军行动。

残酷的战争环境,使王树声无法安心"赋闲养病",而繁重的作战任务,也使河西红军离不开他这位能征惯战、独当一面的战将。11月7日,徐向前、陈昌浩致电朱德、张国焘、毛泽东、周恩来:"为加强前线及各军军事领导,提议以王树声任前敌或原旧副指挥。"11日,中共中央和军委命令渡河部队组成西路军,成立西路军军政委员会,"统一管理军事、政治与党务",并任命陈昌浩为军政委员会主席,徐向前为副主席,陈昌浩、徐向前、曾传六、李特、李卓然(以

■ 红西路军使用的发报机

上5人为常委)、熊国炳、杨克明、王树声、李先念、陈海松、郑义斋为委员。根据中央命令,红四方面军总指挥部改称西路军总指挥部,徐向前任总指挥,王树声任副总指挥。从此,王树声以副总指挥名义指导红九军工作。

西路军西进,马家军随即跟踪追击。尾追红九军的马家军即有敌骑兵第五师两个旅和第一○○师1个旅。

王树声和红九军军长孙玉清、政治委员陈海松为摆脱敌人追兵,命令部队以急行军速度昼夜兼行。11月的西北原野,飞沙扑面,天寒地冻,哈气成冰。大病初愈的王树声和身着褴褛单衣的红九军指战员们一样,冒着凛冽的寒风,顽

■ 红西路军军旗

强地行进着。时任红九军军部一科参谋的李新国曾这样回忆当时行军的艰辛:"隆冬十一月的西北天气已经是滴水成冰的季节了,同志们穿着不挡寒风的单衣、单裤,在沙漠中行军,寒风卷起满天的风沙,迎面打在脸上,像一团团蜂子蜇着钻心痛,睁不开眼睛。"

11月10日,红九军先头部队进入古浪县境,击溃守敌马福仓部,占领了干柴洼。干柴洼是山背上的一个集镇,易守难攻。王树声、孙玉清、陈海松立即命令部队修筑工事,利用院墙做掩体,挖好枪眼,加强警戒,准备阻击敌人。这时,马步芳的前线总指挥马元海率马彪3个骑兵旅、马全义团及部分民团尾追而至。11日7时许,追敌在飞机的掩护下,分东、西、南三面向干柴洼猛扑。在王树声的指挥协调下,军长孙玉清、政委陈海松各司其职,协同作战,与敌激战一天,击毙敌第一旅司令部副长官苗雨清,直打得敌人发出了"堵不住,打不过"的无奈哀叹。

干柴洼战斗,虽给敌人以大量杀伤,但红九军自身损失也不小,无法阻止敌人的追击。王树声、孙玉清、陈海松遂于当夜率部撤出干柴洼,向横梁山转进。敌骑兵或在后面跟踪而来,或在两侧与红九军并行,王树声用望远镜即可辨别其马队的颜色。为缩短行军距离,防敌袭击,王树声与孙玉清、陈海松商定,部队夜行日宿,并由一路纵队改为两路纵队,机枪、火炮也脱掉枪衣、炮衣,准备随

时投入战斗。敌则夜宿日袭,红九军步行一夜,敌骑兵几个小时就能赶上。

■ 干柴洼战场旧址

11月12日,红九军进至横梁山。尾追之敌3个骑兵旅随即赶到,并对红军阵地发起攻击。为打击追敌的嚣张气焰,王树声指示陈海松率领的后卫部队,利用横梁山的有利地形,阻击敌军。经一昼夜激战,击伤敌骑兵第五师第二旅旅长韩起禄,击毙敌副官马三彪以下军官30余名。13日,红九军先头部队第二十七师第八十一团,乘夜暗经黄羊川奔袭古浪。守城民团一触即溃,弃城而逃,该团占领古浪。15日,王树声等率红九军主力进抵古浪。

红军进占古浪,敌人一片惊慌。国民党的飞机发现马家军畏缩不前,向他们投掷了三枚炸弹,以示警告。马步芳则严令马元海不惜任何代价,夺回古浪。红九军刚刚占领该城,敌即蜂拥而至。

古浪城不大,却是河西走廊的要冲、西进凉州的门户,古称"虎狼关",历来为兵家必争之地。城南的南山,居高临下,可以俯瞰全城。根据地形条件,王树声强调,要想固守古浪城,必须首先控制南山制高点。但红九军领导对王树声的指示却没有引起高度重视,而是以第二十五师部署于城的西南,以第二十七师扼守城的东北,仅派出一个加强团驻守南山制高点。命令下达后,各部队抓紧时间,连夜抢修简易防御工事,在院墙上掏挖射击孔,为即将到来的恶战做着准备。

11月16日拂晓,马步芳集中3个骑兵旅、2个步兵旅及4个民团的重兵,从西南和东北方向对古浪发动了猛烈进攻,并拿出与红军拼命的架势,强令部队"作战不退、无命不回"。在飞机和大炮的掩护下,敌人依仗人多马壮的优势,采取所谓"耗牛战"和"人海战术",轮番对红军阵地发起冲击。

征战疲惫的红九军,在工事尚未来得及修好的情况下,于古浪城的外围同敌人展开了厮杀。其中,南山的战斗,最为激烈。加强团集中了所有的火力,连续反复地与敌人拼杀。整个山谷,炮声隆隆,喊杀震天。守卫山头制高点的指战员们,英勇无畏,子弹打完了用刺刀和大刀拼杀;手榴弹打完了,用石头砸。经过两个多小时的激战,还是打退了敌人的进攻,守住了阵地。

第二天,敌改变战术,一面以骑兵迂回穿插,切断红九军各部队的联系,一面集中步兵猛攻南山,直接威胁军部的安全。红九军的部署被打乱,部队各自为战。坚守南山的加强团,经几小时激战,终因孤立无援,弹药耗尽,大部壮烈牺牲。敌人控制南山后,遂居高临下,以密集的火力将红九军压进城内防守。古浪城的城垣因早年地震而坍塌,破烂不堪,极不利于防守,敌人旋即突入古浪城内。红九军随即与敌展开激烈巷战,逐屋争夺,反复肉搏,在付出重大牺牲后,才将敌暂时击退。

古浪战斗,敌数倍于红军,空中有飞机,地面有大炮,同时不利的地形使红军本来捉襟见肘的兵力更是顾此失彼。若不是广大指战员英勇顽强、敢打敢拼,恐怕早就全军覆没了。经3昼夜血战,红九军共毙伤敌2000余人,但自身损失也达2000余人,排以上干部伤亡尤重,军长孙玉清负伤,军参谋长陈伯稚、第二十五师师长王海清、第二十七师政委易汉文均壮烈牺牲,减员增至1/3。

对于古浪战斗的失利,随军行动的王树声十分痛心。以后当他回顾这一战斗时,仍不无惋惜地说,从指挥上讲,这仗欠妥当啊!古浪的城墙残破,地势低洼,确实是不利防守;可如果把守好城外的制高点,先把敌人挡住,再在城内做好二道防线,情况就会好多了。而我们偏偏忽视了这些,被敌人抢占了城外的高地。这就好比高山压顶,毫无办法。这个血的教训,应该牢牢记取……

在红九军将敌主力吸引于古浪的同时,红三十军乘虚向西疾进,先围凉州,进占城西四十里铺,继而攻克了永昌县城。11月18日黄昏,王树声、孙玉清、

■ 横梁山

陈海松乘夜色朦胧率领部队从古浪突围，之后分3路纵队昼夜兼程向永昌赶进。20日，红九军行至凉州达家寨后分作两路：王树声率军部及第二十七师绕道凉州城北，沿陈冲堡进入永昌境内的杜家寨，做短暂休整；陈海松率第二十五师尾随红五军进至凉州四十里铺，后又西移永昌东二十里铺休整。24日，红九军进驻永昌县城。

■ 古浪红军烈士墓

在永昌城内的一个天主教堂里，西路军军政委员会主席陈昌浩亲自主持召开红九军营以上干部会议，追究古浪失利的责任，并提出"对红九军要彻底整顿"，同时令红九军转入休整。

休整期间，西路军军政委员会为从组织上加强并保障红九军，决定撤去红九军军长孙玉清的职务，由王树声兼任红九军军长，陈海松为政治委员，李聚奎为参谋长，徐太先为政治部主任。王树声根据红九军部队受损情况，调整了编制，同时充实了各级干部。调整后，红九军下辖第二十五、第二十七师。第二十五师仍下辖3个团，每团800余人；第二十七师仅1300人，下辖两个团，每团两个营。他还多次召开各级干部会议，带头查找缺点和错误，检讨干柴洼、古浪等几次战斗的教训。作战失利，指战员们心里很不是滋味，都灰溜溜的，抬不起头来。王树声针对这种情况，做了大量工作，使部队的沮丧情绪有了好转，"士气较振"。①

---

① 《徐向前、陈昌浩、王树声关于敌我情况致中央军委电》，载自《中国工农红军第四方面军战史资料选编·川陕时期》（下），解放军出版社1993年版，第901页。

王树声兼任红九军军长后,因工作需要,有关部门给他调配了警卫员和通讯员。当中有一个"红小鬼",叫董元国,原是红九军第二十五师交通队的。两人一见面,都不由得回忆起一段往事:那是在长征路上的雅安附近。有一天,董元国送信到总指挥部,看到王树声正给一群警卫员传授短枪的射击要领。讲罢,他便举枪示范,并指着四五十米外一座破屋的屋顶说:"瞧,我打右下角那三片瓦!"——啪!啪!啪!王树声话音刚落,三片瓦已应声粉碎。周围一时爆发出热烈的掌声和喝彩声。董元国一边使劲地鼓掌喝彩,一边寻思:怪不得传闻王副总指挥是神枪手呢,果然名不虚传!正在这时,六架敌机突然飞来,呼啸着掠过他们的头顶。董元国从没有经历过这种场面,只听人讲过:"天不怕,地不怕,就怕飞机拉屎庖(扔炸弹)!"他一下就慌了,转着磨磨跑,不晓得怎么办。

"那个小鬼!不要乱跑,就地卧倒,快!"王树声大喊。

董元国如梦初醒,赶紧趴到田埂边,就手捞了一捆刚收割的稻谷,蒙住了自己的脑壳,可还露着大半个身子,活像一只鸵鸟。敌机丢下几颗炸弹后,很快飞走了,可董元国仍旧趴在那,一动不动。王树声走过来,掀起稻谷,亲热地把他拉起,笑着说:"小鬼,飞机扔炸弹没有那么可怕哟!看着它在头顶上扔,其实炸弹还要飘老远呢。以后再碰上空袭,千万别再乱跑,就地隐蔽就行了……"这样,他俩就算认识了。现在,他们调到了一起,如故友重逢。王树声提起小董那

■ 被马步芳杀害的西路军战士

"鸵鸟的故事",还逗趣地问:"小鬼,还怕飞机么?"董元国脸一红,停顿了一下,他答非所问地说:"就是现在这仗,比我们长征时打得还苦。您看,副总指挥,在古浪我们牺牲了多少同志!"王树声长叹一声:"是啊,更苦的恐怕还在后头哪!让我们好好干,为死难的同志报仇吧!"

  西路军已进入河西走廊中部,开始面临新的困难。这一地区,北面是沿龙首山脉的古长城,再往外则是荒凉的沙漠戈壁了;南面是终年积雪、海拔四五千米的祁连山;东起凉州、西迄高台,长数百里,宽不及百里,村庄零落,人烟稀少。坐落在这一狭长地域上的永昌、山丹两县,人口仅有11万,自古是内地通往新疆及中亚的要道,也是历代兵家的必争之地。当地,没有中国共产党的工作基础,而且回汉杂居。当年,清朝大臣左宗棠西征"平叛",屠杀了成千上万的回族同胞,使回汉矛盾一直十分尖锐,流血械斗不断,尤其对汉族军队,更是横眉冷对,加之马家军"红军杀人放火,共产共妻"的造谣欺骗,群众对红军的政治主张,充满了歪曲和误解。一见红军,人人退避,家家关门;大姑娘、小媳妇都在脸上涂一层黑锅烟,掩盖面容。因此,这一地区不论地理和群众条件,都对红军非常不利,兵员物资的补给也十分困难。

  从11月22日至12月上旬,马家军集中兵力,不断对西路军发起大规模进攻。由于红九军元气大伤,需要休整,西路军主要以红三十军和红五军在东起凉州、西至四十里铺的地段上与敌进行艰苦的战斗。半个月里,西路军无日不战,毙伤敌达6000余人,但自身损耗也很大。到12月中旬,西路军由过河时的2.1万余人减至1.5万人,且有耗无补,战斗力大不如前,局面日渐被动。

  在红九军休整的同时,王树声预料敌人在古浪得手之后,绝不会善罢甘休,因此他命令部队抓紧时间抢修防御工事,并在敌人进攻的主要方向上布置鹿砦。果然,敌人依仗骑兵速度快的优势,很快跟踪追击到永昌城外。12月7日,马元海调集重兵,配以山炮、迫击炮和3架飞机向永昌城东面阵地发起了进攻。王树声遂指挥部队与敌展开反复拼杀,奋力据守,顶住了敌人一次次的疯狂猛砦。14日,马元海又集中5个旅和7个民团,向红九军第二十七师防地发起了进攻。敌人故伎重演,先用大炮猛轰红军阵地,接着就是骑兵冲锋,以迫使红军与之肉搏拼杀。王树声率红九军依靠各据点互相配合,经过一昼夜的浴血奋战,又一次将敌击溃。战斗中,第二十七师师长刘理运、第八十一团团长肖永继以下百余人英勇牺牲。之后,红九军又多次击退敌重兵的进攻,守住了永昌城,但自身也遭受了很大的损失。

  多年以后,原红九军军部一科的参谋李新国回忆起永昌保卫战的情景时,残酷之状仍历历在目:

    敌人的攻击一天比一天激烈,空中的飞机和地面的炮火不断地向我城里轰击,我驻城内机关干部和勤杂人员也遭受伤亡。尽管全体指战员粉碎了敌人数十次的进攻,给予敌人以沉重的打击,守住了阵地,并与敌人对峙了半个月。但是,部队严重减员,城里所有的庙宇空房都住满了伤员,因为缺医少药,对伤员的救护工作也十分困难,许多伤员因无药医治而牺牲。尤为困难的是守城部队没有弹药,用刺刀和石头对付敌人的枪炮也不是长久之计。① 在永昌保卫战中,临危受命的王树声,克服敌我兵力对比极为悬殊的严重困难,指挥部队据城抗击,沉着应战,多次打退优势敌军的疯狂进攻,经受了血与火的考验。

二、征途血战

1936年12月底,西路军总指挥部撤离山丹、永昌地区,继续西进。王树声随即奉命率红九军撤出永昌,再次踏上了西进的征途。寒风夹带着沙砾、雪屑,像发怒咆哮的狮子,撕咬着指战员的脸颊,尖叫着回旋在指战员衣着单薄的身体周围。气温降到零下30多度,连耐寒的沙柳也冻得瑟瑟发抖。大家冻得缩着脖子,不敢伸出手,不少身体弱的人冻倒了,病号冻得不能坐担架。收容队在村庄或背风的洼地,燃起枯枝和芨芨草,好让掉队的人稍微暖一暖身子,再追赶部队。

1937年元旦,打前站的红五军一举攻占高台。1月上旬,王树声率红九军围攻甘州(今张掖市)未下,转而进驻临泽县城东南的沙和堡一带。西路军总指挥部随红三十军进驻倪家营子,总部设在缪家屯庄。总部直属队和红五军一部驻扎临泽县城。这一带人多粮丰,总指挥部决定在这里略做补充和休整后,再继续西进。

此时,敌马步芳、马步青部5个骑兵旅、两个步兵旅及炮兵团、民团等共2万余人,在马元海的率领下蜂拥追至,将西路军分割包围。1月12日,敌以一部兵力钳制红九、红三十军,而集中主力4个旅和炮兵、特务、手枪3个团及部分民团,绕道西进,在飞机大炮的掩护下,猛攻红五军驻地高台。红五军以有我无敌、有敌无我的精神与敌血战7昼夜,但终因寡不敌众,高台城失守。军长董振堂、政治部主任杨克明等3000余人壮烈牺牲。与此同时,总指挥部派出接应红五军的骑兵师,出动不久即与敌遭遇,激战中大部损失。西路军遭受渡河以来最为严重的损失,王树声和全军指战员一样,闻此噩耗,极为震惊和悲痛。

马家军攻克高台后,气焰更为嚣张,掉头围攻临泽,除以一部兵力围攻城外的红五军余部外,以1个多旅的兵力猛攻临泽县城。城内红军,多为直属队、总经理部的人员,武器装备少,战斗力薄弱。在这危急关头,无论是机关干部、后勤人员,还是男女老少,全部投入战斗。经过3昼夜激战,守城部队在红九军一部接应下突出重围,进抵倪家营子,与主力会合。

1月23日,王树声率红九军主力向东进至甘州龙首堡(今龙渠),准备在此稍加休整,再行作战。与此同时,西路军总指挥部进驻龙首堡张福寿屯庄,红三十军全部及红九军1个团到达甘州西南50里之西洞堡。

---

① 《俄壮的征程》(上),甘肃人民出版社1991年版,第169页。

这时，敌马元海察知西路军动向后，旋即调骑五师的马禄旅东撤防堵，以韩起功旅固守甘州及沙河堡，其余马彪旅、马步康旅机动分散，袭击红军。1月27日，红三十军在西洞堡歼敌1个宪兵团，击溃敌1个手枪团，缴枪1200余枝及大批物资。28日，鉴于敌情变化，为继续调动敌人，以寻机歼敌，西路军主力向倪家营子地区集中，王树声率红九军为前锋。

倪家营子位于临泽东南70多里的沿山地带，南面十几里就是绵亘千里的祁连山，北面是一片坎坷不平的戈壁滩，南北狭长10多里，东西宽约五六里，是个人口集中、粮米较丰的大自然村。全营子共有43个屯庄，星罗棋布。每个屯庄都建有一个或几个土围子，黄土围墙高三四米，厚一二米，每个土围子有一个坚固的大门，关起大门就像一座小城。较大的屯庄，还筑有望楼和墙堡。庄与庄之间往往隔着田野、沟渠和树林。屯庄多以主要人家的姓氏命名，如李家屯、赵家屯、雷家屯等。西路军总指挥部住在廖家屯。倪家营子南高北低，因而习惯上南半部叫上营子，北半部叫下营子。依据地形条件，西路军总指挥部将西路军收缩在下营子地区的20个屯庄里，计划通过凭垒固守，消耗敌人有生力量之后，再转入反攻。

■ 临泽倪家营乡汪家墩

西路军进驻倪家营子，当即被敌发觉。1月29日，马元海电告马步芳：红军大部离开甘新公路进入甘州南的倪家营子，占堡寨43处，星罗棋布于周围10里之地，总人数约有13000余人。确系主力。接电后，马步芳立即下令围攻，马元海遂集中韩起禄旅、韩起功旅、马彪旅、马扑旅及马步康旅的刘呈德团及大量民团，从四面形成了对西路军的层层包围。

敌重兵压境，恶战一触即发。王树声遵照总指挥部命令，率领红九军布防于倪家营子的东北方向，与扼守西南方向的红三十军前沿阵地相接，构成椭圆形的防御圈环。他一面指挥部队纵深梯次配置兵力，构筑防御工事，在主攻方向上布设鹿砦，设置障碍物，以阻止敌骑兵的进攻，一面开展群众工作，进行政治宣传，鼓舞士气。

从31日起，敌人不断对倪家营子展开疯狂的进攻，每次进攻都先以大炮猛烈轰击，而后组织大量骑兵在轻重机枪掩护下进行集团冲锋。西路军指战员在一无炮火支援，二因弹药缺乏，步枪机枪几乎失去作用的情况下，全靠近战、肉搏对付敌人。"有我无敌，血战到底，寸土不让，坚守阵地"成了他们杀敌的誓言。他们把步枪架在一起，手里拿着大刀、长矛、木棍，单等敌人上来。每当敌人蜂拥至阵地前，他们迅速从被敌打塌的工事、寨墙里一跃而出杀入敌群，与敌展开白刃格斗。不仅轻伤员，连重伤员也誓死不下火线，战斗至生命垂危时，他们就自行拉响手榴弹与敌人同归于尽；有的指战员当手中的武器被毁之后，即赤手空拳与敌格斗，或扼住敌人的喉咙，或咬掉敌人的耳朵，或拔掉敌人的胡子，尽一切可能地苦战着。

在这里，生存就是战斗，战斗就是生存，指战员的指挥、勇气、力量都发挥到了最大限度。整个战场上，到处是"一片土地一片血，一个战士一团火"的悲壮场面。

王树声全身心地投入到这种忘我的拼杀中，他为牺牲这么多的好战友而痛心，更为红军拥有这样英勇无畏的指战员而热血沸腾。由于昼夜坚守，无日不战，王树声和指战员们异常疲劳。战士们可以乘敌人退下去的空当，在工事里睡一会儿，以恢复精力，准备再战，而王树声却不能享受这一"待遇"。他既是指挥员，又是战斗员，不但每战身先士卒，而且还要在战斗间隙不断地跑来跑去，或慰问战士们，或给大家讲打骑兵的战术，或带领大家高唱革命歌曲，鼓舞斗志。他最爱唱《起来吧，同胞们》这首歌，据说是他自编的词儿："起来吧，同胞们，日本狗强盗抢占我东北，又占我河北，中国快完了！我们要赶快团结起！保卫祖国，收复失地，实行对日作战，胜利一定是我们的！勇敢前进，前进，中华解放万万岁！"

作为高级指挥员，如何摆脱困境，一直盘旋在王树声的脑际。可是，这毕竟太难了。敌人人多势众，补给源源不断，虽然遇到西路军英勇抗击，但攻势不仅没有丝毫地减弱，而且不断增强。而西路军却孤军血战，连同伤病妇孺，不过1.3万余人。比张牙舞爪的敌人威胁更大的是粮弹的奇缺。几个土豪地主的粮食没几天就被吃光了，老百姓几乎把所存的粮食都卖给了西路军，但也只是杯水车薪；子弹打一发少一发，手榴弹扔一枚少一枚，无法得到补充。饮水更成问题。当地村民夏日饮用水靠积存祁连山上的雪水，冬季只能在院子中间挖一个土坑，靠下雨积点水，人畜共用。在这种困难条件下，部队一天能分到够煮饭的水就不错了。为缓解焦渴，有的战士甚至把沟洼里不多的冰块敲下来，化成了水喝，但冰块也很快没有了，战士们只有靠顽强的毅力忍耐着。

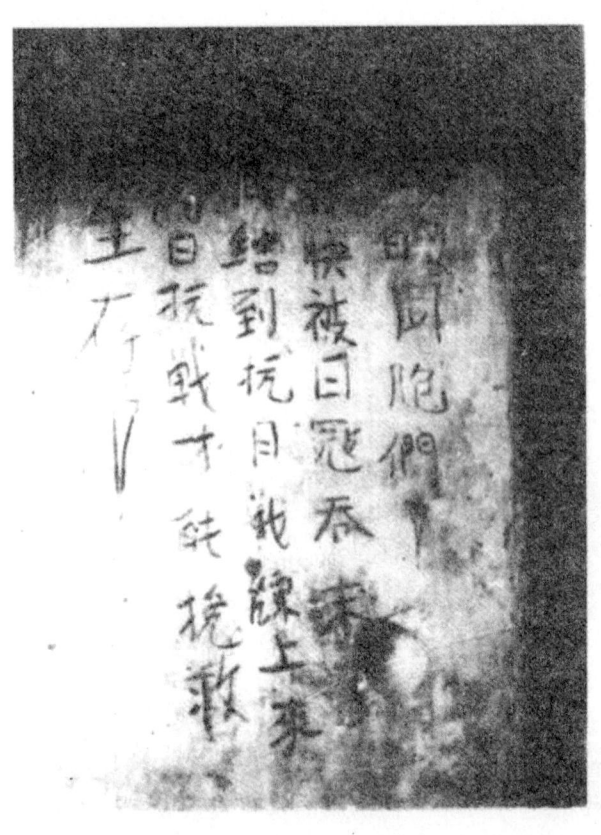

红西路军写的标语

至2月中旬,西路军在倪家营子苦战十余天,虽击退敌人大规模进攻八九次之多,总计毙伤敌近万人,自身伤亡亦巨,全部兵力已不足万人。西路军军政委员会鉴于长期困守不利,决定分路突围。

2月21日,西路军撤离倪家营子,西进至威敌堡一带。但因地形不利,堡寨太多,易被敌人封锁,又连夜返回倪家营子。这时,倪家营子已遭到敌人的残酷蹂躏,到处是断壁残垣等被烧杀过后的凄凉惨景。群众逃避一空,看不见一个人影,听不见一声鸡叫。

西路军返回倪家营子后,还没做好防守的准备,就又陷入了敌人的重兵包围。敌人的进攻愈加疯狂,西路军被迫再次与敌展开激战。王树声指挥红九军,与敌由逐村争夺,发展到逐屋争夺。苦战到2月27日,倪家营子失守,西路军被迫向西转移到威敌堡、三道流沟一带,随即又被敌马元海部包围。敌人越聚越多,沿着四周的戈壁滩,层层构筑工事。夜幕降临时,敌人燃起的火堆密密麻麻,形成数道火环,将西路军驻扎的屯寨照耀得如同白昼一般。敌集中5个旅以上的兵力,采取集团冲击方式,一次次地向西路军阵地发起猛烈攻击。敌人的进攻,不再限于前沿村庄,而是直插纵深,对红军心脏地区和后方的屯庄进行包围和突袭。西路军指战员依据断壁残垣坚守,伤亡越来越大,形势越来越险恶。

在此期间,为了对付敌人的重兵包围,配合战斗需要,机动地牵制敌人的有生力量,总指挥部决定以原来骑兵师仅存下来的少数干部、战士、马匹为基础,重新组建骑兵师,归红九军领导。王树声对此极为重视,在人少马缺的困难情况下,积极抽调军直属队的人员和马匹,支持骑兵师的组建。骑兵师组建后,经过短期的骑术和战术训练即投入战斗。王树声十分看重和爱护西路军这支"特种部队"。2月底,为牵制敌人,缓解正面防御压力,他命令骑兵师插入敌后到永昌东南,以求出奇制胜。骑兵师当即奉命出发冲破敌人封锁,插入敌后,但因敌人兵力占绝对优势,不仅没有达到吸引倪家营子的敌人的目的,反而陷入了来自古浪的敌人和当地民团的包围。王树声得知这一情况后，十分焦急，当即命令骑兵师立即返回倪家营子。骑兵师摆脱敌人返回后，王树声连夜去看望了骑兵师的指战员，嘱咐大家不要气馁，好好休息，等待新的任务。

3月7日，敌人向三道流沟西路军阵地发起了更大规模的集团冲锋。西路军将士与敌昼夜激战，歼敌千余，但因火力太弱，只能在堡寨内苦守，自身伤亡很大。9日晚，敌又以数团发起强攻，占据了南流沟、西流沟中间地带。西路军集中兵力出击，激战一昼夜，未能将敌击退。敌越聚越多，并隔断了红三十军和红九军的阵地，局势已危如累卵。到11日，西路军经过连续的恶战，损失过半，疲劳至极点，已无法继续坚守阵地。在这种情况下，西路军总指挥部决定星夜突围，经梨园口向祁连山区转移。

梨园口是河西走廊与祁连山交界线上的一个山口子，是进入祁连山的入口。只有顺利通过它，西路军才能进入祁连山的腹地，摆脱敌人的追击。为了早一点到达梨园口，王树声不顾疲倦，命令部队以急行军的速度前进，争取用两条腿赶过马家军的骑兵。夜幕低垂，寒风阵阵。指战员们累得张着嘴，喷着热气，眉毛上、鬓角上、帽檐上，以及由于几个月没刮脸而长得乱蓬蓬的胡须上，很快都结了雪白的霜花。

3月12日拂晓，红九军终于赶到了梨园口，红三十军和总指挥部也进到梨园堡一带。但是，大批马家军骑兵随后跟踪而至，并从左翼迂回，企图切断西路军去路。前为冰雪覆盖的祁连山脉，后为凶残追击的马家军骑兵，西路军只有把住山口，才能退入祁连山。王树声意识到，决一死战，已不可避免。

梨园口像是用巨大的宝剑在山腰上劈开的一座大门，夹在对峙的几座山峰之间。山口南侧是蜿蜒的梨园河，此时已干涸，梨园堡位于梨园河边。坐落在梨园堡东侧的寺汪山，夹在河谷出口与山口之间，是进入祁连山的天然屏障。

为掩护红三十军展开，王树声在左翼急起应战，指挥就近的部队抢占寺汪山，命令进到山口里面的部队抢占山口西侧的山梁。狡猾的敌人迅速剪掉了红九军的后尾，并从北边抢占寺汪山。双方为夺占制高点，展开了拉锯式地争夺。这时的红九军，虽然还保持着两个团的建制，但实际已不到1000人，其中还包括不少机关人员、医护人员、伤残病号和妇女、小孩等，而且已饥饿至极，疲惫不堪。但面对如蚁的敌人，他们却毫无惧色，或用刺刀挑，或抡大刀砍，或举石头砸，用血肉之躯与敌人争夺着每一寸阵地。他们知道，多坚持一分钟，多消灭一个敌人，总指挥部和兄弟部队就能展开得充分一点，压力就少一点，战友们就多一分生存的希望。但是，敌人像潮水一般，杀退一批，又上来一批。整个梨园口内，人叫马嘶，刀光闪闪，血肉横飞，战况极为惨烈。不到半日，红九军仅剩的两个多团基本拼光，政委陈海松、政治部宣传部部长黄思彦，第二十五师政委杨朝礼，均在战斗中壮烈牺牲。

红九军失利，敌随即倾全力向红三十军压迫。为掩护总指挥部机关和伤病人员安全向山里转移，该军第二六四团全部损失，第二六三团也大部损失。此时，

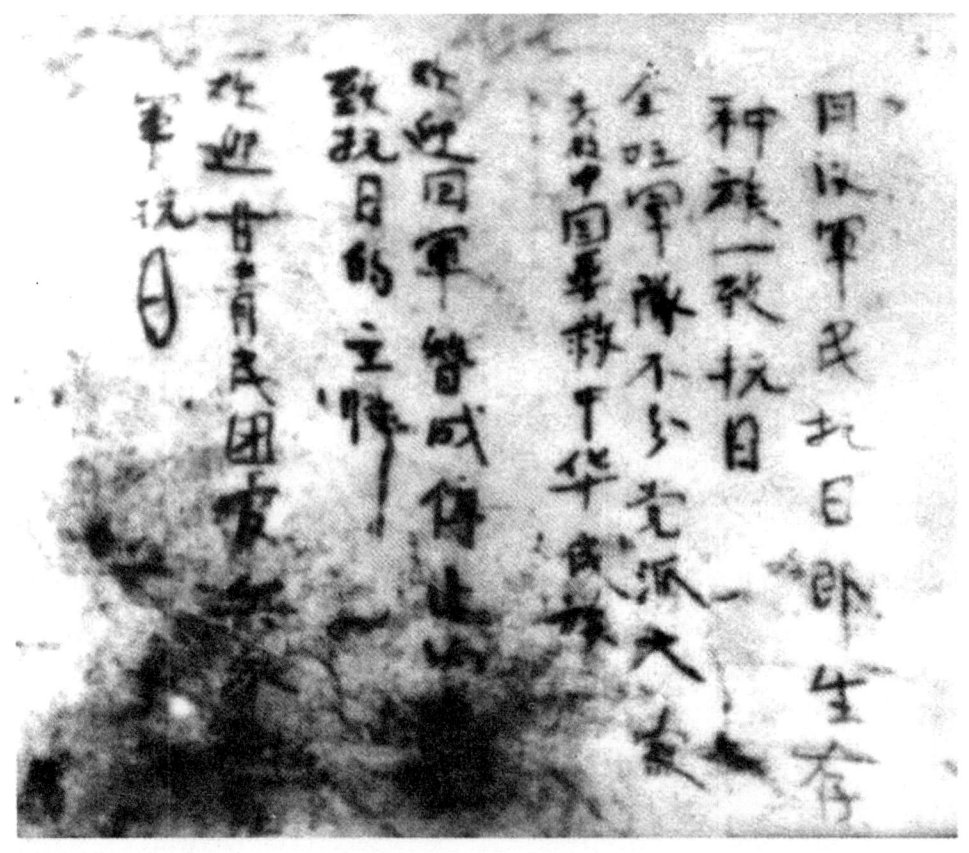

■ 西路军写的标语

西路军的兵力连大批伤员在内,已不足3000人。在西路军总指挥部的带领下,部队边打边撤,连夜向祁连山深处转移,直奔40公里外的康龙寺。至此,西路军经过4个多月的艰苦战斗,归于失败。西路军所属各部队,是经过中国共产党长期教育并在艰苦斗争中锻炼成长起来的英雄部队。在极端艰难的情况下,在同国民党军进行的殊死搏斗中,西路军的广大指战员视死如归,创造了可歌可泣的不朽业绩,在战略上支援了河东红军主力的斗争。西路军指战员所表现出的坚持革命、不畏艰险的英雄主义气概,为党为人民的英勇献身精神,是永远值得人们尊敬和纪念的。

三、祁连山游击

入夜,王树声率红九军余部为前卫,利用山麓地势,边战边撤。一路上,山大沟深,冰霜遍地,凛冽的寒风钻心刺骨。王树声看着七零八落、饥饿疲惫的部队,看着衣着单薄,头发、眉毛上挂满冰屑的战士们,更思念着牺牲的亲密战友,心如刀绞。

3月14日，部队到达康龙寺以南之石窝附近。康龙寺是个大喇嘛庙，粮食很多。战士们多少天没有吃过一顿像样的饭了，真想在这儿喘口气，饱饱吃一顿。可是，敌人追兵如影随形，接踵而至。敌人集结数旅之众，分黄马队、青马队、灰马队，从西北、正北、东北三面，呈半月形包围上来，恶狼般冲向西路军阵地。王树声协助徐向前指挥部队与敌在满目荒凉的荒草山冈上又一次展开血战。这时的红军，每支步枪只有四五发子弹，手榴弹每人平均不到一枚，当作武器的石块也越来越不好搜集。为节约弹药，指战员们只好等敌近到30米以内，才发起反冲锋。红军打退了敌人一次又一次的进攻，但自身也已到了筋疲力尽的地步。

夕阳晚照时，部队退到石窝一带的山上。石窝山山顶平坦，东面是悬崖峭壁，南面是挺拔突起的祁连山雪峰，西面是架鸡儿岭，只有北面有一条狭窄的通路。山下云集的几万敌军，正随时准备向西路军发起冲锋。为了烧饭和烤火，敌人燃起了一堆堆篝火，火光像乱舞的毒蛇，在沉沉夜色里延伸开去，远达数里。山坡上，一片片地倒着牺牲的西路军战士的遗体，无数马匪的死尸也夹杂其中。穿着破烂、面色黑瘦的红军指战员们散坐在石窝山头。伤员们躺在冰冷坚硬的山石上，不时发出低微的呻吟声。瘦骨嶙峋的战马，默默地啃着石缝中的枯草。

看着眼前的惨景，王树声这个驰骋沙场，钢铸铁打的硬汉子禁不住热泪盈眶。他怎么也想不到，红四方面军这支曾使敌军闻风丧胆的部队会遭到如此惨重的失败。从鄂豫皖到川陕，从嘉陵江到黄河边，这支英雄的部队打过多少硬仗、恶仗，即使一时失败，也从来没有败得这样惨，这样难以挽回。一团团迷雾笼罩着王树声沉重的心。可眼前的困境不允许他多想，他知道，目前最要紧的就是立即决策，想方设法把剩下的部队带出困境，否则西路军就会全军覆没。

■ 红西路军战场遗址

陈昌浩在石窝山上紧急召开了师以上干部会议，讨论部队今后的行动方针。会议认为，西路军已战到最后，只有设法保存基干了。鉴于部队集中活动目标太大，会议决定：（一）徐向前、陈昌浩离队回陕北，向中共中央汇报情况。（二）由李卓然、李先念、李特、曾传六、王树声、程世才、黄超、熊国炳等组成西路军工作委员会，李先念统一军事指挥，李卓然负责政治领导。（三）将现有兵力和人员分为3个支队，进行游击活动：张荣率一部兵力及伤员编成一个支队，约1000余人；李先念率红三十军主力组成左支队，约5个营的兵力；王树声率第二十团及骑兵两连组成右支队，约700余人。

天渐渐黑下来，凛冽的北风一阵紧似一阵。就要分手了，悲壮的气氛笼罩着整个石窝山顶。谁也不能预料，这一刻分手何时才能够再见啊！这次的生离也许就是死别啊！在无数的残酷战斗和不尽的艰难险阻中凝结下伟大革命情谊的战友们，互相紧紧地拥抱、握手，说不尽勉励和珍重的话语。

李先念、李卓然、王树声怀着万分沉重、依依难舍的心情送走徐向前、陈昌浩后，立即集合部队转移。为掩护徐向前、陈昌浩和左支队行动，王树声率领右支队首先向北行动，依托祁连山麓开展游击。他们的行动果然吸引了敌人的大部兵力。3月15日晚，部队进到康龙寺东南之黄番寺地区时，遭到追敌马彪旅的攻击。王树声旋即率部应战，激战3小时，将敌击退。16日，敌又发动进攻，右支队利用居高临下的有利地形，连续打退敌人十余次冲锋，击毙敌团长谭成祥、马占成等以下官兵百余人。18日，敌集中两个旅的兵力在强大炮火掩护下，再度发动猛烈进攻。右支队顽强苦战，但终因敌我众寡悬殊，大部壮烈牺牲。鉴于掩护任务已经完成，再战不利，王树声遂率余部撤出阵地。

当晚，夜色如漆，四周黑黝黝的山峰仿佛是一尊尊怪兽，狰狞可怕。王树声率领疲惫不堪的右支队，顶着寒风，踏着枯草，艰难地行进。由于过于疲劳，不少战士在马背上睡着了，天快亮的时候，才发现部队前后失去了联系。王树声一查，只剩下骑兵师长杜义德、骑兵师师部作训科科长李新国等几个干部和警卫员、通讯员等二十几个人。王树声考虑，天一亮，敌人就可能追上来，于是命令大家赶快爬山，占领山头，这样既可以观察失散的部队，又可瞭望形势和侦察敌情。红军刚爬上山顶，天已大亮，山下的敌人果然追了上来。王树声他们立即翻过山头，隐蔽到一条山沟里，幸运地摆脱了敌人的追击。之后，王树声和杜义德率领着这二十几个人，在连绵不断的祁连山里，开始了艰苦游击。

大约是第三天，敌人很快沿着他们的马踏的雪印跟踪上来。王树声立即组织几个人去进行阻击，掩护其他人员转移。枪声激烈响起，王树声带领剩下的十几个人安全转移，担任掩护的人却再也没有回来。此后，为了防止发生意外，他们几乎一天换一个地方，并用树枝把脚印扫掉。

此时，敌人的追击围堵丝毫没有放松。在一条岔河沟，王树声的队伍又遭遇了敌人。他立即命令大家掉转马头，边打边退，最后虽然摆脱了敌人，但又损失了几个人。王树声看着身边剩下的十来个人，思考着如何才能摆脱敌人的追击，把他们带出困境。

七八天后，王树声他们在一处地方休息时，突然发现在一堆刚烧过的火上还有热气，并在地上寻到一小块纸条，上面用钢笔写着李先念的字样。王树声判断，左支队在此宿营不久，可能又往西走了。于是，他决定立即往西追赶左支队。走不多远，迎面遇见了红九军原军长孙玉清和红三十军第八十八师师长熊厚发，身边各自带着一两名警卫员。他们都骑着马，熊厚发骑的是一匹大灰骡子。原来他俩是负伤后，为不拖累左支队，主动要求上山打游击的。他们告诉王树声，左支队已向新疆转移了。王树声决定，带他们一起行动。

祁连山有不少山洞和草棚，大都是牧羊人或淘金者为躲避风雨而挖凿或搭建的，这时却成了王树声他们宿营的好地方。一天，他们走进一条几里长的深沟，沟底都是细碎的沙石，靠深沟左侧的崖壁根下，泥沙淤积的断层上，有十来个挖好的土洞子。王树声决定在这里休息和宿营。为了保护孙玉清、熊厚发等几位受伤的战友，避免遭受敌人袭击，王树声和杜义德带领身体好的几个人在前沟的洞里休息，把孙玉清、熊厚发等受伤的人安置在后沟的洞子里。不料，住在前沟的王树声刚卸下马鞍，后沟就传来了枪声。王树声赶紧备鞍上马，赶往后沟。原来，敌人的一个运输队在经过沟底时无意中发现了孙玉清、熊厚发等。王树声立即指挥战士向敌人射击。敌人摸不清红军底细，很快溃逃。战后，王树声四处寻找被敌人冲散的孙玉清、熊厚发等人，却没有找到。是非之地，不能久停，王树声遂率领剩下的十来个人，继续在渺无人烟的深山沟谷里行进。

不知走了多少天，好容易才遇到一个放牧的老乡。王树声上前打听到新疆的路程有多远。老乡说："多远我也说不清，反正有一句俗语说，穷八站、富八站，不穷不富还有八站。"王树声意识到，要追上左支队是不可能了，而且敌人就在左支队后面穷追不舍，他们再跟着走是很危险的，于是决定掉头东进。

大约又走了三四天，王树声觉得战马越来越不方便，一是目标大，二是没处弄饲料，于是不得不决定丢掉这无言的战友。为了不让战马落入敌手，他们把马的四条腿捆起来，强忍热泪将它们推到大山深沟里之后，迈开双脚，继续东进。

东进途中，危险随时都会出现。一天，王树声等来到一片稠密的树林边，发现敌人的一队骑兵正向山上走来。王树声等立刻上好子弹，躲进树林，目不转睛地盯着渐渐走近的敌人，随时准备着开火。敌人爬上山后，东张西望了一阵，然后大摇大摆地从树林边走了过去，居然没有发现他们。躲过了一场硬仗，王树声长舒了一口气。

王树声率队转入祁连山游击，虽然一时摆脱了敌人的追击，但祁连山恶劣的自然条件，成为他们生存的又一严峻挑战。茫茫祁连山，平均海拔4000米，巍峨挺拔，常年积雪的冰川高入云霄，深沟大河纵横其间。此时，在华北平原已是该解冻的时节了，但祁连山依然天寒地凛，朔风呼啸。寒风夹着积雪和沙砾，吹在脸上，犹如刀割。在这冰天雪地的世界里，渺无人迹，少见飞鸟。王树声带领指战员们睡冰洞，吃草根，喝融雪，过着"茹毛饮血"的生活，饱尝着人世间最难以忍受的苦难，经受着参加革命以来最严峻的考验。正如许多西路军老战士所说，祁连山40多天的历程，经受的苦难超过长征时爬雪山、过草地时的许多倍，能在那种艰难困苦中挺过来，可以说是个奇迹。

时任红九军骑兵师师长的杜义德这样回忆当时的情景：

> 祁连山很大，我们在山里转的时间比较长。到底有多少时间，记不清了。从祁连山转出来是很艰苦的。那时我们没有吃的东西，只好吃草根，甚至树皮。我们认识哪些能吃，哪些不能吃，哪些吃了要中毒。在一开始我们右支队的人还很多，慢慢地就少了，有些因为疲劳而掉队。除了生存条件艰苦之外，后面还有敌人在追击。后来，我们这些人开始分散行动，因为集中在一起目标太大。但我始终与王树声一起。

即使在这样艰苦的条件下，王树声依然没有放松群众纪律。一次，王树声率队下山搞粮食，迎面碰上了当地的许多藏民。藏民不了解情况，不知道他们是什么人，也不知道他们是干什么的，向他们开枪。战士们立即拔出枪准备还击，但王树声及时阻止说："他们也是穷人，他们不是针对我们的。我们不能和他们打。"之后，他毫不犹豫地率队向山上撤退了。

尽管环境极端恶劣，条件异常艰苦，但王树声心中的革命之火一直熊熊地燃烧着。他时常乐观地对身边的战友说："你们看，这里有雪，有野菜，敌人困不死我们，更饿不死我们！只要坚持，忍耐，我们就一定能生存下去。从现在开始，大家更要团结友爱，互相关心体贴，保护好身体，保证不让一个同志掉队，为革命多保留一颗种子。记住：人在，火种是不会灭的！"

经过40多天的游击，鉴于部队损失，仅剩下少数人枪，且敌情紧张难以立足，王树声遂计划离开祁连山，经过腾格里沙漠地区转回陕北。

四、只身回延安

确定了出祁连山回陕北的行动计划后，王树声开始寻找机会通过祁连山口。但是，马家军在每一个山口都布置了哨卡，至少有一个排的兵力，王树声率队几次试探，都没有成功。

一天夜里，王树声他们刚转到离山口几十里路的一户人家前，一个老乡便提着灯笼，走出了屋门。老乡很有经验，看王树声等人衣衫褴褛，带着武器，便直率地说："这里危险，昨天有3个人从这里出去，都被马家军抓走了。"说罢，便引王树声他们进屋，并给他们端来了香喷喷的黄米饭。多少天没有见过黄米饭了，王树声他们连连道谢后，一阵狼吞虎咽就吃了个精光。饭后，天已快亮了，这位老乡把他们领到一座有四五层楼高的石崖边上，对王树声说："崖中间有个石洞，谁也不知道，就是知道了也不好进，你们先在里面藏一天，明天夜里再走。"王树声想，天快亮了，附近又没有躲藏的地方，老乡又这么诚恳，就答应了。于是，老乡用绳子一个一个地把王树声他们系到崖半腰的石洞里。最后，老乡也跟了进来，并嘱咐大家说："你们在里边不要弄出声音，等天亮后，我赶上羊群把你们的脚印盖掉。"王树声对老乡再次表示了感谢。

送走老乡后，王树声等人因连日行军劳累，倒头便睡。第二天中午12点左右，崖顶上忽然响起了枪声。王树声猛然惊醒，立刻拔出手枪，准备应战。可是，等了好长时间，也没有动静。傍晚，王树声听到有人顺着绳子从崖上下来了，他立即端着手枪警惕地盯着洞口。一会儿，从崖上下来的人到了洞口，王树声才松了口气，原来是救护他们的老乡。老乡说："你们听见枪响了没有？那是搜山的马家军。他们已走了很久了，你们上去吃饭吧。"说完，他自己先爬上去，然后又一个一个地把王树声他们吊上去。晚饭又是黄米饭。祁连山里能吃上粮食是不容易的，老乡毫不吝惜地用珍贵的黄米给大家做饭，使王树声等人深受感动。石窝会议后，总指挥部分给王树声等带队者一些金戒指，作为活动经费。为感谢老乡的舍命救护和热情照顾，王树声拿出几个金戒指送给老乡，并坚决要他收下。

离开老乡家后，王树声等顺着老乡指的路，继续向东走，想找机会走出祁连山口。深山老林中，到处是齐腰深的积雪，渺无人烟，不时还能看到几行老虎的脚印，危机四伏。黄昏，王树声见大家又累又饿，早已精疲力竭，便不管什么老虎野兽了，命令大家就地宿营。森林中，枯枝干柴是不缺的，大家燃起篝火，吊起随身带着的小行军锅，用老乡送给的黄米烧饭吃。饭后已经是七八点了，大家用枯枝败叶在地上铺了厚厚的一层，躺在上面，准备睡觉。寒风吹过森林，发出呜呜的鸣叫，好像无数头怒吼的野兽。王树声等好像什么也没有听见，很快进入了梦乡。

一觉醒来，天已大亮。刚睁开眼，王树声就看见对面山坡上十几个带着长枪的当地人，一边咋呼着，一边向他们的宿营地走来。走到离他们几百米的地方便停下来，朝宿营地打了一排枪，打中了一个战士的腿部。接着，便听到他们喊道："红军，你们缴枪吧！"王树声让红军战士高声回答："我们不是红军，我们没有枪！"

对面的人又喊："我们知道，你们是红军，你们有枪，把枪留下就放你们走！"王树声意识到，这些人不是马家军搜山的队伍，而是当地的地方武装。为了不致和他们发生冲突，多保留一点力量，王树声忍痛割爱，掏出自己珍爱的一支手枪（他带着两支手枪），对他们喊："我们就只有这一支手枪，给你们留在这里了！"喊罢，趁这些人还不敢接近，带领大家迅速从旁边的山坡撤退。

山坡下有一条深沟，沟里流着湍急的河水，沟上有一条铁索，但铁索两端的石桩却早被拔起，人走上去非常危险。怎么办呢？后有追兵，前有河水挡路，除这条铁索便无桥可过，只有冒险一试了。小通讯员杨兴中，个子小，身体轻，王树声决定让他冒险爬过铁索，把对岸的桩子栽好。杨兴中真是好样的，居然从铁索上慢慢地爬了过去。固定好桩子后，王树声等相继过了河。

两天后的中午，王树声等人来到民乐附近一个离山口十几里的地方。这一天，大约是端午节的前夕，阳历已是六月中旬了，敌人在山口的盘查已非常松懈。吃过饭后，他们掩蔽好实在不能再随队行动的伤员，开始做连夜过山口的准备。入夜，王树声率队开始向山口行动。一路十分顺利，没有碰上任何情况，王树声率队悄悄穿过了山口。接着，他们穿过一小片沙漠地，越过了河西走廊的大路。这时，村庄渐渐多起来了，有的还是大土围子，但王树声丝毫不敢停留，不顾连日劳累，率队从一个个村庄边上绕过，一夜急行40余公里，黎明赶到了民勤北边的小沟一带。这里是沙漠边沿地区，已比较安全，王树声这才率队在一家骆驼店里住了下来。

他们刚刚住下，正准备向掌柜的买粮食煮饭吃时，从店铺的东面来了个骆驼商队，约20余只骆驼，驮的是盐池县的食盐、三边的红枣和宁夏的大米、白面、布和猪肉等东西。王树声他们向骆驼队买了些吃的，饱餐了一顿。饭后，王树声和带队的商人闲谈，探知商人从陕甘宁交界的定边、盐池回来，那里现在住着红军部队。听到这个消息，王树声无比振奋。他召集大家说，我们已经度过了最艰苦的时刻，摆脱了敌人的搜捕和封锁，现在可以放开步子往回走了，大胆地去寻找红军和党中央了。为减小目标，他决定把剩下的人分成两组，迅速分路赶回陕北：他和杜义德、营长谭云保和几个警卫员是一路；李新国和通讯员曹丕堂、秦传山、周德玖是一路。临别时，王树声开会叮嘱大家说："分散以后的政治表现和党籍问题，回陕北以后，大家互相证明。"之后，大家便连夜分头赶路了。

王树声、杜义德一行走了大约三四天，行至腾格里沙漠的一个地方，旁边有个水井，不远处是东去的税卡，过了税卡，距离黄河就只有几天的路程了。这时，迎面来了几个骑着骆驼持着长枪的人，都着便衣，蒙古族人打扮，看样子像是当地的税卡武装。杜义德等立即把枪掏出来，做好了战斗准备。王树声则边走边和身边的战友商量着怎么对付。他仔细观察着形势，认为这些人主要是要钱、要枪，没有必要和他们打，而且他们人多火力强，打起来根本没有把握。为了保存力量，尽量避免伤亡，尽可能地争取和平过境，他要求大家把枪收起来，保持冷静，见机行事。对此，杜义德想不通，以为王树声怕死。王树声对他说："只要我们留得青山在，还怕没有柴烧？"

正说着，税卡武装已走到王树声他们跟前。其中一个带队模样的人用汉语问道："你们是干什么的？"王树声冷静地回答："我们是过路的。"对方上下打量了一下王树声，然后说道："过路可以，把身上的东西留下！"王树声一听，心里便有了底，他装出讨饶的样子说："总得给我们留点儿盘缠钱吧？""不行！全部留下！"通过你来我往的对话，王树声断定这些人是经济土匪，遂招呼大家把带的几枝短枪和自己带的20个金戒指交了出来。对方收下"礼物"，又看了看王树声说："我们知道你们是红军的人，你们红军以后还要过黄河来，就先把枪放在我们这里保存吧。"之后，既没有问王树声他们的身份、姓名，也没让他们办任何手续，就让他们通过了税卡。

过税卡后,杜义德还是认为王树声的做法有些欠妥,表示了不满,同时,两人考虑人多了目标太大,遂商定分道而行。王树声仅带着自己的警卫员上了路。这件事,使王树声感到委屈,虽然交出枪有些"委曲求全"的味道,但在当时的情况下,为了尽量减少损失,只有灵活地采取避战的策略,否则一旦开火,这些经过千锤百炼的宝贵的革命种子就极有可能损失掉。对于被迫将枪支交给税卡,王树声后来在《自传》中还"检讨"说:"我军一枪一弹都是人民革命斗争的武器,把枪交给税卡武装是极严重的错误。"多年以后,当时持不同意见的杜义德也表示了深刻理解。他说:

现在回忆起来,王树声是对的,他有他的考虑啊,这是一个策略。他是为了保存我们这七八个人嘛。因为我们的人少,打起来打不过他们,跑起来也跑不过他们。正是听了他的话,我们才被保存下来。所以,他的想法是对的。

告别杜义德后,王树声带着警卫员继续向东走。走到靖远县境时,正好遇上红五军保卫局长欧阳毅。他也是在西路军失败后,东返途中辗转流落到这里的。因为身体不好,又用尽了盘缠,欧阳毅就发挥自己的一技之长,在这里写字卖字,想休息一段时间再走。见到王树声,欧阳毅喜出望外,便想让王树声给自己打打下手,抻抻纸,研研墨,等积攒点盘缠再走。王树声归心似箭,哪里有心在这里停留。欧阳毅只好随这位副总指挥一起走。

数日后,王树声一行走到宁夏中卫县境,准备在这里渡过黄河。夜间,他们去一个村庄问路,碰巧遭遇了敌人,三人跑散了。从此,王树声孑然一身,成了"光杆司令"。然而,他这时却丝毫没有感到孤独无助,因为延安的宝塔犹如高悬在他心上的明灯,为他指引着方向。他知道,过了黄河离红军和党中央就不远了。为了尽快回到延安,回到党的怀抱,他独自一人坐着羊皮筏①过了黄河。之后,他怀着坚定的信念,凭着对党的赤胆忠心,以讨饭为生,步履艰难但却极为坚定地继续向陕北行进。

一天,王树声来到一个距中卫县旋涡铺20多公里的村镇前。正当他要进镇查看虚实时,迎面走来一位老人。王树声上前打听镇里情况,老人告诉他,镇里驻扎着马家军,很危险,过不去。接着,老人告诉王树声,他名叫俞学仁,是当地人,做小生意糊口,并问王树声愿不愿意到自己的女婿家躲几天。王树声上下打量了老人几眼,凭着一路上的经验判断,老人不会是坏人,便同意了老人的提议。

到了老人的女婿家里,一通热情招待,王树声深受感动。住了两三天,王树声便待不住了,打算告辞起程。老人说:"你人生地疏,前面又是危险区,还是我亲自送你去吧。"为保证路上安全,王树声化名李焱生,并乔装改扮了一番。有了老人的引路和掩护,王树声蒙过敌人的耳目,混过敌人的关卡,顺利地通过

---

① 因黄河水流湍急,用木船摆渡常常被碰坏,当地人将整只羊的皮晒干漆上油漆,吹上气使它鼓起来,十来个这样的羊皮排列三行扎在木棍上,就做成了一只羊皮筏,能坐五六人,既轻便又安全。

了危险区,很快进入了甘肃和宁夏交界的固北①县境。

就要到家了,就要见到自己人了,近乡情更切,王树声异常激动,长途跋涉的艰辛仿佛一下子消除了。他带着老人来到设在三岔镇的中共固北县委。一进门,就碰到了老熟人:原川陕苏区南江县苏维埃政府主席,时任固北县委组织部部长的李正良。李正良等热情款待王树声,为他理发、换衣服、包饺子。犹如久别归家的游子,王树声处处感受着革命大家庭的温暖。

舒心地休息了几天后,王树声和老人都恢复了体力。老人告辞要回家,王树声千恩万谢,与老人洒泪而别。全国解放后,王树声虽曾多次托人寻找俞学仁老人,想对他的救命之恩表示感谢,可惜始终没能找到。送走老人后,王树声再也待不下去了,在几个骑兵的护送下,马不停蹄地赶往魂牵梦萦的目的地——延安。

---

① 1936年于今彭阳县草庙乡一带设立,隶属陕甘宁边区,1949年并入固原县。

第九章　在太行山上

一、在抗大和马列学院学习

　　8月的陕北，秋意渐浓，黄土高原上天高气爽。骑马奔驰在边区的黄土地上，王树声从未像现在这样感到踏实，那是孤雁归巢、游子回家才有的感觉。远处，延安的宝塔已依稀可见。王树声激动不已。过去9个月中，他与西路军将士在寒风彻骨、飞沙走石的戈壁荒滩上，在冰天雪地、粒米难寻的祁连山里，与数倍于己的马家军周旋、苦战。绝域中，正是凭着一定要回延安、回到党的怀抱这一坚定信念的支撑，他才九死一生，逃离磨难。现在，延安终于就在眼前了，就要重回党的怀抱了，他感觉有千言万语要向党倾诉。当然，想到西路军的惨败，想到自己作为副总指挥有不可推卸的责任，他又自责、内疚不已。王树声此时的心情十分复杂，激动、惭愧、懊悔、痛心，可谓百感交集。

　　此时，古城延安已成为举国瞩目的抗日圣地，焕发着青春的生机与活力，到处张贴的标语和横幅使这座古城洋溢着浓浓的抗日气氛。王树声到达后，中共中央秘书长李富春、中革军委参谋长萧劲光等都前来看望，并向他讲述了中共中央和战友们对西路军的关心与惦念。许多原红三十一军的老部下也纷纷前来祝贺老首长平安归来。革命大家庭的温暖使王树声备感安慰。更令他感动和意想不到的是，毛泽东还亲自打电话来说，你回来就是胜利！并准备请他吃饭，为他洗尘。

　　在见毛泽东之前，王树声心中一直忐忑不安，因为他不知中共中央会如何看待他这个"败军之将"。

　　一天傍晚，外出归来的徐向前来到了王树声的住处。他们自石窝子分手后从未见面，如今劫后余生的两位西路军指挥员在延安相见，虽短短5个月时间，却恍若隔世，四只大手紧紧地握在了一起。

　　他们谈了分手后各自的艰险经历，对西路军的惨败感到非常痛惜。徐向前用自己的亲身经历，劝王树声思想负担不要太重，党中央和毛主席对西路军广大将士的英勇顽强和牺牲精神是充分肯定的，对西路军将士的归来是敞开胸怀欢迎的。毛泽东在会见徐向前时曾说了一句令徐深受感动的话——只要母鸡在，不怕不下蛋。王树声听后，心头稍感轻松。

一天傍晚，王树声随接他的人来到凤凰山毛泽东的住处。这是一排位于高耸的悬崖下的窑洞，前面有一个小院。王树声是抱着负荆请罪的思想来见毛泽东的。没想到，一见面毛泽东便握住王树声的手，亲切地说："树声同志，你吃了不少苦头，辛苦了！你回来就好了，人回来就好了！"

这几句话像一股暖流传遍王树声的全身，令他这位身经百战的硬汉禁不住哽咽。毛泽东让他坐下，递过一支香烟。王树声的心情渐渐平静。随后，他详细汇报了西路军悲壮惨烈的作战经过，并诚恳地检讨了自己的过失和应承担的责任，请求组织上给予处分。

毛泽东听完汇报，不但没有批评王树声，而且充分肯定了他勇于承担责任的自我批评精神，并明确表示："西路军失败，你是没有责任的。"随后，毛泽东又向王树声介绍了全国的抗战形势，希望他放下包袱，吸取西路军失败的教训，在这场全民族的抗日战争中再立新功。

毛泽东的一席话，扫清了多日来积郁在王树声心头的苦闷，令他顿觉舒畅、温暖。毛泽东还向他介绍了延安的抗日军政大学，是中共培养人才的基地。如果他愿意，可以先到那里学习深造。王树声一直渴望自己能有机会多学些革命理论和知识，提高理论水平，便欣然应允。毛泽东当即亲笔写信，介绍他到抗大第三期学习。

抗日军政大学（全称为中国人民抗日军事政治大学）坐落在凤凰山脚下的一个半山坡上，校舍由几十个大小不一的石洞组成。石洞作教室，石壁作黑板，石

■ 中国人民抗日军政大学旧址

块作桌椅,这就是抗大的学习条件。在新校舍建成时,毛泽东曾诙谐地说:"你们是过着石器时代的生活,学习着当代最先进的科学——马克思列宁主义。你们是'元始天尊'的弟子,在洞中修炼。什么时候下山呢?天下大乱你们就下山!"[1] 王树声正是抱着好好"修炼"自己,准备迎接抗日民族革命高潮到来的想法,走进抗大的。

抗大第三期于 1937 年 8 月 1 日开学。当时,全国抗战刚刚开始,中国共产党迫切需要大量干部去宣传、组织、武装群众,开展敌后抗日游击战争。因此,抗大第三期的中心任务是提高红军干部的军政素质,团结教育好知识青年,培养造就更多的抗日骨干,以适应抗日战争形势发展的需要。第三期共招收学员 1272 人。根据该期的教学任务,全校编为三个大队:第一大队为军事大队,第二大队为政治大队,第三大队为知识青年大队。王树声被编在第二大队。

第二大队大多是原红军的军、师级干部,王树声的许多原红四方面军的战友和部下,也都在这个大队。过去战场上共历磨难的老战友,如今又相聚在抗大的校园里,感觉分外亲切与兴奋。

在与他们的交谈中,王树声了解到,许世友、王建安、洪学智等一些红四方面军的高级干部,已是二进抗大。此前,他们曾经历了一次不小的"抗大风波"。

原来,抗大在上半年批判张国焘分裂主义的过程中,未能把张国焘和原红四方面军的干部区别对待。校政治部向各队领导发布三条,称红四方面军是土匪,是军阀,是被张国焘收买的。使红四方面军的干部学员误认为批张是虚,对红四方面军进行全面整肃才是实。他们都经历过鄂豫皖和川北的"大肃反",余悸犹存,因而产生了强烈的抵触情绪。性格刚烈、脾气暴躁的许世友更是气得吐血,倒在抗大操场上举行的批张大会上。许世友在后来的回忆中讲道:这时,四方面军的营、团、师、军级干部都来看我,没有一个不哭的。一连这样三天,尤其是军、师级干部的哭,对我影响很大,过去都是老同志,现在却感到没有了出路。我想了几天想出办法来了,他们再来看我时,我就对他们说:我们回四川去,那里有刘子才,他们有 1000 多人,又是我的老部下,……我们到四川去叫他们看看我们到底是不是革命的。愿去的就走,不愿去的也不要告诉中央。到第三天,有 20 多个团级干部、两个营级干部、6 个师级干部、5 个军级干部,都愿意走。这件事被校方知道后,30 余名红四方面军在学干部连夜被抓关起禁闭。许世友、洪学智、陈再道、朱崇德等十余名军师级干部,被定以"组织反革命集团""拖枪逃跑"等罪名,分别判处六个月至一年半的徒刑。

毛泽东在经过仔细调查后,严肃批评了抗大"一竿子横扫一大片"的错误做法,并亲自出面纠偏,向他们表示,抗大的"三条"不代表中央的意见,愿意工作的,马上可以分配;想学习的,可进抗大下一期。至此,"抗大风波"方告平息。

王树声对毛主席的博大胸怀和胆识魄力由衷地敬佩。他规劝红四方面军的干

---

[1]《莫文骅回忆录》,解放军出版社 1996 年版,第 319 页。

部要以大局为重,团结为重,要经得起党内斗争的考验。

在抗大,王树声始终把自己看作一名普通的学员。同学们尊敬地叫他"老首长",并在各方面尽量地予以照顾。他却一再强调,在这里没有首长,大家都是同学,并坚持让大家喊他"老王",说这样叫感觉更亲切。抗大学员每天早晨五点半就要起床出操,沿着山间小路和延河两岸跑步操练。白天上课、自修,晚上点名、开学习讨论会。每天三顿小米饭,偶尔掺些大米,学员们便欢呼今天吃"二部合唱"。这种紧张艰苦的生活,对于那些从大城市来的知识青年来说,开始确实有些不适应。可对于从长征路上走过来的王树声来说,却感到新鲜而满足。能够安心地坐在课堂上学习革命理论和文化知识,这在过去只能是他的奢望。他格外珍惜这次学习机会。

王树声所在的政治大队,所学课程中政治课占70%,主要有政治经济学、哲学、辩证法、中国问题、日本研究、战时政治工作等。毛泽东刚刚完成的著作《实践论》、《矛盾论》也是他们的必修课程。军事课包括游击战争、步兵战术与战略学、制式教练等。在短短几个月的时间学这么多课程,学习强度可想而知。针对学员文化程度参差不齐的状况,抗大制定了理论联系实际、少而精的教学方针,在教学方法上强调通俗化、具体化,以使学员能够在短期内,对每一门课程不学则已,学就要深刻理解,能够运用,切忌一知半解,食古不化。王树声虽然读过高小,但在学习和把握这些全新的政治理论课程上,仍不免感到吃力。他拿出战场上的攻坚精神,把厚厚的教材一本本啃下来,遇到问题向教员请教,与同学讨论,理论水平提高很快。

更让王树声受益匪浅的是,他亲耳聆听了毛泽东讲《矛盾论》。毛泽东用他那渊博的知识、幽默风趣的语言,把一堂哲学课讲得通俗生动,学员们听得入神,都忘了作笔记。毛泽东在讲矛盾这个概念时说,什么是矛盾?矛盾就是"打架",缺了任何一方,这个架就打不成了。讲矛盾的普遍性时说,统一战线内部在打架,你的思想也在打架,现在我跟正在房上修房的瓦匠也在打架,我们上课需要安静,他却在上面叮当地敲,这不是在打架吗?矛盾无处不在。一个抽象的哲学问题就这样变得浅显易懂。

王树声他们第三期学员还创造了抗大闻名的"伟大事业"——建校工程。第三期开学后,来自全国各地的知识青年仍络绎不绝地来到延安,投考抗大。加之中共中央要求抗大腾出一部分校舍给陕北公学,使本来就不宽裕的抗大校舍更趋紧张,发展受到制约。为此,抗大领导号召全校教职学员,发扬红军艰苦奋斗的优良传统,自己动手开挖窑洞,建筑新校舍。10月22日,抗大1000余名教职学员,肩扛镐头铁锹,浩浩荡荡开上凤凰山,掀起一场挖窑洞建校舍的劳动热潮。他们提出的劳动口号是:"两个礼拜,5个人完成一孔窑洞,全校完成150孔窑洞"。在劳动中,王树声撸起袖子,抡起镐头,浑身有使不完的劲。他们这些军师干部学员的战斗力丝毫不比那些年轻力壮的青年学员弱。经过半个月紧张的劳动竞赛,全校共挖了170多孔新窑洞,解决了近2000人的住宿问题,还依山修建了一条长3000多米的"抗大公路"。新校舍落成后，中共中央特为抗大送去一幅横匾，上题"伟大事业"四个大字。每当夜幕降临，抗大所在的凤凰山上，点点灯火从一个个排列整齐的窑洞口里闪烁，在延河水的映衬下，把延安城的夜色装点得璀璨多姿，生气盎然。

1937年10月，抗大召开了首次党代表大会，深入开展反对张国焘分裂主义的斗争。在这次斗争中，抗大认真贯彻了3月中共中央政治局扩大会议作出的《关于张国焘同志错误的决定》，特别强调了中央关于"第四方面军的干部是中央的干部，不是张国焘个人的干部"的结论，使原红四方面军的人能够以比较积极与平和的心态参加这场斗争。

抗大在上半年也与全党全军同步进行了批判张国焘分裂主义的斗争，王树声未能参加，便主动补上这一课。他认真学习了中共中央《关于张国焘同志错误的决定》及全党、全军的揭发、批判材料，对张国焘分裂主义的错误有了深刻的认识，内心深受触动。

王树声经常独自一人在延河岸边漫步、沉思。他反省自己当初为何未能认识到张国焘分裂党、分裂红军的错误呢？为何未能对张国焘的错误进行抵制和斗争呢？这都是自己的政治理论水平低造成的。

经过一场洗礼般的自我检讨与反省，王树声感到心里亮堂多了。在全校大会及小组讨论会上，他结合自己的切身经历和感受，揭发、批判了张国焘另立中央，分裂党、分裂红军的错误，控诉了张国焘在红四方面军中独断专横的军阀主义作风，以及借"肃反"残害大批忠诚于革命的红军干部的错误行径。

1938年3月，王树声从抗大第三期毕业。抗大几个月的学习，尤其是对党的建设的学习，以及红四方面军及西路军的深刻教训，使王树声对党的基本原则有了更加深刻的理解，同时深切认识到提高理论水平的重要性。所以，当中共中央军委于4月任命他到新成立的晋冀豫军区任副司令员时，他找到毛泽东，希望能够先到即将成立的延安马列学院继续学习一段时间，进一步提高自己的理论修养，以能够胜任新的工作。毛泽东同意了他的请求。

延安马列学院是一所研讨马列主义理论的学校。中共中央之所以在延安已经有了抗大、陕北公学及中央党校的情况下，再开办马列学院，是形势发展的需要。从七七事变到1938年4月，短短9个月时间，国内形势发展迅速。军事上，在日军大举进攻下，国民党军节节败退，整个华北及国民党统治的心脏地区南京、上海先后沦陷；政治上，国共结束了10年兵戎相见的局面，正式携手合作共御外侮，八路军迅速改编，展开于山西四角，基本实现了由国内正规战争向抗日游击战争的军事战略转变，开辟了十余块山区抗日根据地，并为向平原地区发展、在整个华北地区实行战略展开创造了条件。中国共产党面临着比十年内战时期复杂得多的新形势，肩负着捍卫中华民族的神圣使命。新的历史使命迫切要求党在理论上提高到一个新水平。正是在这样的历史背景下，马列学院应运而生。

1938年5月5日，马列学院成立。这一天正值世界无产阶级革命导师马克思诞辰120周年。学院院长由中共中央总负责人张闻天兼任。学校开设的课程共有6门：政治经济学、哲学、马列主义基本问题、党的建设、中国现代革命运动史、西洋革命史。授课教员在当时的延安都称得上是一流的：政治经济学教员王文学，是一位对马克思主义经济学有很深造诣的学者，在30年代中国社会性质大论战中，他是马克思主义阵线方面的主将之一；哲学教员艾思奇，他的著作《大众哲学》已经在进步青年中广为流传；马列主义基本问题教员吴亮平，是恩格斯名作《反杜林论》的第一个翻译者；西洋革命史教员陈昌浩，不但精通俄文，而且是原红四方面军的主要领导人之一。

在第一班中，有身经百战、革命经验丰富的红军指挥员及白区党的地下工作者，有从抗大、陕北公学和中央党校毕业的知识青年，他们的年龄、经历差别很大。原红四方面军的李先念、李天焕、刘德福也在第一班学习。王树声在班里年龄较大，又身为高级干部，但非常平易近人，谦和诚恳，像位兄长，大家都对他很敬重。和王树声铺位挨着的吴允中曾在1999年1月17日接受采访时回忆道：

> 他见多识广，还读过些古书，故事、笑话很多。他也经常谈及红四方面军的情况，我当时就觉得，他对张国焘问题的认识是很深刻的。

院长张闻天非常细心，他亲自指示第一班支委会，要在生活和学习上帮助、照顾王树声。王树声他们住的窑洞在蓝家坪山上，而伙房却在另一个小山头脚下。各组每天要派人值日打饭、打开水。开始，王树声和大家一样轮流值日，后来考虑到他手上有伤，支委会决定免去他值日和早操，他就主动抢着打扫窑内和窑前的清洁卫生。曾任王树声党小组长的孙敬民说：

> 当时王树声他们最突出的是组织性、纪律性强，模范作用非常好。他这样一位领导同志，在学校里年龄比较大，但能与青年知识分子团结在一起，不骄傲，不自大。有事外出请假，回来后先汇报，非常不容易。

开学不久，传来了张国焘叛逃的消息。学院把事情的具体经过及中央做出开除张国焘党籍的决定，向学员作了详细传达。王树声深感震惊。回延安后，他听红四方面军的战友讲，批张斗争之初，张国焘心有不甘，妄图利用他的余威煽动红四方面军干部向党中央发难，公开挑唆他们向共产国际反映问题。但绝大多数红四方面军官兵在斗争中辨清了是非，纷纷站出来与之进行面对面的斗争。张国焘成了孤家寡人。他搬出了中央机关，隐居到延安郊外的一座古庙里，拒绝新的工作，不安电话，不看文件，做出一副看破红尘，与世无争的样子，并向来看他的李先念等人表示，要洗心革面，改正错误，搞好团结。可是，张国焘不但没有从分裂党、分裂红军的错误中走出来，而且一直走到了背叛党的道路上。1938年4月，他借到黄帝陵扫墓之机，逃往武汉，投靠国民党。

为批判张国焘的叛逃罪行，中共中央组织延安各界召开了反张国焘分裂主义错误的大会。王树声参加大会并作了发言。他用充分的事实揭露和批判了张国焘的错误。他的发言不长，但简明扼要，认识深刻，反响很好。

接着，院长张闻天在学院作了一次政治报告。他反复阐明为什么"必须党指挥枪,而决不能枪指挥党"的道理。报告中,张闻天注重说理,用词平和,使王树声深受教育。事实已经证明,"党指挥枪"在任何时候都是一条不可撼动的铁的原则,"挟兵自重"的张国焘只能以失败收场。在全校大会、小组讨论及党的建设课上,王树声以共产党员的高度觉悟要求自己,反复从思想上进行深刻检查,并结合切身经历揭露批判张国焘的罪行,使同学们在受教育的同时,非常钦佩他的磊落胸怀。

通过抗大的学习与反张国焘分裂主义斗争中的自我反省,王树声深刻认识到,缺乏革命理论的武装,思想水平上不去,党性也讲不好。如何加强党性?他在班里的板报上写了一篇《我的党性观》,指出:要讲好党性,必须提高马列水平,否则是空的;必须对中央的决议进行认真的思考,才能更好地执行,必须明辨是非。

为尽快提高理论与思想水平,王树声整日埋头苦读,如饥似渴地汲取着马列主义的理论营养。虽然由于条件所限,能看到的马列书籍并不很多,但他认真读完了《共产党宣言》《帝国主义论》《社会主义从空想到科学的发展》《国家与革命》《论列宁主义基础》等书,及有些著作的部分章节,他的笔记本上、书上写满了密密麻麻的读书心得。通过学习,王树声对马克思主义的产生、发展及其对中国以及世界革命运动的指导作用,有了比较系统的认识,并注重用马克思主义的立场、观点和方法观察和分析问题。

当时,院长张闻天为了解学员是否切实弄懂了所学的原理,经常深入班里检查学员学习的效果。马列主义基本问题一共有十来讲,每一讲完毕,他都来亲自组织课堂问答。他根据授课内容,结合实际提出问题,点名让学生回答,然后再联系中国革命实际作进一步讲解。由于回答问题要站起来,学员们便玩笑地称之为"照相"。开始学员们怕回答不好出洋相,后来便慢慢体会到这种启发式教学方法非常有助于促进思考。

一次,张闻天提问"为什么说革命的根本问题是政权问题?"点名让坐在后排的王树声回答。王树声站起来,声音洪亮、思路清晰地答道:革命不夺取政权,不建立无产阶级专政的新政权,就不能镇压被推翻了的反动阶级的反抗,也不能以政权的力量发动和支持人民群众改变旧的生产关系,建立新的生产关系,解放生产力,改造整个社会。张闻天对他的回答表示满意。

马列学院的教学始终贯彻理论联系实际的方针,除了学好理论课程,还把学习党的方针、政策,研究与讨论现实问题,作为一门主要课程,当时叫作党的策略教育。讲课的多是中共负责人,毛泽东、周恩来、刘少奇、陈云等,都到学院作过报告。这些报告内容广泛,见解深刻,理论与实际紧密结合,王树声深受教益。

在注重学习理论的同时,王树声十分关注前方抗战形势的发展。通过学院的时事报告、报纸杂志,他了解到,对于抗战的前途,国内存在着"亡国论"和"速胜论"的观点。在共产党内,也有人过高地估计中国的力量,存在着轻敌思想。如何才能赢得抗战的最后胜利?何时才能把日本侵略者赶出中国?王树声和同学们在讨论这些问题时，也是各执己见，莫衷一是。

1938年5月下旬至6月上旬，毛泽东在延安抗日战争研究会上发表《论持久战》的重要讲演。王树声作为代表聆听了这次著名演讲。毛泽东从实际出发，全面、客观地考察了抗日战争的发生和发展。他分析了中日双方的不同特点，即敌强我弱、敌小我大、敌退步我进步、敌失道寡助我得道多助，指出这些特点决定了抗日战争是持久战，最后胜利是中国的，并科学地预见我们在这场持久战中将经历三个阶段：战略防御、战略相持、战略反攻阶段。接着，又进一步阐明了如何进行持久战、如何发挥自觉能动性以争取战争最后胜利等问题。

毛泽东以高屋建瓴的精辟论述，批驳了"亡国论"和"速胜论"的错误观点，使王树声全局性地了解了抗日战争的进程，认识到中国抗日战争的艰巨性，明确了如何在敌后进行抗日游击战争，对夺取抗战胜利充满了信心。

1938年9月29日至11月6日，中共中央召开了六届六中全会，批判了王明右倾机会主义错误，统一了全党的认识，确定了巩固华北、发展华中和华南的战略任务。会议期间，张闻天向学员传达了会议精神，并组织大家讨论。王树声与同学们听后非常振奋。他在讨论中说，我们党经过17年的艰苦奋斗，已经逐步走向成熟，并且锻炼出了毛泽东这样的领袖。

根据敌后抗日游击战争发展形势的需要，六中全会期间，马列学院第一班的学员陆续安排工作，走上抗日前线。

毕业前夕，毛泽东、朱德都找王树声谈了话。他们充分肯定和赞扬了王树声在反张国焘分裂主义斗争中的表现，希望他能够到晋冀豫军区任副司令员，领导地方武装配合主力军作战，保卫晋冀豫抗日根据地。

王树声非常感谢毛泽东、朱总司令对他的理解和信任，虽然是到地方军区去工作，但他未作更多考虑，只要能够尽快投入到抗日的洪流中，为打击日本侵略者出一份力，他就心满意足了。

回来后，他非常高兴，对吴允中等人说，中央是了解他、信任他的。

1938年10月，王树声满怀豪情，告别延安，奔赴华北抗日前线。

二、大力发展地方武装

晋冀豫抗日根据地地处同蒲铁路以东、正太铁路以南、平汉铁路以西、黄河以北，是坚持华北抗战的重要战略支点及向冀鲁豫平原发展的前进基地。太原失守后，八路军总部根据中共中央军委和毛泽东的指示，命令八路军第一二九师深入太行山区，开辟以太行、太岳山脉为依托的晋冀豫边地区。第一二九师随即分兵到晋东南、冀西、冀南、豫北等各地发动群众，大刀阔斧地开展了创建根据地和扩大主力部队的工作。在各地组建的游击支队，由最初的数十人或一二百人，发展成为一两千人以上的基干支队，并在活动地区组建了党的组织。1938年4

月，成立晋冀豫军区，对外称"一二九师后方司令部"，司令员倪志亮，政治委员黄镇，副司令员王树声，辖5个军分区：以八路军独立支队为基础成立第一军分区，活动于晋中地区，司令员秦基伟，政治委员赖际发；以八路军游击支队为基础成立第二军分区，活动于冀晋地区，司令员桂干生，政治委员张贻祥；以八路军先遣支队为基础成立第三军分区，活动于冀豫地区，司令员张贤约，政治委员张南生；以八路军独立游击大队为基础成立第四军分区，活动于浊漳河流域，司令员张国传，政治委员谢家庆；以八路军挺进支队为基础成立第五军分区，活动于太南地区，司令员赵基梅，政治委员涂锡道。

10月，日军占领广州、武汉后，调整其侵华方针与策略，对国民党政府采取以政治诱降为主、军事打击为辅的方针，将打击重点由正面战场转向华北敌后战场的八路军。华北敌后抗日根据地形势严峻。12月，中共晋冀豫区党委根据中共六届六中全会确定的"巩固华北"的方针，提出今后的任务是：在准备与迎接战争的情况下，加速组织人民抗日武装斗争，加强军区建设，统一基干武装的领导。王树声就是在这种形势下走马上任的。

从延安出发后，王树声渡过黄河，穿过同蒲路，经月余行程，于年底到达驻山西辽县（今左权县）芹泉镇的晋冀豫军区司令部。政委黄镇及军区机关对王树声的到来表示热烈欢迎，并安排他与黄镇同住在一座小四合院内。

黄镇是原红一方面军的干部，曾在上海美专及新华大学学过绘画，是一位兼具军人与艺术家气质的干部，他早就听说王树声是一位英勇善断的指挥员，并因此由一位初级军官一直升任至红四方面军副总指挥。虽然现在黄镇职务高一级，但他对王树声非常尊重。晚上，黄镇特意让伙房多做了几个好菜，与王树声对坐在土炕上的小方桌旁，边吃边聊。黄镇向王树声介绍了军区成立以来的工作情况，根据地的周边环境，以及目前军区的主要工作。王树声非常谦逊地表示，自己刚来，对打日寇和搞根据地建设都不熟悉，请黄镇多多帮助。二人越聊越投机，不觉已至深夜。

王树声上任后，把司令部工作稍作安排，即下到各军分区去

■ 芹泉镇晋冀豫军分区司令部旧址

■ 抗战时期在山西辽县芹泉镇的王树声

巡视。他听取了各军分区领导的工作汇报,指示他们要抓紧部队整训,加强动员组织群众武装的工作,积极出击,打击日军,巩固和扩大根据地。第一军分区的司令员秦基伟,第二军分区的政治委员张贻祥,都是王树声在红四方面军时的老部下,他们深知王树声是一位有勇有谋的领导,现在又能在他直接领导下工作,非常高兴。在巡视中,王树声还深入连队,同战士谈心,慰问和鼓励他们。

12月,晋冀豫军区的对外番号由第一二九师后方司令部改称晋冀豫边游击司令部,王树声仍任副司令员。

1939年1月,根据作战形势需要,军区决定将第一、第二军分区合并为第一军分区,由八路军独立支队兼,桂干生任司令员,赖际发任政治委员,秦基伟任副司令员。第一、第二军分区合并不久,驻正太线日军独立混成第四旅团和伪军6000余人,于1月20日,由阳泉、昔阳、平定等地出发,分三路向和顺、辽县地区"扫荡"。23日占领和顺,25日进攻辽县县城。为配合第一二九师主力部队作战,军区命令独立支队执行阻击迟滞敌人的任务。

经研究,独立支队几个负责人决定以主力伏击右路日军,如此必致敌另两路来增援,其原定战斗队形遂被打破,以此达到牵敌目的。

战斗部署报军区后,王树声表示同意,但司令员倪志亮认为应集中兵力打中间一路,遂尊重了倪的意见。此间,独立支队按打敌右路部署作战,但由于部队行动迟缓,暴露了伏击企图,致敌增兵右路;第二天,拟打击左路,因侦察工作未做好,伏击前敌主力已过;第三天,根据军区命令伏击中路,遭敌左、右两路合围,部队左冲右突才跳出包围圈。此次独立支队作战,虽达到了牵敌目的,但部队伤亡较大。

1939年1月,北方局驻晋冀豫区委代表朱瑞发表《论建立晋冀豫抗日根据地》一文,指出:为应付将来战局,为配合保卫西北的抗战,为粉碎敌人对本区及其他区域的长期围攻,必须在本区建设数十万有战斗力、有纪律、有持久鏖战精神的基干武装，组织训练百万以上真正能起作用的自卫队。① 为加强晋冀豫军区的武装力量建设，准备迎接日军更大规模的"扫荡"，中共中央北方局、八路军总部于3月组织召开了晋冀豫军区武装工作会议。参加会议的有北方局书记杨尚昆、八路军副参谋长左权，军区、军分区及晋冀豫区委的主要负责人。会议首先就和（顺）辽（县）战斗的经验教训进行了总结。司令员倪志亮指出了和辽战斗中独立支队出现的问题，批评了独立支队内部领导不团结的现象。王树声在发言中，介绍了和辽战斗的经过，指出部队在战斗中侦察工作不好、配合不够积极、遵守时间差等缺点。独立支队的桂干生、赖际发检讨了部队发展中的不足之处，如工作只着重在3个大队，对县基干武装及自卫队帮助

1939年任晋冀豫军区副司令员时期的王树声

不够，在和辽战斗中游击队与自卫队配合不好，战时工作不健全等。

经过讨论，大家认为和辽战斗中表现出的主要问题，是军政民三位一体的联系不够，地方武装、群众力量未能充分动员发挥，这也是全区带有普遍性的问题。今后，应健全各军分区军事部工作，加强对县基干武装、自卫队的领导与帮助，使之能够与军分区部队配合作战。

在讨论如何加强军区武装力量的建议时，倪志亮介绍了各支队的部队现状，以及司政供卫② 等各方面的工作成绩与不足，并对今后工作作了部署。王树声作补充发言，专门讲了配合主力作战的问题，并对今后干部工作提出建议：培养干部不能有本位观念，干部调剂要从全局考虑；要提拔能力强的，素质好的干部。接着，各军分区负责人介绍了本区司令部、政治部的工作及发展地方武装的情况，找出不足和差距，提出应当加强和改进的措施。

会上，副参谋长左权对军区今后应如何迎接战争、指挥战争及指导、组织作

---

① 《太行党史资料汇编》第二卷，山西人民出版社1989年版，第1页。
② 即司令部、政治部、供给部、卫生部。

战提出了6条原则，即反包围与包围的统一；内线作战与外线作战的统一；一切军事运动与群众运动的统一；正规战与游击战的适当配合；速决战的发扬；将破路除奸作为作战指导之一。他着重指出，军区建设要遵循两条原则：第一，军区是积蓄武力的场所，领导、教育、训练自卫队，动员一切人力到战争中来，是军区的主要责任；第二，军区在使用武力时，必须通盘筹划。

最后，杨尚昆作了总结性发言。他首先总结了过去一年来晋冀豫军区的成绩与不足，成绩是：第一，赤手空拳创造了相当大的武装；第二，军区武装在坚持华北作战上起了相当的作用；第三，对地方党的政权、群众运动起了帮助的作用；第四，党的工作、政治工作有了初步的建立；第五，在打击敌人过程中，在群众中有相当的权威；第六，想办法支持了一年多，且能自力更生。不足有：第一，各支队在政治上尚不巩固，表现在对六中全会精神未能深刻了解，对统战工作未做认真组织；第二，尚未很好建立军队应有的制度；第三，群众关系不够好；第四，部队减员严重，特别是有些干部逃跑；第五，干部缺乏政治教育，管理不严，以致出现腐化等现象。随后，他对今后军区的政治、军事、生产建设和团结问题作出了重要指示。①

这次会议对于晋冀豫军区各项工作的展开起到了很大的推进作用。

八路军所建各军区和军分区的任务主要有两项：一是发动群众，组建地方武装，为主力部队输送兵员；二是指挥地方武装独立作战或配合正规军作战。然而，三月会议前，由于军区司政等领导机关不健全，一直以第一二九师后方司令部名义，隶属第一二九师指挥，在一定程度上影响了各项工作的开展。三月会议后，为了担负起军区应尽的职责，王树声与军区领导抓紧进行各项工作，建立健全各种制度，使军区建设进入了一个崭新的阶段。

首先，重新划定军分区，整编所属部队。原第一、第二军分区合并为第一军分区后，又将原第三军分区改为第二军分区，原第五军分区改为第四军分区，以在沁县、沁源新成立的太岳游击大队为基础新成立第三军分区，以在晋南唐天际等组织的晋豫边游击支队为基础新成立第五军分区。独立支队、先遣支队、游击支队都按大小团制实行改编。同时，进行教育训练，克服部队游击习气。整编后，部队更加精干，战斗力也有所增强，一、二分区已经开始创建主力团。

其次，建立健全各级领导机关及工作制度。5月，初步建立了供给、卫生部门，填补了自军区建立以来这方面的空缺。军区司令部设参谋长，支队以上司令部机关正式建立了参谋处各科股的组织及工作制度，侦察、通讯、交通工作都取得了很大进展。经过几个月的努力，军区各项工作全面展开，卓有成效，军区与第一二九师领导机构也正式分开。

1939年6月，倪志亮赴延安学习，王树声代理司令员，主持军区工作。紧张繁忙的工作之余，看书成了他最好的休息方式。抗战以来毛泽东的几部重要著

---

① 据1939年3月晋冀豫军区武装工作会议记录。

作是他案头常备的书,已经阅读过多遍。随着抗战形势的发展,他愈加深刻地体会到毛泽东的高瞻远瞩与敏锐深邃的洞察力。毛泽东在《论持久战》中指出:"兵民乃胜利之本","战争的伟力之最深厚的根源,存在于民众之中"。王树声认识到,要想赢得这场持久战争,必须动员组织最广大的人民群众参加,将敌后抗日游击战争发展成为普遍的群众性斗争。军区的任务就是要组织强大的基干武装、游击队、自卫队,与正规军共同形成打击敌人的有力拳头,并成为补充正规军的源泉。为此,王树声在搞好军区全面建设的同时,下大力气重点抓了基干部队和地方武装的建设与发展。

此前,晋冀豫区人民武装已经获得了初步发展。各地农村普遍建立了各种群众抗日组织及不脱离生产的抗日自卫队。自卫队一般是在农救会基础上发展起来的,由16岁至50岁的男子和16岁至45岁的妇女组成。至1938年底,晋冀豫区的自卫队员有30万人。他们用大刀长矛、土枪土炮等武器武装自己,站岗放哨,捉拿汉奸,救护伤病员,运送军用物资,领导和组织群众空室清野,并少量参战和担负战勤工作。但是,全区的地方武装不论从数量还是质量上,以及对其发展的组织计划上,都还远远不够。王树声深感任重而道远。

为促进地方武装工作的广泛开展,王树声命令各军分区,一定要切实抓好军事部的工作,使之真正担负起发展地方武装的重任;为此,在工作中,要力戒形式主义,扎扎实实地做好基层武装的建立工作。

命令下达后,各部队纷纷派出工作团、扩兵队或小组,在地方干部的协助下,依托各种群众组织,深入动员群众,利用慰问、帮助群众生产等活动,激发群众参军抗战的热情。随着群众运动的发展,一些地区开始出现了由15岁到20岁男青年组成的青年抗日先锋队(简称青抗先),同时还在一般自卫队的基础上,以自愿的原则组织了基干自卫队。当时流传的一个顺口溜反映了各地发动群众的热烈场面:"工会农会青救会,牺牲会自卫队,青抗先老农会,随后跟着妇女队,大家都到庙上去开会。"

1939年9月10日至28日,晋冀豫区第一次党代表大会在武乡县东堡村召开。这是抗战以来晋冀豫区规模最大的一次会议。出席大会的正式代表129名,列席代表137名。会议提出晋冀豫区各级党组织和全区军民的总任务是:"巩固根据地、粉碎敌人围攻,克服困难,准备反攻力量。"王树声参加了会议并被选举为中共晋冀豫区委委员及中共七大代表。

随着地方武装的不断发展,对其领导、组织、训练等各项工作亟待建立和规范。11月,王树声领衔发出《关于晋冀豫边地方部队的行政(军政)与指挥(军令)的决定》。《决定》首先规定了各县军事行政的范围,即"关于动员组织和武装民众,使之成为公安队、基干自卫队、一般自卫队及其模范队诸游击队和诸基干军队补充兵员而施以军事政治的训练,一切政治工作以及供应卫生事项,都属于军事行政范围。"其次,规定了各县军事训练、政治工作及其教育内容所应针对的6项任务:对日伪军游击队戒严及破路、拆碉堡、空舍清野;侦察、送达情报；掩护配合基干军队作战，肃清敌探，铲除汉奸；补充新战士；抗战民运工作；敌伪军工作。《决定》还规定：各县须做到凡动员拨编基干军队的新战士经相当训练后，即编给相关支队的补充大队继续训练，尔后再补充基干军队。地方部队应该与该地民众团体及相关的基干军队确立联系制度以互相帮助。《决定》对地方武装的班级、排级和连、营以上干部，以及一般自卫队、基干自卫队、县公安队的教育训练作了详细安排，并规定各县指挥的部队有：县公安队、基干自卫队、模范队、子弟兵及一切游击队与地方武装。其中，自卫队最少应有全编村人口十分之二以上人参加；基干自卫队应有全编村人口五十至一百分之一参加。《决定》还对地方武装的干部鉴定与提拔、供给制度、会议与汇报制度的建立做了具体规定[①]。该《决定》对于建立健全地方武装的各项工作，使之逐步走向正轨起了很大的促进作用。

在军区、各军分区和地方政府的共同努力下，全区、县成立了专门领导地方武装的指挥部，很多地方组织起自卫队、基干自卫队和游击小组，并在此基础上组建了各县游击大队，逐渐发展成为补充主力和基干部队的蓄水池。

蓄水池有了，如何利用好这个资源至关重要。在改编地方游击队为基干部队的过程中，王树声作了很多具体指示，如：重视地方干部的作用，不能排挤甚至抽走地方干部；改编不要把原部队分散，以免难于巩固；如补充基干队的部队在地方有威信，可不用马上改变其名称，先拨归基干队指挥，过一个时期再改编；等等。在一段时期内，编并地方武装曾出现"拔萝卜"的现象，影响了当地人民武装的再生长，王树声发现后，及时纠正，指出在今后的编并工作中，要采取"割韭菜"的办法，留下根让它能够继续生长、壮大，为基干部队源源不断地补充新鲜力量。

在改编中，王树声还做了大量耐心细致的具体工作。由于把主要精力放在地方武装的发展和壮大上，他很少坐在司令部机关，经常带人到各县游击大队中了解情况，亲自抓改编及改编后部队的巩固工作。王树声后来的警卫员齐吉树就是从河北元氏县游击大队改编的元氏独立团（后编为新十旅第三十团）里调来的。

当时，王树声常到第三十团检查工作，每次都是团政委的警卫员齐吉树接待。王树声见他人高马大，又很机灵，非常喜爱。齐吉树回忆说："王树声打仗是出了名的，他爱兵也是出了名的。这一点在三十团更是有口皆碑。由于他常到三十团的缘故，对三十团的官兵特别钟爱。尤其是看到通讯班的12位战士，个头一般高大，站起队来齐刷刷的，连对他们手中的12支捷克马步枪也有喜爱之色。"1940年3月，因工作需要，王树声提出从第三十团调6名通讯员到司令部工作，并把齐吉树调到身边当警卫员。

在部队改编的过程中，值得一提的是宗书阁大队。宗书阁大队是由原伪军的一个营起义后改编的。营长宗书阁年方19岁，因受父亲进步思想及中国共产党

[①]《王树声军事文选》，军事科学出版社2000年版，第68—69页。

抗日宣传的影响，于1939年10月带领全营600余人起义，来到晋冀豫抗日根据地，被编为晋冀豫军区第一大队（亦称宗书阁大队）。

当部队到达武安县休整时，王树声与黄镇前去慰问。王树声对宗书阁率部起义、抗击日军的义举给予了充分赞赏。宗书阁用他所作的一首题为《出征》的词表达了自己抗战到底的决心："旗正飘飘马啸啸，朔风透骨梢。战士别乡赴戎场，为国去争光。热血要为祖国冒，踏破敌窝巢。凯旋归来多荣庆，华夏振威名。"

王树声与黄镇听后，鼓励宗书阁，有了如此强烈的爱国思想作基础，相信他一定能为祖国、为人民立功。

晚上，王树声、黄镇与宗书阁同睡一铺炕，语重心长地与之交流思想，使其深受感动。宗书阁是第一次接触八路军高级指挥员，没想到他们这样亲切热情、平易近人，这与伪军中那些为虎作伥的军官的作风真是天壤之别。

1个月后，宗书阁便提出加入中国共产党的申请。王树声与黄镇非常关注此事，他们一致认为，这是宗书阁政治进步的表现，应该热烈欢迎。他们亲自找宗书阁谈话，对他的进步要求表示欢迎与肯定，告诉他共产党不会拒绝一个进步青年的入党请求。只是他来八路军的时间很短，对党的了解也不够深入，还需要进一步学习和锻炼。接着，又向他介绍了党的知识，入党前必须履行的手续。黄镇把准备好的《共产党宣言》、《论持久战》等学习材料交给他，希望他认真学习，早日成为一名合格的共产党员。

在王树声与黄镇的亲切关怀下，宗书阁大队很快便发展成为一支有力打击日军的地方武装力量，宗书阁也于1941年5月被批准加入中国共产党。

在王树声的直接领导和参与下，晋冀豫军区改编了赞皇、元氏、高邑、井陉等县游击大队，并新成立平汉、正太两个纵队，使基干部队得以补充和加强。1939年秋，晋冀豫军区对外番号改称晋冀豫边游击纵队（简称边纵），仍辖5个军分区和赞皇独立团：第一军分区由独立支队兼，辖3个大队和冀西游击队；第二军分区由先遣支队兼，辖3个大队；第三军分区由独立游击支队兼，辖3个大队（8月，划归第一一五师第三四四旅指挥）；第四军分区由太岳游击大队兼；第五军分区由晋豫边支队兼。到1939年底，晋冀豫军区及各军分区的基干武装达两万人。

1939年12月，以阎锡山发动"晋西事变"和胡宗南制造第二次陇东事件为开端，国民党顽固派掀起第一次反共高潮。在蒋介石指使下，国民党军朱怀冰等部，向晋冀豫根据地大举进攻。从1939年12月到1940年3月，王树声领导晋冀豫区地方武装在配合主力与日伪作战的同时，被迫进行自卫反击作战。

为打退朱怀冰部的进攻，八路军总部和第一二九师于3月组织主力部队与晋冀豫军区部队发起磁（县）武（安）涉（县）林（县）战役。当时，盘踞磁武涉林地区的顽军约2.2万人。其中，朱怀冰部2个师共8000人，位于中心地区，鹿钟麟、孙殿英部位于外围地区。八路军总部和第一二九师决定，集中主力歼灭朱怀冰部，监视鹿钟麟、孙殿英等部并争取其中立。其作战部署为：以青年纵队、晋察冀挺进支队、冀中警备旅等 7 个团为中央队,由李达统一指挥;独立支队主力、师部特务团、第三八六旅新一团 1 个加强营为右翼队,由桂干生、周希汉指挥;以先遣支队第一队为左翼队,由王树声指挥。

■ 1939 年冬,晋冀豫军区代理司令员王树声(左)在辽县芹泉镇。

3 月 5 日,战役打响。三路大军相继向顽军守备薄弱的两师结合部突击。在王树声指挥下,左翼队与中央队配合,向南北岔口、中贾壁等地顽军主力发动猛烈攻击。战斗中,先遣支队表现出了英勇顽强的战斗精神和很强的突击作战能力。顽军在南北夹击下溃不成军,丢弃全部辎重及后方机关,向林县方向溃逃。为追歼逃敌,八路军参战部队分三路展开猛烈追击,将顽军大部截击于林县以南地区,仅余 2000 余人退回修武境内。此役,共歼灭顽军及其他地方势力武装 1 万余人,控制了武(安)涉(县)公路以南,西平罗、临淇以北地区。

在军事打击的同时,为争取顽军继续抗战,3 月中旬,通过谈判,双方议定以临(汾)屯(留)公路和长治、平顺、磁县之线为界,以南为国民党军防区,以北为八路军防区。至此,国民党顽固派在晋冀豫区的反共摩擦被彻底粉碎。

经过几个月的战斗锻炼,军区地方武装和广大民兵保卫根据地、保卫群众的组织能力和战斗能力明显提高。反顽斗争结束后,王树声又指挥军区部队及广大民兵投入白(圭)晋(城)铁路破袭战中。

1939 年后,华北日军对根据地实行"囚笼政策",以铁路为柱、以公路为链、以据点和碉堡为锁,对根据地进行分割、围剿。为打击敌"囚笼政策",太行区军民对日军刚刚修筑的白晋铁路展开大规模破袭战。

5月5日至7日，王树声指挥军区部队及铁路沿线各县两万多自卫队员与群众，与第一二九师主力部队并肩作战，仅两天时间，就把日伪经营一年之久的白晋铁路彻底破坏50多公里，摧毁大小桥梁50多座，炸毁火车一列，消灭警备队长以下日军350多人，并夺取和烧毁了敌人兵站储存的大批军用物资。

八路军主力撤出战斗后，王树声指挥太行区地方部队和民兵、游击队，继续对白晋路实施破击或袭扰，一直持续到8月，把白晋路破坏得支离破碎。这次规模空前的交通斗争，充分显示了群众性游击战争的威力，不仅沉重打击了日军的"囚笼政策"，而且为后来的"百团大战"及其他破袭战积累了宝贵经验。

从到军区开始，王树声整日忙碌与奔波，生活极其简单。他不吸烟，不喝酒，只有一个嗜好——喜欢喝白糖水。每到一地，警卫员都想方设法找来白糖，以满足首长这点不高的生活要求。当时，黄镇刚结婚不久，经常与夫人朱霖一起请王树声到家里吃饭聊天。黄镇半开玩笑半认真地劝他：你也尽早成个家吧，有家才有温暖嘛！

王树声的老部下秦基伟与张贻祥，也在暗暗替老首长的终身大事操心。他们看到王树声都30多岁了，身边没个人照顾，便合计着给他找个媳妇。于是，在他们的积极撮合下，王树声与17岁的妇女干部翟兰英结了婚。他们在平东举办了简单的婚礼，黄镇、朱霖、秦基伟等人都参加了，大家在一块喝了几杯喜酒以示祝贺。婚后不到一年，由于两人都忙于工作，聚少离多，加之年龄、经历相差悬殊，性格又都很倔强，便通过协商，经组织批准离了婚。王树声又成了"光杆司令"。

1939年是八路军的大发展时期，八路军总兵力从1938年底的15.6万人发展到1939年底的27万余人。为提高部队军政素质，八路军总部于1939年2月、6月和1940年2月连续发出整军训令，要求部队进行政治、军事整训，并在此基础上进行整编。4月，中共中央北方局高干会议（黎城会议）提出建军、建党、建政任务。据此，第一二九师和晋冀豫军区、各军分区部队，于1940年上半年普遍进行了整军。

在部队整编中，晋冀豫军区于1940年3月将独立支队第一、第三大队编为边纵第一团，先遣支队第一大队编为第二团，独立支队第二大队、先遣支队第二大队编为第三团。

当时，第一二九师要发展壮大，需要从地方武装抽调干部和部队；部队建设刚刚步入正轨的晋冀豫军区同样要扩大，也需要大量干部和部队。在对待这个问题上，王树声顾大局，讲风格，首先满足扩大主力部队的需要，上级要调哪个干部，就给哪个干部，要多少人就给多少人。在第一二九师整编中，军区除以基干部队一部补充和加强了第一二九师第三八五旅、第三八六旅和新一旅外，还将新编成的边纵第一、三团、保安六团和平汉纵队改编为新十旅；冀西游击队、边纵第二团、宗书阁大队和赞皇独立团编为新十一旅。这些部队几乎都是由王树声一手改编和组建起来的，是地方武装中的骨干力量。但是王树声始终把为主力部队

■ 八路军第一二九师和太行军区领导在新年团拜会上。左起：刘伯永、邓小平、蔡树藩、李达、王树声。

造血、输血看成军区义不容辞的责任。

事实上，在这次整编中出现了对地方武装编并过多的现象，一度影响了地方武装的后续发展和根据地游击战争的广泛开展。

在这次整编中，根据八路军总部和北方局指示，撤销了晋冀豫军区，分别成立太行军区和太岳军区。太行军区隶属第一二九师，由师部兼军区领导机关，刘伯承兼司令员，邓小平兼政治委员，王树声任专职副司令员兼动员武装部部长，主持太行军区工作，主要负责地方武装的创建与发展。

对于王树声在军区的任务和职权情况，刘伯承、邓小平在致中共中央电中有明确说明：

> 因为（一二九）师除兼太行（军区）外，还要管冀南、太岳，故请树声多管太行工作，并在师的司政机关内各部各科设几人专管太行军区的事情，树声则依托这些人主持军区事务。我们并再三声明，要他大胆办事，只有大

问题，才与我们商量。同时，人民武装也在树声直接领导之下进行工作。①

太行军区成立后，王树声搬到了一二九师师部，与刘伯承、邓小平、李达等其他军区负责人一起工作。刘伯承、邓小平对王树声非常尊重，军区的干部调动等有关事宜都与他共同商议，并嘱相关工作人员有事直接找王树声处理。特别是人民武装的发展工作，刘、邓更是让王树声直接领导负责，很少插手或干预。所以，王树声在这一阶段感觉工作比较得力、顺畅，上任后，便全力以赴，抓紧扩大地方武装的工作。

为健全地方武装的组织与领导，8月1日，王树声主持召开太行军区第一次地方武装扩大干部会议。他指出，目前地方武装组织严重的缺点，是缺乏经常的统一的系统领导及组织的混乱、软弱无力，在参战工作特别是配合基干军队作战与兵员补充上，不能发挥其应有的作用，以致形成主力部队作战"裸体跳舞"的现象。为改变这种状况，会议提出建立统一的民兵制度，统一对地方武装的领导。会议还决定，为加强地方正规军、游击队、自卫队的军政教育，培养战斗力，密切与主力部队的协同动作，并适应其兵员补充起见，以第一二九师旅首长兼军区各支队首长，原各支队首长为副职；军区和军分区在指挥脱离生产的地方部队方面，依托于主力部队统率机关工作，在领导不脱离生产的武装组织方面，则依托于军区及军分区动员武装部门工作。最后，会议通过《决议》，对地方的组织、兵员补充、宣传训练等问题都作了具体规定。

根据"八一"会议精神，王树声与刘伯承、邓小平联名发出《关于目前地方武装组织中心工作的指示》，正式提出把建立统一的民兵制度，作为根据地党政军民共同的中心工作。为此，要求各地抓紧建立基干自卫队、青抗先组织，扩大群众武装。指示提出了统一地方武装领导的具体措施，即取消县指挥部，加强县武装科，建立军区、军分区对县、区武装工作的经常领导，建立健全日常工作制度，如会议制度、汇报制度、检查制度等。②8月25日，太行军区司令部颁布《太行纵队及其各支队动员武装科暂行工作条例》，使各级动员武装部门的工作制度化。从此，在王树声的直接领导下，太行军区的民兵建设工作全面展开。

太行区地方武装包括营兵与民兵两种。营兵是脱离生产的武装组织，主要包括地方军队正规团、县独立营、区游击队和补充部队，他们的主要任务是：与日伪军独立作战及协同主力部队作战，并协助主力部队后方勤务与兵员补充工作；组织指导和协助不脱离生产武装，使其遂行参战任务。民兵是以各种群众组织为基础，通过群众运动发展起来的不脱离生产的地方武装。主要包括一般自卫队、基干自卫队和青抗先等。他们的主要任务是：抗日戒严、铲除汉奸、肃清敌探；破路拆桥、空舍清野；侦送情报；配合军队作战（游击小组）及组织兵员补充等。他们都是保卫太行根据地的重要武装力量，也是补充基干部队与主力部队的源

---

① 1942年8月25日刘伯承、邓小平关于王树声问题致中共中央电。
② 参见《王树声军事文选》，军事科学出版社2000年版，第23页。

泉。王树声对这两种武装的发展都很重视，使营兵与民兵建设齐头并进。

为粉碎日军对华北敌后根据地的全面进攻，打击其"囚笼政策"，8月20日，八路军总部向华北敌占交通线和据点发动了大规模的进攻战役，即"百团大战"。刘伯承、邓小平、李达等率第一二九师及太行军区部队到正太路晋东前线指挥。王树声在师部主持冀豫地区指挥，并负责后方勤务保障。为尽快提高民兵的军政素质，以适应作战形势的需要，王树声一边组织指挥地方武装配合主力军作战，一边狠抓民兵的教育训练。

第一，培训了大批民兵干部。9月14日，他与刘伯承、邓小平联署发布《关于各支队、各县举办民兵干部轮训队的指示》，要求各支队教导队、各县武装科分别开办民兵干部训练队和轮训队，并专门组织编写了《民兵干部临时军事教材》。在此基础上，军区于11月15日开办民兵干部学校，培养准备担任民兵大队、中队以上干部的人员。

第二，广泛开展民兵教育训练工作。王树声先后组织军区武装部门编印了《建立统一民兵制度》、《县区干队及民兵反"扫荡"的军事教育参考材料》、《青抗先队员须知》、《民兵军事读本》、《民兵政治读本》、《民兵使用武器教材》、《武装保卫春耕》等小册子，组织广大民兵、自卫队员学习。在民兵训练上，建立了农闲时出操、上夜校和集训，农忙时短时集合讲话、点名、通报消息、读报等制度。各县组织巡回教育组，以区和基点村为单位轮训民兵，开办射击、情报等短期训练班。12月2日，王树声与刘、邓联署发布《关于民兵冬季教育训练的指示》，要求各地民兵抓紧冬季农闲时间，迅速广泛进行教育训练。军事方面着重实地讲解、演习游击动作，使民兵真正学会利用地形、地物和使用步枪、土枪、手榴弹、刀矛等武器，同敌人进行麻雀战与破袭战，并能估计敌情，有计划地指导空舍清野。政治方面则着重把保卫根据地和保卫自己家乡相联系，提高民族意识、政治觉悟，启发民族仇恨与斗争积极性。经过教育训练，广大民兵的军事、政治素质显著提高。

第三，提出3个月突击民兵—工作的指示。10月初，百团大战第二阶段结束。从10月6日起，日军对太行根据地进行疯狂的报复"扫荡"。为迎击日军更加残酷的"扫荡"，开展更广泛的群众性游击战争，保证主力军在长期的艰苦作战中得到源源不断的兵员补充，太行军区与冀南太行、太岳行政联合办事处（1940年8月成立）于10月30日联合颁布《关于三个月民兵工作突击的指示》，决定11月至翌年1月，各个组织须将民兵工作作为中心工作而突击进行。计划3个月全区组织基干自卫队达到1.5万人，青抗先达到2.5万人。

通过以上措施，使太行区民兵组织的发展进入迅速壮大期，到1940年底，全区已有民兵1万余人。

这一时期，在王树声的努力下，太行区地方武装不但在数量上有了大发展，而且也获得了相当的战绩。在百团大战期间，全区民兵参战达59658人次，配合正规军作战52次，独立作战484次，毙伤俘敌145人，破桥12座，毁公路245

公里,烧毁敌火车头8个、车厢142节。① 在正太战役、榆辽战役中,第二军分区民兵自卫队万余人配合主力作战,或担负破路、搬运战利品、运输弹药、转送伤员等工作,时间持续达3个半月之久,对于正太路的破击、榆社的收复都起了很大作用。为配合正太战役,黎城、涉县、偏城、武安、武南5县的万余名民兵自卫队破坏武、涉、黎公路100余公里,时间持续达2个月。第一军分区发动所属5县民兵配合主力出击,破公路20余公里,收回电线1000余公斤,使日军陷入恐慌之中。各地民兵还举行"卫生清洁"运动,分路出击敌占区,摧毁伪组织,活捉维持人员百余名。在积极组织地方部队配合主力部队作战的同时,王树声下大力抓好主力补充工作,把地方武装及时补入主力部队,使主力部队的战斗减员随时得以补充。此外,他还组织民兵做好运输弹药、运送伤员等战勤工作,为主力部队作战提供了有力的保障与支援。

为迎接将来更加严峻的斗争,王树声于1940年底发表了《太行军区1941年努力的方向》一文,提出1941年军区建设的几个主要任务:第一,加强军区组织,使其能发挥强有力的领导作用。尤其要切实负责加强党对营兵的领导,经常不断地检查与指示工作,以解决其实际问题及提高其战斗力;第二,加强教育训练制度,大批培养地方干部;第三,加强各种武装组织,大力发展普遍有力的游击战争,争取不断的战斗胜利;第四,以军区系统建立健全补充组织,保证正规军满员补充;第五,加强后方勤务各部门的组织。总之,军区军分区要成为正规军作战的有力后方依托,使其毫无顾虑,机动自由,消灭敌人,争取战争胜利。王树声在文章最后要求全区军民,"虚心地检讨过去,胜利地迎接将来,以高度的政治责任心,不疲倦的斗争勇气来完成党所给我们的每个战斗任务",把军区建设成为"钢铁的抗日堡垒"。②

1941年,太行根据地和武装斗争进入最艰苦困难的时期。日伪军对根据地展开更加猛烈、残酷的"扫荡"和"蚕食"。1月,正太线日军向晋中昔阳、和顺、榆社、辽县地区"扫荡",并在昔阳沾尚、和顺马坊构筑据点,以扩大其占领区和维持区。白晋路沿线之敌也不断向第三、第四军分区"扫荡"。在此形势下,太行军区于1941年1月31日至2月2日召开第二次地方武装干部扩大会议,研究确定新形势下军区武装建设的方针。

会上,王树声作了关于军区工作的报告和大会总结。在军区工作报告中,王树声首先总结了1940年军区工作中的成绩与不足,接着,详细阐述了1941年地方武装发展的计划与具体措施。这个报告在《太行军区1941年努力的方向》一文基础上,对营兵、民兵的战略任务、领导组织和机层配制问题,营兵、民兵、自卫队的组织方法、教育训练、主要作战形式及奖励、抚恤等问题,都作了详细

---

① 参见《1940年下半年太行军区民兵参战总结》,载《太行革命根据地史料丛书之三·地方武装斗争》,山西人民出版社1990年版,第150页。

②《王树声军事文选》,军事科学出版社2000年版,第37页。

的阐述。

王树声指出:"坚强的营兵与民兵组织与广泛的游击战争,是不可分离的。没有坚强的营兵和民兵组织,便没有广泛的游击战争,也就没有巩固的抗日根据地。"① 他从武装组织、宣传训练、兵员补充、作战问题4个方面提出了1941年军区建设的主要任务。

首先,在武装组织上,大力加强营兵和民兵建设。1941年全区营兵要在现有基础上发展至少1倍以上。为达到此目标,必须进行以下工作:第一,建立营兵军事、政治、供给等各项制度;第二,整饬群众纪律,密切群众关系,培养土生土长的在群众中有威信的干部;第三,加强营兵的游击战术训练,提高其战斗力。要经常接敌游击,掩护主力部队的休整与机动作战;第四,依靠党的工作和不断的教育,引导游击队由小而大,由弱而强,向正规军发展,这是游击队最光荣的前途。游击队发展到主力部队的方式,最好是就其本身壮大成团并在军事、政治上提高到正规军的地位。一般不应采用将小游击队编入正规军的办法,更不准连根拔尽。

抗日战争时期的王树声

民兵是把劳动力与战斗力结合起来,进行全面的武装斗争和保证正规军源源不断的兵员补充的地方武装。它是武装工作的基础,是正规军的源泉。报告规定,1941年全区青抗先要发展到6万名,基干自卫队4万名,一般自卫队要发展到在龄人数的90%以上。在民兵的组织发展与巩固过程中,一定要注意以下问题:第一,发挥民兵的群众性。由于其组织是半武装性的,我们的工作方式以至组织形式,都必须估计到这个特点。必须使其组织带更多的民主性,照顾群众的时间,注意与其切身利益相结合,与生产相结合,只有如此才能启发群众的积极性。第二,依靠群众团体的组织,发动参加民兵的热潮。特别是从党内发动,在党内要提出"所有党员都参加到民兵里去",党支部要成为民兵的核心。第三,民兵组织后,必须坚持进行不断的建设,注意运用其组织。王树声还对敌占区的民兵组织问题做了指示,要求其组织形式可以各种各样,但必须是抗日的内容。

---

① 《王树声军事文选》,军事科学出版社2000年版,第48页。

要注意保密，善于掩护，抓紧敌统治薄弱区和敌与群众尖锐对立区，从青年组织做起。报告还详细论述了民兵的奖励、抚恤及胜利品的处理，民兵的武器来源与分配，民兵中青抗先、基干自卫队、妇女自卫队与自卫队队部的关系等问题。

其次，在宣传训练上，加强营兵、民兵干部及队员的教育训练。其中，营兵干部营以上附设于师的轮训队，连排级干部由军分区轮训；民兵干部县区级、中队级、分队、小队、班级干部分别由军区、军分区轮训队和县巡回教育组进行轮训。队员的训练主要是以基点村或以中队为单位，每7天（或10天）集中训练一次，并经常以区为单位举行检阅演习。宣传训练的内容，干部为根据地的政策教育、游击战术、职务教育（特别是侦察、判断情况、机断专行、爱护武器等），队员为民族教育、抗日政府法令、七大任务[①]等。

再次，在兵员补充上，要有组织的集体参军与扩补制度化。这就需要做好以下工作：健全民兵工作；依靠各方面的工作基础与配合，特别是党、政府、群众运动的基础与配合；树立党员与群众对八路军的高度威信与深厚的爱戴；扩大沿敌交通线的游击区；参军季节化；认真进行优抗工作。王树声还指出，动员逃亡战士归队，也是根据地内扩补的主要对象，并提出了做好这项工作的具体办法。

最后，在作战问题上，要求军区、军分区能独立作战，使主力部队能够便于休整、机动，有利歼灭敌人。王树声指出，今后的作战形式，主要是破击战与反"扫荡"两种，这两种作战都要有组织、有计划地把战斗力与劳动力结合起来，是军民同命的全面战与全力战。因此，必须加强各级游击集团的组织力量，提高军区、军分区基干军队的顽强性，健全县区基干队，以加强机动突击，并普遍地发动民兵自卫队真正成为其耳目手足，进而有机地结合在党、政、军领导下，把政治、经济、文化而以军事为轴心的斗争结合起来，进行全面战和全力战。

王树声的这篇报告，对太行区乃至整个敌后抗日根据地地方武装建设具有重要的指导意义，是太行军区地方武装发展的纲领性文件。

在这次会议精神的鼓舞和指导下，太行区民兵突击工作卓见成效。到1941年3月，全区民兵已发展到3万余人。为把民兵建设推向一个新阶段，在全区掀起发展民兵的热潮，3月18日，太行军区在辽县桐峪镇举行了全区民兵大检阅。中共中央北方局、八路军总部、冀太联办、晋冀豫区党委等党、政、军、民有关负责人出席了这次检阅大会。

站在检阅台上，望着两万名英姿勃发、威武雄壮的民兵队伍，王树声心潮澎湃。虽然到太行根据地担任地方军区的领导，没有机会指挥主力部队叱咤疆场，但看到自己倾注心血发展起来的人民武装从小到大，从弱到强，成为打击日军、保卫抗日根据地的一支重要武装力量，他同样感到莫大的欣慰。

在检阅大会上，军区还表彰了民兵先进典型"神枪手"刘二堂，并号召全区

[①] 一、抗日戒严，铲除汉奸，肃清敌探；二、破路拆堡，空舍清野；三、侦送情报；四、救护伤病员，运输战斗器材；五、游击敌人，配合军队作战；六、进行敌军、伪军以及土匪会门工作；七、组织兵员补充。

民兵普遍开展"刘二堂运动",提高技、战术水平,建设铁的青抗先模范基干队。通过民兵大检阅,扩大了民兵在群众中的影响,提高了民兵的荣誉感与训练、参战的热情。在五六月间配合主力部队向根据地周围日伪军展开的攻势作战中,全区民兵积极主动出击,表现出了顽强的战斗精神,主力部队"裸体跳舞"的现象已成过去。作战中,全区民兵共参战33986人次,单独作战和活动507次,毙伤俘日伪军707名,解救修路民工5.75万余人。

"三一八"检阅后,太行区人民武装的领导机构发生了变动。4月1日,冀太联办和太行军区颁布了《人民武装抗日自卫队暂行条例》,决定建立军区、县、区、村各级人民武装自卫委员会(简称武委会),作为人民武装的领导机构。25日,下达《关于人民武装自卫委员会选举的指示》,并开始建立各级武委会筹备会。武委会主要有5大任务:实行武装抗日自卫,保卫家乡;开展群众游击战争,扩大根据地;配合抗日军队作战;武装维持抗日治安;加强人民武装的教育训练。① 接着,全区开展了自下而上的各级武委会选举。9月18日,全区召开代表大会,选举产生了晋冀豫区武委会,太行军区人民武装动员部撤销,并入区武委会,一同领导全区人民武装。

区武委会成立后,王树声暂时离开工作岗位,进入中共中央北方局党校学习,等待中共七大的召开。

在王树声直接领导太行区人民武装工作期间,全区民兵获得了迅速发展。到1941年9月,已发展到4.16万人,其中青抗先1.97万人。经过教育训练,梯次发展,一部分民兵发展为营兵,由营兵再输入或上升为主力部队,形成了太行根据地强大的人民武装力量源泉,不仅保证了主力部队的补充及发展壮大,而且为此后根据地民兵、游击队、主力军三结合武装力量体制的形成奠定了坚实的基础。

虽然身为太行军区第三号首长,可由于王树声把主要精力都放在扩兵、整编地方武装与后勤保障工作上,很少带兵打仗,所以,他在太行区是一个默默无闻的副司令员。王树声的警卫员齐吉树回忆起这段历史,感慨良多:

> 王树声主要负责人民武装发展这方面的工作。所以,他一般不去打仗,如果打了仗的话,他就出名了。但是,他这方面的工作是十分重要的。当时,开到太行山区的一二九师主要是三八五和三八六旅。王树声新扩军一个旅,就给第一二九师增加了新的实力。因此,我认为后来百团大战的胜利,跟王树声整编部队和扩大队伍的成绩是分不开的。在这一点上,王树声功不可没。他在太行军区为何不出名?就我个人的看法,是因为他当时主要是专管人武工作,他把心血完全投入到整编和扩军工作上了。在这个时期,他一般很少指挥打仗,因此,他就不大出名。但是,王树声的工作实际上是对一二九师作战的有力支持。一是扩大了一二九师的实力,二是不断地补充了战场上的减员。就拿百团大战来说,当时,第三八五旅在战

---

① 1941年5月26日,晋冀豫区人民武装抗日自卫委员会筹委会颁布《人民武装抗日自卫委员会工作纲领草案》。

场牺牲了很多人，都是王树声在那里扩军不断补充才使其保持原有的编制。

王树声是以中共七大代表身份，一边在中共北方局党校学习，一边等待中共七大召开的。

中共北方局党校位于武乡县上北漳村，是培训部队团以上干部及地方县以上干部的地方。王树声他们这些"代表学员"被单独编为一个班，学习的主要课程有马列著作、中国问题、党建、党史等。朱德、彭德怀及党校副校长杨献珍都来给他们上过课。王树声在班里是职务最高的学员，但他不摆架子，对每个同班学员都很尊重、关心，大家为此都很感动。虽然他不是班长，但他是班里的中心，大家都听他的，向他看齐。

■ 北方局党校旧址

王树声的组织纪律观念很强。当时，第一二九师师部经常派人送文件给他看。有一次，他接到一份保密材料，晚上看完后便塞在床下。第二天要送文件时，却怎么也找不着。第三天，他认真地写了一个检查，检讨自己文件保管不严，组织观念不强。检查还没递上去，在打扫卫生时，文件从被子里掉了出来。王树声一见高兴得大喊一声："终于找到你了！"同屋学员吓了一跳，一问才知个中原委。文件找到了，可他又继续写检查，说自己违反保密制度，耽误了交还时间。大家看到他身居高职，却律己甚严，都暗暗钦佩。

在学习期间，除上课外，王树声还参加了学校组织的修筑浊漳河水坝劳动。王树声和学员们分组一筐筐地把土抬到河边，垒起了一条长约1里的长坝，围河造田，造福一方百姓。当时，党校学员和当地群众关系很好。老百姓看到八路军生活艰苦，经常以高粱和黑豆当粮食,便经常送些捕来的鱼、虾、鳖等,给他们改善生活,学员们每次都坚持付钱。王树声与同学们常由衷感叹:我们的军队有如此质朴善良的人民做后盾,怎么能不打胜仗呢!否则,真是无颜以对江东父老啊!

由于主、客观条件尚不成熟,中共七大延迟召开。王树声在中共北方局党校学习3个月就毕业了。毕业前后,他几次到八路军总部,向朱德与彭德怀提出,太行区人民武装工作已全面建立起来,现在又有晋冀豫区武委会主持,自己可以承担些新的工作。哪怕到军分区做司令员也行,或者到山东或鄂豫皖地区做开辟工作。总部希望他先回太行军区,待有机会再行调整。王树声服从安排,又回到太行军区继续任副司令员。

1941年12月8日,太平洋战争爆发。为把中国变成进行太平洋战争的基地,日军华北方面军于1942年2月下达《治安肃正计划大纲》,决定上半年对华北敌后抗日根据地进行大规模的毁灭性"扫荡",以摧毁抗日根据地,巩固其占领区。华北各抗日根据地的形势依然严峻。

从2月初日军发起春季"扫荡"开始,太行根据地军民一直处于连续不断的反"扫荡"作战中。5月19日,日军集中平汉铁路北段及正太路沿线据点2.5万人兵力,准备从东、南两面对太行根据地北部地区进行"扫荡",以消灭中共中央北方局、八路军总部及第一二九师主力。

25日,日军在航空兵支援下发起攻击。八路军总部和中共北方局机关在第一二九师一部掩护下奋力突围。在这次突围作战中,八路军副参谋长左权壮烈殉国。

日军未达到消灭中共北方局、八路军总部领导机关的目的,遂于26日转入"辗转清剿",残暴捕杀根据地地方干部与群众,企图彻底摧毁抗日根据地。为粉碎日军"清剿",刘伯承、邓小平率太行军区主力分别转到敌人后方,积极展开破袭战,王树声负责指挥地方武装和民兵坚持内线斗争。

5月底,日军趁一二九师主力转入外线之机,对太行根据地中心区辽县发动猛烈进攻。当时,辽县只有一个正规团兵力,其余都是一二九师和后勤部工作人员,以及一些伤病员等共千余人。保证这些人安全转移的重任落在了王树声肩上。大敌当前,王树声临危不乱,他召集各方面负责人开了战前紧急动员会,分析了敌我双方的情况,指出敌强我弱,硬打硬拼必将陷入被动,只能进行战略转移。大家一致同意他的意见。会后,王树声立即集合人马,决定由辽县向武乡转移。出发前,王树声专门交代行动中的注意事项:"在转移时,大家一定要听指挥,无论发生什么情况都要沉住气,不要慌,不要乱跑。如果有敌人飞机来了,就要立即卧倒,隐蔽好!"

队伍出发了。为隐蔽起见,所选的路线都是山沟河谷,崎岖难走。王树声让非战斗人员走在前头,自己与正规团在后面负责掩护。队伍中,老的、少的、伤的、病的,还有背行军锅、牵牲口的,这一千多人的队伍犹如一条长龙,缓慢地前行。王树声暗暗着急与担心。

当队伍行至辽县与武乡交界的桐峪镇时,忽听有人喊:"南山发现敌人!"

紧接着，头顶上飞来5架敌机，在队伍上空盘旋，并投下炸弹。王树声大声命令："全体卧倒！不要动！"一些没有经验的人东奔西跑到处躲藏。敌机发现后，追过来又是一阵狂轰滥炸，当场有几个人牺牲。

敌机仍然有恃无恐地在空中呼啸盘旋。在一片慌乱的队伍中，王树声镇定有序地一面指挥人群向山上树林间转移，一面指挥战斗部队与追击的敌人作战。突然，一颗炸弹在离王树声不远的地方爆炸，一时间，泥土、石块、树木碎片四处翻飞，尘烟弥漫，连眼都睁不开。王树声与两名警卫员也走散了。

为摆脱日军追击，王树声指挥队伍向武乡的北山前进。快接近山顶时，只听有人大喊："北山顶上也有敌人！"人们闻听立刻转身向山下跑，改向西山转移，还未到山顶，又有人说敌人来了。这时，人们已经奔跑得精疲力竭。王树声见状，决定就地战斗，结果等了半天也未见敌人影子。直到这时，大家才开始怀疑有人造谣惑众，故意引起队伍混乱，延误转移时机，以便通风报信，引日机轰炸。经调查，很快将隐藏在队伍中的两名坏人查获。大家咬牙切齿，恨不能立即枪毙他们。王树声及时制止了人们，决定将这两人交当地政府处理。

这时，队伍的情绪渐趋稳定。王树声的两名警卫员也终于在人群中找到了自己的首长。两名小鬼见到王树声，喜极而泣，连忙向王树声检讨自己失职，首长不见了，战马也被炸死了。王树声笑笑说："战马死了不要紧，只要人在，今后还可以向敌人要战马。"

在山里转了几天后，王树声获悉日军已经撤兵，遂决定队伍不去武乡，折回辽县麻田村。回到麻田，发现村子已被日军摧残得面目全非。到处断壁残垣，一片狼藉。见到部队回来了，乡亲们群情激愤，纷纷要求给他们报仇。失去了亲人，失去了家园，他们根本无法再安心生活，更甭提进行生产。

看到这种情况，王树声指示部队，当前首要任务是稳定群众情绪。他亲自组织召开群众大会，分析形势，晓以利害："敌人的仇恨我们要记住，他们欠我们的血债要用他们的血来偿还。要想报仇，必须积蓄力量，等待时机。当务之急是重建我们的家园，大家要互相帮助，有粮出粮，有衣出衣，咱们政府也会帮助大家解决了些实际困难。"

为尽快使群众从"扫荡"的阴影中走出来，恢复正常生活，王树声做了大量耐心细致的思想工作。他白天召集干部开会，了解群众情绪，晚上再挨家挨户找群众谈心，做说服工作。每天只能睡三四个小时，有时忙得连饭都顾不上吃，身体渐渐消瘦。

八路军总部也非常重视根据地的重建与群众的安抚工作，指示王树声组织机关、学校、文工团到受害严重的村庄进行广泛宣传。王树声带领这支宣传队伍，走村串户，马不停蹄。他们每到一地，立即展开深入细致的说服工作。白天，他们向群众摆事实讲道理；晚上，为群众演出带有革命色彩的戏。经过1个月的安抚工作，群众的情绪渐渐稳定下来。接着，王树声又开始组织部队帮助群众重建家园，恢复生产。在军民共同努力下，房子盖起来了，快要荒了的土地也全部种上了庄稼,根据地军民终于渡过了这次难关。

根据地的恢复工作结束不久,王树声即接到中共中央让他到延安参加整风的通知。他连忙安排好手头的工作,做好出发准备。这次去延安,王树声还肩负两项重要使命,一是他此行要带领一支二三百人的队伍,其中有一批赴延安参加整风学习的高级干部,还有一些朝鲜人和日本战俘;二是要负责护送一支载满给中共中央钱物的骆驼队。经过几天准备工作,队伍在榆次县集结完毕。

7月下旬,王树声带领这支特殊的队伍出发了。在即将到达一座必经的铁路桥附近时,侦察员报告,桥上有一个连敌人驻守,并在桥头配置有十几挺机枪。王树声考虑到随行人员战斗力较弱,决定队伍暂驻离桥不远的榆次火车站附近,伺机过桥。但等了近20天,仍未见敌人有撤兵迹象。当时,延安正在等待这批人开学。八路军总部知道这一情况后,决定派部队护送队伍过桥。正当掩护部队集结待命时,一天,突然下起倾盆大雨,侦察员带来了好消息:敌人从桥上撤离了。王树声当场决定:立即冒雨过桥!就这样,未费一枪一弹,队伍安全过桥。为赶时间,队伍疾行一天一夜,到达陕甘宁晋绥联防军辖地内的兵站。由于极度困乏,很多人顾不上吃饭、洗脚,倒头便睡。同样深感疲倦的王树声却没有睡意,他嘱咐几个警卫员说:"你们赶快叫大家洗脚,这很重要,先洗脚,后吃饭,然后再睡。"随后,他又到高干队看望大家,并检查了骆驼队的安排情况。

在兵站休整了一天,王树声又带上队伍继续赶路。由于进入了解放区,一路安全,王树声下令放慢些速度,以利队伍恢复体力。经过20多天行程,王树声终于把这支队伍安全带到了目的地——延安。

第十章　创建豫西抗日根据地

一、参加中央党校整风

1942年9月，王树声回到了阔别近3年的延安，进入中央党校军事队学习。巍巍宝塔山、清清延河水、整齐的窑洞，一切都是那么亲切而熟悉。延安比过去更热闹了，特别是集市上人来人往，熙熙攘攘，一派欢乐繁忙的景象。从战争环境来到这里，仿佛到了另一个世界。王树声被安排住在党校北山坡上的一个窑洞里，随行的警卫员都被分在党校警卫队。

当时，延安中央党校正在进行全面整风。1942年2月1日和8日，毛泽东相继在中央党校开学典礼和中央宣传干部会议上作了《整顿党的作风》和《反对党八股》的报告。从此，整风学习开始在延安的中央机关、院校等单位普遍开展起来。这次整风的任务是反对主观主义以整顿学风，反对宗派主义以整顿党风，反对党八股以整顿文风。这是一次全党范围普遍的马克思列宁主义教育运动，是为了实现党内在思想上政治上的统一和行动上的一致，同心同德战胜困难，夺取抗日战争的最后胜利而进行的一次思想作风整顿。

中央党校的整风运动是在中共中央和毛泽东直接领导下进行的。为加强对整风运动的领导，中央党校进行了改组。2月28日，中共中央政治局作出了《关于党校组织及教育方针的新决定》，停止党校过去所定的课程，军事学院高级班合并到党校，延安各机关、各学校的高级干部，以300—400人为限，参加党校学习。党校直属中共中央书记处，其政治领导由毛泽东负责，组织指导由任弼时负责，日常工作由邓发、彭真、林彪三人组成的管理委员会负责，原有党校管理委员会即行取消。4月，根据中共中央书记处关于延安各系统整风运动的领导分工，毛泽东负责领导与检查中央党校的整风运动。

王树声一到党校，便投身到整风学习中。整风学习的第一步，是精读中央规定的22个文件，领会其精神实质。这些文件都是与中国革命密切相关的马列主义的经典著作和中国化了的马列主义文件，既是多年来中国革命斗争经验的结晶，又有国际共产主义运动的基本经验。王树声对学习抓得很紧，除一日三餐外，几乎都在认真学习整风文献。

在学习过程中，王树声非常注重运用马列主义的立场、观点、方法来观察和分析问题，用文件的精神来检查自己的思想、工作和历史。用当时形象的说法就是："自己钻文件，又用文件来钻自己。"① 他和同学们经常提出问题，组织漫谈会、讨论会。漫谈会不拘形式、不限人数、不定内容，少则三五人，多则十余人，在河边、树下、山坡上，随处可以进行。如果遇到带普遍性的问题，党校还组织一个部或者更大范围的讨论会。对一些重要问题，则请中共中央负责人作报告。周恩来、朱德、陈云、任弼时、林伯渠等都到学校作过报告。

王树声所在的军事队还反复学习了《中国革命战争的战略问题》《抗日游击战争的战略问题》《论持久战》《战争和战略问题》等几篇重要军事著作，提高战略战术思想和指挥艺术。

整风学习的第二步，是联系实际，进行检查。王树声作为军事队队长，带头检查自己的思想、工作和历史，自觉进行自我批评，深刻剖析错误的思想根源，并写出了思想总结。

在生活上，王树声仍然严格自律。刚到党校时，警卫员齐吉树经常来看他，见他学习紧张，便主动帮他洗衣、扫地、打水。几次之后，王树声便和气地对他说："小鬼，以后你不要给我打扫卫生了，也不要给我洗衣服，我的事情我自己做。现在我是第二次到延安学习，整风结束后，我还要出去工作。现在就是要利用这个机会锻炼锻炼，不能高高在上当官做老爷。组织上也要求我们在这里多参加劳动，并且把这作为考核干部的一项重要内容。谢谢你的帮助，以后我自己做吧。"

当时，党校的伙食仍然是每天三顿小米饭，一周吃一次馍，偶尔吃点猪肉，王树声对此非常满足。他对齐吉树说："延安是个好地方，现在由于胡宗南对陕甘宁边区的封锁，加之延安的工农业生产落后，各种物资供应紧张，我们能有这样的生活，已经很不错了。现在，延安只有两所医院，药物奇缺。要克服困难，你们就要加强锻炼身体，最好少生病或不生病，不要给延安再增加医药负担。"王树声对延安的窑洞情有独钟，他经常对齐吉树说："这房子多好，冬暖夏凉，住在里面多舒服！"

1943年春，中共中央书记处通知中央党校从警卫队调5个人去给毛泽东当勤务员。经警卫队推荐，齐吉树等5人被选中。齐吉树深知此去责任重大，也很光荣，但又担心自己听不懂毛主席的湖南话，做不好工作。他向王树声汇报了自己的思想。

王树声一听，非常高兴，语重心长地鼓励齐吉树："你在太行山就想见毛主席，现在有机会调到毛主席身边工作，这不是好事吗？这是组织上对你的信任，你应该去呀！你原来在我这儿，现在能到主席身边工作，这对我来说，对原来与你一起工作的人员来说，都是很光荣的嘛。我认为你能胜任这项工作。你要服从组织，我这里没有毛主席那里重要，你要去。"

---

① 黄火青、王从吾、宋时轮、郭述申：《回顾延安中央党校的整风运动》，《人民日报》1986年7月27日。

从王树声鼓励的言语与信任的目光中，齐吉树增强了自己的信心。但他一直有到前方打仗的愿望，便对王树声说："将来你去前方打仗是否还能带我去前方？"王树声怕他不能安心做好主席身边的工作，没有点头，而是说："留在延安给毛主席当警卫员比跟我走重要得多，做好主席身边的工作就是对革命最大的贡献。将来是否能跟我去前方那就看工作需要了。"

不久，齐吉树便带着王树声的鼓励与重托，愉快地走上了新的工作岗位。他先是分配在通讯班给中央书记处送信，随后便给毛泽东当警卫员。

四五月间，许世友、陈赓、陈锡联、王近山、李聚奎、桂干生等准备参加中共七大的人，都到中央党校来学习了。老战友重聚延安，给学习生活增添了不少快乐。

党校学员在整风学习之余，还要参加生产劳动。开荒、种菜、浇水、施肥，这一套农家活王树声干起来熟门熟路，脏活累活他更是一马当先。由于黄土贫瘠需要上肥，王树声和许世友便带头跳进又深又臭的粪坑挖肥。一分耕耘，一分收获。他们种的西红柿、西瓜、白菜、芹菜，果肥苗壮，大伙的餐桌上更丰富了。女学员则发挥心灵手巧的优点，纺线织毛衣、毛袜。大家切实体会到了自己动手丰衣足食的快乐。

从1943年10月10日开始，中共中央决定高级干部转入党的历史和路线问题的讨论与研究。中央党校的这段学习进行了将近一年时间。学习文件主要是中央书记处编印的《六大以来》、《两条路线》，以及《〈共产党人〉发刊词》、《中国革命与中国共产党》、《中国革命战争的战略问题》等。学员对中国革命的性质、任务、对象、动力、阶级关系，以及对中间阶级、中间派别的政策，工作的重点放在城市还是放在农村等问题，都进行了认真的分析和讨论；对革命战争的战略策略问题，中国共产党在各个历史时期的路线政策的得失，特别是对以王明为代表的"左"倾错误，进行了批判，分清了是非，提高了认识，统一了思想。

通过学习，王树声加深了对党的正确路线的理解，更加坚定了革命的信心。他深刻地认识到，中国共产党要想领导中国革命从胜利走向胜利，必须有一条正确的思想路线。遵义会议后，在毛泽东领导下的党中央的政治路线是完全正确的。

二、喜结连理

党校的学习生活充实而快乐，但紧张的学习之余，尤其是周末和节假日，同学们有的回家，有的出双入对谈恋爱，王树声形只影单，内心时常隐约泛起一丝难以名状的孤寂感。于是，党校偶尔举办的舞会便成了王树声周末打发时光的好去处，不过他只是一名既不会跳、又不善唱的忠实观众。

去过几次后，王树声的视线渐渐被一位面容清秀、身材修长的姑娘吸引住了。每次晚会，他都全神贯注于这位姑娘。老战友唐明春看出了其中的"端倪"，对王树声说:"队长,你这样光盯着不管用,文化人管这叫'单相思'。这好比两块石头,只有碰撞,才能擦出火花!"

王树声见他一语道破天机,便不再隐瞒,说出了自己的顾虑:"我连人家叫什么都不知道,怎么上去说话?"唐明春告诉他,这位姑娘叫杨炬,是中央门诊部的"一枝花",一位业务不错的军医,和自己的爱人一起工作。唐明春答应尽快找个机会安排他们见个面。

几天过后,唐春明仍然没有回音。王树声决定主动出击,自己"创造"见面机会。

一天傍晚,他来到中央门诊部,杨炬正在值班。等其他病人都看完病了,王树声才坐在杨炬面前。杨炬如同平时接待病人一样,一边询问姓名、单位、哪儿不舒服,一边低头做病案记录。王树声指指脚后跟说裂开个口子。杨炬一看,那口子才一点点大,便给他做了简单处理。这时,只听王树声问她什么地方人,多大年纪,入伍几年,在哪里学的医,问着问着,语气越来越紧张,最后竟冒出:"杨医生,我对你的印象很好!"

杨炬被这突如其来的表达弄得不知所措,白皙的脸庞刷地红了,扭头跑进隔壁的诊断室。王树声初战未捷。

之后,他又接连几次到门诊部准备发起攻势,结果连杨炬的影子都未见着。唐明春知道情况后,哭笑不得:"我的老首长,谈恋爱是细活,急不得,要讲究一点策略。"他把牵线的任务交给了自己的爱人连军。

杨炬出身于湖北南漳县一个书香门第,自小父母为其定下一门娃娃亲。在她中学毕业前夕,抗战爆发了。她在思想倾向进步的历史教师易先生等人影响下,与一位女同学离家出走来到延安,既投入到抗日的洪流中,也彻底摆脱了包办婚姻的束缚。到延安后,她先后到陕北公学分校、卫生学校、医科大学学习。1942年9月毕业,被分配到中央门诊部当医生。杨炬心中抱定如果将来成家,一定要自由恋爱,找个自己满意的人。那天王树声贸然表白心迹后,杨炬见他人很老实、威武,但年纪较大,又像个"大老粗",便决定采取躲避的办法来了结。

过了几天,连军借与杨炬聊天的机会,告诉她那天来看脚后跟的病人可是个了不起的人物,他年纪轻轻便拉起了红军队伍,跟徐向前老总是一正一副两个指挥官,现在是中央党校军事队队长。然后,她略带调皮地笑笑说:"人家可是相中你啦!"杨炬半嗔半笑地把这个"媒婆"给推走了。

连军的话在杨炬心中激起的涟漪还未平静,好友王一楠医生又来游说了。她满口夸赞王树声人品好,立过无数战功,没有一点首长架子云云。杨炬心想这个王队长人缘倒挺好,这么多人都夸他,是不是自己太清高了呢?一连数日,"王树声"搅乱了她平静的生活。但她仍然未作答复。

正当王树声感到山穷水尽的时候,周恩来暗中帮了他一把。一天,王树声的老部下张贤约遇到周恩来,谈及老首长王树声至今孤身一人,并把王树声看上了一位医生的事说了。周恩来听后说,这是好事,树声年纪不算小了,应该考虑个人问题了，你们也应该多帮忙。张贤约半开玩笑地说，就是傅连暲不帮忙。傅连暲是中央卫生处处长。周恩来听后当即表示，傅连暲那里他去做工作。随后，他几次找傅连暲说，你们卫生部门女同志多，给人家树声当当"红娘"嘛！

不久，受周恩来委托的傅连暲，把杨炬叫到了自己的办公室，温和地对她说："树声同志是个老红军，受过多次考验，我们长征时共过患难，那可是个好同志啊！他一向光明磊落，胸怀坦白。遗憾的是，至今还是个'光杆司令'。"接着，把周恩来亲自委托他的事也说了，希望杨炬可以和王树声谈谈，互相了解了解。杨炬一向很敬重傅连暲，便点头同意了。

恰在这时，杨炬收到了王树声写来的一封信。她拆开一看，那一手隽劲的毛笔字和真挚恳切的表达使她颇感意外：原来人家并不是"大老粗"，而是"粗外惠中"呢。她与王树声终于有了第一次约会。

经过一段时间的交往和了解，王树声和杨炬渐渐相爱了。

1944年中秋节，王树声和杨炬一起来到陕甘宁晋绥联防军司令部驻地，看望贺龙和徐向前两位老领导。大伙开心地打了一会儿扑克牌，趁着热闹的气氛，贺龙提议："今天是中秋佳节，这里又有这么多老战友，你们结婚好不好？"

杨炬和王树声一点思想准备都没有，连忙说不行。但是在两位老领导的热情坚持和说服下，他们只有服从的份儿了。于是，当时在场的陈赓、陈锡联、陈再道、徐深吉、邵式平等人开始动手操办起来，很快便准备好了三桌简单的酒席，还找来一架旧留声机，举行了一个小舞会。席间，前来道喜的战友们把他们俩围在中间，要他们"坦白恋爱经过"。王树声刚说了句"她太调皮"，杨炬便回敬一句"是你厉害……"还没等他俩说完，徐深吉便脱口而出一副"绝对"：上联是调皮遇厉害；下联是花好见月圆；横批为革命伴侣。

从此，王树声与杨炬这对幸福的革命伴侣，携手走过了30多年风雨同舟的人生旅程。

三、毛泽东委以重任

王树声与杨炬新婚不久，便接受了一项重要的任务——开辟河南抗日根据地。中共中央决定开辟豫西，是一项审时度势的重要战略决策。

河南地处中原，战略地位十分重要，自古为兵家必争之地。1944年，日军在亚洲、太平洋战场陷入全面被动局面。美军控制了日本通往东南亚地区的海上交通，并轰炸其本土；英军和中国印缅远征军向印缅战场展开大规模战略反攻。在中国，敌后战场也开始了攻势作战。为扭转被动局面，日军于4月18日发起河南战役，开始了打通大陆交通线的作战。驻守河南的国民党军蒋鼎文、汤恩伯、胡宗南指挥的40万军队，一触即溃，仅月余时间，即接连丢失郑州、许昌、洛阳等38座县城。为控制中原，毛泽东于4月22日，即河南战役开始的第5

天，就极富远见地指示八路军：应乘敌南犯后方空虚之机，开展豫北工作，以便将来可能时开辟豫西。5月11日，中共中央书记处在《关于敌进攻河南情况下的工作方针的指示》中明确指出：河南地方党在目前情况下，应该起来参加与领导河南人民抗战，组织抗日游击队及人民武装，保卫家乡，建立根据地。7月25日，中共中央发出向河南敌后进军的指示，决定由八路军太行、太岳军区派出两个团进入豫西，开辟河南抗日根据地。另派冀鲁豫军区及新四军第四、第五师一部进入河南其他地区，控制河南战略要地。这是中央为实现"巩固华北，发展华中"的战略方针及准备大反攻而做出的重大决策和部署。

9月，中共中央在杨家岭召开重要会议，决定由王树声、戴季英、刘子久等组建中共河南省委（后改为河南区党委）、河南人民抗日军和河南军区，挺进豫西敌后，创建豫西抗日根据地。南下部队为驻陕甘宁边区的警备第一旅第二团和第三八五旅第七七〇团。

中秋节后不久，毛泽东亲自找王树声谈话。这一天，王树声一进院，看见正好是齐吉树值班，便问："小鬼，毛主席找我谈话，他睡午觉起来了吗？"

"主席没有睡，正在看书。"

"那你给毛主席打个招呼，说我来了。"接着，他又对齐吉树说，"我可能要离开延安，要走了，可能要路过太行山，往中条山、伏牛山一带发展。你要在这儿安心工作。"齐吉树说："首长放心吧，我一定在这儿安心工作。"说完，就把王树声带到毛泽东的房间。

毛泽东也听说了王树声刚刚与杨炬喜结良缘，一见面，便风趣地问王树声为什么没有请他喝喜酒。王树声连忙说主席工作太忙，不便打扰。谈话随之在轻松的气氛中展开。

毛泽东问王树声："听说你们这期军事队学员快毕业了，你对将来的工作有什么打算吗？"

王树声表达了自己想去前线的决心。毛泽东便接过话题，谈了河南的形势及中央准备派他进军河南的决策。并告诉王树声：中央原决定派徐向前去河南，不巧的是，徐老总骑马受了伤，恐怕一时去不了。所以，这个帅，就只有你王树声来挂啦！

王树声一听，顿觉眼前一亮。自从西路军归来，王树声一直希望能独当一面，在抗日战争中成就一番事业。到太行山后，他主要负责地方武装的发展，领兵打仗的机会不多。这次中央把开创河南抗日根据地的重任赋予他，充分说明，党中央和毛主席对他是信任的，对他的能力也是肯定的。他站起身来说："主席，只怕我水平太低，难以挑起这付重担！"

毛泽东开导他说："是不是还背着老包袱？中央完全相信你，也相信你有这个能力。"接着，毛泽东交代了中央的战略意图和部队的任务：这次南下的任务，就是要深入河南敌后，以嵩山为依托，在三点（郑州、许昌、洛阳）两线（平汉线和陇海线）之间，深入发动群众，开展游击战争，建立敌后抗日根据地，紧紧咬住敌人，牵制三点两线之敌的可能西进，沟通陕北和华北、华中抗日根据地之间的战略联系，为夺取抗战的最后胜利打好坚实基础。毛泽东还说，中央从整个战略全局出发，不仅派你们进军河南，还派出了以王震为司令员、王首道为政治委员的南下支队，进军湘粤赣边的五岭地区。

谈话进行了整整一个下午。王树声起身告辞时，毛泽东见已是晚饭时间，便留他吃饭。王树声说："不必了，家里给我留了饭。"

回到家中，王树声兴奋地告诉杨炬自己即将南下豫西的消息。新婚燕尔，就要分别，杨炬心中虽多有不舍，但还是非常支持王树声执行南下的重任。她开始默默地为王树声准备随身携带的衣服用品，并细心地把一些常用药品装在了行李中。

第二天下午，王树声又来到毛泽东办公室，商谈一些南下的具体事宜。当他在门口与齐吉树说话时，毛泽东正好走出来，问："你们两人认识吗？"王树声说："这个小鬼是我从太行山带来的。"毛泽东说："哦，看起来，这一次他不能跟你走了，我这里需要他。"王树声连忙说："没关系，我已经跟他谈了，他愿意在主席身边工作，并且把主席照顾好。"毛泽东说他可以给组织部打个招呼，给王树声组织个班子。王树声非常感谢主席的关心，告诉他组织部已经安排好了。随后，两人又一直交谈到天黑。

回来后，王树声和戴季英、刘子久等几个人认真综合、分析了当时所能了解、掌握的河南的情况，加紧组建河南省委、河南人民抗日军和河南军区的工作。10月底，组建工作基本就绪。

11月初，中共中央派刘子久率领晋绥军区第六支队3个连、中央党校干部100余名和撤退到延安的原河南地下党的干部，先行南下，为后面的大部队打前站。

11月13日，毛泽东在自己的办公室接见了王树声、戴季英、张才千、熊伯涛等几位即将南下的干部。当时在场的还有周恩来、王稼祥、任弼时等中央领导人。

毛泽东热情地招呼大家落座，并亲自给每人发了一支香烟。他边吸烟边询问出征部队的编制、干部配备和武器弹药等情况。周恩来和王稼祥也询问部队的战斗士气如何，部队中红军老战士和新战士的比例及训练后的军政素质怎样，等等。

讲到军事训练和部队战斗力时，毛泽东说："你们这些同志，红军时期都是团以上指挥员。那时打仗，敌人是蒋介石、国民党。他们晓得共产党的打法，我们更晓得国民党的几下子。这次出征，敌人方面情况就复杂多了，嵩山地区有土顽，非常顽固，又有地痞，还有汉奸。去那里要过黄河，要走洛阳，那些地方都是国统区和沦陷区，你们随时要同日本鬼子打仗，要同国民党顽固派们较量啊！"停顿片刻，他又接着说："留守工作时间长了，打仗的实践机会相对就少了些。对付日本鬼子可不比国民党顽固派，他们讲究'武士道精神'，还是有相当战斗力的。你'王大司令'，可得带些参加过对日作战的团营以上干部去。"

王树声笑了，说："主席，前线回来的团营以上干部不多啊，再说，人家从前边回延安，屁股还没坐热，又让人家去打仗，这……"

毛泽东也大笑起来，说："'王大司令'你就缺调查研究哩，我们这些南征北战打惯仗的人，哪个真想把屁股坐热？包括你在内，去党校学了一个月，就吵吵嚷嚷要上战场。从前方回来，是为了学习，学习好了，还是要上前方的嘛！我看，只有高兴，保险没人吊丧脸。"①

根据毛泽东的指示，周恩来、王稼祥、任弼时当场决定，由王树声与戴季英牵头，立即从抗大、中央党校等机关和院校中，调派些有对日作战实际经验的团营以上干部，安排到南下各支队当指挥员。

接着，毛泽东重申了南下部队控制"三点""两线"的战略任务，并展望中原将来局势：北可同晋冀鲁豫抗日根据地连成一片；南可同新四军第五师打通联系，这样，我们党今后大举出兵中原，收复失地，就可有一个畅通无阻的桥梁。

这次接见和谈话进行了3个小时。回来后，大家非常振奋，决心不辜负党中央、毛主席的重托，坚决完成开辟豫西的任务。

此间，根据中共中央关于向河南发展的指示，第一二九师太行、太岳军区各一部已挺进豫西。9月，第一二九师太行军区以第三、第三十五团等部共1000余人组成豫西抗日游击第一支队（即后来的河南人民抗日军第一支队），由林县出发，向豫西嵩山、箕山挺进。10月初，第一二九师太岳军区以第十八、第五十九团等部组成豫西抗日游击第二支队（即后来的河南人民抗日军第二支队），由刘聚奎率领，从山西沁水出发，向豫西挺进。

太行、太岳军区的部队已先期进入河南，王树声出发的日期也日益临近。

11月16日上午，中共中央召开南下部队团以上干部会。任弼时传达了中共中央、中央军委关于成立河南省委和河南人民抗日军的决定。由王树声任河南人民抗日军和河南军区司令员，戴季英任河南省委书记兼抗日军和军区政治委员，熊伯涛任参谋长，吕振球任政治部主任。已先期赴豫西的太行军区皮定均部和太岳军区刘聚奎部编为河南人民抗日军第一支队和第二支队，第一支队司令员皮定均、政治委员徐子荣；第二支队司令员韩钧、政治委员刘聚奎；在延安的中央警备第一旅第二团编为第三支队，司令员陈先瑞兼政治委员；第三八五旅第七七〇团编为第四支队，司令员张才千兼政治委员。随后，王树声就部队整编的要求讲了话。会议一直开到中午，中共中央专门设宴招待了到会者。毛泽东到会接见了大家，并在聚餐时给大家祝酒壮行。

编制人员确定后，部队进行了装备更换。总后勤部对即将离开边区的部队十分关心，为部队更换了武器和被装。部队以连为单位调整更新武器，有的连一律装备了捷克式步枪，有的连是三八式步枪。每个战士都佩带刺刀、手榴弹，子弹满装。战士们一律换上灰色新军装，连臂章都是崭新而醒目的白蓝色新臂章。王树声看到部队朝气蓬勃，威武雄壮，非常兴奋。

出发前，王树声还得到了一个非常机灵的警卫员李树林。李树林是徐向前的警卫员。王树声和杨炬经常去看望徐向前，和他也很熟悉。王树声要开赴河南，正需要新警卫员，徐向前便把李树林推荐给他。他对李树林说："你叫树林，他

---

① 张才千：《留守陇东》，甘肃人民出版社1984年版，第414—415页。

叫树声，你们一定合得上来。"

11月20日，中共中央在马列学院大礼堂举行了盛大的欢送会。毛泽东、朱德、刘少奇、任弼时、贺龙、叶剑英、萧劲光等中共中央、中央军委和陕甘宁晋绥联防军领导人，都来参加欢送大会。

大会由刘少奇主持。他首先介绍了日军的进攻形势和河南人民遭受侵略，处在水深火热之中的情况。随后说：你们就是去解救那里的人民，要发动和组织群众，壮大人民力量，同时，要广泛开展统战工作，团结一切愿意抗日的人士和力量共同抗日，把河南建成巩固的抗日根据地，争取把华北、华东和华中连成一片。你们要坚持贯彻执行党的政策，遵守三大纪律八项注意。

接着，八路军参谋长叶剑英讲话，他说：河南号称中原，位于黄河中下游，自古是兵家必争之地，谁控制了中原，谁就能在中国取得胜利。你们在河南，就要在那里生根、开花、结果，为夺取全国抗日战争的胜利作出贡献。

来延安整风学习的新四军代军长陈毅也给大家鼓劲道：蒋介石从九一八事变开始，对付日本侵略者是孔夫子搬家——尽是书（输）。希望你们到河南后，要像芝麻糖打滚，越滚越粗，把自己壮大起来。你们要像钢铁那么坚，像橡皮那样韧，把河南抗日根据地建设好。

最后，毛泽东作了重要指示，他要求南下部队要善于依靠和团结群众，要团结、争取一切可以团结的力量，做好统一战线工作；要加强政权建设，逐步建立各级抗日民主政权，迅速打开豫西抗日斗争的新局面。

在中共中央和军委领导的鼓舞下，部队上下热情高涨，信心十足，个个摩拳擦掌，准备开赴前线。

11月底的一天，在延安东关机场，部队整装待发。毛泽东亲自送行。他拉着王树声的手说：我预祝你们能很快地开辟中原根据地，这是插在蒋介石心上的一把钢刀。河南有"三灾"（水灾、旱灾、蝗灾）"一害"（国民党军汤恩伯部），人民生活非常艰苦，日日夜夜都盼解放。因此，到中原后要和在桐柏山的李先念所率部队会师，坚持斗争，早日打开局面。他希望部队要像柳树一样，插到哪里就在哪里生根发芽。王树声坚定而有力地回答："坚决完成党中央和毛主席交给我们的光荣任务！"

部队出发了，王树声一再转回身来向毛泽东挥手告别。只见毛泽东站在那里，久久地向他们招手致意。

告别了延安，告别了党中央，告别了新婚妻子杨炬，王树声率领部队浩浩荡荡地向河南进发。

四、挺进豫西

王树声率部从延安出发，经绥德、佳县渡黄河入晋西北吕梁山，再经平遥越同蒲路日军封锁线，千里行军，翻山越岭，日夜兼程，于12月中旬到达了太行根据地。

在经过吕梁山时，巧遇太行军区"老二团"护送一批干部由延安转回。这时王树声还缺一名警卫员，于是便从"老二团"把17岁的白金泉要了过来。小白是山西东风岭人。虽然他很舍不得英雄"老二团"，但看到这位首长态度和蔼可亲，自己又一直在山西家门口当兵，便同意跟王树声开开眼界，锻炼锻炼。

部队在太行区的榆社、武乡间休整几天后，经襄垣、夏店，过白晋铁路，到达太岳军区。太岳区党委和太岳军区招待了南下部队团以上干部，介绍了黄河两岸日伪顽军的情况和各渡口的现状。王树声在太岳区度过了1945年元旦。

一天，部队进入晋东南的阳城县境。王树声忽然拉住白金泉说："小白，你家不是阳城东风岭的吗？去看看老人再过河。"白金泉一听顿时心头一热，没想到首长白天黑夜为抗战大事操劳，居然心里还记挂着他这个小战士的家事。任务在身，他想都没敢想过能回家去看看。王树声把胸前的望远镜递给他，说："拿上，以便及早发现情况，预防万一。"

白金泉跑出一段后，用望远镜向前一看，只见黑压压的日军正匆忙调动队伍。他立即返回驻地，向王树声报告了情况，并急切地要求狠狠地揍日军一顿。王树声观察敌情后严肃地说："中央交给我们的任务是快速南下，不能误了大事。甩开敌人，前进！"

2月8日，部队到达横卧于山西南部、黄河北岸的中条山脚下。

中条山地势险峻，只有一条上山的路。当地民谣称："中条山，中条山，上山三十二，下山二十三，莫看五十五，脚脚考好汉。"正值隆冬季节，天上飘着鹅毛大雪，翻山难度可想而知。部队到达山脚下时，已是傍晚时分。本来应该就地宿营，天亮再翻山。可这里是沦陷区，前面又有高山挡路，万一后面日军追兵赶到，后果不堪设想。王树声遂令部队连夜翻越中条山。

部队稍事休整，即开始登山。积雪的小路经前面的人一踩，变成了一条冰带，非常滑。王树声和战士们互相搀扶着，一步一步艰难地往上登。待上到山顶已是午夜时分，王树声向党中央及时电告了自己的位置。路上，王树声收到中央回电，说黄河封冻，要他们趁机过河。于是，王树声下令部队尽快下山，赶到黄河渡口。

俗话说：上山容易下山难，更何况这冰天雪地中。厚厚的积雪被队伍踩磨得镜光。马骑不了，王树声就拄一根拐棍。开始，几名警卫员还前面扶，后边拉，护着他慢慢往前挪；后来，他们也"泥菩萨过河"自身难保，摔了个七倒八歪。王树声摇着手笑道："算啦，咱们八仙过海，各显神通吧！"王树声和战士们跌倒爬起，爬起又跌，一路跟头不断。就这样，部队几乎是连滚带滑地于天亮前下了中条山。

一下山，黄河即出现在他们眼前。黄河自古称天险。远远就能听见河水轰隆隆的咆哮声。王树声到黄河边上一看，河里巨大的冰块拥挤撞击着从上游漂过来，伴着震耳的轰隆声。部队根本过不去。这时前面是黄河挡路，后边是日军追兵，地形是三面环山，一面临水，天还下着大雪。情急之下，警卫连派出一个排进行试渡。船入激流，随冰飘浮，突然被两大块冰一挤，船体顿时崩裂。王树声立即命令停试，派出侦察连沿岸寻找新的渡河点。

很快，侦察连送来一位从对岸来山西卖炭的老乡。王树声连忙问他怎么过的河，老乡说河口封冻了。王树声大喜过望，说："老乡，我们是共产党领导的队伍，是人民的子弟兵。你的炭我们全买了，你把我们带过河，好吗？"老乡要一块银元，王树声让管理员给了他5块。老乡活了大半辈子，只见过日本兵的烧杀，国民党军的抢掠，从未遇见过这样的兵，连忙表示愿意带部队过河。

王树声站在岸边凛冽的寒风中，指挥部队过河。先是战斗部队，然后是辎重和后勤部队。他还细心地嘱咐大家用帽子装上沙土洒在冰面上防滑。前后不到两小时，部队全部安全渡过黄河。当日午后，侦察人员回报说，冰面裂缝，开始解冻下陷。王树声闻之感慨万千，不禁大声说道："真是天助我也！"

黄河结冰，可以行人，这是百年不遇的罕事。据当地老百姓传说，历史上只有汉代的刘秀走过这条冰道，过罢，冰开。此前，王震率领的南下支队和刘子久等部也是踏冰过河的。于是老百姓奔走相告，说八路军是"神兵"，八路军过黄河是天附民心，河南人民有救了！

过河后，部队直插海池县境。在海池县城西南的一个村庄，王树声与刘子久及韩钧、刘聚奎率领的第二支队会合。第二支队于1944年11月到达新安北部山区。不久，刘子久部也到达该区。他们与地下党负责人贺崇升取得了联系，贺的父亲贺满三已组织起洛宁、陕县、海池、宜阳4县的抗日联防委员会，并与国民党的地方武装李桂吾和上官子平部有接触。经过两个多月的工作，开辟了新安、海池、陕县、孟津、洛宁等地区，初步打开了局面。

王树声听取了刘子久和第二支队的汇报，随后召开支队、分区领导干部会议。会上传达了中共中央的指示精神，决定建立第二地委、专署和军分区。刘聚奎任地委书记兼军分区政治委员，韩钧任军分区司令员，贺渤三任专员。会议研究决定，对上官子平、李桂吾两支队伍进行改编，同意李桂吾入党要求。

会后，第二支队改编了李桂吾、上官子平及贺满三的队伍，上官子平部改编为第二军分区独立第七旅，上官子平任旅长，辖2个独立团，1个独立营；李桂吾部改编为独立第八旅，李桂吾任旅长，辖两个团和1个大刀队；贺满三部主力编为特务一团，抽1个连编为洛宁县大队。在着手改编过程中，李桂吾部队内潜藏的国民党特务和汉奸派人暗杀了李桂吾，为纪念他，将独八旅改名为"桂吾旅"。在改编上官子平部队的问题上，第二支队提出把八路军干部派到班，但上官子平只准派到连，为以后"豫西事变"的发生埋下了隐患。

进入豫西后，途中所见，尽是荒芜的土地，逃荒的难民，围寨如林，枪声不断。一个个村庄都是用黄土垒成的"土围子"，墙上有枪眼炮楼，围外有堑壕，明碉暗堡林立，宛如古代的城堡。他们有的打着抗日招牌，有的扯着反共旗号，各色旗帜五花八门，政治背景相当复杂。由于长期在国民党的统治和日军的迫害下，群众深受其苦，对八路军、共产党又不了解，故都不让王树声的部队进入他们的围寨，有的甚至还向部队放冷枪。

为了缓和与当地群众的关系，让其了解八路军是人民的队伍，大年初一，王树声通过地下党组织，邀请了海池一些民主人士及各界代表来到司令部，请他们吃红薯面饺子。王树声用拉家常的口气说："过年是咱们中国人的大节，按北方风俗，应该吃白面饺子；可现在连吃红薯面饺子都难。乡亲父老们想想，这究竟是为什么？"众人开始都默不作声，后来有人高声嚷了一句："都是日本人害的！"接着，便七嘴八舌议论起来，历数日本侵略者和汤恩伯部队的暴行。王树声趁热打铁："我们共产党、八路军，千里迢迢，跋山涉水，由延安开到这里，正是为了跟河南的人民一起抗日救国。我们是一家人。今后，希望大家多多支持、帮助我们。有什么意见和要求，欢迎父老兄弟们提！"如此简单的一个座谈会，使延安"老八路"的美名不胫而走。

2月13日，王树声、戴季英向中央军委报告了到达豫西后的情况："我们来到海池，与刘、韩会合，已召集河南区党委第一次会议，讨论了各种问题。嵩山与新、海地区，虽已打开了局面，但还没有真正发动群众与站稳脚跟，在敌顽夹击下，是很困难。财政粮食不及时解决，对扩大部队与军事行动，发生极大阻碍。要求中央迅从太行拨给款子，以作我们春夏季工作费用。因财政无基础及群众贫苦，我们今年夏衣很难解决。请示发给夏衣两万套，此间气候较温和，夏衣在急。我们准备在宜（阳）、嵩（县）、伊川、伊阳地区行动，布置打击顽固势力，向南向东发展，创造嵩山、伏牛山基地。"第十八团"因河南地区广大与工作环境需要，不能调回太岳，请通知北局，将十八团留归河南编制，便于我们领导和指挥"[①]。

毛泽东非常重视河南根据地的发展，他当即批示："请弼（任弼时）邀集德怀、伯承、彭真会商拟复。"并很快于3月1日就筹款帮助河南问题向北方局、晋察冀分局、平原分局和山东分局发出指示："迅速发展河南建立根据地，打通华北与鄂湘联系，这是准备反攻夺取华北，巩固苏北的重要步骤之一，没有河南之发展与巩固，想要完成上述任务将发生严重困难。以现在河南发展情形来看，还只是初步的站稳脚，敌伪顽对付我党我军较前更有经验，尤其国民党多年搜刮，人民生活很苦，我军初到财政上感到严重困难，阻碍军队迅速扩大，故望华北各根据地对河南财政的有效帮助，兹分配如下：太行区及平原局各分担伪联币二百万元，晋察冀分局、山东分局各分担伪币三百万元，共计伪币一千万元，统由（滕）代远、（杨）立三负责收集，限五月底前送到河南区党委，并望由太行先送数百万元，能于四月初送王、戴做夏衣。"[②]

---

① 1945年2月13日，王树声、戴季英致中央军委电。
② 1945年3月1日，中央军委致北方局、晋察冀分局、平原分局、山东分局电。

同一天，毛泽东与彭德怀给河南区党委回电："（一）丑元（二月十三日——编者注）电悉，华北各根据地因长期战争，连年旱灾，财政均感困难，你们必须确定与坚持自力更生的财政原则，不要希望外援。伊河、洛河地带是产棉及土布区，年有出口，销售西北及太行、太岳，你们夏衣亦须自己筹划，太行、太岳既不产棉也不出布，无法帮助夏衣，但决定由华北各根据地共帮助你们伪联币一千万元作资本。大概要在六月底才能送到，嗣后即须全部自给。（二）河南部队是否可在作战与新创根据地实行部分生产自给，你们是否筹划及此，以及如何利用春耕时节着手进行。请即考虑见告。（三）全部河南我军望着重团结内部与团结人民的政治及纪律教育，时时检查违犯纪律事件，加以纠正。""（四）十八团仍归太岳建制，但目前留豫工作归你们指挥。"①

离开渑池，王树声率第三、四支队南下，向宜阳地区进军。这天，部队来到洛河边上，时值严冬，水面已结冰，必须脱掉棉衣，破冰蹚水过河。王树声见状，立刻对警卫员白金泉说："小白，快把我的马牵到河边上去送病号和女同志。"说完，便脱掉棉衣，瞠着齐胸深的冰水过了河。那些伤病员和女同志担心首长冻坏身体，一再推辞，白金泉说："这是咱们首长的一贯作风，你们不骑，我该挨批喽！"寒风瑟瑟，可大家心里却暖烘烘的。到了对岸，王树声连忙催促战士们穿好衣服，跑步前进，让身体加加热，以免冻病。

过河后，部队来到宜阳县西南的东赵堡，做短暂停留。东赵堡是宜阳地下党活动的中心，抗战初期党的活动就比较活跃。河南战役结束不久，张剑石同志奉命从豫东返回家乡，组织人民武装，迎接八路军南下。皮定均部到达嵩山地区后，他及时和皮定均、徐子荣取得联系，要求派部队到宜阳，开辟伊、洛两河之间地区。王树声他们到达时，这里已建立了伊洛工委和伊洛办事处，开辟了一部分地区。

王树声和戴季英根据伊洛区的发展情况和所处的地理位置，决定将伊洛工委扩建为特委，特委书记刘健挺，副书记张剑石。同时成立伊洛独立支队（也称豫西支队）和伊洛军分区，司令员张剑石，政委刘健挺，下编3个团。王树声还指示为他们配备骨干，拨给枪械，充实力量，并确定他们的任务是：巩固根据地，站稳脚跟，向西南方向发展，打通与第二分区的联系。

当时，十里外的西赵堡仍由土顽驻守，不让八路军进寨。为扩大八路军影响，王树声和戴季英决定，在赵堡中街的大院子里召开群众大会。会上，他们宣传共产党的抗日救国政策，讲明河南军区部队"打日寇保家乡"、救民于水火的任务，博得了群众一阵阵掌声。他们还动员乡亲们给西赵堡的群众捎个口信，希望大家携手合作，一致抗日。

为便于开展工作，河南区党委批准建立了伊（川）西抗日县政府，军区派马伊林任县委书记。王树声等走后，伊洛特委和分区的工作很快便开展起来。

---

① 1945年3月1日，中央军委致河南区党委电。

2月26日，河南军区和区党委发布了第一个纲领性文件——《国民革命军河南人民抗日军八大主张》。其主要内容是：（一）一切不愿当亡国奴的河南同胞联合起来，保卫国家民族，保卫河南，保卫家乡，坚持抗战，准备反攻，打倒日本帝国主义；（二）彻底实行民主政治，建立真正代表人民利益的抗日民主政府；（三）团结一切抗日友军与地方武装；（四）帮助各地民众组织抗日团体，成立抗日自卫队、游击队；（五）改善人民生活，实行合理负担；（六）实施抗日救国教育，恢复学校，优待教员；（七）抗日高于一切，有钱出钱，有力出力，有知识出知识，共同发挥抗战力量；（八）军民合作，军爱民，民爱军，本军为河南人民的军队，誓与河南人民团结抗战到底。① 各分区接到布告后，广为张贴、宣传，在村村寨寨产生了很大影响。

八路军南下部队几千人过黄河的消息早已惊动了日伪军。八路军离开宜阳后，日军纠集1000余名伪军从伊川、汝阳、临汝和郑县围攻过来。在第三支队的阻击下，大部队迅速向登封方向转移。这时，第一支队已获悉军区领导过来，派出部队迎击敌人，与军区取得了联系。2月底，王树声率部在登封县东白栗坪与第一支队会师。白栗坪到处张贴着欢迎刘戴大军到来的标语，在严寒飞雪中，第一支队召开了气氛热烈的欢迎大会。当晚，部队文工团还为远道而来的战友演了一场戏以表慰问。

皮定均、徐子荣部自渡黄河进入豫西以来，经过艰苦的工作，已经建立起以嵩山、箕山为中心的抗日根据地，并成立了嵩山区和箕山区工委会，领导根据地的建设。在偃师、登封、伊川、荥阳、巩县、临汝等县建立了县、区、乡的党组织、抗日民主政府及农会、工会、妇救会等群众组织，抗日局面已经打开。

与第一支队会合后，王树声、戴季英立即组织召开党政军主要干部会议，研究下一步行动部署。会上，第一支队司令员皮定均和政治委员徐子荣，汇报了第一支队开辟根据地的情况，介绍了豫西的日伪顽及当地的社会状况。王树声充分肯定了他们的工作，宣布了中共中央关于成立河南省委、河南军区及河南人民抗日军的决定，以及进入河南部队统一整编的意见。然后，重点组织研究了各支队的战略展开和建立党政组织、创建新根据地的问题。

会议决定：皮定均、徐子荣部为第一支队兼第一军分区，辖第三团、第三十五团，建立第一地委，部队展开于偃师、巩县、洛阳、伊川、登封、荥阳等地区，巩固已开辟的根据地，再创新区；韩钧、刘聚奎部为第二支队兼第二军分区，辖第十八、第五十九团，建立第二地委，部队仍活动于新安、渑池、陕县、孟津、洛宁、宜阳等地区；陈先瑞部为第三支队兼第三军分区，辖第七、第九团，部队展开于南召、鲁山、方城、郾城、叶县、舞阳、西平、遂平、确山、泌阳等地区，建立第三地委；张才千部为第四支队兼第四军分区，辖第十、第十二团，建立第四地委，部队展开于许昌、禹县、新郑、长葛、新（郑）密（县）郑

---

① 参见《王树声军事文选》，军事科学出版社2000年版，第68—69页。

（州）间、新（郑）密（县）禹（州）间地区。至此，豫西的八路军实现了统一领导。

会议还确定了战略展开后的军事斗争方针，即以各分区独立斗争为主，同时采取有合有分的作战方针，依实际情况，可集中全军区力量或临近两三个分区力量，统一打开局面。

鉴于第三、第四支队刚到豫西，尚未立足，王树声指示他们先以登封、密县为依托，第三支队向临（汝）禹（州）郏（县）之间发展；第四支队向新（郑）密（县）禹（州）之间发展。部队不要急于打大仗，先熟悉地形、社情及日伪顽军的活动特点，广泛宣传、组织群众，分化瓦解伪军，争取一切愿意抗日的力量。会后，各支队依计划实施战略展开。军区和区党委驻白栗坪。

为尽快打开局面，从2月初到3月上旬，王树声和区党委连续召开几次会议，仔细研究豫西的具体情况，确定切合实际的正确方针。经过分析，大家认为，虽然豫西处在日、伪、顽夹击之中，反动、封建势力强大，但是，在豫西开创根据地也有很多有利条件。首先，群众基础较好。豫西经过第一、二次国内革命战争的洗礼，中共曾在该地组织过轰轰烈烈的工人和农民运动。抗战爆发后，中共豫西特委根据中共中央和河南省委指示，恢复和重建了党的组织，广泛宣传党的抗日主张和方针政策，领导抗日救亡运动，在群众中产生了深远的政治影响。更重要的是，广大群众饱受日伪顽烧杀抢掠之苦，认识到只有共产党、八路军才能使他们彻底翻身解放。其次，先期抵达豫西的几支部队已建立了较好的工作基础。第一、二支队进入豫西后，已在各自区域内恢复和建立了党的组织及抗日民主政权，开辟了比较稳定的根据地，为全面开辟豫西抗日根据地提供了立足点和出发点。第三，豫西开展统一战线工作的社会基础较好。豫西各地的地方实力派较多，他们不仅有较高的社会地位，且都拥有一部分武装。虽然在拥护我党抗日的态度上有积极与消极之别，但一般都主张抗日保卫家乡，对国民党军队的欺压和无能表示不满。因此，在坚持抗日的前提下，建立某种形式的联合是可能的。而且第一、二支队已经和部分地方实力派建立了统战关系，有了一定的经验和基础。

鉴于以上情况，王树声和区党委要求各地委、专署和分区领导及全体指战员，广泛深入群众，继续宣传中国共产党坚持敌后抗日的路线、方针和政策；争取一切可以争取的群众，团结一切可能团结的力量，帮助群众发展生产，解决他们的实际问题和经济上的困难，取得群众的信任和支持。

在研究确定了豫西的发展方向后，王树声与戴季英于3月2日向中共中央作了报告。他们介绍了河南日伪顽势力错综分布、封建地主武装独立保守围寨的情况，决定采取在河南日伪顽的统治空隙与矛盾中取得立足的策略，"插花栽柳"，破坏日伪顽的统治，扩大活动区。为争取河南根据地的创立和发展，确定了部队活动的主要基本区与次要基本区，然后打通各区为一片。其中，嵩山地区为主要基本区，包括荥阳、汜水、巩县、偃师、登封、密县；其次是新安、渑池、陕州、洛宁、宜阳、伊川地区；再是临汝、鲁山、郏县、禹县地区。目前发展方向主要向南,并准备以一部向铁路以东发展。报告提出目前工作的中心环节是发动与组织群众,建立党组织、抗日政权及群众组织。①

王树声非常清楚,部队要想像柳树一样扎根,一定要有合适的土壤。豫西的广大民众,就是南下部队在豫西扎根的肥沃土壤。他多次强调,我们的建党宗旨就是要从群众的切身要求出发,为他们谋利益。人民群众是我们打开局面、建设根据地依靠的根本力量。为此,河南区党委进入豫西后,即广泛开展了与群众利益相关的"倒地运动"和减租减息运动。

由于在国民党统治时期,各种苛捐杂税及摊派粮草过于繁重,许多贫农甚至有些中农无法生活,只好将自己的土地无偿或低价抵押给地主富农,自己则外出逃荒,或被抓丁当兵。河南区党委在各地建立政权后,首先抓农会建设,利用合法形式,进行说理斗争,开展群众运动,把土地从地主、富农手里无代价地倒还给贫苦农民。为搞好倒地运动,区党委还制订了倒地条例,使运动有法可依。从部队进入豫西到1945年春、夏季,大部分贫苦农民都在运动中要回了自己的土地,对有些地主恶霸,还进行彻底清算,直接把粮食、房屋、牲畜等清算到群众手里,有的则按年产量折成钱或按利息将钱退还群众。倒地运动在根据地内产生了很大的政治影响,得到了群众的普遍拥护。他们积极参军参战,参加各种群众组织,搞武装,筹军粮,做军鞋,对根据地的发展与巩固起了很大作用。

王树声不但关心群众的切身利益,而且非常注重爱护与尊重当地群众。进入豫西后,王树声经常教育干部战士,一定要注意政策,尊重当地群众的习俗。在部队驻地附近有一个小镇,没有"土围子"。王树声经常脱下军装,换上长棉袍,带几名着便衣的警卫员,上街赶集,"微服私访"。他像一位地道的赶集老乡,一会儿蹲在小摊前瞧瞧货,问问价,一会儿又挤进人群,听老乡们说长道短。还进到剃头铺,边理发边和师傅"闲聊"。通过这种办法,他掌握了许多当地的风俗民情。

一次行军途中,突然下起雨,警卫员白金泉到路边的农家敲门,以便让王树声避避雨。门内传出一位妇女的声音说"家里没人!"白金泉嘟哝道:"你不是人吗?"王树声一听连忙喊他回来,说:"我不是对你们讲过嘛,老百姓的家不要我们进,我们就不进。这里有个风俗,男人不在家,就是没有人。我们要入乡随俗,尊重人家的习惯。"说罢,他通知下去,以后凡是"家里没人"的,一律不准"号房"。

作风纪律直接影响军队的形象,同时也是取得民心的关键。八路军刚到豫西,那些土围寨门紧闭,不让部队进寨,王树声等只好在野外露宿。干部战士们一见土围寨就憋气、起火。王树声一再给他们做工作:"越是困难的情况下,我们的纪律越要严格,群众让鬼子和汤恩伯烧杀抢掠怕了,加上水、旱灾害,河南人民的确太苦了。因此,我们必须爱护人民,体贴人民。要规定不进土围,不走

---

① 1945年3月2日,王树声、戴季英致中共中央电。

小路，不踏青苗，就是钻森林的部队，也不准毁坏树林，要珍惜河南人民的一草一木。"

王树声自己首先以身作则，并对身边的警卫人员要求非常严格。有一回，王树声的勤务兵小韩放马时，一没留神，马啃了两棵玉米苗。王树声看见了，当场叫他唱《三大纪律八项注意》。小韩满脸通红地唱完，王树声亲切地拍着他的肩膀说："这歌不光要会唱，更重要的是要照着做才行。这苗是我的马啃的，我也有责任。来，咱俩一起补上。"说着，王树声从苗稠的地方移了两棵补上，培好土浇上水才离开。一个小战士用老百姓家的柴烧水没给钱，王树声知道后，狠批了白金泉一顿，叫他把钱给人家送去，并赔礼道歉。白金泉在回忆这段岁月时，深有感触地说："首长教育我们要爱护百姓，严守三大纪律八项注意，他这样说，也是这样做的。我们是从小接受首长的教育，他对我们的性格、我们的言语、我们的行动，影响是相当大的。所以后来我们为人也好，办什么事、搞什么东西也好，都是以首长的样子来为榜样。在河南的这些小事对我们影响很大。"

在王树声的影响和教育下，部队养成了较好的作风纪律。豫西地区有很多枣林，树上挂着干枣。部队在枣树下休息，连地上的枣都不去捡，更没有上树去摘枣的了。部队的马啃了树皮，踏了青苗，都要赔偿。这桩桩件件微不足道的小事，却使当地老百姓看到了一支纪律严明、爱护百姓的好队伍。一传十，十传百，八路军的爱民、护民形象逐渐树立起来。绝大多数土围寨里的群众消除了心中的疑惑和戒备，开始把八路军视为"自家人"，有的还把红薯饼子从寨子上吊下来给八路军吃，有的则打开寨门欢迎部队往来和进驻。

有些寨子不太友好，王树声就采取策略进行争取。麻峪川一带有很多围寨，部队一路过，这些寨子就打枪。王树声下令部队不准还击，而是派人喊口号："我们是中国军队，是打日本人的，我们中国人不打中国人，共同打日本人！"这个口号在当地土围寨中影响很大，威力也很大。很多围寨表示愿意和八路军合作，共同打侵略者。对于有些比较顽固的小围寨，王树声就派一两个团兵力夜间围着寨子转。寨内的人见过了整整一夜的人马，担心会攻打围寨，王树声乘其心虚之时派人入寨协助地下党员做政治工作，便将这些围寨争取过来了。

对于那些特别顽固的围寨，王树声则果断采取武力，轰开寨门，各个击破。有个寨子叫铁公寨，寨主孙腾龙，原是吴佩孚手下的一个团长，后投靠蒋介石，当上了少将副旅长。在"围剿"红军的战斗中，他被打成了跛子。由于没办法在军队里继续待下去了，便回河南老家组织些人枪，独霸一方。孙腾龙恃强凌弱，欺压百姓，无恶不作。八路军南下豫西，他公开叫嚣反共，不与八路军合作，并影响周围的围寨也对八路军非常敌视。第一支队曾两次攻打该寨未果，孙腾龙的反动气焰更加嚣张了。王树声了解了情况后，决定打下铁公寨，杀一儆百。

经侦察，发现铁公寨与其他土围寨不同，寨墙都是用石头垒的，非常坚固，加之寨内武装实力较强，攻寨确实有些难度。但这些都难不倒王树声，在转战鄂豫皖时，他就用土办法打下了国民党军占据的很多寨子。王树声决定智取，而不靠蛮攻。他下令攻寨部队先"制造"十几辆"土坦克"—在大木桌、大木箱上铺上厚厚的棉被，浇上水，再糊上泥巴。一切准备就绪后，攻寨战斗打响了。冲锋号一吹，一个个"土坦克"缓缓向寨墙逼近。寨上守敌不知这些庞然大物究竟为何物，慌忙开枪、扔手榴弹。可子弹、手榴弹根本奈何不了"土坦克"。

王树声用这种土办法与孙腾龙周旋两天，消耗了他不少弹药，守敌也被拖得精疲力竭。趁他忙于对付"土坦克"之际，王树声派人悄悄潜到城墙根下，埋下了炸药。第三天黄昏，王树声下令总攻。他先派一路佯攻寨东门，吸引兵力。就在东门两军酣战之际，北门附近寨墙轰然炸开一个大豁口，攻寨部队冲进寨中。没有了寨墙作依托的土顽根本不堪一击，很快便纷纷缴械投降。

铁公寨被打下，周围围寨见识了八路军的厉害，也不敢再与八路军公开作对了。

五、在日伪顽夹击中求生存

豫西的城镇大都由日伪军驻防，在广大农村地区，封建势力强大，土匪多如牛毛，反动地主武装林立。原国民党的基层保甲组织多数在日军占领后，原封未动地变为日伪基层政权。对于错综复杂的日伪顽与地方势力，王树声与中共河南区党委采取区别对待的政策，争取联合友好及中立势力，孤立打击日伪及顽固势力。在豫西，国民党顽固派与河南地方势力之间，地方势力与地方势力之间，中间阶层与军阀、官僚、大地主之间，顽、伪之间，均有许多矛盾。如何利用矛盾，建立广泛的民族统一战线，是开辟豫西抗日根据地的一项根本性工作。

王树声经过与戴季英研究商定，于3月13日，以区党委名义发布了《关于对付国民党顽固派的策略》指示，指出："我们的策略，应广泛与切实的在河南建立抗日民族统一战线，联络一切可能联络的各种地方势力，团结各阶层人民，要力争中间阶层大部同我们联合与中立。""我们打击的对象只是徐吉生、王光临、师易达等少数，对其余采取不打，要中立他，联合他，实行向大部地方势力建立民族统一战线。"① 指示还提出区别对待、多联合、多中立的方针。指示发出后，王树声与区党委要求各分区领导，切实、广泛地开展对地方实力派、进步民主人士，以及那些不持敌视态度的中小地主的统战工作。

由于采取了正确的方针和政策，许多在地方有影响的头面人物和进步人士表示愿意合作，他们中不少人担任了抗日政府的区长、副县长或县长，个别的还做了专署的专员。很多地方实力派不仅消除了对立情绪，而且改编为在中共领导下的抗日武装。对于那些独立、保守的地主武装集团，则采取互不侵犯原则，争取其保持中立。

豫西统战工作中一个非常重要而且颇具特色的内容，是注意下层统战工作，即利用和改造基层保甲政权，使之成为两面政权，在可能的条件下，替八路军办

---

① 中共河南省委党史工作委员会：《河南（豫西）抗日根据地》，河南人民出版社1988年版，第17页。

事,为八路军筹饷。经过大量艰苦细致的工作,有 700 多个保甲组织成为两面政权,1000 多正、副保长和 1000 多保丁为八路军办事。河南的保长在地方上有较高社会地位,在尚未建立民主政权的地方,他们说话还是很管用的。争取他们为八路军所用,这在当时确是非常不易的事。民主政权建立后,则逐步将其改造为抗日政权的基层办事机构,使之完全为抗日政府领导。

国民党顽固派对八路军深入豫西抗日,建立敌后抗日根据地非常敌视。2 月初,胡宗南在给蒋介石的密电中讲述了八路军在豫西地区的情况并献计献策:"这些部队相当精干及因经费充足,政工人员善于诱惑欺骗,对民众要给之粮食、柴草,均以现金、法币付价,且有超过原市价者,因而彼对豫西民众政治上成功收获甚大。而我方游击队、挺进队及地方团队,吃百姓穿百姓,百姓正当担负以外,又额外摊派,额外摊派之外甚至勒索、欺压、横征暴敛,民不聊生,水深火热。因此,代表抗战之国民党所给人民之印象与奸军恰相反。"他不无担忧地说:"再过两个月,刘伯承指挥部必移豫西,国军陷入包围封锁,联络切断,豫、鲁、皖、冀将均非我有。应请中央下最大决心对黄河以南、平汉路以西地区之奸匪进行清剿,虽用很大兵力,用多少金钱,在所不惜,方能挽回这一方面。"胡宗南拟派 2 个师编成 2 个纵队,以伏牛山为根据地,向渑池、新安、洛阳、临汝、登封、鲁山、叶县、洛河跃进;另以 6 个纵队经山西侯马、临汾向太行山、中条山区前进,以为策应。

中共中央获此密电后,指示南下部队:"胡宗南计划未必能充分实现,但我王戴、皮徐、刘韩三部,在王戴统一指挥下,应在豫西、豫中两区于最近数月内,扫清顽伪,发动民众,建立比较巩固之根据地,然后相机南进,打通五师联系,以防胡军之进攻。"①

据此,王树声指挥豫西部队对根据地周围的顽伪势力进行了有力打击。

在第四支队的活动区域内,驻有伪军席子猷部约 2000 人。席子猷原为国民党禹县县长,日军侵占禹县后,他认贼作父,摇身一变成了日伪维持会长兼保安团团长。日军、国民党军都很重视扶植这支力量。席部全部日式装备,经常与日军配合四出窜扰,残害百姓。第四支队决定歼灭该部,并将情况汇报军区。王树声同意他们的战斗计划,并令第三支队予以配合。

2 月中旬,第三、四支队向驻禹县西部山区上、下官寺的席子猷部展开攻击。经三天激战,全歼席部,并击溃增援的日伪军。此次战斗共毙、俘伪军 80 余名,迫使其余部向禹县城方向龟缩。3 月初,第四支队乘胜深入禹县境内,攻打驻禹县西方山的日军,毙敌 40 余名。至此,禹县西部山区大片土地获得解放。禹县上官寺战斗结束后,军区决定第四支队就地立足,扩大新区。

就在王树声指挥第三、四支队攻打禹西席子猷部时,突然接到急报,称顽军徐吉生等部勾结伪军共约 5000 人,在国民党河南省主席刘茂恩指使下,突然包

---

① 1945 年 2 月 11 日,中央军委关于胡宗南向蒋献策同我争夺河南给王戴、五师的指示。

围东赵堡，企图一举消灭驻东赵堡的伊洛军分区机关，请求军区支援。接电后，王树声即令第二支队火速驰援。第二支队速派十八团于12日晚冒雨向东赵堡疾进。凌晨3时，第十八团1个营从西北角的高山洼里潜入东赵堡，其余2个营占领了寨外东北面高地，依据有利地形隐蔽起来。为了不惊动群众，入寨部队夜宿于百姓门外屋檐下。天亮后，群众出门看见八路军来了，热情地把干部战士请进屋里，端茶送饭。团长闵学胜、政委王成林立即召开干部会，听伊洛地委领导人介绍情况，尔后研究制定了护寨歼敌方案。

13日晚9时，八路军从寨北出发，向预定地域前进。午夜时分，各部队完成对敌反包围的部署。14日凌晨，各路部队同时对敌发起攻击。顽敌被几面夹击，疯狂反扑，战斗异常激烈。激战中，第十八团政委王成林不幸壮烈牺牲。根据伊洛地委决定，在战斗结束前为王成林举行追悼会。之后，全体指战员化悲痛为力量，高呼"为政委报仇"的口号，更加英勇地投入了战斗。至下午3时左右，敌人终于支持不住了，逃的逃，降的降，溃不成军。此次战斗共毙敌500余人，生俘430余人，缴获轻重机枪16挺、步枪530枝，彻底粉碎了顽军围剿东赵堡的企图，保卫了伊洛中心根据地。

东赵堡战斗结束后，河南区党委和军区决定，调第二支队第十八团到该区，伊洛独立支队编为第五支队，伊洛军分区改为第五军分区，闵学胜任分区司令员，刘健挺任政治委员。

在围剿东赵堡的过程中，国民党河南省主席刘茂恩曾密电蒋介石，请国民党当局向美国盟军提供假情报，将豫西抗日根据地划为盟军轰炸目标。3月25日，美军飞机轰炸了东赵堡，投弹数十枚，致使根据地军民128名伤亡。29日，美国飞机又轰炸第二军分区渑池东北及新安西地区，根据地军民又伤亡33名。国民党用心之险恶，手段之卑劣可见一斑。

3月下旬，王树声指挥第一、四支队发起了密南战役。当时，国民党郑州专员公署保安司令部两个保安团及特务别动大队，都聚集在密县南部地区，企图向豫西抗日根据地进犯。超化镇有土顽1个团，伪军赵振江部800余人，地方杂牌军五六百人，密县城有日军1个大队。在王树声指挥下，第一支队两个主力团和第四支队第十团同时对这些反动武装发起猛攻。张才千率第四支队第十团先将养老湾之保安团全歼，俘敌200余名。与此同时，第一支队两个团在皮定均指挥下，攻打槐树岭之顽匪，将其全歼，俘敌400余名。接着，第一、四支队又互相配合，攻打风谷顶、玉皇庙，激战两昼夜，全歼守敌。随后，第四支队又击溃来援之保安团长张振耀部，迫使其逃至密县城，再也不敢轻举妄动。战役结束后，第四支队第十团派出两个连，到密县东、新郑西、禹县北三县交界地区活动，经过扩充改编，成立了密县独立团，并在那里开辟了密禹新抗日根据地。

在八路军发起密南战役时，禹县伪军席子猷部重新占领禹西，企图再次与八路军对抗。密南战役结束后，王树声决定组织第一、三、四支队共同配合作战，扫清禹西地区顽伪。

3月底，王树声指挥部队从登封以南之孙桥突然楔入席部禹西巢穴。经十几天激战，进行大小战斗十余次，攻克席顽据点唐庄、上下官寺、范门寨、天王寨、固城寨等十余个寨子，毙伤300余，俘70余，席子猷仅率百余人向西南逃窜。同时，还毙伤日、伪援军数十人，并追歼至禹郑边境重镇神垕地区。

神垕镇驻有禹县保安团1个大队，共300余人，在镇内地主豪绅的豢养下，横征暴敛，作恶多端，镇内的地主豪绅则依靠保安团撑腰，横行乡里，欺压百姓。神垕镇是全国有名的钧瓷产地，在地主豪绅和保安团的欺压下，很多瓷窑工人外逃，瓷窑关闭，使当地自宋朝以来一直兴盛不衰的烧瓷业一蹶不振。第三支队进入该地区后，地主豪绅和保安团还与日伪勾结，拒绝八路军进镇，经多次协商拒不合作。第三支队早就希望军区统一组织力量，拔下这颗钉子。

王树声也认为，打下神垕镇，可以集中开辟周围大片地区，有利于第三支队在该地区站稳脚跟。他下定决心，攻打神垕镇，并与几个支队领导确定作战部署为：以第一支队两团主攻，第三支队拦截，第四支队打援。

4月初，各支队做好战斗准备。王树声一声令下，第一支队发起攻击。镇内反动地主武装及部分伪军被打得晕头转向。第一支队如猛虎下山，一举歼灭该敌，少数逃跑之敌也被第三支队全歼，援敌尚未出动，战斗即告结束。这一仗打得干净、利落，八路军乘胜解放了禹县以西、郑县以北、临汝以东的大片地区。战斗结束后，神垕镇周围十几个土顽围寨纷纷主动联系，愿意接受八路军领导，共同抗日，支持建立民主政权。

禹西战役，大长了部队士气，提高了八路军的声威，鼓舞了当地人民的革命斗志。第三支队很快便在这一带开辟了新区，站稳了脚跟。

4月初，太行军区为了加强豫西八路军力量，又由刘昌毅、张力雄率领第三十六、三十七团到达登封县大峪店与军区部队会师，编为第六支队，司令员刘昌毅，政委张力雄，辖第三十六、三十七两团。

刘昌毅是王树声过去在太行军区时的老部下，此次在豫西又要一起并肩战斗，两人见面分外亲切。王树声对刘昌毅说，豫西抗日根据地开辟工作虽然艰苦，但形势很好，就是部队和干部力量不够，第六支队的到来真是太及时了。军区决定，以第六支队为基础，在禹县神垕镇建立第六军分区、地委和专署，刘昌毅兼分区司令员，张力雄兼分区政委并地委书记。他们的任务是：以神垕为立足点，以刘山为依托，逐步向西、南方向发展，开辟临（汝）郏（县）宝（丰）襄（县）等地区。

创建豫西抗日根据地，实际上是在日军刚刚从国民党手中抢占的地盘上筑起抗日堡垒，日军自然视为心腹之患。为将八路军及抗日民主政权挤出豫西，日伪军频频对根据地进行"扫荡"。

4月中旬，日军集中临汝、郑县、禹县的日、伪军1600余人，向白栗坪地区发动进攻，企图将河南军区机关驱逐出豫西。敌人一路烧杀抢掠，残害百姓，毁坏村镇。

当时，王树声正召集几个支队领导人在军区开会，接到情报后，他果断下令第一、三、四支队主力共4个团，由第三军分区副司令员李学先统一指挥，在敌人来犯路上，选择有利地形予以打击，并亲自制定作战部署：以第三支队第九团正面迎敌，第七团为预备队；第一支队和第四支队各1个团从两翼包抄。

李学先奉命指挥部队进入作战地域。狡猾的敌人刚与八路军接触，迅即后撤。第九团跟着发起追击，但因负责两翼包抄的部队没有到位，致敌逃窜。日军的进攻企图被粉碎。

日军见小规模进攻无效，又于四五月间组织几千日伪军，向嵩山根据地进行大"扫荡"。面对来势汹汹、四面围攻的敌人，王树声指挥若定，分兵数路与敌在嵩山中周旋、游击。嵩山地势险峻，敌人不敢贸然进山，遂派重兵围剿，稳扎稳打，以达钳制、消耗继而剿灭河南军区部队于嵩山的目的。

在这种情况下，军区召开会议，分析敌情，研究对策。王树声认为，嵩山地形不利于八路军回旋，必须跳出敌包围圈，才能赢得主动。但敌我力量悬殊，不能以卵击石，与敌硬拼。皮定均把派人侦察来的敌情与地形情况作了汇报，他建议，可以选择敌包围圈中的薄弱环节——土顽武装为突破口实施突围；另外，嵩山内有条山涧，一直流向山下，部队可顺涧走出山外。王树声同意他的建议，并与大家一起对突围行动进行了周密部署。然后，他提出了一个更加大胆的敌进我进的计划——趁敌集重兵于嵩山之机，直驱日伪老巢登封。

夜色降临后，突围行动开始。部队分成几路，由皮定均率一部突袭土顽武装，很快将其击溃，打开缺口，冲出封锁线；王树声率其余部队分成两路，借夜幕掩护沿山涧轻装下山。山上，部队故意留下的马匹还在嘶鸣，篝火也在熊熊地燃烧；山下，八路军已神不知、鬼不觉地跳出了敌人的包围圈。

从嵩山出来后，王树声指挥部队向登封疾进。登封位于嵩山南麓，是河南日伪军的大本营之一。因日军集结主力部队进嵩山"扫荡"，登封守备空虚。王树声率部队到达登封城下，调动、部署兵力，摆出攻城阵势。城内守军见势慌忙求援，"围剿"嵩山的日军做梦也没想到，他们欲一网打尽的八路军会从他们眼皮子底下溜走，而且还打到了自己的老巢。于是，"扫荡"日军赶紧回援，并企图与城内守军来个内外夹击，围歼城外的八路军。

敌人这一步棋早已在王树声意料之中，他将计就计，指挥部队连夜从敌人包围圈空隙中间跳出，然后拉起一张大网，将敌反包围。

深夜，城外日伪军紧缩包围圈，城内守军误以为八路军开始攻城，连忙开火；城外日伪军则以为遭到八路军袭击，以枪炮还击。一时间，枪炮齐鸣，火光冲天。敌人一直相互火拼了大半夜，才发现中了八路军的计。怎奈双方已元气大伤，精疲力竭。王树声听到枪声渐稀，立即下令收紧包围圈，发动进攻。战士们英勇地冲入日伪军阵地，打得日伪军人仰马翻，四散溃逃，部队乘势攻占登封城。

5月，日军调集禹、郑、襄、临、登等县伪军几千人，对禹西根据地进行"扫荡"。敌人兵分两路，从神垕及方岗向唐庄、上官寺、下官寺一带进犯。河南军区组织第四、六支队,联合地方武装县大队、独立团、区干队,打退日伪军多次进攻,毙俘大批敌军,胜利地粉碎了日伪军的围剿,保卫了根据地。此役结束后,第四支队各团充实了两营兵力,密县独立团也扩充到千人以上,军威大振。

与此同时,河南军区部队还分兵在偃师、禹县、临汝、伊川等地,广泛开展攻势,拔除了许多日伪据点,迫敌龟缩在主要交通线与据点内,不敢轻易出来"扫荡"。

经过数月与日、伪、顽不间断的苦战,至5月底,豫西部队6个军分区开辟了拥有28个县、300余万人口、面积约2.1万平方公里的抗日根据地,部队也发展到1万多人,初步完成了中央赋予的开辟豫西抗日根据地的任务。

六、进军伏牛山

为进一步巩固和扩大根据地,河南区党委研究,准备向伏牛山地区发展。

1945年4月21日,王树声与戴季英将此计划电告中共中央:"为要巩固嵩、新、海、伊、宜(东赵堡)连成一片,以达到巩固河南执行将来的战略任务,目前应以先发制人的手段进占伏牛山,消灭与挤走顽敌势力,建立我之根据地。提议:一、以反击顽军进占我东赵堡为名,集中六支队、三支队、十八团兵力先消灭嵩县、伊阳、德亭地区顽军,先建立一个分区之根据地,跨伊河西岸发展,再乘胜南下消灭临汝南、鲁山西北之背孜街及鲁山南面地区之顽军,再建立一个分区之根据地。二、我们目前不向外发展,占据伏牛山,将来困难更多,有如大别山、吕梁山的可能。"①

4月25日与5月1日,王树声与戴季英再次就进军伏牛山计划致电中共中央:"河南情形复杂,反动势力较大,为争取发展前途,实现党的任务,我们必须向伏牛山内地扩大与建立基地。"我们"决定集中一、三、六支队及十八团等兵力,组织向嵩县、伊阳、临汝、鲁山、南召间伏牛山进展之战役计划,在现时有利时机下迅速在伏牛山创立根据地,这关系整个河南发展的前途。我们认为这一行动非常必要,并拟于一周前后开始行动,是否适当,请速电示"。5月2日,中央军委复电:"如果你们觉得向嵩、伊、临、鲁、南召地区进展是有利的,你们可以这样做。"②

得到中共中央批准后,河南军区与区党委研究决定,以小部主力配合地方武装坚持现有根据地,集中大部主力约3000人,由军区统一指挥,沿临汝、汝阳以南,襄城、郑县、宝丰以西,除县城日军据点外,横扫过去,直指南召。然后,由南召向东发展,沟通与新四军第五师的联系。为加强开辟伏牛山地区的力量,5月18日王树声致电中共中央,请求派新四军第五师西平、午阳地区的两

---

① 1945年4月21日,王树声、戴季英致中央军委电。
② 1945年5月2日,中共中央给河南区党委电。

个团，于 5 月 25 日以前直接进至鲁山西北地区与河南军区部队会合。

伏牛山位于豫西腹地，东邻平汉线，南接豫南，西抵关中，北接洛阳，地理位置十分重要。豫西沦陷后，国民党军在撤退时，计划、组织了防备八路军进入该区的准备工作。其兵力配备，即以伏牛山地区为中心，以洛宁、郏县一带为前进阵地，以达成其确保关中、豫南，相机出击豫西及平汉线，连接皖北豫南之企图。其中，国民党第十五军第六十四师 3 个团，第六十五师 2 个团，分布于鲁山西北的瓦屋、背孜、傅店一带，国民党第五专署吴协堂部驻赵村，新八军第六十七师驻南召一带，第二十八师驻鲁山李春店一线，另有南召地方团队罗秀峰部及鲁山自卫团数千人，驻鲁山县城及其以南地区。①

5 月下旬，王树声率领第三支队和第一、四、六支队一部，从麻峪川出发，向盘踞伏牛山地区的伪军和顽军展开进攻。部队以卷席之势一路横扫过去，相继打下顽第六十四、六十五师防区临汝以南的纸坊、寄料街、背孜街、大营、染洼、瓦屋，及鲁山以西的襄河、上汤、中汤、赵村、二郎庙、东村、王坪等地，军区和区党委进驻鲁山县西的土门。

在土门，区党委召开会议，总结前一阶段作战，确定下一步行动计划。经讨论，区党委决定首先肃清顽第六十四师，巩固现有地区，再以主力进攻顽军第五十五军防地。

28 日，八路军在伏牛山之伊（洛）、临（汝）、鲁（山）、嵩（县）边界地区，一举击溃顽第六十四师，占领了傅店、大植街、太山庙、车村、梨树街等地，并准备向南召进军。

就在这时，王树声接到第二军分区报告，5 月 26 日晚，被改编的上官子平部在渑池叛变，八路军派去的干部，只有 1 人跑出来，其余均被杀害。叛军袭击了县政府，杀害了副县长，抓走了秘书，抢走了县政府的财物、公文。由于叛军行动突然，第二军分区部队毫无准备，损失严重。当时第二分区只有 1 个警卫排的兵力在渑池，特务一团在新安，第五十九团在洛南，第十八团在赵堡，兵力分散，几个主要领导也都不在，叛军遂乘机起事。紧接着，郏县县大队也于 28 日在王彦叛变，县长薛文高在突围中牺牲。

由于第二军分区的斗争环境相对独立，军区与之工作联系与具体指导颇为不便，对事变前的有关情况和潜在矛盾也不甚了解，王树声也感到非常突然。他立即电令第二军分区紧急调动部队平定叛乱。同时报告中共中央，豫西部队主力在伏牛山地区，无法抽出兵力，为保持渑池、新安及洛河地区，望派太岳军区一至两个主力团，到新安、渑池地区协助韩钧部消灭叛军。

王彦事变后，第二军分区调动部队，在李庄寨、观音堂、刀环等地连续打击叛军，消灭顽、伪、叛军几千人。当时，桂吾旅旅长郭连杰表示决不叛变，但为防万一，第二军分区以开会为名，把所派干部全部调回。不久，桂吾旅旅部和一

---

① 1945 年 5 月 18 日，河南区党委致中共中央军委电。

个团即叛变。该旅赵连治团表示自己决不会步其后尘。由于有前车之鉴，地委开会讨论是否将其与第十九团合编，以防意外。中共中央也电告赵连治团不可靠。但是，由于第二军分区个别领导对地主武装的性质认识不够，犯了经验主义和轻信的错误，未能及时合编该团，致使几个团干部在赵连治团叛变中牺牲，部队力量再次遭受损失。

在豫西事变中，第二军分区牺牲了 70 余名干部，加上地方的农会干部、民兵积极分子等，共有 100 多名骨干被杀害，第二军分区力量损失严重。

豫西事变的教训非常惨痛，究其原因，主要是对国民党的土顽势力和地主武装的本质认识不够，忽视和放松了在政治和组织上的改造，致使那些本来就摇摆不定的中间势力，在形势发生变化时向右转；此外，干部只派到连也是一个很大的漏洞，这样实际上并没有直接掌握住部队，派去的干部被架空了。

王树声一面指示第二军分区做好善后工作，重新打开局面，一面指挥部队向南进攻，一直打到了南召西北的马市坪。

南召城里住着国民党军冀察战区副司令长官、新八军军长高树勋。马市坪是南召外围的重要据点，由新八军驻守。要打下南召，首先要攻占马市坪。王树声决定先包围马市坪，然后派第三支队第七团攻城。就在第七团首攻未克，准备再次组织进攻时，高树勋派人带来一封信，要求同八路军谈判。

来人名叫王定南，名义上是高树勋的好友，实际上是中共派到高树勋部队做地下工作的。第三支队司令员陈先瑞命令部队停止进攻，随后向王树声报告。王树声看了高树勋的亲笔信，大致内容是：希望贵军不要攻占马市坪，否则，我在蒋介石及胡宗南面前难以交差，有什么条件，可以商量。当时，河南军区部队已将马市坪包围，拿下该城根本不成问题。但王树声考虑，高树勋部乃西北军旧部，一直受蒋介石歧视，应成为争取、团结的对象，既然他有意谈判，便可利用此机与之建立统战关系，为八路军今后在河南的发展提供便利条件。王树声亲笔回信，阐明八路军此次南进鲁山、南召，主要是为了抗击日军，建立抗日根据地。中国共产党的方针是，团结一切积极抗日的进步力量，包括国民党军队。希望高树勋与八路军合作，共同抗日，并将谈判条件一一说明。

回去不久，高又派人送来回信。几经磋商，高树勋最后同意了所提条件，双方确定了谈判的时间、地点。王树声决定派陈先瑞为全权代表进行谈判。事前，他向陈先瑞详细交代了谈判的原则、内容和条件。

第三天上午，在马市坪两军交战中间地带的一个河滩上，谈判双方见面。高树勋穿一身白绸子衣服，头戴礼帽，手拿文明棍，带着 4 名随从、1 个警卫班，并带了一些汽水、啤酒；陈先瑞带了 4 名干部和 1 个警卫班。双方席地而坐，进行了长达两个小时的谈判。据陈先瑞回忆，当时他根据王树声司令员的指示精神，讲明了八路军进入豫西的目的及团结方针，介绍了日本必败、中国必胜的大局已定，中国共产党领导下的敌后抗日根据地军民已陆续展开局部反攻，华北和华中一些大城市处在八路军、新四军的战略包围之中。接着，他又分析了国民党内部的派系斗争，进步力量和友好人士与反动顽固派的不同主张，及蒋介石不但不积极抗日，反而对抗日根据地实行封锁等倒行逆施的情形，并一针见血地指出，高部也受蒋歧视，在装备和军饷方面根本无法与蒋嫡系部队相比，在兵力使用上，蒋介石也把这些非嫡系部队置于前线，装点门面，欺骗舆论。陈先瑞希望高树勋能认清形势，做一个有良心的中国人，同八路军携手共同抗日。高树勋听后，承认中国共产党在抗战中的地位和作用，赞成中国共产党的统一战线政策。他表示绝不会当汉奸卖国贼，等时机成熟了，他要选择自己应该走的道路。他希望八路军不要攻占南召，否则，他就没地方可去，对上也不好交代。

经过谈判，最后达成协定：（一）双方立即停火并撤出战斗；（二）划定活动区域，互不侵犯；（三）互通情报，经常派人联系。①

谈判结束后，王树声将情况电告中共中央，中央同意所达成的协定，并指示继续做高树勋的统战工作。王树声随即下令撤出战斗，命令部队在划定的区域内，发动群众，发展地方武装，建立抗日政权。至6月中旬，成立了鲁山、南召两个县政府，四五个区政府，解放人口约2万人。

6月18日，中央军委来电指出："伏牛山似非敌占区，胡宗南必用全力来争。我党在伏牛山建立巩固根据地的可能性似甚小，而比较利于建立根据地之豫中、豫东广大敌占区尚未开辟，因此请你们考虑根本部署问题究以何者为宜。"②22日，八路军前总参谋长滕代远来电建议河南军区向豫中地区发展。电文分析："豫中敌伪力量不大，顽军全系地方团队，战斗力不强，而伏牛山地区系顽军一战区主要战场及主力所在，力量较厚，势所必争。""伏牛山深入顽区，我军插入将削弱敌顽矛盾，而我军与顽军作战必多，伤亡损失亦大，致影响我部队不能放手发展。"因此，建议"以主力与重点指向豫中地区，东与水东③及东北与太行七分区部队打通，北与太行七、八分区及太岳四分区部队呼应，甚至亦可打通沿平汉线向南发展，期与李先念北上部队取得联系。"④

果然，胡宗南于7月初调其第九十军4个团及第十五军第六十四师、暂编第六十六师3个团，向伏牛山地区发动猛烈进攻。与此同时，驻临汝的日伪军也向伊阳城展开进攻。在日顽夹击下，河南军区部队被迫退出伊阳城。由于进入伏牛山以后，部队连续作战，未及巩固和发展根据地，组织地方游击队，致使部队没有后方依托，人马劳顿得不到休整，粮食、医药不能供给，部队减员严重，加之对国民党军调动主力进行反攻估计不足，部队在这一阶段作战陷入被动。

为贯彻执行中央军委关于加强豫中，向东南发展的指示，王树声与区党委决定，除留第三支队5个连、第六支队1个连继续活动于禹县、鲁山间外，军区率主力部队回到禹县、临汝、登封间地区，继续巩固和扩大以嵩山为中心的抗日根

---

① 《陈先瑞回忆录》，解放军出版社1999年版，第262、263页。
② 1945年6月18日，中央军委给河南区党委电。
③ 水东，指新黄河以东地区。
④ 1945年6月22日，滕代远致河南区党委电。

据地。

对于进军伏牛山的得失，王树声在自传中作了比较客观的分析：

> 当时主观上想抓紧发展扩大，为党做出一番事业来，而且客观上也具备了发展扩大的条件。当时，如能向东、向南深入向敌后发展，其形势可能好些；但由于当时区党委（我为区党委委员）没有掌握这一时机，反以反摩擦作战而失去深入敌后发展群众、组织武装的时机，而是以伏牛山地形有利出发，希图以此创造根据地，致减少了日顽矛盾，增加了自己的敌人，政策上有了错误，以致影响了某些发展和根据地的扩大和巩固。

七、迎接抗战胜利

1945年夏，世界反法西斯战争及中国抗战形势发生了根本变化，日本侵略者的失败命运已经注定。4月23日至6月11日，中国共产党召开第七次全国代表大会，为夺取全国抗战的最后胜利进行政治、军事上的准备。大会确定了党的政治路线为：放手发动群众，壮大人民力量，在中国共产党的领导下，打败日本侵略者，解放全国人民，建立一个新民主主义的中国。大会还提出了关于军事问题的决议案，要求敌后抗日军民"从各方面来准备大反攻，及准备战略上由以游击战为主到以运动战为主的转变"。

因豫西战局紧张，王树声未能出席中共七大。会议精神传达后，豫西抗日根据地全体军民为即将到来的胜利欢欣鼓舞，表示要为执行中共七大路线而继续努力奋斗。

7月19日，中共中央和中央军委根据全国的抗战形势，特别是中原抗战形势，指示河南军区和区党委，今后的作战方针是向西防御，向东、向南进攻，即对国民党军占领区采取防御方针，对日伪占领区采取进攻方针，以求利用时间，北与太岳、太行，东与渡黄河西进的冀鲁豫部队，南与新四军第五师打成一片，逐步争取群众，扩大民兵、游击队与主力军，建立可靠的军事、政治、经济基础。为贯彻执行这一指示，区党委召开党委扩大会议，研究下一步行动部署。

王树声是同意中共中央和中央军委提出的作战方针的，认为在对伏牛山区一时难以收复和开辟的情况下，向豫中地区发展是可行的。部队在刚进豫西时，就有向叶县、方城、舞阳、泌阳区发展，打通与新四军第五师联系的计划。向豫中发展，关键是如何出击，打开通路。会上，大家对出兵路线、兵力，及如何越过鲁山敌占区问题提出了许多意见和方案。会议决定，由陈先瑞率第三支队越过鲁山敌占区直抵嵖岈山，与新四军第五师豫中兵团会合，共同在豫中展开活动，加强豫中军事力量，争取把豫中建设为巩固的根据地；军区主力东进至平汉路以西、伏牛山以东之郏县、宝丰、叶县、鲁山、襄县地区发展。

根据会议确定的行动方针，第三支队出发南进，月底即与新四军第五师黄林、栗在山领导的豫中兵团会合。中共中央决定豫中区划归河南区党委领导，随后两支部队于8月间组成豫中军分区，由陈先瑞任司令员，栗在山任政治委员，迅速展开巩固和扩大豫中根据地的工作。

为扫清向东发展的障碍，7月下旬，王树声决定以第一、六支队主力拔除大冶镇顽伪据点。大冶镇位于登封东南山区，周围长两公里，设有坚固的防御工事，寨墙高三四丈，是豫西较大的寨子之一，由国民党河南省主席刘茂恩所控制的反动武装杨香亭部1000余人据守。第一、六支队以突袭动作将大冶镇包围。由于该寨易守难攻，加之登封日军数次增援，第一、六支队腹背受敌，伤亡300余人。8月初，第一、六支队全体指战员发扬英勇顽强、连续作战的精神，对守军发动更大规模的进攻，迫使其从西寨暗道突围，弃寨逃跑。这次战斗，除杨香亭及其参谋长漏网外，共毙伤顽军400余人，俘500余人，击毙国民党登封县党部书记长崔鼐甫。

此时，中国抗战出现了空前有利的形势。7月26日，中、美、英三国政府发表《波茨坦公告》，敦促"日本政府立即宣布所有日本武装部队无条件投降"。8月6日，美国向日本广岛投放第一颗原子弹，8日，苏联政府对日宣战，同时宣布参加《波茨坦公告》。9日，100余万苏军向侵占中国东北的日军展开进攻。在此形势下，毛泽东于8月9日发表《对日寇的最后一战》的声明，10日、11日，朱德总司令连续发出7道命令，令各解放区部队向本区一切敌占交通要道展开进攻，迫使日伪军无条件投降，对收复的城镇实行军事管制，维持秩序，保护人民。

然而，蒋介石却于8月10日命令：第十八集团军"原地驻防待命"，不许"擅自行动"；令伪军"负责维持地方治安"，等待国民党军收编；令国民党各部队"积极推进，勿稍松懈"，其意昭彰。

对于蒋介石妄图独吞抗战胜利果实的用心，毛泽东早已洞察其奸。8月10日，他以中共中央名义指示河南军区："苏联参战，日本投降，内战迫近。你们应放手扩大地方，相机占领平汉线、陇海线，夺取武装，发动群众，坚持河南，迅速打通五师与水东，配合八路军夺取全华北。"为坚持中原，加强中原力量，中共中央于8月20日决定成立鄂豫皖中央局，书记徐向前（因徐向前患病，暂由郑位三代理书记），委员李先念、陈少敏、傅钟、任质斌、程世才、戴季英、王树声、刘子久。鄂豫皖中央局管理新四军第五师现在活动范围之内党政军及河南区党委与河南军区。

为贯彻中共中央指示，迎接即将到来的抗战胜利，并为迫在眉睫的内战做好充分准备，8月13日河南区党委就今后河南工作部署向各地委、各兵团及各县委发出指示："一、武装问题：每个老主力兵团立即利用目前形势号召扩充为六个步兵连，一个机炮连。每连一百人至一百五十人。扩大的方法是每一主力兵团带一个独立团和一个区干队一部分民兵一路行动与进行组织上和政治上的突击工作，洗刷坏分子，提拔好分子为骨干。对他们态度要好与照顾他们的生活，做到在政治上组织上生活上主力兵团与地方武装结合，再进一步编入主力兵团"；"二、群众工作、政权工作都应乘现在形势变动的时机，从减租减息反贪污改造保甲制度来重新建立新民主主义政权，从实际群众工作中去发动广大群众斗争。""群众运动其目的则在改造保甲制度与在广大基本群众中发动民主并武装基本群众，巩固与扩大解放区，控制广大乡村与必要和可能的城市及交通"；"三、占领城市与交通问题，应对铁路、电话、电灯、邮政、自来水设备，对工厂机器设备，对公务机关和学校家具，对报馆、对商业等均不可破坏，并严加管制，使工商业者照常营业"；"四、组织上的准备问题，除中央所有组织上的准备外，区党委、县委要准备在国民党向我们进攻时，有主动的应付。如在各地坚持游击战争，准备以后领导基干部队及那些能对国民党进攻时，为内应者之布置。粮食的准备，干部配用等"。指示最后指出，"因时局变化，我们任务之重，配合完全控制华北，与苏联红军打通，坚持与发展中原，执行总司令各号命令及中央指示。为适应新环境，在组织与工作方式上应严格一些，切实执行党的决定，服从组织，服从命令，听指挥，眼光放远大，照顾全局。""新环境、新事变、新工作必然需要我们新的进步，抓紧时间，一日千金，全体同志与广大群众团结在毛主席周围，建立新中国。河南工作是有很大困难与艰苦，我们要以坚强的意志与斗争，努力克服，不可懈怠。"①

与此同时，河南军区以主力一部组成陇海、平汉支队，准备在地方武装配合下，分别向铁路沿线之敌进攻。

8月15日，日本宣布无条件投降。消息传来，豫西抗日根据地军民群情振奋，万众欢腾，到处都在开庆祝胜利会。指战员们斗志倍增，纷纷请缨出战，接受日伪军投降。河南军区命令所属部队向陇海路、平汉路沿线出击，接收日伪占领的据点和武装。8月18日，部队攻占密县县城，22日，夺取登封县城，尔后，又攻克了偃师东南的回廊镇等数十个日军据点，并一度攻入汜水。

正当豫西抗日根据地军民在抗战胜利鼓舞下，继续向负隅顽抗的日伪武装发起猛攻的时候，国民党军以受降为名，调集了第三十八、第四十、第二十七、第五十五、第六十九、第十五军等部，从潼关沿陇海铁路东进，自郑州西犯，沿平汉铁路北上，矛头直指豫西抗日根据地和河南军区部队。

王树声敏锐地意识到，抗日战争虽然胜利了，但是根据地人民期盼已久的和平日子并未到来。根据目前形势，豫西部队在根据地的坚持将非常困难，他已做好了转移的思想准备。虽然在豫西坚持斗争只有短短8个月时间，但豫西抗日根据地从小到大、河南军区部队由少到多的发展，都凝聚着王树声的心血与智慧。想到要撤离自己艰苦经营起来的豫西抗日根据地，离开质朴善良的豫西人民，王树声心中真是依依不舍。

在这8个月中，王树声指挥河南军区部队高举抗日民族统一战线的旗帜，同日伪顽军不断斗争，在极其复杂和困难的条件下，紧紧依靠人民群众，广泛开展

---

① 中共河南省党史工作委员会：《河南（豫西）抗日根据地》，河南人民出版社1988年版，第31页。

游击战争，建立了一个拥有6个专署、20多个县政权，2万多平方公里，300多万人口的抗日根据地，圆满完成了中共中央、中央军委赋予的开辟豫西抗日根据地的任务。

1945年12月28日，在挺进豫西一周年之际，王树声、戴季英给毛泽东发去致敬电：

> 我们高举你的大旗，挺进河南已经有一年了。在豫西、豫中和豫东，执行你的正确路线，在艰难困苦的环境中，求得生存和发展，解放了被国民党当局抛弃了的广大土地和800万灾难深重的人民，扩大这支河南人民的队伍。日寇投降后，又奉命以英勇的战斗，光复了登、密两城和无数的乡村，并粉碎了国民党反动派的围攻，与五师兄弟部队会合，共同亲密地坚持中原人民解放事业，配合华北我军自卫斗争，这些都是你和党中央的英明领导。现在我们正以坚强的意志迎接一九四六年，及全国和平民主的实现与解放。并祝新年健康。
>
> 　　　　　　　　河南人民解放军王树声、戴季英及全体指战员

第十一章 中原突围

一、南下鄂豫边

抗日战争的胜利，并没有给中国人民带来和平。内战的阴霾笼罩着豫西大地，解放区军民面临的形势更加严峻。

为了消灭人民革命力量，抗战胜利伊始，蒋介石在调兵进攻其他解放区的同时，派重兵沿陇海、平汉铁路，分兵数路，潮水般地涌向豫西解放区，抢夺抗战胜利果实：上官子平部侵占了渑池、孟津、新安；武庭麟部进犯洛宁、卢氏、宜阳、伊川；刘献捷、曹福林等部强占登封、密县及禹县的神垕镇和偃师的绿氏镇。国民党军所到之处，烧杀淫掠，无恶不作。在伊川的吕店、颍阳、君召等地，仅9月15—20日，国民党军就逮捕农会主任和群众300余人，枪杀100人左右，并将军人家属、农会主任及地委委员家属的房屋烧毁200余间，家财抢掠一空。①

在国民党军的重点"围剿"之下，王树声率领的八路军河南军区部队处境困难。其豫西支队被迫由伊川、洛宁地区北撤新安，第二支队被迫于9月10日北渡黄河到达王屋山以南的邵源一带。这两个支队与军区主力的联系被切断。

对河南军区部队的处境，中共中央非常清楚。9月4日，主持中央工作的刘少奇致电王树声、戴季英、刘子久："顽军已进入洛阳、郑州，并有一股进入你们中心区，顽军必然要向你们大举进攻，……在情况严重时，你们的主力部队和重要干部必须转移地区。如不转移，就现地坚持，你们主力恐有被消灭危险。"这样，河南军区部队实行战略转移势在必行。为此，刘少奇在这封电报中，提出了为吸引国民党军不敢深入华北，河南军区部队先向东（平汉路以东、新黄河地区）再向西（伏牛山及豫陕边地区）的机动意见，请王、戴、刘考虑。

部队向何处转移，事关重大。自接到刘少奇的电报后，王树声陷入了沉思。

当时河南军区部队的情况是：除张才千、陈先瑞两个支队（陈先瑞第三支队8月间已与黄林、栗在山的豫中兵团合编为豫中军分区）外，其他支队的老战士和下级干部绝大部分是华北籍的。他们看到华北各地于抗战胜利后干得轰轰烈

---

① 1945年9月25日，王树声、戴季英、刘子久致中共中央、八路军总部并新四军五师的电报。

烈，河南军区在国民党军的疯狂进攻下难以坚持，要求退回黄河以北的情绪与信心比南进要高得多，而这种情绪与坚持河南斗争的任务又是矛盾的。

有鉴于此，王树声和刘子久取得一致意见后，两人于9月8日致电中共中央以及刘伯承、邓小平、滕代远并告郑位三、李先念："我们现正在迅速集结主力与干部，准备向郑李处方向机动，请令陈（先瑞）、黄（林）、栗（在山）在豫中坚持游击，便于接应。因向东向西均困难极多，且有被消灭之危险。"同时，因"向郑李处因距离太远，顽军亦有布置也极困难，因此请中央、集总即令太行、太岳、文（年生）张（启龙）派得力的两个到三个团过河，与河南的韩钧特务团坚持新（安）、渑（池）、温（县）地区，便于控制我渡口，作为我北渡之准备。恳祈万望速来，并请火速电示。"次日，中共中央致电王树声、戴季英、刘子久："河南局势将益见艰苦，你们必须根据具体情况善为应付，独立支持，切不可依靠任何外援，太岳出数团兵力亦不可能控制渡口，且无兵可出。"

中共中央的意思很明显，即河南军区部队不能退回华北而只能向南与新四军五师靠拢。既然中央的方针已定，王树声则坚决执行。9日，河南区党委致电郑位三、李先念并中共中央："一、因此间严重情况必然到来，我已决定采取集中主力的战略行动，全部南下与你们会合，请经常指示并供给情报。二、请直接指挥陈（先瑞）、黄（林）、栗（在山）准备到叶县北部接应，我们何时动身另告。三、我部疲劳异常，物质困难达于极点，请你们要准备。"10日，中共鄂豫皖区党委（鄂豫皖中央局9月25日才开始执行职务）复电河南区党委并告中共中央，欢迎河南军区部队南下，并表示将大力接护和帮助解决各种困难。同日，中共中央致电河南区党委并告郑位三、李先念："中央赞成河南主力及大部干部在情况严重时，第一步向南转移与五师靠拢，以后再相机发展。望即与郑、李直接联络，规定行动计划。河南部队及五师部队留在黄河以南行动有极重要的战略意义，它直接配合华北与长江下游我军的作战，所以不应退过黄河以北来。"

根据中共中央的指示，河南区党委决定：在豫西地区再坚持一段时间，情况严重时再行南下。

9月19日，中共中央做出了"向北发展，向南防御"的战略部署。根据这一部署，22日郑位三、李先念、陈少敏、任质斌致电中共中央并王树声、戴季英、刘子久，建议不等严重形势到来，早日会合河南军区及王震、王首道的八路军南下支队，在桐柏山地区合力一战，以确立中原大局。24日，中共中央复电同意，并指示王、戴、刘："向南转移亦不宜过迟，过迟则会失时，无充分时间准备亦易陷于被动，望深加考虑。"当日，河南区党委即致电中共中央，表示"于本月内南进"。

为执行中共中央迅速南进的决策，王树声立即进行动员部署。至26日，第一支队第三团及偃师、巩县、汜水、伊川等地方武装集结于登封以南地区，第四支队集中于方山，第六支队集中于唐庄。10月1日，王树声等致电中共中央、八路军总部并郑位三、李先念："各支队整理地方武装及向南转移准备，已经就绪。"随后，王树声率河南军区部队1.2万人，挥泪告别豫西这片热土和曾经养育过他们的父老乡亲，踏上了南下鄂豫边的征程。

10月4日，王树声指挥部队冲破国民党地方武装的阻截，强渡汝河，5日晚到达伏牛山以东、鲁山以西地区。之后，部队向东南方向行进，10日到达嵖岈山西端的夷尉庙、孙城地区，与陈先瑞、黄林的豫中军分区部队会合。

12日，王树声率部1.5万余人转移至西平县城以西的仪封镇、出山寨、武功镇一带休整，并在武功镇与活动在新黄河以西、由王定烈率领的冀鲁豫军区第八团会合。而后继续南进，24日河南军区部队和冀鲁豫军区第八团以及由王震、王首道率领的八路军南下支队，与正在进行桐柏战役的新四军五师部队在唐河祁仪会师。次日，王树声、戴季英、刘子久与郑位三、陈少敏在桐柏城见面。

八路军、新四军三支部队会师后，经中共中央10月30日批准，于11月上旬进行了整编，组成中原军区，并充实了鄂豫皖中央局的力量，明确了常委分工。鄂豫皖中央局亦于11月上旬改称中共中央中原局。中原局由郑位三、李先念、王首道、陈少敏、王震5人为常委，任质斌、戴季英、刘子久、王树声为委员，郑位三为代理书记。中原军区由李先念任司令员，郑位三任政治委员，王树声任副司令员（11月19日任命），王震任副司令员兼参谋长，王首道任副政治委员兼政治部主任，下辖第一、第二野战纵队和江汉、鄂东、河南3个军区。

第一纵队由原河南军区部队和冀鲁豫军区第八团编成，司令员王树声，政治委员戴季英，参谋长熊伯涛，政治部主任吕振球，下辖第一、二、三旅和警卫团，共1.29万人。第一旅由原第一支队改编，旅长皮定均，政治委员徐子荣，下辖第一、第二、第三团；第二旅由原第四支队改编，旅长张才千，政治委员刘健挺，下辖第四、第五、第六团；第三旅由原第六支队改编，旅长刘昌毅，政治委员张力雄，下辖第七、第八、第九团。第二纵队由新四军五师部队和八路军南下支队（整编时恢复第三五九旅番号）编成，下辖第十三、第十四、第十五旅和第三五九旅，共1.6万余人。中原军区野战军和地方部队共6万余人。

中原军区由八路军、新四军的三支部队组成，王树声、戴季英又是李先念的老领导。如何处理与协调领导人之间的关系，对增强部队的凝聚力和战斗力至关重要。在这一方面，王树声发挥了重要的作用。中华人民共和国成立后李先念曾多次谈到，在中原军区时王树声很支持他的工作。老上级服从、支持新上级，这正反映了王树声不计较个人得失的高风亮节以及他与李先念之间的战友情深。

河南军区部队到达鄂豫边后，进行了短期休整。休整期间，王树声与戴季英除搞好部队整编外，主要抓了以下几项工作：在政治上，结合形势任务教育对部队进行思想动员，纠正干部、战士存在的"厌南思北"等错误思想；在军事上，提出了建设正规军队、学习正规战术和提高军事技术的要求，以适应从游击战向运动战的战略转变。为此，王树声发出了关于军事训练的指示，要求各级司令部成立专门机构，加强对正规战术和军事技术的研究，并负责部队的军事训练工作；在后勤方面，纵队设立了留守处，统一了后方勤务。此外，在五师的帮助和自己所能的条件下，大部解决了部队急需的棉衣。

经过休整后，第一纵队随即投入了桐柏战役第二阶段作战。

桐柏战役第一阶段作战从10月20日开始到11月3日结束，由五师独立完成，共歼灭国民党军2000余人，解放了桐柏、枣阳、新野、唐河4座县城，控制了桐柏山广大地区。然而，蒋介石把中原解放区视为心腹之患，必欲去之而后快。为实现其11月份"肃清"中原的目的，他先后调集了6个军14个师从南、北两面向桐柏山地区推进。

为了实现大量消灭国民党军的有生力量，争取能够在桐柏山地区站住脚，进而改变中原战局的目的，中共中央中原局、中原军区遂决定在国民党军南北夹击之势尚未形成之际，组织第一、二纵队发起桐柏战役第二阶段作战。

第二阶段的作战从11月9日开始至12月16日结束，历时37天，其间主要进行了再度解放枣阳、湖阳、双沟和祁仪4次战斗，共歼灭国民党军7000人。

在中原军区司令员李先念的统一指挥下，王树声率领的第一纵队（欠第一旅）主要参加了其中的双沟和祁仪两次战斗。

在湖阳战斗中，第一纵队作为预备队位于祁仪地区。在双沟战斗中，第一纵队位于襄县的程家河、徐家集和枣阳的杨垱地区，担任打新野、唐河之援敌的任务。战斗打响后，第一纵队第三旅于12月7日从祁仪赶到程家河，歼灭国民党军第十军第二十师1个营；8日上午第二旅第四团在程家河西岸歼灭国民党军第一二五师先遣队2个连近300人。

在祁仪战斗中，第一纵队第二、三旅和第二纵队的第十三旅，于12月14日夜对刚刚到达祁仪镇的国民党军第一八一师第五四二团发起攻击，激战一昼夜，第三旅第八团在镇东祁楼歼其1个连，第二旅第五团歼其两个排。15日，国民党军主力赶到，当晚中原军区部队发起总攻。经一夜激战，第三旅第八团攻入祁仪镇，歼灭守军1个营，守军撤至镇北村庄进行顽抗。此后，由于营、团干部轻视村落战和部署上平均使用兵力，致使部队伤亡较大。为避免消耗，部队撤出战斗。

在第二阶段作战中，第一纵队第一旅位于桐柏西北的平氏地区担任警戒，并进行了激烈的防御战，保证了桐柏城的侧翼安全。

桐柏战役结束后，蒋介石更大肆向中原地区增兵。到12月中旬，桐柏山附近的国民党军计有：第五战区的第四十一、第四十七、第十五、第十、第六十九、第五十五军和第六战区的第六十六、第七十五、第七十二、第十八、第七十六军，共11个军24师另8个游击纵队。中原军区部队的作战行动，大量吸引牵制了国民党军，进一步打乱蒋介石的内战部署，在战略上有力地策应和支持了华北、华东解放区的作战。但由于桐柏战役第二阶段的4次作战未能达到预定的歼敌目的，形势进一步恶化，中原军区部队主力被迫向平汉路东转移。

12月17日，中原军区以第一纵队为北路、以第二纵队为南路，由桐柏地区驻地出发向平汉路东开进。21日，第一纵队到达明港以西的祝林集地区休整补充。

在祝林集，王树声与戴季英于 23 日致电中央军委，汇报了第一纵队参加桐柏战役第二阶段作战的情况："甲、从枣阳、双沟战役结束后，本纵队连续经过郭［祁］楼（新野东南）、祁仪（唐河西南）、［敌］进攻平氏防御诸激烈战斗。乙、此战役中全纵队伤亡八〇〇以上（营以下干部三〇〇左右），亡二三百，祁仪战中为最多。其原因主要在指挥上的轻视敌之村落战及［对敌］战斗力估计不足，所以犯了平均使用兵力弱点。"

部队休整期间，中原军区部队向何处去，是中共中央中原局考虑的最大问题。早在 3 支部队会师前，10 月 21 日郑位三、陈少敏鉴于鄂豫皖根据地开始动用存款、财政困难的情况，就向中央提出了准备长征的问题，并认为"长征以去鄂西北为好"。桐柏战役第二阶段作战结束后，中原军区部队向何处转移便正式提上了议事日程。12 月 15 日，郑位三、李先念在给中共中央的电报中，认为在没有大块根据地人力、物力、财力支持的条件下，无法大量歼敌，因而提出了能否在主力转到大别山后就做转至新四军军部地区的打算。18 日，郑位三又单独向中央军委反映了中共中央中原局关于改变方针、以主力向军部靠拢的意见。次日，郑位三、李先念、王震联名致电中共中央："配合华北确为重要，但以莫大伤亡减员，再坚持时间，确有不利，因此我们提议以主力靠拢军部，此地留五千到一万人的游击战争。""靠拢军部此一建议，首道、王（树声）、戴（季英）都同意，大姐（陈少敏）、质斌在考虑中，子久未决。而目前已决定去路东，但大家一致意见，路东困难将更多于路西之过去两个月。"

在此情况下，中共中央 20 日致电郑位三、李先念、王震并告王树声、戴季英："同意你们的主力向东转移到军部地区，留一部主力多带电台配合地方游击队分散坚持鄂豫地区。望你们即做这种准备。"但"你们转移到军部地区的行动，最好能在一个月之后再离开大别山。"据此，中共中央中原局和中原军区开始着手向新四军军部靠拢的各种准备。

24 日，第一纵队 1.4 万人从祝林集地区出发继续东进，25 日在信阳以北越过平汉路并将铁路炸毁。28 日，王树声以刘昌毅的第三旅解放了位于淮河北岸的息县县城，歼灭国民党挺进军 1000 余人，俘虏其团长。随后，王树声又派部队攻下汝河南岸的汝南埠。

为配合中原军区的转移行动，12 月 28 日中共中央根据国民党军的布置情况和动向，致电刘伯承、邓小平、陈毅、饶漱石、张鼎丞、邓子恢、粟裕并告郑位三、李先念："五师转移或向东到新四军，或向北到冀鲁豫。""关于五师向东向北转移问题，由郑、李自己决定。王、戴电台即与刘、邓通报。""五师向东，华中部队须作有力而负责之接引与配合。向北则需刘邓作有力负责之接引与配合。"

次日，中共中央又根据马歇尔使华后国共和谈出现的新情况，指示中共中央中原局："你们主力之一部应该转移，但必须留有力之一部"，"以便在和平实现时能争取我在鄂豫皖地区一定的地位"，并强调"李先念同志最好还是留下"。据此，中共中央中原局于 31 日讨论决定，王树声、戴季英率第一纵队及干部共 1.4

万人向北转移,李先念、王震、王首道率领的第二纵队留大别山坚持。

中共中央和中原局12月28日至1946年1月1日间反复磋商,提出了第一纵队向北向东转移的3条路线:向北经扶沟渡新黄河到达冀鲁豫;在界首附近渡新黄河向北;向东到达苏皖解放区。

王树声、戴季英和随第一纵队行动的王首道及河南区党委书记刘子久,结合国内即将出现和平的形势,反复研究了这3条转移路线的利弊,并于1946年1月1日和2日,两次致电中共中央中原局并中共中央和刘伯承、邓小平,谈了他们对转移问题的意见。在2日的电报中,王树声、戴季英、刘子久指出:

1.从息县出发到扶沟过新黄河之路程,还要十八日行军,而且对扶沟渡口亦不可能有把握抢到,占领该渡口船支〔只〕不多,需要两三天才能渡完一万人。我们现与河南党委会合,共二万人。如从界首及界首以东阜阳以西渡河,亦有数天路程的行军,并估计界首、周家口国民党所必须占领的要点除界首外,其他处船支〔只〕亦少。因此我们认为北渡敌情不明及无把握的冒险,故不如南进大别山,再向皖东东进,靠近新四军及请新四军以有力的接应为有利。如华东新四军对我接引有力,桂军一两个师不可能完全阻止我们的行动。2.国内和平趋势如已确定,我们在鄂豫皖区再坚持下去及争取消灭敌人与争取东进皖东,对我们转移似为有利,当然亦有很多困难。3.根据各种情况联系着看,仍认为我们以迅速南进大别山,相机夺取光山,准备在大别山再打一仗及准备相机东进为好,如何急待回示。4.(国民党军)新五师以团为单位向东罗山清剿。二纵利用有利地形歼灭敌人乘胜占领经扶(新县),我们已将二、三旅集结在淮河南岸北岸(息县以南),急待进光山、固始。

从以上电报的内容可以看出,这时王树声对转移的态度是:一、向东而不向北;二、由于和平局面即将出现,不必急于转移,首先应南下大别山歼敌,同时做好东进皖东的准备,以待时局之变。

王树声先南下大别山的建议得到中共中央中原局批准。6日,他命令张才千的第二旅在第一旅的配合下攻打光山。张才千遂以第四团主攻,以第五团助攻,一举拿下光山县城,歼灭国民党军600余人。

战场的硝烟刚刚散尽,任质斌就来到光山,与王树声、戴季英和刘子久具体研究转移事宜,并于6日下午4人联名致电郑位三、李先念并中共中央:"(甲)王〔首道〕、任已到光山城王、戴处。(乙)全军转移之干部及非战斗人员共约八〇〇〇人。在平坦的道路上开进时,每一千人集合开动就须三十分钟。每日出发到宿营止,即令行军十小时(包括二小时之大小休息),能走五〇里到六〇里。(丙)根据这几天行军经验,感到特别笨重,战备行军并警戒及掩护亦非常困难。(丁)因为上述情况,转移困难尚多,须与郑、李会合详加研究,请郑、李示知会商地点。"

8日,中原军区南北两路部队会合于光山,中共中央中原局立即研究王树声部的转移问题,并于当日致电中共中央并陈毅、张云逸、饶漱石:"由于停战最近有很大可能,又由于以部分主力到华北、华东三条路线没把握走通,我们已决定全部留原地坚持。""虽然十天有停战可能,我们仍作三两月艰苦斗争的打算。"9日,中共中央复电中共中央中原局:"停战谈判已有结果,命令可能在日内下达,如果不发生中途大的变化,和平新阶段可能即从此开始。但你们仍须准备国民党中途变卦,继续战争。你们停止东进北上的计划在原地坚持是对的。"同日,中共中央还指示刘伯承、邓小平,华东局和华中分局,"据郑、李电告,他们因为国共谈判停战将快实现,已不作东进或北上打算,决心留原地坚持,你们准备接引五师的计划,望即停止执行。"

这样,中原军区部队主力于1946年1月10日国共双方下达停战令以前,集结于平汉路以东以宣化店为中心的经扶(今新县)、光山、罗山、礼山(今大悟)之间地区。

第一纵队南下大别山以后,王树声对刘昌毅的伤情给予了极大的关注。

在指挥攻打息县的战斗中,第三旅旅长刘昌毅不幸身中数弹,牙齿全被打掉,处于昏迷状态。当他被送到泼陂河驻地时,伤口已经化脓,肿起一个大包。由于流血过多,生命垂危。李先念、郑位三等领导闻讯后,特地派第二纵队卫生部潘世徵部长,与第一纵队卫生部医务部主任杨格一起为他进行了两次手术。在一无麻药、二无医疗器械的情况下,两次手术都未成功。

刘昌毅是王树声手下的得力战将,对他的伤情王树声心急如焚。从刘被送到泼陂河之日起,他就派妻子杨炬日夜守护。杨炬作为医生,精心护理,尽其所能,防止了伤情的进一步恶化。后来,周恩来派人从武汉送来一些进口药和医疗器械,又经几次手术把子弹和弹片从伤口处取出,刘的伤情才开始好转。

几十年之后,刘昌毅回忆起此事来仍然十分感慨:

> 我负伤后,王震、李先念都来看我,我不知道。当时,我有几天不知道身边的一切。他们为我准备好了后事。我后来听警卫员和参谋人员说,我负伤后,王树声很伤心,他两天都吃不下饭,是他调来了杨炬和两个护士专门护理我。杨炬同志很关心我,她每天晚上给我喂水、擦血,精心护理。这种革命感情是十分珍贵的。

二、向西突围

停战令下达后,中原军区部队严守规定,于1946年1月13日24时前停止了一切军事行动。但国民党军在蒋介石"迅速抢占战略要点"的密令下,无视停战令的存在,继续向中原军区部队发动进攻。

在王树声第一纵队的防区,国民党军于1月14日4时,集中第四十一军第一○四、第一二二师,第四十七军第一二五、第一二七师,第六十六军第一九九师第五九六团及罗山、潢川县保安团,分兵三路,向光山猛攻。驻守光山的张才千第二旅进行了坚决抵抗后，被迫于当日7时撤出光山县城。此后，国民党军更进一步紧缩对中原军区部队的包围。

面对国民党军的步步紧逼，王树声一面指挥部队严守以待，一面请求中央设法通过谈判解决问题。1月22日18时，王树声、戴季英致电中央军委："顽方四十七军及光山、商城县政府，在二十日前曾各派代表与我联络。顽方提议恢复交通与旧政权，并提议划定缓冲区。综合敌人目前侦察我军情况，企图消灭我们于狭小地区内。""全纵队一万六千余人驻在约一千二百五十方里，截至今日止已住二十余天，财粮处于极端困难状态。""所处地区太小，在国民党四面进逼之下，不便展开机动作战。请中央转北平执行部迅速办理。"中共中央中原局也屡电中共中央，要求与国民党当局交涉，使部队合法转移到皖东或华北解放区。中共中央对中原军区部队特别关心，曾派代表与国民党代表数度交涉，但被无理拒绝。

第二旅撤出光山后，王树声对第一纵队各部队的驻地进行了重新调整。至2月23日，纵队司令部及直属队驻光山城南的杨家庙（以后移泼陂河），第一旅驻光山东南的砖桥、白雀园、解山铺，第二旅驻光山与杨家庙之间的豆腐店、槐树店，第三旅驻杨家庙以南、经扶和商城之间的沙窝、小界岭、余家集。

在国民党军的重兵围困之下，中原军区部队生活在方圆不足100公里、人口仅40多万的狭小地区，面临着极大的财政困难。部队缺衣少粮，没有饭吃，到1月底全军6万人已达到无米为炊的程度。中共中央虽想尽办法向其他各解放区筹款，但又一时难以全部到位。为解决经济困难，3月15日中共中央中原局召开了高级干部会议，决定：一、立即复员两万人（在此之前已经开始）；二、严整制度，节衣缩食，号召全体人员团结克服困难，渡过难关；三、分散多余干部，运用各种方法转移华北或其他地区隐蔽，以利部队苦熬和转移。与部队裁减复员相适应，中原军区于3月上旬对部队进行了整编，其中撤销了第二纵队的第十四旅，将其所属各团编入第一纵队的第三、第六、第九团。

根据中共中央中原局高干会议精神，各部队以不同方式展开生产自救。有的部队挖野菜、捕鱼虾、磨豆腐、生豆芽，第三五九旅重振当年南泥湾大生产的雄风，努力开荒生产。王树声是湖北麻城人，对大别山地区的编篾货、打草鞋等手工劳动很在行。工作之余，他和战士一起劈竹条、编竹筐。王树声的表率作用带动了第一纵队生产自救活动的开展。第一纵队第二旅等单位则开展了编篾货、卷烟、打草鞋等手工生产，和贩盐、贩布、贩猪等商业经营活动，以换取生活费用。

在中原实行战略坚持艰苦异常。然而，就是这样苦，为什么还要支持？其意义何在？这是中共中央中原局和王树声经常向干部战士反复解释说明的道理。他指出：现在中原解放区周围有30万国民党军，我们把这些敌人牵制住，就有力地支援了华东、华北和东北地区的兄弟部队，为做好迎击蒋介石发动全面内战的准备，赢得了宝贵的时间。广大指战员明白了在中原坚持的战略意义，虽然生活异常艰苦但感到无上光荣。

在大别山的日日夜夜，王树声不仅为部队的工作操劳，还为妻子杨炬怀孕

4 个月而忧虑。他考虑到，在国民党军军事包围、经济封锁的条件下，一场恶战在所难免，孩子将给他们夫妇带来诸多不便。为此，王树声拿定主意，叫杨炬打胎。一天，警卫员李树林一边熬药，一边流泪。这时，王树声的另一个警卫员白金泉走进屋，见小李哭以为是挨首长批评了，待问明事由才恍然大悟。他俩都认为王树声已经是 40 多岁的人了，没有孩子怎么行？于是，两人合计出一个偷梁换柱的办法，把打胎用的草药倒掉，换上他们自己采来的"草药"在锅里熬。就这样，时间一长，王树声夫妇的第一个孩子算是保住了。以后，王树声给这个孩子取名鲁光[①]，其含义是在光山怀孕，在山东出生。

到 1946 年 6 月下旬，中原地区的形势严重恶化。由于国共谈判陷入僵局，蒋介石准备大打，国民党军在中原地区的兵力达到 11 个整编师 26 个整编旅 30 余万人。在完成军事部署之后，国民党军则准备于 6 月 26 日发动围攻，企图一举消灭中原军区部队。

针对蒋介石准备全面大打的情况，中共中央于 6 月 19 日指示郑位三、李先念和王震：要准备突围，突围后"争取一切可能向北"，"在向北不可能时，准备在国民党区域创造根据地，以待时局之变化"[②]。据此，中共中央中原局于 21 日致电中共中央，决定于月底实施经鄂中分两个纵队分别向陕南及武当山突围、然后转至陕甘宁边区的突围计划。23 日，中共中央复电："同意立即突围，愈快愈好，不要有任何顾虑，生存第一，胜利第一。"[③] 根据中共中央的指示，中共中央中原局、中原军区制定的具体突围部署是：

一、由中共中央中原局、中原军区领导机关率第二纵队的第十三旅、第十五旅第四十五团、第三五九旅和干部旅为北路军，26 日黄昏从宣化店出发，29 日在信阳以南、武胜关以北地区过平汉路，之后经豫南向陕南前进。

二、由第一纵队司令员王树声、副司令员刘昌毅、副政治委员刘子久、参谋长张才千和政治部主任吕振球，率第二、第三旅为南路军，25 日黄昏从泼陂河出发，29 日在广水以南、花园以北的阳平口过平汉路，之后向豫西前进。

三、由王海山、陈先瑞率领的第二纵队第十五旅（欠第四十五团）担任掩护接应第一纵队的任务，26 日从定远店出发，向西南方向运动，计划于 27 日在汪洋店西南地区与第一纵队主力会合，掩护南路军过平汉路，之后在河南省唐河祁仪地区归建。

四、由皮定均率第一纵队第一旅，向东佯动，掩护中原军区主力向西突围，待主力于 29 日过平汉路后，根据实际情况选择方向自行突围。

五、张体学率领的鄂东独立旅坚持大别山地区的斗争；罗厚福、文敏生率领的江汉军区部队向襄河（即汉水，襄阳以下当时又称襄河）以西地区转

[①] 1946 年 11 月 2 日在山东临沂附近的高店子村出生。
[②]《毛泽东军事文集》第三卷，军事科学出版社、中央文献出版社 1993 年版，第 274 页。
[③] 同上书，第 288 页。

移,之后进入武当山,相机入川;黄林率领的河南军区部队接应掩护北路军西进,之后在桐柏地区坚持斗争。

当时,第一纵队主力位于泼陂河地区,第二纵队位于泼陂河西南地区。按照突围部署,第一纵队要绕过第二纵队侧翼向南到阳平口,比第二纵队要多走3天的路。所以,王树声认为"这次突围部署不妥"①。但由于时间紧迫,中原局和中原军区已经决定,王树声也顾不了那么多。6月24日下午,他立即召集各旅旅长、政委部署突围。

王树声最担心的是第一旅能否完成掩护主力突围的任务,所以他对旅长皮定均、政委徐子荣特别交代:"这是一个艰巨的任务,也是一个光荣的任务。党把这个任务交给你们,是对你们最大的信任。你们在豫西敌后活动了一年多,有独立作战的经验,一定能战胜敌人。最后的胜利一定属于我们。"

皮、徐代表全旅指战员向王树声表示:"请首长放心,我们一定以战斗的胜利回答党给予我们的信任。"

随后,王树声又对皮、徐作了扼要的指示:"主力今晚就开始向西行动,你们赶紧回去布置,要用一切办法拖住敌人,迷惑敌人,使敌人在三天内找不到我们主力的行动方向。等主力越过平汉路,就是突围的初步胜利⋯⋯"随后,他把一笔经费交给皮、徐,皮、徐立即策马赶回白雀园旅部。②

最后,王树声向第二旅旅长杨秀坤、政委刘健挺,第三旅旅长闵学胜、政委张力雄等人宣布:今晚集结完毕,明日出发。行军顺序是:第三旅为第一梯队,第二旅为第二梯队,纵直在第二旅后面跟进。

当晚,第二旅从河南光山县的望城岗、余家大湾等地出发,向纵队驻地泼陂河靠拢;第三旅将第七团的阵地交给第一旅后,迅速在经扶的浒湾、大熊湾地区集结待命。25日,王树声率部9000余人分别从泼陂河、浒湾和砖桥出发,冒雨西进,向宣化店靠拢。26日晚,李先念、郑位三、王震率领的北路军已撤离宣化店地区向平汉铁路鄂豫交界的武胜关至信阳柳林东侧地区开进;而王树声、刘子久率领的南路军才到达宣化店以南地区。

这时,国民党军对中原解放区的大举围攻已经开始。国民党军第六绥靖区司令长官周嵒得知王树声部主力向西突围后,遂于27日8时发布命令:整编第六十六师在夏店、阳平口、大帮店、三人城、仙人崖一线加强封锁;整编第十五师分置平汉路以东各要点实施堵击;整编第七十五师暂停对路西之"清剿",除留一部于路西外,主力限30日前在广水集结;整编第七十二师与王树声部保持接触,跟踪西追。

在第一纵队向西突围的过程中,担任掩护任务的第十五旅(仅带第四十三

---

① 《王树声军事文选》,军事科学出版社2000年版,第119页。
② 皮定均:《铁流千里》,鄂豫边革命史编辑室编:《中原突围》第一辑,湖北人民出版社1983年版,第78—79页。

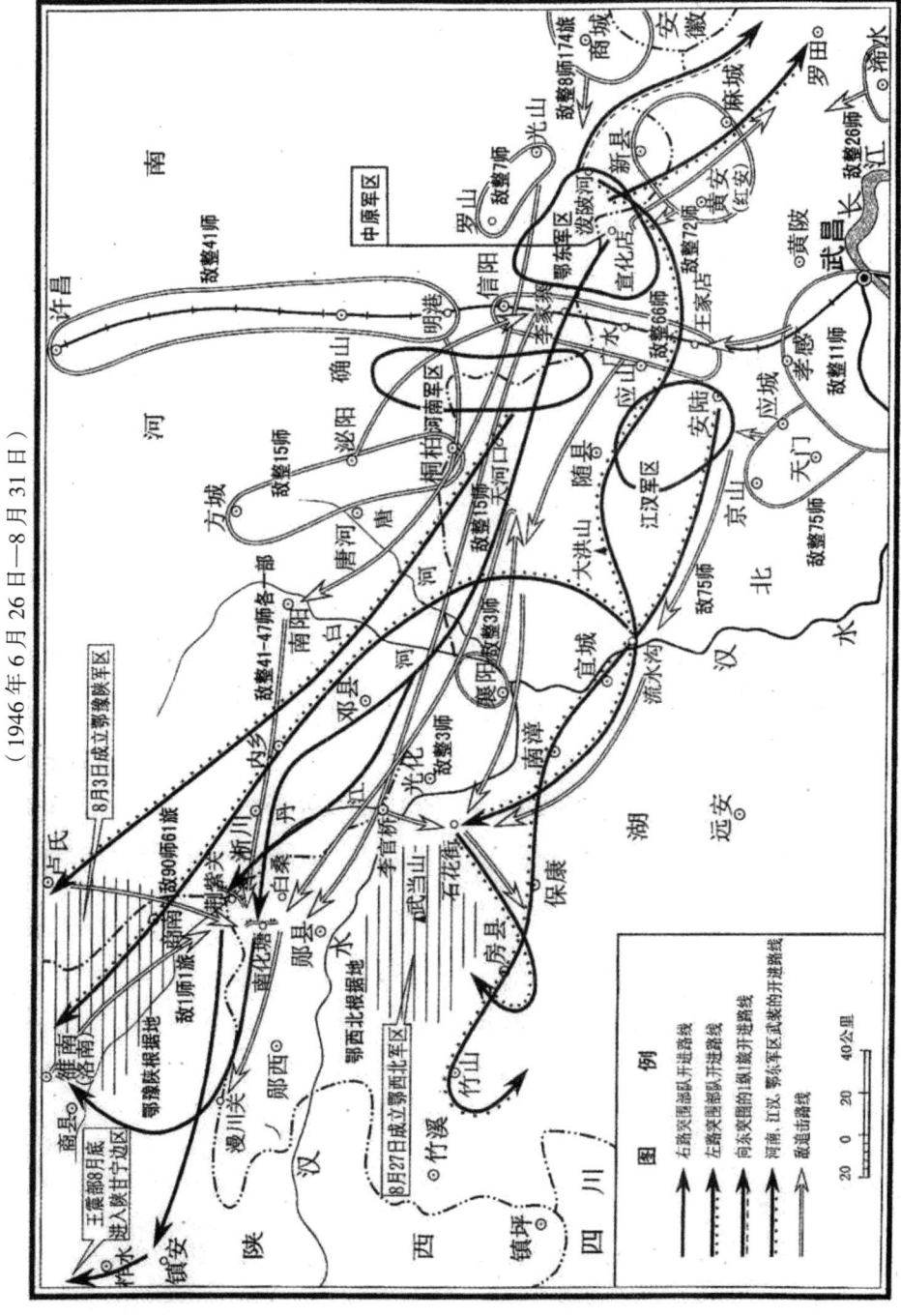

团,其第四十四团在平汉路西)按时到达了汪洋店地区。第一纵队主力由于连日行军,部队疲劳,加之暴雨倾盆,道路泥泞,延误了一天时间,直至28日下午才与第十五旅在阳平口东北地区会合。此后,第十五旅主力即随第一纵队行动。

29日,王树声率部继续西进。快到阳平口时,忽听两声枪响,王树声立即命令部队停止前进。原来,国民党军整编第六十六师第一八五旅的第五五四团已经占领了阳平口附近的两个山头,拦住了去路。此时,国民党军整编第六十六师的第一九九旅正全部由北向南压来,整编第七十二师的新十五旅也正由东北方向追来。

根据侦察员报告的情况,王树声立即召开旅以上干部会议,研究突破平汉路的方案。会上,有人提出派两个团拿下这两个山头,打开通道。但王树声权衡利弊后认为,敌人已经准备好,部队从下面仰攻会伤亡很大,况且敌人的另外两个旅快要赶到,如果不能迅速解决战斗,后果不堪设想。据此,王树声决定甩开当面之敌,向南绕道王家店过平汉路,并命令第二旅第四团由后卫改前卫,务必于黄昏前赶到王家店,掩护主力过平汉路;第三旅第八团和第二旅第五团担任后卫,阻击尾追之敌。下午3时,部队出发。

第一纵队主力折道南行后,周用也随之调整部署:以整编第六十六师第一九九旅在广水以南的杨家店、二郎店附近展开;以第一八五旅一部由广水进至东新店向南阻击;以整编第七十五师第六旅协同整编第六十六师第十三旅第三十八团封锁王家店至肖家港之间的铁路线;以预备队第十三旅第三十七团及第一八五旅第五五三团(欠第三营)迅速由应山南下,增援第三十八团作战;以整编第七十二师的新五旅由夏店、蔡店出动,协同整编第六十六师进行尾追;以整编第十一师由汉口向孝感方向增援;令驻汉口的空军出动飞机支援地面部队作战;调驻明港的铁甲列车南下驰援。

从阳平口绕道王家店,大约有40多公里的路。如果天气好,部队以急行军的速度于29日黄昏前赶到王家店不成问题。然而,天公不作美。行进途中,忽然电闪雷鸣,大雨滂沱,部队在泥泞的道路和田埂上行进,前进速度很慢。当日黄昏,当部队赶到王家店以东约10公里的小河溪、何家大湾时,即遭到国民党军第一八五旅和第六旅的顽强阻击。30日凌晨,后卫第二旅第五团和第三旅第八团也到达了小河溪地区。拂晓,王树声命令第二旅第四团由前卫再改成后卫,迅速抢占平汉路东垄家畈西北的大米山高地,掩护主力过平汉路。上午,王树声又召开旅以上干部会议,决定黄昏前分路向王家湾及其以南的卫家店铁路沿线挺进。

王家店是花园以北平汉路上的一个车站。这里丘陵起伏,铁路从两座山丘之间蜿蜒而过。铁路西侧是一条由北向南的澴水河,河两岸是一片开阔地。铁路东侧则是山丘和稻田。国民党军整编第六十六师第十三旅两个团、第一八五旅第五五三团及整编第七十五师第六旅,抢先占领了铁路沿线的高地,在路东磨山的169高地上布置了迫击炮阵地,在王家店车站南北一线构筑了数十座碉堡。守军在山头和地面形成的交叉火力网,严密地封锁着铁路。

30日傍晚,王树声率部分两路向平汉路前进。晚上,活动在路西的第十五旅第四十四团和江汉军区第一团各一部，炸毁了王家店至花园间的铁桥。在兄弟部队的帮助下，第二旅第五团（欠第三营）、第六团率先冲向铁路，歼灭了守军第三十八团一部，于当日夜从卫家店顺利通过平汉路。接着，第三旅主力在王家店北侧摧毁碉堡多座，打开一个缺口，也通过了铁路。

第一纵队机关在警卫团、第四十三团和第四、第七团各1个营的掩护下，一路行军作战，于7月1日上午11时到达王家店附近，准备过路。这时，国民党军第十三旅第三十七团第二营及野战炮营第二连乘铁甲列车从广水赶到了王家店；铁路东侧磨山上的炮兵阵地开始实施拦截轰击，碉堡里吐出一条条火舌；国民党军整编第十一师从孝感方向赶来增援，从侧翼扑过来；国民党军的3架飞机也俯冲扫射、狂轰滥炸。打开的突破口被重新合拢，第一纵队被截成两段，路东部队被交叉火力压制在丘陵和田畈地区。

在这千钧一发的时刻，王树声号召指战员："不惜一切代价，坚决摧毁敌碉堡，冲过铁路就是胜利！"随后，他命令第四、第七团向铁路线发起攻击，为部队突围杀开一条血路。

第七团第三营的战士用手榴弹和炸药包连续摧毁王家店车站的5座碉堡，歼灭守军1个连。第七团第一营用重机枪阻击铁路上的铁甲列车，使其动弹不得。第四团向王家店南侧发动钳形攻击，摧毁3座碉堡，歼灭守军1个加强排。第七团还打退了武汉方面的援军。

经过两个多小时的激战，终于打开了一个1公里宽的突破口，王树声遂指挥部队于7月1日下午2时全部通过平汉路。

在第一纵队主力西进的同时，由皮定均率领的第一旅完成掩护军区主力突围的任务后，向东转移，之后到达苏皖解放区。

突破平汉路后，王树声率部于当日黄昏到达赵家棚、大鹤山一带，与第十五旅第四十四团会合。部队在赵家棚地区休整一天后，7月3日继续向北前进，下午到达应山西南的寿山地区。

这时，王树声等接到中共中央中原局电示："敌人拟于厉山至天河口一线合击我军，如不能进入豫西地区，即西渡府河（浪水），继江汉军区之后抢渡襄河，进入武当山地区。"由于连日暴雨，河水猛涨，府河不能徒涉，国民党军又在随县以北的厉山、天河口地区布有重兵，挡住了直接去豫西的路，王树声遂指挥部队绕道大邦店、马坪、浙河，于6日到达随县以西的安居。在安居，王树声又接到了中共中央中原局转来的中央军委5日致中原军区各部队领导人的电报。电报说："你们任务是活动于鄂西北、豫西南广大地区，一面保存自己，同时牵制大量敌人，对全局贡献极大。"

根据中原局和中央军委的指示，王树声决定率部向西南转进。7日下午，先头部队集团泅渡，其余部队架设浮桥通过府河，8日下午到达茅茨畈地区。

因连日阴雨与不断地蹚水过河，许多战士烂了脚，王树声决定9日在茅茨畈休息一天，10日继续西进。

在茅茨畈，8日20时王树声等致电郑位三、李先念、王震、戴季英并中共中央："我军决心遵照中原局的指示，抢渡襄河（万一不可能北上），如果罗（厚福）、文（敏生）能够渡襄河，则请令罗、文控制船只及渡口，待我军到达。""我军与江汉联系的波长呼号过去毁了，请将江汉与我们联系的波长呼号电示，以便与罗、文直接联络，并请将襄河沿岸情况及堵击我军的敌情电告。今后我军的行动如何，请速示。"9日，中共中央中原局致电王树声等：国民党军已对第一纵队组成3个追击队，每队约3个团；江汉军区部队7日夜已渡过襄河，先后占领宜城、南漳两城；枣阳方面敌情较严重，因此第一纵"迅速去渡襄河进入武当山，将来再作第二步计划，此为上策。""如昨今两日业已向枣阳方向运动，则宜不顾疲劳迅速抢渡唐、白两河（如不下雨则能徒涉），以与我们会合，此法尚属可行。""望一纵同志以抢时间为第一，立即选择两方案之一，迅速运动，迟延必然误事情。"

根据中共中央中原局的指示，王树声于9日中午立即命令部队结束休整，以王定烈的第二旅第四团为前卫，迅速赶至襄河东岸流水沟，抢占渡口，控制船只；纵直、第二旅主力、第三旅第七团和警卫团，在第四团后面跟进；第十五旅两个团和第三旅第九团向流水沟以北的雅口前进；第三旅第八团担任后卫，阻击尾追之敌。命令下达后，部队向西疾进。

在第一纵队向襄河西岸挺进同时，国民党军整编第六十六师第十三、第一八五旅正分别向茅茨畈、兴隆集方向前进；第一九九旅第五九五团抵达大邦店一线；整编第七十五师第六旅于平林西渡府河，到达六房咀、大洪山主峰一线；整编第三师已集结在枣阳，整编第四十一军拟于9日与其会合，防止第一纵队北进，企图于12日围歼第一纵队于襄河以东地区。

10日上午，前卫第四团到达流水沟渡口，王定烈立即派出侦察排沿河搜寻船只。虽然王树声等于8日发出过请江汉军区部队控制船只、渡口的电报，但他们早已渡河3天了，其所用船只早被国民党乡保组织抢掠一空。侦察排四处寻找，只搞到7只船，每次只能渡1个多连。即使这样，王定烈立即组织抢渡。到10日晚，全团顺利渡过襄河，随即抢占要点，构筑工事，控制了渡口。

11日凌晨，第三旅第七团赶到流水沟，连夜抢渡，到天明只渡过一个营。第十五旅第四十四团于11日凌晨到达雅口后只找到4只船，到天亮也只渡过1个营。

如果说平汉路是第一纵队冲破的第一道险关，那么波涛滚滚的襄河则是第一纵队西进途中的第二道天然屏障。汛期的襄河，水漫河堤，宽约千米，奔腾咆哮，浊浪滔滔，犹如一条张牙舞爪的巨龙。

11日上午，第一纵队主力陆续赶到襄河边，继续抢渡。王树声、刘昌毅和张才千来到河边，望着千余米宽的河面，不免有些犯愁。这时，侦察员报告：国民党军整编第六十六师、第七十五师第六旅正向襄河东岸逼近，整编第七十五师第十三旅的第四十七团正从岛口沿河西岸赶来，国民党军出动飞机，四处搜寻我们。这样，第一纵队处于前有襄河、后有追兵、背水一战的困境。

在这生死存亡的关键时刻，王树声果断决定：由刘昌毅、张才千和王海山、陈先瑞分别指挥部队从流水沟和雅口抓紧时间抢渡；闵学胜率第三旅第八团并指挥第六团的两个营，在流水沟以东抢占有利地形，阻击尾追之国民党军，掩护主力渡河；已渡河的部队分别在璞河埫、余家埫、牛坊湾、郭海营、茅草洲和郑家集等地，阻击岛口、宜城方向之国民党军。考虑到渡河速度太慢，王树声还决定：如果届时有3个团渡不了河，则留刘昌毅、刘子久率领去伏牛山；如果有一个团或两个团过不了河，则由闵学胜率领北进。

11日下午，国民党军整编第七十五师第十三旅第四十七团沿河西岸进至马口，当即被第四团击溃，逃回岛口。12日晨，国民党军整编第七十五师第六旅赶到流水沟，闵学胜率部与之展开激战。

这时，国民党军的3架飞机为封锁河面，或俯冲扫射，或狂轰滥炸。正在雅口渡河的第十五旅主力成了敌机肆虐的重点。顿时，襄河两岸，战马嘶鸣，烈火燃烧，枪炮声、爆炸声响成一片。他们仅有的4只船被炸沉了1只，船上1个排的战士全部牺牲。旅长王海山的爱人袁爱芳因躲藏不及，被飞机射出的子弹击中当场牺牲。6岁的孩子扑在她身上大声哭喊，声音撕人心肺。

时间就是军队，时间就是胜利。为加快渡河的速度，一些战士勇敢地跳入滔滔的激流中，有的拉着牲口的尾巴过河，有的抱着牲口的脖子过河。王海山和陈先瑞还把会水的人组织起来，抱着木桶、门板泅渡。晚上，战士们借着河面上微弱的反光，仍在不停地摆渡。

与此同时，在流水沟担任阻击任务的部队在闵学胜的指挥下，以不到两团的兵力，顽强地顶住了数倍于己的国民党军的疯狂进攻，为主力渡河赢得了宝贵的时间。在雅口，担任掩护任务的第四十四团第一营，大部壮烈牺牲。经过两昼夜浴血奋战，第一纵队主力7000余人于13日拂晓渡过了襄河。

天亮后，国民党军向流水沟发动更加猛烈的进攻，并以飞机和地面炮火封锁了河面，闵学胜指挥的2500人已无法渡河。按照王树声的预先指示，闵学胜率部向北突围，之后到达伏牛山区，归入北路军的建制。

渡过襄河后，7月13日王树声等立即致电郑位三、李先念并中共中央：

（一）在抢渡襄河时，被敌人的追击部队与截击部队同飞机截为两段，过河主部已到李家当[垱]一带，准备继续向南漳前进。（二）未过河之部队约两千五百人，如果与十五旅未渡河之部会合则有三千五百余，有三个战斗团。该部由闵学胜、张衍率领，请中原局今后直接供给他们情报，并指示他们的行动。

在李家垱地区，王树声告别了妻子杨炬。突围前，杨炬已经有4个月多的身孕。由于她不便随军行动，李先念曾准备派中原军区交际处的李连城护送她到山东解放区。但由于突围在即，王树声决定待突出包围圈之后再让他们离开部队。这样，杨炬就一直随部队行动。渡过襄河后，王树声考虑到再往西走都是山区，并且牲口大都留在了襄河以东，杨炬实在无法再随部队行动，遂决定她离开。

与杨炬同行的除了李连城，还有与杨炬在延安时的同学杨格。临行前，王树声叮嘱他们："万一你们被俘，无论如何不能暴露自己的身份；万一有人被俘，有人脱险，要设法报告中央营救；万一不能走，就潜伏。"

之后，李连城扮成国民党军军官，杨炬扮成军官太太，杨格扮成传令兵。他们经钟祥到武汉，再从武汉到郑州、徐州，最后到达山东解放区。

渡过襄河后，王树声指挥部队在璞河垴、孔家湾地区击溃国民党军整编第七十五师第十六旅的阻击，之后分兵两路向北前进。王树声所率的一路14日到达南漳西南35公里的报信坡地区，17日到达南漳以西35公里的阎家坪、赵家店地区。

在赵家店地区，王树声等将突围以来的部队情况向中共中央中原局及中共中央作了汇报："此次行军，由于粮食困难，部队疲劳过度，二十天以来天天行军，内有十多天只能吃一顿饭，有时连一顿饭也吃不上……疲劳、粮食及房子成为当前部队的重大问题。部队体力大大削弱，掉队减员的数目惊人。有的连队仅有20支步枪，机枪缺乏人扛。"

18日，部队继续向北前进，20日北渡南河到达谷城县石花街镇的西南地区。国民党军驻守石花街的部队为整编第十五师第六十四旅第一四五团。他们发现第一纵队主力后，一面加强防守，一面发电乞求援助。国民党军整编第六十六师师长宋瑞珂立即命令已进至房山、保康地区的第一八五旅第五五四团回头截击，命令第十三旅第三十七团由南漳的龙门向石花街方向尾击。

7月21日晨，当第一纵队前卫第四团进至石花街西南的苍峪沟时，突遭国民党军第五五四团的疯狂阻击。与此同时，驻守石花街的国民党军第一四五团两个营，对第一纵队的后卫第七、第九团进行尾击，形成前后夹击之势。

苍峪沟地势险要，两侧悬崖陡壁，山道狭窄，特别是黑山口，乃进入武当山的咽喉，大有"一夫当关，万夫莫开"之势。当时，正值暑季，部队异常疲劳，许多指战员的双脚都已红肿溃烂。在这十分危急的情况下，王树声摊开地图，与刘昌毅、张才千一起研究了形势，遂发出命令：张才千指挥第四、第五团和第十五旅的第四十四团，坚决拿下黑山口，为主力打开前进的道路；刘昌毅指挥第七、第九团，坚决阻击尾追侧击之敌，保证主力的侧后安全。

一声令下，担任主攻任务的第四团指战员不顾疲劳，赤膊上阵，在第五、四十四团的配合下，激战竟日，终于在黄昏前攻占了黑山口。与此同时，第七团在第九团的配合下，顶着烈日，先后攻下石花街外围的各主要制高点，并于黄昏前包围了石花街。

由于西进的道路已经打通，为加快进军步伐，王树声决定停止攻镇，继续西进。石花街战斗，共毙伤国民党军300余人，缴获电台2部、机枪3挺、步枪数十枝、山炮4门、迫击炮1门、战马10余匹、子弹5箱。这次战斗，是第一纵队进军鄂西北以来的第一个大胜仗，它使第一纵队又一次化险为夷，并开辟了进军武当山的道路。7月24日，中央军委来电祝贺："庆祝你们粉碎敌一个团又六个连的大胜利。"①

在向西突围的过程中,由王树声率领的中原军区第一纵队打破了国民党军的围追堵截,先后取得了突破平汉路、强渡襄河和石花街战斗的胜利,粉碎了蒋介石一举消灭中原解放军的图谋。

三、创建鄂西北根据地

鄂西北地区,即长江以北、汉水以西的湖北省地区。这里北接陕豫,西连巴蜀,南临长江,东窥武汉,战略地位很重要。

然而,鄂西北地区山大人稀,地瘠民贫,不利于大军生存;其地形又是囚笼地形,东、北、南三面有汉水、长江,西有大巴山,部队运动非常不便。此外,1932年秋贺龙率红三军撤出这一地区②后,国民党大规模屠杀这里的群众,中共的基层组织被破坏,致使这里群众的情绪非常低落;相反,国民党的保甲组织与反动势力倒是加强了,特别在抗战时期,鄂西北是国民党接近前线的地方,国民党在这里经营多年,通信网络非常发达,部队的活动受到很大限制。

王树声就是在这样一种特定的社情条件下率部来到鄂西北的。

石花街战斗后,王树声指挥部队分兵两路,向武当山地区挺进。一路为第一纵队主力,经紫金洞、官坊向房县的青峰镇前进,一路为第十五旅主力,经九道沟、五堵坡沿均县、房县交界处向武当山进军。此后,王树声等即开始了对建立鄂西北根据地的艰苦探索。

本来,中原局和中共中央确定的中原军区主力战略转移的终点是陕甘宁边区。但全面大打开始后,中央军委又有了新的考虑。1946年7月13日,中央军委致电郑位三、李先念:"我中原军之任务是以机动灵活之行动,在鄂豫皖川陕广大地境内,在外线牵制反动派大量军队,帮助我内线作战部队取得胜利,是为作战之第一阶段;然后我内线部队渡淮向南,与中原军会合,夺取信阳、大别山、安庆之线,是为第二阶段。"③15日,中共中央在给中原局的电报中,在继续强调"在敌后创立根据地是我中原军的光荣战略任务"的同时,指出王树声部应"在鄂西北创造根据地"④。据此,19日中共中央致电王树声等:"你们必须下最大决心在鄂西山地各县建立根据地。""集中行动目标大,粮食困难,你们应考虑以团营为单位分散在鄂西各县游击活动。"石花街战斗后,24日中央军委又向王树声等指出:"你们任务是在长江以北、襄河以西以南广大区域内实行机动灵活之作战,各个歼灭敌人,发动民众,建立根据地。这一任务必须说服全体指战员坚决执行。必须逐步转变向华北归队及向郑李会合的思想,因为敌人重重阻碍不许

---

① 《毛泽东军事文集》第三卷,军事科学出版社、中央文献出版社1993年版,第362页。
② 1931年5月,贺龙率领的红三军克均县,进军武当山,1932年秋撤出。
③ 《毛泽东军事文集》第三卷,军事科学出版社、中央文献出版社1993年版,第388页。
④ 同上书,第144页。

可你们这样做。只要你们善于作战,再打几个二十一日那样的胜仗(集中优势兵力,每次歼灭敌一营一团,各个击破),只要你们能解决军民关系问题,你们就能够建立根据地。""必须灵活使用化整为零、化零为整之策略,必须善于欺骗敌人,诱其分散,各个击破之。"①

根据中共中央、中央军委的指示,王树声率第一纵队到达青峰镇后,25日立即召开党委会议,研究部署开展游击战争、创造鄂西北根据地的工作,决定从26日起将第二、第三、第十五旅改编为民主、建国、和平3个支队,以房县为中心分散活动。第二旅活动于房县、保康、南漳、远安之间地区;第三旅活动于竹山、竹溪、房县、镇坪之间地区;第十五旅活动于房县、竹山、竹溪、白河、均县之间地区。并计划以各支队活动区域,组成3个地委,统一各支队的工作。

据此,王树声、刘子久、刘昌毅率纵直、第三旅和警卫团向房山以南的阳日湾方向转进,8月4日到达松香坪、杨日湾、马桥口地区。张才千率第二旅南绕千家坪,向保康马桥口前进。由于敌情严重,建立3个地委的计划未能实现。

王树声戎马一生,南征北战,走过很多地方,但像鄂西北这样贫穷的地方,他见得还真不多。这里崇山峻岭,三五户或十来户人家就是一个村庄。当地百姓遇到丰收年,粮食收入也仅能敷衍8个月。有的人家一贫如洗,连穿的衣服都没有。一次,王树声带警卫员李树林来到一户百姓门前,敲了好长时间老人才开了门。进去一看,却发现一位二十来岁的姑娘身上围着稻草。见此情景,王树声叫李树林把自己仅剩的一条单裤送给姑娘穿上。

由于山大人稀,部队的吃住遇到了严重困难。有时找不到粮食,部队只能以野菜充饥,但野菜也不是随处都能挖到。一次,部队连续两天断粮,侦察连只好煮野菜吃。"开饭"时,侦察连长从王树声的警卫员白金泉那里得知首长还没吃饭,立即盛了半缸子野菜,叫他给王树声送去。王树声问明来由后把白金泉训了一顿:"他们有任务,吃不饱哪行?送回去!"白金泉送回去,侦察连长又叫端回来。就这样,白金泉来回跑了几趟,王树声就是一口没吃。最后,侦察连长自己端来,并含着眼泪对王树声说:"如果首长不吃,我就代表全连给您跪下了!"事已至此,王树声只好接过缸子。

进入鄂西北后,王树声特别注意与友邻江汉军区部队的配合。由罗厚福、文敏生率领的江汉军区部队6000余人于7月22日攻占了竹山县城后,遵照中原局24日关于"立刻进川到城口、万源及通(江)南(江)巴(中)地区,发动游击战争"的指示,分兵两路向西挺进。为取得与罗、文部的配合,26日王树声等致电郑位三、李先念:"中原局令罗文部到川北究以何处为中心?我们建议应以城口、巫溪、镇坪为中心,并且罗文部从今后〔作为〕直接归我们指挥,以便在行动上取得更好的策应与配合,而且最好令罗文待我们见面后再入川。"29日,中原局复电王树声、刘子久并罗厚福、文敏生:"罗文占领两竹后,主力应待一

---

① 《毛泽东军事文集》第三卷,军事科学出版社、中央文献出版社1993年版,第362页。

纵主力到达尔后全部入川，但马上以小部队兵力向镇坪、城口探进，调查路线"，"由于房县未克，一纵主力基本上应以两竹为基地，开展鄂西北游击战争，为此我军在巴山东西作战较为稳当（两竹无论如何应在我手）。"此后，王树声一面指挥部队在鄂西北地区实行战略展开，一面试图向两竹（竹山、竹溪）挺进，与江汉军区部队会合。

然而，实行战略展开与会合江汉军区部队的行动都遇到了极大的困难。第一纵队主力分散后，国民党军即开始分头"清剿"，其战术是保持接触、穷追不已、被歼被吃也在所不惜。第一纵队各部队几乎天天都与国民党军的追击、侧击、堵击部队接触。因天天跑路、挨饿、疲劳、打赤脚，解放军病员加多，到 8 月 1 日部队减员接近 2/5。

针对这种情况，王树声以个人名义于 8 月 4 日致电中共中央并请转中原局："部队集中行动，因无粮吃、无房住，目前大困难固多，分散则受地形阻隔通讯联络及无固定集中地区等限制……难以迅速集零为整，达到歼敌之效。"7 日，王树声、刘子久再次致电中共中央并中原局："（一）泼陂河出发时二、三旅及纵直共有九千人，现在闵学胜部千余人在内只有五千人，多半是过襄河前后掉的。现有人员二分之一以上的病号，药品全部丢光，部队已失掉行军力及战斗力，思想情绪极为混乱。（二）敌人在山中住了几年，到处电话及保甲都有了组织。我们则在过襄河之后一个月之内，群众跑得一空，连一个可靠的社会关系及人事关系都没有找到，再加上……到处敌人追侧堵截，得不到一天休息，因之在武当山立足已完全不可能。"

在国民党军疯狂"清剿"、难以立足的形势下，与江汉军区部队会合，增强对敌斗争的力量，即成为建立鄂西北根据地的重要条件。然而，江汉军区部队于 7 月 30 日进至四川省镇坪县的牛头店后，奉中原局指示继续西进，决心创造川东北根据地。由于江汉军区部队主力西进，竹山于 8 月 4 日被国民党军攻占，在两竹地区建立根据地更为困难。

在此形势下，王树声、刘子久于 8 月 6 日致电中共中央并中原局："根据敌情、地形、群众及经济等条件，在武当山边沿既不便于分散又不便于集中，实难以在此立足建立根据地，且有饿垮、拖垮、冻垮的危险。因此，建议我们二、三旅与罗文部向东发展，于必要时渡襄河回大洪山活动。"7 日 6 时，王树声、刘子久致电罗厚福、文敏生并告中原局、中共中央："（一）我决定率二、三旅于十日内经竹山赶到镇坪与你们会合，请你们全部即在竹山、镇坪及其他地区无论如何等我们，以便今后一起行动，免被敌人各个击破，有利于我们。（二）罗文全部如万一不能等待时，我们就不来竹山、镇坪，则我们另作行动打算。"7 日，中原局复电王、刘："襄河不易渡过，部队疲劳，就是回到襄东（原地区），敌必调更大的兵力进攻，孤立突出，处境将愈困难。""万一主力回头，将十五旅及罗文部坚决分散于鄂陕川地区，创造游击根据地。如何请中央决之。"8 日，中原局又致电王、刘并中共中央："如果鄂西地区难以存在大部队，提议以主力入川，创造通南巴根据地,留一部在鄂西发展游击战争。如此案不成,主力仍留鄂陕川豫根据地,以十五旅返回鄂中坚持原地游击战争。如何望依情况决定并请中央示知。"

11日,中共中央致电王、刘:"我们同意中原局7日复王刘电的意见,即王刘部不要轻易回渡襄河向东行动,必须克服困难,动员指战员坚决留在川鄂陕边广大山地地区,创造根据地。""万一东南面敌人压力过大,则你们与罗部可考虑再向西突破八十三师防堵线,转至川东北之城口、万源、通江、宣汉地区活动……我们认为,这样行动比王刘即率主力东渡襄河再入大洪山、桐柏山为有利,望根据实际情况考虑决定自己的行动。"这样,中共中央最后裁定的方案是,第一纵队尽可能在鄂西北创造根据地,如实在无法坚持,则应向西入川而不是渡襄河向东。

由于国民党军加强了在川东地区的防御力量,江汉军区部队入川行动受阻,遂奉中原局9日命令东返,接应第一纵队,以便合力开创鄂西北根据地。而第一纵队纵直及第三旅在国民党军整编第七十五师第十六旅等部队的追堵下,被阻于房县以南的松香坪、阳日湾地区,张才千所率第二旅被迫向兴山方向前进。为此,王树声等于8月9日致电罗厚福、文敏生:"二十天以来,有四次决心与你们会合,都被阻于石花街、青峰镇、嵩坪、潘水河等战斗,未能如愿。根据现在部队体力、距离远与敌情,二十天内还赶不到两竹与你们会合。"

13日,王树声率纵直到达冠木河、阳日湾以西15公里的地区,并以第八团为先头西出茉茉垭以便与江汉军区部队联络。这时,国民党军第十六旅第四十七团1个加强营800余人,尾追第三旅第七团主力至冠木河。为打击国民党军的嚣张气焰,刘昌毅指挥第七团的两个营,利用冠木河山道两侧的有利地形设伏,于14日歼灭该营大部,缴获迫击炮1门,轻重机枪15挺,美式冲锋枪13枝,子弹3万余发,其他军用品1部。同日,第二旅攻占兴山县城。经过这两次战斗,第一纵队指战员才算稍稍出了一口气。

中原军区部队在外线艰苦转战,吸引了国民党军32个旅,极大地帮助了华北、华东解放区的作战。与此同时,为减轻中原军区部队的压力,根据中央军委的部署,刘伯承、邓小平率晋冀鲁豫野战军主力于8月10日至22日进行了出击陇海路战役,迫使国民党军先后从陕南、豫西抽走7个旅,从鄂西、鄂中抽走2个旅。

面对国民党军开始从中原军区部队面前抽兵的有利形势,中央军委于8月13日电告李先念等:"我军各部应坚持既定方针,彻底分散游击,争取群众,建立根据地。"在此形势下,王树声、刘子久于20日致电中共中央并请转告郑位三、李先念:"由于敌情及部队体力关系,目前不能入川,故决定遵照中央未文[真]电在鄂西北生根。"24日,中原局又致电王树声、刘子久、罗厚福、文敏生:"刘邓军南下,整个中原军压力减轻,如鄂西七十五军已北调,仅只六六师之一八五旅及鄂陕川边十四师(注:应为整编第十师)一个旅追堵你们。依此情况,我鄂军能在此生根立足,创造根据地。望鼓励全军有高度信心,来完成中央所负托之任务。"

由上可以看出，在建立鄂西北根据地的问题上，王树声能够依据实际情况敢于大胆向中共中央和中共中央中原局提出自己的意见和建议，但当上级做出决定后，他又坚决贯彻执行。这是王树声一贯的作风。

8月27日，第一纵队与江汉军区部队在房县西南的上龛地区胜利会师。两部会合后共有一万余人，为统一军政领导和开展创建鄂西北根据地的工作，王树声、刘子久、刘昌毅、罗厚福、文敏生、吕振球等在房县以西的狮子岩连日召开会议，决定成立鄂西北区党委和鄂西北军区。经中共中央9月1日批准，王树声为区党委书记、司令员兼政治委员，刘昌毅为第一副司令员，罗厚福为第二副司令员，刘子久为第一副书记兼第一副政治委员，文敏生为第二副书记、第二副政治委员兼组织部长，张才千为参谋长，吕振球为政治部主任。以上成员及刘子厚为区党委委员。

鄂西北区党委成立后，创建鄂西北根据地的斗争进入了一个新的时期。为完成中共中央赋予的重任，王树声主要抓了以下几项工作。

第一，研究确定创建根据地的斗争方针，并成立了4个军分区。

所成立的4个军分区是：以竹山、竹溪、镇坪、平利、白河等地区为第一军分区（两竹分区），邹毕兆为司令员，张谦光为政治委员，下辖江汉军区警卫团和第三团；以兴山、房县、保康、宜昌等地区为第二军分区（兴房保宜分区），杨秀坤为司令员，刘健挺为政治委员，下辖第一纵队第二旅；以南漳、谷城、房县、保康北部及均县、郧县南部地区为第三军分区（武当分区），王海山为司令员，汤成功为政治委员，下辖第二纵队的第十五旅和原第一纵队第三旅的第九团；以荆门、当阳、远安及襄南、襄北地区为第四军分区（荆当分区），李人林为司令员，刘子厚为政治委员，下辖江汉军区江汉支队和第一团的两个营。另由第一纵队第三旅的第七团和江汉军区的第二团组成野战旅，作为军区的机动部队，张秀龙为旅长，张力雄为政治委员。

9月2日，王树声根据区党委会议的意见，起草了关于建立根据地的指示，并以区党委的名义下发各军分区：（1）在目前情况下，我应化整为零，以营连为单位进行分散的游击活动，并在此基础上建立起许多小块游击根据地。待敌人亦分散后，我再集零为整，集中优势兵力各个歼灭之，并使我分散的小块根据地连成一片，使游击状态的根据地能够得到巩固。（2）必须认清争取群众、团结群众与依靠群众是创造根据地的根本问题，以最大决心最有效的办法来改善部队的群众纪律。（3）凡我军活动到的地区应迅速建立政权组织。（4）必须用大力培植地方武装，以便正规部队集中使用时，仍由地方武装在该地坚持工作。（5）广泛开展统战工作，是建立根据地的重要环节。（6）部队供给暂时采用袭击国民党的货车、货船、仓库、合作社、银行及公共机关等，在交通要道上对来往客商征收游击税。

各军分区的工作初步展开后，王树声又于9月26日为区党委起草了《建立鄂西北根据地的指示》。《指示》要求各军分区：在军事上主要打击不可争取的国民党的地方武装，同时也不放松消灭分散的国民党正规军，为此各分区部队应大胆分散，去开展地方工作；应用一切办法于半个月之内将冬衣全部解决，但决不能违反政策乱搞；解决粮食问题对长期坚持武当山具有决定作用，必须利用各种关系、采取各种办法收买与储存粮食和其他生活必需品，但对群众征粮至少要轻于国民党1/3，平均不能超过群众总收入的10%，并按累进累收、群众两面负担而酌量减轻；实行减租政策，取消疲民扰民的苛杂；除奢侈品外，一律采取轻税政策，小摊贩则免税，日用必需品的税率至少要比国民党低1/5或1/3；由于地方干部很少，又没有地方党的组织，所以要暂时利用旧有保甲人员，采用旧人行新政的办法，并注意总结经验；在领导方法与工作方式上，应根据当地的实际情况，以群众是否拥护为标准，创造性地执行上级的规定和指示，并经常将各地的社会情形、群众的反映与要求、工作的成绩与教训以及典型材料上报区党委。

第二，下大力纠正当时部队严重存在的北归、东归思想。

由于第三五九旅在陕南难以立足经中央军委批准返回了陕甘宁边区，因而第一纵队的一些指战员甚至一些高级干部也要求返回内线，不愿在外线坚持。与此同时，江汉军区部队的一部分指战员则要求东渡襄河回到原来地区。这些思想严重阻碍着创建鄂西北根据地工作的开展。为此，中原局于9月8日致电王树声并全体区党委委员："北归思想在客观上已无实现的可能。在全党的斗争说，留中原军主力在敌后可以起莫大的战略作用，如破坏蒋之秩序，消灭敌人，配合华北作战。就中原军本身来说，亦只有安下心来，忍艰克苦的创造根据地，才能生存与发展。因此，党委、军区应坚决抛掉此种北归思想，克服干部中不正确的思想，并指出对中央指示发生动摇而逃跑的分子是极其可耻的，号召全体人员为创造根据地的光荣任务而斗争。"10日，中共中央也致电鄂西北区党委："坚决克服归队思想，在敌人后方创立几个根据地，立稳脚跟，钳制大量敌人，这是你们的神圣任务。""同时，距离近、部队小还可以冒险归队，像你们这样大部队距离如此之远，勉强归队有拖垮之危险，故万万不可行。""你们应开展坚决的斗争，反对异常危险的及违背战略任务的归队思想，反对一部分同志在困难中动摇逃跑。"①

为落实中共中央和中共中央中原局的指示，王树声召开会议，首先统一了区党委一班人的思想，决心忍艰克苦，坚定不移地创造鄂西北根据地。18日7时，王树声、刘子久、罗厚福、刘昌毅和文敏生联名致电中共中央并中原局："接到中央及中原局指示后，领导干部中在鄂西北创造根据地的思想已基本上解决。我们已下最大决心以鄂西北山地为中心创造根据地，并立即着手恢复大洪山、桐柏山区的工作，并相机向大江南与川东北发展。至于下面干部的思想，经过说服解释之后，估计也无多大问题。请中央及中原局放心。"

---

① 《毛泽东军事文集》第三卷，军事科学出版社、中央文献出版社1993年版，第472—473页。

在此基础上，王树声在给区党委起草的《建立鄂西北根据地的指示》中，要求各军分区"首先以各种方式继续深入在干部中进行教育，指出为了配合华北、华中的作战及发动豫鄂川陕的民主运动，在此建立根据地之重要意义与前途，以克服某些指战员中北归与东归的思想，克服某些同志害怕困难的悲观失望情绪，克服上述思想与情绪产生的某些脱离群众的抓一把的不作长期打算的单纯打游击的观点，务使大家对于在此建立根据地要有决心与信心。中央与中原局一再指示，北归与东归的思想是不合乎现实的、不可能的与违背战略任务的。只要我结合群众、依靠群众，在鄂西北建立根据地是一个光荣神圣的任务，有其伟大的光明前途。"由于各级干部以身作则，经过教育，部队北归东归的思想大体消除。

第三，建立4个地委，重新调整力量，成立第五地委和第五军分区。

随着各军分区部队的分散和创建根据地工作的展开，王树声决定成立四个地委。9月上旬，第一、第二、第三地委相继成立，由张谦光、刘健挺、汤成功兼任第一、第二、第三地委书记。9月中旬，刘子厚、李人林率部到达南漳荆山幸家坪，成立了第四地委。中旬，刘子厚率一批地方干部、张才千率第一纵队第二旅第四团先后到达荆山地区。鉴于李人林已率部东渡襄河，王树声决定由张才千、刘子厚、吴云鹏3人组成第四地委，以刘子厚为地委书记兼军分区政治委员，以张才千为军分区司令员，以吴云鹏为地委副书记、组织部长兼军分区政治部主任。4个地委下属若干县（工）委和县政府（办事处）、中心县委和政府。

正当创建根据地的工作刚刚展开，中共中央和中共中央中原局指示鄂西北区党委：第十五旅北调进入陕南；李人林率部东渡襄河去大洪山。由此，王树声对各地的力量又进行了重新调整。

早在9月1日，中共中央在决定成立鄂西北区党委和军区的同时，就致电王树声和刘子久："惟陈先瑞及其所部陕南队伍，应先至均（县）、白（河）地区活动，相机开至陕南工作。"2日，中原局致电王、刘："据闵（学胜）电称：十五旅有一千人未渡襄河现仍在桐柏、大洪山打游击……因此你们应设法派一得力干部返回原地区，去收容十五旅之零散人员和统一以前留在原地区之游击部队，并以桐柏、大洪两山为依托，坚持与发展你地区的游击战争"，"我们意见派李人林率一团精干部队并带电台一部去完成此任务"。6日，中原局又电示王树声等，正式提出将第十五旅开至陕南，归还第二纵队建制，指出："十五旅全部来陕南为好，如果万一不可能全部抽出，则最低限度由先瑞带一个大队来，必多抽带陕南干部。"8日，中原局再次致电王树声等："九旅（第三五九旅）已胜利会师，陕南广大地区我现无部队去活动，而鄂西山大人烟稀少，冬衣粮食不能解决，此地也很困难，倒不如将十五旅全部立即转移到陕南。一方面解决给养被服，一方面加强此间之力量，再一方面亦使你们那里便于解决被服给养等问题。因此，望你们确定十五旅全部转移之。"10日，中共中央致电鄂西北区党委："我们完全同意中原局八日电，以十五旅全部即调陕南，另派一部分力量到大洪山联系当地力量发展大洪山根据地。"①

　　派部东渡襄河坚持大洪山的游击战争自在王树声的考虑之中，但把第十五旅北调陕南在王树声看来不免有些棘手。鄂西北地区人烟稀少，地瘠民贫，难屯大军，倒是实情。但兵力分散后，如部队太少，也在一定程度上影响到根据地的建立与巩固。王树声思虑再三，最后还是以大局为重，让王海山、陈先瑞于9月中旬把第十五旅主力第三、第六大队带走，只把由王鸿荣、曾昌华、童勋伯领导的第九大队留在原有地区。第十五旅主力北调后，王树声随即对第三军分区的领导进行了调整，由汪乃贵任司令员，张力雄任政治委员，周凯任副司令员兼政治部主任，王良任副政治委员，胡鹏飞任参谋长。

　　遵照中共中央和中原局的指示，王树声派李人林率江汉军区第一团的4个连、1个警卫排和1个手枪队（后称江汉游击队），由南漳以南的果贺坪东进，22日渡过襄河。

　　第十五旅主力北调后，为了开辟谷城、南漳、保康以及南河两岸地区的工作，9月下旬王树声将野战旅第二团分散于该区活动，并成立了第五地委和第五军分区，由吴云鹏任地委书记兼军分区政治委员，张秀龙任军分区司令员，张绍武任副司令员，胥治中任副政治委员，黄朝天任参谋长，陈继东任政治部主任。吴云鹏在第三地委和第三军分区的任职由黄民伟接任。由于野战旅的第二团已经变成第五军分区武装，野战旅机关已改成第五军分区机关，野战旅即行撤销，其所辖第七团由鄂西北军区直接指挥。

　　经过王树声和全体指战员1个多月的努力，创建鄂西北根据地的工作全面铺开。10月8日，经中共中央批准，鄂西北行政公署成立，刘子久为主任，刘子厚为副主任，张谦光、刘晋、王良、刘子厚、胥治中分别兼任第一、第二、第三、第四、第五专署专员。至此，鄂西北地区已建立了5个地委、专署和军分区，下辖两竹（竹山、竹溪）房（县）、白（河）竹（溪）平（利）、南（漳）保（康）谷（城）宜（昌）、均（县）郧（县）房（县）、荆（门）当（阳）远（安）、荆（门）当（阳）南（漳）宜（昌）6个中心县委和政府，以及18个县（工）委和县政府（办事处），100多个区、乡政府，标志着鄂西北革命根据地的正式创立。

四、开展反"清剿"斗争

　　从创建根据地开始，国民党军就对王树声领导的鄂西北军区部队实行大规模"清剿"。因此，在创建根据地的过程中，始终贯穿着"清剿"与反"清剿"的严重斗争。

　　从1946年9月开始，国民党军调集了整编第六十六师的第十三、一八五、

---

①《毛泽东军事文选》第三卷，军事科学出版社、中央文献出版社1993年版，第472页。

一九九旅和整编第十师的第十、第八十三旅，对鄂西北地区发动大规模"清剿"。其第一八五旅驻房县、保康一线；第一九九旅驻均县、谷城、南漳地区；第十三旅分布于荆门、当阳、远安地区；第十旅驻竹山及其附近；第八十三旅驻竹山东北及房县以北地区。国民党军的作战计划是，以房县为中心，由内向外，同时由西北向东南压缩鄂西北军区部队。

为粉碎国民党军的"清剿"，王树声作了如下部署：江汉警卫团、第三旅第七团和第二旅第四团3个主力团，分别活动于两竹（竹山、竹溪）、南（漳）宜（城）和荆（门）当（阳）地区，成三足鼎立之势，并作大游击运动，分散并歼灭国民党军，掩护军区部队实行战略展开；各军分区则集中1至2个营的机动兵力，掩护所属的其他部队实行战略展开；县以下则以连为单位分散游击，发动群众，建立"赤色山头"和"赤色山沟"。王树声还特别强调，各级干部要注意掌握部队，防止被国民党军各个击破。

根据部署，鄂西北军区各部队积极开展反"清剿"斗争。9月19日，军区第一副司令员刘昌毅率第三旅第七团，翻越武当山，袭击了均县位于老（河口）白（河）公路上的草店，歼灭驻守该地的保安团。当日，王树声致电中央军委："我攻占草店（均县南），歼敌保安团一个营百余，[缴] 机枪三、步枪百余、子弹万余发，我伤亡二十三。二团棉衣尚能解决。"中央军委立即于当日复电："（一）占领草店歼敌一个营甚慰，望传令嘉奖。（二）望鼓励各部多打此类胜仗，每次歼灭保安团一营一团、正规军一连一排，就能振奋军心民心，解决衣粮，建立根据地。"

接着，刘昌毅又率第七团攻打均县县城南关，迫使守军100余人缴械投降，并搞到一批部队急需的粮食、布匹、棉花和药品等物资。国民党军发现第七团是主力团后，遂以第一八五旅紧追不舍。第七团则在老白公路以北地区3次翻越武当山，拖得第一八五旅疲惫不堪。26日，当第七团和江汉第二团到达石花街地区马鞍山至黄山垭子一带时，遭到国民党军第一八五旅第五五三、五五四团的东西夹击。刘昌毅遂指挥部队先击溃第五五三团，再利用有利地形伏击第五五四团，以伤亡50余人的代价，毙伤国民党军150余人，缴获轻机枪3挺、步枪10余支、子弹9988发。

当第七团在北线与国民党军激战之时，其他各军分区的反"清剿"作战也频频告捷。

由于鄂西北军区部队积极开展反"清剿"斗争，再加上房县交通不便，国民党军的以房县为中心、由内向外的作战计划遭到失败，遂改为依托老白公路、由北及西北向南及东南压缩的作战计划，企图防止鄂西北军区部队西进入川、逼迫其进入深山老林进而实行围困。为此，从10月初开始国民党军调集整编第六十六、第十、第七十六师共6个旅和5个保安团的兵力，对鄂西北根据地实行"分区清剿"，并首先以整编第十师第十、第八十三旅和整编第六十六师第十三旅共9个团的兵力，对第一军分区部队实行"合围"，继而以整编第六十六师第

一八五、第十三旅和整编第十师第十旅一部，对武当山周围之第三、第五军分区包围进攻。

国民党军这次"清剿"的特点是：在军事上由堵击改为分进合击，以保安团固守要点，以正规部队化装奔袭，采取"棋盘战"、"穿梭战"和"反复扫荡"等战术；在政治上采取了移民并村、"五家连坐"、强化保甲制度以及建立盘查哨、传递哨、情报网等手段；在经济上实行封锁交通、抢夺粮食等手段。

面对极其险恶的形势，王树声在武当山继续率领鄂西北军区部队展开艰苦卓绝的反"清剿"斗争。10月中旬，刘昌毅率第七团摆脱了第一八五旅的追击后，从武当山下来，北越老白公路，夜袭了驻襄河南岸清山港的即县保安团，歼灭1000余人，缴获轻机枪10余挺、长短枪400余枝及大批弹药，还获得了一份十分宝贵的1/20万的鄂西北地图，解决了王树声指挥作战的燃眉之急。

与此同时，第一军分区部队在国民党军的重兵围攻之下艰苦转战；第二军分区第五团袭击了国民党兴山之平水河、保康之马桥乡公所，俘乡长以下60余人，缴获步枪40余枝；第四军分区第四团在南漳以南的东巩镇，歼灭国民党1个保安大队，缴获100余人枪；第五军分区江汉第二团两个班于10月下旬在丁家营、石花街以西地区，击毁国民党军满载弹药的汽车2辆，取走十余箱炸药后将其余全部炸毁。

11月7日，王树声为区党委、军区起草了致中共中央的电报，汇报了部队自突围进入鄂西北以来的战绩：

> 我军以最顽强的精神突破蒋介石的重围，进入鄂西北地区创造根据地。七、八、九、十四个月来曾战斗百余次，毙伤敌正规军以下一四〇九名，俘敌连长以下一七一人，毙伤土顽营长以下九八。人，俘保安司令及专署保安司令及营长以下七二六名，其中袭击了十五个乡公所，获炮四门、重机（枪）四挺、轻机（枪）四十六挺、长短枪一二九五枝、子弹两万余发、电台两部、其他物资甚多。

早在1946年10月1日，中共中央就发出了《三个月总结》党内指示，号召全党为再歼灭国民党军25个旅（人民解放军于1946年7至9月共歼灭国民党军25个旅）而斗争，并对中原军区部队在外线坚持的重要作用进行了充分肯定："过去三个月内，我中原解放军以无比毅力克服艰难困苦，除一部已转入老解放区外，主力在陕南、鄂西两区，创造了两个游击根据地。此外，在鄂东和鄂中均有部队坚持游击战争。这些都极大地援助了和正在继续援助着老解放区的作战，并将对今后长期战争起更大的作用。"①

接到这个指示后，王树声心情特别激动，他在11月7日替区党委和军区起草的电报中，向中共中央表示：将为"消灭敌第二个二十五个旅及更大的扩大根据地的面积、奠定鄂西北根据地之基础"而奋斗。

---

① 《毛泽东军事文集》第三卷，军事科学出版社、中央文献出版社1993年版，第504—505页。

他不仅将这一指示及时传达到各地委和军分区,还把坚持外线的重要意义讲给身边工作人员听:

> 我们在中原牵制了这么多敌人意义很大,如果让这些敌人压向西北,陕甘宁边区怎么受得了呀。咱们在这儿多吃点苦,中央就少吃点苦,咱们多牵制点敌人,就会减轻老解放区的压力。所以,咱们在这里多吃点苦,就是保卫毛主席,保卫党中央!

王树声的鄂西北军区部队虽然取得了相当的战果,但形势依然严峻。由于敌我力量悬殊,第一军分区部队被迫于1946年11月初撤出两竹地区,向第二军分区的兴山、佛归方向转移。国民党军则趁鄂西北军区侧翼暴露,以整编第六十六师之第十三、一八五旅并指挥第十旅第二十八团,向武当山第三、五军分区发动进攻。

这次,国民党军把"清剿"的重点对准了英勇善战的第三旅第七团,叫喊:"活捉刘昌毅,消灭第七团。"11月2日至6日,第七团在万家坪一带与国民党军第一八五旅的第五五三、五五四团遭遇并展开激战,最后以伤亡12人的代价,连续打退国民党军的4次进攻,毙伤其数十人。

11月中旬,第七团和第三军分区第九大队转向老白公路以北、襄河以南地区机动作战。国民党军第一八五、十旅跟踪追击,将第七团和第九大队包围于均县的娘娘山、园林山一带,双方激战数日。最后,第七团和第九大队冲出包围,转移到鄅县十堰以北的茅坪地区。

11月下旬,国民党军第一八五、第十、第十三旅又跟踪而至,将七团和第九大队包围于茅坪的马蹄山上。第七团和第九大队英勇作战,一天连续打退国民党军6次进攻,最后以白刃格斗将其击退。在此次战斗中,第七团和第九大队毙伤国民党军146人,俘50余人,缴获步枪30余枝,子弹49箱,自己亦伤亡200余人。傍晚,刘昌毅采取敌进我进的战术,率部大胆从国民党军整编第六十六师和整编第十师的接合部杀出重围,辗转回到武当山。

在此期间,鄂西北军区其他各军分区部队积极作战,虽各有斩获,但无法弥补北线主力的损失。

在国民党军的重兵围攻之下,继第一军分区撤出两竹地区后,12月初第三、第五军分区被迫撤出武当山、南河地区。国民党军则集中5个旅和3个保安团的兵力,对鄂西北军区由"分区清剿"改为"全面清剿"。12月上旬,王树声、刘子久、刘昌毅率军区机关、警卫团和第七团,从武当山向南转移。当部队行至保康县西南之前后坪、麻园河,翻越凤凰山,下到车峰沟一带时,埋伏在周围山头的国民党军,严密封锁了前后道路。当时,警卫团走在前面并进入了国民党军的伏击圈,军区领导机关居中,第七团担任后卫,部队被包围在一条狭小的山沟内,并且只能往西面的高山上撤,情况万分危急。

针对这一情况,王树声当即命令警卫团和第七团边打边撤,掩护军区机关和直属队攀登上山,突出重围。部队遭到突然袭击,不免有些慌乱。国民党军从山沟两头往里冲,军区机关成了被打击的重点。这时,一发炮弹打来,王树声的马夫刘金山当场牺牲。冲进山沟的一位国民党军官大喊大叫："骑黑骡子的那个就是王树声，抓住有赏！"于是，国民党军蜂拥而至，拼命往山上冲。为保护军区首长，警卫排顽强阻击。王树声在警卫员李树林、白金泉、阎双喜的帮助下，拽着自己的坐骑——黑骡子的尾巴往山上撤。由于坡陡，警卫团和第七团的马匹和重武器无法带走，只好弃之或毁坏。直到天黑，部队才冲出包围，向保康以南的千家老林一带前进。

经过几个月的连续作战，鄂西北军区部队虽然给予国民党军重大杀伤，但自身伤亡减员也很大。到12月上旬，部队损失30%，第一、二、三军分区各剩2个营，第四军分区还剩3个营，第七团和警卫团各剩2个营，军区直属1个营，一共还剩14个营7000人。另外，除了第四军分区的环境稍微安定外，其他军分区部队则无固定驻地，处于流动状态；到11月底，部队的棉衣解决了75%，棉裤解决50%，被、毯、袜子、棉大衣均无着落，随着严冬的到来，部队的非战斗减员还将增加。有鉴于此，王树声、罗厚福和刘子久于12月8日将鄂西北的情况向中共中央中原局和中共中央作了汇报，并敏锐地指出："这将是一个重大之危机。"

针对鄂西北的严重情况并基于准备从鄂西北军区抽兵经陕南入川的考虑，中共中央中原局于12月11日致电王树声、刘子久："请考虑在顽军现正向你们进行残酷清乡的情况下，你们现有的兵力在鄂西北地区是否能周旋得开？如地区过小而部队过大，则可多抽一部兵力去陕南，或选择有利时机派兵一部渡江，去湘鄂西地区开辟江南的游击战场如何？"但鄂西北区党委内部当时对渡江南进的考虑还不成熟，即使按照中共中央中原局的指示抽兵经陕南入川，那也是1947年二三月间的事。为此，王树声率部与国民党军在原地周旋。

12月中旬，国民党军以整编第六十六师主力继续向南压挤，以整编第十师移驻房县向东南压挤，企图将鄂西北军区部队压到长江、襄河的三角地带，然后"聚而歼之"。为此，24日王树声、刘子久、罗厚福决定采取敌进我进的方针，向国民党军兵力空虚的西北后方挺进，并部署如下：邹毕兆、张谦光率第一军分区精干部队向两竹挺进，恢复两竹地区的工作；汪乃贵、王良、周凯率第三军分区部队克服一切困难，坚决开展武当山地区的工作；张秀龙、吴昌炽率江汉第二团主力过南河去开展石（花街）房（县）大路与老白公路两侧地区的工作；第二、第四军分区坚持与扩大本地区的工作；第七团在南漳、保康地区稍事休整后，开往第三军分区活动并向西发展。

随着严冬季节的到来，鄂西北军区部队面临着更加困难的处境。吴昌炽在《坚持鄂西北斗争的艰苦岁月》一文中这样写道：

> 时值严冬，天寒地冻。我们的战士绝大多数都还只穿着一件破烂的棉衣，有的只有一件棉背心或者单衣。行军时，同志们大都披件麻布口袋片，有的披着棕和稻草编成的席子、蓑衣。这些既是我们挡风的棉衣，又是我们防雪的雨衣，宿营站岗时又成了我们的大衣。谈到吃的就更困难了，我们日常生活完全靠糠、菜、野菜、树皮、葛根之类来维持了，有时偶尔吃

上一顿苞米粥，就算是上等佳肴，大家便欣喜若狂了。有时，战士们在地里找到一个芋头、甘薯，就在火堆里烤一烤，烤熟后用棍子拔出来，抓在手里拍拍，用嘴吹吹，咬一口，甜滋滋，嚼一口，香喷喷。敌人四处重点把守，处处设卡，一到夜晚，我们不敢贸然下山进村，只好卧冰枕雪，通宵达旦。在那种以山为家、密林为房、雪地为床的日子里，其艰苦程度完全超过人们的想象。我们这支英雄部队，就是在这极端艰苦的环境中度过的。记得当时战士们还有一段豪迈的顺口溜："打游击，上山岗，睡得好，吃得香，晚上盖着金丝（稻草）被，白天吃的红薯秧。"①

由于环境异常残酷，解放军许多指战员因冻饿而死，非战斗减员严重。几个主力团虽半年连续作战，但人员毫无补充，战斗力严重下降。到12月下旬，第四、第七团的实际兵力还各剩1个营，警卫团和第三团不及原来人员的一半。

为此，王树声于12月25日为区党委起草了致中共中央中原局和中共中央的电报，全面汇报了鄂西北面临的严峻形势。30日中共中央中原局复电指出："你们的处境的确艰苦，但在内战日益激烈的形势下，我鄂西游击根据地应坚决坚持，是有伟大战略意义的。""为保存力量，仍然要彻底分散，这一地区打敌不胜，而灵活机动隐蔽的到那一地区去躲；其战术原则，在我疲兵的情况下，不轻易投入战斗，不打则已，一打多少要能取得胜利，如此才能巩固内部。"据此，区党委于当日致电各军分区首长：目前鄂西北斗争已到非常严重紧急的关头，今后对敌斗争以保存有生力量、打击敌人为主；各分区以1/3的兵力掩护地方工作，坚持原地转小圈子；集中2/3的兵力游击，坚决打击土顽和分散之正规顽，转大圈子。

根据区党委的指示，鄂西北军区部队与国民党军展开了殊死搏斗。罗厚福率第一军分区江汉警卫团在摩天岭阻击国民党军第一八五旅1个营，毙伤其120余人；接着又在龙王岭歼灭国民党军1个连90余人。1947年1月初，第四军分区第四团在远安陈家嘴地区歼灭国民党远安保安团大部，俘其90余人；接着在远安东北的横店子地区歼灭国民党军整编第七十二师新第十五旅第四十五团1个营，毙伤俘其300余人；后又在巡检司南范家泸子与国民党军新第十五旅第四十五团第三营和宜昌保安第十六大队遭遇，歼其一部，俘连长以下60余人。1947年1月上旬，当阙子清率第七团一部到达均县、房县、谷城三县交界的乌牛观一带时，被国民党军第一八五旅第五五三团包围于龙虎岩下的山沟里，双方激战竟日。最后第七团的部队被打散，有的突围，有的被俘。

1947年1月4日，王树声率区党委和军区领导机关转移到远安以北、南漳以西、保康以南的千家老林一带，并在距茨菇塘10公里的一个村庄召开了区党委会议。根据中共中央和中共中央中原局的指示，会议主要讨论了如何保存实力、坚持鄂西北斗争的问题。会上，大家对部队集中和分散问题争论激烈，最后决定将部队适当集中，成立3个支队，向西、北、东3个方向行动。后来由于敌

---

① 《旌指武当》，军事译文出版社1992年版，第184—185页。

情严重，组建3个支队的计划未能实现。

对这次会议，王树声后来回忆道：

> 在武当山反"清剿"、"扫荡"失败后，敌人即集结主力，跟踪南压，形势极为严峻，我们即确定准备突围之方针。当时因情况严重，认为分散突围有困难，留下坚持有被歼灭之危险，我们便决定成立三个支队，取消分区建制。我们最后分别给予坚持之任务、南过长江突围之任务。在会上我们有了争执，大部分同志主张在鄂西北坚持。当时曾提出主力应分出一部往长江南去，未遂，但以后形势逼迫，结果还是分散突围。①

会议期间，闻悉第七团被打散，经区党委研究，决定派刘昌毅带领精干部队去收拢被打散的部队。会议第二天，刘昌毅、胥治中等率军区警卫团的2个连和1个侦察队向北挺进，不久即与第七团政治委员何庆德率领的第七团另一部3个连会合，后来又会合了第三、第五军分区和江汉部队各一部共1000余人，活动在南漳、保康一带。

2月上旬，国民党军整编第六十六师察知这1000余人的部队的行踪后，遂以4个团1个营的兵力将之包围在保康县以南的康家山上。国民党军以1个加强连扼守江家山制高点，其他部队围而不攻，迫刘昌毅率部投降。张秀龙率江汉第二团1个营和侦察队，趁国民党军尚未完全合拢之机，先行突围。但这一缺口很快被国民党军封堵。

在这千钧一发的时刻，刘昌毅一面指挥部分兵力在正面迷惑国民党军，一面命令第七团第三营第七连攻占制高点。第七连在连长王挺基的带领下，利用晨雾攀上峭壁，以仅有的5枚手榴弹和5挺轻机枪，一举全歼扼守江家山山顶的国民党军加强连。随后，先头部队利用缴获国民党军的联络信号，以假乱真，直到傍晚才冲出包围。张力雄在率部突围的过程中，遇见了上山采木耳的母子俩。向她讲明八路军、新四军就是当年的红军后，她叫儿子带路。在母子俩的带领下，部队才突出重围。经过三天三夜的浴血奋战，1000多人突围出七八百人，部队仅有的1部电台被打坏，与上级和友邻部队失去了联系。

由于斗争形势严重恶化，鄂西北军区的第一、第二、第三、第五军分区和军区领导机关，先后撤到荆当远地区，与第四军分区会合。为应付严重的斗争局面、筹划未来，1947年2月4日晚王树声在远安以东的老观窝的汪氏祠召开了区党委紧急会议，参加会议的有刘子久、文敏生、张才千和刘子厚等。会议分析了鄂西北地区的形势，一致认为部队在鄂西北地区坚持斗争达半年之久，牵制了大量国民党军，有力地配合了各解放区的作战；根据鄂西北地区大部队难以生存的实际情况，决定留少数部队坚持原地斗争，主力分路转移到外线作战，转大圈子，继续牵制国民党军；还决定王树声、刘子久、文敏生、刘子厚等身体不好的负责人报请中央同意后，化装转移去华北解放区。

---

① 《王树声军事文选》，军事科学出版社2000年版，第122—123页。

老观窝会议是一次十分重要的会议。在鄂西北根据地日益缩小、斗争日益严重的形势下，它对于鄂西北军区部队摆脱困境，扭转战局，继续在外线牵制国民党军，配合各解放区作战，起了重要作用。

老观窝会议后，王树声立即着手处理分散转移的各项工作。会后第二天，他派1个排护送刘子久、文敏生和刘子厚等到荆门北山。之后，刘子久等由地下党护送经汉口、驻马店、安阳到达晋冀鲁豫解放区。

送走刘子久一行后，王树声对军区部队进行了整编，将转移到荆当远地区的军区警卫团、江汉部队各一部，以及荆当远、荆当南宜中心县委的武装，分别编入第四、第五团（第四团领导人不变，即团长王定烈，政治委员杨劲，第五团改由杨洪先任团长，舒烈光任政治委员），并决定由军区参谋长张才千率领南渡长江，与李人林率领的江南游击支队（李人林部于1946年9月22日东渡襄河，10月上旬称江汉游击支队，11月下旬改称鄂豫边游击支队，1947年1月22日从江陵县郝穴镇南渡长江，1月下旬在湖南石门的暖水街改称江南游击支队）会合，在湘鄂西开展游击战争。1947年2月8日，张才千致电李人林，询问江南情况和渡江地点。李立即复电：长江到处可渡，就看决心如何。据此，12日晚王树声、张才千与第四团领导王定烈、杨劲等在老观窝研究决定，张才千率部南渡长江；王树声立即化装转移。次日凌晨，中共中央中原局复电，批准了这一行动计划。

就要离开战斗和生活了几个月的鄂西北根据地，王树声依依不舍。他眷念着亲手开创的根据地，眷念着坚持战斗的战友们。临行的最后一刻，他还召集在场的张才千等几位领导人，重申中共中原局的指示，鼓励大家加强团结，坚定信心，迎接胜利。在大家的再三催促之下，王树声才离开了老观窝，并由王展、章惠民、安琳生（现名余秉熹）和5名健壮的战士护送，13日拂晓到达荆门北山的达革集。中共北山工委的丁锐、段玉美早在此迎候。

就在王树声到达北山的当晚，张才千率部1200人南下，14日傍晚在古老背南渡长江，后与李人林部会合，改称江南游击纵队。

王树声在北山隐蔽了20多天，前后转移了两个地方，最后住在比较偏僻的段家冲。北上前他写信给刘昌毅，大意是：他和刘子久等人已化装北返，张才千已率部南渡长江，现在国民党军集中全力对付你，日后如何行动由你决定。

此后，刘昌毅率800多人突围至皖西，与皖西工委书记桂林栖率领的皖西支队会合，成立了皖西人民自卫军。

对离开老观窝前后的情况，王树声后来回忆道：

> 经同志们劝我化装走，并请示了中原局。当时刘（昌毅）罗（厚福）之电台都已打掉，在鄂西北已失去了领导上的中心作用，再者我的身体实在再拖不下去了，于是我便化装了。当时并决定这支小部队由张才千领着过江，刘（昌毅）、罗（厚福）、杨（秀坤）仍坚持，如果不能坚持则进行突围。
>
> 我离开部队前曾传达中原局关于目前的形势与任务的指示及可以胜利之条件，四个月后即有胜利到来，并要大家注意团结，准备着如果电台被打掉

后，应如何机动、如何工作。

至荆门时与当地秘密同志接头，并交代他们任务，要他们与刘（昌毅）、罗（厚福）、吕（振球）联系，在他们万一困难时，设法掩护他们及其他干部，并传达任务。①

1947年3月上旬的一天，王树声在安琳生和镇成章的陪同下，离开了北山，踏上了北归之路。此前，中共北山工委通过荆门地下党廖东周同志搞来了两张通行证，并决定王树声和安琳生化装成做烟叶生意的商人，王化名刘义发，身份是老板，安化名张厚生，身份是伙计。为行动方便，北山工委还派段玉美从应山县请来了安琳生父亲的学徒镇成章。

他们一行三人步行出发，当晚宿于沙洋。第二天，镇成章用银元买通司机，他们乘坐联合国救济总署的汽车到达应山县龙王集，之后分兵两路到达镇成章的老家潘家集。在潘家集，王树声又化名为刘兴茂，安琳生又化名为余秉熹。此后，余秉熹的名字被安琳生沿用下来。

下一站是去汉口。为安全起见，安琳生让鲁文成陪同王树声从陆路、自己从水路前往。到汉口后，在肖秀楷的安排下，他的接头人张鸣嗥陪王树声、安琳生乘船到达南京，然后又乘火车到达上海。

到上海后，在张鸣嗥经营榨菜生意的堂弟的介绍下，王树声住进了榨菜铺附近的"浙江旅馆"。后来，为以防万一，安琳生又把王树声转移到榨菜铺住。此时，王树声、安琳生和张鸣嗥都变成了做榨菜生意的商人。为与中共地下党取得联系，安琳生和张鸣嗥费了一番周折，最后终于通过蔡成祖和上海地下党的张执一接上了关系。在张执一的安排下，安琳生和陈祥生护送王树声经宁波到达沈家门，准备通过那里的地下党关系，乘帆船到山东。但是，他们在沈家门整整等了一天，也不见接头的人到来。他们认为地下党出了问题，于是又立即返回上海。到上海后，经调查沈家门的地下党组织果然被国民党破坏。在上海，王树声"派一人去荆当远联络，又派人到荆门等地建立交通，筹备经费，掩护与接护鄂西北之失联络的同志"②。

经过一个多月的准备，中共上海地下党决定王树声从江苏浏河乘船到山东。这时，在王树声的努力下，原第一纵队第二旅旅长杨秀坤也到了上海。为缩小目标，决定分头行动：陈祥生陪王树声乘船到山东日照，安琳生陪杨秀坤乘另一条船到山东烟台。经过近一个星期的航行，王树声终于到达了山东解放区。1947年6月的一天，王树声与安琳生在山东诸城见面，他紧紧握住安的手："你辛苦了，安琳生同志！"

此时，中共中原局高级干部会议③正在山西晋城召开。王树声在诸城稍事休息后即奉命前往参加会议，并于7月间向中共中央和中原局写了《中原一纵突围及其经过》的书面报告。

---

① 《王树声军事文选》，军事科学出版社2000年版，第122页。

② 同上。

③ 1947年5月29日至8月1日，中共中央中原局在山西晋城召开高级干部会议，总结中原突围的经验教训。

第十二章 重返大别山

一、重建鄂豫解放区

1947年8月，王树声参加完晋城高干会议，赴冶陶（今属河北省武安县）晋冀鲁豫军区医院养病，并与在冶陶工作的妻子杨炬团聚。

在他住院期间，战争形势飞速发展。根据中共中央、中央军委大举出击、经略中原的战略部署，8月上旬刘伯承、邓小平率晋冀鲁豫野战军主力实行千里跃进，月底到达大别山。与之相适应，8月下旬陈（赓）谢（富治）集团挺进豫西；9月下旬，陈（毅）粟（裕）大军挺进豫皖苏。三路大军以"品"字形在中原展开，互为犄角，互相配合，吸引了大量国民党军，彻底粉碎了蒋介石企图将战争继续引向解放区的反革命战略方针，使战争形势发生了根本变化。

为了促进刘邓大军在大别山站稳脚跟，进一步开辟中原战场，李先念率领的由原中原军区豫鄂陕军区主力组成的晋冀鲁豫野战军第十二纵队，8月5日从晋城出发，9月8日从寿张南渡黄河，前往开辟江汉解放区；王宏坤率领的晋冀鲁豫野战军第十纵队于9月1日在安阳以东的陈家寨召开成立大会，也准备南渡黄河，前往开辟桐柏解放区。这时，由张才千、罗厚福率领的中原独立旅[①]已于8月划归晋冀鲁豫野战军序列，成为晋冀鲁豫野战军独立旅，汇入了逐鹿中原的洪流；由刘昌毅、桂林栖率领的皖西人民自卫军，于8月底与晋冀鲁豫野战军第三纵队会合后，也投入了恢复和发展大别山根据地的斗争。

看到各路大军和自己原来的部队都投入了创建中原解放区的战斗，王树声在医院再也住不下去了。于是，他提前出院，"积极要求组织批准南下"[②]，参加创建大别山根据地的斗争。中共中央和中原局批准了他的请求。

1947年9月29日（农历八月十五）中秋节，王树声告别妻子，踏上了南下

[①] 1947年5月，由张才千、李人林率领的江南游击纵队奉命渡江北上，与坚持鄂西北的罗厚福、吴昌炽和黄民伟等部会合，改编为中原游击纵队，张才千任司令员兼政治委员，罗厚福任副司令员，李人林任副政治委员，吴昌炽任参谋长，李心清任政治部主任，下辖3个支队约3000人。6月上旬，中原游击纵队东进到达豫皖苏解放区，下旬奉中央军委命令改编为中原独立旅，领导人不变，下辖第一、第四团。

[②]《王树声自传》。

的征程。临行前,他向妻子赠诗一首,以抒发自己"不破楼兰终不还"的决心:

久别重逢今又别,
不知人月几时圆?
伤思艰险犹尝尽,
誓将奋斗会中原。

这首诗写在王树声一张照片的背后,上面还有"赠给我敬爱的杨炬同志留念 树声八,十五,于冶陶"等字样。

王树声从冶陶出发南下,辗转到达濮阳以东的荣家庄地区。在这里,除了第十纵队1.9万人以外,还有李雪峰率领的第二批南下地方干部2000人,以及刘邓大军伤愈归队的指战员1.2万人和支前民工6000人。第十纵队的任务,就是把这些地方干部和归队指战员安全带到大别山。为此,王宏坤把1.2万归队指战员分别编入第十纵队的3个旅,把2000名南下干部编成几个干部队,王树声带领其中的一个。

10月22日,王树声率领干部队跟随第十纵队南渡黄河,11月9日在华东野战军第八纵队的掩护下越过陇海铁路,之后穿过黄泛区,抢渡涡河、颍河、洪河、汝河,在李先念第十二纵队的接应下渡过淮河,27日胜利进入大别山地区。

王树声到达大别山时,中共鄂豫区党委、行署和军区已于11月15日在麻城福田河宣布成立。段君毅为区党委书记兼军区政治委员,刘子厚为区党委副书记兼行署主任,王树声为军区司令员、区党委委员,郭天民为军区副司令员、区党委委员。

这时,刘邓大军已在大别山实行战略展开,把第一批南下干部1858人分配到大别山地区,建立各级基层政权,并抽调了2个旅部、9个整团、3个教导团(多系干部),以及原五师坚持大别山斗争的一部分游击队2万余人组成鄂豫军区部队,军区下辖5个军分区。

军区成立时,军区直属机关仅有干部30余人,司令部仅有参谋、情报和军训3个处,因缺乏干部,政治部、后勤部尚未成立,组织极不健全。由于军区新建,部队又是从不同建制部队中抽来的,各种关系尚需理顺。王树声到任后,首先沟通领导关系,熟悉各级情况,整理组织,将领导关系建立起来。

段君毅回忆鄂豫军区成立之初的情况时说:

> 王树声见到我后,说:"欢迎你!"我说:"我是以指导员的身份来帮助你的。"从此我们就在一起工作和战斗了。在安排干部的过程中,王树声将军总是顾全大局,从实际斗争和工作需要出发,让大批军队干部到地方担任领导工作。由于这批干部是从各方面抽调来的,我们十分注意加强党、政、军、民团结,将各方面的力量拧结在一起,形成强有力的"拳头",为创建鄂豫解放区奠定了坚实的基础。我们区里的领导成员也是来自不同地区、不同岗位,经历不同,年龄也有差异,但大家相互尊重,紧密团结搞好工作。王树声将军是我军一位资历较深的指挥员,为人非常随和、平易

近人，对地方的干部尤其尊重。他有很丰富的军事斗争经验，但即使在讨论军事问题时，也是认真听取大家意见。部队和地方的同志们对他都很尊重。①

1947年11月至1948年2月，鄂豫军区部队的主要任务是：分散部队，掩护土改，消灭国民党地方武装，发动群众，创建根据地；同时坚持内线，配合主力粉碎国民党军对大别山的重点"围剿"。

为创建根据地，鄂豫区党委发出"一手拿枪，一手分田，打到哪里，分到哪里"的号召，要求军区部队实行重点分散，组织贫农团，大张旗鼓地开展打土豪、分田地、分浮财的土改运动，并全力掩护土改。然而，由于敌情严重，形势紧张，以及红四方面军、红二十五军和中原军区部队3次撤离该区，致使这里的群众怀疑解放军能否在大别山站住脚，因而对分田地、分浮财害怕、不敢要，有的经干部做工作白天假要晚上又还给地主，有的与地主改成租佃关系，有的只要弱小地主、中农的土地，不敢要有势力的地主、富农的土地。在土改过程中，由于没有从大别山新区的这些实际情况出发，照搬了华北的经验和做法，未能达到通过土改充分发动群众的目的，犯了急性土改的错误。加之，在政策和策略上发生失误，普遍把阶级成分提高一级（把贫农划为中农，把中农划为富农，把富农划为地主）以及对地主、劣绅不分青红皂白地乱打乱杀、"扫地出门"，结果侵犯了中农的利益，没有孤立敌人，反而孤立了自己，给创建根据地造成了极大的困难。

对这种急性土改的错误做法，王树声是不同意的。但在当时"左"的空气下，他也无能为力。事后，昌炳桂于1948年11月12日在给刘伯承、邓小平、邓子恢、李先念的报告中说：这些错误在我区党委领导干部认识也不一致的。有些干部自己存在着左的思想，总认为左比右好，……即有些干部感觉侵犯中农利益不对，但在当时左的空气下也不敢提出，……（包括）王司令在内，即有些人提出（不同意见）反而会（被）戴上一个地主思想的帽子。这些都是属于官僚主义坏作风。

尽管如此，在晋冀鲁豫野战军主力的帮助下，国民党地方武装和地主最初被打得昏昏沉沉，鄂豫军区在发动群众和发展地方武装等方面一度取得了较大的成绩。各军分区建立了独立的武装力量，县有县大队，区有区中队，还有各种游击集团和游击队。有的县的群众自动地组织起来参加战勤工作，帮助转运伤员，支援作战。

从1948年11月29日开始，国民党军先后调集了23个旅以上的兵力对大别山发动重点"围剿"。邓小平率晋冀鲁豫野战军前方指挥所及第二、第三、第六纵队坚持大别山地区，大踏步进退，机动歼敌。12月3日，第六纵队第十七、十八旅各一部，在宋埠歼灭麻城保安团8个中队2000余人。12月24日，第六纵队第十六旅奔袭广济城，歼灭国民党军青年军第二〇三师1600余人。

----

① 1998年4月21日，段君毅专门为王树声传记组写的回忆文章：《同王树声将军相识在大别山》。

为配合主力作战，王树声确定的军事斗争方针是：积极消灭国民党地方武装，组织各级游击集团，建立情报站，坚持内线，消耗与分散国民党军。在王树声的指挥下，各军分区部队响应中共中央中原局关于粉碎国民党军"围剿"的号召，与群众同生死、共患难，在经常风餐露宿、数日不得一饱、半月不见油盐的情况下，不断袭击分散孤立的国民党军和国民党地方武装，展开了破路、反抓丁、反抢粮、反掠夺的斗争，摧毁国民党政权，建立自己的政权，保护群众的利益。第四军分区部队于12月下旬先后奔袭了黄冈以东的上巴河、浠水以北的团陂、关口、新洲西南的钱家寨、罗田以西的丁家套等据点，歼灭国民党乡保武装1000余人；第五军分区部队于12月下旬先后取得奔袭广济东南的童司牌、黄梅以南的濯港、蕲春，歼灭国民党军第一六四旅第四九〇团2个连、江西保安团2个连及黄梅、蕲春2个自卫大队的大部。

经过几个月的艰苦奋战，终于粉碎了国民党军对大别山的重点"围剿"，鄂豫解放区也随之建立并发展起来。

对王树声在这一时期的工作，段君毅后来回忆道：

> 我们鄂豫区党、政、军机关按照中原局和刘邓首长的指示，一面深入展开发动群众的工作，一面积极配合主力部队展开剿匪的武装斗争。在部队作战方面，我和刘子厚都很尊重王树声将军的意见。比如，当时他经过对敌情的分析，认为群众对作恶多端的反动民团、乡保队之类的股匪最恨，顾虑也最大。这些股匪是由大地主和乡、保长为匪首，成员大多是流氓兵痞和政治化了的多年惯匪。他们对解放区的破坏，手段残忍，方法多变，或者大肆烧杀，搞垮革命根据地的县、乡、村政权；或者给敌正规部队带路，引诱我部队上当，等等。我主力部队进山后，他们化整为零，隐蔽起来，保存实力，伺机破坏。如麻（城）东匪首郑家贤，趁我军主力南移的机会，集结上千名匪徒举行暴乱，杀我干部群众六七千人。偷袭麻（城）东县乡政府，捕杀麻（城）东县工作队队长（原中共鄂东省委宣传部部长）余清（石辟澜）等。针对这种情况，我们尊重王树声将军的意见，决定集中力量消灭危害最大的反动民团和乡保队之类的股匪。经过我们区里的领导成员同各地、县领导成员一起，主要在王树声将军指挥下，带领地方武装部队配合主力部队积极作战，到1948年1月中旬即消灭顽匪万余人，减轻了匪患危害，为发动群众坚持大别山斗争创造了有利条件。①

二、"坚持大别山就是胜利"

1948年2月下旬，为了机动歼敌，刘邓大军主力由大别山地区向淮河以北地区转移。主力北移前，邓小平找王树声、段君毅和刘子厚等谈话，要鄂豫军区

---

① 1998年4月21日，段君毅专门为王树声传记组写的回忆文章：《同王树声将军相识在大别山》。

部队独立坚持。

为坚持大别山，2月23日中原局发出《关于开展大别山游击战争的指示》，要求大别山地区的各级党组织，应提高广大军民的斗志与胜利信心，健全各级游击兵团，改进游击战术，开展更加广泛的群众性的游击战争。2月28日，鄂豫区党委也发出指示，要求各地坚持原有地区，在战术上采取宽大机动，在组织上由分散填补转为有重点地开辟地区，强调克服右倾思想，整顿组织，紧缩机关与地方工作，适当集结兵力，提高战术水平。

刘邓主力北移后，1948年3至5月，国民党军以20多个旅的兵力配合地方武装，对鄂豫、皖西军区进行疯狂的"扫荡"和"清剿"。3月初，国民党军以整编第七、第二十八、第四十八师配合地方武装，首先对大别山南部的鄂豫军区第四、第五军分区进行"扫荡"。其办法一是巩固点线、扩大占领区，以团、营甚至连为单位在大别山腹地建立据点，恢复保甲制度，大力培植地方武装，实行"驻剿"与"分区清剿"。在国民党正规军的扶植下，鄂豫区国民党乡保武装乘机发展到4万多人。这些乡保武装成为国民党正规军的耳目和爪牙，对解放区危害极大；二是强行"筑寨并村"，驱赶群众集中，制造无人区，并辅以政治诱骗，借以孤立解放军；三是采取所谓"反复合围""纵横扫荡""分区合围""奇袭捕捉"等战术，妄图将鄂豫军区部队就地歼灭或驱向淮河以北。

在国民党军的血腥镇压下，罗田、黄冈等县的农会组织垮得所剩无几，礼（山）东的禹王城和新县浒湾、箭场河一带十室九空，（黄）安北、麻（城）东等地很快变成了无人区。鄂豫区各地武装力量共损失了5000人。不少优秀干部，如英山县委书记谭扶平、黄冈县军事指挥长彭超、广济县县长张凤林等光荣牺牲。

1948年3至5月是大别山斗争最为艰苦的时期。由于敌我力量悬殊，鄂豫区各级党委组织和地方政权被迫转入地下，全区部队多被压缩在山区，昼夜与国民党军周旋，极度疲劳，加之财政经济发生严重困难，武器弹药得不到补充，许多干部战士在反"扫荡"中，冬天穿不上棉衣，赤脚爬山涉水，但仍与国民党军作战；有的小部队在单独作战中，吃不上油盐和蔬菜，只好采食野菜野果充饥。

面对这一严酷的斗争局面，王树声与段君毅等采取措施，坚定部队的必胜信心。

鄂豫军区部队多是北方籍人，对南方生活不习惯，加上斗争残酷，环境恶劣，因而部分指战员认识不到坚持大别山的重要战略意义，甚至对大别山不感兴趣，闹情绪、闹山头，归建思想和北归思想较为严重。这些不良思想，直接阻碍着坚持大别山任务的完成。为此，鄂豫区党委于1948年4月27日发出《关于坚持斗争的指示》，指出："我各部队首长及各级党委，必须克服右倾思想，教育全体同志在任何情况下不迷失方向。现在大别山的形势既不同于五师时期，也不同于去年敌人向山东、陕北［进攻］的形势之可怕。五师时期是远离后方等于孤军作战，敌进攻山东、陕北时期正是敌之战略进攻时期，现在我们处于我战略进攻、敌战略防御的有利时期，同时有中原各解放区的直接配合、我主力军之直接支持，这是我创造大别山根据地的极端有利的条件。""各级党委和部队要下定与大别山人民同生死共患难的决心，反对任何动摇右倾，部队要建设饱满的战斗意志，打击弱敌，打击土顽，反对清剿，力求打胜仗，是创造大别山根据地的先决条件。外来干部要下决心联系地方化，并有计划培养本地与群众有联系的干部，本地干部要努力群众化，外来与本地同志相互尊重，要团结一致，要树立艰苦的联系群众的正确思想与工作作风，准备艰苦斗争，克服一切困难，度过一九四八年，迎接全国胜利。"

在此基础上，鄂豫军区还根据中共中央、中央军委的指示，在恶劣环境中对部队初步开展了以"三查"（查阶级、查工作、查斗志）、"三整"（整顿组织、整顿思想、整顿作风）为主要内容的新式整军运动。

针对部队的思想状况，王树声抓住一切机会做好广大指战员的思想工作。4月初，罗（田）麻（城）两县的县大队辗转到达商城县的长竹园，找到鄂豫区党委和军区领导机关。为集中力量，形成拳头，王树声和段君毅研究决定，将罗麻县大队改编为罗麻独立第十团，将麻西县大队改编为麻城独立第十一团。在改编大会上，王树声鼓励大家说："坚持大别山就是胜利！""打到南京去，活捉蒋介石！"①5月上旬，金寨、金东、商城3县武装在国民党军的追击下且战且走，到达麻城县木子店，找到鄂豫军区司令部，向王树声、段君毅汇报敌情。王、段就鄂豫区斗争形势和如何坚持武装斗争作了指示。王树声强调指出："只要我们能在大别山坚持住，把敌人大量正规军牵制住，使我刘邓大军主力在外线大量歼灭敌人，将来全国胜利后，毛主席在功劳簿上也会给我们记上一份成绩。"②

王树声还把思想政治工作同解决战士的实际生活困难结合起来。曾经参加过坚持大别山斗争的鄂豫军区保卫部部长张涛回忆说：

> 自与军区领导机关会合起，我才认识了王树声司令员和其他军区首长。王司令员和蔼可亲的态度，热爱部属的作风，给我留下了深刻印象。5月7日那次会上讲话，他对部队生活表示极大关切。他说，很长时间，津贴、衣服甚至菜金都没有发，战士毫无怨言，有的只要求发根打草鞋的绳子。这是再低没有的要求了，只有我们共产党的队伍才能如此。我们各级领导一定要关心战士生活，如果连战士最低需要都不能满足，那就太无能了，不配当领导。

在做好深入细致的思想工作，提高部队坚持大别山根据地胜利信心的同时，王树声逐步把各地分散的兵力适当地集中，指挥部队采取宽大机动、敌进我进的战术，英勇顽强地开展反"扫荡"、反"清剿"斗争。第四军分区部队4月初袭击罗田西南的胡家坳，歼灭黄冈县保安团400余人，击毙团长王克夷，给国民党黄冈地方武装以沉重打击。第五军分区部队在敌我兵力15∶1的情况下，分为小股坚持原有地区。第一军分区部队袭击霍丘以西的五塔寺，歼灭该地的国民党保安部队，奠定了霍丘、固始、商城地区的工作基础。第二军分区部队阻击和追击

---

① 《伟大的战略转折》，湖北人民出版社1987年版，第117页。
② 张延积：《战斗在鄂豫》，《挺进大别山》，河南人民出版社1987年版，第91页。

国民党地方武装，取得不小的胜利，并击毙了潢（川）光（山）商（城）新（县）4县指挥官陈履谦及匪首宋定国，打开了光山东南白雀园地区的工作局面。第三军分区部队在礼山以南的刘家集伏击国民党军，击毙其鄂东战地视察小组少将组长刘心铭，俘少将副组长周齐稷，继而开辟了黄陂、黄安南部地区，迫使信义乡、柿子乡的国民党乡保武装全部缴械投降。

在王树声的率领下，鄂豫军区部队以百折不挠的精神，经过3个月的艰苦奋战，积小胜为大胜，歼国民党军及国民党地方武装4000余人，有力地打击了国民党军的嚣张气焰，振奋了部队和群众的情绪，终于在极端困难的情况下站稳了脚跟，胜利地度过了坚持大别山斗争中最为艰苦的时期。

1948年6月以后，由于解放军在全国各战场的胜利，特别是华东、中原野战军发起豫东、襄樊诸战役后，国民党军被迫将"清剿"大别山的兵力外调，开始放弃次要据点。同时，根据中原局1948年6月6日《关于执行〈中央一九四八年土地改革和整党工作指示〉的指示》（简称六六指示），将平分土地的政策改为减租减息的政策，急性土改的错误被彻底纠正，部分逃亡的地主、富农也回到了大别山，社会秩序日渐稳定。

敌情虽有所减轻，但国民党军在数量和装备上仍占优势，并经常对鄂豫解放区的中心区进行穿梭"扫荡"，全区仍然处于游击战争的局面。

根据形势的发展，为集中主力作战，王树声将第五十三团（原第五军分区的武装）、第五十五团（原第三军分区的武装）组成教导旅（第五十三、第五十五团分别改称第一、第二团），以昌炳桂为旅长、李士才为政治委员；并对各军分区的部队进行了必要的整顿，每个军分区组织3个团，全区先后组织了15个丙等团。

关于教导旅的称谓，当时有人提议应称独立旅。但王树声认为，在红军时期独立旅不如教导旅的战斗力强，称教导旅在群众中的影响更好。教导旅的称谓就这样确定下来。

8月29日，中共中央中原局、中原军区发出指示，进一步明确了各军区部队的隶属关系，指出："在军区初建时，由诸野战军调拨出来的部队，由于其隶属关系尚有未完全交割清楚者，以致许多拨入军区范围之部队，常以军区系统不能满足他们的某些要求而闹独立性，甚至有动辄以'回野战军去'等语相要挟。而某些相关野战军，则对这种调拨出来的部队发生不正常的拉扯关系，如私自拨给一些东西、维持其原有隶属情感等，便更助长了这些部队不安于在军区工作的情绪和归队思想，松懈军事斗争很大。"为此决定："凡已拨归到军区之诸部队和干部，即解除其与原野战军之隶属关系，归入军区系统之建制，不得发生不正确之拉扯事情。"这一指示对稳定鄂豫军区部队的情绪，进一步开展军事斗争起到了重要作用。

8月下旬，鄂豫区党委召开扩大会议，对军区前一时期的工作进行了详细的总结，指出全区今后的主要任务是：集中力量打胜仗，争取大别山形势的根本好转。为完成这一任务，会后王树声又将教导旅改称教导第一旅，并抽调第一军分区的第十三、第十五团组成教导第三旅（第十三、第十五团分别改称第七、第九团），以雷绍康为旅长、寇庆延为政治委员。至此，鄂豫军区掌握了两个旅的机动兵力。

鄂豫军区部队经过整编，不仅在兵力上更加集中，而且战斗意志也较前大大增强，开始由山区转向平原作战，在国民党军兵力薄弱的地区展开反攻。

6月间，第四军分区部队在滕家堡歼灭国民党军整编第七师第一七一旅第五一二团两个连，毙俘其150余人，缴获步马枪130余支、轻重机枪9挺。国民党军整编第七师是白崇禧的嫡系部队，战术灵活，长于山地战，善于以大吃小。歼其两个连即沉重打击了桂系部队的气焰。第五军分区部队积极出击，在蕲春东北的刘公河歼灭国民党蕲春自卫队8个大队大部，接着又在蕲春东北的大河铺和浠水以东的洗马河等地歼灭国民党大批地方武装，收复了该军分区中心区的张家境。9月16日，教导第一旅及第四军分区部队一部，奔袭黄冈、麻城交界的李世湾、徐古等地，歼灭国民党乡保武装一部。9月26日，第一军分区部队主动出击，收复金寨县城。与此同时，第一军分区的霍（丘）固（始）县大队于固始以南的桥口集歼灭国民党保安团百余人。10月6日，第三军分区部队集中兵力，运用大胆迂回分割的战术，在禹王城地区歼灭国民党军第八十五军第三三〇团第八连等部128人，缴获迫击炮1门、六〇炮2门、各种枪79支及弹药一部。

由于济南、澄合战役的胜利及华东、中原野战军准备发起淮海战役，国民党军将"扫荡"大别山的主力大部北调，在鄂豫军区第一、第二军分区境内，仅留第五十八军新十师守备潢川、固始、光山、商城等地，以地方武装守备次要据点。守备新县县城的国民党地方武装仅有600余人。

为打破国民党地方武装依托工事守备县城的计划，扫除其在大别山心脏地区的重要据点，王树声决定首先打下新县县城，并部署如下：教导第一旅于10月7日早晨由固始张家及界岭双庙关附近出发，急行军60公里赶至新县城南，于8日早晨由南向北攻击，同时防止守军向东、东北以及西南逃窜；第二军分区主力同时由北向南攻击，并防止守军向西逃窜；教导第三旅于8日12时前进至浒湾东南余冲、蔡树凹地区，构筑工事，阻击可能由潢川、光山、固始方向增援之国民党军；第三、第四军分区部队佯动，分别钳制黄安、麻城之国民党军。

10月8日3时，攻城战斗打响。第二军分区部队率先攻入北关，并攻占了城西石头菩萨山两个山头的地堡群，因教导第一旅未能及时配合，随即撤出北关。教导第一旅第一团由于准备器材、问询情况，因而延误了攻城时间，至拂晓才发起攻击。后发现守军正面工事坚固，第一团即改由城东南角沿河侧攻击，因准备器材不够，连续发起数次攻击，均未奏效。黄昏，守军乘隙向西突围。第二军分区部队又从北关突入城内，歼其后尾一部。至此，新县城宣告解放，共歼灭守军208人。

新县城的解放，不仅使该县的国民党乡保武装失去依靠，纷纷插枪隐蔽或缴械投降，而且大大鼓舞了群众的情绪，推动了地方工作的开展。

在进行新县战斗的同时，第五军分区部队在洗马畈战斗中歼灭国民党军华中"剿总"独立第一团（原国民党政府国防部警卫团）等部690人。

新县城是鄂豫军区主力自转入反攻以来解放的第一座县城。战斗虽取得胜利，但也暴露出部队在攻城作战中存在不少问题。为总结经验教训，以利再战，10月15日王树声写了《新县战斗总结》，指出："一、兵团作战，尤其是几个建制部队协同作战，必须有健全周详之通信联络，如架设电话联络更为重要，才能达到协同动作之目的。故通信联络是实现指挥决心之先决条件，也是成败之先决条件，如一团架设电话，故联络通畅。二、攻城须有充分器材准备（梯子、破坏障碍物之锄刀、斧头），以及两套攻城组织（梯子组、投弹组、突击组），始能保证连续攻城之需要。三、细致了解工事构筑情形，特别是地堡、低层枪眼，才能保证我火力严密封锁，保证攻城部队不受敌火力威胁，顺利登城与做到火力与运动之密切配合，发扬我火力之高度效用。四、攻城时间上，对土匪一般说应采取下半夜偷袭，夜摸动作。不奏效时再采取强攻动作，可以达全歼敌人，减少我伤亡之目的。不宜黄昏攻击，因敌宜突围。同时应力求避免白天攻击，以减少伤亡（特殊情况例外）。五、准确计算时间，须将一切可能障碍运动的时间，如遇到小股土匪、道路困难、涉水等，均计算在内，才能准时运动。如二分区四十余里距离，预计九个钟头运动时间，途中遭遇小股土匪，将敌消灭后，仍能按时到达。"①

新县战斗后，国民党军不甘心失败，寻求报复。10月13日，国民党军第五十八军新十师第二十九团第二营与潢川、光山两县保安团及从新县逃出的乡保武装共1000余人，由潢川出动，次日进至光山附近。王树声率领教导第一、第三旅进至光山以南的泼陂河地区，在椿树店以南构筑工事，严阵以待。15日上午8时，国民党军进至光山以南的草鞋店与鄂豫军区的侦察部队接触，随后以主力向椿树店教导第三旅第九团阵地进攻。在王树声的指挥下，教导第三旅第七、第九团配合作战：第九团在第七团的侧击下，连续挫败国民党军的数次猛攻；之后第七团在第九团的积极支援下，又打退国民党军的两路迂回。至下午3时，国民党军开始撤退。王树声指挥部队直追至椿树店。此战共歼灭国民党军及乡保武装210余名，缴获迫击炮1门、六○炮1门、各种枪78支、炮弹85发、手榴弹272枚、子弹2.55万发。

经过此战，教导第一、第三旅在王树声的指挥下，士气饱满，愈战愈强。

1948年11月淮海战役开始后，鄂豫军区的斗争形势发生了根本变化。国民党留在大别山的正规军不到10个团的兵力，只能固守据点或依托据点进行局部骚扰。为配合淮海战役，王树声率领鄂豫军区部队开始了全面的反攻。

11月9日，王树声指挥教导第一、第三旅围攻商城。驻守商城的该县保安团弃城向大别山逃窜，教导第一、第三旅跟踪追击，在商城以南歼其200余人。

---

① 《王树声军事文选》，军事科学出版社2000年版，第152—153页。

与此同时，第一军分区部队收复固始，第二军分区部队收复光山。

此后，国民党军第五十八军新十师（欠第二十九团两个营）趁教导第一、第三旅在大别山剿匪之机，于11月24日重占商城，28日留其第二十八团守商城，以第三十团再占固始，并赶修工事，准备长期固守。

为打破国民党军固守商城、固始的企图，王树声决定调动国民党军并歼其一部，夺回商、固两城。为此，25日王树声指挥教导第一、第三旅由商城以南西进，26日在砖桥附近与第二军分区的第六、八团会合。随后，以教导第一旅第一团袭击潢川，以第六团袭击光山。守军以为是解放军小部队袭扰，不予理睬。28日夜，王树声再以第一团袭击潢川南城，以第六、八团破坏潢川至寨河集（位于潢川以西、光山西北）间的电话、公路和桥梁，并袭击潢川西关的汽车站。这一"围魏救赵"的办法果然调动了国民党军，他们以为解放军主力要攻潢川，29日急令驻守固始的第三十团不顾疲劳，连日增援潢川。

根据情况变化，王树声最初本想迎歼运动中的第三十团，但因距离较远，时间仓促，部队疲劳，遂决定30日开始攻歼驻守商城的第二十八团。王树声认为，如届时第三十团再由潢川增援商城，那时商城守军已被解决，即可全力迎击第三十团，以收克城歼援之效。

王树声之所以决定要攻打商城，是因为他认为有如下4个有利条件：一、教导第一、第三旅等部队的各级指挥员，在第一次解放商城时看过该城地形，对攻击道路、方向都很熟悉；二、国民党军第三十团30日夜方可返回潢川，鄂豫军区主力30日黄昏前即可对商城发起攻击，第三十团即使再由潢川增援商城也得两天后才能到达，并且特别疲劳，而鄂豫军区主力有把握于两天之内解决战斗；三、部队经过政治动员，战斗情绪极为高涨；四、商城的工事、城墙已被彻底破坏，守军5日内不可能修好，况且城垣广大，地形复杂，利于攻而不利于守。

决心既定，王树声部署如下：教导第一、第三旅29日进至商城以西的观庙铺，30日15时开始攻击西关外围高地及北关外的斗山、七里岗等要点，黄昏后攻占西、北两关，并攻入城内；军区警卫营及第一军分区部队由东关、南关方向攻击；12月1日拂晓前后解决战斗；第六、第八团在商城、潢川间的传流店、杜甫店地区担任阻击国民党军第三十团的任务。

战斗打响后，教导第一旅第三团第九连开始向斗山发起攻击。斗山位于北关左侧、城之西北角，可以屏障北关、策应西关，地位十分重要。第九连指战员利用夜摸手段，以伤亡10余人的代价，迅速夺取了斗山，全歼守军20余人，并立即以迫击炮、轻重机枪等火力瞰射城内守军，有力地掩护了攻城。

夺取斗山后，第三团第一连秘密接近城墙工事，用手榴弹消灭了工事内的守军，接着发起冲锋，攻占城的西北角，随后向城内纵深发展，将守军的指挥系统打乱，接应北关、西北攻城部队入城。

与此同时，教导第一旅第三连迅速勇猛地向北关发起攻击，首先捕捉了守军前哨排的两名哨兵，询得守军口令后，连长率突击组向城内猛扑，在守军点照明柴之际，即歼其1个排，占领了北关。

12月1日拂晓前，教导第一、第三旅从北关突入城内，守军被压缩到城的东南角。但由于城东南角及东关攻击部队未完成堵击任务，致使守军由东关突围逃跑。教导第三旅第七团发现守军突围，遂发起追击，在商城东北30里处的观音山歼其百余。至此，商城最后解放，共歼灭国民党军及保安团620人。与此同时，第一军分区部队收复固始。

商城战斗结束的当天，王树声就写出了《商城战斗总结》报告。在这一报告中，他总结了其中的经验教训，特别对未按命令遂行作战任务的部队提出了严肃批评。他最后指出："这一次作战，我们消灭了敌正规军第二十八团大部，战斗是成功的，特别是政治上的收获特大，取得了战术上的宝贵经验，使今后作战更有把握，有信心消灭更多的敌人，创造更大的成绩。"①

商城的最后解放，沉重打击了国民党军，对群众的政治影响极大，从此打开了商城、固始地区的局面。鄂豫区党委、军区和行署等领导机关迁入城内办公，结束了长期游击办公的历史，商城成为鄂豫区的首府。

12月中旬，为配合淮海战役，王树声率教导第一、第三旅及第一、第二、第三军分区部队集结于固始地区，以防国民党军邱清泉、李弥、孙阮良兵团突围南窜。

1948年1月至12月，鄂豫军区部队在王树声的率领下，共歼灭国民党正规军及地方武装9941人（内俘6197人，毙伤3744人），缴获各种炮41门、各种枪4335支、各种子弹31万余发、炮弹1319发、手榴弹2936枚、电台5部、电话机20部、战马50匹，至1949年1月底解放固始、商城、金寨、新县、黄安、礼山、潢川、光山、霍丘9座县城。至此，鄂豫广大地区连成一片，解放区日益巩固，部队得到了发展和补充，士气高涨，大别山由插入国统区心脏的一把钢刀变成为迎接与支援大军渡江作战的重要战略基地。

1949年1月中旬，王树声与段君毅根据中央军委1948年11月1日《关于全军组织及部队番号的规定》，将教导第一、第三旅改为独立第一、第三旅。

三、在战略决战后的日子里

淮海战役结束后，鄂豫军区进入了肃清国民党残余，安定社会秩序，恢复与发展生产，支援大军渡江作战的历史新时期。

1949年1月1日，中共中央中原局的机关报《中原日报》发表元旦献词，指出："中原解放区在目前战争进程中处于极重要的战略地位，它在今天以前是南线主要战场，今天以后是即将到来的大举渡江的前进基地，将来则是江南作战的主要后方。我中原全党全军必须百倍加强前后方工作，奋发我们的全部力量，动员一切人力、物力、财力、智力来有效的支援战争。"

---

① 《王树声军事文选》，军事科学出版社2000年版，第161页。

根据中共中央中原局的指示，王树声在战略决战以后到湖北军区成立，主要抓了支援大军渡江、消灭国民党残余（包括清剿土匪）和创办鄂豫公学3件事。

淮海战役后，支援大军渡江成为中原解放区的中心任务。为此，中原局发出了一系列指示，要求各地必须自上而下建立强有力的支前领导机构，县以上设支前司令部，区、村设支前指挥部。根据中原局的指示，1949年2月16日，鄂豫区支前司令部成立，王树声任司令员，段君毅任政治委员，刘子厚任第二司令员，郝中士任副司令员兼政治部主任。

2月19日，王树声主持制定并颁布了《鄂豫区支前工作条例》，对支前工作做出具体规定："一、为迎接大军胜利渡江，争取全国解放，集中力量动员全民支前热潮，切实保证大军人力物力财力之供应起见，特制定本条例。二、各级党、政、军集中力量，配备干部组成各级支前司令部、政治部、指挥部、供应站，并分设办公、动员、交通联络、供应等部门，统一领导全区支前工作（分工详见编制决定）。三、各级支前司令部、指挥部为最高权力机关，发布命令、办法等，并负责指挥动员人力、物力、财力，及调拨财粮、转运伤员、接收与保管财产、修桥补路、通讯带路联络等工作。四、根据大军需要，各级支前部门，均得听命调动。五、严格纪律，负责奖惩。无论任何人，如积极工作、完成任务者奖，不负责任怕牺牲、擅离职守者定予处分。六、各级支前工作部门、全体人员，必须遵照三大纪律八项注意，不准随便支差，侵犯群众利益，认真执行政策，力求群众负担合理。七、各乡镇、各保成立支前委员会，除派干部担任该会主任，并有原来之工作人员和开明绅士、青年知识分子及吸收各种人才等，踊跃参加支前工作，积极为人民服务。八、支前工作应注意事项：1.各县每五十里地立供应站，设立大仓房，屯集现米（现米3/4，谷子1/4）、现柴、现草、油盐等。2.各供应站按大军所驻防区，以一个乡或一个保之支前委来提供马料、铺草、油盐等，并负责就地供给军需，以免往返劳民伤财。3.大军转移防地后，各县区立即检查所结余之粮、柴、草料、油盐等，以后续大军到来应用。任何东西缺少者，立即设法收购，不可贻误军需。4.各级指挥部、供应站及各乡、保支前委员会，如借取群众之东西时，必须用正式借条或借物证，以便清理。5.供应站必须经常有五十名民工、队员在支前供应站报务。6.大军转移后，所借用群众之任何东西，立即找群众认领。如损失者先登记，俟后补偿。7.防止特务分子造谣惑众，破坏支前工作。九、各级支前工作部门，根据大军供应事务之繁简准予培养部门之人员，不局限于支前编制之决定。十、本条例自颁布之日起实行之。"

继陈康兵团之后，第四野战军先遣兵团和第四野战军主力又相继南下。为做好支前工作，4月王树声等为鄂豫区党委和军区起草了《支前工作是当前的中心任务》的指示。《指示》根据鄂豫区各级组织机构不健全、干部少的实际情况，规定"县以上各级司令部、政治部即为支前司令部、政治部。分区司令部为司令员，专员为副司令员，政委为政委；县长为司令员，指挥长为副司令员，县委书记为政委，并把党委及政权机关人员组织进去，不另设一套组织"。要求"把一切可能动员起来的人员都动员起来参加这一工作。区村组织则按命令执行，把此工作当做中心任务，而不是把支前当成附带任务"①。

在以王树声为首的鄂豫区支前司令部的领导下，大别山人民展开了紧张热烈的支前活动。他们沿路张贴标语，散发传单，像当年欢迎红军一样，欢迎第二、第四野战军的到来。公路、大道两侧的群众，及早将房子准备就绪。各级支前指挥机关在大军一日行程内，即主动前往接洽，报告公路修筑、粮食囤积及房屋分布情况。沿途欢迎解放军的红旗，一直摆到了长江边。为了便于大军的行进，新县共有3万民工参加修路、修桥。据不完全统计，从1949年1月至6月，仅新县就动员支前民工12.4万人次，捐献谷米65.4万公斤。固始县9个区，仅2月份1个月，就筹集大米95万公斤，柴33.35万公斤，粉条1550公斤，盐5500公斤，布3000米，还给过路解放军每人发一把雨伞。在大别山人民无私的支援下，鄂豫区完成了征粮1500余万公斤及其他大量物资的支前任务。

在大力做好支前工作的同时，王树声还根据中原军区的指示，指挥部队清剿国民党地方武装和土匪，恢复鄂豫区正常的社会生活秩序。

在大别山解放的初期，一些国民党的散兵游勇和畏罪潜逃的地方反动骨干和恶霸地主，潜入深山老林，继续与人民为敌。他们或集结成大股，多至数百人，或组成小股，一股几十人，躲在高山密林中，利用鄂豫军区地方部队不足的弱点，经常袭击中共地方政权，屠杀中共党员、干部和积极分子，抢仓库、劫运输，奸淫烧杀，无恶不作。国民党残匪的这些破坏活动，严重干扰了鄂豫区社会秩序的安定和各项工作的开展。

中共鄂豫区党委根据本区的实际情况和中原局关于剿匪的指示，作出了必须开展剿匪反霸斗争的决定，指出：以政治争取与军事打击相结合的手段，主要打击那些顽固的股匪，实行宽大政策与镇压首恶分子相结合的方针，在军事上采取长途奔袭，穷追猛打，除恶务尽；以城市周围及交通要道为重点，从平原丘陵地区逐步推向山区；同时充分发动群众，建立各级政权，组织农民防匪自卫，不让匪患死灰复燃。

1949年春，一场大规模的剿匪反霸斗争在鄂豫区展开。王树声向各军分区部队作出部署：还有国民党军的地区以作战为主，已经没有国民党正规军的地区以剿匪为主。

第一军分区部队根据政治争取为主、军事打击为辅的方针展开剿匪。经过1个多月的作战，歼灭土匪一部及16个国民党区乡中队，缴获各种枪1500枝，子弹3万发，大部土匪投降或插枪隐蔽，残余土匪则流窜到商城。第二军分区部队于潢川、光山解放后，接受了国民党潢川县副县长及保安大队长率领的5个保安队250余人投降。第三军分区部队出击黄（安）、礼（山）、陂（黄陂）、孝（感）土匪，扩大了大悟山、方梅、蔡店等地区的工作，并在礼山四姑墩地区缴获匪枪

---

① 《王树声军事文选》，军事科学出版社2000年版，第168页。

100余支。第四军分区集中兵力清剿麻城、罗田地区的土匪，先后歼灭国民党平湖、黄柏、中靖、林山河等乡公所370余人，从而开辟了麻（城）东、罗（田）北、黄冈大奇山等地区的工作。第五军分区部队于洗马畈战斗后，进行休整与掩护秋征工作，并以蕲（春）北为中心，开展了浠（水）东、广（济）北等地区的工作。

与此同时，为整编主力，独立第一旅的第三团、独立第三旅的第七团和第四军分区独立团奉命调归第二野战军建制。1949年2月27日，王树声与段君毅又将独立第一旅的第一团和独立第三旅的第九团合编为军区独立师，以张体学为师长，寇庆延为政治委员，杨劲为副师长，史子荣为政治部主任。

1949年3月初，第二野战军主力前锋抵达潢川、固始地区，王树声除组织鄂豫军区部队配合地方政府完成各项支前任务外，还指挥军区独立师及各军分区部队，乘胜扫荡残余国民党势力，配合野战军作战。这时，国民党军四十八军（为白崇禧的桂系部队）为阻挠陈赓兵团向长江挺进，进入大别山骚扰。为配合陈赓兵团第十三军的作战，3月4日军区独立师由商城南下，11日收复麻城，击溃国民党军第四十八军第一七五师第五二三团1个营及保安团一部。

3月21日，军区独立师冒雨奔袭沙河头国民党军第四十八军一部，以第九团全部及第一团1个营担任主攻，以第一团主力进占沙河头以东的黄家铺、张家岩、一线阵地，向上巴河警戒。22日6时，第九团第一营与守军打响，并以一部迅速控制白羊山、桃花洞一线阵地。此时，守军2个连突围向东南逃窜，被第一团第二营截歼一部，又逃回原阵地。第九团第四连1个排攻克申家湾以南山头守军碉堡，歼其1个排，后协同第一团第六连两个排，击退守军数次突围，将守军压缩在大碉堡内。10时30分，部队发起总攻，经1个小时激战，歼灭守军。担任打援任务的第一团主力，在张家集一带歼灭由上巴河前来增援的国民党军第四十八军半个连，并乘胜收复上巴河。此战共歼灭国民党军640余人，缴获小炮3门、各种枪430余支、子弹3.3万余发，为大军渡江扫除了障碍，并推动了第四军分区支前工作的开展。

由于第二野战军迅速向南挺进，守备罗山、英山、罗田、黄梅、广济等城的国民党军先后弃城逃窜。4月14日，军区独立师解放浠水，歼灭浠水自卫大队一部。21日，军区独立师第一团奔袭长江北岸浠水西南的兰溪，第九团奔袭浠水西南的六神港，各有斩获。

至此，鄂豫区大部城镇解放。4月底，王树声调军区独立师主力北返商城，担任潢（川）商（城）固（始）三角地的剿匪任务。5月7日，军区独立师主力由商城出发展开剿匪，至5月19日歼灭土匪张大学部574人。

在进行支前与剿匪的同时，鄂豫区党委还把培养有一定文化和政治觉悟的干部摆到了重要位置上来，以适应新区建设的需要。

早在1948年9月28日，中共中央中原局根据中共中央《关于招收训练知识分子解决干部不足问题给中原的指示》，发出了《关于争取团结改造和培养知识分子的指示》,指出:在中原地区,大中学毕业或肄业学生、中小学教师及公务人员数以千万计,是解决目前及今后在各种建设中干部困难的一个重要出路,要求各地大量与及时地举办吸收知识分子的研究会、座谈会和短期训练班。同日,中原军区、中原野战军政治部发出《关于注意争取大批知识分子的通知》,要求部队除继续开办教导团、训练班,大批训练连、排干部外,还应利用一切可能吸收与争取大批青年知识分子,参加部队各方面的工作。

根据中共中央中原局的指示和中原军区、中原野战军政治部的通知,1948年12月鄂豫区党委以行署教育处处长薄怀奇负责筹建一所培养鄂豫区青年知识分子的学校——鄂豫公学。1949年1月,鄂豫公学的招生广告发出,散居在大别山城乡的知识青年500余人,甚至武汉、南昌等地的大、中学生100余人,离乡别亲,涌向商城,出现了周家"三兄弟"、吴家"三叔侄"、"苏氏三姐弟",甚至新婚夫妇,成群结队报考鄂豫公学的热潮。

鄂豫公学借用当时尚未复课的私立商城零娄高中的校舍。在筹建的过程中,得到零娄高中地下民主同盟成员和进步教师童沐之、李式之、叶渔滨等的积极支持和大力协助。他们除把校舍和其他教学设施提供给鄂豫公学使用外,还动员学生报名参加鄂豫公学学习。

一切准备工作就绪后,中原局和鄂豫区党委决定由王树声兼任校长,由薄怀奇任教育长并主持日常工作。

2月23日,鄂豫公学正式开学。这一天,王树声司令员兼校长、行署主任刘子厚、鄂豫区党委宣传部部长程坦和军区政治部宣传部部长王伟等出席了开学典礼。王树声作了重要讲话,他分析了当时的革命形势,讲解了党的知识分子政策,提出了理论联系实际的办学方针,勉励学员努力学习马克思主义、毛泽东思想,自觉改造世界观,要走与工农相结合的道路,在革命斗争实践中锻炼成长,全心全意为人民服务。

会后,王树声来到学员中间,与他们一一握手。学员们见到首长这样平易近人,和蔼可亲,一下子围拢过来。

王树声问其中的一个学员:"你今年多大了?"

那个学员说:"17岁。"

"好,正是干革命的大好时光!国民党的反动统治就要垮台了,建设新中国就需要你们这些年轻的知识分子哟。"王树声说。

接着,王树声又问:"你们能不能吃饱?"

很多学员异口同声地回答:"吃得饱又吃得好。"

"不对,现在只能基本上吃饱。等全国解放了,生产力发展了,才能吃得好一些。"王树声马上纠正说。

当听到学员们表示干革命不怕苦时,王树声朗朗一笑,伸出大拇指夸奖:"小鬼,你们都是好样的!"

然后,他转身对身后的总务科长郑云星说:"他们是刚出门的学生,难免不想家,要保证让他们吃饱,吃热饭,想办法一个星期打一次牙祭。"

学员们听到校长这样说,欣喜若狂,高兴地跳了起来。

对王树声无微不至的关怀,学员们几十年后仍然记忆犹新。宋本德在《摇篮曲》一词中这样写道:

>露天大课堂,
>膝盖是东方文明古国五千年,
>多少英豪为国富民强寻探。
>为追求人类真理正义,
>谱写过无数壮烈革命诗篇。
>娘,摇晃着十几年的摇篮——望子成龙,
>那只是光辉门庭的梦幻。
>鄂豫公学—这个革命摇篮,
>在硝烟弥漫的大别山麓展现;
>七百多名莘莘学子,
>在这座洪炉中冶炼,
>树立为人民服务思想,
>转变人生世界观。
>桌,椅是砖。
>《社会发展史》,
>《中国革命与中国共产党》
>指导我们目光向前看。
>王树声校长,来到同学中间,
>亲切地向我们问寒问暖,
>天真的学员们把校长围在中间,
>个个焕发出带着稚气的笑颜。
>校长示意身边的警卫员
>从钱袋中取出两块银元:
>"你们买个篮球把身体锻炼!"
>同学们被感动得相对无言。
>……

鄂豫公学是一所抗大式的学校。其办学宗旨——培养全心全意为人民服务的革命干部;教育方针——理论联系实际,自觉改造世界观,努力提高觉悟;校风效法抗大——团结,紧张,严肃,活泼。学校开设《社会发展史》、《中国革命史》、《新民主主义论》、《论共产党员的修养》以及时事政策等课程。学员们边学习,边支前,边剿匪。鄂豫公学虽然历史较短,但成绩很大。经过7个月的学习,700多名学员毕业,大部分分配地方工作,其中100余人编为湖北革命大学第二部。

1949年5月200,湖北军区成立。鄂豫军区机关全部编入湖北军区机关,独立师改编为湖北军区独立第三师,第一、第二军分区划归河南军区,第三军分区改编为孝感军分区,第四、第五军分区合编为黄冈军分区。至此,鄂豫军区完成了她的历史使命奉命撤销,王树声前往武汉。

对坚持大别山的斗争,王树声在《自传》中这样写道:

> 在刘、邓大军进行战略反攻时,积极要求组织批准南下,被派为鄂豫军区司令员。在组成之鄂豫军区,以坚持全国反攻基地——大别山,个人深感责任重大,并抱定必胜决心,不管艰险困难,一定坚持到底,完成任务。

王树声是这样说的,也是这样做的,可谓不辱使命。

第十三章　指挥大别山剿匪

一、请缨剿匪，初战告捷

1948年9月12日至1949年1月31日，中国人民解放军先后进行了辽沈、淮海、平津三大战役，共歼灭国民党军154万余人，蒋介石赖以维持其反动统治的主要军事力量基本上被摧毁，解放军向全国进军、接管并经营新区的工作正式提上了议事日程。为此，1949年2月3日，中共中央致电华东局、中原局、华北局和东北局，要求准备渡江南下干部，并要求中原局："除皖西及豫皖苏分局的一部分干部外，其余所担任抽调之全部干部，均应准备随林罗①南下，使用于湘鄂赣三省及两广方面。"②

为完成接管新区的任务，3月中旬，中原局第三书记邓子恢赴北平第四野战军总部，与林彪、罗荣桓商讨了华中和各省市的干部配备问题③。之后，邓子恢回到开封，于4月6日至19日，组织召开了中共中央中原局第一次代表会议，传达贯彻中共七届二中全会④精神。会议期间，王树声得知中原局准备让他到广西军区任副司令员并指挥剿匪。

会后，王树声对一位老战友说：我是大别山的儿子，是从那里开始闹革命的，大别山人民哺育了我，哺育了红军，许多战友和亲人倒在了国民党的屠刀之下，大别山人民遭受了极大的灾难，这是永远不能忘怀的。现在全国大部分解放了，可大别山的父老乡亲们还在那里受苦受难，我心里疼啊！我只有回到他们身边，和他们一起并肩战斗，剿灭土匪，使他们过上幸福生活，才对得起他们，对得起自己的良心！因此，我到大别山不为别的，只为"还账"！

对此，张竞回忆说：

---

① 林，即林彪，时任东北野战军司令员。罗，即罗荣桓，时任东北野战军政治委员。

②《中共中央文件选集》第18卷，中共中央党校出版社1992年版，第106页。

③ 1949年3月14日，即中共七届二中全会闭幕的第二天，中共中央召集了人事安排座谈会，商讨各大区的人事安排方案。林彪提出华中以林彪、罗荣桓、邓子恢分任第一、第二、第三书记，毛泽东表示赞同。因未来的华中局主要领导人已内定，才有了邓子恢的北平之行。

④ 为制定中国革命进一步发展的方针，夺取中国革命在全国的胜利和迎接新中国的诞生，1949年3月5日至13日，中共七届二中全会在河北省平山县西柏坡召开。

在开封传达中共七届二中全会精神期间，王树声对我说："我不是不去广西，我是在大别山土生上长的，在大别山打了一辈子仗，对大别山最熟悉，而大别山土匪一样很多，不消灭不行，为什么我不到大别山去呢？我在湖北不当司令都行，只兼个剿匪司令。明天我找邓子恢再谈一谈。"第二天他找邓子恢谈了自己的意见，邓子恢同意，中原局也同意。①

1949年5月12日，中共中央决定：以中原局为基础成立华中局，将中原军区领导机关与第四野战军领导机关合并，改称中国人民解放军第四野战军兼华中军区。5月20日，由江汉军区和桐柏军区、鄂豫军区各一部合并，在孝感花园正式成立湖北军区，隶属于第四野战军兼华中军区，下辖独立第一、二、三、四师4个师，1个警卫团，1个山炮营及孝感、黄冈、大冶、沔阳、荆州、襄阳、宜昌、恩施8个军分区和华中军政大学湖北分校，共12万人。李先念任军区司令员兼政治委员，王宏坤、王树声任副司令员，张广才任副政治委员，张才千任参谋长。

湖北军区成立时，第四野战军已进行了（武）汉另（九江）间渡江作战，解放了武汉及湖北东部地区。之后，第四野战军又于7月发起宜（昌）沙（市）、湘赣战役，11月进行鄂西战役，解放了湖北全省。武汉解放后，湖北军区于6月由花园迁至武昌。

湖北军区成立之初，百废待兴，工作千头万绪，而其中最亟待解决的是所面临的严重匪患。湖北省四面环山，中腹地带多河湖港汊，土匪潜伏其间，四出为虐。其中，鄂豫皖3省交界的大别山地区即有土匪近2万人，是河南、安徽、湖北3省匪情最严重的地区之一。

1949年2月，国民党军从大别山败退时，有计划地留下了部分武装人员，妄图利用大别山重要的战略地位和特殊复杂的地理环境，开辟所谓"第二战场"。5月，白崇禧派汪宪、樊迅等9人携带电台6部潜入大别山，乘解放军集中力量消灭国民党军主力，解放重要城镇和交通要道，无暇顾及边远山区之机，纠合地主武装、土匪和国民党军散兵游勇，占据了金寨，并企图以此为中心在大别山地区建立反革命游击根据地，等待东山再起。汪宪到大别山地区后，将该地区土匪统一编为"鄂豫皖边区人民自卫军"，下辖3个地区支队（"立煌挺进支队""淮河挺进支队""淮北先遣支队"）、11个支队、18个自卫团，共1.7万余人，汪宪自任中将总司令并兼"鄂豫皖边区行政委员会主任"，对外号称"十万铁军"。除被汪宪收编的匪徒之外，大别山地区还有大量的散匪、自立山头的股匪和为害乡里的土顽恶霸、地痞流氓、散兵游勇以及势力雄厚的各种反动会道门等反动势力。

盘踞在大别山的反动武装，极端仇视革命政权，以武装对抗革命。他们化装隐蔽、夜聚昼散，袭击解放军小分队，攻打区乡政府，杀害革命干部、军人家属和群众，阻碍交通，焚烧粮站，抢劫物资，发动暴乱，仅岳西县在一个月内就有农会干部多达200多人被杀，肥西县3个月内有92名区乡干部被打死或活埋，

---

① 1998年4月6日采访张竞笔录。张竞时任鄂豫军区第一纵队政治部组织部长兼保卫部长。

56人被打伤。霍丘匪首岳岐山一次组织活埋干部群众24人，匪首陈新民残杀人民政府工作人员30多人。各地土匪不断抢夺枪支，扩充队伍，壮大势力，危害社会。固始县匪首汪伯炎以诈降手段一次抢走小炮2门、机枪2挺、冲锋枪2支、长短枪40支；阜南股匪袭击曹集区政府，抢走机枪1挺、长短枪60支；肥西股匪李世华部袭击长安、日新两区乡政府，抢走步枪14支。匪首袁成英兼任伪立煌（今金寨）县长后，拼凑了11个保安团，在每乡编1个营，由伪乡长兼营长，每保编1至2个排，胁迫群众与解放军对抗；湖北大悟县匪首赵忠义纠集500多人，组成"黄香团"，阴谋暴动；河南固始的匪特与恶霸相勾结，编成了4个团；匪首吴曙光在六安县纠合1500多人枪，组织了"鄂豫皖反共救国军"等10余个反动组织，破坏新生的人民政权。

匪特在占领区内，横征暴敛，抢劫财物，直接危害着人民群众的生产、生活。

大别山的匪患严重威胁着这一地区新生人民民主政权的巩固和社会的稳定，给群众带来了深重的灾难。为此，早在5月中旬，林彪到达开封后即向邓子恢提出，按照华中具体情况，华中的工作在一定时期内，以农村工作为重心，动员与组织大批干部下乡工作，创造发展城市的条件。邓子恢表示赞成。王树声主动请缨，要求到大别山指挥剿匪，也正符合了华中工作的客观需要和华中局的工作方针。时任湖北军区军政处副处长的沈少星回忆说：

> 湖北军区成立后，剿匪工作就开展起来了。关于剿匪，王树声是自告奋勇去的。当时，强调城市工作的重要，但农村的匪情是很严重的，土匪活动猖獗，搞得汉口都没有粮食吃了，因此要派部队去剿灭。记得在军区的一次会上，王树声站起来说："我到大别山剿匪去，我要到那里去还账。"

就这样，王树声毅然挑起了指挥大别山剿匪的重担。

8月上旬，经华中军区与鄂、豫、皖3省协调，在湖北军区正式成立了鄂豫皖边区剿匪指挥部，王树声任司令员兼政治委员，何柱成任副政治委员，统一指挥鄂豫皖3省参加大别山剿匪的部队。同时还成立了中共鄂豫皖边区联合剿匪工作委员会，王树声任书记，统一领导大别山地区的剿匪工作。

8月10日，鄂豫皖边区剿匪指挥部在武昌召开第一次会议，研究制定大别山剿匪的兵力部署和作战方案。会上，王树声分析了大别山地区面临的严重匪情，要求各级把剿匪工作提到战略高度来认识。他说："不剿匪就要犯战略上和历史上的错误，就要对人民犯罪。"他分析到："从土匪阶级性来看：土匪是国民党反动派在其即将灭亡时作垂死斗争的阶级武装。土匪结合地主当权派、封建势力，企图'翻身'、'死灰复燃'。因此，鄂豫皖边土匪不单是经济土匪而有其严重的阶级性、政治性。"[①]必须在思想上对土匪有足够认识和正确的估计，必须认识到目前的"工作中心为剿匪反霸"。他特别强调："剿匪是一个不可跳越的历

[①]《王树声军事文选》，军事科学出版社2000年版，第171页。

史任务。这一历史任务不应跳过，也不可能跳过去。"①

针对匪情，王树声提出鄂豫皖边区剿匪的方针与任务："剿匪、反霸、发动群众，三管齐下。总的以政治为主，积极的军事行动为骨干，下最大决心集中尽可能的足够力量，剿灭鄂豫皖边区之霍（丘）、立（煌）、霍（山）、岳（西）、太（湖）、潜（山）、宿（松）、英（山）、罗（田）、麻（城）、经（扶）、商（城）、固（始）等县内之一切残存的封建反动土匪武装，彻底根绝伏匪、潜匪，摧毁其反动统治；建立革命政权，发动群众，建立人民统治，以便于进一步实行土改，消灭封建地主阶级。"②

1949年，王树声在鄂豫皖边区剿匪指挥部向部队讲话。

为了加强剿匪的组织领导，王树声明确了剿匪的组织和工作领导关系：在中共鄂豫皖边区剿匪工作委员会之下，组成鄂豫皖边区剿匪指挥部；各省剿匪部队分别组成东线（皖北）、北线（豫南）、南线（鄂东）3个工委及指挥部，均由鄂豫皖3省共同组成，受鄂豫皖边区剿匪工作委员会和鄂豫皖边区剿匪指挥部领导。

王树声对各线剿匪任务作了部署：

北线剿匪部队由胡继成任司令员，何善远任政治委员。以第四野战军第四十二军第一二六师（欠1个团）及固始、新县、麻城县地方武装组成，第一二六师负责

---

① 《王树声军事文选》，军事科学出版社2000年版，第172页。
② 《王树声军事文选》，军事科学出版社2000年版，第172页。

围歼商城以南、麻城东北、史河以西地区的股匪5个"支队";河南军区独立第六、第七团和潢川军分区部队负责围歼固始以南、霍丘以西、商城以北地区的股匪2个"支队";光山、罗山、新县、潢川等县县大队负责围歼平原地区小股残匪。

南线剿匪部队由湖北军区独立第三师及黄冈军分区部队组成,傅春早任指挥,李庆柳任政治委员。湖北军区独立第三师以6个营(每团2个营)的兵力,分别从罗田以北的僧塔寺、滕家堡以北的松子关、麻城东北地区出发,轻装奔袭金寨以南之南庄阪;黄冈军分区独立团于英山之西界岭、长山冲地区,堵歼向南流窜的股匪。

东线剿匪部队由第三野战军第二十四军第七十一师、皖北军区警备第一、第二旅及地方武装组成,司令员梁从学,何柱成兼政治委员。以第二十四军第七十一师由六安方向,皖北军区警备第四团由白塔畈方向向金寨出击;以皖北军区警备第一、第三团和警备第六团2个营,第七十一师第二一三团1个营,六安军分区第七团进击燕子河、漫水河等匪巢;六安军分区第八团为机动部队,在山外设伏堵击逃匪。

为了彻底歼灭大别山地区的股匪,王树声命各线将剿匪兵力作三线梯次配置。第一线为进剿、会剿部队,主要任务是分进合击土匪中心区的一点或几点,打乱其指挥系统;第二线为驻剿、堵击部队,主要任务是控制要点及重要城镇,安设据点,协同进行合击、堵击、伏击;第三线为封锁部队,主要以各县及区乡武装为主,在匪我交界区组织群众联防,盘查可疑行人,防止土匪流窜潜逃,并维护交通运输线及地方工作。

王树声把剿匪工作分为三步:

第一步以军事打击为主,以集中对集中。根据匪情有目标有重点地组织进剿,大小合击,以求压缩聚歼集中之股匪于一定地区内,歼灭大部,打乱其他。同时控制匪区各重要集镇、交通要道、高地,创立点线,建立交通运输线,在外线建立起巩固严密的封锁线,结合政治工作,稳定匪区群众情绪,并准备初步建立政权。

第二步以政治攻势为主,不放松军事打击。进行分区清剿,多路合围,歼灭漏网之残余小股土匪、散匪,将之压碎,使其不成力量。配合建立政权,占据点修碉堡,有重点地扩大面的占领。部队分散驻剿,大力发动政治攻势,争取瓦解匪特武装,建立重点核心区。有重点地发展基点区的初步政权,着手反霸、反特,组织与发动群众,建立广泛的群众性的剿匪统一战线。

第三步开展全面的反霸,发动群众,普遍建立政权,并配合政治攻势、军事打击,分区抉剔清剿,达到彻底肃清匪特公开武装活动,全面变匪占区为人民统治区。他强调,各个时期的工作要有重点,有步骤地进行,避免混乱,尤其应注意其相互间的密切结合,依据情况和工作进展连环进行,勿使脱节。

鄂豫皖边区剿匪指挥部第一次会议结束后,王树声命令各剿匪部队按计划做好各项准备工作,于8月底以前到达指定位置。随后,王树声踏上了剿匪的征程。

他将总指挥部设在罗田县北的滕家堡。这里是他的老战友、黄麻起义主要领导人之一吴光浩牺牲的地方。

9月5日，王树声下达了统一展开进剿的命令。于是，北、东、南三线剿匪大军的十几支红色"箭头"同时指向了汪宪"鄂豫皖人民自卫军"的老巢——金寨及其附近地区。

活动于大别山北线豫南地区的股匪主要包括冯春波、吴砚田、顾东郎、顾中莫、张继武5个"支队"，其中以冯春波部实力最强，政治上最反动、最顽固。加上流窜的岳岐山、张天合部，北线共有7支股匪，约万人。

5日，北线剿匪部队第一二六师兵分两路，以第三七七团奔袭南溪、蔡祠堂，得手后又直驱金家寨，配合南、东线部队围歼匪"鄂豫皖边区人民自卫军总司令部"。匪众闻风丧胆，纷纷溃逃，第三七七团遂于6日回袭双河、皂靴河，俘匪首张继武，歼俘匪300多人。

第三七八团从新县出发分数路奔袭新建坳、新店、汤池、白庙关，在汤池歼俘匪150余人，在白庙关歼匪50余人，余匪由新店向东逃窜。第三七八团立即分兵两路猛追，并将其包围，经十几分钟战斗，匪支队司令顾中莫带250余人投降。同时，第一二六师警卫连奔袭了金刚台，歼、俘匪20多人。

河南军区独立第六、第七团首先奔袭了匪第七支队，歼俘匪200多人，当晚又向固始出击，击毙匪首张连合，俘匪团长张兴禄、汪伯炎以下200余人。与此同时，光山、罗山、新县、潢川、固始、商城等县地方武装积极配合，伏击堵截残匪，防止土匪向平原地区流窜，在清剿中俘获匪潢（川）光（山）新（县）商（城）4县联防指挥陈赞民、光山县长陈光华、团长李鸣之等匪首。

南线股匪主要是活动于罗田北部的"鄂豫皖人民自卫军""第十一支队"陈新民部，金寨、麻城边界的"第五支队"周醒民部，以及经常南来窜扰的商城南部"第三支队"吴砚田部，总共2000余人。黄冈地区遭匪扰害的有22个区，占全区的1/3。

针对匪情，9月5日，南线剿匪部队独立第三师之第七团在罗田东北地区、第八团在滕家堡地区、第九团在麻城以东地区、黄冈独立团在英山北部，形成了对罗田北部的匪陈新民"第十一支队"、金（寨）麻（城）边界的周醒民"第五支队"、商城南部的吴砚田"第三支队"，计3000余土匪的包围。土匪慑于解放军强大的声势，不敢做正面抵抗，分散向金寨以东之傅板冲、麻埠等地逃窜。此战，湖北军区部队歼匪109人，缴枪59支，子弹4000余发。

活动在东线皖西地区的股匪主要有"鄂豫皖边区人民自卫军总司令部"指挥机关、第二、四、五、六、十"支队"及"淮河挺进支队""立煌支队"7股，共约8500余人。他们以金寨为中心，在占领区烧杀抢掠，危害当地人民，破坏新生人民政权。9月5日，东线剿匪部队发起战斗后，各部以奔袭合击，不分界线，猛打穷追搜剿等战术手段对匪进行了突然打击。6日，解放金寨，至15日，歼俘匪720多人，岳岐山股匪被大部消灭。匪首汪宪、袁成英等带领少数武装遁入山林。

在半个月剿匪作战中,解放军以分进合击、多路合围战术进攻并解放了金寨,但因土匪避免与解放军主力作战,采取化整为零、分散游击等战术,使解放军的合围合击、搜剿、追剿,多为扑空,剿匪战绩不大。由于大部土匪没有消灭,当地群众还不敢与解放军接触。

作为剿匪总指挥的王树声,密切关注着各线战局的发展。根据半个月来的清剿情况,王树声感到剿匪与国民党正规军作战不同,以正规战战法对付土匪效果并不好。

针对匪情的变化,王树声迅速命令各线调整部署,改变策略。划分重点清剿区,集中兵力切断股匪间的联系,打乱其指挥系统,同时配合政治攻势,瓦解股匪。在战术上,采用以分散对分散,以营、连为单位,在内线控制要点,外线严密封锁,实行分片驻剿,反复围捕,一处打响,各处支援。

为保证作战任务的完成,王树声要求部队一定要克服"土匪剿不清"和怕下乡、怕上山、怕艰苦的错误思想,以及因剿匪刚取得一点成绩就骄傲自满、麻痹松懈、轻视土匪等不良倾向,要充分认识剿匪的重要性、艰苦性和长期性,始终保持旺盛饱满的革命斗志;要充分认识剿匪必须依靠群众,要严格执行三大纪律八项注意,并以实际行动帮助群众生产劳动,与群众真正打成一片。

根据王树声的指示,各线部队改变了大规模行动的做法,采取分片包干的办法,以分散对分散,以集中对集中,组织重点奔袭合围,同时部队化装成便衣,以游击对游击,白天搜山,夜间巡逻,时而追击合围,时而分散清剿。

调整战术后,北线剿匪部队通过小分队行动,跟踪搜捕,控制道路,利用俘匪提供的情况,直捣匪巢,一旦发现匪踪,即穷追猛打。经过1个月的围剿,共毙、俘匪1370多人,缴枪930多支,小炮4门。先后解放南溪、汤家汇、长竹园、双庙、双河、皂靴河、金刚台和银沙阪等地,取得了围剿股匪的初步胜利。

南线剿匪部队从9月中旬开始,以团为单位对藏匿于险峰峻岭间的土匪进行合击。第七团合击金寨、罗田、英山交界处海拔1729米的大别山主峰天堂寨,搜剿匪陈新民支队;第八团合击金寨南部、吴店东南的茶园山区,搜剿"立煌挺进支队"黄英、饶国栋部;第九团合击金寨西南的牛山河,搜捕匪周醒民、吴砚田部。部队经过合击搜捕,活捉了匪支队副司令彭楚才以下土匪军官18人。10月初,歼灭饶国栋部1个营大部。

东线剿匪部队采用化装侦察、深夜潜伏、拂晓包围、黎明进屋、突然袭击的方法取得了突出的战绩。9月11日,警备第二团在肥西活捉匪"华中剿匪义勇军第四大队"大队长周家峰以下41人;警备第四团在燕子河歼灭反动民团黄英的"老八团""小八团"。9月中旬,警备第六团在金寨县傅家高山歼灭岳岐山部数十人,18日会同固始县地方武装毙俘敌100多人。至9月下旬,东线部队共歼匪1478人,缴轻重机枪31挺,长短枪1147支,各种子弹4.3万多发。

擒贼先擒王。王树声在组织围剿股匪的同时,要求部队特别注意搜剿汪宪等匪首。大匪首汪宪是人民的死敌,他凭着多年"忠心耿耿"的反共,逐渐爬上了国民党军第九十一师师长的"宝座",该师被解放军击溃后,他逃至汉口,与国民党军统分子杨蔚勾结,并向白崇禧进言,表示自己对大别山区情况熟悉,可在那里组织地方武装,对抗解放军,得到了白崇禧的支持。之后,汪宪窜回大别山,纠集土匪,袭击解放军小部队,攻打乡区政府,杀害革命干部和群众积极分子及军人家属,破交通,烧粮站,抢物资。汪宪及其匪徒极其凶残,对落入其手的解放军指战员、群众积极分子进行百般摧残、屠戮。汪宪在大别山地区犯下了滔天罪行,解放军战士和人民群众对其早已恨之入骨。可是,在剿匪部队几次大的联合清剿中,狡猾的汪宪都得以逃匿。为了搜捕汪宪及其土匪骨干,王树声命东线剿匪部队加强一线力量,东线指挥部遂把这一艰巨的任务交给了第七十一师第二一三团。

9月30日,第七十一师第二一三团得到群众举报后,捕获了汪宪的报务员。这一情况说明,汪宪离电台不会太远,只要顺藤摸瓜,就一定会找到他。于是,第二一三团根据俘匪提供的情况迅速制定了搜捕方案。战士们一听要搜捕汪宪,个个浑身是劲,并在俘虏带路下,很快找到了汪宪藏匿的山峰。这是一个狭长的山岭,当地人称帽顶山,山顶周围是悬崖峭壁,瀑布自上直泻而下,激起巨大回声,而汪宪就躲藏在瀑布后面的山洞中。剿匪部队迅速包围了洞口,汪宪一看再也无法逃脱,只好带着十几个土匪骨干投降,其中包括"副司令"兼伪"立煌县长"袁成英。10月1日剿匪部队又俘获樊迅、马君慈等匪首,消灭了大别山土匪最高指挥机关。这一胜利,震撼了整个大别山山区,使剿匪形势发生了根本变化,打击了残匪士气,鼓舞了山区群众,提高了部队剿匪胜利的信心。

在军事进剿的同时,王树声特别注意对土匪发动政治攻势,瓦解敌军工作。为了从精神上给匪以震撼,瓦解其斗志,剿匪全面开展后,王树声与副政治委员何柱成即联合发出《中国人民解放军鄂豫皖边区剿匪指挥部布告》,在阐明了全国的形势和"首恶必办,胁从不问,立功受奖"的方针后,公布了对匪特的处理办法:

(1)凡各地股匪、散匪及其首领,不论过去如何,只要从今悔悟,改过自新,在火线上放下武器,或向政府登记悔过者,一律宽大处理,保证其身家性命之安全。过去罪恶重大者,如能率部来归,或命令所属放下武器,亦准予将功折罪,免予究办。

(2)携械来归者,不论官兵,其本人愿留者,酌情留用;愿去者,准其回家生产。若能劝告他人交枪或报告匪情,便利本军进剿者,当论功行赏。

(3)凡为土匪服务之伪政府人员,应向当地人民政府登记自首。决心改过自新者,免予究办;愿回家者,保障其安居乐业。一般乡保人员,亦应迅速向人民政府登记,协助剿匪,立功自赎。

(4)凡我过去贫农团、农会人员、民兵等,被迫为匪者,应即脱离匪帮,趁机反正。本军当谅解其苦衷,不咎既往。

（5）凡坚决反动，继续为害人民，顽抗本军之匪徒，本军当坚决干净消灭之。其首要分子定予严惩不贷。

为了瓦解匪众，各地举办俘匪集训班，对投诚、被俘土匪进行感化和形势政策教育，促使他们反省悔过，交代罪行；对部分受裹胁入伙的俘匪经审讯和教育后即予释放，对小头目及一般官兵不关、不杀，集中学习；普遍召开祝捷大会，宣传剿匪的胜利形势，召开土匪家属座谈会，组织投诚人员写信，现身说法，进行攻心。通过这些活动，粉碎了匪特的谣言，解除了被裹胁群众的思想顾虑，促进了土匪的分化瓦解。

由于开展了强有力的政治攻势，许多匪徒主动放下武器，投诚自首。至9月底，东线清剿区内投降、自新者占歼匪总数的70%。

在剿匪过程中，王树声始终把做好群众工作作为中心环节。他教育部队："剿匪是一个群众运动，不能单纯视之为军事问题。必须是剿匪、反霸、发动群众三位一体、三管齐下之巨大工作，并使剿匪每一成员均了解这一方针和一般对敌政策，学会当'工作队'，做地方工作，解决思想问题。"①

解放军剿匪初期，由于土匪的欺骗和裹胁，大别山地区的群众纷纷躲进山里，部队所到之处大都十室九空，使剿匪遇到很大困难。

为了教育发动群众，使之投入到剿匪运动中来，王树声起草并以中共鄂豫皖边区剿匪工作委员会名义于9月发布了《告鄂豫皖边大别山同胞书》：

亲爱的父老兄弟姊妹们：

我们大别山人民，为了寻求自己的解放，曾历尽千辛万苦，进行了极英勇的斗争：曾经过土地革命，抗日战争，解放战争——刘邓大军反攻，坚持大别山前进阵地，并支援了百万大军渡江南征。因此，大别山是革命的老家，工农红军发源地之一，这里的人民有光荣的革命传统，对革命也有伟大的贡献。现在大江南北业已全面解放，国民党反动派已经土崩瓦解，行将灭亡，全国解放，指日可待。中国即将永远成为人民的中国，而我们二十多年来艰苦斗争，整天所盼望的胜利的日子终于到来了。

但贼心不死的国民党反动派，还想做垂死挣扎，派遣特务，勾结与组织豪绅恶霸及地方反动武装，阴谋破坏人民解放事业。凡土匪盘踞地区，大肆抽粮派款，横征暴敛，奸淫掳掠，造谣欺骗，镇压威胁，踩蹋人民于水火之中，苦难不可终日。

同胞们！大家想一想，二十多年来，有多少人被国民党反动派杀害了？多少田园土地被夺去了？人民受尽摧残与迫害。这二十多年的血海深仇，我们必须要清算！人民一定要翻身！现我人民民主政府与解放军，奉命剿匪安民，调集大军，四面八方，进行清剿、驻剿。誓要捕尽匪首，肃清匪特，缴尽匪枪，把一切迫害人民的匪徒，干净彻底从根铲掉，不达到

---

① 《王树声军事文选》，军事科学出版社2000年版，第175页。

目的不休止。

我大军剿匪计划业已开始执行。凡我同胞务须认清时局,不要听信匪徒造谣,打破顾虑,协助解放军剿匪,密报匪情,带路送信,实行联防自卫,展开剿匪反霸斗争,组织农会,建立自己的区村民主政权。

土匪之中,除少数罪大恶极决心与人民为敌者外,绝大多数皆为被迫从匪的贫苦农民。民主政府的政策一本"首恶必办,胁从不问,立功受奖"方针。一旦觉醒,定予宽大处理。希望其亲友乡邻劝告他们及早悔悟,脱离匪伙,放下武器,投向人民,回家过安乐日子。应展开父劝子、妻劝夫、兄诫弟的规劝运动,万勿再执迷不悟,而自绝于人民。

人民的胜利,人民的天下是已经肯定的了。蒋介石几百万反动军队都已被消灭。大别山少数土匪在我军民协力长期清剿下,亦必遭致灭亡。像过去革命主力曾经三进三出的情形,永远不会再重复了。

同胞们!再不要犹豫、观望、徘徊、顾虑。立即起来,协助解放军,坚决、勇敢、大胆地向匪霸斗争,彻底消灭匪霸反动武装,争取大别山人民的彻底翻身解放!

广大指战员把布告、标语贴到密林、山口,使群众很快了解到目前的形势和中国共产党的剿匪政策。同时,各部队派出工作队深入到群众中做思想工作,努力解决群众的实际困难,使群众看到人民政府和剿匪部队确实是为人民办事,真正是人民的军队和政府。于是,他们逐渐脱离土匪的裹胁和影响,向人民政府和解放军靠拢。人民群众一经发动起来,立刻在剿匪工作中显示了巨大的力量。他们纷纷表示,坚决做到人人不通匪,家家不藏匪,村村不济匪,并设法劝告土匪官兵,放下武器,改邪归正。与土匪有亲戚关系的群众,父谕其子,兄告其弟,妻劝其夫,长诫其幼,弃暗投明。各地群众还密报匪情,协助解放军缉拿匪首,有的把土匪藏匿于民间的武器弹药主动交出。群众发动起来后,匪特再无藏身之地。民兵和农会会员见散匪就捉,遇匪就打,改变了剿匪工作单纯依靠正规军的局面,使匪特陷入了人民战争的汪洋大海之中。

经过一个多月的艰苦奋战,剿匪工作取得了阶段性成果,不仅打掉了土匪在大别山的最高指挥机关——"鄂豫皖人民自卫军总司令部",而且大部分地区社会秩序趋于稳定,群众逐渐减少顾虑,向人民政府和解放军靠拢,不少保甲长纷纷与人民政府接头,并开始办公;同时,大大锻炼了部队,使部队熟悉了匪情、地形和群众情况,积累了丰富的剿匪经验。华中军区对大别山地区的剿匪成绩是满意的,并将之上报中央军委:

自我对鄂豫皖边区之匪展开进剿以来,各线部队不怕扑空、不怕疲劳、忍受饥寒,以连续奔袭,昼夜搜山的积极动作下,一月来,先后擒获重要匪首:伪鄂豫皖边区人民自卫军总司令汪宪(9月30日)、副司令樊迅(10月1日)、参谋长张少伯(9月30日),第1支队副司令兼伪立煌县长袁成英(9月30日),第10支队阮志陵(10月4日),第11支队司令陈新民(10

月11日)、副司令彭楚才(9月5日)、参谋长兼伪罗田县长叶番(10月7日),立煌挺进支队副司令黄英等及团营长、大队长10余名,以下官兵2490名,该区股匪已遭严重打击。其指挥机关已被打乱。残匪等成数小股流窜于我合击圈以外。我各部正继续追剿搜剿中。①

在紧张的剿匪工作中,王树声累倒了,持续高烧不退。华中局、华中军区和湖北军区的领导对他非常关心,要他到武汉治疗,但他坚持不下火线。他心里想的是:过去许多战友都牺牲在土匪手里,现在大别山人民就要重见光明,在这剿匪的关键时刻,自己怎能离开部队、离开前线呢?

湖北军区为了保证王树声的身体健康,派来精湛的医护人员,其中有他的妻子杨炬。军区领导派杨炬来的目的,一是给王树声治病,二是由她劝说王树声暂回武汉休养。然而,杨炬不但没有说服王树声,反而被留了下来。这样,王树声一边治病,一边指挥剿匪作战。

二、军政结合,全面驻剿

鄂豫皖边区军民经过一个月的艰苦奋战,剿匪工作虽然取得了很大的成绩,但剿匪工作仍面临许多困难:第一,土匪最高指挥机关虽然被打掉,但土匪赖以生存的基层封建势力仍然存在;股匪虽然被消灭一部,但相当部分还在垂死抵抗,他们改变战术,变明为暗、化整为零、分散插枪②,甚至采取假投降等手段进行顽抗,只要军事压力稍一减轻,就会死灰复燃;第二,残匪经解放军打击后变得更加狡猾,成股土匪(吴砚田、冯春波部)实行了精简,短小精悍,声东击西,实行宽大游击,以分散对分散,以奔袭对奔袭,避大吃小,专门袭击解放军的后方小部队或运输线,利用大别山特殊复杂的地理环境,到处流窜,继续危害群众,危害社会;第三,大别山土匪是匪特霸三位一体,并有较雄厚的封建社会基础及统治力量,有几十年的反革命经验,对群众血腥屠杀和威胁,造成某些地区的群众不敢接近人民政府甚至被逼继续为匪,一些地区的群众仍在土匪统治之下。如吴家店乡土匪秘密召开保甲长会议,建立情报网,订立"三杀"条件——给解放军带路者杀,报告情况者杀,土匪被捕不去保者杀。土匪还组织了"摸瓜队",专门监视和暗杀解放军的情报人员或与解放军有联系的群众。为此,1949年10月1日至6日,王树声在金寨组织召开了鄂豫皖边第二次剿匪会议,总结了一个月剿匪的经验与教训。

针对面临的匪情,王树声调整确定了新的剿匪方针:即全力结合群众,以政治攻势为主,贯彻军事打击,继续歼灭股匪和大量开展全面驻剿、清剿,搜捕瓦解散匪,普遍建立政权,发动与组织群众,彻底肃清土匪。

---

① 1949年10月17日,华中军区关于鄂豫皖边区一月来战果统计致中央军委电。
② 即将枪支掩埋隐藏。

根据这一方针，王树声要求：在军事局面尚未完全打开，股匪仍在窜扰，群众还不敢公开向人民政府靠拢的地区，应继续以军事打击为主，集中追剿股匪，并有重点甚至全面地分散驻剿、清剿，先打掉土匪的威风，再行发动群众。在股匪已经受过沉重打击，分散隐蔽插枪，大的打击目标已不明显，而群众全部回家并向人民政府靠拢的地区，及时组织剿匪部队转入政治瓦解为主，辅以军事打击，迅速由点线进入面的占领，高度分散，全面驻剿、清剿，发动群众。在此基础上，王树声对各线剿匪部队提出了明确的任务要求：在两个月左右基本消灭股匪，有重点地肃清散匪，普遍建立区、乡政权，有重点地改造保甲，组织农会，发动群众，在半年左右全面发动群众，全部肃清土匪。为实现这一任务，王树声特别强调剿匪部队既是战斗队又是工作队，要军政兼施，双管齐下。他指出：在剿匪过程中，剿匪局面越开展，斗争越深入，解放军战斗队兼工作队的作用就越大，到发动群众挖匪根时，就要将战斗队全部化为工作队。大别山剿匪不如此，全部发动群众、彻底肃清土匪的时间必然更长。

根据第一阶段剿匪的经验和土匪战法的变化，10月初，王树声命令各线改变战术，即由集中进剿改为分散驻剿，以营连为单位，在土匪活动区的内线控制要点，在外线建立严密的封锁线。先以分进合击、多路合围，给土匪以军事打击，树立军威，然后展开反复搜剿、追剿。寻歼股匪时，不限时间、地点、目标、地区界限而独立作战，在总的方针意图下机动执行任务，发现敌情即行作战，死打穷追到底；行动要秘密、迅速，采用化装成便衣、伪装敌人等方法进行反侦察，并不断研究与创造新战法；部队的行动要迅猛，发现敌人不应随便打枪，实行猛扑突击，不能先派侦察而后再派部队去打，应该侦察队就是战斗队，一面侦察一面作战，并有见匪即打、听风即雨的精神，尤其不能怕扑空；全面清剿也要有重点，不能平均使用兵力，在山地要道、高处修筑碉堡，缩小土匪活动区，切断其跳跃"走廊"，堵击、截击散匪并采取"轮接追剿"战术，以点为中心，进行四周"推磨"搜剿；应充分认识土匪狡猾善变的特性；指挥要细致适当；抓住俘虏、群众密报等一切线索，连续捕捉，随捕随问，问后即追；加强政治攻势，首先在军事上将匪打痛，并把握时机，展开政治攻势，同时仍不放松军事打击；对于匪首匪官，不论其罪恶如何，一般不宜早杀，以免增加争取、瓦解工作的困难，并可利用他们瓦解其下属来归。

10月上旬，王树声命令南、东、北3线剿匪部队向大别山发起全面清剿。

南线独立第三师，在大别山两侧地跨鄂皖两省边界展开，以第七团部署在僧塔寺、天堂寨北、两阪乡地区；第八团部署在吴店、吴家畈、斑竹园、牛食阪地区；第九团分驻三河口、白沙河地区。各团在划分的清剿区内，实行以排、班为单位的高度分散，使一切要道、隘口、居民点都置于严密监视之下，之后，采取"篦梳"战术，以部队所驻地为中心，对周围深山密林进行反复剔抉和搜剿。为了及时了解匪情，掌握潜匪活动的特点和规律，部队还在群众中培养了情报员，在群众的帮助下，匪首的社会关系被摸得一清二楚。

为了做好群众工作，独立第三师抽调800多名官兵组成工作队，在地方党委、政府的统一领导下，帮助建立基层政权，或由部队派人组成地方政府。同时，剿匪部队修路筑堡，养猪种菜，修建住房，广泛开展助民劳动，既加强了剿匪部队的后勤保障，也消除了群众对解放军"站不长"的顾虑，打破了残匪暂避风头的幻想。使匪众日益瓦解，投降者骤增，顽匪更加孤立。

南线最大的股匪是陈新民的"第十一支队"。陈新民身材粗壮，相貌凶恶，早年参加青帮，当过保长，平日吃喝嫖赌，敲诈勒索，鱼肉乡里。1947年凭着他当保长时拉起的几十号人枪当上了国民党罗田县自卫团第二大队长，之后，他率匪徒出没于湖北、安徽交界的深山老林，先后杀害共产党干部和群众200多人，双手沾满了人民的鲜血。1949年5月陈新民被汪宪收编为"鄂豫皖边人民自卫军第十一支队"，并被委以少将支队司令。解放军南线剿匪部队实行分散驻剿后，陈新民"第十一支队"遭到歼灭性打击，陈新民惶惶不可终日，只得带着老婆和几个贴身卫士躲在山洞。为打探消息，他派亲信陈世炳以假投降为其通风报信，企图继续顽抗。这一诡计很快被剿匪部队戳穿。经教育，陈世炳愿意立功赎罪。一天晚上，陈世炳带领解放军将陈新民躲藏的山洞包围起来，陈新民从梦中惊醒，仓皇逃窜，被当场击毙。至12月，南线股匪基本被歼灭。

东线部队在剿灭汪宪等匪首后，为了进一步消灭残匪，扩大胜利，乘残匪极度动摇惶恐之机，展开了强大的政治攻势，广泛宣传"投降不杀，立功赎罪"政策。在强大军事压力和政治瓦解下，东线残匪纷纷投降自首，但匪首黄英却一直逍遥法外。

黄英虽是"立煌挺进支队"副司令兼第二团团长，却是从土地革命战争时期即参加反动民团的反共老手。黄英是安徽省金寨县燕子河有名的恶霸地主，自幼读私塾，能说会道。在"有枪就是草头王"的信条下，他拉起了千余人的队伍，成为大别山深处的一新。黄英的手下匪徒杀人手段极其残忍，当地群众对他早已恨之入骨。汪宪等匪首被俘后，黄英变得更狡猾，他令身边的残匪分散隐蔽起来，等待时机。为了搜捕黄英，剿匪部队只要听得一点有关黄英的消息，不管山高路远，都翻山越岭前去围捕，可是却一次次落空。但随着驻剿斗争的深入、地方政权的建立和政治宣传力度的加大，黄英残部纷纷投降，黄英本人完全陷于孤立。一天，群众举报有人向大山的岩洞送东西，剿匪部队顺藤摸瓜，迅速包围了岩洞，黄英终于就擒，被押上了人民的审判台。

至10月底，解放军东线歼匪6700余人，其中投降自首者达5300余人，全面打开了局面。群众由不敢接近剿匪部队，转变到主动向人民政府和剿匪部队靠拢，许多地区的群众还组织起了农会和防匪自卫队，使残匪的活动受到极大限制。

11月初，王树声命东线剿匪部队向西扩大清剿区，实行高度分散，捕捉残匪，配合南线和北线的清剿，消除了各线之间的死角。同时，为了进一步发动群众，东线剿匪部队派出2000余人的工作队，发动群众，召开各界人民代表会议，了解匪情，组织群众性的搜山运动。11月中旬，东线部队在鄂豫皖3省交界处组成了小型剿匪指挥所，对路口、山隘、村镇，实行"由点到线、由线到面的封锁"，并以多股小分队武装辗转清剿，重点搜山。12月初，匪"第六支队司令"张天合被击毙。到12月底，东线歼匪8600余人。

北线部队经过一个月的军事清剿后，清剿区内尚有匪四个"支队"上万人分股活动于双河、皂靴河、南溪、双庙、银河畈、斑竹园等山区。为了迅速肃清匪患，王树声令北线"工委"和指挥部，对鄂豫皖3省交界的南溪、双河、皂靴河、丁家埠、汤家汇、斑竹园、新店、双庙等匪情较轻的地区，派出了强有力的武装工作队，充分发动群众，建立区、乡政权和地方武装，继续肃清流窜散匪；对盘踞在双河、南溪和皂靴河之间的张继武支队，汤池南、新县东、达权店西的冯春波、吴砚田等支队，则采取清剿与驻剿相结合的办法。

北线清剿部队根据王树声的指示，以连、排甚至班为单位，逐区逐片地搜剿，一旦发现匪踪，即穷追不舍，一处打响，各路支援，聚而歼击，不断挫敌。同时积极宣传执行"胁从者不究，携械投诚者有功，顽抗者坚决消灭"的政策，军政兼施，取得了很大成效。

冯春波部是大别山土匪中实力最强的一支，活动于商城以南、金寨以西地区。冯春波虽然接受了汪宪给他的"第六支队司令"的委任，但随后又被台湾"国防部"任命为"大别山反共自卫救国军"第二路司令兼第一纵队司令，具有相当的独立性。他虽然没打过什么大仗，但有十几年的反共经验，十分狡猾。在军事上，他采取以百人为一股，三五十人为一队，三五人一群的战术，分散活动。在政治上，他凭借伪区、乡、保甲基层政权，并通过地主恶霸、反动会道门，强派壮丁，扩大反动武装。在匪占区内实行5家联防制度，严密控制，互相监督，规定老百姓不准接近解放军，不准给解放军带路，不准给解放军送消息等，违者处死全家。

根据冯春波部的活动特点，北线剿匪部队相应改变战法，采取分区分片，反复围剿、追击、伏击、堵截相结合的战术，不给残匪以喘息之机，并注重摧毁土匪建立的区、乡、保甲组织系统。为了抓获冯春波，剿匪部队不知走了多少路，许多人的鞋底磨破了，脚掌上打了一层层血泡。一天，剿匪部队得到情报，说冯春波带领几个亲信在风波山一带活动。为了不再让冯匪跑掉，剿匪部队利用夜暗对以风波山为中心的方圆几十里大山实行严密包围。第二天，搜剿行动开始，指战员们爬了一山又一山，搜了一沟又一沟，从山脚到山顶，又从山顶到山脚，不断紧缩包围圈，最后逼近风波山顶。躲在山顶的冯春波感觉末日来临，遂开枪自杀，但没有击中要害。指战员听到枪响，迅速冲过去。就这样，反共多年的大匪首，被解放军俘虏。

匪首冯春波被俘，震慑了残匪，至12月，北线携枪自首者达3000余人。至此，大别山区史河以西、新县、麻城以东、商城以南的股匪全部肃清。

王树声善于从战争中总结经验，再用于指导战争。他在指挥各线清匪的同时，不时向各线指挥员了解情况，从中总结出经验，再用于指导剿匪。1949年

11月22日,他根据3线剿匪的情况,亲自撰写了剿匪工作的体会:

应确立以政治攻势为主的总方针,贯彻军事上的重点清剿和高度的分散驻剿相结合,在土匪动摇分子与坚决分子未剿清之前,一切应为了达到争取瓦解土匪投降这一目的。在执行中要强调三个方面:一是以军事重点清剿造成政治攻势的有利条件;二是对降俘之匪,不论匪首匪兵,在策略上均应大胆的放宽政策尺度,掌握政治攻势时机开展局面,大量争取投降悔过自新,因而对一般降俘之匪示以宽大,控制释放或利用之,对罪大恶极者应以控制,争取立功自赎;三是在工作发展不平衡剿匪进度不一地区,要采取不同的策略,在一些政治攻势条件下应争取来归的匪众,但尚未争取来,且群众仍有疑虑的地区,应首先组织教育群众,加紧准备群众力量,组织公开或秘密农会,培养积极分子,打下清匪反霸与改造保甲的基础,从而进入清匪反霸的过渡阶段;在另一种地区大力政治攻势下,土匪大部肃清,并分清了动摇分子与坚决分子,应进入发动群众反霸清匪新阶段。军事重点清剿、放宽政策尺度和发动群众及其他工作均应相互结合,互为轻重,不能脱节。

随着各线清剿匪特斗争的不断深入,部队工作队化的任务越来越大。为此,王树声适时组织部队转入工作队化,实行政治攻势与军事清剿、军队剿匪与群众工作相结合,并针对部队中出现的"工作队化与地方工作没什么两样"的思想,做了大量的思想教育工作。他教育部队:当匪特遭沉重军事打击后,必会由集中到分散隐蔽,由公开转到潜伏,利用封建势力与人民政府地方工作的薄弱来求得生存与发展。由于匪特采取分散隐蔽的活动,过去那种较大规模的迂回包围、堵击等方式已经不再适合,必须工作队化,密切与地方工作相结合,与群众相结合,采取有计划、有步骤、有领导、有组织的分散进行工作。他教育干部战士:部队工作队化是剿匪斗争中一种必需的斗争形式与组织形式,部队只有工作队化才能团结与发动群众,我们才能真正有力量,才能最终完成剿匪任务。

王树声在抓"两个结合"中,特别注重政治攻势,灵活运用剿匪政策,瓦解土匪。争取与团结一切可能争取与团结的社会力量,广泛开展乡村剿匪反霸统一战线,注意利用矛盾,打击一点争取其他,各个击破;督促部队坚持正确的俘虏政策,在剿匪初期放宽尺度,多争取少镇压,不轻易杀人;驻剿开始后指示部队严防乱抓人、打人、逼枪、逼供等违犯政策的现象出现;对于保甲,加以利用控制,在说明其过去罪恶的前提下,让其立功自赎,分清界限,并利用他们维持社会秩序,动员粮食、民夫,收缴乡保枪支及密报送信等;对于会道门者分别处理,对于自首和落伍者,根据情节,在不违犯政策及不脱离群众且有利于工作者,加以争取训练改造。

王树声重视通过宣传工作瓦解土匪。为了配合军事清剿,瓦解土匪,10月王树声与何柱成联合发布命大别山残匪投降令:

现我军挺进会合进军西南,全国面临解放。中华人民共和国中央人民政府已于北京成立。蒋、李、白匪帮反动统治从此宣告灭亡。本军为解除大别山人民痛苦，建设人民解放事业，奉命剿匪。进剿以来，为时仅短短一个月，即全歼匪鄂豫皖边区总司令部，俘匪首总司令官汪宪、副司令樊迅、袁成英等以下官兵两千余名。残匪纷纷投降，或四散逃命插枪隐蔽。我军正满布大别山各地，进行猛烈的搜剿、清剿、追剿，不到全部肃清决不休止。你们除非缴械投降，别无出路。大势所趋，人心所向，顺行者存，逆行者亡。蒋匪数百万反动军队，尚且被歼灭殆尽，大别山区区残匪何堪一击。绝不许横行霸道残害人民。现你们已临最后关头，赶快投降改邪归正，回头是岸。执迷不悟，妄图顽抗，阴谋破坏，必被消灭。时机已到，生死任择。

兹命令你们各股及零星散匪，立即向当地人民政府及驻剿军队登记投降，交出全部人枪、武器、弹药、文件，听从处理。

在军事打击下，通过宣传，一些土匪更加动摇，纷纷投诚、登记，投降自首者占歼匪总数的比例迅速增大，至12月份歼匪12436人之中就有降匪11770人，充分显示了政治攻势的力量。

王树声注重抓剿匪的组织领导。由于大别山区特殊的地理环境及复杂的社会情况，当剿匪取得相当成绩，散匪大部窜入山区和解放军控制相对薄弱的地区后，剿匪部队高度分散，如何加强组织领导，针对实际情况部署清剿行动就显得特别重要。为此，王树声要求各线部队变边沿区为中心区，在各省、县结合部和工作薄弱区及土匪窜逃区，及时组织成立了各级工作委员会和指挥所，以此统一领导指挥剿匪工作，消灭了死角，收效很大。为了加强对剿匪工作的组织领导，王树声及时向湖北省委、军区请示汇报，湖北省委和军区对剿匪作战和王树声的工作给予了大力支持，并对他的高度负责精神和取得的成绩予以肯定。时任湖北军区第一副司令员的王宏坤说：

王树声搞得好，将所有部队分作三面即北面、东面和南面进剿合击……以后又根据匪情变化，转变斗争方式，以营、连为单位，在内线控制要点，外线建立严密的封锁线，展开分散驻剿和强有力的政治攻势……基本消灭股匪后，逐渐解除了群众顾虑，社会秩序日益稳定。这时我驻剿部队进一步工作队化，普遍废除保甲制度，建立基层人民政权，深入发动群众，展开清匪反霸斗争。这一来匪无处可逃。王树声后来说笑话，那些流窜隐藏到深山丛林中的残匪，见我搜山的部队和群众来了，有的贴在石缝上，一截藏在里面，一截露在外面，我们的战士上去，像我们小时候按王八、捉螃蟹一样，一捉一大串大别山剿匪的胜利，对于巩固鄂豫皖三省边缘地区社会秩序、支援大军南下作战具有重要意义。我军在很短的时间内之所以取得这项胜利，一是鄂豫皖工委和剿匪指挥部坚决执行了中央规定的剿匪政策，部署指挥得当。二是各剿匪部队在统一指挥相互配合下，昼夜进击，发扬了连续作成的作风和勇于克服一切困难的精神。三是大别山广大人民群众对剿匪部队的积极支援，他们提供消息，修路送粮，捕捉潜匪等，做了大量工作。[①]

在王树声和鄂豫皖边区工委的领导下，至1949年12月，大别山剿匪取得了很大的成绩：

基本上消灭了百人以上的股匪及大部重要匪首，歼匪1.2万余人，摧垮了地主阶级的主要反动武装，动摇了封建地主阶级的统治基础，完成了歼灭股匪的任务；普遍建立了区、乡政权，全区共建立14个区、60多个乡政府，个别地区逐渐改造了保甲，未经改造的也已控制了90%以上，有的保甲则由保代表和农会组织所代替或控制，安定了社会秩序，完全粉碎了国民党妄图在大别山区依托封建势力开辟所谓"敌后第二战场"的梦想，为下一步清匪反霸，双减生产，发动群众，彻底解放大别山区人民打下了初步基础；加强了工作队化，初步发动了群众，孤立了土匪。通过3个月的剿匪，锻炼了部队，熟悉了情况，学会了做地方工作。至12月底，各线派出专门工作队化的干部战士数千人，创造了管训降俘的一套经验，3个月共集训降俘之匪约8000人；重点突破了大别山反动封建堡垒商城青区、金寨两阪区及麻城木子店区。

在取得突出成绩的同时，也积累了丰富的剿匪经验，王树声把它概括为：

第一，明确树立全力结合群众，以政治攻势为主，贯彻军事重点清剿、高度分散驻剿的方针，集中强大军事压力，重点突破，造成政治攻势的有利条件。选择重点清剿区，重点组织力量，重点领导，加强重点攻势。然后，重点攻势与全面清剿相结合，迫使匪无路可逃，特别是以重点突破商南青区、金寨两阪区及麻城木子店区等封建堡垒，打开剿匪局面，迫使土匪纷纷投降登记，悔过自新。

第二，掌握政治攻势开展时机。当以军事清剿打开局面后，适时组织部队实行工作队化，争取与发动群众，培养积极分子与农会会员万人左右，仅东线就有6000余人。在策略上大胆放宽政策尺度，以扩大政治影响，争取匪众投降。对降俘加以管训，予以宽大教育，争取改造，即使是罪大恶极的匪霸，而有利用价值，其本人亦愿意立功赎罪者（特别是投降匪首），为了瓦解匪众，亦应宽大处理，并向群众说明。但同时要积极组织与发动群众，对其形成强大压力，以加强政治攻势，完成任务后，再进入直接清匪反霸，发动群众。这样仅10月份全区投降登记之匪占歼匪总数的74%强，而东线则占其歼匪总数的80%。

第三，军事重点清剿、开展政治攻势、发动群众清匪反霸，应有步骤、有分别地进行。在群众尚有顾虑，政治攻势瓦解还在开展之际，应是为了争取扩大投降登记这一成绩，首先组织与教育群众，加强准备各种力量，打下清匪反霸的基础；在争取瓦解已告一段落，土匪大部肃清，并已分清动摇与坚决分子的地区，应即进入发动群众清匪反霸新阶段。

第四，严格执行政策纪律。首先是深刻动员教育，重视政策纪律的重要性。各级负责同志亲自掌握，发现偏差及时纠正，自上而下作检讨，郑重处理，以求

[①] 王宏坤：《再忆征战生涯》人民出版社1993年版，第340—341页。

事先防止和事后处理纠正。

第五，剿匪部队各级领导深入下一级加强领导（团干到营，营干到连），分工负责，保证计划的贯彻执行，完成任务。不仅政治干部而且军事干部同样要做政治工作、地方工作，亲自掌握政治攻势政策。领导要管训降俘，利用伪乡保人员、匪属、士绅等各种社会关系进行争取瓦解。这样就能掌握土匪流窜分散隐蔽的规律性。并抓住土匪主要依靠老巢及封建社会关系，一般的不会远离这些规律，利用一切关系找线索，对匪要害施以重点清剿、搜捕，从而歼灭大部匪首。

这些经验的取得凝聚了王树声大量的心血，对于下一阶段的剿匪工作具有重要的指导意义。

三、组织群众清匪反霸，建立基层政权

1949年12月，大别山地区大股土匪被消灭后，王树声适时组织剿匪部队转入清匪反霸，建立基层政权。

这时，大别山地区的形势是，一方面，百人以上的股匪基本被消灭，动摇与打击了封建势力在基层的统治，解放军在军事上达到了全面控制，并且初步发动与组织了群众，为清匪反霸、建立农村政权打下了基础。另一方面，10人以上的股匪仍有40余股约千人，零星潜匪约2000人，潜枪仍多，其封建基层组织和特务组织未从根本上摧毁。由于匪特霸三位一体的潜伏力量仍然很大，群众仍有部分顾虑，要达到完全肃清土匪及全面发动群众与开展地方工作、建立地方武装，就必须展开清匪反霸斗争。为此，12月上旬，王树声组织召开了第三次剿匪工作会议，根据面临的情况，提出了新阶段的工作方针：以深入发动与组织群众为主，清匪反霸，减租减息，组织生产，废除保甲，建立人民统治，为进一步土改创造条件和奠定基础。

根据这一方针，王树声规定大别山地区在1950年3月底前必须全部肃清土匪，收尽匪枪，捉尽匪首；首先要打倒匪霸大霸；基本群众要发动起来，并将清匪反霸与生产度荒及群众日常切身利益紧密结合起来；由重点改造保甲到全面废除保甲制度，建立人民政权；初步建立地方武装，首先是区、乡干队，必须确保党的领导；培养干部积极分子，每一个或两个工作队员物色与培养一个可造就成干部的积极分子。

为了完成这些任务，王树声决定：第一步在组织、思想、政策等方面做好准备。首先是准备群众力量，即建立纯洁的农会组织，培养骨干，提高群众觉悟并正确地选择恶霸作为斗争对象，为反霸打下基础。这些准备工作不是单独进行的，而是结合清匪斗争而准备的；第二步由全面清匪到重点反霸。通过反匪霸大霸，并结合双减①继续深入组织与发动群众；第三步由全面的发动群众清匪反霸

---

① 双减：即减租、减息。

到重点的反霸清算,特别是清算政治恶霸,深入双减,加强政权与农会组织,达到全面反霸清算。无论哪一步,均须与组织群众进行生产相结合。

要完成清匪反霸阶段的各项任务,抓好部队工作队化是关键。为此,王树声提出:"今后在股匪基本消灭进入新的阶段新的方针任务之下,我们是以发动群众肃清土匪,摧毁封建统治,建立人民政权,扶植地方武装的扩大与训练为目的。而在大别山工作重要性与地方干部奇缺等情况下,全区部队全部工作队化,实行村村有工作队,村村有兵的填满政策则更有其重要意义。若不如此发动群众,肃清土匪的时间势必延长,或再重新剿匪,走弯路。"①

为此,王树声首先抓好部队工作队化的准备工作。一是对广大指战员进行思想教育和政治动员,明确工作队化的重要性与目的。他针对部队具有临时观点、帮闲观点及怕分散思想,以及部队的任务是打仗,搞工作队化无经验、是外行的思想,特别是怕困难,怕麻烦的思想倾向,要求全体指战员发扬战斗队精神完成工作队的任务,创造群众工作模范,开展"创模"与"立功"运动;二是整顿组织,抽调大量干部战士脱离部队专门担负地方工作。调整新老成分,本地与外地、有文化与没文化、党员与群众予以适当配备;三是组织训练,让工作队员掌握群众工作的系统知识,进行以方针任务为主要内容的形势教育,并将这一精神贯彻给每一指战员。加强政策纪律及策略观点教育,教育如何划分阶级,如何组织减租减息等,特别教育工作队员站稳立场,不失原则,而又善于掌握统一战线和群众路线。

其次是加强对工作队化的组织领导。在各级地方党委的统一领导下,组织部队各级干部参加地方各级党委,建立起以地方党委为核心的工作队组织和会议、汇报、工作制度;加强支部与分支领导,建立办公制度。强调工作队分散工作的集体领导,及时总结表扬与纠正偏差相结合。部队工作队化工作上有困难时,领导上要及时帮助解决,具体指导,号召部队"边做边学","边做边整"。

再次是指导改进工作方法。教育部队深入调查研究,了解情况,不仅要了解军事情况,更重要的是在基本群众中调查了解匪特霸、社会各阶层的全面情况,指导工作队处理好重点与全面的关系,县要有重点区,区有重点乡,乡有重点村,干部要深入下一级重点领导。为全面展开工作,首先搞点,由点推动到面,求得点面结合波浪式发展;教育部队进一步参加生产劳动,解决群众困难,体贴与安慰群众,争取群众,与群众打成一片,紧密联系起来,从生产劳动达到清除土匪、打倒恶霸、发动群众之目的;指导制订工作计划,订比赛条件,讨论方针任务,使之变为全体工作队员的工作决心和无限力量。同时,加强工作队的纪律教育和政策指导。要求工作队站稳立场,掌握原则;反对贪污浪费、享乐腐化;严格执行政策纪律,严禁打骂现象。

第三次剿匪会议后,王树声调整了大别山剿匪部队的部署。一是发动群众

---

①《王树声军事文选》,军事科学出版社 2000 年版,第 202 页。

等地方工作,仍归属各省、专署、县、区领导。但为了剿匪的需要仍应互跨省、县界,消除结合部死角,各县级工委、指挥所基本上保留,或根据工作情况进行调整。二是划分了重点清剿区。东线组织两皈区重点清剿区;南线组织龟山重点清剿区;北线分别组织商(城)、新(县)、麻(城)边及金(寨)、商(城)、麻(城)边重点清剿区。金(寨)、商(城)、固(始)边及固(始)、霍(丘)边(含白大山)重点清剿区之工委及指挥所,由北线和潢川协商组成。三是在各重点清剿区,各线协同有关方面组成和保留工委、指挥所,重点清剿区之外,采取填满政策,以完成清剿与地方工作。

清匪反霸是一项政策性很强的工作。根据部队工作队化后出现的执行政策方面的一些偏差和

■ 解放初期的王树声

各地工作队化的经验,王树声及时提出了工作队化坚持政策的十项具体措施:第一,坚决依靠贫农雇农,巩固团结中农,争取反霸中一切可能争取和中立的社会力量,组成反霸的统一战线;第二,正确确定恶霸对象(恶霸是地主阶级当权派,过去和现在能指挥政权武装,能左右政权武装,并借政权武装欺压人民、霸占一方者),要区别本人与家庭及恶霸与非地主成分而有恶迹者;第三,伪乡保人员是恶霸地主成分者,或非地主成分而血债很多继续顽抗者,属于首恶必办,非地主停止破坏者,立功赎罪,不动财产;第四,工商业绝对不准动;第五,对流氓狗腿一般是帮助改造;第六,对中小地主减租减息,并不得以任何形式或借口侵犯中农利益;第七,不得扫地出门,不挖底财(指掩藏起来的金、银等贵重物品);第八,严禁乱打乱杀;第九,对俘降罪大恶极之匪首,特别是投降的,只能批准群众斗争清算,不能处决,对俘虏之匪首不能过早处决;第十,对曾参加苏维埃运动和红军的叛徒、自首分子,除罪大恶极和成分已经变质者依法处理外,对罪小和一般之自首妥协分子应给以宽大处理,教育争取,并给以政治上的热情。

此外,为了防止出现反霸扩大化的错误,保证清匪反霸斗争顺利健康进行,

王树声还特别规定：处决案犯权属于省委、军区党委，选择反霸对象要由县委或县级工委将具体情况报告地委或各级工委批准执行。

12月上旬，王树声命令南线剿匪部队，移至麻东龟山、余家湾、木子店、滕家堡以东的江家阪地区，转入分散驻剿，实行工作队化。独立第三师党委要求部队深入动员，树立"不灭尽顽匪不收兵"的决心，不使一人一枪漏网，广泛开展为民剿匪立功运动。各团在驻剿区以班、排为单位高度分散，深入做群众思想工作，并以实际行动感化群众。部队就地难以筹粮，有些连队有时一顿只能吃2两米，就以南瓜充饥；人民币在当地不流行，部队缺少群众使用的铜元，难以买菜，宁肯吃盐拌饭也不动居民一片菜叶；第八团第三营在某驻地以大型植物叶子当碗用，也不去乱翻居民藏起的生活用具。部队良好的纪律和行动，很快赢得了群众的信任和支持。在做好群众工作的同时，灵活运用政策瓦解敌人。争取士绅、匪属、伪保甲长及没有严重恶迹的自首分子为瓦解匪众出力；对自首者，一律宽大对待，不打不辱，不追不逼，缴枪登记后允许返家过和平生活，并通过他们劝说同伙早日归降。通过艰苦的工作，群众开始积极工作，主动报告匪情，瓦解匪众。在麻城东部曾有上千群众配合县区武装上山搜剿。匪属中，妻呼夫，父唤子，友劝友投诚登记的事例处处出现，匪众动摇，大批投降。

东线剿匪部队按照王树声的指示，采取武装斗争与群众工作相结合、公开工作与秘密工作相结合、军事打击与政治攻势相结合，实行全面工作队化。由于当地群众生活非常困难，不仅缺衣少食，而且无油无盐，不少人患甲状腺炎（当地称大脖子病），又无钱治疗。为此，人民政府和工作队，成立了公营商店和供销合作社，高价收购群众产品，低价卖给群众商品，改善群众生活；政府和军队抽调医务人员，组织医疗队，到山区村庄义务巡诊，治好不少病人。这样，群众很快就发动起来，并参加到大规模的搜山行动中。金寨县垒山乡2000多名农民不分昼夜，围山搜捕，活捉匪首方临杰；汤家汇群众数千人搜山，生擒"鄂豫皖边人民自卫军第四支队"司令郑荣波、"立煌挺进支队第四团"团长潘满师，伪"立煌县调查室"主任、特务分子王述完也被迫投降。在积极做好群众工作的同时，东线部队还对残匪展开了强大的政治攻势，使许多匪徒受到教育，主动放下武器，投诚自首，基本消灭了这一地区的匪患，为实行土改，恢复发展皖西的经济创造了条件。

北线剿匪部队根据散匪伪装成砍柴、烧炭群众企图躲过搜剿，或利用宗族、亲友、会道门作掩护，匪民难分等特点，以连、排为单位，进驻重点地区，实行工作队化，一面建立地方政权，一面发动群众清查残匪。为了动员群众，工作队在南溪、皂靴河、双河、银沙畈等地召开群众大会，宣传全国解放的形势，共产党的剿匪政策和决心，坚定群众的信心；充分揭露土匪恶霸的罪行，对遭受匪祸的群众给以救济；启发群众的觉悟，注意培养积极分子，发动群众协助工作队清查流窜散匪。同时，努力做好匪属的思想工作，要求他们劝说在外流窜的亲属弃暗投明，在此基础上动员匪属及被俘、投诚匪特提供匪情线索，不少潜匪被挖了出来。

12月14日，王树声返回武昌，向湖北省委、湖北军区汇报了几个月来鄂豫皖边剿匪情况并提出了今后工作的方针，即在既有的基础上更深入地进一步坚决贯彻清匪反霸，以战斗队变工作队，深入发动群众，捉匪首、挖匪根、收匪枪，为土地改革扫除障碍。对老区，即1949年8月以前解放之地区，由于这些地区股匪已肃清，残匪分散潜伏活动或化为小股散布在各边缘区流窜，因此以工作队发动群众政治瓦解为主，军事为辅，分散驻剿，要求达到肃清潜散匪特（以捕捉匪首为主）及收尽匪枪。

1950年春，大别山股匪已基本被消灭，散匪在当地军民联防和强大的政治攻势下大都登记投降。根据情况，解放军东线、北线剿匪部队主力相继调出大别山，后继任务交由地方部队承担。为了彻底肃清少数潜逃散匪，1950年3月，王树声对大别山地区的剿匪部署进行了调整，划分了联合清剿区，成立了数个联合清匪指挥部：（1）以金（寨）、商（城）、霍（丘）、固（始）边为第一联合清匪区，由潢川独立第七团5个连、皖北警备第六团第一营、固始县大队两个连、商城县大队1个连、霍丘县大队两个连、金寨县大队1个连组成，由潢川军分区副司令杨七山任工委书记兼指挥长；（2）金（寨）、商（城）、麻（城）边为第二联合清匪区，由六安分区基干第一团4个连、独立第三师第九团1个营、潢川军分区第六团3个连，麻城县大队1个连组成，由独立第三师师长傅春早任工委书记兼指挥长；（3）金（寨）、六（安）、霍（山）边为第三联合清匪区，由皖北警备第四团部队及有关县武装组成，由警四团团长为指挥长，政委任工委书记；（4）太（湖）、宿（松）、蕲（春）、黄（梅）边为第四联合清匪区，由安庆军分区基干团5个连、太湖县大队1个连、宿松县大队1个连、蕲春县大队两个连、黄梅县大队1个连组成，由安庆军分区基干团团长任指挥长，政委任工委书记；（5）霍（山）、岳（西）、金（寨）、罗（田）、英（山）边为第五联合清匪区，不成立指挥部，由皖北第一团、六安军分区基干第一团、独立第三师第七团部队及有关县武装负责清剿。

部署调整后，各联合清匪指挥部发挥积极性、创造性，对大别山的残匪进行分散剔剿，先后俘匪"江北人民自卫军"大队长夏义臣、匪首邵江熙，并争取100余匪投降。尔后，大别山地区转入对零星散匪的搜剿。

4月上旬，湖北军区在边缘区组成了8个剿匪工作委员会和34个会剿指挥部（所）及20个联防区，在各地工委和指挥部的领导下，展开对省、县边缘区股匪的联合会剿。

从1949年9月至1950年3月，鄂豫皖边各线剿匪部队在王树声的指挥下，共歼匪1.5万人，缴获各种炮81门、枪13883支、子弹46万发以及大量军用物资。大别山地区的社会秩序得到了恢复，完全废除了伪保甲，建立了农村基层政权，人民生产、生活转入正常，为实行土地改革提供了稳定的社会环境。

第十四章　主持湖北军区工作

一、清匪肃特，保卫新生人民政权

1950年4月27日，王树声的次子降生。为了纪念荆楚大地回到人民的怀抱，王树声给儿子起名"楚还"。5月2日，中央军委任命王树声为湖北军区司令员，由于政治委员李先念（湖北省委书记）的主要精力用于抓地方工作，军区工作的担子便落在了王树声的身上。他无暇照顾产后的妻子，带着中年得子的喜悦投入紧张的工作中。

这时，湖北军区的任务很繁重，除清匪肃特、帮助群众恢复生产、协助地方建立基层政权、组织进行土地改革外，还面临着部队精简整编、加强正规化建设等工作。王树声从大别山剿匪前线回到武昌后，在抓好军区全面工作的同时，下大力抓好全省的清匪肃特工作，以便为湖北的全面建设提供一个安全稳定的社会环境。

1950年4月，湖北全省除鄂西地区[①]仍有股匪活动外，其他地区的股匪已被消灭，只有少数顽匪活动在省、县、区交界的偏僻地区。由于鄂西地区与湘、黔、川、陕诸省交界，多崇山峻岭，地形复杂，而邻近省份的土匪亦不时窜扰，大股土匪仍然猖獗。盘踞在竹溪、保康地区的股匪主要有"川陕鄂游击纵队柯愈珊部""新编湖北保安第十七旅温而理部"；"兴山、房县、巴东边缘地区有匪湖北保安第十八旅夏俊卿部""川鄂人民自卫军宋大香部"以及兴山匪首张华堂部；龙山、来凤、酉阳地区有"川湘人民反共救国军瞿波平部"。

为了迅速消弭匪患，5月中旬王树声与军区政治委员李先念决定，全区部队在前期清剿的基础上转入边缘区联合会剿，鄂西地区以消灭股匪为主，其他地区则清剿残匪。

根据王树声的指示，5月初，位于鄂西北九道梁地区的独立第一师第三团在四川巫山友邻部队的配合下，越界剿匪，将窜于川鄂边境的"川鄂人民自卫军"击溃，先后迫使匪总司令宋大香、参谋长吴顺旺、纵队司令宋彩凡、李殿成等投

[①] 鄂西地区指湖北西部山区，主要包括鄂西南的恩施地区和长江以北的鄂西北地区。

降。鄂西北地区的剿匪部队又先后向巫溪、兴山、巴东等地搜剿，迫匪"江北游击队司令"谭英甫、大队长贾澈贵投降。该区部队还组织飞行小组先后从四川、陕西等地捕回匪"湖北保安第十八旅旅长"夏俊卿、"政治主任"宋秉彝、"团长"何正元等多名重要匪首。至6月底鄂西北地区的主要匪首被大部捕获。

为了清剿边缘地区的土匪，恩施军分区把6、7月定为"剿匪突击月"，先后在鹤峰、来凤、利川、宣恩、咸丰等县边缘地区组成9个指挥部（所），以90%的部队投入剿匪。为了加强鄂西南地区的剿匪斗争，军区将独立第一师第一团调至恩施军分区与独立第八团组成南线剿匪部队，进剿瞿波平股匪。第一、第八两团首先在龙山招头寨打乱了瞿匪之指挥机构，歼灭匪第四支队第一大队队长彭镇南以下70余人，继之以一部兵力控制要点路隘，防匪乘隙窜扰，另以一部兵力反复清剿，先后将匪第九纵队副司令覃介民和支队长张晓南捕获，击毙匪大队长姚绍茂，给南线股匪以严重打击。同时，该区西线部队亦将利川、石硅（属四川）交界地区之匪百余人全部歼灭。匪"鄂西南游击先遣第三支队"支队长在强大军事压力下率部20余人投降。恩施军分区两个月共进行大小战斗38次，歼匪2224人，缴获轻重机枪10挺，长短枪800余支。

与此同时，沔阳军分区组成了3个联防会剿指挥部，积极与友邻部队展开清剿，捕获匪130余人，迫匪130多人投降。大冶、黄冈、荆州、孝感等军分区也先后组织边缘会剿指挥部，共歼匪800余人。

1950年6月，朝鲜战争爆发后，台湾当局派遣特务潜回大陆，勾结残匪，发展特务组织，建立"地下军"，进行各种破坏活动。湖北全区残匪一度活跃。其中，原在大别山的匪首周醒民被蒋介石任命为"华中剿匪"总司令，先后搜集散潜匪特组织了5个大队近百人，该地区的"经门道""同善社"等反动会道门也在匪特操纵下，蒙骗发展会众2万余人。

这时土匪的活动基本是依靠边缘区、偏僻区和人民政府工作薄弱的地区进行袭扰。除鄂西边缘地区还有较大股匪外，一般边缘区土匪多采取小型精干的武装，昼伏夜出，时聚时散，用欺骗利诱和杀害等手段控制群众，使群众不敢接近人民政府，甚至有的被土匪利用；在军事清剿压力大时，多以化装活动，插枪隐蔽，实行"人枪分家"，清剿压力放松时，又持枪进行骚扰和破坏，有的跑到城市及外省长期隐蔽，进行破坏并待机再起；他们还组织反动会道门，散布谣言，煽惑群众，有机可乘时，则操纵和利用群众，制造暴乱。封建地主土匪武装逐渐特务化，在政治上更加狡猾反动，破坏性和危害性更大。

根据匪情变化，王树声要求全区部队实行工作队化，组织发动群众，进行清匪。

7月7日，王树声就清匪肃特做出具体部署：恩施全部、宜昌西部、员郧日南部加强重点进剿和驻剿，两者结合进行，剿匪部队与工作队有机配合，求得基本消灭股匪，部分地区肃清散匪，克服单纯的"保境安民"观点，积极主动地消灭外省侵扰之匪；一般边缘区结合部，应加强工作队化，进一步发动群众，运用群众力量配合地方公安部门，在群众中广泛建立情报网、谍报组，做好打入匪特内部工作，加强飞行小组与工作队联系，提高飞行小组的机动灵活性，以便及时了解情况，予以捕捉和消灭，达到肃清散匪、残匪，捉尽匪首；中心区主要是结合公安武装，组织群众民兵，周密地调查潜伏匪特，捉尽大小匪首，收尽匪枪，巩固群众优势。

7月，恩施军分区部队虽给匪以严重打击，但由于该区与川、湘两省毗连，地形复杂，边缘区会剿尚未组成，以致股匪仍能骑墙跳跃，乘隙流窜。8月，该军分区调整了剿匪部署，并开展了"剿匪荣誉竞赛月"，确定以歼灭南线股匪为主，重新组织了巴（东）建（始）恩（施）指挥部和宜（恩）鹤（峰）龙（山）指挥部，以1/3的兵力工作队化，组织内线清剿；以2/3的兵力由点到面，内外结合，展开对土匪的全面进剿。8月中旬，来凤县大队在王卯屋基地区歼灭了瞿波平匪部第六纵队第二支队张让生部70余人。9月，第一团在龙山西南的安抚司、小坳地区反复搜剿，结合政治瓦解，先后争取匪支队长向成先以下300余人投降。

至此，包括上半年全省又歼匪8600余人，除鄂西南地区尚有"川湘鄂人民反共救国军"瞿波平、陈士等主要股匪4000余人外，其他地区股匪基本被歼灭。

在剿匪部队的严厉打击下，8月后匪特活动不得不变换新手法：一是派人打入剿匪部队、农会、村政权、民兵等组织，长期埋伏，替土匪密送情报，取得联系，等待时机，里应外合，拖枪逃跑，或煽动暴乱与组织叛乱；有的以金钱、美女收买革命队伍的腐化堕落分子，为其利用；有的利用解放军的军人家属，要夫索子或造谣生事，动摇军心。二是基本上依靠边缘区、偏僻区和人民政权工作薄弱的地方，此剿彼窜，骑墙跳跃，隐蔽活动，保存力量，发展势力。三是采用精干武装，进行小型的、分散的、隐蔽的活动，采取"三组三人三地方"（分成情报收集、实施行动、转移三个组，每组三个人，分头活动）的活动方式，即使被发觉，也不易一网打尽。四是控制群众，威胁与暗杀群众积极分子和基层干部。五是利用封建迷信组织反动会道门，散布谣言，制造暴乱。六是抢劫物资，破坏交通。

根据匪特情况及上述活动特点，王树声适时地提出了清匪肃特的方法与对策："进一步深入工作队化，发动群众，组织民兵；军区基干武装与公安武装、民兵武装三者密切结合；统一领导，整顿内部；展开以隐蔽对隐蔽的斗争，加强政治攻势；并在每一个中心工作运动中，贯彻消灭少数股匪进入到肃清散匪与抉剔潜藏匪特的任务，以此实现以高级的军事战、政治战与群众战，结合更高级捕捉破案的技术斗争的方针，从根本上肃清匪特及其再起的社会根源。"①

1950年下半年后，剿匪部队出现了一些思想上的错误认识，主要表现在：过高估计剿匪肃特成绩，对匪特的新变化、阴谋诡计、社会基础估计不足；对群众迫切要求清匪肃特反霸的热忱了解不够；满足于过去的剿匪清匪与肃特的经

---

①《王树声军事文选》，军事科学出版社2000年版，第260页。

验，对匪特的新情况和上级指示了解与研究不够。因此，某些干部提出要下山，想收兵，或者对匪特情况变化多，形势发展快，感到"没办法"，产生"怕麻烦"的思想，对肃清匪特信心不大。

针对上述情况，王树声做了大量思想工作，要求加强清匪肃特中的思想领导。他说："没有很好的思想领导，就不会产生很好的行动实践。这就是要使我们部队充分认识新的匪特情况及其活动特点，认识匪特的活动已从军事斗争为主转为政治斗争为主，已从公开的斗争为主转为隐蔽的斗争为主，虽然残存土匪已接近肃清阶段，但斗争并不缓和，反而进入更加复杂、紧张、尖锐与深入的新阶段；新阶段的清匪肃特斗争是更复杂的阶级斗争，也是我们准备进行土地改革而敌人要破坏土地改革的斗争。"[①] 他要求从领导到广大战士对此都必须要有明确的认识，要求剿匪部队坚定胜利信心，克服轻敌麻痹思想及固执老一套的经验主义思想方法。

针对一些地方出现两个工作中心的问题（地方强调以地方工作为主，部队强调以清匪工作为中心），王树声向湖北省委建议成立各级"清匪肃特委员会"。他说："加强清匪肃特中的一元化领导，是很好执行新的清匪肃特方针与任务的关键。清匪肃特越进入复杂、尖锐的新阶段，斗争就越全面，一元化领导就越加重要。如果我们不加强一元化领导，各搞一套，互不帮助，显得无力，敌人就有空子可钻。"[②] 他强调："在地方各级党委统一领导下，军队方面在各种工作上要贯彻清匪肃特为主，地方农村工作、公安工作、民兵工作均应强调清匪肃特内容。在各地党委统一领导下，专门负责清匪肃特的部门应取得密切联系，协同动作。"[③] 根据王树声的建议，湖北省委和湖北军区于9月12日联合发出加强清匪肃特工作的指示，决定在省、区、县、乡各级成立"清匪肃特委员会"。该委员会以党委为核心领导，由军队指挥机关和地方的保卫机关、民兵机关、地方党委调查研究机关、公安机关等主要负责人组成，属同级党委领导的"办公权力机关"，对当地清匪肃特工作实行一元化领导，王树声任"省清匪肃特委员会"主任。

由于省、县边缘结合部，一般工作薄弱，易受土匪窜扰，很容易形成三不管。为此，王树声组织成立了各级清匪工作委员会作为统一指挥机构。要求这些地区在工委统一领导下，实行县、区之间的联防，规定联系制度。所有军分区之间、县与县之间，要有很周密的布置，统一指挥，吸收公安部门参加，有重点有对象地组织会剿、清剿；为搞好与外省的联合会剿，边缘地区应主动与邻省区联系，越界清剿匪特，主动供给邻省区情报，或向邻省区交换情报，协同动作。

针对散、潜匪采取隐蔽、分散活动的情况，王树声特别强调加强对隐蔽土匪的斗争。他提出了"对敌公开与半公开的组织如会门等应是打入内部，了解情

---

① 《王树声军事文选》，军事科学出版社2000年版，第260页。
② 同上书，第261页。
③ 同上书，第262页。

况，提早破案，避免损失；对敌秘密组织如特务机关等，应是长期埋伏，以求一网打尽"的方针，并规定了具体方法和措施：

一是利用降俘匪特，经过教育，打入匪特内部，给予他们任务，让其立功赎罪；二是利用匪特家属及与匪特有关的人员瓦解匪特；三是建立广泛的情报网，做到村村都有情报点，每村至少找10个可靠的农会会员或青年团员作为情报员，或利用可靠的复员人员，建立关系，给予任务，并利用妇女做匪特及其家属的工作。在新区与边缘区，发动全体干部通过亲朋好友等各种关系建立情报关系，交由公安部门和工作队或飞行组领导使用。对已建立群众优势之地区，给予积极分子以简单的任务，在农会中建立密报箱，对密报要详细研究，不受欺骗；四是训练可靠的民兵与农会会员打入匪特内部；五是在工作队中要建立情报小组与侦察小组，根据需要，化装成各种身份，做好侦察工作；六是加强部队与群众的清匪肃特教育，提高部队与群众的警惕性与识别特务的能力，加强内部审查工作，以堵塞与发现内奸活动。

王树声非常注意并及时纠正清匪肃特中发生的偏差，教育各级干部不能因怕清肃对象跑掉，或因工作水平低及不破案不过瘾而表现出斗争上的急性病，过早抓人破案，以审讯代替政策，掌握不住时机；不能随便运用反侦察手段，不能乱抓人，地方上要经县委批准，军队要经县大队或团一级批准；不能随便捕人，捕人权一般属于公安机关，除现行犯外，如要捕人，必须与公安机关取得联系。

在清匪肃特中，王树声强调采取工作组、公安组、飞行便衣战斗组与民兵相结合的组织形式与斗争方法。因为匪特多在边缘区潜伏与活动，以大的兵力解决不了问题。为此，他要求各级多组织小型精干的工作组、公安组、飞行便衣战斗组与民兵相结合，通过工作组发动群众，在群众中开小会查情况，问苦主、找对象、密报检举；以公安组进行侦察破案等技术工作；以飞行小组化装成各种社会身份，跟踪捕捉，穷追到底；利用民兵土生土长、人熟地熟的特点，由其带路进行搜捕。

根据王树声的指示，恩施军分区集中11个营的兵力，配合川湘友邻部队，10月份共作战17次，歼匪达735名；黄冈、孝感军分区以政治攻势为主，结合军事打击，消灭了"鄂豫皖剿总第二支队副团长"张玉华、新起土匪王秀清等。两区10月份共歼匪888人，缴获小炮两门，重机枪1挺，轻机枪8挺，各种枪支847支，子弹66792发，炮弹205发，炸弹1141枚及一批其他军用物资。

1950年11月，湖北境内尚有潜散匪特3000余人。这些匪特在某些边缘区仍以小股出没，在内地则转入隐蔽活动。这些残匪虽为数不多，但分散地区广泛，且大部是漏网的骨干分子，危害较大。同时，全区发现封建反动会道门及"地下军"组织达420多种，各地不断发生暴乱、抢粮、暗杀、纵火、投毒等案件。为此，王树声组织军区组成了8900余人的工作队，分散各地清剿。11月，恩施军分区歼匪1200人，黄冈军分区破获"反共救国军铁血青年团"，沔阳军分区破获"武装反共游击队""龙虎风云会"，宜昌军分区捕获中统特务"少将处长"徐亚东、"湖北绥靖师少将处长"柯柱等匪首16人。12月,孝感军分区破获"豫鄂皖赣人民反共救国军"八师、五师及"反共自治委员会",俘第五师、第八师师长马玉峰、祝幼民等60余人。11至12月份,全区歼匪2600余人。

1951年1月,湖北军区全面展开扩充新兵、部队集中整训、组织土改等工作。土匪、特务、恶霸和反动地主乘机蠢蠢欲动,于是,湖北地区出现了某些股匪复起的情况。对此,1月31日、2月2日,王树声又对清匪肃特工作做了明确指示,要求各级干部提高警惕,在思想上戒除骄傲自满情绪,加强敌情观念;在工作安排上不能因其他工作繁重而忽视清匪工作。

为了加强清匪治安工作,1951年4月,王树声、李先念做出组成专职清匪便衣工作队的决定。随后,全区成立了近800人的专职便衣工作队。王树声对专职便衣工作队给予了高度重视,并明确规定其任务是:消灭有形的股匪;远道捕捉潜匪和外区的知名匪首;搜剿本区潜散匪首匪众;镇压匪特及反动会道门的暴乱与骚动;协助公安机关侦察破案,破获匪特"地下军"组织与特务组织等;协助公安机关严厉镇压反革命活动,巩固乡村人民民主专政;经常注意调查收集匪、特、霸的活动情况与社会情况;在当地党委领导下,深入农村,参加群众运动,进行反霸、减租、土改、生产、救灾等工作;如发现新起股匪与大的暴乱时,在当地部队积极支援下,予以捕歼之。王树声非常重视清匪便衣工作队内部的政治工作,督促各级对其经常轮番整训,以轮训方法检查与总结工作,施以政治、政策、纪律与技术教育,以提高政治觉悟、政策水平与斗争技术。同时加强清匪便衣工作队公安化,结合公安部门和民兵武装"三位一体"地做好清匪工作。

为了捕捉匪首,专职清匪便衣工作队北到哈尔滨、山西、陕西、河南等地,南到中越边境之睦南关(今友谊关)、湖南、江西等地,东到上海、浙江、安徽等地,西到成都、重庆、万县等地,在省外捕获匪首达257人。除飞行捕捉逃匪外,分布在各地的便衣队还破获"地下军"及封建会道门组织110余起。

为了尽快肃清省、县交界等边缘区匪特,1951年5月7日王树声与李先念联合

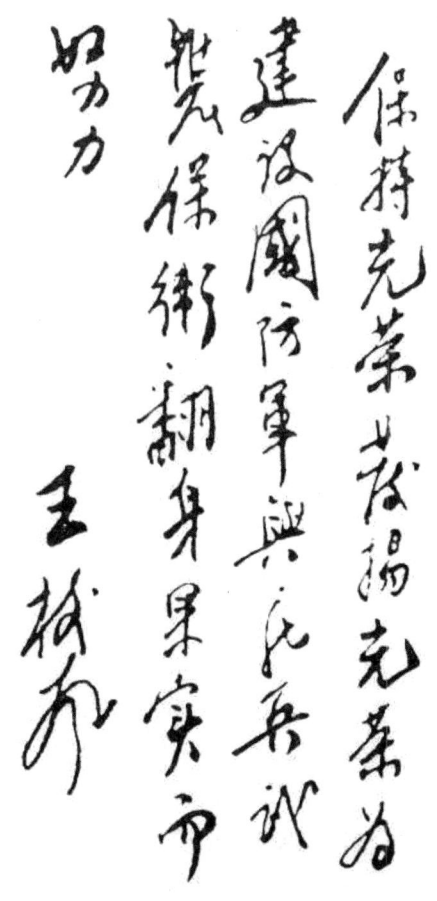

■ 1950年9月王树声为湖北军区首届英模代表大会题词

发出命令，以京山、钟祥、洪山、随县、应城5个县组成洪山清匪指挥部；蒲圻、崇阳、嘉鱼边结合部组成蒲崇嘉清匪指挥部；荆门、南漳、远安组成荆南远清匪指挥部；随北、应（山）北、礼（山）北组成随北清匪指挥部。之后，黄冈军分区为配合皖西军分区进剿，以毛岭区及桐山、五儿山为中心建立了英（山）罗（田）麻（城）与蕲（春）黄（梅）广（济）两个清匪集团。各清匪联合指挥部建立后，采取飞行捕捉、侦察破案、发动群众搜山围剿等手段，先后捕捉了熊启民、陈正安、廖异华等匪首，基本上消除了上述边缘区的土匪。

1950年11月至1951年10月，由于王树声、李先念及各级党委重视对清匪工作的领导，全区普遍建立了清匪治安委员会与清匪便衣工作队，因而在剔除潜匪、侦捕逃匪、搜剿边缘区股匪及协助公安部门侦察破案等方面，均取得了显著成绩。全区共捕歼匪特10081人，其中有罪大恶极的匪首1049人。

王树声在组织领导湖北军区清匪肃特过程中，付出了大量的心血，为彻底剿灭湖北匪特，建设新湖北做出了不朽的功绩。湖北军区自1949年6月至1952年12月，共歼匪特6.4万余人，彻底肃清了湖北地区的匪患。

二、领导军区整编与扩军

1950年3至4月，湖北军区根据中央军委紧缩机关、精干部队的指示，进行了第一次整编。这次整编，湖北军区除保留独立第一师外，独三师与黄冈军分区合并，独立第四师一部上调，一部与大冶军分区合并（独二师于1949年11月鄂西战役后奉命组成了恩施军分区）；各军分区之独立团大部编为县基干武装，各县之基干武装编为区基干武装。经过整编全区部队由12.5万人缩编为8万人，复员转业人员共约4.5万人，其中，排以上干部转业2395人，团以上干部转业120名；复员人员为参军1年半至两年的战士。

通过整编，精简了部队，支援了地方建设。但是，"由于准备不足，在执行中缺乏严肃性，在部队中留下了严重的不良影响"。① 部分复员人员返乡后，连种子、生产工具都没有，生活无着落，他们纷纷到部队反映情况，使部队在职人员的思想引起很大波动。王树声任司令员后，为妥善解决复员人员的生活问题，并抓好部队整编后的思想教育和稳定教育，组织军区派出慰问小组，对复员人员调查慰问，补发了家庭救济费，帮助他们解决生活实际困难，协助地方政府做好他们的安置就业工作，并教育他们永远保持光荣传统。同时，对留队人员进行了思想教育，从而稳定了部队的情绪。

朝鲜战争爆发后，中国人民志愿军于1950年10月19日出国作战。为了支援抗美援朝战争，扩军、组训、上调，成为此后一个时期湖北军区的中心任务。根据中央军委关于湖北全省在1951年春节前，需扩大新战士2.5万人的指示，

---

① 《王树声军事文选》，军事科学出版社2000年版，第230页。

1950年11月后，扩军运动逐渐在全省展开。针对一些人员表现出的"刚刚复员，又扩军"，"和平了就不要我们，拼命流血的时候又要我们了"等思想，王树声要求各级干部必须进行耐心的说服教育，告诉他们，过去复员，今天扩军都是形势发展的需要，革命者应该是人民需要我们做什么，就做什么，个人利益必须服从革命的利益。在扩军的同时仍要继续精减老弱，这与扩军并不矛盾，而是为了使部队更加精干，提高战斗力。

为了搞好扩军工作，他教育干部要充分认识扩军的重要意义，要把扩军和反对美帝国主义侵略、鼓舞战斗意志、克服太平观念的教育结合起来，指出扩军是准备战争、加强国防的重要步骤，也是制止战争、争取和平的重要步骤。同时，"要把扩军动员与清匪动员结合起来"，"要把扩军动员和平息复员引起的思想波动教育结合起来"。

王树声非常注意掌握扩兵政策。他特别强调严把质量关，不能滥收兵员，教育干部认识这次扩军与过去的不同，这次是为新中国选拔国防战士，要严格选拔条件；强调扩军中必须掌握自愿参军的原则，不得有任何勉强，严格防止行政指派和群众推举等现象；要注意在群众条件好的地区多扩兵，要在群众运动中、青年团员中、民兵中发现积极分子，作为扩兵对象。

在组织扩军的同时，从1950年12月1日开始，王树声组织湖北军区进行了第二次整编。这次整编主要是裁减一些非战斗人员和老弱病残者，以提高部队的战斗力，保障为抗美援朝战争提供源源不断的高质量兵员。通过这次整编，健全与扩大了组织机构，司令部的科改编为处，增设办公室、人民武装处，供给部、卫生部合并组成后勤部，建立了干部管理部。第四野战军第五十一军也在此之前拨归军区建制，全区扩编为10.2万人。

1951年1月，根据朝鲜战场作战的需要，湖北军区扩军任务继续增加。中共湖北省委、湖北军区党委提出"以地方为主，军队积极协助"的扩军方针，由于各级组织高度重视宣传，群众参军的积极性空前高涨，出现了父送子、妻送郎、兄弟相送的场面。至1951年3月底，全区完成第一期扩组新兵81058人，除去清洗和其他减员16917人，实际扩大64141人，超额完成了扩军49649人的规定任务。[①]

1951年3月，中南军区向湖北军区下达了第二期扩军的任务，要求在第一期扩军的基础上再扩军4万，于4、5月及6、7月份两次完成。根据中南军区的指示，王树声与军区党委研究后，于1951年3月31日确定了各军分区的任务："黄冈扩大六千人，大冶四千三、孝感六千、沔阳四千七、荆州五千二、襄阳五千，宜昌四千，恩施、郧阳各二千四百人。"[②]

为了完成扩军任务，王树声与其他军区领导一起深入动员，教育部队认识美

---

① 1951年4月，《湖北军区第一、二期扩兵总结》。
② 1951年3月31日，《湖北军区关于第二期扩军工作的指示》。

帝国主义侵略一日存在,扩军任务一日不能解除,只有充实强大的国防军才能战胜美帝国主义;健全及时的动员补充,是战胜敌人的必须条件,把完成扩军、上调看作与保卫祖国是同样重要和光荣的,任何倦怠、厌烦、消极情绪,都将直接影响抗美援朝的胜利。要求各级干部克服一切困难,努力完成任务。

任务下达后,王树声组织军区各级统一布置,广泛宣传,深入动员,形成了全省的参军热潮。4月至5月底,完成第二期扩组新兵86119人,除去清洗和其他减员44737人,实际完成41382人的扩兵任务。5月后,又零星扩充了1669人。两期扩充新兵168846人,除清洗、复员等减员外共扩军107196人。

为了迅速提高新兵的军政素质,并及时补充到战斗部队和抗美援朝前线,王

■ 1951年5月,王树声(前排左二)同李先念(前排左六)与志愿军归国汇报团合影。

树声着力组织领导了新兵组训,在全区抽调大批干部设立了办事处,组成3个暂编师(辖8个团)和18个补训团。新兵经过政治教育和军事训练后,于1951年3月上调34475人,补充到各军分区7401人。7月上调25441人,10月上调1万余人,零星上调0.5万人,其余1万余人补充到军区部队和公安武装。至10月底这次扩组工作全部完成,暂编师、团番号撤销。

军区第二次整编后,部队面临的问题是如何加强整训,提高部队战斗力。加强对第五十一军的改造,是亟待解决的问题。第五十一军由原国民党华中军政副长官、河南省政府主席兼第十九兵团司令张轸所率起义的部队改编而成,辖第二一一、第二一二师,共8100余人。1950年9月24日,第五十一军军部改编为中南军区空军领导机关,其所属部队划归湖北军区,第二一一师与黄冈军分区合编为黄冈军分区兼第二一一师;第二一二师与大冶军分区合编为大冶军分区

兼第二一二师。为了实现对第五十一军所属部队的改造，王树声奉中南军区的指示，在原来初步整训的基础上，采取抽调干部上学、复员处理、补充新兵、加强思想组织建设等措施对起义部队整训。期间，王树声几次亲率工作组，深入师、团机关和部队，召开干部、战士座谈会，了解干部战士的现实思想状况，研究军政训练计划。他告诫各级领导干部，在对起义部队官兵的教育中，要特别重视抓人民军队的根本宗旨、光荣传统和三大纪律八项注意的教育，使第二一一师、第二一二师的战斗力和军政素质有了很大提高。

1951年9月1日，中央军委正式颁布了二级军区以下部队编制及野战军整编方案。据此，10月，王树声组织湖北军区开始了以实行统一编制，减少机构层次，加强人民武装建设为主要内容的第三次整编。

当时，湖北军区在编制体制方面存在的主要问题是机关重叠庞杂，工作效率低下。有的干部不是从提高工作质量、改善工作制度和方法去解决问题，而是单纯地要求增加部门、增加人员，将科学分工机械地理解为必须一人一事或一部门一事，从而导致了机关臃肿、人浮于事，而连队长期存在严重缺额的现象。为此，王树声强调，这次整编"应在服从集中统一，建设正规化军队的前提下，进行深入的思想动员，说明编制只能适合于一般，要完全适合于任何单位、任何个人是不可能的，必须无例外的坚决彻底执行，克服过去无编制或有亦等于无的混乱状态。整编的重点是机关，必须贯彻精干的原则，反对以数量代替质量"[①]。

为搞好这次整编，王树声要求各级主要负责首长亲自主持，吸收司令部、政治部、干部部、后勤部各负责首长参加，组织各级整编委员会，讨论具体的实施步骤和计划，采取先机关后部队，并以领导机关、领导干部的以身作则和模范作用影响推动下属，派出得力指导组，具体帮助一两个单位的整编，以便获得经验指导其他单位工作。对编余人员应作适当的分配使用。

由于王树声等亲自组织领导，率工作组深入实际，加强对各级的具体指导，做耐心的思想工作，发现问题及时帮助解决，从而保证了第三次整编工作的顺利进行。

通过这次整编，将军区原有的16个独立团，缩编为6个基干团和2个营，撤销了县大队和区中队建制，其人员与县、区人民武装合并，成立了县、区人民武装部；军区直属队司令部取消处，编10个科，政治部取消了部缩为7个科，干部部编为3个科，后勤部取消处，编为5个科，另外设立了军法处。军分区机关原司、政、干、后各部（处）撤销，设参谋、政工、干部、组织动员、调查统计、军训、后勤等科和管理股、机要组、干部轮训队。整编后全区部队压缩到4万人。

与此同时，根据中南军区命令，湖北军区抽调8500人组成了工程第四师（下辖第十、十一、十二团），还抽调11125人组成4个水利工程团（第三、四、五、六团）参加荆江分洪工程，王树声任工程总指挥部副总指挥。任务完成后，8月下旬，参加荆江分洪工程的部队奉命分批上调补入中国人民志愿军。

[①] 1951年9月10日，湖北军区《关于整编工作指示》。

■ 1952年,湖北军区司令员、荆江分洪工程副总指挥王树声(右三)视察荆江分洪工程。

在此次整编期间,王树声还根据中南军区命令,于1952年3月组织完成了上调空军学员1085人的任务,为人民解放军空军建设输送了人才。

1952年9月,根据中南军区指示,王树声组织领导湖北军区进行了第二次扩军。到11月15日,完成扩兵2.1万人的任务,并于12月中旬全部上调,一部补入东北军区,一部补入中国人民志愿军。期间,根据中央人民政府革命军事委员会10月14日电令,王树声还组织第六三四团补入中国人民志愿军。

王树声组织湖北军区进行两次(三期)扩军,先后扩组新兵18.8万余人,除复员和清洗外,共上调10.46万余人。为抗美援朝战争的胜利,为加强海军、空军、公安部队的建设作出了重要贡献。

1954年9月,根据中央军委、中南军区对省军区编制规定,王树声又组织领导了湖北军区的第四次整编。通过这次整编,全区转业干部897人,复员干部410人、战士402人,干部调整2273人。整编后,全区编为7个军分区、75个县市兵役局,1个暂编团,1个训练团以及第43速成中学。

通过数次整编,湖北军区进一步精简了机构,理顺了关系,为进行正规化现代化建设打下了良好基础。

三、致力于军区部队建设

中华人民共和国成立后,人民解放军为适应正规化、现代化建设的需要,在全军开展了以文化教育为主的训练。1950年8月1日,中央人民政府人民革命军事委员会发出《关于在军队中实施文化教育的指示》，要求全军除执行规定的作战任务和生产任务外，必须在今后一个相当时期内着重学习文化，以提高文化为首要任务，使全军形成一个大学校。《指示》规定，文化教育要采取"速成的、联系实际的但又是正规的教育方针"；连队要以60%的时间进行文化教育；团以上机关要举办各种类型的文化学校等。1951年1月，中央人民政府人民革命军事委员会又发布了《关于1951年部队文化教育实施方案》，指出：今后的文化教育，应围绕战争与战备的需要，适应各种部队的中心任务抓紧实施，在1950年已有基础上，把文化教育工作提高一步，应特别重视组织领导干部的文化教育。

中南军区根据全区剿匪任务和生产任务的实际，对全区的文化教育作出了部署，决定从1951年下半年起，至少在1年内以70%的时间搞文化教育，以30%的时间进行军事训练、政治教育。

为了搞好湖北军区的文化学习，王树声首先组织机关分析调查了军区部队的情况，根据全区连队中文盲和半文盲占80%以上，连、排干部文盲、半文盲占2/3，他们的工作与文化水平很不适应这一实际情况，决定从1951年下半年起，部队以3年时间，干部学校以一年半至两年时间，进行以文化教育为主的整训，力争在3年内将战士普遍提高到高小毕业的文化程度，连、排干部提高到初中毕业的文化程度，营以上干部提高到相当高中毕业的文化程度，并规定文化教育要以干部为重点。

为了搞好军区的文化教育，王树声组织机关制定了具体的计划并着力抓好落实。在团和师以上直属队设立了在职干部文化补习学校，师、军成立文化速成学校，轮训干部；基层则是变连队为学校，真正做到近似完小①一样的正规，并按程度分班，设专任教员，规定了学制、课程，建设了教室，配发了课本，还制定了奖惩办法。

王树声很注意抓文化学习的组织领导，规定在团以上单位成立文化教育委员会，政治部（处）主任为主任，宣传部（科、股）长为副主任，由司、政、后、卫各部门首长参加，并成立了教育科（股）。为了提高学习效果，保证学习时间、地点和人员的落实，他要求不论哪种学习组织形式，都应当按正规学校来办，要用新的教学方法，反对形式主义的教学方法。

为了保证教学经费，王树声采取了五点解决办法：一是组织部队利用业余时间加紧进行生产和厉行节约；二是压缩办公杂费开支，半年内全区每人每日节米1两，用于教学；三是整理编制，精简机关，核实现有人员、马匹、车辆，消除虚报抛算，停止招收人员；四是重新确定地方武装的数额，超过者一律消减，限期复员；五是清理仓库，物资归后勤部门统一调配供应。

在学习过程中，王树声经常深入教学第一线，与教员和干部一起研究教学方

---

① 包括初级小学和高级小学的完整小学。

法，与战士一起讨论学习方法。他对身边的工作人员更是严格要求，并坚持每天检查他们的学习情况，使他们的文化学习进步很快。他非常重视教员的选用，规定每个连队要有3个教员，其中1个中心教员，必须由初中以上的知识分子干部担任；师团的补习学校要有3个教员，由高中毕业的干部担任；速成学校教员由10名大学毕业或大、中学教员担任。为了搞好文化学习，他与地方联系，鼓励和动员知识分子到部队中从事文化教育工作。

由于这次文化学习运动方针明确，认识统一，领导重视，措施得力，至1953年5月，占全区总人数80%的文盲、半文盲通过学习，其文化程度已提高到初小水平。随着文化水平的提高，广大指战员的求知欲越来越强，好学上进蔚然成风。部队文化水平的提高，为军队现代化和正规化建设打下了初步的文化基础。

在抓好文化学习、提高部队文化素质的同时，王树声下大力抓了政治整训和思想整风，以提高和平时期部队的政治素质。

随着形势由战争向和平建设的转变，一部分指战员开始不同程度地暴露出一些不良思想。这些不良思想主要表现在：一是居功自傲思想。一些干部总认为天下是自己打下的，对革命有功，满足于已经取得的成绩，不求进取，看不起地方同志。二是贪图享乐，不愿再过艰苦生活。有的干部战士贪污腐化、闹离婚，有的不愿上山剿匪，要求转业到地方工作，在部队造成了很坏的影响。此外，一些干部还表现出了官僚主义、事务主义、命令主义和本位主义等不良风气。

针对部队暴露出来的这些思想问题，王树声多次主持召开军区党委会议和政治工作会议，认真分析问题产生的原因，然后对症下药地采取了以下具体措施：一是组织与领导部队开展诉苦与立功运动。1950年6月至7月，组织军区部队开展了第一次诉苦运动。9月至10月，又开展了第二次诉苦运动，并结合剿匪

■ 1960年6月，王树声（右二）等参观全军文教积极分子代表大会成都展馆。（孟昭瑞摄）

和生产等工作开展立功运动。二是组织军区、军分区、团和大队各级开办短期轮训班，对干部和党团骨干进行政治教育及形势任务教育。三是以会带训，适时开好党代会、军人代表大会和各种会议，深入学习和领会毛泽东主席在中共七届二中全会上提出的务必继续地保持谦虚、谨慎、不骄、不躁的作风和务必继续地保持艰苦奋斗的作风的教诲，克服和纠正居功自傲、不求进取、贪图享乐、不愿再过艰苦生活等各种非无产阶级思想和官僚主义、本位主义等各种不良作风。

在抓好集中整训学习的同时，王树声要求各级抓好小、散、远单位的整训工作。有的部队党委、支部针对连队分散执行任务的特点，发动群众开动脑筋，进行日常政治思想教育，创造了不少行之有效的经验，王树声亲自指派工作组，帮助总结，在全区推广。一是教育分散独立活动的排级单位，坚决保证贯彻执行上级指示和支部决议，完成任务。二是以党支部委员、党小组长为核心建立排班办公制度，及时总结工作生活，研究工作，开展思想互助，解决实际问题。三是定期检查总结，开展群众性的三评活动。对战士评功、评好、评过，对干部评进步、评学习、评管理，实现思想领导。四是结合当地群众运动教育部队。如参加群众诉苦会、反霸斗争会、讨论会，向当地群众访贫问苦，从群众运动中提高阶级觉悟。特别是"三长碰头"①"四评三结"②等形式，生动活泼，内容朴实，广大士兵从中自我教育，自我提高。

通过以上各种形式的教育，广大指战员提高了阶级觉悟，焕发了革命精神，增强了执行纪律和完成任务的自觉性，全区部队的政治素质有了很大提高。

在加强部队官兵政治整训、思想整风和文化学习的同时，王树声还着力抓紧全区的军事整训，以提高部队的技术、战术水平。

由于湖北军区部队担负着繁重的支前、剿匪、生产、扩军、文化学习等任务，系统正规的军事训练如何坚持就成为一个大难题。为了保证各项任务的完成，王树声与军区司令部从实际出发，反复研究，科学决策，从1950年至1952年8月以前，重点抓好部队执行任务间隙的军事训练。训练内容则依据部队担负的任务而定，主要组织部队进行军事体育、基本技术、战术的训练，同时大力抓好干部的培养与训练，组织办学校与教导队。期间，结合扩兵抓好新兵军事训练，保证了向上输送兵员的质量。随着工作任务的转换，根据实际，1951年4月，王树声提出在全区加强以五大技术③为主要内容的军事训练，8月组织全区展开军事大练兵活动。为了提高军事训练的效果，消灭训练死角，9月王树声提出在分散执行任务的部队中采取轮番训练的方式，以及"官教兵、兵教官、官教官、兵教兵，边教边学，互教互学"等群众性练兵的方法。

---

① "三长碰头"指正副班长、党小组长、互助组长交换意见，汇集情况，对战士进行评定和个别谈话。
② "四评三结"指开会时，在个人报告情况的基础上大家评论四点：工作成功或失败、思想意识好坏、是否团结友爱、作风是否正派。评后做出小结，一是总结个人成绩大小，进行登记；二是总结应该给谁记好；三是总结工作经验，使大家工作提高。
③ 五大技术指射击、投弹、刺杀、爆破、土工作业。

在组织军事整训中,王树声很注意提高部队的思想认识。他教育部队要坚决反对缺乏敌情观念的和平练兵思想,主张以备战姿态进行训练,从战斗实际出发。当时,中央军委要求:营以上干部除懂得各兵种知识外,还要懂得联合兵种作战的组织与指挥;连排干部除熟练技术外,还熟悉连排指挥及与其他兵种配合作战的知识;战士主要进行三大技术[①]训练。王树声结合湖北军区担负任务繁重和现有军事水平低(主要是新兵多、下层干部教育能力弱)等实际情况,将训练分为两步走,即第一步把重点放在三大技术与从单兵教练到班战术的训练上,第二步提高训练水平,向更高层次发展。这样,避免了样样学、样样学不好。

王树声注意纠正军事训练中的形式主义,反对一提正规化就在制式教练上"转圈子"的做法。他强调要把革命战争中的经验运用于训练中,特别是要把抗美援朝战争中的作战经验与技术、战术训练结合起来,提高训练的针对性,保证了训练效果,提高了入朝参战人员的适应性。为了检验训练效果,1951年10月,他组织召开了全区练兵运动大会,进一步推动了练兵热潮,提高了部队战斗力。

王树声重视贯彻共同条令,以加强部队的正规化建设。

战争年代,由于客观条件的限制,各部队的规章制度很难统一。全国解放后,为了统一全军的规章制度,适应正规化、现代化建设的需要,中央人民政府人民革命军事委员会总参谋部根据毛泽东主席的命令,于1951年2月1日,颁布了中国人民解放军《内务条令(草案)》《队列条令(草案)》《纪律条令(草案)》(统称共同条令),要求全军试行。

共同条令(草案)颁布后,王树声组织湖北军区就执行条令问题进行了专门研究,并制定了具体措施,要求从日常生活做起,加强各种制式教练,不论新老战士及干部,都要从头做起,都要确实做到正确的制式动作。与此同时,王树声还强调贯彻条令

■ 1953年,王树声(右一)陪同毛泽东主席在湖北考察。

---

① 三大技术指射击、土工作业、投弹。

不能生搬硬套，要结合部队实际，必须足够重视革命战争中的经验，要发扬部队过去的优良传统与作风。部队通过学习贯彻条令，行政管理得到加强，军容、军纪得到整顿，部队建设开始走上正规。

1953年5月1日，三大条令正式颁布后，王树声领导全区掀起了贯彻条令的热潮。他根据毛泽东主席关于全军执行统一的军事训练的指示，结合湖北军区实际，制定了军事训练中贯彻条令的措施，要求通过条令学习和训练，养成正规的军事生活作风与顽强的战斗意志，养成紧张迅速、动作确实、姿态端正、礼节仪表良好的军人姿态，树立高度的组织性、纪律性、准确性，并始终贯彻在日常生活中。

为了克服过去训练时严，平时松，教练场内严，教练场外松的现象。王树声带领工作组深入到训练生活第一线，与干部战士一起研究领会条令内容实质，研究如何加强日常养成的方法，他在倾听干部战士意见的基础上，制定了贯彻执行条令的具体措施。王树声以身作则，带头按条令办事，为部队做表率。他提出学习贯彻条令要先机关后连队，先干部后战士，以机关推动连队，以干部影响战士。

通过对条令的学习和贯彻，全区机关和部队克服了游击习气、自由散漫等现象，部队面貌有了很大改观。

在致力于军区部队建设的过程中，王树声十分重视各级党委的建设。他说："坚强的党委及支部的领导，全党全军的团结，党的质量的提高，青年团积极作用的发挥，党的组织性纪律性的加强，正确作风的树立，立功运动的开展，是完成一切任务的关键。"[①]他不仅在理论上，而且在实践中一直重视党的建设。

1950年5月，他主持湖北军区工作后，针对一些单位的党组织涣散，缺乏民主，党委制与首长制混淆，集体领导与个人负责制结合不够，批评与自我批评的空气不浓以及党委成员、上下级之间不够团结等现象，强调指出：要加强党委建设，加强党对军队的绝对领导，必须大力提倡集体领导的作风，高度发扬民主，开展批评和自我批评，确实做到集体领导，分工明确，不能将党的决议停留在纸上，要贯彻到实际行动上；党委委员之间要坚持原则，大公无私，互相了解，互通情况，建立共同语言；上级党委对下级党委不团结的现象要从思想上帮助解决，上下级之间、委员之间要培养深厚的革命友谊；加强对下级的思想领导，批评与表扬相结合，调动下级积极性，不仅多要求，更要多帮助；要少迁就，加强严肃性。

王树声重视改进各级党委的领导作风、工作作风和工作方法。他要求各级党委要善于根据上级指示、本单位的实际情况，抓住要害、关键性的工作，充分讨论研究，贯彻执行。他认为只有抓住要害，贯彻到底，才能保证中心任务的完成，才能解决重大问题，工作才能主动。他要求各级党委要善于发挥机关的作用，在大政方针确定之后，应该组织机关力量，围绕中心工作去布置实施并进行

[①]《王树声军事文选》，军事科学出版社2000年版，第315页。

督促检查，进而充分发挥机关的积极性创造性，克服党委领导上的事务主义。他还要求各级党委要善于发挥党团及干部的作用，通过会议等各种形式将党的决议传达给所有党员、团员、干部，首先为他们所掌握，经过他们的带头，团结广大群众，把党的决议变成群众的统一意志，从而形成群众性的运动。

■ 王树声为湖北军区《军事通讯》题词

在部队正规化建设中，王树声特别注意抓好司令部建设。他认为：司令部机关是建设与指挥部队的机关，要加强军区建设，建设强大的国防军，完成各项任务，必须加强军区司令部工作建设。他要求各级党委和首长必须高度重视司令部工作，必须在工作上予以支持，使参谋人员真正成为党委和首长的有力助手。

为了加强司令部建设，提高参谋人员的素质，1951年4月王树声组织召开了军区首届参谋工作会议。会上，他特别强调参谋工作应有精密、准确、雷厉风行、坚决贯彻、深入钻研、实事求是的工作作风。

为了克服有些人把参谋工作看作"打杂""附属""有职无权"，以及一些参谋人员不安心参谋工作等错误思想，王树声注意抓好参谋人员的思想建设。他教育参谋人员要牢固树立干参谋工作光荣的思想，要从思想上认识参谋工作的重要性：参谋工作是保证组织训练和指挥部队的工作，是掌握军队机密的工作，是国家和党最重要、最光荣的工作之一。针对一些参谋人员的怕麻烦思想，他指出：干革命就是一个麻烦事情，没有不麻烦的革命工作，参谋工作虽然比较麻烦，但它又是科学的、精密的、有条理的。因为怕麻烦而不安心参谋工作是不对的。针对有些参谋人员虽然有丰富的战斗经验和工作经验，但因文化程度较低，工作有困难而不愿意做参谋工作，他教育大家只要有决心学习，文化程度是可以提高的。通过思想教育，克服了各种对参谋工作的不正确认识，使大多数参谋人员做到了安心工作，钻研业务，坚守岗位，长期打算，为进一步加强司令部建设打下了坚实的思想基础。

王树声重视对参谋干部的培养和制度建设。为了提高参谋干部的工作水平，除组织军区举办参谋干部训练班以外，他还采取了许多行之有效的措施：一是在日常工作中要求参谋干部加强学习，广泛采取"带徒弟"的方法，借以提高老干部，培养新干部。二是加强对参谋人员的工作方法指导。他教育参谋人员应深入了解情况，采取各种手段搜集材料加以科学地分析和综合研究，及时发现问题，加强工作的预见性和主动性；根据情况主动地、精密地拟出计划、方案，提供给指挥员参考。要有魄力地主动贯彻指挥员的决心，克服工作的被动性和无计划的事务主义作风；要经常检查督促和定期总结

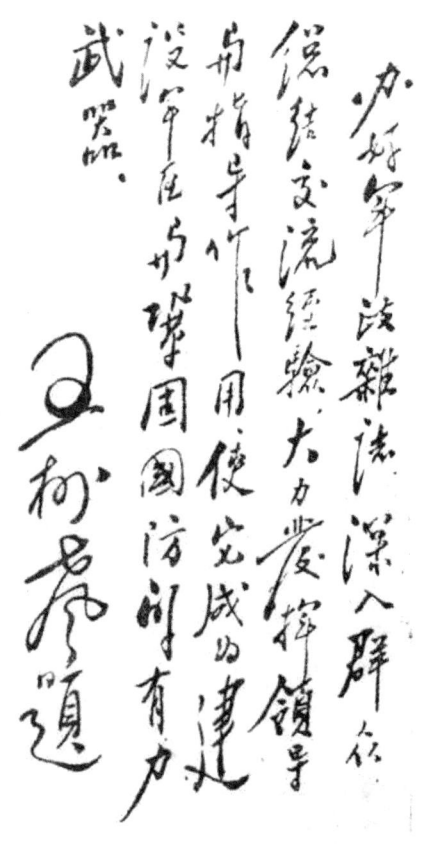

■ 王树声为湖北《军政杂志》题词

工作，及时总结经验、交流经验，纠正偏向；要贯彻群众路线，发扬所属干部战士的积极性和创造性，善于集中他们的智慧，推动工作开展。三是抓好参谋人员的工作作风。他提倡精密准确的作风，反对"估计""大概""差不多"的游击主义作风；提倡雷厉风行的作风，要求做到迅速紧张，有问必答，有批评必检讨，有指示必研究布置，反对疲沓、拖延、推诿的工作态度；提倡深入钻研的作风，随时随地深思熟虑地分析和研究问题，反对飘浮、表面、形式主义；提倡实事求是的作风，订计划、作指示，要切实符合下面的实际情况。一切工作要有效果，要求参谋人员少说多做，说到做到，不要争功，踏踏实实，埋头苦干，做好自己的工作，切戒华而不实，夸夸其谈；提倡艰苦朴素的作风，发扬艰苦奋斗的优良传统，要求兢兢业业、刻苦自励，为党为人民忠诚工作。四是鼓励参谋人员加强文化和业务学习，不断提高自身素质。他认为没有充分的文化业务知识，要做好参谋工作是不可能的。为此，他要求各级司令部要订出参谋人员学习文化和专业知识的计划，切实执行。除此之外，他还要求每个参谋人员应随时随地挤出时间主动学习。此外，为了提高司令部机关的办事效率，加强机关正规化建设，他亲自组织充实机构、健全制度。在他的领导下，各级司令部机关建立了工作检查制度、总结制度、请示报告制度、办公制度、负责

制度等。

由于王树声重视对司令部机关的建设和对参谋人员的培养，从而保证了作战、训练各项任务的顺利完成。

王树声主持湖北军区工作期间，依据形势的发展，并结合军区实际狠抓文化教育、军政训练、贯彻共同条令、加强党委建设、加强司令部建设等工作，推动了军区的全面建设。

四、推进普遍民兵制

王树声主持湖北军区工作后，根据中共中央和中南军区关于加强民兵建设的指示，与李先念等一起，组织领导军区各级党委和人武部门，开始从组织上、政治上、军事上全面加强民兵建设。

由于湖北省委、湖北军区领导重视，至1950年8月，全省民兵发展到219569人。民兵在清匪反霸、减租生产、镇压反革命、维护社会秩序、保卫土地改革等方面发挥了重要作用。据41个县的不完全统计，民兵共作战687次，毙俘敌匪1026人，缴机枪16挺，小炮5门，长短枪1267支，子弹9万余发。

但是，这时的湖北民兵建设仍处在初级阶段，还存在着不少问题：领导机构不健全，各种制度不健全，民兵工作陷于自流状态；民兵组织不纯，一些地区的民兵不同程度地存在着作风不够好、脱离群众的现象；全省各地区的民兵发展不平衡；有的领导对民兵工作的重视程度不够。为了解决这些问题，他采取了一系列措施：

第一，在全区内加强民兵工作重要性的教育。他指出，民兵现在担负巩固胜利果实、维护社会安定的任务，不仅是人民民主专政在农村的支柱，而且将来是整个国家的动员基础，是国防建设的后备力量，因而民兵建设是一项长期而艰巨的任务，民兵工作必须成为军区工作的基本任务之一，任何不愿做或轻视民兵工作的思想都是错误的。他说："基干武装、民兵武装与公安武装三者缺一不可。他们的具体任务虽有不同，但是同样都是巩固人民民主专政的有力工具，具有同等的重要性。对于这三种武装的重要性及其相互关系必须有正确的认识，给予同样重视，进行整理建设。"[①]他要求各级党委要把民兵工作提高到国防建设的战略高度来抓。通过教育，全区各级都主动地把民兵建设作为一项长期任务来抓，这对湖北军区人民武装建设具有重要的意义。

第二，建立健全民兵工作的各级领导机构。针对民兵组织领导不健全的问题，结合湖北省民兵建设的实际情况，1950年5月28日，王树声主持制定了《湖北民兵组织暂行条例》，对湖北民兵组织建设做出了统一规定，使湖北民兵建设有法可依，有章可循。为了加强对民兵建设工作的领导，6月14日，他提出

[①]《王树声军事文选》，军事科学出版社2000年版，第291页。

"抽调干部，建立民兵工作的领导机构，每区设正副职两个干部专做民兵工作"。据此，9月中旬，湖北军区成立了人民武装处，设组织、宣传、训练3个科；各军分区设人民武装科；县设民兵支队部；区设民兵大队部。10月后，各级人民武装机构相继建立，人武干部陆续配齐。到1951年3月，全省各军分区建立人民武装科9个，县支队部71个，区大队部391个，配备人武干部991人。为了进一步加强民兵工作的领导，使民兵工作制度化，1951年4月24日，王树声、李先念等组织湖北军区制定签发了《各级人民武装部的组织及编制问题》。5月，按照规定的编制，湖北军区、各军分区、县、区分别在人民武装处（科）、县支队部、区大队部的基础上，成立了军区、军分区、县、区武装部。到1951年底，全省配备县区人武干部2350人。与此同时，他多次与湖北省委、军区党委研究如何加强县、区、村各级党组织对民兵的政治领导以及如何使有关部门密切配合，以加强基层民兵组织建设。决定以县委书记兼县人民武装部政委、公安局长兼副部长，区委书记兼人民武装部教导员、区青年委员会书记兼副教导员、公安助理员兼副部长，村支部书记兼民兵队指导员、共青团支部书记兼副指导员、治安员兼副队长。这样既加强了各级对民兵工作的领导，又便于各部门就民兵建设问题的协调与配合。至1953年底，全区成立75个县武装部，784个区武装部，配备干部2905人。

在组织领导加强人民武装部建设的同时，王树声还组织领导了各级人民武装委员会的建设。人民武装委员会是各级地方党委领导下的各级人民武装工作机构。根据中南军政委员会的指示和湖北军区的实际，1950年10月22日，湖北省委、湖北军区联合发出炎于建立县区临时人民武装委员会的指示》，规定县武委会由7至9人组成，区武委会由5至7人组成，县（区）委书记为主任，县（区）长和专管民兵工作的负责干部为副主任，农协、青年委员会的负责干部为副主任或委员。1952年11月，湖北省人民武装委员会正式成立，省委第二书记刘子厚任主任委员，王树声任副主任委员。1952年12月，湖北省委、湖北军区作出决定，各地委、县委、区委及地方支部均须吸收有关部门主要干部组成各级人民武装委员会，主任委员由同级党委书记兼，副主任委员由同级武装部门负责人担任。根据决定，地区级人民武装委员会于1952年底成立，县、区、乡级人民武装委员会于1953年3月成立。

在抓好民兵领导机构的同时，王树声还下力抓好基层民兵组织的建设。民兵组织既是军事组织，又是不脱离生产的劳动群众组织。为了搞好民兵组织建设，他要求各级要很好地运用民主集中制的组织原则，在选拔民兵时要实行民选委任制与民兵代表会议制相结合的制度。

由于王树声的组织领导，湖北军区的民兵领导机构至1952年底基本健全，为湖北民兵进一步建设和发展，提供了组织保证。

第三，整顿民兵组织。整顿民兵组织是确保民兵组织落实的一项重要措施，是人民武装工作的一个重要内容。湖北解放初期，有些地方脱离群众运动的基础，以行政命令和包办代替的手段发展民兵组织，登门造册，适龄登记，强迫摊派，造成了民兵的思想不纯、组织不纯和作风不纯等问题。为此，王树声对全省民兵进行组织整顿。整顿的内容主要包括宣传教育、出入转队、改选干部、登记核对、总结工作、建立健全活动制度等。在纯洁民兵组织方面，王树声领导各级采取了以下行之有效的措施：

一是进行重点整顿。针对某些军分区民兵中存在"三怕"（怕"变天"、怕误生产、怕当兵）思想和组织、作风不纯的情况，王树声在1950年9月湖北军区整风大会上要求"对现有之民兵，应进行审查与整顿。整顿审查的重点应放在乡级民兵干部。整顿中应以教育为主，清洗为辅。应采取群众路线，发扬民主的方法，从开展群众性批评与自我批评中去进行。应结合农民翻身斗争，从斗争的考验中来审查整理"①。之后，他组织领导对全省民兵进行了"三查"（查成分历史、查思想、查工作作风），并在此基础上加强教育，引导民兵以民主方式订公约、纪律、计划和民兵条件，改造落后，团结进步，淘汰不能改造者及阶级异己分子，并以民主方式对不符合民兵条件的人员进行清洗。

二是对民兵组织进行验收。为了保证整顿后民兵组织的纯洁，王树声组织了对全省民兵组织整顿后的验收工作，并制定了严格的验收标准，主要包括：民兵组织中没有地主、富农、兵痞、流氓、敌伪排以上军官、伪政府乡保以上人员、反动会道门头子等；班以上干部一律经民选、领导审查委任；组织要统一，乡队部下设分队，分队下设班，已建基干队者，设基干班和基干分队，动员女民兵退出民兵加入妇女会；乡党团支部要掌握民兵，武器要掌握在可靠的人手中；建立初一、十五民兵日制度，进行民兵会议、教育等活动。对验收中不符合标准的民兵组织限期进行整改。

三是合理进行民兵编组。王树声根据民兵既是民又是兵的特点，从实际出发，确定了"便于领导，便于活动，便于执行应急任务"的原则，使之与生产、行政组织相适应。根据这一原则，按照《湖北省民兵组织暂行条例》在各区编组了民兵大队，大队长由区武委会主任兼，教导员由区委书记兼；乡（镇）编民兵中队，中队长由乡（镇）武委会主任兼；村编民兵分队和班，正副分队长和正副班长分别由民主选举产生。5至15人编为1个班，2至5个班编为1个分队，2至5个分队编为1个中队。中队以下基干民兵和普通民兵分别编组。基干民兵1个村编1个班，1个乡约100人，1个区约300人。

四是结合群众运动进行整顿。王树声注意抓住进行土改、抗美援朝、镇压反革命等运动的时机，并结合秋征、减租等工作复查整顿民兵基层组织。在组织领导审查、整顿、发展民兵组织时，坚持"民兵建设的总方向与总任务，是要把广大的青壮年在不脱离生产的条件下组织起来，给以必要的军事、政治训练，进行清匪肃特，镇压反动，维持社会治安，以巩固人民民主专政，并从建立国家动员

---

① 《王树声军事文选》，军事科学出版社2000年版，第290页。

基础，进而逐渐地过渡到义务兵役制"的方针，他要求"民兵的建立应采取有步骤的有计划的慎重的态度。在群众自觉自愿的基础上建立一支为共产党领导的群众性的人民武装，其组织成分必须保持阶级的纯洁性。要想达到这一要求，就必须结合农民翻身运动，吸收雇、贫、中农成分、政治上清白的，在斗争中表现积极的优秀青年参加，而不能孤立地去进行"[①]。据此，他领导各级在整顿民兵组织中依靠群众，依靠党、团员，有重点地审查了民兵干部和骨干，对问题较大的民兵组织采取正面教育、清除不纯分子的整顿方法；对组织严重不纯，领导权掌握在地主恶霸手中的，则集体解散，依靠贫雇农重新组建。通过整顿，全省清除不纯分子4万多人。

五是在整顿中慎重地发展民兵组织。为了保证民兵质量，王树声主张按照"循序渐进，巩固发展，重点训练，积极提高，由小到大，稳步前进"的方针发展民兵，并规定参加民兵的条件是"历史清白，政治纯洁；积极参加生产的贫雇中农，不要二流子；经过政治考验在阶级斗争中表现意志坚决的"[②]。还结合湖北的实际规定了组织民兵的原则：结合土改发展民兵，采取召开村、区、县代表会议，通过选举的方式进行；民兵组织要在党的领导下，掌握在贫雇农、农会、青年团的手里，防止匪、特、霸打入内部篡夺领导权；作风正派，不能脱离群众，在群众中树立当民兵光荣的思想，使人敬爱。他还要求各级吸收大批党团员、复员军人和对敌斗争积极分子参加民兵。由于方针明确，措施得力，各地在保证质量的前提下发展民兵组织，使全省民兵数量由1950年12月的26万人，发展到1952年9月的104.2667万人，其中基干民兵76415人，占民兵总数的7.3%。

第四，加强民兵建设中的政治工作。政治工作是民兵建设的一项重要内容，是实现党对民兵工作绝对领导，坚持民兵工作正确的政治方向，提高民兵战斗力的有力保证。为解决湖北民兵作风不够好，脱离群众的现象，王树声一直把民兵政治工作作为一件大事来抓。他说："政治工作是人民军队的生命线，民兵同样需要坚强的政治工作。""如果民兵中没有坚强的政治工作，如果不把这样庞大的民兵队伍完全置于党的领导与掌握之下，使之真正成为人民的武装，那么，势必发生乱子，坏大事情，这是非常危险的。"[③]他认为要把分散的个体农民组织训练成为具有高度的政治觉悟和高度纪律性的人民武装，是一个长期、艰苦的建设过程，必须以高度的责任感与坚毅精神，克服困难，逐步地进行民兵政治工作建设。为此，他根据民兵群众性、分散性又带军事性的特点，创造性地开展民兵政治工作。

王树声注意把对民兵的政治教育与党的各项中心工作结合起来进行。1952年前，湖北的中心工作是进行清匪反霸、土地改革、土改复查和抗美援朝，民兵的政治教育也是围绕这些工作展开。结合清匪反霸，加强阶级教育，进行忆苦思甜，

---

① 《王树声军事文选》，军事科学出版社2000年版，第290页。
② 同上书，第273页。
③ 同上书，第360页。

王树声为《民兵工作通讯》题词

开展新旧社会及两种政权、两种军队的对比,提高民兵的阶级觉悟,树立当家作主的思想;结合抗美援朝,进行爱国主义教育。通过控诉美帝国主义发动侵朝战争的罪行,回忆日本帝国主义侵略中国的罪行,开展抗美援朝运动,动员民兵带头参军参战;结合土地改革运动,进行社会主义建设教育。通过两种政权的对比,号召保卫人民政权,保卫胜利果实;结合各种工作,开展立功、创先活动,激发民兵斗志。从1950年至1952年6月,全军区涌现出民兵模范单位343个,模范个人19614人。随着党的工作重心的转移,1953年后,对民兵进行了热爱中国共产党,带头走社会主义道路的教育。

王树声注重加强对民兵进行经常性的思想政治教育。他要求各级抓好民兵的日常思想教育,并把思想政治工作贯穿平时的训练和执勤等各项工作中;在执行急难险重任务中,加强战前动员,开展立功受奖等活动,保证各项任务的完成;采取以情感人,以理服人,以诚帮人的方法,加强后进民兵的思想转化工作。为加强民兵教育,指导民兵建设,1950年12月,王树声组织湖北军区主办了《民兵工作通讯》,并亲自为该刊题写了刊名并题词:

> 出刊《民兵工作通讯》是建设民兵的重要方法之一,特别是研究民兵建设怎样随着群众斗争的发展而发展的具体道路,并及时加以总结,集中起来,坚持下去。这样,《民兵工作通讯》就会在整个民兵建设工作中起着重大的指导作用。

王树声主张在民兵工作中,采取"争优创先"树典型的工作方法。各种形式的创先活动是民兵政治工作的重要内容和方法。为此,王树声特别重视把民兵政治工作与清匪反霸、土改镇反、抗美援朝、发展生产等运动结合起来,开展"立功创模""评功记好"活动,大大激发了广大民兵"争先创优"的积极性。通过

"争先创优"活动,涌现出一大批优秀民兵,在湖北军区1950年9月召开的第一届英模代表193人中,就有9名民兵代表。为了加强民兵工作,1951年5月,湖北军区召开第一届民兵会议,给31个模范单位发了奖旗,为83名民兵英雄、模范颁发了奖状。王树声为大会题词勉励英模:"英雄的民兵,模范的民兵,是在人民群众斗争中不断地成长起来的,同时又成为人民翻身利益的有力的保卫者,这是无上的光荣,希望继续不懈的努力,以保持光荣,发扬光荣!"为了鼓励民兵"创先",1952年结合八一建军节,王树声组织全省民兵普遍举行了以评模为主要内容大检阅,共评出了32个模范分队、54个模范中队、184个模范小队、13个模范基干队,一、二、三等模范约2万人。

■ 湖北军区召开英模大会,司令员王树声亲自到会场门口欢迎英模。

王树声特别强调加强民兵的干部工作。他要求各级加强对民兵干部的培养,不断提高他们的军事、政治、业务水平和工作能力,使其能领导民兵完成各项任务。为培养民兵干部,王树声组织湖北军区和各军分区成立了专门的干部训练机构,并配备了得力干部。他注重抓骨干,重视骨干的训练,认为"骨干要强,民兵要靠得住",通过骨干再训练民兵,并规定训练任务主要由县、区两级负责。为培养骨干,1950年,他领导全省军分区、县、区,结合当地情况,开办了干部训练班,组织民兵积极分子集训,培训民兵基层干部和民兵积极分子2453人。1951年,王树声领导湖北军区和各分区举办人武干部训练队,分期分批进行民兵干部训练,训练内容从忆苦教育、新旧社会对比入手,提高对建设民兵武装的重要性教育,结合土改复查进行思想教育和业务教育,全年训练区以上干部837人。1952年,为适应人民武装建设的需要,王树声组织湖北军区党委研究确定要普遍对民兵基层干部加以训练,全省对乡正副队长、部分分队长,进行了政策纪律、中国人民解放军光荣传统、民兵建设方针政策、民兵业务等教育和训练。至1953年6月湖北省共培训民兵基层干部3.9万余人,有力地推动了全省民兵的发展。

第五,加强民兵的军事训练。民兵的军事训练是民兵建设的重要组成部分,是提高民兵军事素质,增强民兵战斗力的重要手段。针对民兵训练工作不健全,

在湖北军区英模大会期间,王树声向战斗英雄们敬酒。

流于形式的情况,结合民兵和平时期担负的"维护地方治安,巩固农村人民民主专政"的任务,1951年10月,王树声决定对全区民兵进行较正规的军事训练。训练内容包括民兵业务、手中武器的保管与使用、对付空降特务和空投细菌、治安常识等。考虑到农村分散的情况并从节约财力出发,王树声提出了民兵训练应本着"不违农时,不误生产"的原则,多采取分散方式。至1954年统计,全省共训练民兵141万余人。

第六,建立基干民兵,打下普遍民兵制的基础。基干民兵是民兵的战斗骨干队伍,是执行战备执勤和作战任务的"拳头"。平时,他们是保卫生产、维护社会治安、巩固政权的一支重要力量;战时,是兵员动员的坚实基础和配合部队作战的有力助手。王树声说:"民兵基干团是民兵中的一部分,是执行三大任务[①]的骨干力量,也是对民兵进行军事、政治、文化、训练的重点,并按人数发给一部分枪支,使他们更能有效地担负起保卫生产建设、巩固农村治安、保卫祖国的任务。"[②]为适应普遍民兵制向义务兵役制过渡的要求,王树声下力抓了基干民兵建设。他组织各级采取了行之有效的措施,主要是将合乎条件的人员,经过宣传教育,动员自愿报名参加,发动群众评议,领导批准,然后组织起来。他还组织军区人武部门,按每县人口多少、工作基础强弱等情况,逐渐建立民兵基干武装,并将重点首先放在土改与土地复查区。他还要求基干民兵的条件与中国人民解

---

① 指生产、土地改革、建党建政。
②《王树声军事文选》,军事科学出版社2000年版,第385—386页。

放军的要求一样，以备以后实行义务兵役制。1952年3月，湖北军区开始了以县为单位，建立民兵基干团的工作。5月，首先组织基干连进行试点，摸索经验，9月在浠水建立了第一个基干团，共1978人；配备各种枪635支。然后向各地推广，由小到大，稳步前进。至1953年底，湖北军区共建立民兵基干团16个，基干营72个，基干连534个，基干排1400个，基干民兵31万人，民兵总数达192.8万人。

在王树声与李先念的领导下，湖北军区经过两年多的努力，到1952年底，民兵建立健全了领导机构、纯洁了组织、改变了作风、发展了数量、培养了骨干，为湖北省实行普遍民兵制打下了坚实的基础。

王树声为湖北民兵题词

1953年，湖北省同全国其他地区一样，开始实行普遍民兵制，民兵建设进入了全面发展的新时期。至1953年底，全省民兵发展到156.6万多人，民兵基干队员达31万多人，基层干部5.18余万人，总计达192.8万多人，占全省总人口的9%。同时民兵的政治质量也加强了，民兵中有党员2.13万多人，团员15.57万多人，党团员占民兵总数的9%。至1954年底，全省民兵发展到400万人，成为一支强大的人民武装，在保卫社会治安和保卫生产、发展生产中发挥更大作用，为过渡到义务兵役制，创造了有利条件。

几年中，在王树声等的领导下，湖北民兵建设取得了很大成绩，在湖北省的建设中发挥了巨大作用：

在剿匪反霸中，全省民兵利用人熟、地熟、匪情熟的有利条件，积极配合部队作战或单独作战，取得了相当的战绩。据不完全统计，1950年至1952年，单独或配合部队剿匪作战7496次，参战人数96353人，毙、伤敌人4523人，俘敌7405人，瓦解敌237人，缴获枪支29300余支，轻重机枪176挺，各种炮326门，刀矛69046把，子弹515358发，炮弹9865发，手榴弹9506枚，火药5096.5公斤，为保卫土地改革，巩固新生政权作出了重要贡献。在剿匪斗争中涌现出了32个模范乡队，54个模范中队，61个模范分队，13个模范基干队，民兵特等及一、二、三等

■ 王树声（右）同李先念在荆江分洪工地

模范 19614 名，剿匪英雄 1 人，民兵英雄 1 人，立大功的 1 人。

在参加生产、保卫生产、互助合作和推广新的农业技术等生产运动中，民兵也发挥了积极模范作用。几年中，民兵把保卫治安与保护生产，保卫生产与发展生产的利益统一起来，使之成为群众性的活动，取得了群众拥护，改善了民兵与家庭的关系，密切了民兵与群众的联系，并在生产运动中巩固了民兵组织，提高了民兵觉悟，改变了民兵的作风，加强了民兵法纪观念。民兵在生产、抢险救灾中发挥了巨大作用。1952 年 3 月，王树声作为荆江分洪工程指挥部副总指挥，率领 10 万大军和 17 万民兵参加荆江分洪工程，为农田水利建设做出了贡献。1954 年在抗洪救灾中 50 万民兵参战，经 3 个月奋战，战胜特大洪水，保卫了武汉，受到毛泽东的表扬。

这些成绩的取得，凝聚了王树声对湖北民兵建设多年的心血。

五、情系老区人民

1951 年 7 月，为慰问第二次国内革命战争时期革命根据地的人民，中央人民政府组成了南方老革命根据地访问团，由中央人民政府内务部部长谢觉哉任团长，朱学范、陈正人、邵式平、李先念、傅秋涛、谭余保、王树声、冯白驹、王维舟、郑绍文等任副团长，下设闽浙赣、湘鄂西、湘鄂赣、湘赣、鄂豫皖、海南岛、川陕边和中央革命根据地 8 个分团。王树声任鄂豫皖分团团长。访问团的主要任务是慰问各根据地的革命烈士家属、革命军人家属以及残废军人和当地广大的人民群众，并借此了解他们的生活情况。

王树声从小在湖北长大，又从鄂豫皖举起了革命大旗，这次有机会与老区人民，与家乡人民团聚，了解他们的生活情况，考察解放后老区的发展，这是他的

1951年8月，王树声访问革命老区，慰问革命战士和父老乡亲。图为王树声在麻城县老区代表会议上讲话。

夙愿，也是他的责任和义务。6月份他受领任务后，即着手进行充分的准备工作。

鄂豫皖老区根据地，主要包括大别山区，东西300余公里，南北250余公里，包括鄂东、豫南、皖西等27个县，是中国共产党在第二次国内革命战争时期创建的主要革命根据地之一。根据地人民用鲜血和生命先后培育了红四方面军、红二十五军和红二十八军，对中国革命作出了重大贡献。

7月28日，王树声组织鄂豫皖老根据地访问分团在汉口召开会议，就慰问工作进行了动员与布置。王树声将鄂豫皖分团分为鄂东、豫南、皖西北3个分队，并确定了各分队的组成。

1951年8月，大别山林葱木翠，王树声率访问团来到大别山革命老区。全区人民欢欣鼓舞，奔走相告，到处张灯结彩，洋溢着节日般的喜庆。当地人民纷纷杀鸡宰羊，拿出最好的酒，邀请王树声和访问团的战友们到家里做客。

王树声组织访问团协同各县人民政府，组织一县或数县召开了多次老根据地人民代表会议，转达中央人民政府和毛泽东主席对老根据地人民的问候和关怀，并收集代表们对恢复和发展老区经济及优抚的意见，选举了参加国庆典礼的代表。参加会议的代表无比兴奋，感到无上光荣，有的感动得热泪盈眶。他们以订立爱国公约、开展组织挑战竞赛和给毛泽东主席、志愿军写信等方式，表达自己的决心并答谢毛泽东的关怀。

王树声率访问团每到一处都受到群众的热烈欢迎，许多地方的群众听说访问团要来，在烈日下结队等候数天之久。访问团经过时，山顶路边，锣鼓齐鸣，红旗招展。为了表示慰问，访问团每到一地，都组织宣传队放电影、演戏、分发慰问信，同时，赠送毛泽东像、纪念章等礼品。对生活特别困难的烈军属给以救济，并在各地开展医疗工作，受到老区人民的高度赞扬。

王树声深入群众家中问寒问暖，走村串户，了解群众疾苦，帮助解决实际困

王树声率领鄂豫皖分团访问大别山区

难,把家乡人民对党对政府的希望和要求带回去,把家乡人民对党的忠诚带回去。

然而,有一个早年红军连长却不敢出来与王树声见面。他叫付可元,土地革命战争时期任麻城县独立团的连长,1931年张国焘在红四方面军进行肃反时,他被调到麻城县保卫局工作。他曾执行张国焘的错误路线,亲自抓捕了王树声的堂弟王宏学、王树声的妹妹和弟媳,王树声的几个亲人因肃反扩大化而被杀害。他真想把20年前的事情向王树声说明白,虽然王树声的亲人不是他亲手杀的,但他毕竟参与杀害了其他战友。因此,听说王树声率访问团来到大别山,他害怕得很,他怕王树声向自己讨还血债,不得不在惶恐与犹豫中度日。

一天,王树声与随员来到他家,他吓得连话都说不出来。这时,王树声对他说:"你的事情我都知道了,人死不能复生,但要从中吸取教训,不能让烈士的鲜血白流,要让大别山永远记住他们。你要自食其力,老老实实地做人,用自己的行动来告慰死去的冤魂。"付可元的脑袋只是一片空白,王树声他们什么时候走的,他都不清楚,但给他留下的印象是王树声有开阔的胸怀。

王树声为了报答老区人民的厚爱,报答养育和培养过他的这片热土,他要送给老区人民一份礼物,可送什么呢?最后他决定买一台抽水机送给家乡人民,支援家乡人民的经济建设。他想到的和关心的是人民生活的提高,是家乡的建设。

王树声率领的访问团就要离开了,乡亲们依依不舍,十里相送。他百感交集地对乡亲们说,我们大别山的和平幸福来之不易,是许多烈士的鲜血和生命换来的,我们活下来的人要珍惜她,建设她,以我们的实际行动告慰地下英灵。我们虽然胜利了,但阶级敌人不甘心失败,美帝国主义入侵朝鲜,蒋介石还想反攻大陆,这就要求我们时刻保持警惕,坚决以革命的行动对付各种反动分子的破坏和捣乱,以我们勤劳的双手建设美丽的家园。

王树声正是以这种革命豪情带领湖北人民不断地从胜利走向胜利的,湖北人民也以辛勤的双手建设起自己美好的家园。

访问结束后,王树声就鄂豫皖老区情况向中共中央、中南局作了报告,并对老区的建设提出建议,凝聚着他对老区人民的深情和关怀。

第十五章　为军械工作现代化奠基

一、出任总军械部长，加强改善政治工作

新中国成立后，中国人民解放军的武器装备可谓是"万国牌"，不仅有缴获国民党军的汉阳造和美式装备，也有日式的、苏式的。军械工作面临着以现代化的统一制式武器装备更换部队原有的陈旧落后的杂式武器装备，武器装备的来源由战时的主要取之于敌变为和平时期由国家统一生产供给，武器生产由仿制苏式武器逐渐向国产化过渡等方面的矛盾。为了加强对军械工作的领导，1950年1月，成立了总后勤部军械部，由总后勤部长杨立三兼任部长。1951年10月，中央人民政府人民革命军事委员会根据苏联的经验，决定军械部改属炮兵建制，对外称军委军械部，由炮兵司令员陈锡联兼任部长。军械部是负责全军军械装备工作的，而它却隶属炮兵建制，工作关系总是不顺畅。因此，1954年11月，中央军委决定军械部直属军委，改称总军械部（部长由陈锡联兼任）。1955年3月14日，中央军委任命王树声为总军械部部长，封永顺、涂锡道仍为副部长。

1955年8月11日，总军械部正式改由国防部领导，其全称是中国人民解放军总军械部，11月7日，国防部发布命令，将高级炮兵技术学校、第一炮兵技术学校、第三炮兵技术学校和第八文化预备学校划归总军械部领导[①]11月30日，国防部颁布了总军械部的编制，设：办公室、组织计划局、武器供给局、弹药供给局、基本建设局、武器订购局、弹药订购局、雷达探照灯管理局、军械科研局、财务局、干部局、检查处、直政处、行政经济管理处、政委办公室，共编704人（不含116名勤杂人员）。至此，总军械部成为中国人民解放军的八大部之一，王树声也就肩负起领导全军军械工作的重担。

[①] 1956年2月4日，高级炮兵技术学校改称武昌高级军械技术学校；第一、第三炮兵技术学校分别改称通县、南京军械技术学校；炮兵第八文化预备学校改称第三军械预备学校。此前，1956年1月16日训练总监部将第一、第二军械预备学校拨归总军械部建制。至此，总军械部共有3所军械学校、2所技工学校（沈阳、武昌军械技工学校）和3所预备学校。

1955年9月,毛泽东主席在授衔授勋典礼上,给国防部副部长、总军械部部长王树声(左四)等授勋。

在赋予王树声重任的同时,中共中央于9月27日授予王树声中国人民解放军大将军衔,同时授予他一级八一勋章、一级独立自由勋章和一级解放勋章。

武器装备现代化是军队现代化的重要标志。军械部负责管理全军的武器、弹药、装备供应,面临着许多艰巨复杂的任务,既要以有限的经费筹措订购数量充足、质量优良的军械物资装备部队,又要在部队中加强爱护武器装备的教育和进行精通武器的技术训练,做好军械装备的管理、储备、维修和保养工作,还要开展科学研究、科学试验等工作,其在军队现代化建设中的地位不言自明。领导全军的军械工作,对于王树声来说是一项全新的任务。为了搞好工作,王树声决定先熟悉了解情况,找出军械工作中存在的问题,然后再对症下药。

总军械虽然是新成立的单位,但下属单位多,摊子大。截至1955年11月,总军械部下辖6所院校、5个区域检验代表室、30个驻厂代表室、1个兵器陈列室、11个国防军械仓库、6个修械修弹厂、6个直属工厂和1个正在建设中的中央试验靶场。其中军级单位1个,师级12个,团级53个,这些单位分散在全国各地,担负的任务既繁重又复杂。如果没有坚强有力的政治思想工作,没有完善的政治机关和政治工作制度作保障,完成艰巨复杂的任务是困难的。经过一段时间的调查了解,王树声感到总军械部和所属单位在政治工作方面存在的主要问题:一是政治机关不健全,政治工作制度不完善,政治工作人员不够;二是总军械部和军械系统的人员是从全军抽调的,经历不同,水平不一,相互了解不够,反映到工作上有时扯皮,团结协作精神不够;三是部分军械干部认为军械工作没有前途,不安心工作,因此缺乏钻研精神和工作责任心;四是各级军械机关不同程度地存在着官僚主义作风，坐在机关埋头于文电处理，深入下层了解情况、解决实际问题少。因此，加强政治工作是一个亟待解决的问题。

针对政治机关不健全，政治工作不得力的情况，王树声于1955年11月亲自起草了给总政治部关于"对总军械部政委办公室编制的意见"，指出总军械部"由于业务种类繁多，对政治干部的考核了解、任免调配的任务也是很繁重的"[①]。除了业务工作以外，总军械部还要管理所属学校、仓库、代表室及直属机关的政治、干部工作；负责掌握所属院校学员的政治、文化教育工作；检查了解与研究军械系统的党政工作；还要经常派人协助地方党委与军区政治机关处理军械工作中发生的问题。为此，王树声根据总军械部政委办公室[②]的任务，向总政治部提出了加强政治机关建设的建议：为便于进行工作和行使一级政治机关的职权，建议将直属工作科改名为直属政治处；将政治干部科改名为政治干部处；将调查研究科改名为调查研究处；增设学校教育处。总政治部于1956年1月批复总军械部政委办公室下属之科改为处，从而加强了总军械部政治领导机关。

在加强总军械部政治机关建设的同时，王树声多次率工作组到所属单位帮助解决工作中存在的问题，健全各级政治工作机构，完善政治工作制度，使军械系统的政治工作很快有了很大改善。

针对军械系统存在的不团结现象，王树声在充分调查研究的基础上，组织了总军械部党委和机关的整顿。他从自身做起，坚决反对"山头主义""宗派主

1955年10月1日，北京举行了隆重的阅兵式，王树声（右一）等在天安门城楼上。

---

① 《王树声军事文选》，军事科学出版社2000年版，第479页。
② 当时总军械部未设政治机关，只设政委办公室，实际作用相当于政治机关。

义"；他充分发扬民主，鼓励大家发表意见，开展批评与自我批评；对于不团结的同志，耐心地做思想工作，肯定他们的成绩，教育他们"只有搞好团结，才能愉快地工作，工作才更有成效"；他注重抓好总军械部领导一班人及机关各部门之间的团结，特别是注重协调各副部长之间的关系，使各级领导在统一的意志下行动。通过王树声的努力，总军械部很快形成了团结、融洽的气氛。

针对军械干部中存在着不安心军械工作和不愿钻研业务的不正确思想，以及军械系统政治工作薄弱的情况，王树声强调："加强思想领导，使全军军械人员正确地对待自己的工作，树立坚强的革命事业心和进取心，充分发挥全体军械工作人员的积极性和创造性，是加强军械工作建设的一个重要环节。"要求各级"必须重视与做好这一工作，使思想领导工作与业务工作相结合，加强党政工作对军械工作建设的领导作用和保障作用"[1]。为此，王树声组织抓了以下几个方面的工作：

教育军械工作人员认识军械工作在军队正规化、现代化建设中的重要作用。他说，把我军建设成为强大的现代化的革命军队是我军在过渡时期的重要任务。这一任务的实现是以国家社会主义工业化所提供的各种技术装备为物质基础的，先进的技术装备和部队掌握技术装备的熟练程度，是军队现代化的主要标志，熟练地掌握与使用技术装备是全军的任务，而军械工作者必须走在前面，军械机关要负责以质量优良的武器装备、弹药、器材供给部队，并负责指导部队正确地使用、保管、保养这些技术装备，这是军械工作者在现代化、正规化建设中的重要使命。这一工作是光荣和艰巨的，每个军械工作者，必须热情地对待和热爱自己的工作，积极而愉快地担负起这一历史使命。

王树声教育各级干部：中国人民解放军的军械工作是在建国以后迅速发展起来的，由于各方面的原因，在部队中还没有树立起应有的威信，还有不少人对军械工作重视不够，因而在工作中常遇到一些困难，这是正常的，这就要求我们在工作时，加强政治动员工作，提高部队的重视程度，消除思想上的阻力。

加强军械干部的事业心和责任感教育。王树声鼓励和督促军械干部钻研业务，努力学习技术，做一个名副其实的军械技术干部。为使军械人员能够胜任并愉快地进行工作，他要求各级领导必须担负起培养提高部属的任务，在业务工作上不断给以具体指导，帮助他们克服工作中的困难，实现业务领导与思想领导，全面推动军械工作。

为了克服各级机关的官僚主义作风，王树声亲自率工作人员深入实际，了解各级存在的问题，并及时帮助解决。他要求机关人员不能停留在文电的处理、各种报表的统计上，要深入下层进行详细的检查，及时发现问题，从而有针对性地开展工作。同时，他有计划地经常组织机关人员进行业务学习，不断提高他们解决问题的能力。

1957年7月，军委扩大会议决定，将军械工作划归总参谋部领导。从此，

---

[1]《王树声军事文选》，军事科学出版社2000年版，第490页。

总军械部改称总参军械部,王树声仍任部长。此后,他一如既往地重视政治工作,并建议将政委办公室改为政治部。这一建议得到批准。

关于王树声抓政治工作,梁秀田是这样回忆的:

> 我突出地感觉到,王部长对政治工作比较关心,这表现在:一是在他来军械部后,就打报告把原来的政委办公室改为政治部,亲自挑选政治部主任,第一个不行,第二个不行,又挑第三个,第三个是二十七军的一个副政委,经党委会讨论说行,就把这个人调来了,他是和萧华[①]直接电话联系的,还有个副主任的挑选也是这样;二是主张成立政治干部学校,这个学校没有成立,因为57年军械先进工作会议时,毛泽东、周恩来和朱德等在中南海接见了与会人员,王部长去得比较早,总政甘泗淇[②]一见王部长就说:政治干部学校我看就别成立了,以后你要多少政治干部,我就给你多少。这就是军械部政治干部学校没有成立的原因。但从这一件事说明王部长是很重视政治干部的培养的。

另据郭维民回忆:

> 王大将在领导工作上,我认为他十分重视政治领导、政治思想领导和政策方向的领导,他很重视政治工作,这是他的特点。他除了经常向黄克诚[③]请示工作外,还经常与总政系统有往来。他尊重政治机关,重视本部政治机关的建设,经常指导下属军械部门的政治建设,他到总军械部后(应为改称

王树声与出席全军首届军械先进工作者代表会议的代表握手

---

① 时任中国人民解放军总政治部副主任、总干部部部长。
② 时任中国人民解放军总政治部副主任。
③ 时任中央军委秘书长。

总参军械部后——引者注），改政委办公室为政治部，加强了全军军械工作的政治工作，在这之前，政委办公室只有协理员，政治思想工作力量单薄。他不仅抓政治思想领导，还抓政策、方针的领导。

强有力的政治思想工作，保障了各项工作的顺利完成。为了总结推广军械工作的先进经验，宣传军械部门的个人模范事迹，1957年5月27日至6月8日全军首届军械先进工作者代表会议在北京召开。出席这次会议的有：全军军械先进个人代表483人，先进单位代表60人，列席代表91人。中央军委副主席朱德给大会题词，号召军械人员"以百家争鸣的精神向科学进军，迅速掌握最新科学技术成果"。总政治部主任谭政为大会题词："积极分子要有为人民服务的坚定思想，实行吃苦在先，得利在后，向群众学习，永远不要骄傲。"王树声在大会上致开幕词。他说："随着我军现代化建设和国家工业化的迅速发展，我军军械工作几年来取得了很大的成就。军械工作逐渐走向正规，并开始了有组织有计划的军械科学研究工作。1956年以来，在全军涌现出三千多名军械先进工作者和技术能手，一百五十多个先进单位，提出了合理化建议四千多件。这些工作和成绩，对保障部队训练、战备任务的完成和推动部队现代化建设起了重要作用。"[①]王树声在肯定军械工作成绩的同时，也指出了军械工作的缺点和错误，认为这些缺点和错误的产生是由于官僚主义、宗派主义和主观主义造成的。他希望全体代表在会议上以整风精神，对总军械部领导上的缺点和错误进行严格的批评，帮助领导上整风。

会议期间彭德怀、叶剑英、粟裕、陈赓[②]、甘泗淇等讲了话。总军械部副部长封永顺代表总军械部党委作了《进一步加强军械工作建设而奋斗》的报告。会议结束时，毛泽东、刘少奇、朱德、周恩来、邓小平、陈云、贺龙等中央领导人在中南海接见了会议代表，并一起合影留念。

这次会议总结了新中国成立以来军械工作的主要经验，表扬与奖励了先进工作单位和个人，宣扬了他们的模范事迹，讨论了进一步加强军械工作建设的问题。通过这次会议，坚定了全军军械干部安心并做好本职工作的信心和决心。

二、坚持和完善军代表制度

王树声任总军械部部长时，正值国家执行第一个五年（1953—1957年）兵工生产计划，有计划地仿制苏式军械装备，以更换旧杂式装备，初步实现通用军械装备的制式化。为此，国家新建和扩建了几十个兵工厂。为了保证军械产品的质量，中国仿效苏联的办法，由军队方面向地方兵工厂派出检验代表，负责检

---

① 1957年5月28日《解放军报》。
② 彭德怀时任中央军委副主席、国防部长；叶剑英时任中央军委副主席、中国人民解放军训练总监部代部长；粟裕时任中国人民解放军总参谋长；陈赓时任中国人民解放军副总参谋长。

验工厂生产的武器装备，同时向工厂反馈部队的使用意见，以便改进生产。1953年9月军委军械部召开全军检验代表会议，决定将驻厂检验代表改为军事代表（简称军代表），并制定了《区域军事代表暂行条例》及《驻厂军事代表暂行工作条例》。1954年7月正式建立军代表制度。到1955年5月，军械部门已在有关地区组建区域军代表室几十个，派有驻厂代表达几百人，他们在保证产品质量方面起到了显著作用，同时获得了丰富的经验。

王树声非常重视军代表工作。他说："军械装备的好坏是关系作战胜负、部队安危的大问题，军代表是军方保证产品质量的第一道关口，因此责任是重大的。"军队要现代化，必须要有数量充足、质量优良的各式各样新式装备的及时供应。军代表就是负责检验这些新式装备的，因而就直接担负着国防建设的重要使命。军代表必须明确认识自己的责任，珍惜这一光荣使命，才能完成任务。军代表工作，必须明确方针和任务，必须加强军事技术、政治理论学习，不断提高业务水平。军代表工作是极其细致、复杂和艰巨的，必须具有丰富的经验，只有向专家学习，向工人群众学习，从不懂到懂，从不熟练到熟练，才能适应不断发展的工作需要；要戒骄戒躁，加强团结，兢兢业业，积极协助工厂完成生产计划。加强与部队、工厂及地方各部门的联系，不但要搞好本职工作，而且要和其他单位搞好关系，不断改进工作方法和工作态度。

为了加强军代表工作，王树声于1955年下半年组织总军械部有关人员赴东北、太原、南京等地对十几个兵工厂的生产和军代表的验收情况进行了深入的调查研究，发现了工厂和军代表在检查验收工作中存在的一些问题：工厂方面，对产品质量重视不够，对企业的管理、靶场、理化试验室、测量站等工作缺乏严格的制度；研究贯彻专家的意见建议不够，生产中相互协作不够，造成产品质量不高，有些疵病长期得不到解决，生产潜力未能充分发挥，浪费现象较为严重。军

1955年11月，王树声（前左二）同谭政（前左一）在旅大观看抗登陆军事演习。

代表方面存在的主要问题：一是没有认真贯彻质量第一的精神。表现在对旧有疵病不从技术和检查验收上严格限制，听任自流地放宽标准；对技术设备上的一些落后现象，如特种工艺、专用设备、保温、防潮等，不能积极要求工厂改进；有些军代表存在着"三怕"：怕工厂说完不成任务应由军代表负责，怕工厂有意见把关系搞坏了，怕工厂说军代表不执行专家的建议。因而对"少""轻"不合格的产品采取"不议而过"，对"多""大"的疵病"协议而过"，层层机动，降低验收标准，放松产品质量；有的甚至为迎合工厂，放宽检验标准，把产品分为"良品""超差品""研究品""报废品""绝对报废品"等违反验收原则的分级；有个别军代表为了工厂完成任务，不是对工艺实行严格监督、严格检验，对发现的问题及时从技术上研究解决，而是采取"协议放过"的方法。二是存在着较严重的官僚主义作风。有些军代表不对产品进行严格检验和对生产进行监督，而是依赖工厂的检验科，发生问题时等待工厂协商处理；他们在车间不设检验站，连检验员也坐在办公室内"办公"，等工厂检验科汇报；有的不做实际的检验，不要检验卡片，实行毫无控制力的所谓生产监督、提意见；有的军代表不深入车间了解情况，解决问题，而是在办公室由也不到车间掌握生产的技术员组成"技术研究组""技术业务组"，依此解决验收中的问题，因而使自己成为空中楼阁，说外行话。三是在检验方法上，对原材料不加严格控制，对工艺过程不重视，对试验的条件不做细致的检查，对试验过程不做监督，只根据检验的结果，决定收与不收。四是技术水平低，对技术资料掌握不深透。个别人不能很好地利用技术规程和图纸解决产品质量问题，虽然发现一些产品的疵病，但不能判断其性质，不能找出产生疵病的原因，也就不能很好地要求工厂改进措施。同时，由于技术、业务水平低，有些问题处理不当。如，过高估计疵病对性能的影响，或对疵病的结论失当，加之缺乏协商精神，从而引起厂方不满。五是有些军代表管得过宽，有些不应管的工艺也管了，军代表检验和工厂检验分工不明确，甚至代替厂检，造成不必要的纠纷，在某种程度上干预了工厂的技术行政工作，束缚了其积极性。六是一些军代表对工作中的缺点和错误缺乏自我批评精神，缺乏与厂方的经常联系，对下层的教育不够，对不团结现象不能及时处理，甚至存在骄傲自满情绪，对工厂领导不尊重，妨碍团结与进步。

针对调查研究所发现的这些问题，1956年1月20日，王树声向中央军委建议：为了加强对兵工生产的监督和检验工作，必须充实军代表的力量，增设军代表机构，将见习技术员以上干部列入编制，其他检验员、保障人员改为工薪职员。同时建议加强对兵工生产工作的领导，恢复兵工生产委员会。1956年2月24日，中央军委批示：同意建立新厂验收机构，原来工厂适当增加军代表机构的力量，生产原料的工厂暂不设军代表机构。

为了改进军代表工作，解决军代表工作中存在的问题，王树声组织总军械部采取了许多具体措施：一是改变过去单纯偏重产品质量的做法，提出把"保证质量，完成国家计划，降低成本"作为军代表的主要任务。根据产品质量的具体情况，适当地收缩检验范围，合理确定检验与监督的范围与数量，加强与厂方的研究与协商，改进检验、监督方法，并在保证质量的前提下，从各方面主动积极地配合工厂完成任务。二是教育全体军代表人员加强工作的积极性与责任心。要求军代表以彭德怀提出的三项原则[①]为指导，服从工厂党委的领导，贯彻群众路线，改进工作方法和工作作风，克服骄傲情绪和特权思想。同时，组织军代表加强技术学习，不断提高业务能力。他还组织总军械部制定了军代表的学习规划，各代表室根据规划制定了切实的学习计划。三是建立健全各种制度，不断改进工作方法，提高工作效率。根据产品的不同情况建立检验卡片、检验一览表、检验规程。为了密切与工厂领导、车间、检验部门的联系，各代表室与工厂建立了"二联会""三联会""技术研究会""质量分析会""碰头会"等制度，有些代表室还建立了疵病统计分析制度。四是组织各代表室之间开展劳动竞赛，组织厂与厂、区域与区域间的劳动竞赛。五是加强对军代表工作的检查。为了协助工厂保质保量地完成生产任务，解决军代表与厂方的矛盾，王树声主动商请第二机械工业部于1956年7月至8月对军代表工作进行了联合检查，发现问题及时纠正。

为了完善军代表制度，王树声在调查研究、总结经验的基础上，吸收苏联驻厂军代表制度的优点，结合中国兵工生产的实际，组织总军械部制定了《驻国营工厂军事代表工作暂行条例》，于1956年11月23日颁发实行。条例就军代表的职责、权限、与工厂的相互关系等方面做了全面规定，进一步促进了军代表制度的建设，为而后中共中央、国务院颁发《中国人民解放军驻厂军事代表工作条例》打下了基础。

由于王树声抓住了问题的症结所在，措施得力，使得军代表工作在1956年中取得了较大成绩：

一是通过检验与监督，协助工厂发现了一些生产中存在的问题，保证了产品质量，降低了生产成本。据1956年各驻厂军代表统计，总计降低生产成本达2045.1798万元，以1956年产品实际平价价格计算可以购买54式手枪59.2308万支，或56式半自动步枪12.8106万支，或56式班用轻机枪3.6983万支，或55式37高炮410门，或54式122榴弹炮752门[②]。二是主动积极地配合工厂完成了国家计划任务。为协助工厂完成任务，仅生产武器、枪弹方面的10个厂统计，在1956年中军代表加班加点达10607.5小时。三是建立健全了各种制度，不断改进工作方法，提高工作效率，适应工厂的生产需要。四是通过普遍开展劳动竞赛，19个武器、枪弹军代表室涌现了先进工作者139人，6个军代表室评出先进小组12个，分别参加了第二机械工业部、总后勤部、山西省军区、总后勤部重庆办事处及其他地区的先进工作者会议；提出了许多合理化建议，协助工厂

---

① 1956年2月彭德怀在重庆等地视察几个兵工厂后，提出了军代表工作的三项原则：一、广泛联系群众；二、尊重厂方领导，虚心学习；三、正确坚持职责。

② 1957年8月总军械部给各区域军事代表、各工厂军事代表的《关于1956年军事代表工作基本总结》。

提高了生产效率，保证产品质量，为国家节约了大批经费。据不完全统计，全年提出合理化建议878件（不包括6个厂情况），被采纳515件。如，驻某厂军代表提出的合金刀由组合刀盘改为单刀或双刀的建议被采纳后，按1个车间下半年产量计，即节约6885元，而且将原来的磨刀时间由4小时降低到5分钟。五是各军代表室根据总军械部的学习规划，结合具体情况，开展学习，取得了较好成绩。仅对15个厂的不完全统计，参加学习的军代表即达657人（自学者未计），占总人数的68%。以重庆区域为例，参加学习的384人，参加考试733人次，及格率达89.53%，促进了技术水平的提高。

虽然1956年军代表工作取得了很大成绩，但是也存在着不足，特别是驻厂军代表与工厂关系问题。在1956年的一个时期内，一些军代表与工厂的关系一度紧张，有的工厂向中央告状，把矛盾闹到了中央。工厂方面认为：军代表检验面过宽，权力过大，不要军代表对原材料的检验和对理化室、计量室的技术监督，不要军代表参与工厂的成本监督；同时认为军代表对工序上的技术监督也是不必要的；也有的人认为，要保证产品质量，只要依靠工厂党委、依靠职工群众就行了，建立军代表制度，就要增加军队与工厂的矛盾，因而认为军代表制度是从苏联学来的，值得怀疑，要求取消军代表制度。

当时军内外对军代表制度产生了两种意见：一种意见认为，军队、工厂都是共产党领导的，由工厂负责产品质量，军队只管接收产品就完了，主张取消军代表制度；另一种意见认为，军代表与厂方的矛盾是客观存在的，只要把两个方面协调起来，就能妥善解决问题。

对此，王树声的态度是明确的，他旗帜鲜明地坚持军代表制度。他认为，军代表是部队派到工厂进行订购检验武器装备的工作队，其职责是密切军队与工厂间的联系，与工厂合作，搞好兵工产品质量，使兵工产品符合部队作战的要求，并根据部队对装备的意见与工厂共同研究改进军械装备的质量和性能。因此，军代表与工厂之间不是一般的订货关系，而是既有订货，又有合作，而合作是主要的。他强调，军代表是沟通部队和工厂的桥梁，是联系生产者和使用者的纽带，是为了正确解决生产和使用者之间的矛盾的机构，它肩负着生产部门不能担负的任务和职责。针对要求取消军代表制度的观点，他坚定地指出："事实证明，军代表制度是优越的，军代表工作是可以做好的，取消的观点是错误的。"①

对于王树声坚持军代表制度，施渡桥回忆说：

> 当时生产新武器，保证质量是个大问题。生产的武器首先质量要有保证，要加强验收这一关，质量问题在生产过程中就要提出来。有些人认为：都是共产党领导的，地方的生产也是共产党领导的，他们也会注意质量问题，不要有什么军代表。而王树声和几个副部长主张设立军代表，认为：尽管都是共产党领导，但这要起一个制约作用，军代表要与工厂互相制约。

---

① 《王树声军事文选》，军事科学出版社2000年版，第546页。

为这个事情开了几次会，王树声他们坚持设，要加强军代表的工作，加强军代表的作用和责任。要验收，就有质量问题，这必然会有矛盾，所以他重视军代表的工作。当时有些人是不同意的，最后由于彭总支持，才设立了，否则只有总军械部是顶不住的。设立军代表是向苏联学习的，实践证明是正确的，直到现在还有。

王树声在旗帜鲜明地坚持军代表制度的同时，注意解决军代表自身存在的问题及工厂与军代表之间的矛盾。这些问题与矛盾的主要表现是：（1）检验的范围过宽，分兵把关，重点不明。结果由于力量不足，关键性的检验反而没有抓紧，甚至造成形式主义（如有的检验人员把章子交给工厂代盖）。（2）监督的方法有问题。监督中处处派人，事事签署，这种方法过于机械，不但力所不及，同时也容易引起厂方的反感，使厂方认为处处在"监视"他们，甚至认为是干涉工厂领导人员的职权。（3）在与工厂的关系方面，虽然军代表参加工厂党委，但产品验收的决定权属于军代表。由于工作的矛盾，难免产生思想隔阂，以致形成对立。另外，有些军代表表现得不够谦虚谨慎，个别的还有特权思想，对产品质量上的问题不是采取商量改进的办法去解决，而是不顾工厂的生产，动不动就停止验收，甚至为个别零件问题，使工厂停止生产。也有的态度横蛮，不讲道理，虽然个别的工厂领导也有毛病，但军代表不是采取耐心说理的态度，以致引起纠纷。

针对这些矛盾，王树声组织总军械部党委在调查研究的基础上采取了一系列措施：一是改进对军械产品的检验范围和监督方法，基本原则是必须既能保证质量，又能推动生产，不能片面地照顾质量而影响生产。按照这一原则总军械部制定了对原材料的监督和检验、成本监督、理化室和测量室的监督以及对工艺规程监督的具体方法。二是全面坚持"三项原则"，尊重工厂党委的领导，虚心向工人群众学习，认真坚守职责。对总军械部的专家和工厂的专家应一视同仁，都要尊重，在处理产品疵病时如与工厂有分歧，应共同请专家解决，不得盲目决定，也不能无根据地怀疑。三是军代表接受工厂党委的领导，党委应认真领导军代表工作。属于检验中产品质量上的问题，应先通过党委讨论解决，如果意见有分歧，党委应分别将分歧意见上报第二机械工业部和总军械部解决。军代表必须坚决执行党委的正确决定，如个人认为有充分理由的意见则必须坚持，并向上级反映。

为进一步加强军代表工作，在听取各方意见的基础上，1957年5月10日，王树声以总军械部名义向主持中央军委工作的彭德怀作了《关于改进军代表工作的意见》报告，就贯彻群众路线、坚守军代表职责、加强工厂党委对军代表的领导、加强检验与监督工作、改进工作作风、建立健全军代表室内部工作制度等几方面提出了意见。

彭德怀对总军械部的报告很重视，于5月21日在考察了几个兵工厂后，向毛泽东写信反映了关于"派遣驻国防工厂军事代表制度的问题"，并在三项原则

王树声（左）同罗瑞卿（右）出席总参谋部、总政治部和总后勤部会议。（孟昭瑞摄）

的基础上提出了10条具体措施①。5月29日，毛泽东批示同意彭德怀的意见。6月13日，中央军委向中国人民解放军各总部、各军（兵）种、各军区党委，国务院有关部门及各省市党委转发了彭德怀关于《派驻工厂军事代表制度问题》的报告和毛泽东的批示，要求军队订货部门和地方有关部门根据工厂实际情况，共同研究和拟定改进军代表工作的具体方法，调整驻厂军代表和厂方及工人群众间的关系，以利加强团结，发展生产，保证产品质量。

中央军委关于《派驻工厂军事代表制度问题》的指示下发后，王树声组织军械部进行了传达和学习，并于9月下旬召开了军代表座谈会，研究了如何贯彻执行中央军委的指示。9月25日，王树声针对有些单位对党、团支部分编到车间或检验科及收缩检验、监督范围等问题在执行上有顾虑，思想上一时难以转弯的情况，提出了执行中央军委指示，加强军代表工作，改善与工厂关系的具体措施：

一是加强军代表的思想教育，帮助他们提高认识、转变思想、深刻领会军委指示的重要意义。王树声指出"军代表工作的三条原则、十项措施，是在总结了数年来军代表工作的经验基础上，根据现存的问题，提出了如何从根本上改善军代表与工厂关系，加强团结，发挥军事代表制度的优越性，以配合工厂完成生产

---

① 10条具体措施的主要内容是：1.适当收缩军代表的检验范围；2.尽量减少驻厂代表人数；3.根据各厂实际，尽量改月终验收为随时验收或每月分批验收；4.代表的工作与学习时间应与工厂的生产时间一致；5.驻厂军代表的党、团关系应转到工厂党、团支部；6.军代表可以被选入工厂党委，没有军代表被选入党委的工厂，可以吸收总代表列席厂的党委会议，以便共同讨论和解决问题；7.凡在停止生产问题上，军代表与厂方发生争执，应提请工厂党委讨论，如未取得一致意见，双方应共同上报；8.根据工厂的实际，适当解决军代表的工作条件；9.军代表应由所在军区或省军区政治部代管；10.派遣军代表的订货部门和各军兵种，对驻各厂代表的工作要经常检查，并每年召集一次会议进行思想教育，交流经验，改进工作方法。

任务，保证产品质量的重要措施"①。全体军代表人员必须充分认识军委指示的积极意义，解放思想，克服消极因素，愉快自觉地贯彻中央军委指示，完成军代表工作任务。

二是适当缩小检验监督范围。首先必须消除缩减检验范围就不能保证产品质量的思想，要认识工厂与军代表所担负的任务是一致的，而且产品的好坏主要取决于广大职工的责任心和劳动质量，军代表应当相信群众，发动群众，依靠群众共同搞好产品质量。他认为"技术检验和监督，只是发现问题的一种方法，不是解决问题的主要手段"，军代表应发动群众重视质量，采取信任、学习和帮助群众研究、解决问题的态度。在确定验收范围时，既要坚决收缩，又要慎重从事，缩减的程度应以军代表通过检验和监督的项目能够确实掌握和鉴别产品的质量为限度。军代表应研究改进检验和监督的方法，使检验和监督相结合，定期检验和不定期抽验相结合，防止因收缩检验范围而掌握不住产品质量。

三是军代表接受厂党委领导。他说："军代表是联系军队和工厂的桥梁，要善于把军队对工厂的要求和希望反映给党委及工厂，并通过党委贯彻到广大职工中去。"②让军代表参加厂党委或列席有关会议，在工作上应服从党委的领导，在厂党委的集体领导下分工负责检验与监督工作，军代表与工厂意见不一致时，应提交党委讨论，必要时报请市委或上级业务部门解决。军代表要防止和纠正"领导头多，不解决问题，怕麻烦"的思想，要经常主动地向工厂党委、所在军区政治部门汇报和请示工作，以便及时取得上级的领导和帮助。

四是把军代表中的党、团员分编到工厂车间支部或检验科室支部。王树声根据中央军委指示并结合实际提出："党、团支部分编的形式，以在车间的军检人员分编到车间支部，军代表办公室人员分编到厂部支部或检验科支部。"进一步密切军代表人员与职工群众的联系，特别是加强思想上的联系，及时接受群众对军代表的监督与批评，不断改进工作，加强双方团结；贯彻群众路线，在检验、监督及生产中及时与群众商量，保证和提高产品质量；加强政治思想教育，使得在党委统一领导下系统、具体地贯彻执行上级有关指示。

五是加强军代表对科学技术的学习。王树声主张军代表不但要学习文化、技术，也要学习外国特别是苏联的先进经验，但反对学习中的教条主义，要把学习借鉴与中国军械生产实际相结合，要特别注意产品性能是否适合中国的自然条件与部队的战术要求，对于国产材料的试验工作，军代表应积极参加。凡经科学试验证实合格的国产材料，应积极支持使用，对资料规定的某些不适合中国情况的技术条件和试验项目，要根据实际加以修改，重要技术条件的修改与主要试验项目的减少必须经可靠的试验并履行审批手续。

为了进一步改进军代表工作，1958年3、4月间，王树声先后赴南京地区总

---

① 《王树声军事文选》，军事科学出版社2000年版，第556—557页。
② 同上书，第560页。

参军械部所属学校、工厂、仓库视察工作，进行调查研究，并在南京军械学校组织召开了干部座谈会，帮助解决军代表工作中存在的问题。

■ 1958年，王树声（前排右三）出席军委扩大会议。（孟昭瑞摄）

为改进军代表工作，11月3日至12月20日总参军械部召开了军代表室党的干部会议，讨论深入贯彻中央军委关于加强军代表工作的指示，并制定了相应措施。此后，军代表制度进一步得到加强和完善，形成了与军代表制度相关的一系列制度。这些制度主要包括：坚持工厂党委对军代表的领导，军代表在工厂党支部领导下参加工厂、车间的政治生产活动；坚持军代表的职责，既要保证产品质量符合战术、技术要求，又要配合工厂完成生产任务；面向部队，面向实际，加强与部队的联系，把使用方面的意见及时反馈给工厂，改进生产，为部队服务；改进与加强工作作风，改善工作方法；加强政治思想工作和行政工作；解放思想，开展科研和技术革新，不断修改规章制度，适应生产力的发展。

由于王树声旗帜鲜明地支持军代表制度，认真贯彻中央军委关于加强军代表工作的有关指示，使军代表制度不断发展和完善，使军代表与厂方的关系不断得到了改善，加强了双方的团结与协作，从而提高了生产率，保证了产品质量。

三、建立健全现代军械管理和技术保障体制

王树声作为中国人民解放军军械工作正规化现代化的奠基人之一，对于建立

全军军械制度，完善军械体制作出了突出贡献。

王树声任总军械部长后，为解决军械管理和技术保障体制上存在的问题，率工作组进行了半年的深入调查研究，并亲自参加了全军的武器装备器材大检查。通过检查发现了军械管理和保障方面的主要问题：

一是正规的军械保管、保养和统计制度还没有建立起来，部队对军械装备维护保养工作落后的状态没有根本好转，对武器的保管、保养工作，没有引起普遍重视，武器装备的锈蚀、毁坏现象十分严重，致使部队中的军械技术装备不能经常处于良好的状态。如某军区不到两个月损坏火炮 25 门；抽查某兵团火炮 38 门，其中 21 门生锈，步骑枪 375 支中 95 支生锈，手枪 31 支中 23 支生锈；某城防高炮团，有 81 门火炮、9 部指挥仪全部需小修或中修。通过检查发现，全军轻武器待修率为 40%，火炮待修率为 36%，其他器材待修率为 30%。大批武器生锈或弹药受潮，给国家经济造成了重大损失。

二是由于工作作风不严不细，军械装备不能及时供应部队。有时发了武器，而相关器材、附属品和弹药很久才发或忘记配发。有些应该发给部队的器材，在仓库积压数月之久。

三是基本建设和战略储备工作缺乏全面规划，跟不上国防建设的需要。主要表现在这一工作缺乏周密计划，机构不健全，勘察、设计力量严重不足，设计工作每年不能及时定位，影响建设任务的完成。

四是仓库管理和物资管理制度不健全。

王树声认为，这些问题存在的主要原因在于没有正规的规章制度，没有从法的角度来规范军械工作的领导和管理。为此，王树声决定从抓军械工作的制度建设着手，全面促进军械工作的发展，使军械工作逐步走上正规化的轨道。

为了改善全军军械装备的保管、保养和统计工作，王树声亲自参加了全军军械装备技术大检查（1954 年 7 月开始到 1955 年底结束）。通过这次检查，基本上查清了现有军械装备的数量、质量情况和存在的问题，为做好下一步工作打下了良好基础。

为研究解决全军军械装备保管、保养工作中存在的严重问题，1955 年 12 月王树声组织召开了全军军械工作会议并组织军械部（处）长集训。之后，王树声结合全军大检查的情况，于 1956 年 1 月 20 日亲自起草了以总军械部党委名义给中央军委的《关于目前军械工作存在的问题及对今后工作意见的报告》，提出了改进军械工作的意见：一是要从根本上改变军械装备保管保养的落后状态，各级党委和首长必须高度重视对这一工作的领导，经常对部队深入进行爱护武器装备的教育，提高每个指战员的技术知识水平，建立与健全检查制度，加强部队武器装备的维修工作；二是改进供应管理工作，完善武器编制定额，统一训练弹药计划分配和每年一次调拨，拨给军区一部分周转武器和机动弹药，严格执行废旧物资回收规定；三是加强仓库、工厂、靶场基本建设工作；四是开展军械科学研究；五是改进兵工生产验收工作；六是加强军械干部的培训与管理工作。

2月24日，中央军委对这一报告作了批示，基本同意其所提建议，并于2月27日以国防部名义下发了由王树声起草的《关于加强部队军械装备保养工作的指示》，要求：各级党委和首长必须重视对部队军械装备保管保养工作的领导，应经常督促检查、了解情况；必须建立与健全规章制度，充分保证擦拭武器的时间；部队指战员的兵器知识教育，应列入军事训练计划，由部队首长负责组织领导；各军区应迅速按编制配齐军械人员，健全各级军械组织机构，各级军械技术干部一般不应改行；加强部队修械所的建设，切实做好部队武器的检修工作；合理解决武器保管保养的物资保障；把仓库的军械装备负责保管好，加强检查，及时组织擦拭、修理；认真做好军械物资的统计工作。

就这样，全军军械装备的保管保养工作开始走上了制度化的轨道。对此，王树声当时的秘书施渡桥回忆说：

> 他非常重视武器、弹药的保管问题。当时，根据军委的战略方针，各个大军区，各个方向要设有多少军械科、军械仓库，要重点规划，要有计划，哪些够了，哪些不够。根据国际形势，武器弹药的仓库和修配工厂的布局问题，在哪个方向，哪个地区，总体布局要考虑；武器仓库，要尽可能的隐蔽，尽量靠山，在山洞里，怎么保养的问题，如怎么防潮、防雪，怎么保持恒温，仓库耐潮，技术性很强，这方面要作为一种工作考虑，每年开军委会他都强调这一点。他强调要从国家利益，从国防建设的整体考虑，强调军械干部、仓库主任要当无名英雄，这是他经常考虑的一个问题。他说，那么多武器装备，不能坏了，不能锈蚀。弹药都有一定年限的，抗美援朝结束后一些武器弹药要进行鉴定，检查哪批弹药是否报废，但是销毁之前还要保管好，这也是个问题。
>
> 当时的武器装备除了生产之外，还需进口，这是他很关心的一项。军械工作要有高度的责任心，这项后勤工作，技术工作，要有高度的责任心，也就是现在说的讲政治。在这一点上他做得很突出。

军械装备物资器材的保管保养是一项技术性非常强的工作。而全军的军械物资保管、保养工作却一直处于落后状况。为了搞好这项工作，王树声在国防部下发了《关于加强部队军械装备保养工作的指示》的基础上，进一步深入做好相关的制度建设和技术规范建设。

夏季防险是军械工作的重要任务之一。历年的经验证明，夏季是事故的多发期，由于潮湿容易引起装备器材的锈蚀、损坏，由于炎热容易引起火药的分解、自燃和爆炸。为此，王树声强调各仓库、工厂必须做好防热、防潮、防汛、防涝、防虫害工作；各仓库要合理使用库房，根据现存物资情况，统一规划，分区分类保管，并准确掌握库存弹药的质量情况，各仓库必须加强废旧品的处理与保管工作。应将废品弹药尽早上报处理，批准处理的要及时销毁，不能销毁时，应将引信、底火、发射药拆除，弹体与好弹药隔离保管，烟火器材与其他弹药应分别储存，并应加强检查，同时做好无烟火药的检查、化验、保管与处理，做好消防准备工作，健全消防组织，做好消防器材的检查，使消防组织经常处于"战备"状态。在此基础上，王树声协同有关部门进一步建立与健全了仓库制度，包括建立健全门卫检查制度、警卫消防工作制度、弹药检查工作制度、库房设备工具使用与保管制度等。

训练用弹问题也是军械管理工作的一个重要方面。针对全军训练用弹计划性不强，存在较多浪费现象的问题，王树声着手训练和矫正武器用弹的制度建设，并组织总军械部制定了《关于训练弹药管理的几项规定》，对各单位年度训练用弹的计划、审批、预算、经费管理等作了明确的规定，国防部于1956年9月颁发全军执行。在此基础上，他又组织总军械部先后制定颁发了《关于矫正武器用弹的规定》《大、中型修械厂修复武器试射用弹的规定》和《关于部队修械所修理武器试射用弹标准的规定》，对部队矫正武器和各级修理机构进行修复武器需试射击的部位和用弹数量，以及弹药供应与报销等方面都做了规定。这些规定是对内务条令的补充，对于加强军械工作的现代化正规化建设具有重要意义。

废旧品回收是军械装备管理的一项重要内容，它具有巨大的经济意义和国防意义。但这项工作还没引起全军范围内的高度重视，很多应回收的没回收，回收的废旧品没有注意保管保养，使可以利用的旧品变成了废品。为此，王树声在抓武器装备的保管保养的同时，为了节约经费，支援国家经济建设，组织总军械部经过调查研究对废旧品回收的范围与收交比例、收交与储存办法、铜壳分类与质量的评定、旧品的处理、统计报告制度、财务手续等方面做了规定，对旧品上交程序和保管保养的方法，对废旧品处理的权限和方法做了统一规定，明确了废旧品的统计报告制度，并要求各军区进行动员教育，全面规划，制定具体收交计划，各级首长认真督促检查，保证旧品回收任务的完成。之后，他又根据各部队执行情况先后组织制定颁发了《关于对各军区、仓库旧杂式轻武器径规的回收规定》《关于废金属回收管理暂行办法》，还对旧品、废金属回收范围、售交办法、奖励办法及利用范围等作了明确规定。这些规定规范完善了回收制度，使军械物资旧品的管理与重新利用走上正轨，为国家节约了大量资金。仅1957年全军回收铜壳一项即节约457万元；广州军区枪弹壳回收率达到90%以上，炮弹壳回收率达100%，全年收木箱、铁皮箱1.329万个；济南军区枪弹壳回收率达83.7%，炮弹壳达100%，油桶、包装木箱回收率达71%。1958年旧品回收取得了更大成绩，南京、沈阳、广州、昆明、北京、新疆6个军区，拆卸废旧弹药回收钢铁720余吨，炸药250余吨，及大量铜、铝等金属；其他旧品回收率也大大提高，药筒、枪弹壳、包装箱回收率达90%以上；同时在弹药使用上采取"用旧存新，用零存整""领新交废"等原则，为国家节约了不少开支。1958年全军军械事业费比上年节约1342万余元。

做好军械统计工作是军械管理正规化的基础。早在1954年8月，总参谋部就颁发了《军械统计工作条例（草案）》，但没有实行起来。1955年3月军械技术装备大检查开始后，新的统计工作条例虽然制定，但由于缺乏详细的分析，也没得到完全贯彻执行。这时的统计工作状况,虽然"亦有一些统计制度,但不完整,不统一,掌握不了质量和配套情况,亦没有可靠的登记作为基础"。"仓库统计,虽有记载等级的账目,但拨发部队物资时,数、质量情况,亦常常不符。"① 造成这些问题的主要原因在于官僚主义和组织领导上的软弱无力、对制度的全面贯彻不够、统计工作人员粗心的工作作风和业务水平不高、制度的本身也存在着一定的缺点等。

根据这种情况,王树声从重视统计工作教育、建立科学的规章制度、改进工作方法等方面抓统计工作。他说,准确的、及时的统计数字,是一切工作的基础,要做到准确、及时、全面,必须有高度的政治责任心,有严肃认真的工作态度,否则,一字之差,可能造成严重后果。他指出,统计工作必须要有一套切实可行的统一的工作规章,统计、登记条例是工作的依据,是军械工作上的重大建设,必须不断地加以修改、补充和完善;制度、条例一经确定,必须全面贯彻执行,尚未建立或健全的制度要迅速建立起来;要加强团一级的统计工作,它是做好统计工作的基础;做好统计工作必须改进工作方法,不能单纯在办公室,应经常深入下层,联系实际,发现问题,及时解决,加强督促检查与帮助,汲取先进经验,及时推广,结合实际完善制度建设;必须加强统计机构建设和统计人员的培养,提高业务水平;必须加强与供应、仓库、编制、装备、作战等有关部门的联系与核对,保证统计的准确性;要扩大统计工作的作用,军械统计不能仅限于核算、汇总、登记、统计范围,应依据登记统计资料,提供确实可靠、能正确反映客观现实的规律,要从数字上分析研究事物的本质,供领导决策。

为使军械统计工作正规化、制度化和法律化,在总结以往统计工作经验的基础上,王树声组织总军械部于1956年12月12日制定颁发了《中国人民解放军军械统计工作条例(草案)》,对军械登记制度、调拨制度、移交制度、报销制度、统计报告制度、统计工作检查制度等进行了全面的规范。同时,他还组织总军械部制定颁发了《仓库军械统计工作条例(草案)》,对仓库发放军械物资、接收军械物资、军械统计工作的检查以及库存军械物资的报销和转级等具体制度等都作了明确的规定。

上述两个条例经过两年试行后,1958年11月王树声领导总参军械部结合军队建设的新情况重新颁发了《中国人民解放军军械统计工作条例(草案)》,对原《条例》进行了修改和补充,包括总则、军械登记制度、军械调拨制度、军械供给关系介绍制度、军械报销制度、军械统计报告制度共6章53条,成为指导中国人民解放军军械统计正规化建设的理论依据和法规。

针对军械物资供给工作中存在的问题,王树声结合实际,不断探索供应的规律,理顺供应的关系和渠道,改善供应条件。当时军械部门的基本任务是要保证部队作战、训练、备战所需的军械物资能够及时供应。但是,由于制度不健全,

---

① 1956年总军械部《关于统计工作的总结》。

供应工作虽然几经改进，基本上保证了部队、院校、战备和训练的需要，但也存在很多缺点。主要是在装备补给方面，尚未制定装备制度，补给制度亦不够健全；在计划供应方面，上面揽得过多，统得过死，军区无机动权限和机动物资，事无大小均需上报申请，造成总军械部机关忙乱被动，而部队、院校不能得到及时的供应；储备物资分布不够均匀合理，往返长途运输，既浪费人力物力，又影响及时供应；备附件因生产不足，不能满足部队需要，某些军兵种军械物资的申请系统与供应系统不一致，在物资供应上造成某些脱节现象。对此，王树声提出了系统的改进措施：一是加强供应工作的计划性。根据中央军委和总参谋部批准的军械装备计划、作

■ 王树声大将

战计划和训练计划，总军械部制定相应的储备计划，以保证军械物资及时准确的供应。二是为使军械物资供应更加合理，他建议总参谋部，改变现行军械物资供应体制，由总军械部直接供应到师和独立团、营改为供应到军区，除海、空军外，其他军（兵）种都由军区负责供应。三是实行国防仓库的分级管理。总军械部主要负责管理战略储备库，军区军械部负责管理战役补给库，属于战役补给库的物资，除军委存放的物资外，由军区掌握动用。四是系统地拟制有关军械装备的补给制度，尽量简化计划、申请和供应、调拨等手续，把军械供应工作引上简便易行、准确及时的轨道。

1957年至1958年，部队对军械条例、分级规则、保管保养规则和军械物资的筹划供应方法等提出了许多意见和建议。王树声组织军械部计划供应部门根据这些意见和建议，修改了统计条例，将统计表格由原来的79种108个简化为16种24个。军械物资的筹划供应工作，根据全面规划、分级管理的原则，由过去的全军统一筹划供应，改变为凡军区、部队力所能及者，由军区、部队自筹自供，从而保证部队的需要。

1958年，军械工作任务繁重。王树声在领导军械部完成预定的储存、供应任务外，随着全民皆兵运动的开展，还进行了大量民兵武器的发放。特别在炮击金门作战中，为了满足前线部队物资弹药供应，王树声先后组织了3个工作组到福建前线，了解军械装备保障情况，并组织总参军械部协调福州军区和海、空军军械部门，及时为部队补充了大批军械装备。同时抽调学员200名，军械修理人

员40人，到前线加强装备修理工作，保证了炮击金门作战的顺利进行，使军械工作接受了实战的检验。

运输工作是军械装备供应工作的中心环节。新中国成立初期，由于军械装备运输制度不健全，缺乏全盘统一计划、物资储备不合理等，使军械物资运输不能保证部队的及时需要；由于长途运输，造成了很大的人力、物力的浪费。为此，王树声从抓军械装备物资转运、运输制度入手，使军械运输工作逐渐走向正规。为使军械物资运输有章可循，1955年8月11日，王树声组织总军械部制定颁发了《军械物资运输工作暂行规定》，对铁路运输、水上运输、陆路运输、军械物资的转运、押运员派出、运输情况的掌握、运输工作统计报告制度等都做了明确规定。1957年11月，他又组织制定颁发了《全国性军械物资运输工作暂行办法》，对运输计划的提出、计划的修正、运输情况的掌握、物资转运、押运员派出分工等做了规定。1957年7月，总参谋部决定将国防军械仓库交各军区管理后，各兵工厂出产的弹药均由各军区军械部门组织转运。为了适应新的情况，1957年12月他组织总参军械部制定颁发了《兵工产品（弹药）的中转和提运规定》，对生产、修理弹药的出、入厂计划，中转计划的执行、产品接收、运输等作了明确具体的规定。同时，为了加强军区对军械物资的运输管理，贯彻军运的预算决算制度，1958年4月他组织总参军械部制定了《关于军械物资运输计划预算的编报问题的通知》，对军械物资运输年度计划预算编报工作做了规定。这些规定健全与完善了军械物资运输制度，保证了军械物资的及时供应。

王树声很注意军械装备的运输、保管的安全工作。针对当时军械工作中存在的一些不安全因素，1956年4月，他组织制定了《关于对火车装载弹药方面的几项规定》，对各种炮弹的装车方法，各种弹药、炸药、引信等危险品混装的条件，零担运输等做了具体规定。1957年5月，总军械部与公安部、冶金工业部、劳动部共同发出了《关于危险品保管处理问题的联合通知》，其中对各军区军械部门及所属单位协助企业销毁危险品做了明确规定。1958年9月，王树声组织总参军械部制定颁发了《无烟药检验与保管规则》。这些规定的制定对于保证弹药的安全运输、处理和保管起了指导作用，是军械制度建设不可缺少的一部分。

王树声与总军械部领导机关通过几年艰苦努力，建立了军械装备的保管保养、处理与利用、供应、统计、运输、安全等各种制度，使中国人民解放军的军械管理和保障体制基本走上了正规化。

四、向现代科学技术要战斗力

现代化永远是一个动态的概念。随着科学技术的发展，武器装备现代化的内容也在不断更新。王树声从全军军械工作的现实需要和未来发展着眼，主张大力开展军械科学研究。

20世纪50年代，中国人民解放军的兵工生产和部队使用保养武器装备中的技术问题主要靠苏联顾问和专家解决，有些疑难问题还需聘请临时专家小组集体攻关，即使这样也仍有许多技术问题不能及时得到解决和处理，而且随着新产品的增多，遇到的技术问题必然增加，建立中国自己的军械科研机构已经是迫在眉睫。为此，王树声在给中央军委关于《目前军械工作存在的问题及对今后工作的意见》的报告中提出："进行军械科学技术研究工作，是我部主要任务之一。几年来我们深感建立这一工作是十分迫切、十分必要的。不仅发明新式的武器装备和改进现有的军械装备需要科学研究工作，而且在兵工生产工作和部队对军械装备的保管、保养工作中，都有许多技术问题需要研究解决。""没有相应的科学研究机关，就无法把我军的军械工作由落后推向先进，就无法克服技术工作中的盲目性，也难免出现工作中的错误，甚至对国家对战争将造成严重罪过。"[①]据此，他向中央军委建议：在总军械部组建科学研究局及研究所，主要负责研究兵工生产中所迫切需要解决的一些技术问题，并逐步创造条件，使其担负起改造现有的和开发未来武器装备的任务。他还建议在某高级炮兵学校建立负责研究军械装备的保管、保养和修理工作的研究所，使军械教学与研究相结合。

中央军委对王树声的建议十分重视，经研究于1956年2月24日批准总军械部建立军械科学研究机构。4月13日，总军械部党委根据中央军委的批示，决定筹建一个包括武器、弹药、雷达、光学和指挥仪等器材的综合研究所。9月17日，总参谋部颁发了总军械部科学研究所的编制。随后，军械科研所即逐步建立起来。

建立军械研究机构最缺乏的是研究干部和研究人员。当时，军械系统只有军械工程技术人员20多人，而且大部分系原国民党兵工大学毕业。为此，王树声向总政治部、总干部部建议从全军选调一些有一定政治文化水平、能钻研技术的人员充实到军械骨干中，同时团结改造旧技术人员和知识分子，调配一部分大学毕业生作为工作助手和培养对象。

王树声主张利用原国民党技术人员，遭到了不少人的反对。他们说："新中国的军械研究工作，怎么能靠国民党反动派呀？出了问题谁负责？"王树声与几个副部长经过深入细致的调查研究后认为，大部分旧有技术人员是爱国的，真正与人民为敌的是极少数；他们在党的教育和新中国的感召下，思想觉悟逐渐提高，不少人员在科技工作中和抗美援朝战争中发挥了应有的作用，对他们闲置不用，不仅是浪费，而且对军械研究工作也是一种损失。为此，他力排众议，果敢地起用原国民党军的技术人员。实践证明，这一做法大大激发了旧有技术人员的积极性，使他们在军械研究工作中发挥了相当重要的作用，为奠基军械科研工作作出了突出贡献。

军械科学研究所建成后，王树声根据毛泽东确定的"积极防御"的战略方针，从中国人民解放军的实际出发，要求军械科学研究，要充分考虑中国的自然资源、工业水平、地理条件、南北方气象气候特点以及中国人体条件等因素，贯彻

[①]《王树声军事文选》，军事科学出版社2000年版，第504页。

"以我为主",逐步实现"中国化"的方针。据此,王树声要求军械科研要先摸清苏式武器在全军使用中出现的问题,然后再研究出适合中国国情的先进武器。对此,施渡桥回忆说:

> 当时从苏联进口武器,苏军的武器当时很笨重,适合苏联的,不一定适合中国。我们南方和北方也不一样,苏联的火炮牵引车,在南方的稻田水网就牵引不动,因此不能完全照苏联的仿制,要改造。王树声对这些情况很重视。要求军械部要关心这个事,要提出改进的意见。改造后的武器,要进行靶场检验。这样,他主抓了实验靶场,还专门调了一个老红军少将当靶场场长,叫张贻祥,以后搞原子弹,还调了一个政治部副主任当政委。他很重视武器改进这项工作。

在王树声的关心下,军械科学研究所的工作开展得很顺利。他们遵照王树声"军械研究工作要注重调查,不盲目上马"的指示,通过对抗美援朝所使用武器的调查和对国内部队换装后情况的调查,结合苏式武器在中国南方地区的性能试验,基本找出了苏式武器在中国使用中存在的问题,并根据这些问题,结合中国人民解放军的作战需要,参考外军同类武器的性能,提出一批新式武器的研制项目。经过几年的攻关,到20世纪60年代初就有几种自行设计的轻武器投入生产并装备部队,代替了原来的苏式武器。此后,中国人民解放军的兵器生产即进入自行设计、自行生产的新阶段。

王树声主张在军械科研中要借鉴和学习外军的先进经验和先进的科学技术成果。他在1956年3月中央军委扩大会议上发言指出,"必须努力学习苏联和各人民民主国家的一切军事技术成就,并且研究和吸收各资本主义国家的各种技术发明,努力争取在军事技术上向技术先进的国家看齐","必须和苏联及各人民民主国家的军事科学研究机关建立经常、密切的联系,请他们在工作上给我们以具体的帮助和指导,供给我们研究和学习的资料,我们建议尽快地建立起这种关系"。[①]

为了吸收外国的先进经验,王树声先后派出封永顺等专程赴苏考察,学习苏军先进的军械管理和科研技术,并组织年轻军械干部赴苏深造,为中国人民解放军培养了一批优秀的军械研究和管理干部,对军队军械工作的科研和现代化建设做出了突出贡献。对于王树声下力抓军械科研工作,原总军械部的王澄野、梁秀田、李开、郭维民、马树栋等回忆说:

> 王部长对军械部的业务学习、科研抓得很紧,不仅仅组织在国内学习,而且还开拓到国外。他派封永顺组织并带领局处一级的领导到苏联进行考察,带研究所的干部到东德搞设备。总军械部还组织人员到哈军工学习俄文,然后到苏联进修,这批人员后来成为全军军械工作的骨干。可见王部长重视学习外军的先进技术,学习别人的长处,为我所用,这对于基础薄弱的我军军械科研来说是十分重要的。

---

① 《王树声军事文选》,军事科学出版社2000年版,第518—519页。

王树声在抓军械科研的过程中，注重群众性的技术革新活动。他认为，要贯彻军委积极防御的战略方针，军械部门的任务就是进一步加强战备工作，随着国家工业化和科学技术的发展，大力开展技术革命，发动群众，做好常规武器的研究。他强调：在社会主义经济革命和政治思想革命取得决定性胜利之后，全国人民已掀起了技术革命的热潮，军械工作者必须适应这一形势的发展，大力开展技术革命，促进军械科学技术的大发展。要"研究改进现有的军械装备，使之适应我国的自然条件，特别是迅速解决山地、水网地作战的武器装备问题；设计、试制各种最先进的常规武器。利用各种新的技术成就，使我军常规装备的战术、技术性能达到或超过世界的先进水平，特别要重视发展海防作战所需要的远射程武器和适应现代作战的防空武器及远程侦察仪器"[①]。这就要求提高全体军械工作人员的政治、文化、业务、技术水平，必须解放思想，破除迷信，充分发动群众，依靠群众统一规划，科学领导。

王树声强调：军械科研人员要破除对科学技术的神秘观点，纠正只依靠少数专家的迷信思想和互不协作的单干思想。开展技术革命，"要贯彻上下并举，'土''洋'并举的方针，使专业研究和群众的发明创造相结合，普及与提高相结合，使用技术与改造技术相结合。只有这样才能使技术革命和文化革命全面开花遍地结果"[②]。

他鼓励开展群众性的科研活动，主张"对于来自广大群众的合理化建议和发明创造，应当认真研究和热情支持，不允许置之不理，任其自生自灭。各级军械部门应定期评定群众的发明创造，指定专人负责研究处理群众的合理化建议。我部机关应在工厂、仓库和学校中附设研究试验机构，负责研究鉴定和推广群众的发明创造和合理化建议"[③]。

王树声要求研究工作要与实际相结合，"从事科学研究工作的同志，要加强对战略战术的学习，使研究工作符合我军战略战术的要求；要重视向士兵和工人群众学习，使研究工作更好地为部队服务，与生产结合；要发扬共产主义的协作精神，诚恳无私地与周围的同志及兄弟单位协作，以充分发挥集体的力量和群众的智慧，为军械科学研究工作做出更大的贡献"[④]。

在王树声的大力倡导与推动下，军械战线展开了生机勃勃的技术革新运动，革新成果不断涌现，极大地促进了军械科研工作的发展。

王树声抓科研注重试验，通过试验来检验研究结果。为了搞好试验工作，他下力抓了中央实验靶场建设。

据原中央靶场场长张贻祥将军回忆：

> 他到中央靶场去过几次。56年落成典礼时，他去了，并讲了话。关于

[①]《王树声军事文选》，军事科学出版社2000年版，第615—616页。
[②] 同上书，第616页。
[③] 同上书，第617页。
[④] 同上书，第531页。

如何建好这个靶场，王树声与我交谈过，他对我说："你张贻祥要把中央靶场建得名副其实，真正使全军的装备上个新台阶。要把中央靶场的实验工作变成科学研究，不能像部队的打靶场，打得准不准，准确率怎么样，这是战术上测验，我们是研制实验，要给实验和研制拿出资料。这个枪，这个炮，它的毛病出在哪里，要有理论研究，从理论到实践都得有一套。中央靶场要成为名副其实的科学研究实验单位，不能光打打靶就算了。我们这个靶场的名字就叫做'军械科学实验靶场'，这就是要使全军改装的武器上新台阶，你要好好地在科学研究上下功夫啊！"我对他说："你放心吧，你指到哪里，我就打到哪里！"这一时期，我对王树声的总印象是：他要求很严格，对部下说话语重心长。他在中央靶场的讲话至今仍历历在心。

正如张贻祥所回忆的，王树声对中央靶场提出了很高的要求。他在中央靶场建成开幕典礼上讲："为了不断地提高我军的军械科学，不断地提高和改进我军的装备，我们需要一个现代化的、大规模的靶场。""你们的任务是光荣的，靶场是军械科学的基地，是培养干部的地方。希望你们努力学习，提高马列主义的思想水平、军事科学知识，在十二年内达到先进的世界军械科学水平。"[①]他还要求靶场工作人员，克服困难，一边建设，一边研究，一边试验，建设好军械科研基地。

王树声在军械研究上可以说站得高，看得远。他在领导研制常规武器的同时，对发展先进尖端武器给予了相当的重视。1955年初，中共中央作出发展原子能事业、研究原子弹的决定后，国务院、中央军委即开始研究发展导弹技术问题。12月，彭德怀、黄克诚派总参装备计划部与钱学森讨论分析了研制导弹武器的有利条件与需要解决的问题。1956年1月，中央军委召开会议，讨论总参《关于研究与制造火箭武器的报告》。会后，王树声给总参谋长粟裕、副总参谋长陈赓写信，就火箭和导弹的研究工作阐述自己的意见。他认为"火箭、飞弹的研究工作应即着手组织。为进行此工作，第二机械工业部与国防部（我们意见即在总军械部）均应设立专门机构，开始时先组织在一起，待研究和试制成功后再分开。为加强对此工作的领导可考虑以总参谋部、第二机械工业部、总参装备计划部、总军械部以及有关的军种、兵种的领导同志组成委员会"。"关于飞机、坦克及通用、专用的武器、弹药、雷达、光学仪器以及防原子、防化学等问题的研究工作，由各专业主管部门分别组织进行。这样在人才、设备方面容易解决；在生产、保管、保养、使用方面均有密切联系；同时，亦可直接取得各该部门顾问及专家的帮助。"[②]这些建议和意见引起了有关领导的重视。

五、造就政治素质高、专业技术精湛的人才队伍

1955年王树声任总军械部长时，军械工作面临许多困难。最使王树声焦急

[①]《王树声军事文选》，军事科学出版社2000年版，第532页。
[②] 同上书，第514—515页。

和迫切需要解决的就是干部问题。当时的军械干部不仅缺额大,而且业务技术水平低,很难适应军械工作现代化、正规化的需要。据1955年不完全统计,全军军械干部缺4961人,总军械部直属单位缺少校级以上主管干部就达247人,部队缺各级军械主任达180人。由于各级主管干部没有配齐,在部队中多以文书或助理人员负责军械工作,因而使得部队军械装备的维护保养工作、统计工作长期建立不起来,总军械部也处于忙乱、被动应付中。即使已有的军械干部,技术水平也很低,在院校受过训练的仅占18%,工程师一个也没有,并因工作调动还在不断流失。

王树声根据上任后半年的调查研究,从军队现代化正规化建设的需要出发,他把造就一支素质高、业务精的人才队伍提到战略高度来抓。为此,他采取了以下主要措施:

充实军械干部队伍。王树声上任后不久,就主张"必须抓紧对军械干部和军械技术人员的培养补充,充实数量,提高质量"。针对干部缺乏问题,王树声于1955年11月至12月在武昌召开的军械工作会议上强调:各单位要按编制把军械干部充实起来。他指出:"如果应编的人数还不能充实起来,军械机关则很难担负起繁重的工作任务,而且也只有充实了数量才有提高质量的基础。"① 他认为在过渡时期,干部的选配不应过分强调级别和资历,重要的是要具备相应的德才和具有发展前途。他建议各级干部部门加强对军械干部的管理和控制,特别是经过技术学校培养训练的干部,要合理地使用,不应随便改行,应该使干部向专业化发展。1956年1月20日,他在给中央军委的报告中详细地分析了目前军械干部的情况,对军械干部的管理、培养、训练与补充缺额提出了意见:一是请军委、总干部部指示全军,要求各部队首先要把现缺的各级军械主任及仓库主管干部配齐,并要求选派思想较好,有一定文化程度,能坚持工作、钻研业务,有培养前途的干部来担任这一工作。二是请军委、总政治部、总干部部设法从全军中选拔一批较优秀的干部把总军械部直辖单位所缺240余名各级主管干部配齐。三是请军委、总干部部向国务院高教部和有关部门交涉,请求每年拨给总军械部一部分大学毕业生,补充科学研究所、雷达局、基本建设局、靶场等新建部门和生产订购部门、军事代表室、修械厂等急需的600多名技术干部。四是建议加强军械干部的管理,各军区军械部(处)应增设干部管理机构,总干部部与军区干部部应分别把全军各级军械干部管理起来,使各级军械部门负责人经常了解与研究军械干部情况。五是建议加强在职军械干部的培养和训练,到1957年底一般技术干部的受训率达到60%,在职领导干部经受短期培训。六是加强军械院校建设,增加学员招收数量。七是选择部分年轻的军械干部赴苏学习,为军械工作培养高级专门人才和干部。

王树声的报告得到了中央军委和总部的重视。为了加强军械干部建设,1956

---

① 《王树声军事文选》,军事科学出版社2000年版,第487页。

年2月24日,中央军委批示:"军事工程学院军械工程系每年增加九十名学员定额;总军械部选送五十名尉级军官到苏联学习;总军械部目前干部力量不足,增加一些人员是需要的。"

为提高现有军械干部的业务水平,总军械部开办了各种短训班、集训班,王树声亲自制定了在学校培训干部的实施计划,还到武汉亲自主持办训练班,与受训干部一起在教室听课,研究教学中存在的问题。由于王树声高度重视,仅1955年全军就集训军械技术人员31088人,初步缓解了部队军械人才奇缺的问题。据原总军械部马树栋回忆:

> 王树声到军械部后,他的战略思想是着重提高军械工作整体素质。比较突出的是他在机关组织业务学习。他在部里虽然只工作了四年,但对部里的业务知识提高是相当重视的。当时部里规定每周有学习日,学习时有教员上课,选拔的教员都是有相当经验的人,有时是各个系统的处长来上课,有时是有经验的同志当小教员,有时请外面的人来上课。通过这样的学习,使部里干部的业务素质提高得很快。王部长还注意基层单位人员的业务学习和训练,使之能很快地适应工作的要求。1956年,总军械部下达了指示,要求全军对军械专业人员进行训练。这个指示搞得很具体,还有训练大纲。指示下达后,全军都相当积极。各师团军械主任组织训练,专业人员训练达20天,仓库保管人员训练10到30天。56年4月至57年,又要求全军军械专业人员再轮训一遍。

1956年3月,中央军委召开扩大会议,着重讨论战略方针、国防建设、军队组织编制、干部工作、军事训练和领导方法等问题。在这次会议上,主持军委工作的彭德怀指出:要争取到1967年,使我军接近世界上技术先进国家军队的装备水平,这就是我军今后建设的总目标。针对这一新的战备任务,王树声在会上作了《关于加强与改进我军军械工作的几点意见》的发言。他说:"要研究、制造新式兵器和改进现有兵器,并把现有兵器保管、保养工作做好,必须有具备各项专业知识的技术军官。""培养技术军官是提高我军技术装备的关键问题,这一工作需要长期打算,但必须加速进行,应列为我军今后培养干部工作中的长期的中心任务之一。"[①] 为了研究培养军械干部问题,1956年4月,总军械部在北京召开各军械技术学校、修械技工学校、军械预备学校校长及训练部长会议。王树声在讲话中指出,要实现到1967年接近世界技术先进国家装备水平这个目标,"除了要有强大的工业基础外,必须有高度的科学技术水平。要建设现代化的军队,就需要掌握现代化的装备,所以就必须学习科学技术,培养技术干部。因此,我们全体同志必须明确认识培养军械技术人员的重要性和艰巨性,增强我们的责任感和紧迫感"[②]。他强调:"现代化的军队技术装备是现代科学技术成就的集

[①]《王树声军事文选》,军事科学出版社2000年版,第519页。

[②] 同上书,第526页。

中表现,因此我们要做好军械工作,就必须要有足够数量的德才兼备的技术军官和军士。"

加速军械学校建设,培养军械后备人才。为了培养足够数量的技术军官和军士,王树声在军械部几年中,始终将院校建设放到重要的位置,认为院校教育是培养军械干部的重要途径。为此,他要求必须加强对院校工作的领导,把各级各类军械学校建设成为部队培养优质军械人才的基地。关于如何围绕教学中心加强学校建设问题,他在1956年4月在北京召开的全军军械学校校长和训练部长集训会议上明确指出:"完成训练任务、提高训练质量是一切学校经常的中心工作。这一指导思想应当在党委的思想领导、组织领导以及学校各部门的工作中体现出来。"他要求学校的工作要在党委的集体领导下,制定学校的全面工作规划,统一安排,分工负责。工作计划中要贯彻以教学为中心的方针,在日常工作中,首长要深入教学中去,熟悉和掌握教学业务,要善于发动和组织各业务部门学业务,围绕教学任务进行工作。树立以教学为中心的指导思想,不是把教学工作孤立起来,放弃其他工作不做,而是围绕教学这一中心任务开展其他工作,从而保证教学任务的完成。"教学大纲是学校进行教学训练的根本依据",为此,他亲自组织修订学校的训练大纲,并要求学校党委、负责人不仅要保证大纲的实施,经常检查大纲的执行情况,认真制定与检查教学计划,掌握教学原则与教学方针,而且要经常了解检查教学情况,研究改进教学方法,提高教学效果;经常研究教员、学员的思想情况,加强思想政治工作,提高教员、学员的积极性。

王树声很重视提高教学质量,他认为教员是关系到教学质量的关键,教学任务完成的好坏取决于教员的水平。他要求军械学校领导要采取有效措施大力抓好教员的培养,提高教员的政治觉悟、学术水平和授课能力,这是提高教学质量的重要环节。关于培养教员的问题,他主张:认真贯彻党的知识分子政策,大胆使

王树声(右一)
与学员们在一起

用德才兼备和有培养前途的知识分子;要尊重教员,提倡尊师重教的风气,克服宗派情绪;要使教员有学习提高的精力和时间,减少教员不必要的会议和教学以外的活动;要培养教员对教育工作的事业心和荣誉感,鼓励他们热爱教学,热爱科学,钻研技术,改进教学方法。

在王树声的努力下,院校工作取得了很大成绩。1956年,毕业学员2077人,有力地补充了部队的军械干部和技术人员。为了加速后备人才的培养,王树声还组织选送优秀人才出国深造。由于当时部队的装备大多是苏式或仿造装备,他组织一批上尉军官到哈军工学习俄文,然后到苏联进修,这批人员后来成为全军军械工作的骨干。

加强军械干部的技术训练,提高技术战术水平。王树声一直重视抓干部的技术训练,强调干部要掌握技术装备的性能,提高运用手中武器的能力。1957年10月,王树声在中央军委训练委员会扩大会议上发言强调:军官不仅要学会本级一般理论知识和实际指挥能力,而且要进一步掌握现有武器装备的使用及在战斗中的运用,只有熟练掌握了手中武器,才能使战术更进一步,训练质量才能切实有所提高。他认为,技术装备是战斗的工具,只有完全熟悉了它,才能运用自如,充分发挥其作用。否则,不但不能发挥武器应有的效能,反而会影响训练效果,甚至造成不必要的损失和事故。因此,他要求提高对于精通技术装备与提高训练水平关系的认识,加强兵器知识学习,严格技术训练,提高战术与技术的结合,增强爱护武器装备的思想观念。

加强军械干部的思想建设,造就又红又专的人才。王树声很重视军械干部的思想建设,要求在教育训练工作中必须贯彻"教育为无产阶级的政治服务,教育与生产劳动相结合"的方针。他强调:"军械干部的训练是为军队建设服务,必须与军械工作建设相结合。""不仅要进行技术训练,而且要加强政治和军事教育。政治教育应当按照理论联系实际的原则,努力学习马列主义和毛主席的著作,学习党的路线、政策和决定;通过群众性的思想教育运动,通过积极参加社会主义建设的实践活动,不断提高干部的社会主义觉悟和政治水平。军事、技术教育应当以毛主席的军事思想为指针,以我军的战略方针和作战原则为依据;从我军的现实情况出发,又照顾到未来的发展;使理论与实际相结合,学习与独创相结合,不断提高干部的军事素质与技术水平。"对此,施渡桥回忆道:

> 他特别强调军械干部的技术问题,要求军械干部技术要精。同时,光有技术也不行,还要红。强调又红又专。所谓红就是要关心政治。技术工作要提高到政治高度,为国防建设服务。当时搞军械工作,一些人员对数字之类搞得很清楚,但一些大的方面不是很重视,所以王树声就特别要求这一点。他说不关心政治,单纯技术观点,是要犯错误的。

王树声在总军械部短短的4年时间内,组织建立起了全军军械工作统一的领导,把分散的军械供应改为全军性的统一供应;建立起了一整套统一的军械工作制度,基本上实现了军械工作的正规化管理;完善了驻厂军代表制度,保证了军工产品的质量；加强院校建设，培养了一大批优秀的军械管理干部和技术人员；积极组织开展科学试验，建立了军械科学研究所，为军械装备的现代化奠定了坚实的基础；积极抓好基本建设，组织新建扩建了大量国防军械仓库、工厂、靶场等基本设施。1955年新建弹药库13座、武器库7座，工厂、学校、靶场大小工程70余处；1956年又新建基本工程19项，扩建10项，建成20余万平方米，使全军的军械工程形成了规模，基本满足了全军现代化建设对军械装备保障的需求；1957年后，军械基本建设转入有重点地进行。他为中国人民解放军军械工作的现代化、正规化打下了坚实的基础。

第十六章 在军事科学院

一、研究总结建国前武装斗争的经验

1959年3月,王树声被免去总参军械部部长职务,专任国防部副部长。4月24日至6月13日,他与张宗逊、萧华、杨得志、陈伯钧等随国防部长彭德怀出访波兰、德意志民主共和国、捷克斯洛伐克、匈牙利、罗马尼亚、保加利亚、阿尔巴尼亚、蒙古人民共和国8国,受到各国领导人和人民的热烈欢迎和接待。

11月23日,中央军委任命王树声任军事科学院副院长、党委第三书记。当时军事科学院由叶剑英元帅任院长兼政治委员、党委第一书记;粟裕任副院长、党委第二书记。此后,王树声在军事科学院一干就是15年,直到辞别人世。

20世纪50年代末,为总结新中国成立前中国人民解放军的作战经验,中央军委发出了关于编写各方面军、各野战军、各军战史的指示。据此,1959年7月,成立了以徐向前为主任委员、以王树声等7人为副主任委员的中国工农红军

■ 1959年10月,王树声(前排左二)陪同朝鲜军事代表团参观访问空军某部时,观看飞机特技表演。

■ 1963年7月23日，红四方面军战史编辑委员会办公室成员合影（前排右七为王树声，右八为徐向前）

第四方面军战史编辑委员会。在王树声的参与组织下，《中国工农红军第四方面军战史》《中国工农红军第四方面军战史资料选编》《中国工农红军第四方面军烈士名录》《中国工农红军第四方面军战例选编》和《中国工农红军第四方面军战史参考资料》等相继问世，给后人研究中共党史和红四方面军军战史留下了宝贵财富。

在此前后，为了总结红军发展壮大的历史经验，他与陈再道、詹才芳联名撰写了《从黄麻起义到鄂豫边割据》，载入《星火燎原》（一）。他还亲自撰写了《麻城的火焰》《黄麻起义及其前后的一些斗争情况》等文章，全面回顾总结了鄂豫皖初期革命斗争的历史，追述了自己寻求革命、追求真理的艰难历程。

1961年2月7日，中央军委批准军事科学院的建议，决定成立以叶剑英为主任委员的中央军委条令验收委员会。23日，条令验收委员会第一次会议在广州召开。会议期间，中央军委动员全军中将以上的干部撰写战争经验总结，以便教育后人。

接受任务后，王树声结合中央军委确立的积极防御的战略方针，着眼于未来反侵略战争的需要，写了《几点作战经验》，刊登于中央军委条令验收委员会秘书处编印的内部文件《经验总结汇集》第17集。在这篇文章中，王树声一共写了三个问题：第一，山地运动防御；第二，围点打援；第三，突围战斗。

他之所以首先写"山地运动防御"，是因为他在长期革命战争中与大山结下了不解之缘。从大别山、大巴山、夹金山、祁连山，到太行山、嵩山、伏牛山、武当山，无不留下他战斗的足迹，他对大山有着特殊的感情。同时，未来的反侵略战争也离不开山地防御,所以他的作战理论从山开始,并结合反"三路围攻"、反"六路围攻"等作战体会写下了"山地运动防御"。他认为实行山地运动防御必须注意以下几点:

第一,"明确作战目的,坚定胜利信心"。山地运动防御在于利用山地有利地形,用各种积极的战斗手段,从被动中争取主动,大量消耗敌人的有生力量,改变敌我形势,为反攻和进攻创造有利条件。因此,只有使全体指战员充分认识实施运动防御的目的,具有坚定的胜利信心,才能高度发挥其主观能动性,克服一切困难,灵活机动,英勇顽强地作战。

既然是实行运动防御,那就必须正确解决消灭敌人和保存地方二者之间的关系。对此,王树声指出,运动防御是在一定的地区和一定的时间,采取积极的防御手段,以空间换取时间,求得不断削弱和消耗敌人的有生力量。当条件成熟,人民军队转入反攻和进攻,歼灭了敌人,不但可以恢复失去的地方,而且可以扩大地方。实践证明,在实施运动防御的过程中,既想消灭敌人,又想保存地方,其结果不仅拖长防御的时间,付出更大的代价,而且敌人也不能消灭,地方亦无法保存。

第二,"周密组织,重点部署"。兵力部署,应扼守重点,并控制强有力的预备队,切忌分兵把口。各级预备队要配置于适当地区,以便及时实施反击和进攻,战役预备队不要轻易使用;某些次要地区应结合地方武装进行防守,以防敌人迂回和袭击。要明确区分各部队的任务,使全体指战员知道自己的任务、位置和行动方法。

第三,"顽强坚守,出奇制胜,主动转移"。为达到防御的目的,在战斗实施

王树声(前排左一)与徐向前元帅(前排中)在一起

中，应充分发挥人民军队夜战、近战的特长，以机动灵活的战斗手段，积极打击敌人。当敌人实施火力准备时，必须尽可能隐蔽自己有生力量，减少伤亡，并及时查明敌人主攻方向及兵力部署。当敌发起冲击时，应充分发挥短兵器的威力，尽可能待敌逼近时予以突然而猛烈的打击；并适时组织反冲击，打退敌人的进攻。当敌人突入阵地时，坚守部队必须果敢地投入白刃肉搏，顽强地守住阵地；预备队应在坚守部队的配合和火力支援下，勇猛地向敌侧后实施反冲击，歼灭突入之敌。总之，力求大量消耗敌人的有生力量。

在与敌对峙中，应利用和创造条件，以攻为守，或派出精干部队乘夜暗插入敌人纵深进行奇袭，歼灭敌人一部；或组织阵前出击，进行袭扰，打乱敌之进攻部署；或以伏击歼灭敌人的小分队。广泛开展冷枪冷炮运动，射杀敌人的指挥官；经常组织对敌喊话，瓦解敌军。

当达到一定的消耗敌人的目的，而反攻条件尚未成熟，且不利于在原阵地继续防守的情况下，应主动向新的阵地转移，以便诱敌深入，创造新的战机。

第四，"掌握时机，转入反攻"。在运动防御中，大量地消耗敌人的有生力量，敌内部矛盾和困难更加严重，而人民军队仍保持着旺盛的士气，并诱敌至我预定的有利地区，这时就应坚决果断地转入反攻和进攻。

反攻的方向，要选择在能够撼动敌人整个阵地之处，以收"牵一发而动全身"之效。这个方向应既能保证反攻的初战必胜，又有利于尔后战局的发展。

反攻的手段是多种多样的。在敌人有暴露的侧翼或在两军之联点有一定间隙的情况下，利用地形出敌不意，以精干部队乘暗夜大胆迂回，插入敌之纵深实施奇袭，配合正面部队进行反攻，则比较有利。实施迂回时，指挥员要善于在上级总的意图下，独断专行，坚决果敢，机动灵活地进行指挥；并巧妙地处理意外情况，不为局部情况所迷惑。担任迂回的部队，应高度发挥主观能动性，行动要迅速敏捷，忍受艰苦，克服困难，从敌人意想不到的时间和地点突然发起冲击，打敌措手不及，以收奇袭之效。

当发起反攻时，整个部队的行动，应以全歼敌人为前提，不应以打垮敌人为满足。迂回部队，在敌人的纵深，要向有利于合围和全歼敌人的方向扩张战果，控制要隘，断敌退路；正面部队，要广泛地运用穿插、分割的手段，形成若干个大小包围圈，各个歼灭敌人，以争取战役的彻底胜利。

"围点打援"是中国人民解放军在进行运动战的过程中所采取的主要战法之一。王树声对这一战法有自己深刻的理解，因而对如何运用这一战法阐述得淋漓尽致：

第一，围点是手段，打援是目的。围攻敌人所必援的据点，诱歼援敌于运动中，这一战法是基于人民军队受物资技术条件所限攻坚较为困难的情况，或为了实现调动敌人在运动中迅速予以歼灭的企图而采取的。它不但在以往战争中行之有效，而且在今后战争中将会根据现代技术装备的发展而有所发展。围点打援的目的，主要不在于打被围之敌，而在于打援敌。前者是手段，后者是目的；但在

■ 60年代初,王树声(前右二)同徐向前(前右一)在战史研讨会上。

情况有利时,亦应适时转移兵力歼灭被围的敌人。

这一战法的好处是:主动权操于我手,可以迫敌就范;能够充分利用敌人在运动中的弱点,发挥人民军队善于夜战和近战的特长;能够以小的代价换取大的胜利。在运用这一战法时,整个部队必须具有高度的全局观念,为了战役的胜利,协调一致地行动。

第二,正确判断情况,集中主力打援。在运动中迅速歼灭援敌,是以对敌据点的围攻或较长时间的围困为前提。因此在战役实施前,首要的关键是指挥员必须从全局出发,确实查明敌人的部署,围敌所必援之点;根据敌人内部的嫡庶关系,分析何处之敌必援,何处之敌不援或迟援;估计敌人可能来援兵力的多少及其特点;判断敌所来之方向及必经道路,查明该方向地形、道路的情况;估计敌人前进的可能速度,到达我预定歼敌地域的大致时间等。根据敌我兵力对比及其他情况,充分考虑实际可能,决定歼灭援敌之全部还是一部或大部,口不应张得太大,要量力而为。

选择有利地区,做好歼敌部署。利用险要构筑阻击阵地,部署阻敌兵力;在适当距离,利用隐蔽而便于出击的地区,配置打援主力。预定的歼敌地区,应使敌人没有依托,同时与被围的据点有相当的距离,并有良好的群众条件。

兵力使用应区分为围点和打援两部分,而主力用于打援。打援的部队,又可分为阻援和出击两部分,而主力用于出击。同时,要充分发挥民兵、游击队和地方武装的作用。围点部队,既能诱敌迅速来援,又能在必要时攻城;阻援部队,既能诱敌进入我预定地区,又不让敌人会合;出击部队,应坚决迅速地在运动中歼灭援敌。在区分任务时,应考虑到各部队的特长。

第三,围点之妙,在于"似攻而非攻"。围点部队的行动,应以诱敌迅速来援为前提。在攻击的动作上,要"似攻而非攻",因主要目的在于打援,所以是"非攻",但必须"似攻",以便造成声势,使被围之敌感到恐慌,援敌才能援得迅速。同时,应切实准备在可能条件下,如敌弹尽粮绝,援兵无望;在政治攻势下,敌军心动摇;或进行坑道爆破等,攻下敌人据点。此外,还应特别注意在集中精力歼灭援敌时,防止守敌乘机逃跑。

第四，阻止援敌，应走得像守得稳。阻援部队的行动，以诱敌迅速进入预定地区为目的。与敌接触时要"似守而走"，示之以弱，诱敌前进；当敌到达我预定阻击阵地，阻援部队应进行坚决防守。"走"和"守"都不要使敌看出破绽，"走"要走得像，"守"要守得稳。主要目的是迷惑敌人，造成其错觉，给以大量杀伤和消耗，迫其处于不利地位，为出击部队造成有利条件。

在不使用主力引诱援敌时，可用民兵、游击队和地方武装出没于敌人前进道路的两侧，时聚时散作为疑兵，使敌处于麻痹状态而贸然进入我预定地区。

第五，迅速勇猛地出击，歼援敌于运动中。出击部队的行动，要隐蔽、迅速、突然而勇猛。在战斗发起时，应从两翼钳形攻击，高度发挥我军善于野战的特长，猛打、猛冲、穿插、分割，不给援敌以喘息机会，使敌人在运动之中迅速就歼。

此外，还应充分地估计可能的情况变化，适时修正作战方案。

第六，适时转移兵力，乘胜歼灭守敌。在援敌被全部歼灭或大部歼灭之后，守敌则更加孤立和动摇。我军应根据情况，适时转移兵力消灭守敌；有时也可继续围困诱敌再援；或因条件尚未成熟而不攻击据点，另寻战机。

由于敌强我弱，"围剿"与反"围剿"是中国革命战争的主要形式。这样，在反"围剿"的过程中，突围作战遂成为弱小革命军队的一种作战样式。即使在我强敌弱的形势下，人民军队有时也会遇到突围作战。突围作战比进攻作战所面临的形势要严重得多，弄不好就会招致重大损失。总结这方面的经验教训对后人更有警示作用和借鉴意义。正是出于这种考虑，王树声总结了自己亲身经历的兵败河西走廊、中原突围等作战的经验教训，写下了《突围战斗》。他认为，打好突围战斗，要特别注意以下几点：

第一，从被动中争取主动，做好准备工作。部队在被围的情况下，为了摆脱不利的形势，从被动中争取主动，保存有生力量，必须根据上级的意图，有计划、有步骤、有秩序地实施突围。在定下决心和战斗实施中，要从最困难处着眼，要向有利方面争取，迅速制定突围计划，要有适应情况变化的腹案，并有连续突围的准备。切忌犹豫徘徊，走一步看一步，而使自己继续陷入被动。

突围战斗，情况极为复杂。人民军队虽处于被动地位，而又要以积极的战斗手段达成任务。因此，必须进行深入艰苦的政治思想工作，务使全体指战员坚定革命意志，树立必胜信心，高度发挥主观能动性，克服困难，英勇战斗。

各项准备工作，应力求充分。首先，应做好进攻战斗的准备，以便能迅速地打破敌人的包围圈。其次，要进行严密的组织工作，并及时而妥善地处理物资器材。

第二，抓紧有利时机，正确选择方向。突围时机，应力争在敌人未完全达成合围，或已形成合围而未做好攻击准备，或已开始攻击而为我所阻止时，利用黄昏或夜暗突然实施。突围方向，应选择在敌人结合部，利用敌人矛盾或兵力薄弱部分，以及有利地形，以便集中兵力迅速打开通路，摆脱敌人。根据具体情况，可分路突围，亦可集中突围。突围前应规定联络点。

第三，突围首要关键，在于打开通路。在突围方向上，突击部队应坚决、勇猛、连续地冲击，务求消灭和打垮当面敌人，扫除障碍，开辟通路。其他方向，应积极佯动，迷惑和牵制敌人。侧翼掩护队，应在突击队打开通路的同时，迅速向两翼扩张，打垮或阻止敌人的压缩，并防止敌人穿插分割，保障主力安全通过。后尾掩护队，应采取积极的战斗手段，坚决打垮或阻止敌之尾追，以保障主力迅速摆脱敌人。

第四，坚定沉着照顾全局，友爱团结互相支援。在突围战斗中，各级指挥员应坚定沉着，并在上级的意图下发挥独立作战的精神，以自己大无畏的英勇气概，做部队的表率，使部队能以指挥员的沉着坚定而增强胜利信心，齐心合力为突围胜利而奋战。同时各级指挥员要有高度整体观念，每个行动应照顾全局的利益。各部队的行动，应保持良好的秩序，坚定沉着，严守纪律，积极作战，互相协同，高度发挥阶级友爱精神。

《几点作战经验》不到 5000 字，但字字珠玑，是王树声毕生作战经验的浓缩和升华，集中反映了他的作战理论和军事建树。特别是其中的《突围战斗》，更体现了王树声对中央军委要求撰写战争经验含义的深刻领悟。在众多将领的经验体会中写《突围战斗》的很少或几乎没有，王树声能够把自己在这一方面的经验体会奉献给后人，实在是寓意深远，难能可贵。

二、筹建军事技术教研馆

到 1959 年，中国人民解放军的现代化建设已初见成效，训练走上正轨，装备得到改善，技战术水平有了较大提高。然而，部队在教育训练中还存在着一些亟待解决的问题。主要表现在：相当一部分中高级指挥员对现代战争所涉及的各门科学技术知识十分缺乏，不仅对尖端技术知识不了解，就是对换装后的常规武器的性能及在战斗中的运用也缺乏应有的研究。随着现代常规武器不断改进，各军、兵种武器装备日趋多样化和复杂化，合成化程度日益提高。作为合成军队的首长，如果不懂得各军、兵种的专业技术知识，仍按过去战争年代"小米加步枪"那一套，就不能指挥现代化战争。各军、兵种的专业干部如果不了解合成军队的知识，也就不能在现代战争中密切配合，圆满完成作战任务。这种情况严重地影响着部队技战术水平的提高和向现代化的发展。这样，加强干部特别是高级干部科技知识的学习，就成为军队现代化发展的必然要求。

1959 年 12 月，时任军事科学院院长兼政委的叶剑英，认识到这个问题的重要性和迫切性，抓住了军队干部知识贫乏与现代化建设这个矛盾。于 12 月 4 日邀请有关部门进行了座谈会，会上他提出了自己思考很久的一个问题——建立军事技术直观教研馆，也就是把全军各军、兵种现有的主要技术器材和新的研究成果，用实物、图表、照片、电动解说图等形式设计出来，抽调一部分专业技术干部担任教员和研究员，以便在最短的时间内，采取最简便、最易引起兴趣的方法，即直观的方法，来解决军队高级干部和军事科研人员学习研究现代军事技术知识的问题。与会者一致赞同这一意见，并提出了一些具体建议。1959年12月7日，叶剑英向中央军委正式提交了关于建立"军事技术教研馆"的建议。在建议中，他对建馆的方针、任务、方法、目的和意义都作了深刻的阐述。在谈到建立军事教研馆的意义时，他说："可以使全军高级干部分批轮流到此馆来研究新的专业技术知识。""对于提高我军高级干部和军事科研人员的科学技术水平，研究战术和研究技术密切结合，相互推动，均有重大意义。"12月28日，中央军委批准了叶剑英这一建议，指出：采取这一措施是必要的和可行的，并要求总后

■ 王树声（前左一）与叶剑英（左二）、粟裕（左三）等合影。

将这一工程列入重点工程，大力组织设计与施工。

军事技术教研馆的建设和利用是一个系统工程，必须要有丰富经验又懂技术的人亲自组织筹建，叶剑英知人善任，把这个艰巨的任务交给了刚刚被任命为副院长的王树声。在叶剑英看来，王树声有抓全军军械装备工作的多年经验，而且具有一股对工作非常认真负责的精神，是再好不过的人选。据方大愚回忆：

> 1959年11月，军委命令王大将到军科当副院长，他还是国防部副部长。他来时正好叶帅向军委建议成立军事技术直观教研馆，目的是搞现代化，搞联合作战。叶帅说："老王，你来得正好，你是总军械部长，最了解全军的武器装备情况，也最了解装备系统的干部，由你来管教研馆。"叶帅是用人所长，实践证明，王大将不辱使命，出色地完成了叶帅交给的任务，并在工作中与叶帅结下了深厚的友谊。

王树声上任后，首先抓了军事技术教研馆的筹备工作。筹备工作的主要内容

有三项:一是搞基本建设;二是抓领导班子的筹备组织;三是抓教学设备、教学器材和教材等的准备工作。

王树声是个雷厉风行的人,说干就干,但他对工作又非常认真细致。为了搞好基建,尽快建成军事技术教研馆,他立即率领筹委会成员到现地勘察,认真组织丈量土地,选择馆址,与建筑专家研究布局和设计,多次召开筹委会,广泛征求意见,充分发扬民主,进一步确定技术教研馆的指导思想、方针任务、建馆的规模和培训对象等。

为了抓好筹备工作,在王树声的建议下成立了筹委会办公室,由曹宇光负责,各军兵种各派一名干部,抓筹建的具体工作。据曹宇光回忆:

> 王大将对于筹委会办公室的工作过问得很频繁,很具体,真可说是事无巨细,不厌其烦。就连民房搬迁多少,对搬迁户如何安排都亲自过问。由于王大将身先士卒,事必躬亲,遇到问题总是及时帮助解决,大家工作起来心情自然就非常舒畅。
>
> 在工作和生活上,王大将又非常平易近人,民主作风好。他当时直接抓我的工作,接触很多,经常向他汇报工作。每次给他汇报,他不像有些首长一样,一、二、三,来几条指示,而是与你商量,看事情该怎么办,你的意见是什么,非常民主。应该说他没有首长架子,也不大批评人,就是什么事应该怎么办。
>
> 在基本建设上,王大将一面强调"百年大计,质量第一,适合教学方面的需要为主",另一方面又抓节约。技术教研馆建设时正赶上国家困难时期,应该说筹建工作是非常费劲的。这个项目虽是军委批准的,但有些部门一再要削减,不知多少次对待一个具体项目都要减、削,这些我做不了主,我就向王大将汇报。王大将对有些项目是坚持的,比如教研设备的、学习的、上课的不能减,学员宿舍不能减,强调学员来学习,一定要保证生活条件和学习条件,至于我们工作人员的生活设备可以从简,他一贯坚持这一指导思想,所以教研馆建起来也是按这一思想建起来的,把教馆搞得很像样子,但生活设备非常简朴。

1962年2月,为了搞好军事技术教研馆建设,王树声组织成立了军事技术教研馆"口子小组"[①],由王树声、贺光华、曹宇光3人组成,王树声任组长。对此,王树声还专门给叶剑英和院党委写了报告。他在报告中明确规定了小组的四项任务:第一,基建方面,严格按叶剑英和院党委的要求,按时保质地完成工期任务,加速技术馆的基本建设;第二,学术方面,在基建过程中,在教研活动不能全面展开的情况下,主要是积极准备教研内容,为做好开馆、开所、试教做好学术准备,并在试教取得经验的基础上,为全面教研工作做好各项准备;第三,

---

[①] "口子小组"指为把好各种关口,保证质量而成立的专门小组,王树声把它的任务概括为把好口、关好闸、过好滤。

组织建设方面,主要是协同各军兵种、总后、高等军事学院选配和培养各分所的教研干部;第四,物质保障方面,要抓好经费管理使用和审查,搞好营具的配置工作。他强调这四项工作是紧密联系、相互促进的,但要随着工程的进展在重点上有所侧重,但根本的应本着有利于教研,有利于对人才的培养。

与此同时,他对"口子小组"工作的方法进行了明确:一是切实把好口,关好闸,过好滤。小组应根据院党委和叶剑英指示,大胆负责,对工作不推、不拖、不踢皮球,对无力解决的问题及时提出建议或意见;二是抓重点、抓关键,把住基建工程、学术准备、经费管理、组织建设四个关口。在基建方面,抓进度、抓质量、抓节约。在学术方面,抓指导思想、教研内容、教研方案、实施计划等。在经费方面,抓计划、抓审查。在组织建设方面,抓选配干部、培养干部;同时抓好全盘计划、总结和检查。

王树声在抓军事技术教研馆建设的过程中,善于进行工作总结,及时提出下一步的计划和要求,并及时向叶剑英和院党委汇报工作情况。在他的领导下,仅用了3年时间,就完成了设计、施工和购置武器装备等工作,建成了包括海军、空军、炮兵、装甲兵、工程兵、通信兵、防化兵、铁道兵、后勤、综合研究所10个所,占地面积10余万平方米、设备完善的军事技术教研馆。可以说,从筹建到施工,从布局设计到各所的技术设备,从教研到生活,各个方面都倾注了王树声的大量心血。

1964年下半年军事技术教研馆竣工后,叶剑英邀请了刘少奇、朱德、邓小平、贺龙等亲临视察,军队的许多高级将领也来参观。对于这样一个现代化的宏伟工程,党和国家领导人及军队的许多高级将领十分高兴,赞扬它是培养人民解放军高级干部的大课堂。当时许多友好国家的领导人也来参观,其中有越南的胡志明、黎笋等。他们边看、边记、边问,赞叹不已,纷纷表示回国后也要参照进行建设。在此期间,国防科工委、国防工办及总参军训部在技术馆举办了新工艺、新技术和训练器材展览,进一步丰富了军事技术教研馆的教学内容与器材。

军事技术教研馆建好以后,按院常委的分工,王树声仍分管军事技术教研馆的工作。同时,为推进全军技术教研馆的工作,中央军委

■ 20世纪60年代的王树声

批准同意成立全军军事技术教研馆研究会,办公室设在军事科学院,主持这项工作的是王树声和各军兵种司令员。军事技术教研馆有当时国内最先进的武器,有些还没有装备到部队。实物有飞机、大炮、导弹、装甲车等。军事技术教研馆建成后的下一个任务,就是开展教学。要利用这些装备进行训练和教学,需要大批干部。为此,王树声组织各所所长通过总政在全军选拔,以便把最好的干部充实到研究所来。对如何管理和利用好军事技术教研馆,王树声费了很大心思。据军事科学院原政治部副主任吴夫向回忆:

王大将非常注重技术馆的教学。王大将当时担任国防部副部长,又是军委委员,要经常参加军委的会议,在院里负责技术教研馆,他的工作很辛苦。从买装备、基础建设、干部选拔、经费使用等,他都得过问。他讲:"过去我们只有步枪,甚至连步枪都不足,是大刀、长矛,现在这么多装备,看着都新鲜,心里很高兴。"他经常对干部们讲"我们不但要爱护这些装备,而且要让干部战士掌握它,要学习先进的技术,提高水平"。他工作非常深入,对每一个所不仅看,而且深入了解情况,进行协调,处理各所之间的关系。他特别强调教研干部要学习现代技术,他要求不仅会讲,而且还要会操作。刚开始时,讲解的是一批人,操作的是另一批人,如讲坦克的只讲机械原理、结构、怎么样操作、排除故障,不进行操作,另一部分人只能操作,不会讲解。他要求改变这种情况,做到讲做结合。他对教研干部们说:"要讲技术,讲技术的人要尊重技术,学习技术,教研人员要比别人在技术上高出许多,不能高一点。"当时学员们都是军队中的高中级干部,好学精神很强,钻研很认真,所以提问就特别多。因此王大将特别要求教研人员提高技术水平和文化水平。但是他又反对单纯的从技术到技术,他说:"要让大家了解基本技术原理,重要的是让大家掌握基本技能。如防化武器,在现代条件下我们怎么用?对部队作战有什么影响?道理要讲得深入浅出,要注重实用性。"他非常注重教学实施的过程,对怎样使用教学力量,怎样实施教学,不仅亲自布置,而且深入第一线进行检查和落实。他对学员的学习抓得也很紧,对他们的生活也很关心。

他强调学习要联系实际。他常说:"你们要带着问题来研究学习,要考虑部队的实际,不仅学习书本,还要与部队现代训练中的问题相结合。部队训练中的问题可以带到这里来研究,要加强调查,要结合指挥员的实际工作问题。机关要与部队结合,要面向部队。要善于思考,科学是老老实实的学问,来不得半点虚假。"他这样要求别人,自己也是这样做的。他很重视虚心求教,他不是一般的求教,确实是钻研,态度很端正。

如果说抓教研馆建设是培养军队干部系统工程第一步的话,那么组织教研才是培养干部的关键所在。如何抓好教研,如何通过教研提高全军高级干部的技术水平,是王树声关心和解决的大事。

他把抓好指导思想作为教研的关键。根据1965年国防建设工作纲要规定的

"通过技术教研馆，分批组织师以上干部军兵种知识集训"的要求，强调教研活动要以中共中央、毛泽东和中央军委的有关训练方针、原则统一教研思想。他说，这些方针原则是我们进行教研工作的根本依据。要以我为主，少而精，练为战，从难从严、从实战出发。他特别指出："教研馆是个技术知识教学单位，在统一教研思想的过程中，要切实按照主席的教导，正确解决人与武器、政治与技术、技术与战术的关系问题。武器是战争的重要因素，必须重视，但这不是首要的决定的因素，决定战争胜负的首要因素是人而不是一两件新式武器，任何新式武器都是要人去掌握的，人与武器的关系必须摆正；政治与技术，是政治统帅技术，但政治并不等于技术，我们必须突出政治，把政治放在首位，同时又要重视技术的作用，有些技术，要懂、要熟，不懂、不熟，英雄就无用武之地，技术搞不好，打仗就会出乱子；技术是战术的基础，战术是怎样运用技术的问题，战术是随着技术的变化而变化的，而战

■ 王树声在军事科学院

术的发展又不断向技术提出新的要求，二者互相促进，密切联系。解决这些问题，要防止唯心论和机械论倾向。"①

在抓教学的过程中，王树声把抓好教员队伍的建设培养作为工作重点。他说："教学改革的关键是教员，只有教员队伍整顿好了，教学才有基础，才能落实。就教研馆来说，教研员是军事技术知识的直接传授者，教研员的水平如何，直接影响教研效果。因此，必须重视培养提高教研员水平，使每个教研员学好用好毛泽东思想，精通业务，会讲会做，达到又红又专……由于教研馆编制有限，教研员的分工不宜过细过死，因此，要求每个教研员除精通本门业务外，还应向一专多能发展，以逐渐做到某些课程互相协作。"②

在抓好教研员队伍建设的同时，为提高教学质量，王树声特别强调教员要注

---

① 《王树声军事文选》，军事科学出版社 2000 年版，第 646 页。
② 《王树声军事文选》，军事科学出版社 2000 年版，第 646 页。

意教学方法。他指出"除了有计划地提高教研员的政治思想水平和业务水平之外,还要注意解决教学方法问题……教研员要先学后教,教中有学,边教边学。我们搞的是直观形象的技术教学,对象是团师以上中高级干部,在教学中贯彻群众路线,就是要精讲、多看,讲、演、摸、问相结合,做到在最短的时间,采用最简便的,最易引起兴趣的方法,来解决我军高级干部和军事科研人员的现代科学知识"[①]。为把提高教研员的教学水平落到实处,他要求教员在教学中应该:第一,根据规定的教学内容和学员的实际需要,为学员提供必要的少而精的学习资料;第二,不论讲技术知识,或搞实物见学、操作表演,都要有重点的精讲;第三,组织学员看、摸,要善于听取、研究和回答学员提出的问题和意见。

为提高教研质量,王树声把抓好教材建设作为抓好教研工作的突破口。组织编写适合对象需要的少而精的教材,是进行教研的前提。他说:"演好戏,要有好剧本。讲好课,要有好教材。所谓好教材,就是能够以毛主席思想为统帅,要少而精,适合对象的实际需要,能够分清主次,突出重点,抓住精华,把急需的东西,讲深讲透,使学员听得懂、记得住。"[②]他强调要达到这种要求,关键在于深入实践,带着问题,做好系统周密的调查研究工作。详细地分析材料,抓住本质,把学员实际需要贯彻到教材中去。

王树声还特别强调,在教研工作中,要把开展学术民主和学术创新贯穿始终。他认为,学术研究,要走群众路线,解决学术问题,不能靠行政命令,只有发扬学术民主,通过学术争论,耐心的说服,摆事实、讲道理的方法,才能统一学术思想,统一认识。军事技术教研馆各级干部由于业务水平、工作经验不同,在讨论学术问题时,应特别注意听取下级的意见,然后在民主的基础上再形成集中的意见。他鼓励在学术问题上展开争论,认为有争论是好事,只有在不断争论中学术才能发展,才能创新。

由于王树声的领导及教研人员的辛勤努力,全军师级干部集训工作开展得很顺利,并收到了满意的效果。受训人员普遍反映,时间短,收获大,既学习了各军兵种知识,又提高了对诸军兵种联合作战的指挥能力,增强了对未来作战胜利的信心。有的干部反映,在技术馆学习1个多月,胜过在其他地方学习半年,很有必要,是和平时期提高干部队伍素质的有效办法。

王树声在创建和领导军事技术教研馆的5年时间,呕心沥血,兢兢业业,对于开拓部队正规化、现代化建设作出了积极贡献。军事技术教研馆建成后,1964年下半年完成了高等军事学院和后勤学院共465人的见学任务,接待了1153人次的参观见学;1965年完成全军第一期军兵种知识集训,接待全军各院校和军内外3207人次的参观见学。然而,正当王树声领导全馆人员积极总结第一期集训的经验,准备第二期开训的时候,"文化大革命"开始了,集训计划被迫停下来。

---

① 《王树声军事文选》,军事科学出版社2000年版,第647页。
② 同上。

1965年,王树声(前右一)同来华学习的越南学员亲切握手。

1969年,当时的军委办事组下令撤销军事技术教研馆。此后,大批的武器装备、实物教具、模型被毁坏,房屋改作他用,造成了几千万元的直接经济损失,200多名具有专业知识的教研人员被迫改行。后来叶剑英和王树声提起这事都感到痛心,这里面凝聚了他们多少心血啊!给军队现代化建设又造成了多么大的损失呀!直到现在许多人提起这件事,还忿忿不平:

> 太遗憾了,只培训了一两期,若保留到现在,作用可就大了。特别是今后的战争,要全面了解我军的技术装备是比较困难的,将来打的是立体战争,军队干部需要全面了解,才能更好地组织指挥训练,地方干部也需要了解,才能更好地有针对性地进行保障。建设时叶帅、王大将等很重视的这个宗旨,完全由于少数人给破坏了,以后再想建,难啊!

三、苦撑局面

历史的车轮滚入20世纪60年代中期,中国大地出现前所未有的"轰轰烈烈"。

1967年3月21日,中央军委决定,高等军事学院、政治学院、后勤学院和军事科学院,准备投入"支左""支农""支工"工作。根据中央军委指示,军事科学院立即抽调人员,进行编组,待命出发。5月8日,周恩来在京西宾馆接见军事科学院执行军管任务的全体人员。5月中旬,王树声奉周恩来之命与粟裕、向仲华等率军事科学院543名干部、58名战士,进驻国防工办,对第一、第二、第四、第五、第七机械工业部和所属6个国防工厂实行军管,以保证国防生产的正常进行。作为军管领导小组副组长的王树声主要负责抓生产建设,向仲华主要抓思想工作,组长粟裕抓总。

在当时复杂的情况下,国防生产几乎处于停止状态,两派之间不停地进行斗争,工作起来相当困难。但王树声深知恢复国防生产的重要,决心不能辜负中央军委和周恩来的期望,知难而进。据当时随同王树声工作的吴夫向回忆说:

当时哪有人有心思搞生产呀,王大将很是焦急,他说"我打了一辈子仗,没打过这种仗,真是不理解,怎么打这种仗?"整天在那里头痛。他对我们说:"第一,你们要抓恢复生产,第二,要做群众思想工作,不参加派性,制止群众武斗,抓好生产。周总理抓国防工业抓得特别紧,国防生产不能停,军事工业不能乱。"有一次钱学森同志到四机部,他与王树声认识,见面很热情。钱学森对工办人员说:"你们不是搞革命吗,如果你们把卫星搞上天,把研究搞好,你们就是革命了,要不然你们只空喊口号,卫星上不了天。"王大将鼓掌说:"好,讲得好。"然后,他就到处讲这个道理。他处处讲道理,做工作。他对工办的干部群众说:"我们搞国防建设,搞军事工业,是准备打仗的,不能搞武斗了,自己人打自己人不好的。你们思想不一样,但研究和生产还是可以一起搞的。你拥护毛主席,他也拥护毛主席,只是思想观念不一致,干部的问题可以揭发,但不要保这个,打倒那个。"当时开军管会、群众大会,他始终强调不要搞派性,不要耽误生产。可以说王大将在这一时期做了不少工作,同时也受了不少苦。

1968年三四月间,王树声等率领全院干部圆满地完成了周恩来交给的任务,除留下少部分人继续执行军管任务外,其余人员陆续回院参加院内的"文化大革命"。

虽然军事科学院的"文革"开始得比较晚,但来势很猛。1968年3月24日,王树声从军管的岗位撤回来后,这时院里的领导大部分都"靠边站"了,没有问题好抓的王树声就肩负起了主持全院日常工作的重任,也就成了众人瞩目的军科"当权派"。当时军事科学院的政治形势与全国一样,院里分成了"长征总队""红色造反派""无产阶级革命派"3个派别。王树声在经过了军管的磨炼后,掌握住一条原则,就是尽量一碗水端平,平衡各派之间的矛盾,稳定院里的局势。即使这样也不免有人提出"打倒叶(剑英)粟(裕)王(树声)",但又找不到什么借口。有一次,军事科学院内的一个红卫兵组织要王树声出介绍信,以军事科学院的名义外出调查叶剑英的"问题"。王树声对造反头头说:"你们外出调查我王树声,我马上让机关给你们写介绍信,你们外出调查叶剑英,就是打死我,我也不会批准机关写介绍信!"造反派头目对王树声极力保护叶剑英的气概,既气又怕,就千方百计想整王树声。据当时王树声的秘书回忆:

有一次军科的红卫兵把王大将从住地弄到院里来,说是要开会,结果是要他交代问题,对他进行了长时间的围攻,他一直不开口,有人劝他说,有的骂。后来让我们走,不让秘书和警卫人员在现场。整整一个晚上,王大将也没说什么,历史问题都有结论的,有什么好说的。斗争的焦点没在他身上,是想通过他整叶帅的材料,揭发叶帅的"内幕"。可是王大将任由他们逼问,就是守口如瓶。也正因为他胸怀坦荡,光明磊落,使得"革命小将"无计可施,为此,王大将还受了不少拳脚,胸部被打得疼痛难忍。

正当"革命小将"们想对策,还想继续对王大将"斗争"的时候,军委办事组转来周总理的指示:你们抓王树声是错误的,是违犯毛主席、党中央和中央文革规定的,对他有什么意见可以提,不经批准就开会批斗是错误的。立即放王树声回家休息,不准武斗,要保证他的安全。在总理的干预下,他们只得灰溜溜地放了王大将。当王大将得知是总理保护了自己,感动得说不出话来。

当时为了整叶剑英,林彪一伙想尽了各种办法,以王树声为代表的军事科学院的老干部们对此作坚决抵抗。1970 年至 1971 年,黄永胜把持军委办事组,把总参谋部搬到了中央党校,黄永胜以军委办事组的名义(当时兼任总参谋长)命令军事科学院搬迁到中央党校南院,将军事科学院的房子交给总参谋部动员部使用。黄永胜多次派人到军事科学院找王树声等院领导,催促搬家。此前叶剑英已下放到长沙,他曾从长沙写信,要王树声等"照看好他的房子"。院党委研究认为,黄永胜等人的目的不是搬家,而是通过占军事科学院地盘来整叶剑英。王树声等认为,硬顶是顶不住的,只能从院里的情况出发研究怎么办,最后王树声决定采取"拖"的办法。之后,黄永胜派人催一次,院里就派人到党校去看一次,这次看办公区,下次看宿舍区,随后向来人反映:同总政合住一个办公楼不方便,学校宿舍都是供省、地级干部学员居住的,不适合军事科学院干部家属居住,必须彻底改建后才能搬住,等等。就这样,黄永胜也没办法,拖得时间长了,黄永胜只好将总参军务部、动员部搬进去。

王树声在主持军事科学院工作期间,采取正确的干部政策,保护了大批干

王树声(右一)与叶剑英(右二)在一起

部。据当时军事科学院政治部副主任陈果回忆：

> 王大将主持工作期间，院里组织对领导和干部进行审查，作历史材料的结论。王大将坚持原则，不上纲上线，从实际出发，实事求是，没有调查落实的东西，不能先扣帽子，这是王大将定的原则。他要求工作人员在没有把事情搞清楚以前不要定案，不要定性，包括对院领导的材料。
>
> 对于干部的使用，支持他的也好，反对他的也好，都一视同仁，没有因为反对他就打击报复。他对干部的前途很重视，对于一般喊打倒"叶粟王"的，在结论上他强调不要写。他为人正直，不是心胸狭窄，很公平。他对待干部问题很慎重，很认真，所以粉碎"四人帮"后，军科清查没有一个冤案。有一个很重要的方面，他对"四人帮"很痛恨，很看不起，他骂江青是臭婆娘。可惜的是他没有看到"四人帮"的垮台，若他在九泉有知，也该瞑目了。

"文革"中王树声保护了军事科学院一批老干部。原百科部部长奚原因为在上海时就了解江青，后来在延安又反对过江青。所以，"文革"中当江青得知奚原在军事科学院时，就说："我找了他几十年，他还活着。"于是派人来抓奚原。开始时，王树声与向仲华等不让抓。后因江青点了名，说奚原是大反革命，王树声等顶不住了，于是，奚原被关进了大牢。王树声为了救出奚原，想了许多办法。最后，以军事科学院红卫兵要批斗奚原为由，把他从大牢中救了出来。后来又以交"群众监督"为名，送往军事科学院"五七"干校，保护起来。谈起这事，奚原感激地说："不是王树声、向仲华，我就被整死在大牢里了。王树声保护老干部的事，应该大力宣扬。"

1968年4月至1972年10月，王树声实际主持军事科学院日常工作。在此期间，根据中央军委指示，于1970年3月组织召开全军修改条令、条例座谈会，各总部、各军兵种、北京军区、军政大学和军事科学院有关同志参加了会议。会上王树声组织学习了毛泽东对修改条令、条例的指示，会议就修改条令、条例的原则、方法等问题交接了意见，统一了认识，王树声作了《修改我军战斗条令的几个基本原则》的讲话。会后，为了使条令更好地符合部队的实际，更好地指导作战和训练，王树声率调查小组赴济南军区、南京军区和福州军区等所属部队，深入调查了解情况，历时20多天。为解放军的正规化建设作出了突出贡献。据军事科学院原院长蒋顺学回忆说：

> 王树声主持院里工作的这一段时间，正好是71年修改第一代条令，这个工作是他亲自抓的。他亲自参加调查研究，主要是到济南、南京和福州三个军区去调查研究，我也跟着他去了，他是下到师里进行调查研究。那时正值天气炎热，气温达到37至38度。他当时坐的是破吉普，不像现在有高档车，有空调。他不顾天气炎热，从这个师走到那个师，召集有关干部进行座谈，认真听取汇报和征求意见。那时他的身体不大好，但他克服了一切困难。在福州时，天气特别炎热，在招待所休息他就光着膀子。当时

有人劝他，说天气太热，要他到庐山去休息，因为庐山凉快，但他不去，而是认真负责地到下面搞调查研究。他说，去庐山怎么调研？这种工作精神使我们参加这一工作的人都感动了。条令修改工作期间，王树声同志多次讲话，其基本思想就是强调要把毛泽东思想与现实结合起来，要发展，他提出的都是方针和原则性的东西。

正如蒋顺学所说，王树声对条令的修改是重视的，提出了许多指导性意见。

关于修改条令的指导思想，王树声强调：修改条令必须用毛泽东思想为统帅，用毛泽东思想为武器改造世界观，把学习与修改结合起来，边学习边修改，反复学习反复修改，同时，要不断总结经验，做一段，总结一段，修改一段，提高一步。

关于修改条令要突出的原则，王树声认为：必须突出毛泽东思想的统帅地位；突出要准备打仗的思想，树立牢固的无产阶级战争观，强调常备不懈、敢打必胜的思想；突出提高执行捍卫毛泽东革命路线的自觉性；突出党对军队的绝对领导，坚决贯彻党指挥枪的原则，而决不容枪指挥党，强调党委集体领导下的首长分工负责制是我军的根本领导制度；突出无产阶级政治。政治是统帅，是灵魂，政治工作是中国人民解放军的生命线。强调政治统帅军事，人的因素是军队战斗力诸因素中的首要因素。解放军打仗就是靠政治，靠勇敢，勇敢是战术的基础；突出人民战争的伟大思想。贯彻主力军、地方军和民兵、游击队，主力兵团和地方兵团，武装群众和非武装群众三种力量相结合的人民战争的思想；突出歼灭战思想和打歼灭战的基本战法；突出人民解放军的光荣传统和优良作风以及近战、夜战的特长。总之，要以毛泽东思想贯穿于条令的始终，使之成为条令的灵魂，要使条令具有鲜明的阶级性、很强的政治思想性、强烈的战斗性。

王树声强调，修改条令要按"少而精"的原则，他说要做到少而精，必须紧紧掌握条令的性质、范围和对象，处理好条令和教材的关系。他认为："条令是立法性的，写的内容比较原则比较概括。教材是根据当时的敌情、地形、训练对象和训练目的，解释和贯彻条令的某一个或几个原则的，而且写得比较具体，条令不能代替教材。"①

王树声认为："条令是我军战术训练和战斗行动的依据，是比较原则比较概括的东西，而且具有一定的稳定性。"他强调写条令"要处理好战略、战役和战术，建军和作战，政治内容与军事内容的关系。战略、战役、战术，在局部服从全局的前提下，落实到战术范围。建军和作战，在体现建军的基本方针原则前提下，重点写作战。政治内容与军事内容，在政治统帅军事的前提下，重点写军事问题"②。

王树声强调条令的修改要有创新精神，一方面以现有的条令为基础，继承其中适合的东西，另一方面又不要拘泥于原有的结构形式，要解放思想，敢于创

---

① 《王树声军事文选》，军事科学出版社 2000 年版，第 660 页。
② 《王树声军事文选》，军事科学出版社 2000 年版，第 660 页。

新。需要突出的地方要更加突出，需要补充的要大胆补充，需要压缩的坚决压缩，繁琐、重复的坚决删去，打破面面俱到，不分轻重的作风。要突出毛泽东思想，突出无产阶级政治，体现解放军以政治建军为特点，具有解放军的独特风格。

王树声强调条令建设要着眼于特点，着眼于发展。为此，要随着形势的发展，作战对象的变化，军队装备和作战环境的变化，未来作战的特点，加以研究。在谈条令如何突出这些特点时，他认为：

现代战争，不仅不能削弱人民战争思想，而且更加提高了人民战争思想，更加提高了人在战争中的重要性，更加需要突出无产阶级政治，突出人的因素。从几千里发射火箭、导弹虽然有重大作用，但不能最后解决问题；最后解决问题不在几千里，而是在几十米的搏斗，靠步枪、手榴弹、靠拼刺刀。因此，在条令中就要突出我军近战、夜战的特长和人的勇敢精神。

现代军事科学技术有很大发展，原子、导弹、化学、细菌武器的出现和使用，是客观的现实。因此，我们写条令，要写原子条件下的人民战争，写诸军兵种的合同战斗，条令中要强调主动配合，密切协同，发挥各军种、兵种的整体力量。要强调用政治统帅技术装备，用革命化统帅机械化，熟练掌握手中武器，充分发挥我军技术装备的作用。

美苏是唯武器论者，战争打起来，他们必然要大量使用坦克、飞机和空降。因此，"三打三防"必将成为重要战斗内容。所以条令中对于"三打三防"要有足够重视，要规定有效的措施。

突然袭击、先发制人，是帝国主义、社会帝国主义的惯用手段。因此，防止敌人突然袭击，对保存军力，争取主动赢得战争的胜利，具有极其重要意义。为了防止敌人突然袭击，最重要的就是精神上的准备，树立常备不懈思想，同时又要规定相应的措施。

战争初期，敌我可能处于犬牙交错的态势，我们有的部队可能被敌人分割包围。这就要求部队沉着，不要慌张，在条令里要强调独立作战和主动性、灵活性、积极性，机断行事，坚决完成任务。[①]

王树声强调条令建设要贯彻群众路线。他认为，群众是真正的英雄。在某种意义上来讲，最聪明、最有才能的是最有实践经验的战士。修改条令，只有相信群众，依靠群众，广泛深入地发动群众，群策群力，集思广益，集中群众的智慧，才能提高；只有让群众参加，才能把条令真正变成群众自己的东西，才能符合战斗的需要，才能更切合实际。

在王树声的组织领导下，中国人民解放军合成军队战斗条令的修改，取得了圆满成功。这对于加强中国人民解放军革命化、正规化建设，指导部队训练具有重要的现实意义。

[①]《王树声军事文选》，军事科学出版社2000年版，第661—662页。

1970年底后，由于王树声等的努力，军事科学院的工作基本走上了正轨。1971年"九一三"事件后，叶剑英主持军委工作，不便再兼任院长职务。12月5日，叶剑英召集院常委会，讨论院长人选问题。由于粟裕、王树声年龄大了，身体也不好，叶剑英提议由宋时轮主持军事科学院的工作，并征求王树声等人的意见。当时有不少人反对，但王树声从大局出发，从全院的工作出发，坚决支持叶剑英的建议。他认为宋时轮是员战将，有丰富的实战经验；当过南京高级步校校长，有丰富的教学研究经验；当过多年军事科学院副院长，有丰富的军事理论研究基础。对于有不同意见的人，他去做思想工作，说服他们要全面地看问题，宋时轮主持工作对全院的科研有好处，有利于军事科学院的建设。就这样，叶剑英顺利地完成了职务交接。

1972年10月22日，经毛泽东批准，中央军委任命宋时轮为军事科学院院长，王新亭为政治委员。11月1日，经毛泽东批准，中央军委任命粟裕为军事科学院第一政治委员、第一书记，王树声任军事科学院第二政委、第二书记。

11月14日，军事科学院召开第一、第二任领导班子交接大会，全院人员参加。会上中央军委副主席、首任院长兼政治委员叶剑英发表讲话，他实事求是地评价了军事科学院建院来的工作，对新一届领导班子表示充分的信任并提出了殷切希望，对搞好军事科研工作必须要深入实际、调查研究、坚持以我为主、总结摸索规律等作了重要指示。新一届院领导宋时轮、粟裕、王树声、王新亭先后讲了话。

这时，院里的大部分科研干部已步入中年，年轻干部缺乏，为此，院党委决定逐步调整和改善干部结构。王树声主张调入一些文化水平高，有写作水平，经过部队实践锻炼的干部，以调整好干部结构，把科研搞好，使军事科学院当好军委、总部的助手。王树声的这一建议得到常委的赞同。经过机关的努力，先后调入了大批有知识有文化的年轻干部，使军事科学院的干部队伍有了很大改善，推

1972年11月1日，王树声被中央军委任命为军事科学院第二政委。图为宣布命令大会主席台（左起：王树声、粟裕、叶剑英、宋时轮、王新亭、贺光华）。

■ 1973年2月8日,王树声(前排左三)陪同周恩来(前排左五)接见外宾。

进了军事科研事业的发展。

叶剑英主持军委工作后,为解决军队肿、散、懒的问题,让王树声带人到部队了解情况。为了搞好调查研究,王树声与工作组人员深入南京、福州等军区团以下的单位,亲自与干部战士交谈,了解情况,写调查报告。之后,整理了几十万字的材料,为揭发批判林彪破坏军队的罪行,解决部队肿、散、懒的问题提供了有力依据。

四、"党的好同志"

王树声平易近人,艰苦朴素,永葆普通一兵本色。他身居高位,但从不摆官架子,与他接触过的人都有同感。在军事科学院期间,与干部、战士见面,常常是他满面笑容地主动打招呼,问叫什么名字,哪里人?他在研究处参加组织生活,大家都因他随和,而主动与他交心。

王树声严于律己,从不搞特殊化。早在他任总军械部部长时,按规定有关部门打算给他修建一套住房,各种配备齐全,装饰考究。但王树声说,国家经济还很不发达,人民的生活水平还不高,只要能住下,能会客、办公就行了,他坚持不要单独的小院,只要一般平房就可以。这样,他就住在了解放军报社极其普通的平房内,用的是寻常的家具,没有特别的装饰,墙上的一幅"延安宝塔山"油画就显得格外的醒目。

王树声调任军事科学院工作后,为了方便他的生活和工作,组织上决定为他另建新居。

20世纪60年代初,城建部门为王树声在北京市西城护城河旁选定了一座古庙作为房址,请他去过目。

带路的人指着护城河说:"这地方景色宜人,等到房子盖起来,既可以欣赏美景,也可方便垂钓。"王树声感觉很满意,于是问:"这古庙不用了吗?"带路人回答说:"这是某自治区驻京办事处。"王树声一听,郑重地说:"这儿不行,换个地方。""我不能违反党的民族政策。"这次选取房址就这样泡汤了。

"文革"期间,规划人员在北京东城区为王树声找到一处旧院落,很僻静,也没有人住。王树声感觉很满意,但当他得知,这从前是某民主党派机关所在地后,果断地说:"算了,算了!怎么能占人家民主党派的机关呢?!"

"他们已经没人办公了,"规划人员解释说,"胡闹,早晚是要把人家请回来的!"这一次就这样结束了。

又过了一段时间,规划部门在北京玉渊潭附近为王树声找了一片空地,此地环境幽雅,风光如画,工作人员请王树声看一看。王树声一看喜形于色,忽然他看到几间农舍,于是问:"建房子对住户有影响吗?"规划人员说:"没关系,动员他们搬迁一下就行了。"王树声想想说:"算了吧,人家住得好好的,凭什么让人家搬走?"

就这样,三次选点建房都被王树声拒绝了。直到逝世,他一直住在任总军械部部长时住的那几间平房里。

王树声同干部战士一同生活、一同工作,艰苦朴素,始终保持普通一兵本色。在军事科学院期间,总是喜欢中午自己去食堂排队买饭,有人让他到前面先买,但他总是坚持按顺序排队,这在高级干部中是很少见的。后来大家劝他到小食堂就餐,他却不听,一直坚持自己排队买饭。炊事班的人要给他加个菜,他坚决不肯,他说:"大家都一样,我怎么能搞特殊呢?"坚持实行"五同"。后来,在炊事班的一再坚持下,他说:"那就加个咸菜吧,滴一点香油",这就算是他生活上的一点特殊。

1950年,王树声(左)同群众一起劳动。

1962年春节，城市供应紧张，他的家乡农村供应更困难，更紧张。这种情况下，生产队杀了一头猪，专门派人给送到北京，分给几个湖北籍的领导，同时还送给每家几斤茶叶。王树声家收到东西后，心里很不安，说："生产队的猪，是集体的，杀了送给我们，这怎么好？东西送来了，这份情要领。"于是，王树声让夫人杨炬按照市价，付给来人80元带回去，并给他们买了返回的火车票，而把猪肉送到了红四方面军战史编辑委员会办公室。

王树声在生活上严格要求自己，即使在病中也从不含糊。在他重病期间，警卫部队给他送来了6只母鸡，他听说后，硬是坚持付钱，说"不收钱我就不吃！"就这样，王树声照样付了钱。对王树声在生活上严于律己，他抗战时期的警卫员齐吉树体会更深。1973年，王树声因病住进了301医院。那时，齐吉树在中央对外联络部万寿路招待所工作，经常抽空到医院陪陪他。一天，王树声对齐吉树说："小鬼呀！我化疗后口味特别不好，不想吃饭，大概是医院的饭不合口味，不知你们招待所是否有湖北师傅？"齐吉树告诉他："我们有两位湖北师傅。"王树声一听，很高兴，就说："请你们招待所给我做几个鱼肉丸子好不好？"难得王树声有这个心情，齐吉树赶紧说："好！"晚饭时，齐吉树与招待所的卫生员王兴超一起给王树声送去了一碗鱼肉丸子。王树声吃了几次之后，执意要付钱，齐吉树说啥也不肯接。王树声说："今后不要再送了。"齐吉树问为什么？王树声说："医院这么多的人，都吃医院的饭，我却叫你给我送饭，等于我一个人在这里吃小灶，就有点不好了，加上你又不收我的钱，这不是搞特殊化吗？"齐吉树连忙回答说："首长，您吃的饭我付过钱了，没有占公家的便宜，请您放心吃吧！"王树声却说："我收入比你多，你出钱我吃饭，这不合理，我坚决不叫你给我送了。"就这样，连他最爱吃的鱼肉丸子也不让送了。

王树声胸襟开阔，从不计较个人恩怨。"文革"时期，造反派把王树声弄到军事科学院外军部、礼堂等地进行批斗，甚至有人对他拳打脚踢。但后来，王树声从未计较这个问题，对抓他的人不计较，对打他的人也没有打击报复，而是采取了谅解的态度。

他为人谦虚，勇于批评和自我批评。在布置每项工作时，他都征求下属的意见，工作结束后，及时总结。他特别注意重大工作的经验教训，总结中，总是严格要求自己，找出自己工作的不足，对于工作中的不足敢于承担责任。

王树声具有良好的家风，对子女和家人要求甚严。王树声家住军械部大院，而孩子们在海淀八一中学上学。他们上学都是搭乘公共汽车，除下大雨等极个别情况才用车送一下，但送后王树声要司机按行车公里数报给车队收费。夫人杨炬上下班也都是挤公共汽车，他从不让她乘自己的小车。即使王树声坐自己的专车到北京饭店或京西宾馆理发，他都把这些列为私事，一律按行车里数交钱，公私分明。

对子女要求严格，这一点其长子王鲁光体会最深，他回忆说：

老头（指王树声）很严厉，有时对一些小事也毫不客气。有一次我们与徐帅一家在北戴河疗养，我与徐帅之子徐晓岩每天在一起，与当地的渔民相处得很好,还学会了摇橹、划船。有一次我们俩把船划得很远,玩了几个小时,后来起风了,浪特别大,很危险,我们俩拼命地往回摇。我们回来后,老头已在岸上等着呢,二话没说就给我两计耳光,看得出他当时非常焦急和生气。他说:"你知不知道我与徐帅的关系?徐帅就这么个儿子,万一出事怎么办?叫我怎么对得起徐帅?"也可以看出他对徐帅有着深厚的革命感情。

在家里他的要求也很严。有一次在饭桌上,因为保姆没有把衣服洗干净,我不高兴。老头一听,把桌子一拍,几乎把汤都震洒了,说:"革命的目的是什么,就是为了平等,解放劳苦大众,你的衣服为什么不自己洗?还抱怨洗得不干净,以后自己洗!"将我一顿臭骂,后来我的衣服都变成自己洗了。当我上大学后,他的要求就提高了一步,他对我和妹妹说:"我犯过错误,你们要好好学习,提高水平,辨清方向。"他一直对我们说:"你们有文化,要多学习科技,祖国的建设需要科技。"后来,他躺在病床上插着氧气时,还对我们说:"党培养你们两个,在大学里,有文化,要做点事,无论做什么工作,都要做好。"这些谆谆教诲一直鼓励着我们的学习和工作。

王树声对子女的严格要求有时近乎无情,就连身边的工作人员也为他的子女鸣不平。1972年,他的长子王鲁光准备结婚了,可家里除了一个旧衣柜,什么家具也没有,买是不可能的,为了不至于太寒酸,王鲁光从室外葡萄架下搬来一个石头茶几,上面再铺上一块布。但是没有椅子,更没有沙发,孤单单的一个茶几显得很难看,警卫员杨伯钧看不过去,便自作主张,同司机罗正祥把王树声在军事科学院临时休息宿舍的一套沙发搬到了车上,准备借给王鲁光结婚时用,婚后再送回。王树声下班看到了车后装的沙发后,大发脾气,说:"沙发是公家的,我儿子结婚为什么要用公家的东西,马上给我卸下来!"他还说:"过去我们结婚连被子都是借的,现在有间房子,有床被子就行了,讲什么排场?"

王树声的亲侄子是革命烈士之子,一直在家务农。王树声任湖北军区司令员时,亲侄儿找到武汉,提出在部队或武汉谋份工作,王树声耐心地开导启发侄儿。他说:"你是烈士的儿子,你父亲是为了革命,追求平等而牺牲的,如果搞特殊为你找份工作,就违背了我们革命的目的,就对不起你牺牲的父亲!"他劝侄儿仍回家务农。至今乡亲们说起这件事仍对王树声不理解,说他六亲不认,也不看在牺牲的兄弟的面子上照顾烈士子女。他对自己的亲人如此严厉,可他对战友却是另一种情感。

王树声非常珍视战友之情,十分关心部属和战友。1957年,王树声的老警卫员李树林转业到天津工作,失去了与王树声的联系。20世纪60年代末,他通过在天津工作的杨忠实(杨炬的弟弟)找到了王树声。当王树声得知李树林的儿子(小刚)患有严重的肾炎后,立即联系让李树林带孩子到北京治疗。这时,小刚的肾炎已经腹水了,非常严重,如果不及时治疗很危险。于是,王树声把孩子安排在杨炬任院领导的解放军304医院进行治疗。在杨炬的亲切关怀和悉心治疗

王树声夫妇同徐向前夫妇的合影。左起：王树声、杨炬、黄杰、徐向前。

下,小刚的病很快就治愈了。之后,王树声又多次让杨炬带小刚到解放军总医院复查,使小刚的病很快得以根治。提起这事李树林激动地说:"首长对我们感情深啊!他与战争年代一样,关心部属胜过关心他自己,他把战友情看得很重!"

1972年,王树声在抗日战争时期的警卫员白金泉在太原出车祸。当时单位党委决定想尽一切办法给他治疗,并打听到他原来跟王树声在一起,遂让他爱人给杨炬写信,希望到军队医院治疗。王树声知道这件事后,马上发了电报与驻山西的部队联系。于是,太原的部队立即送白金泉到了北京。据白金泉回忆说:"到北京后,首长特别关心,亲自到医院看我,304医院见首长对我如此关心,就对我特别照顾,使我的病也就很快地好起来。"

王树声一生光明磊落,爱憎分明,体现了他高尚的品质和人格魅力。

"文革"中,他对"四人帮"的所作所为恨之入骨,并进行了无声的抵抗。一次,王树声参加完阿尔巴尼亚驻华大使在北京饭店举行的国庆招待会后,与众人乘电梯下楼,不想姚文元也在其中。姚文元为了拉拢王树声,老远抽过手来要跟他握手。可王树声把脸一沉,把手背在身后,装作没看见。接着,王树声又当着姚文元的面,把手伸出来,同李先念等握手道别,把姚文元当场晾在那里,弄得他把伸出的手不知怎么放,十分狼狈。第二天,警卫员杨伯钧陪王树声散步时说:"首长,昨天姚文元要跟你握手,你不跟他握,使他很难堪,他会整你的。"王树声说:"管他呢!"

一次,王树声乘车前往南口观看北京军区组织的军事演习,他的车子一路开得并不快,突然听到后面另一辆车的喇叭直催。警卫员杨伯钧往后一看,发现是张春桥的车。王树声听说是张春桥的车,当即告诉司机:"不理他,我们照常开!"就这样一直不给张春桥让路。张春桥只是气,没办法。

又一次,王树声去看禁演多年的电影《渡江侦察记》,回家的路上他对杨伯钧说,这么好的电影,臭婆娘都不让演,革命死了那么多人,她知道个屁……大家明白他是在骂江青。

他对"四人帮"如此,可对革命的老同志却非常尊重。由于他负责军队的外事活动,与周恩来总理接触很多,但他每次陪周恩来接见外宾,总是提前半小时到,决不让周恩来等自己。上了年纪、身体又不好的王树声有睡午觉的习惯。一次,他刚睡熟,周恩来打电话找他。警卫人员向周恩来说明实情,没有叫他。等他醒来听说后,对工作人员大发脾气。他说:"总理找我肯定有事,他工作那么忙,为什么不叫醒我。"说完就叫司机开车急赴周恩来处请示致歉。这时周恩来已经把事情处理好了,还安慰王树声要注意身体,王树声感动得说不出话来。有一次,王树声在北京饭店理发店理发,刚理了一半,周恩来突然来了,他硬是让

1966年1月,王树声(左二)陪同周恩来(右二)、邓小平(左一)、宋庆龄(右一)等党和国家领导人出席军民联欢会。

周恩来先理,并说:"总理工作那么忙,整天那么辛劳,怎么能让总理等呢?!"周恩来拗不过他。就这样,他硬是留着理了一半的脑袋等周恩来离去后才理。

王树声与彭德怀元帅有着特殊的感情。他当总军械部长时,在国防部长彭德怀的支持下,为中国人民解放军的军械工作现代化建设作出了突出的贡献,同时也与彭德怀结下了深厚友谊。

一天,王树声正在301医院住院养病,警卫员杨伯钧悄悄地对他说:"首长,我看见彭总了。"

王树声又惊又喜,迫不及待地要去看彭德怀。

"可是……"警卫员有点后悔,因为当时彭德怀是"反革命",要看他是非常危险的。

在那个年代里,王树声也明白,他必须遵守党的原则,要同"反革命"划清界限。但他对彭德怀的感情和思念又诱使他哪怕看一眼也好。于是说:"这样吧,

咱们找一个能看见他的地方！"杨伯钧的眼睛几乎湿润了。王树声扶着阳台栏杆，果然看见对面一个病房外面，彭德怀穿着一件旧军大衣坐着正晒太阳。王树声一阵心酸：这就是叱咤风云的彭总吗？穿着旧衣服，身体佝偻，一动不动地晒着太阳。王树声多么想叫一声啊！但在当时的背景下，只能是近在咫尺，却似天涯。王树声把手举起来，向彭德怀招手，彭德怀似乎也看见了王树声，只是不住地晃动身子。因为彭德怀也知道，他不能招手，他的身边还站着一个看管他的战士。在以后的日子里，王树声每天都要到阳台上望一会儿，看一看彭德怀的身影，这是他对彭总的思念，也成了他的一种寄托。他还不时地念叨："这是指挥过千军万马的老帅呀！"

1973年春，王树声被确诊患了食道癌。此前，他的大儿子王鲁光，在一次骑自行车上班途中，因地面结冰，又漫天大雾，冷不防被急驰而过的电车撞倒，电车刹车不及，又将他挤到路旁，造成了终生残疾，再也站不起来了。爱子受伤，使病弱的王树声精神上受到了更沉重的打击。但他没有追究任何人的责任，也没找过任何单位，只是自己难过得悄悄流泪。当时，王鲁光和遭受相似命运的邓朴方住在一起，刚恢复工作不久的邓小平也有着同样的心情，他对王树声说："两个孩子的病，都是麻烦事，我们也要尽量想开些。"王树声也很理解邓小平的心情，说："尽量治吧，使他们能够生活自理，将来生活有来源，我们也就放心了。"他要王鲁光与邓朴方住在一个病房，互相鼓励，勇敢地与疾病作斗争。在王树声和邓小平的鼓励下，两人很快就想开了，他们一起下棋，谈北大时的同学，也设计着将来怎样生活。

王树声得知自己的病情后，总是以乐观的情绪面对，他劝慰家人："想远点，看远点。我还要争取活到80岁呢！过去敌人的子弹都要不了我的命，小小癌细胞没什么可怕的！"他还经常关心周围的病友，每逢户外散步，常鼓励大家要树立战胜疾病的信心。

躺在病床上的王树声，时刻不忘关心国家大事。从1973年7月至9月底的一段时间里，他晚上住院治疗，白天振奋精神，正常上班，先后参加了八一建军节招待会、中共十大和国庆24周年纪念活动。此后，他精神实在不行了，不便外出，就在医院里通过收听广播和请人读报纸、文件，了解国内外形势。

他的病情，牵动了许多人的心。

中共中央领导人、军事科学院领导以及老战友、老上级、老部下，纷纷前来看望。邓小平副主席来了，聂荣臻、徐向前、叶剑英来了，王震、李先念副总理来了，谭震林、廖承志来了……他们都给王树声带来了温暖和力量，鼓励他战胜病魔。王树声家乡的党组织还特地选派了最擅长做湖北饭的师傅到医院，守候在他身边，为他做可口的饭菜。

党和领导的关怀使王树声倍感亲切，特别是叶剑英有一次对他说：我刚从毛主席那里来，主席找我研究干部工作，毛主席还说，王树声是个好同志。这使得王树声非常感动。

李先念是王树声生死与共的战友,从鄂豫皖红四方面军创建到西路军兵败河西走廊,从会师桐柏山到中原突围,从湖北军区到北京,两人在几十年的革命斗争和工作中,结下了深厚的革命友谊。王树声病重,李先念时刻挂在心上。在医院里,李先念的乡音,也勾起了王树声美好的回忆,把他的思绪带回了家乡,带回了大别山,带回了那烽火连天的难忘岁月。他深情地对李先念说:"你晓得,我多么想我们的老区呀!等我病好了,我们一定结伴回去看看!"

可是,他的这个愿望已无法实现。

1974年,王树声的病情进一步恶化。由于癌细胞扩散,他经常处于昏迷状态。

1974年1月2日下午5时20分,昏迷中的王树声听到亲人的轻声话语:"总理来了!"王树声听到这话,突然从昏迷中醒来,睁开眼,挣扎着要起来。周总理急忙向前走了几步,紧紧握住王树声那已瘦如干柴的手,关切地说:"莫激动!莫激动!"

百忙中的总理拖着病体来看望自己,王树声感动得一句话也说不出来,他知道这时的总理也是癌病缠身!

"总理,你怎么来了……你那么忙……你怎么来了……国家那么多大事……"王树声哽咽着说。

周恩来亲切地对王树声说:"树声同志,我是代表党中央、毛主席来看你的!"

"谢谢总理!谢谢党中央和毛主席!谢谢,谢谢……"说着说着,王树声已是泪如泉涌,再也说不下去,只是用仅存的一点力量紧紧握住周恩来的手。

"树声同志,党中央、毛主席了解你,我们了解你!你是党的好同志,你是鄂豫皖根据地的创始人之一……"周恩来评价说。

"我不能算!我不算!"

王树声是极易满足的人,在生命最后的时刻,能得到周恩来的高度评价,他相当满足。

1月4日7时10分,时常处于昏迷状态的王树声突然来了精神,要起床下地,医生阻止,他不同意,坚持要下地。他让警卫员小杨扶着向走廊走,还不停地说:"我要回大别山……"

弥留之际,叶剑英来了,徐向前来了。徐向前不止一次地对他说:"你是大别山的英雄战士!"王树声用微弱的声音说道:"我做得还很不够。"

他经过与病魔顽强抗争,终于走完了人生旅途。1974年1月7日9时57分,王树声的心脏停止了跳动。

一代将星陨落了。

最后在他身边为他送行的是他的两位老战友、老领导:徐向前和叶剑英。

王树声逝世后,周恩来、叶剑英、邓小平等党和国家领导人及一些党政军机关负责人和王树声的生前好友,前往医院向王树声的遗体告别。

追悼会于1月11日在八宝山革命公墓礼堂隆重举行。礼堂悬挂着王树声的遗像,安放着他的骨灰盒,上面覆盖着中国人民解放军军旗。

■ 1994年，麻城市建成的"树声希望小学"。

礼堂内哀乐声声，悲声阵阵。

毛泽东主席和中国共产党中央委员会送了花圈。

董必武、朱德、周恩来等，以及中央军委、国务院、国防部、中国人民解放军各总部和军事科学院等单位也送了花圈。

周恩来、叶剑英、邓小平、汪东兴、陈锡联、李先念、苏振华、徐向前、聂荣臻等参加了追悼会，并向王树声的家属及子女表示亲切慰问。

中共中央副主席、中央军委副主席叶剑英主持了追悼会。中共中央委员、中央军委副主席徐向前致悼词。他高度评价了王树声的一生：

王树声1926年参加中国共产党，1927年参加湖北黄麻起义，参加了中国工农红军。历任红四方面军副总指挥、太行军区副司令员、河南军区司令员、鄂豫军区司令员等职。全国解放后，曾任湖北军区司令员、中国人民解放军总军械部部长、国防部副部长、军事科学院副院长、第二政委等职。他是第八届、第九届中央委员会委员。王树声是中国共产党的优秀党员。几十年来，他在长期革命战争中，在社会主义革命和社会主义建设中，忠于党，忠于人民，努力学习马克思主义、列宁主义、毛泽东思想，贯彻执行毛主席革命路线，艰苦奋斗，积极工作，诚恳坦白，联系群众，勤勤恳恳为人民服务，为革命事业贡献了一生。

1994年清明，细雨绵绵，大别山南麓，已是一片翠绿。王树声离开人世20年后，他的夫人杨炬把他的骨灰送回了大别山。一如他悄悄地来，一如他悄悄地去，他没有惊动家乡的一草一木，只是在故土一隅，默默地睡去，但他的品格，他一生绚丽多彩的人生轨迹，将永远不会被历史抹去，光彩永照人间。

王树声生平大事年表
（1905—1974）

1905 年　诞生
- 5月26日（清光绪三十一年四月二十三日）出生于湖北省麻城县乘马岗区项家冲村一小地主家庭，乳名国荫，学名树声，号宏信。

1912 年　7 岁
- 在本地读私塾。

1922 年　17 岁
- 在堂兄王幼安帮助和介绍下，进武昌高小补修学校读书。其间，曾在湖北省立第一师范聆听中国共产党创始人之一董必武抨击反动势力的演讲。

1923 年　18 岁
- 考取麻城县高级小学。参加王幼安老师秘密组织的"马列主义研究小组"，受到革命思想熏陶。
- 5月　同其他进步师生串联、组织，在麻城掀起抵制日货运动。不久，带领同学们大闹洋教堂。

1924 年　19 岁
- 年底　于麻城县高级小学毕业。

1925 年 20 岁
- 在本地私塾教书。

1926 年　21 岁
- 年初　被聘为乘马岗初级小学校长。不久，加入中国国民党。

- 2月13日　由中共党员桂步蟾、刘象明介绍，加入中国共产党。以教书做掩护，暗地里积极展开革命的宣传和发动工作。
- 3月　以探亲访友为名，多次去河南光山县，商议在泼陂河留神桥一带发展中共党员、建立中共党支部事宜。
- 夏秋　几次去河南光山县泼陂河、殷家棚一带，调查农民运动，串联发动建立农民协会。
- 10月10日　北伐军攻占武昌，湖北工农运动空前高涨。10月15日，与徐子清等共产党员积极活动，在乘马岗乘马会馆以建立国民党区党部为名举行会议，秘密建立中共乘马区支部，并任第二乡党小组长。会后，以国民党的名义积极发展共产党的组织。
- 10月18日　在乘马岗东岳庙，与他人共同组织成立麻城县历史上第一个乡农民协会，即乘马岗区第二乡农民协会，任小组长。
- 冬　与他人积极活动，在乘马会馆成立麻城县历史上第一个区农民协会，即乘马岗区农民协会，任组织部长，兼乡农协小组长。会后，积极发动邻近各乡相继成立农民协会和农民义勇队。
- 12月20日　组织农会会员和其他群众捉拿自己的嫡亲舅爹、大恶霸丁枕鱼。

1927年　22岁

- 2月2日　集合乘马岗区数千名农会会员，在中共麻城县特支领导下，奔赴县城逮捕阻止革命前进的商会会长李舜卿和工会会长罗佑章，并宣布罢免县长的职务。
- 3月　任麻城县农民协会组织部长。在中共麻城县特支的大力支持下，以县农会名义，在考棚连续组织举办3期农民运动训练班。
- 4月下旬　逃亡在外的土豪劣绅纠集反动武装进行反革命倒算，制造"麻城惨案"。王树声赴武汉向董必武汇报情况，于22日陪同麻城惨案委员会前往麻城调查处理。
- 5月初　麻城形势吃紧。王树声再赴武汉搬兵，14日，与中央农民运动讲习所学生军由武昌一起启程，17日下午进入麻城县城，解麻城之围。后又率农民武装配合学生军和省警卫营追击反动红枪会武装。
- 5月下旬　中共麻城县委员会在育婴堂宣告成立。王树声任中共麻城县委委员，同时兼任国民党麻城县党部委员。
- 5月底　参与组建麻城县农民自卫军。
- 6月12日　反动红枪会进攻破寨岗。王树声等率农民自卫军打退红枪会进攻，并提议将破寨岗改名为得胜寨。
- 7月下旬　麻城县防务委员会在乘马岗邱家畈成立，由王树声、徐子清具体负责。

- 8月17日　麻城西张店大恶霸王芝庭纠集反动武装进攻麻城。王树声等率麻城自卫军、义勇队和农民群众设伏北界河，活捉王芝庭，取得很大胜利。此后，又赴黄安搬兵，在黄安农民自卫军和麻城农民自卫军的共同努力下，粉碎反动势力阴谋从内部颠覆麻城农民自卫军的反革命叛乱活动。代表麻城县防备委员会，在王家楼集合整编麻城农民自卫军，为确立共产党对麻城农民自卫军的绝对领导权奠定了基础。

- 9月下旬　参加在麻城邱家畈召开的中共麻城县委会议。会议传达了中共八七会议精神，决定组织农民与黄安一起联合行动，举行秋收暴动。

- 9月下旬　深入乘马岗、顺河等地，宣传八七会议精神，发动群众，进行起义准备工作。

- 9月26日　与蔡济璜、刘文蔚等在乘马、顺河召开千人大会，号召群众实行土地革命，没收地主财产。

- 9月下旬　与蔡济璜、刘文蔚等在邱家畈水果寺召开3000人大会。会后带领农民逮捕了大地主张继全等一批鱼肉乡里的土豪劣绅。

- 9月下旬　在林家山组织召开千人大会，并带领农民逮捕"邱麻子"、"八相"、王润先等豪绅。

- 10月初　与杨士典、徐发全领导伍家庙上千农民举行暴动。

- 11月3日　参加在七里坪文昌宫第二高级小学召开的黄（安）麻（城）两县党团活动分子会议。会上成立了中共黄（安）麻（城）特委和鄂东革命委员会。会议总结了"九月暴动"的经验教训，决定以武装暴动夺取黄安县城，建立革命政权和军队。

- 11月11日　中共黄麻特委在文昌宫召开第二次会议，决定举行武装起义，并成立黄麻暴动指挥部，潘忠汝、吴光浩分任正副总指挥。

- 11月13日　黄麻起义。王树声奉命率麻城农民自卫军在七里坪北部木城寨担任警戒。

- 11月18日　黄安农民政府成立。同时成立中国工农革命军鄂东军，王树声任第二路军副司令。

- 12月5日　率麻城农民武装与黄安守城部队一起与国民党第十二军教导师展开英勇搏斗，6日黄安县城失守。

- 12月中下旬　率突围部队一部在黄麻北部地区坚持游击。

1928年　23岁

- 1月1日　鄂东军在木兰山改编为中国工农革命军第七军，全军编为3个队。

- 2月上旬　在罗田三里畈找到工农革命军第七军主力。

- 3月初 随工农革命军第七军到达木兰山，任第二队党代表。
- 3月中旬 第七军在洪岗山召开会议，决定部队编为4个短枪队，以木兰山为中心，分散游击，准备适当时机打回黄麻地区。
- 3月下旬 王树声与廖荣坤率1个短枪队到麻城白果、白鸭山一带活动，活捉反动头子彭汝霖。
- 4月下旬 率部返回黄麻地区，举行第二次暴动。
- 5月 参加第七军在黄安檀树岗以西清水塘召开的会议，会议决定开辟以柴山堡为中心的革命根据地，实行武装割据。
- 7月 参加第七军在尹家嘴召开的会议，会议对革命武装、党的建设、政权建设和土地革命等重大问题进行了讨论。会上，第七军改编为中国工农红军第十一军第三十一师，共编为4个大队（对外称团，分别为第九十一、九十二、九十三、九十四团），王树声任第一大队党代表。
- 8月 率第一大队和廖荣坤率领的第二大队一起返回乘马岗地区。
- 10月 率第一大队与第二大队一起先后在乘马、顺河等地打垮4个反动民团，到年底恢复了七里、紫云、乘马、顺河等大部分地区。
- 本月 任中共鄂东特委委员。
- 11月中旬 与廖荣坤率部消灭河南光山县西南的清乡团。

1929年 24岁

- 2月18日 率第一、三大队在大悟县禹王城歼灭黄安仙居"清乡团"。
- 3月21日 率部歼灭麻城县顺河区陈实生"清乡团"，缴枪29支。
- 5月初 根据中共中央指示，中共黄安、麻城、黄陂、孝感四县委和红三十一师党委召开联席会议，成立了中共鄂东北特委，徐朋人为书记，王树声等任特委委员。
- 5月初 红三十一师师长吴光浩在罗田县滕家堡牺牲。
- 6月下旬至7月初 在徐向前指挥下，率部在七里坪地区粉碎敌"罗（森）李（克邦）会剿"。
- 8月中旬至9月下旬 率部在徐向前指挥下，同红三十一师主力一起粉碎国民党军"鄂豫会剿"。
- 10月7日至13日 率部与当地群众一道粉碎国民党军"徐夏会剿"。

1930年 25岁

- 2月下旬 中共中央在上海召开会议，讨论成立鄂豫皖特区、中共鄂豫皖边特委鄂豫皖边地区红军改编等重大问题。
- 2月25日 中共中央给六安中心县委、河南省委、湖北省委指示信决定，组织鄂豫皖边特委，辖黄安、麻城、黄陂、孝感、罗田、黄冈、六安、英山、合肥、霍山、寿山、霍丘、颍上、潢川、固始、商城、光山、息县。并规定了特委成员，王树声为特委委员。

- 3月18日　中共中央决定将红三十一、红三十二、红三十三师改编为中国工农红军第一军。

- 4月　鄂豫皖边红军正式改编，建立了红一军军部。军长许继慎、政委曹大骏、副军长徐向前，政治部主任熊受暄。全军辖第一、第二、第三师，王树声任红一师第一团团长。

- 6月中旬　率红一团在徐向前指挥下向平汉线南部出击。

- 6月11日至12日　率红一团袭击杨家寨车站，歼国民党军两个连，俘数十人，缴枪120余支。

- 6月中旬　红一师在黄柴畈地区扩编，全师由5个大队编为3个支队和1个特务大队，每个支队下辖4个大队，王树声任第一支队队长。

- 6月29日　率部参加杨平口战斗。在第二、三支队的配合下伏击国民党军郭汝栋独立旅第一团，经4小时激战，全师毙伤200余人，俘国民党军团长以下官兵千余，缴获各种枪支千余支，取得了红一军成立以来首次歼国民党军正规部队1个团的胜利。

- 7月初　红一师在取得杨平口胜利后进行了扩编，全师编为3个团和1个直属特务大队，王树声调任第一团长。

- 7月下旬　红一、三团及师属特务大队再次出击平汉线，攻下郝家湾车站。

- 7月28日至29日　率部在徐向前指挥下奔袭花园镇，歼国民党军1个整团，取得空前大捷。

- 8月初　红一师进行扩编，全师编为2个步兵团和1个枪炮混合团，王树声仍任红一团团长。

- 8月上旬　红一师西越平汉线，袭占云梦县城。

- 8月下旬　率部参加四姑墩战斗。红一师歼国民党军1个团，击溃2个团。

- 9月初　中央特派员朱瑞、长江局代表聂鸿钧在鄂豫边特委会议上传达了5月全国红军代表会议决定和长江局"会师武汉"的决定。决定成立红色补充军总指挥部，王树声任总指挥，曹学楷任政委。同时将各区县游击队集中起来，扩大为正规红军。

- 9月中旬　红一军3个师在四姑墩会合后，集中兵力向平汉路出击。

- 9月中旬　率部进攻广水，未克。

- 9月22日　率部进攻信阳，歼国民党军1个营。

- 10月上旬　在徐向前指挥下率部攻打潢川，歼敌1个营。

- 10月中旬　红一军在光山召开第一次党员代表会议，决定将部队统一整编。第一师编为第一、第三团，王树声任第一师第一团团长。

- 11月初　率部参加攻打罗山的战斗。

- 11月中旬　率部攻打黄安东南的谢店，歼国民党军1个营。
- 11月底　随红一军主力攻打新州，歼国民党军两个团和1个特务营。
- 12月上旬　国民党军发动对鄂豫皖红军的第一次"围剿"。
- 12月中旬　率部在红一军编成内，由罗田出发，奔袭皖西金寨之敌，全歼国民党军第四十六师1个团和反动民团共千余人，缴枪千余。
- 12月15日　率部随红一军在鹅毛岭歼国民党军一个营。
- 12月16日　率部随红一军占麻埠、独山、叶家集等重镇。
- 12月18日　率部随红一军东进青山店、苏家埠、韩摆渡，歼国民党军两个营，尔后进逼六安。
- 12月30日　率红一团与第三、四团由麻埠北上，在赤卫队配合下，在东西香火岭地区歼国民党军3个团，缴获步枪1700余支，迫击炮数门，电台1部。

1931年　26岁

- 1月初　率部进行四姑墩战斗，消灭国民党军第三十团和民团一部数百人，缴枪400余支，山炮两门。
- 1月中旬　红一军与红十五军在福田河合编为红四军，下辖第十、第十一师和独立团。王树声任第十师第三十团团长。
- 1月下旬　红四军进行磨角楼战斗，歼国民党军千余人，缴枪千余支。
- 1月底　率第三十团攻打新集。
- 2月10日　采取"爆破法"攻下新集，歼国民党军1000余人，取得了攻坚战的实际经验，消灭了长期危害根据地之患，打通了商城、光山路线，使鄂豫边与皖西根据地连成一片。
- 2月下旬　率部随红四军主力出击平汉线。
- 3月上旬　率第三十团参加双桥镇战斗，并担任红四军的主攻任务，经激战，全军毙敌1000多人，俘敌5000多人，缴枪6000多支，山炮4门，迫击炮10多门。取得了全歼敌第三十四师的重大胜利，活捉敌师长岳维峻，粉碎了国民党军第一次"围剿"。
- 4月上旬　奉命率第三十团迎接并护送张国焘、陈昌浩等中央代表到鄂豫皖根据地。
- 4月下旬　率第三十团参加第二次反"围剿"作战，与红四军主力一起在独山镇歼国民党军1个多团，毙、伤、俘敌2000余人，缴枪1200余支。
- 5月9日　率部参加浒湾战斗，与红四军主力一起歼敌近千人。
- 5月12日　张国焘主持鄂豫皖边特委会议，根据中央决定，成立了中共鄂豫皖中央分局，撤销了鄂豫皖边特委。会后红四军进行了整编。
- 5月中旬　任第十一师副师长兼第三十三团团长。

- 7月下旬　率部从商南出发向英山地区开进。
- 8月1日　率部参加英山战斗，担任主攻任务，第十一师在第十二师配合下，全歼守敌1800多人，打通了红四军南下的通道。
- 8月3日　率部南下蕲春。
- 8月8日　率第三十三团随主力出击崭水，继克罗田。
- 8月31日　率第三十三团参加洗马阪战斗，红四军击溃敌4个团。王树声在战斗中负伤。
- 9月1日　张国焘命令红四军北返。
- 9月13日　率部北返到达麻埠。
- 10月　红二十五军在麻埠成立。
- 11月7日　红四方面军在七里坪成立，下辖红四军和红二十五军，共3万多人。王树声任第十一师师长。
- 同日　王树声担任红四方面军成立大会阅兵总指挥，组织了阅兵仪式。
- 11月10日　红四方面军发起黄安战役。王树声率第十一师和黄安独立团先后击退国民党军多次增援。
- 11月18日至20日　率第十一师攻克桃花镇和高桥河，全歼国民党军第二〇七团，切断了黄安之敌与宋埠、黄陂的交通线。
- 12月9日　王树声率部在嶂山地区打援，歼灭国民党援军1个团。
- 12月18日至20日　率部先后打退国民党军4个旅8个团的增援，歼敌千余，俘800多人，缴枪千余支。
- 12月22日　红军总攻黄安城，全歼守敌。黄安战役，共歼国民党军1.5万余人，其中俘敌师长赵冠英以下近万人，缴枪7000余支，迫击炮10余门，电台1部。这次胜利，使黄安、麻城、黄陂、孝感等县连成一片，根据地中心更加巩固。

1932年 27岁

- 1月中旬　红四方面军发起商潢战役。1月19日率部进抵商潢之间的北亚港，围攻国民党军第十二师1个团，歼敌一部，进占十里头。包围北亚港之敌。
- 1月21日　国民党军第二师1个团由傅流店北援，王树声率部歼灭增援之敌数百人，余部被红十一师包围在北亚港。
- 1月22日　率部击退由潢川、傅流店南北对进增援北亚港之国民党军，北亚港之敌乘机逃往潢川，王树声率部进占北亚港，切断国民党军第二师与潢川第十二师联系。
- 2月7日　国民党军19个团兵力沿潢川公路分两路向东推进，王树声率第十一师在左侧担任迂回包抄任务。

- 2月9日　王树声负重伤。
- 2月10日　红军攻克商城，商潢战役结束。
- 2月中旬至6月上旬　在红军医院养伤，期间妹妹和弟弟被肃反而杀害。
- 6月　任红七十三师师长。
- 6月12日　潢光战役开始。王树声率第七十三师和少共国际团包围仁和集之国民党军李万林旅3个团。于6月16日，率部向守敌发起攻击，全歼李万林旅3个团，并活捉敌旅长李万林。
- 6月　160潢光战役经5天激战胜利结束，共歼国民党军8个团和民团一部，毙俘敌近万人，缴枪7000余支。
- 7月初　率部南下麻城。
- 7月8日　率部在七里桥、红石堰地区歼国民党军第九十三旅，俘敌旅长以下2000多人，缴枪2300多支，机枪40余挺，山炮5门，迫击炮40余门。
- 8月8日　率部与第十一、十二师再攻麻城，歼国民党军1个团。
- 8月10日　率部北返黄安迎敌。
- 8月13日　在冯寿二地区与国民党军第十师激战。当日黄安失守，红军主力转向七里坪。
- 8月15日　率部同第十、第十二、独一师与国民党军在七里坪地区激战，给敌第二师以重大打击。但未能破敌。
- 8月17日　率部同四方面军主力转移檀树岗。
- 9月初　国民党重兵向红军主力发起多次攻击，王树声率部与国民党军激战5天，歼敌2000多人，但未改变敌我形势。9月9日，鄂豫皖革命根据地首府新集陷入国民党军之手。
- 9月14日　红四方面军向皖西转移，王树声率部担任后卫掩护任务。
- 9月下旬　率部与主力从燕子河出发，向英山地区前进，寻求战机。
- 10月初　返回黄安高桥河、河口镇地区。
- 10月10日　中共鄂豫皖中央分局在黄柴畈召开紧急会议，讨论红四方面军下一步的行动方针。决定留下第七十四、第七十五师与各独立团坚持根据地斗争，方面军总部率第十师、第十一师、十二师、第七十三师及少共国际团跳出根据地，到平汉路以西活动。
- 10月11日　王树声率部担任后卫，掩护主力向西转移。
- 10月14日　率第七十三师与尾追之国民党军激战3小时，掩护方面军主力突破平汉线。
- 10月19日　红四方面军进至枣阳南之新集地区。
- 10月21日　王树声率第七十三师在枣阳县乌头观与国民党军激战，保证主力转移。

- 11月初　率部到达湖北省郧县南化塘地区。
- 11月13日　率部苦战鄂陕边漫川关，为主力西进打开了通道。
- 11月19日　红四方面军进入陕西省商县杨家斜，鄂豫皖革命军事委员会改称西北革命军事委员会。
- 11月24日　率部进行陕西省长安县王曲镇战斗，消灭国民党军1个团另1个营。
- 12月7日　到达秦岭南麓的小河口。
- 12月8日　红四方面军在小河口召开师以上干部会议，讨论行动方针。
- 12月15日　红四方面军在陕南西乡县钟家沟召开团以上干部会议，作出立即翻越巴山，出敌不意占领通江、南江、巴中地区，再待机向外发展的行动部署。会后，红四方面军总指挥部命令王树声率领的红七十三师为先头部队，为全军开路。
- 12月17日　率红七十三师先行出发，翻越大巴山。
- 12月18日　指挥部队进占通江县北部边界之两河口，顺利地打下入川门户。
- 12月下旬　率红七十三师为右翼，西出夺取南江，与驰援南江的刘汉雄部展开激烈战斗。

1933年　28岁

- 1月9日　率领红七十三师主力部队经乌龙垭、芭蕉溪、屈家山、梭罗坪进入大河口，击溃孙家山守敌。
- 1月中旬　指挥所部在尖子山、太平山与国民党军展开激战。之后，按甲寝兵，与敌隔河对峙。
- 1月19日　和红七十三师政委张广才在高壁庵接见任玮璋，通过协商决定，"川北民军"改编为"红军独立师"。
- 1月25日至月底　指挥所部取得了解放南江县城的关键性战役——鹿角垭、甑子垭战斗的胜利。
- 2月1日　率部解放南江城。
- 2月　参加在通江召开的中共川陕省第一次党代表大会和川陕省第一次工农兵代表大会。会后，率领红七十三师在南江地区展开建党建政工作。
- 2月中旬　田颂尧完成"三路围攻"的部署，投入围攻的兵力达38个团，近6万人。红四方面军总指挥部在得胜山召开军事会议，决定采取"收紧阵地"的战略方针。
- 2月18日至2月底　率红七十三师主力在南江及其以西地区，顽强抗击国民党军左路纵队的疯狂进攻。
- 3月8日　指挥红七十三师主力在红十一师一部的配合下，发起八庙垭反击战，歼国民党军1个团又1个整营，总计毙伤俘敌团长以下官兵

1000余人，缴获机枪10余挺，迫击炮10余门，步枪1000多支。之后，率部撤出八庙垭，进驻南江城。

- 3月18日　率部撤出南江城，并在甑子垭、梁炮台等地予国民党军以重大杀伤后，同红十一师退至贵民关、官禄口、观光山、大明琉一线。

- 3月下旬至4月25日　利用敌我相峙的有利时机，严格整训部队，动员群众，修筑工事，为新的战斗做准备。

- 4月26日至27日　指挥所部在周家坟园冒雨抗击进攻之国民党军，毙伤俘敌团长以下官兵500余人。

- 4月29日　率部撤出南江县境，收紧阵地于通江以北。

- 5月17日　红四方面军总指挥部在空山坝召开军事会议，进行反攻部署。王树声等师以上军政领导和部分团干部都参加会议。会议决定由王树声率部坚守大小骡马及小坎子阵地，固守空山坝一线。会后，王树声指挥所部经5昼夜激战，使阵地安如磐石，为全军集结、准备反攻赢得了宝贵的时间。

- 5月21日　指挥红七十三师协同兄弟部队发起空山坝反击战。经3昼夜激战，红军毙伤俘国民党军旅参谋长李汉城以下官兵5000人，缴获长短枪3000余支，机枪20余挺，迫击炮50余门。

- 5月26日　指挥红七十三师收复南江城，之后挥军追至三江河东岸，驻马家梁、分水岭一带。

- 6月10日至15日　指挥所部进行华盖山战斗，击溃守敌八团，毙伤俘敌6000余人，之后挥军直指嘉陵江，逼近广元城下。

- 6月底　参加红四方面军在长赤县木门场召开的军事会议，被提升为红四方面军副总指挥。会后，红四方面军根据会议决定进行整编，红七十三师和南江、红江、广元等县独立团、独立营扩编为红三十一军，王树声兼军长。

- 8月中旬至10月底　协助徐向前总指挥进行仪（陇）南（部）、营（山）渠（县）、宣（汉）达（县）三次进攻战役，歼敌近2万，缴获长短枪1.2万余支和大批军火物资。

- 10月　刘湘部署对川陕根据地的"六路围攻"，总计先后投入110余团，近20万人，另有空军2队，飞机18架助战。面对四川军阀联合进攻的严重形势，西北革命军事委员会和红四方面军总指挥部在通江召开会议，决定由王树声统一指挥红三十一军主力、红三十军第九十师、红九军第二十七师等共十余团，配置于北起广元沿嘉陵江以东迄营山、渠县以北的西线地区，负责牵制敌第一、第二、第三、第四路。会后，王树声赶赴西线战场。

- 10月至1934年1月初　指挥西线部队顽强抗击国民党军，圆满完成迟滞敌人进攻、消耗敌人有生力量的任务，红三十一军仅在快活岭一战中，即歼敌近千，致使敌军损失惨重，锐气日挫。

1934 年 29 岁

- 1 月中旬　率部撤出仪陇城、快活林、佛楼寺等地，收紧阵地至北起旺苍坝、南沿东河至千佛岩、尹家铺、鼎山场一线；继而又从千佛岩、尹家铺等过分突出的部位撤至九龙场、恩阳河地段，保持环形防御阵线，节节抗击敌人。
- 3 月上旬　国民党军第二期总攻开始，西线国民党军首先发起进攻。王树声指挥西线红军沉着应战，利用有利阵地节节抵抗。在木门地区，指挥红三十一军主力，反击邓锡侯第一路，溃敌数团。在玉山场一带，集中红九军第二十七师和第二七〇、第二七一团，向冒进至该地区之敌李家钰、罗泽洲第三路发起反击，一举击溃敌 8 个团。此后，率部退出玉山场、鼎山场、旺苍坝、恩阳河、巴中和木门。
- 4 月 3 日　国民党军第三期总攻开始。王树声指挥西线红军，陆续从江口、长池、南江等地撤至贵民关、观光山、得胜山一线，凭险坚守。
- 5 月　利用国民党军调整部署的时机，对部队进行合编，加紧阵前练兵，并进行政治动员。
- 6 月中旬　指挥西线红军主动放弃得胜山一带阵地，继而于 21 日放弃通江县城。
- 6 月下旬　国民党军第四期总攻开始。王树声指挥西线红军予敌以重大杀伤，之后集中 10 余团的兵力，于 27 日在分水岭地区发起反击，但因小通江河涨水，未能奏效。
- 6 月间　孙玉清升任红三十一军军长，王树声专任红四方面军副总指挥。
- 7 月上旬　参加西北革命军事委员会在万源召开的军事会议。会议决定利用万源一线有利阵地实行坚守防御，由王树声率西线红军坚守小通江河以东的现有阵地，牵制敌第一、第二、第三、第四路，配合东线红军的决战防御和反攻。
- 7 月　指挥西线红军在南起通江附近、北至小通江河一线上，抵挡住四路敌军的轮番进攻，使其不能东援，有力地配合了东线红军的作战，为反攻创造了条件。
- 8 月下旬　东线红军主力迅速西转，开始西线反攻。在徐向前和王树声的指挥下，红军势如破竹，进展迅速，顺利收复仪陇，继而收复阆中县嘉陵江以东除县城外的广大地区，先后缴枪千余支。
- 11 月初　参加红四方面军在通江县毛浴镇召开的党政工作会议。
- 11 月中旬　参加红四方面军在通江县清江渡召开的军事会议。会后，返回部队，集中精力抓整训工作，并根据清江渡会议制定的军事工作大纲，指导所属部队，掀起了新的练兵热潮。

1935年30岁

- 1月中旬　中共中央政治局扩大会议在遵义召开，纠正"左"倾教条主义在军事上的错误，确立了毛泽东在红军和中共中央的领导地位。
- 1月22日　中共中央致电红四方面军总指挥部，指示红四方面军迅速集结主力完成进攻准备，于最近时期，向嘉陵江以西进攻，与中央红军协同作战，击破川敌。接电后，西北革命军事委员会立即在旺苍坝召开紧急会议，决定强渡嘉陵江。
- 2月至3月中旬　协助徐向前总指挥选择渡河点，有针对性地组织部队深入进行渡江动员的同时，亲自组织成立水兵连，督促指导部队渡江训练。
- 2月中旬　"红四方面军水兵连成立大会"在旺苍城召开。王树声到会表示祝贺，并作指示。
- 2月下旬　到水兵连检查训练情况，对水兵连所取得的成绩表示满意，也指出一些技术上的毛病。
- 3月8日　带一个步兵营到水兵连，亲自指导步兵水兵渡江协同训练。第2天，在训练场观看渡江演习，进一步提出训练要求。此后，又组织步兵分批地参加训练。
- 3月下旬　红四方面军主力云集嘉陵江东岸，在北起广元，南到南部的400多里的江防线上，为渡江战役做着最后的准备。27日，王树声亲自到水兵连进行战前动员。
- 3月28日至4月21日　参与指挥嘉陵江战役。3月底，率部渡江。4月2日，指挥第九十三、八十八师及第九十一师1个团，攻占剑门关，全歼守敌3个团。4月3日，指挥红三十一军和第三十军各一部攻占昭化，歼守敌1个团。接着，乘胜向敌深远后方发展，推进至羊膜坝、三磊坝地区，并围困广元。
- 4月下旬至6月中旬　指挥红四、红三十一军各一部和红三十三军，坚守伏泉山、千佛山、土门一线，出色完成掩护中央红军和红四方面会师的任务。
- 6月26日　中共中央在两河口召开会议，确定了向东向北发展，在川陕甘建立革命根据地的战略方针。
- 6月29日　中革军委根据两河口会议所确定的战略方针，拟定《松潘战役计划》。计划规定，王树声任岷江支队司令员兼政委，率领8个团的兵力，"主要是在平夷堡、大石桥地带，钳制和吸引胡军南向，并隔阻许绍宗[部]从片口向镇江关前进，以便我西岸主力顺利的进到松潘及其东北地带突击胡敌之背"。

- 7月6日　率岷江东岸的部队，控制北川至茂县一线阵地，继续阻击和牵制川军，并吸引胡宗南部南向。
- 7月中旬　岷江支队进占距松潘十余里的塔子山，与胡宗南部对峙。
- 7月下旬　率部向毛儿盖进发。到毛儿盖后，立即进谒毛泽东主席、朱德总司令汇报请示工作。
- 8月3日　红军总部拟订《夏洮战役计划》。计划规定，王树声任左路军第一纵队司令员兼政治委员，率第二十五师、第九十三师、红五军及第二七一团共9个团，为进攻阿坝的先头兵团。
- 8月15日　率部由卓克基地区向阿坝前进，21日占领阿坝。
- 9月8日　张国焘无视党纪、军纪，公然电令红四方面军驻马儿康地区的部队扣留中央纵队，并命令右路军停止向罗达进，准备南下。
- 9月9日　中共中央致电张国焘，指出北上方针绝对不应改变，左路军应速即北上，但张国焘仍一意孤行，顽固地坚持其南下的错误主张。
- 9月10日　中共中央为贯彻既定的正确方针，被迫率领红一、红三军先行北上。
- 9月中旬　左路军和右路军余部奉张国焘的命令，分别从阿坝和包座、班佑地区南下，向大金川流域的马塘、松冈、党坝一带集结，继而南下。
- 10月5日　张国焘在理番县卓木碉另立"中央"，组成"中央委员会""中央政治局""中央书记处"，并形成"决议"，还宣布开除毛泽东、周恩来、张闻天、博古的党籍，并下令通缉。
- 10月7日　张国焘发布《绥（靖）丹（巴）崇（化）懋（功）战役计划》。计划规定，红九军第二十五师、红三十一军第九十三师及红五军共8个团组成右纵队，沿大金川右岸前进，攻取绥靖、丹巴，王树声任纵队司令员，詹才芳任政委。
- 10月8日　开始率右纵队行动。11日夜，攻占绰斯甲，之后又相继攻克绥靖、崇化、丹巴、抚边、达维、懋功等地，取得溃敌刘文辉、杨森部6个旅，毙俘敌3000余人的胜利。红军攻克懋功后，对张国焘发泄不满的红三十一军军长余天云被撤职，王树声兼红三十一军军长。
- 10月22日　张国焘发布《天（全）芦（山）名（山）雅（安）邛（崃）大（邑）战役计划》。计划规定，红三十军及红三十一军第九十三师、红九军第二十五师组成中纵队，担任主攻任务，先进占宝兴、芦山，得手后向名山、雅安及其东北地区进攻，并策应红四军取得天全，王树声任司令员，李先念任政治委员。
- 10月24日　率中纵队从懋功地区出发，翻越终年积雪的夹金山。
- 11月1日　指挥中纵队进占宝兴，击溃杨森所部3个旅，乘胜迅速追

- 击，并消灭4团以上的国民党军，占题灵关镇、双河场，接着打垮刘湘教导师的1个旅和1个团的阻击，直逼芦山城下。
- 11月2日　指挥中纵队红三十一军第九十三师在芦山城北距城10里处之任家坝与国民党军教导师杨国祯部章安平旅展开野外决战。
- 11月9日　指挥右纵队击溃刘湘模范师1个旅后，于10日占领天全县城，随即协同中纵队包围芦山。随后，以红三十军和红九军各一部，分两路钳击增援芦山的国民党军，取得全歼守敌1个团和援敌1个旅的重大胜利。12日，指挥中纵队在右纵队的配合下，攻占芦山城。
- 10月16日　指挥中纵队攻占邛眯、名山大路上的重镇百丈。
- 10月19日至11月下旬　南下红军与川军在百丈展开决战，因寡不敌众而失利，损失近万人。百丈决战的失利，标志着南下红军由进攻转入防御，同时也标志着张国焘南下创建川康边根据地的计划宣告破产。

1936年　31岁
- 1月下旬　张国焘在任家坝召集会议，在极力为自己的错误进行辩解后，同意中央的新策略，准备北上。
- 2月初　国民党军集中薛岳部6个多师和川军主力，开始向天全、芦山地区大举进犯。
- 2月上旬　红四方面军发布《糠（定）、道（孚）、炉（霍）战役行动计划》。计划规定，王树声任第二纵队司令员，率红三十一军和红三十二军，配合红四方面军主力夺取康定。
- 2月11日至23日　南下部队陆续撤离天全、芦山、宝兴地区，在隆冬季节第二次翻越雪山夹金山，经达维、懋功向西北转移。
- 3月上旬　张国焘发布《糠道炉战役补充计划》。计划规定，原第二纵队和第三纵队（红四军除外）合并组成第三纵队，王树声任指挥员。
- 3月15日　指挥所部以一部兵力由丹巴出发，向崇化推进；以主力由丹巴向西钳击泰宁，守敌李福玲第五十三师一部弃城南逃康定，随即占领泰宁。
- 3月中旬　率部翻越党岭雪山，继而向道孚、炉霍前进。
- 3月至4月上旬　红军相继攻占道孚、炉霍、甘孜、瞻化，控制了东起懋功，西至甘孜，南达瞻化、泰宁，北连草地的广大地区。在此期间，部队进行整编。王树声仍任方面军副总指挥兼红三十一军军长，驻崇化、炉霍地区。
- 4月21日　针对部队在筹集物资的过程中出现的问题，在道孚撰写《打鱼科地区反动的经过和经验教训》一文，发表于1936年《红色战场》第六期上。
- 7月2日　红二、红六军团先后到达甘孜，与红四方面军胜利会师。

- 7月初 红二、红四方面军分左、中、右3个纵队开始并肩北上，向松潘、包座之线前进。王树声所在的中纵队，于7月2日从炉霍地区出动，第三次穿越草地。
- 7月27日 中共中央批准成立西北局，由张国焘任书记，任弼时任副书记，统一领导红二、红四方面军北上。
- 8月5日 西北局根据中共中央的指示，发布《岷（县）、洮（州）、西（固）战役计划》。计划规定，以红四军、红三十一军为第二纵队，王树声任司令员，詹才芳任政委，分别由包座出动，夺取洮州旧城，尔后主力向临沸方向活动，一部向夏河、临夏发展，以保障左后侧安全。
- 8月5日至12日 各纵队先后由包座地区出发向甘南前进。
- 10月9日 红军总部及红四方面军总指挥部到达会宁，同红一方面军会师。这时，张国焘以王树声在工作中有错误和缺点为由，撤去他的红三十一军军长职务，调任教导团团长。10月22日，红二方面军总指挥部到达静宁以北的将台堡，同红一方面军之第二师会师。至此，三大主力红军终于胜利会师，具有伟大历史意义的长征胜利结束。
- 10月底 红四方面军主力及红五军2.1万余人西渡黄河。王树声抱病随军渡过黄河。
- 11月1日至12日 渡河部队在一条山地区与国民党军反复拼杀，多次打退敌人的冲锋，共毙伤俘敌2000余人，击毙敌骑兵第五师参谋长、前敌总指挥马廷祥。
- 11月6日 红四方面军总指挥部制定《平（番）大（靖）古（浪）凉（州）战役计划》，准备集中兵力西进，首先消灭平番、大靖间马步芳部，进取大靖、平番、古浪、凉州一带地区，解决部队的就粮穿衣问题。
- 11月7日 徐向前、陈昌浩致电朱德、张国焘、毛泽东、周恩来："为加强前线及各军军事领导提议以王树声任前敌或原旧副指挥。"
- 11月10日 红九军先头部队进入古浪境内，于拂晓前进抵干柴洼，击溃守敌马福仓，占领干柴洼。
- 11月11日 中共中央和军委下达命令，决定渡河部队组成西路军，成立西路军军政委员会，王树声为军政委员会委员、副总指挥。总部决定，王树声随红九军行动，以副总指挥名义指导红九军工作。同日，红九军在干柴洼与敌激战一天，击毙敌第一旅司令部副长官苗雨清。当夜，撤出干柴洼，向横梁山转进。
- 11月12日 红九军于横梁山阻击敌军。经一昼夜激战，击伤敌旅长韩起禄，击毙敌副官马三彪以下军官30余名。
- 11月15日 红九军进抵古浪。
- 11月16日至18日 红九军与敌激战于古浪，毙伤敌2000余人，但自身损失也很大，排以上干部伤亡尤重，军长孙玉清负伤，军参谋长陈伯稚、第二十五师师长王海清、第二十七师政委易汉文均壮烈牺牲。

- 11月24日　红九军到达永昌。西路军军政委员会主席陈昌浩亲自主持召开红九军营以上干部会议，追究古浪失利的责任，同时令红九军转入休整。休整期间，西路军军政委员会决定，撤去红九军军长孙玉清、政委陈海松的职务，王树声任红九军军长。

- 11月22日至12月上旬　西路军与马家军在东起凉州、西至四十里铺的地段上鏖战。毙伤敌达6000余人，但自身损耗也很大。到12月中旬，西路军由过河时的2.1万余人减至1.5万人。

- 12月7日至月底　率红九军与敌激战于永昌，终因敌众我寡，部队遭受很大损失。

- 12月底　率领红九军撤出永昌，再次踏上西进的征途。

1937年 32岁

- 1月上旬　率红九军围攻甘州未下，转而进驻临泽县城东南的沙和堡一带。

- 1月23日　率红九军主力东进过黑河，进至甘州龙首堡。

- 1月28日　西路军主力向倪家营子地区集中，王树声率红九军为前锋。

- 1月29日　马元海集中韩起禄旅、韩起功旅、马彪旅、马扑旅及马步康旅的刘呈德团及大量民团，从四面形成对西路军的层层包围。

- 1月31日至2月中旬　西路军在倪家营子苦战十余天，虽击退敌人大规模进攻八九次之多，总计毙伤敌近万人，自身伤亡亦巨，全部兵力已不足万人。西路军军政委员会鉴于长期困守不利，决定分路突围。

- 2月21日　西路军撤离倪家营子，西进至威狄堡一带。但因地形不利，又连夜返回倪家营子。随后，西路军被迫与敌展开激战，相持5昼夜，处境更加险恶。

- 2月下旬　总指挥部重新组建骑兵师，归红九军领导。王树声对骑兵师极为重视，在人少马缺的困难情况下，积极抽调军直属队人员和马匹，支持骑兵师的组建。2月底，命令骑兵师插入敌后到永昌东南，以吸引倪家营子之敌出援。但因敌兵力占绝对优势，没有成功。

- 2月27日　倪家营子失守，西路军被迫向西转移到威敌堡、三道流沟一带，复被敌分割包围。之后，西路军与敌无日不战，到3月11日损失过半，已无法继续坚守，被迫向祁连山转移。

- 3月12日　率红九军与追敌血战于梨园口，损失惨重。之后，率余部利用山麓地势，边战边撤，向祁连山转移。

- 3月14日　率部到达康龙寺以南之石窝附近。陈昌浩在石窝山上紧急召开师以上干部会议，决定由王树声等人组成西路军工作委员会，王树声率第二十团及骑兵两连共 700 余人组成右支队，坚持游击。
- 3 月 15 日至 18 日　率右支队与敌在康龙寺东南之黄番寺地区展开激战，终因寡不敌众大部损失，遂撤出阵地与左支队会合，不久向东转移，进入祁连山游击。
- 3 月下旬至 6 月　率部在祁连山的深山老林中坚持游击。
- 6 月　率队离开甘北，穿越腾格里沙漠。途中，队伍几次分兵，过黄河后，只剩下王树声孤身一人。之后，在中卫县老人俞学仁的帮助下，到达甘肃和宁夏交界的固北县境。经过短期休整后，返回延安。
- 8 月　到达延安，进入抗日军政大学第三期学习。

1938 年　33 岁
- 3 月　从抗日军政大学毕业。
- 4 月　晋冀豫军区成立。王树声被任命为副司令员，未到任。
- 5 月　入延安马列学院学习。
- 10 月　从马列学院毕业，赴晋冀豫军区任职。
- 12 月　晋冀豫军区改称晋冀豫边游击司令部，王树声任副司令员。年底到达晋冀豫军区司令部驻地——山西辽县芹泉镇。

1939 年　34 岁
- 1 月　组织部署晋冀豫军区独立支队配合第一二九师主力部队进行和（顺）辽（县）战斗。
- 3 月　参加晋冀豫军区武装工作会议。
- 9 月 10 日至 28 日　参加晋冀豫区第一次党代表大会，被选举为中共晋冀豫区委委员及中共七大代表。
- 11 月　领衔署名发出《关于晋冀豫边地方部队的行政（军政）与指挥（军令）的决定》。

1940 年　35 岁
- 1 月　任晋冀豫军区司令员。
- 3 月　指挥晋冀豫军区部队一部参加磁（县）武（安）涉（县）林（县）战役。
- 5 月 5 日至 7 日　指挥晋冀豫军区部队及自卫队员、群众参加白晋铁路破袭战。
- 6 月　晋冀豫军区撤销，太行军区成立，由第一二九师兼军区机关。王树声任专职副司令员兼军区动员武装部部长，主持军区工作。
- 7 月 14 日　与刘伯承、邓小平联署发出《关于军民协同进行破路清野的指示》。

- 8月1日　主持召开太行军区第一次地方武装扩大干部会议。
- 8月13日　与刘伯承、邓小平联署发出《关于抗日戒严的指示》。
- 8月　与刘伯承、邓小平联署发出《关于目前地方武装组织中心工作的指示》。
- 9月14日　与刘伯承、邓小平联署发出《关于各支队各县举办民兵干部轮流训练队的指示》。
- 10月30日　与冀太行政联合办事处联署发出《关于三个月民兵工作突击的指示》。
- 11月2日　参加太行军区新编第十一旅第三十二团、军区随营学校营以上干部会，并作总结性发言。
- 11月26日　与冀太行政联合办事处联署发出《关于动员武装部干部任免的规定）的指示。
- 12月2日　与刘伯承、邓小平联署发出《关于民兵冬季教育训练的指示》。
- 12月30日　发表《太行军区1941努力的方向》一文。

1941年　36岁

- 1月25日　与刘伯承、邓小平联署发出《关于旧历元宵节欢送新战士入伍的工作训令》。
- 1月31日至2月2日　参加太行军区第二次地方武装干部扩大会议，作军区工作报告和会议总结报告。
- 3月18日　参加太行区民兵武装大检阅。
- 4月25日　与冀太行政联合办事处联署发出《关于人民武装抗日自卫委员会选举的指示》。
- 5月1日　与刘伯承、邓小平联署发出《晋东反"扫荡"的经验教训》。
- 9月18日　晋冀豫区人民武装抗日自卫委员会成立，太行军区动员武装部撤销。
- 10月　入中共北方局党校学习。
- 12月10日　与刘伯承、邓小平等联署发出《关于整理地方武装工作的指示》。

1942年 37岁

- 5月　日军发动大规模"扫荡"，王树声指挥地方武装和民兵坚持根据地内线斗争。
- 7月下旬　启程赴延安整风学习。
- 9月　到达延安，进入中央党校军事队学习，并任队长。

1943年　38岁

- 1月至12月　参加中央党校整风学习。

1944 年　39 岁

- 4 月 22 日　毛泽东指示八路军开展豫北工作，以便将来可能时开辟豫西。
- 7 月 25 日　中共中央发出向河南敌后进军的部署命令，决定由太行、太岳军区派两个团进入豫西。
- 9 月　中共中央决定王树声、戴季英、刘子久等组建河南省委、河南人民抗日军和河南军区，准备挺进豫西敌后创建抗日根据地。
- 9 月 14 日　与杨炬喜结连理。
- 9 月下旬至 10 月底　准备河南省委、人民抗日军和河南军区的组建工作。其间毛泽东两次与王树声单独谈话，部署进军河南事宜。
- 11 月 13 日　毛泽东接见王树声、戴季英、张才千、熊伯涛等几位即将南下的干部。
- 11 月 16 日　王树声参加中央召开的南下部队团以上干部会，王树声被任命为河南人民抗日军和河南军区司令员。
- 11 月 20 日　中共中央在马列学院大礼堂为南下部队举行欢送会。毛泽东、朱德、刘少奇等出席大会。
- 11 月底　王树声率南下部队离开延安，向豫西挺进。12 月中旬部队到达太行根据地。年底到达太岳军区。

1945 年　40 岁

- 2 月 8 日　部队到达中条山脚下，连夜翻山到达黄河北岸。
- 2 月 9 日　部队踏冰过黄河。
- 2 月 10 日　在渑池县城西南与第二支队会合。随后组织召开支队、分区领导干部会议。
- 2 月 13 日　与戴季英致电中央军委，要求解决财政困难，并准备在嵩山、伏牛山地区创建根据地。
- 2 月中旬至 3 月初　指挥第三、四支队攻打禹西席子猷部。
- 2 月 26 日　以河南区党委名义发出《河南人民抗日军八大主张》。
- 2 月　率部在东赵堡作短暂停留。区党委决定将伊洛工委改为特委，同时成立伊洛独立支队。
- 2 月底　与第一支队在登封县东白栗坪会师。
- 3 月 1 日　中央军委指示北方局、晋察冀分局、平原分局和山东分局，在财政上帮助河南部队。并致电河南区党委，要求确定与坚持自力更生的财政原则。
- 3 月初　组织召开党政军主要干部会议，决定对河南部队统一整编，并研究确定下一步行动部署。

- 3月2日　与戴季英就河南工作发展方向致电中央军委。
- 3月13日　河南区党委发布《关于对付国民党顽固派的策略》的指示。
- 3月中旬　指挥第二支队协助伊洛独立支队粉碎顽军徐吉生部对东赵堡的围剿。之后，河南军区决定成立伊洛军分区和伊洛地委，伊洛独立支队编为第五支队。
- 3月下旬　指挥第一、四支队发起密南战役。
- 4月初　指挥第一、三、四支队攻打神垕镇。
- 4月初　刘昌毅、张力雄率两个团到达登封大峪店与军区会师，遂编为第六支队。
- 4月21日、25日和5月1日　与戴季英致电中央军委，豫西部队准备向伏牛山地区发展。
- 4月　指挥部队攻占登封城。
- 5月　组织第四、第六支队及地方武装粉碎日伪军"扫荡"。
- 5月18日　致电中央军委，请求派新四军第五师两个团进至鲁山西北地区与河南军区部队会合。
- 5月下旬　率第三支队和第一、四、第六支队一部，向伏牛山地区进军。
- 5月28日　部队占领傅店、大植街、太山庙、车村、犁树街等地。
- 6月上旬　指挥部队连克守敌，进至南召西北的马市坪。派陈先瑞与高树勋谈判，并达成停火协定。
- 7月上旬　河南区党委决定，除留第三支队和第六支队一部继续留在伏牛山地区外，军区率主力部队回到禹县、临汝、登封间地区。
- 7月19日　中共中央、中央军委指示河南军区和区党委采取向西防御、向东、向南进攻的方针。据此，区党委召开会议，决定向豫中发展。
- 7月下旬至8月初　指挥第一、第六支队主力攻打登封东南大冶镇伪据点。
- 8月12日　中共中央决定建立鄂豫皖中央局，管理新四军五师活动范围内的党政军及河南区党委与河南军区，以徐向前为书记，郑位三为副书记（徐到任前代理书记），王树声等为委员。
- 8月13日　河南区党委向各地委各兵团及各县委发出指示，为迎接抗战胜利及迫在眉睫的内战做好准备。
- 9月8日　与刘子久致电中共中央及刘伯承、邓小平等：河南军区部队准备北渡黄河到达晋冀鲁豫解放区，请太岳、太行派兵接应。10日，中共中央复电河南区党委：河南军区部队应向南与五师靠拢。
- 9月　国民党军对豫西根据地发动重点"围剿"。4日，刘少奇致电王树声、戴季英、刘子久：河南军区部队准备转移。
- 10月1日　王树声等致电中共中央、八路军总部及郑位三、李先念："各支队整理地方武装及向南转移准备，已经就绪。"随后，率部南下。

- 10月10日　率河南军区主力在幡崎山西端的夷尉庙、孙城地区与陈先瑞、黄林率领的豫中军分区部队会合；12日在西平县以西的武镇一带与王定烈率领的冀鲁豫军区第八团会合。
- 10月24日　河南军区主力与新四军五师和王震、王首道率领的八路军南下支队在唐河祁仪地区会师。
- 11月上旬　鄂豫皖中央局改称中共中央中原局，郑位三为代理书记，王树声等为委员；同时成立中原军区，李先念为司令员，郑位三为政治委员，下辖第一、第二野战纵队和江汉、鄂东、河南3个军区6万余人。王树声任第一纵队司令员。
- 11月9日至12月16日　中原军区部队进行了桐柏战役第二阶段作战。率第一纵队参加了其中的双沟、祁仪战斗。
- 11月19日　被任命为中原军区副司令员。
- 12月17日　率第一纵队为北路，由桐柏地区驻地向东开进，21日到达明港以西的祝林集地区休整。23日与戴季英一起向中央军委汇报第一纵队参加桐柏战役第二阶段作战的情况。
- 12月24日　率第一纵队由祝林集继续东进，25日在信阳以北越过平汉路，28日以刘昌毅的第三旅解放息县县城。
- 12月31日　根据中共中央的指示，中原局决定王树声、戴季英率第一纵队及干部1.4万人向北转移至冀鲁豫解放区，新四军五师及三五九留原地坚持。

1946年　41岁

- 1月1日至2日　与戴季英、刘子久等致电中共中央并中原局及刘伯承、邓小平等：在转移的3条路线中，向北两条不可取，以向东转移为好；由于和平局面即将出现，不必急于转移，首先应南下大别山歼敌，同时做好东进皖东的准备，以待时局之变。
- 1月6日　第一纵队第二旅解放光山县城。当日，任质斌来到光山，与王树声、戴季英、刘子久研究转移问题。
- 1月8日　郑位三、李先念与王树声等在光山研究转移问题后致电中共中央：决定中原军区部队全部留原地坚持。9日，中共中央致电刘伯承、邓小平，华东局和华中分局：准备接引五师之计划停止执行。
- 1月14日　国民党军进攻光山，第一纵队第二旅进行抵抗后被迫撤出。第一纵队司令部驻光山以南的杨家庙，以后移泼陂河。
- 3月15日　中原局召开高级干部会议，研究解决经济困难问题。此后率第一纵队开展编蒇货、卷烟、打草鞋和贩盐、贩布、贩猪等生产自救活动。
- 6月下旬　国民党军30万人准备于6月26日发动围攻，7月1日发起总攻，企图一举消灭中原军区部队。

- 6月21日　中原局准备于月底实施经鄂中分两个纵队分别向陕南及武当山突围、然后转至陕甘宁边区的突围计划。23日，中共中央复电中原局："同意立即突围，愈快愈好，不要有任何顾虑，生存第一，胜利第一。"
- 6月24日　根据中原局和中原军区的命令，召集各旅旅长、政委部署突围：纵队主力向西突围；皮定均、徐子荣率第一旅向东佯动，吸引国民党军，待军区主力过平汉路后自行突围。
- 6月25日　率第一纵队主力9000余人分别从泼陂河、浒湾出发，冒雨西进。28日与第二纵队第十五旅在阳平口东北地区会合，29日因国民党军在阳平口已有布置，决定向南绕道王家店过平汉路。
- 6月29日　北路军越过平汉路。
- 6月30日晚　指挥南路军在王家店南北地区向平汉路攻击，当晚主力一部通过铁路。7月1日下午2时，南路军经过血战全部通过平汉路，当晚到达赵家棚、大鹤山一带，与在平汉路西的第十五旅第四十四团会合。
- 7月8日下午　南路军从随县以西的安居进至茅茨阪地区。9日根据敌情变化，命令部队向襄河（汉水）东岸疾进。
- 7月10日上午　南路军开始抢渡襄河，至13日拂晓主力7000人渡过襄河，未过河的2500人由闵学胜率领向豫西前进，后归入北路军序列。
- 7月21日　指挥部队在谷城西南地区进行石花街战斗，歼灭国民党军整编第六十六师300余人，打开了进军鄂西北的道路。24日，中央军委来电祝贺。
- 7月25日　根据中共中央、中央军委的指示，在青峰镇召开纵队党委会议，研究部署开展游击战争，开始探索创建鄂西北根据地。
- 8月7日　与刘子久致电中共中央并中原局，汇报部队和鄂西北地区的情况，认为"在武当山立足完全不可能"。
- 8月11日　中共中央致电王树声、刘子久："不要回渡襄河向东行动，必须克服困难，动员指战员坚决留在川鄂陕边广大山地地区，创造根据地。"
- 8月14日　以第一纵队副司令员刘昌毅指挥第三旅第七团主力进行冠木河战斗，伏击国民党军一个加强营大部。同日，第一纵队第二旅攻占兴山县城。
- 8月20日　与刘子久致电中共中央并告郑位三、李先念："由于敌情及部队体力关系，目前不能入川，故决定遵照中央未文[真]在鄂西北生根。"
- 8月27日　率第一纵队与罗厚福、文敏生率领的江汉军区部队在房县西南的上龛地区会师。两部会合后共有1万余人。为统一军政领导和开展创建鄂西北根据地的工作，王树声、刘子久、刘昌毅、罗厚福、文敏生、吕振球等在房山以西的狮子岩连日召开会议，决定成立中共鄂西北区党委和鄂西北军区。

■ 9月1日　经中共中央批准，王树声任中共鄂西北区党委书记、鄂西北军区司令员兼政治委员，刘昌毅为第一副司令员，罗厚福为第二副司令员，刘子久为第一副书记兼第一副政治委员，文敏生为第二副书记、第二副政治委员兼组织部长，张才千为参谋长，吕振球为政治部主任。以上成员和刘子厚为区党委委员。鄂西北军区成立后，立即组建了第一、第二、第三、第四军分区，并以第一纵队的第七团和江汉军区的第二团组成野战旅，归军区直接指挥。

■ 9月2日　根据区党委会议的意见，起草了《关于建立根据地的指示》，并以区党委的名义下发各军分区，对建立鄂西北根据地做出全面部署。

■ 9月10日　中共中央致电鄂西北区党委："坚决克服归队思想，在敌人后方创立几个根据地，立稳脚跟，钳制大量敌人，这是你们神圣的任务。"

■ 9月上旬　国民党军调集2个整编师5个旅和大量地方武装，对鄂西北根据地发动大规模"清剿"。随即指挥部队开展反"清剿"斗争。

■ 9月18日　与刘子久、罗厚福、刘昌毅、文敏生联名致电中共中央并中原局："领导干部中在鄂西北创造根据地的思想已基本上解决。我们已下最大决心以鄂西北山地为中心创造根据地，并立即着手恢复大洪山、桐柏山区的工作。至于下面干部的思想，经过说服解释之后，估计也无多大问题。请中央及中原局放心。"

■ 9月19日　向中央军委汇报第七团袭击草店、歼灭该地保安团的情况。当日，中央军委复电："（一）占领草店歼敌一个营甚慰，望传令嘉奖。（二）望鼓励各部多打此类胜仗，每次歼灭保安团一营一团、正规军一连一排，就能振奋军心民心，解决衣粮，建立根据地。"

■ 9月中旬　根据中央军委和中原局的指示，以王海山、陈先瑞率第十五旅主力北上调归鄂豫陕军区建制，并对第三军分区力量重新调整。

■ 9月22日　奉中央军委指示，派李人林率4个连、1个警卫排和1个手枪队东渡襄河，前往开辟大洪山根据地。

■ 9月29日　为区党委起草了《建立鄂西北根据地的指示》，要求全体指战员坚决克服北归、东归思想，大量消灭国民党地方武装，努力解决粮食和财政问题。

■ 9月下旬　组建第五军分区，并根据野战旅的第二团已变成第五军分区武装、野战旅机关已改成第五军分区机关的情况，撤销野战旅，其所辖第七团由军区直接指挥。

■ 10月1日　中共中央发出《三个月总结》党内指示，指出：中原军区部队在战略外线的坚持，"极大地援助了和正在继续援助着老解放区的作战，并将对今后长期战争起更大的作用"。

- 10月初　国民党军调集6个整编旅和5个保安团对鄂西北根据地发动"分区清剿"。
- 10月中旬　以刘昌毅率第七团越过老白公路，歼灭驻清山港的鄙县保安团1000余人，并获得了一份1/20万的鄂西北地图，解决了指挥作战的燃眉之急。
- 11月初　第一军分区部队被迫撤出两竹（竹山、竹溪）地区，向第二军分区的兴山、拂归方向转移。此后，国民党军即将"清剿"的重点对准了英勇善战的第七团。
- 11月7日　接到中共中央《三个月总结》党内批示后，为区党委和军区起草了致中共中央的电报，表示：将为"消灭敌第二个二十五个旅及更大地扩大根据地的面积、奠定鄂西北根据地之基础"而奋斗。
- 同日　为鄂西北区党委、军区起草致中央军委的电报，汇报了部队自突围进入鄂西北以来的战绩。
- 11月　第七团在刘昌毅的指挥下接连取得万家坪，娘娘山、园林山，马蹄山等战斗的胜利，但自身损失也很大。
- 12月上旬　率军区机关、警卫团和第七团从武当山向南转移，在保康县西南的车峰沟一带遭到国民党军的埋伏袭击。经奋战才杀出重围，向保康以南的千家老林一带前进。
- 12月中旬　国民党军以整编第六十六、第十师向南及东南压挤，企图将鄂西北军区部队消灭于长江、汉水的三角地带。
- 12月24日　决定采取敌进我进的方针，并部署部队向国民党军兵力空虚的西北后方挺进。
- 12月下旬　随着严冬季节的到来，鄂西北的斗争环境更加残酷，许多指战员因冻饿而死，非战斗减员严重。

1947年　42岁

- 1月4日　鄂西北区党委在保康以南的千家老林一带召开会议，讨论如何保存实力、坚持鄂西北斗争。会议期间，闻悉第七团被打散，决定派刘昌毅率精干部队前往收拢。
- 1月上旬　第七团在均县、房县、保康三县交界的乌牛观一带被国民党军打散。刘昌毅、胥治中收拢、会合第七团等部1000余人，活动在南漳、保康一带。
- 2月上旬　国民党军将刘昌毅所率1000余人包围于保康地南的康家山上。部队经三天三夜浴血奋战，突围出七八百人，但部队仅有的一部电台被打坏，与军区和友邻部队失去联系。
- 2月4日　在远安以东老观窝召开区党委紧急会议，决定留少数部队坚持原地斗争，主力分路转移到外线作战；王树声、刘子久、文敏生、刘子厚等身体不好的人，化装转移至华北解放区。

- 2月5日　派一个排护送刘子久、文敏生、刘子厚等至荆门北山。之后，刘子久一行到达晋冀鲁豫解放区。
- 2月12日　与张才千及王定烈、杨劲等研究决定：张才千率部南渡长江，王树声立即化装转移。
- 2月13日　由王展、章惠民、安琳生（现名余秉熹）和5名战士护送至北山。当晚，张才千率部南渡长江。
- 3月上旬　在安琳生、镇成章的护送下，离开北山，经沙洋到达应山。后在鲁文成的陪同下到达武汉，接着又在安琳生、张鸣嗥的陪同下到达上海。从上海到达宁波沈家门后，因当地中共地下组织被破坏，又在安琳生、陈祥生的护送下返回上海。经过一个多月的准备，在陈祥生的陪同下从江苏浏河乘船于6月到达山东诸城。
- 7月　间赴晋城参加中共中央中原局召开的高级干部会议，向中共中央和中原局撰写了《中原一纵突围及其经过的书面报告》。
- 8月初　赴冶陶晋察鲁豫军区医院养病，并与妻子杨炬团聚。
- 8月上旬　刘邓大军千里跃进大别山；下旬陈谢集团挺进豫西；9月下旬陈粟大军挺进豫皖苏。
- 9月29日　农历八月十五中秋节，告别妻子杨炬，从冶陶出发南下，辗转到达濮阳以东的荣家庄地区。
- 10月22日　率干部队随晋冀鲁豫野战军第十纵队渡黄河南下，11月27日进入大别山地区。
- 11月15日　鄂豫区党委、军区和行署在湖北麻城县福田河宣布成立，段君毅任区党委书记兼军区政治委员，王树声任军区司令员、区党委委员，郭天民任军区副司令员，刘子厚任行署主任。鄂豫军区下辖5个军分区。
- 11月至1948年2月　一方面分散部队，掩护土改，消灭国民党地方武装，发动群众，创建根据地；一方面指挥部队坚持内线，配合刘邓大军主力粉碎国民党军对大别山的重点进攻。

1948年 43岁

- 2月下旬　刘邓大军主力转出大别山。主力北移前，邓小平找王树声、段君毅和刘子厚等谈话，要鄂豫军区部队独立坚持。
- 3月至5月　国民党军以20多个旅配合地方武装，对鄂豫、皖西军区进行疯狂的"扫荡"和"围剿"。
- 4月初　为集中力量，形成拳头，与段君毅研究决定，将罗麻县大队改编为罗麻独立第十团，将麻西县大队改编为麻城独立第十一团。在改编大会上，王树声鼓励部队说："坚持大别山就是胜利。"

- 5月上旬　金寨、金东和商城的地方武装在国民党军的追击下，到达麻城县木子店鄂豫军区司令部。王树声勉励他们说："只要我们能在大别山坚持住，把敌人大量正规军牵制住，使我刘邓大军主力在外线大量歼灭敌人，将来全国胜利后，毛主席在功劳簿上也会给我们记上一份成绩。"

- 6月6日　中共中央中原局发出《关于执行〈中央一九四八年土地改革和整党工作指示〉的指示》（简称六六指示），将平分土地的政策改为减租减息的政策，急性土改的错误被彻底纠正，鄂豫军区的社会秩序日渐稳定。

- 6月　鄂豫军区的敌情开始减轻，为集中主力作战，王树声将第五、第三军分区的第五十三、第五十五团组成教导旅，以昌炳桂为旅长，李士才为政治委员，同时在各军分区组织了15个丙等团。

- 8月下旬　鄂豫区党委召开扩大会议，指出全区的主要任务是：集中力量打胜仗，争取大别山形势的根本好转。为此，王树声将教导旅改称教导第一旅，并抽调第一军分区的第十三、第十五团组成教导第三旅，以雷绍康为旅长，寇庆延为政治委员。军区部队经过整编，开始由山区转入平原作战，在国民党兵力薄弱的地区展开反攻。

- 10月7日　指挥教导第一、第三旅等部发起新县战斗，至8日解放新县县城，歼灭守军208人。15日，写出《新县战斗总结》。与此同时，第五军分区部队在洗马畈歼灭国民党军华中"剿总"独立第一团（原国民党政府国防部警卫团）690人。

- 10月15日　指挥教导第一、第三旅，在光山以南的泼陂河地区歼灭国民党地方武装210人。

- 11月9日　指挥教导第一、第三旅攻占商城，歼灭守军200余人。

- 11月25日至12月1日　指挥教导第一、第三旅和第一、第二军分区部队，运用"围魏救赵"的战法调动国民党军，并再克商城，歼灭国民党军及保安团620余人。战斗结束的当天，写出《商城战斗总结》。

- 12月中旬　为配合淮海战役，率教导第一、第三旅及第一、第二、第三军分区部队集结于固始地区，以防被围的国民党军邱清泉、李弥和孙元良兵团突围南窜。

1949年　44岁

- 1月1日　中共中央中原局机关报《中原日报》发表元旦献词，指出：中原解放区在今天以前是南线主要战场，今天以后是即将到来的大举渡江的前进基地，将来则是江南作战的主要后方，中原区全党全军要动员一切力量来有效地支援战争。

- 1月中旬　根据中央军委1948年11月1日《关于全军组织及部队番号的规定》，将鄂豫军区教导第一、三旅改称独立第一、三旅。
- 2月16日　鄂豫区支前司令部成立，王树声任司令员，段君毅任政治委员，刘子厚任第二司令员，郝中士任副司令员兼政治部主任。
- 2月19日　主持颁布《鄂豫区支前工作条例》。
- 2月23日　鄂豫公学开学。王树声兼任校长并到会讲话，提出了理论联系实际的办学方针，勉励学员努力学习马列主义、毛泽东思想，自觉改造世界观，走与工农相结合的道路，在革命斗争实践中锻炼成长，全心全意为人民服务。
- 2月27日　因独立第一旅的第三团、独立第三旅的第七团和第四军分区独立团调归第二野战军建制，将独立第一旅的第一团和独立第三旅的第九团合编为鄂豫军区独立师，以张体学为师长，寇庆延为政治委员。
- 4月　为鄂豫区党委起草《支前工作是当前的中心任务》指示。经过努力，鄂豫区于1949年1月至6月完成了征粮1500余万公斤及其他大量物资的支前任务。
- 1949年春　指挥鄂豫区剿匪反霸斗争。
- 5月20日　湖北军区正式成立，王树声任第二副司令员。
- 8月上旬　华中军区经中央军委批准，成立了鄂豫皖边剿匪指挥部，并成立中共鄂豫皖边区联合剿匪工作委员会，王树声任司令员兼政委和边工委书记，统一领导大别山地区剿匪工作。
- 8月10日　王树声组织鄂豫皖边剿匪指挥部召开会议，研究制定了剿匪兵力部署和方案。
- 9月5日　王树声命令鄂豫皖边剿匪部队统一展开进剿。
- 9月　发布《告鄂豫皖边大别山同胞书》和《鄂豫皖边剿匪指挥部布告》。
- 10月1日至6日　组织鄂豫皖边剿匪指挥部召开第二次剿匪会议，王树声作了报告。
- 11月22日　撰写了10月份剿匪工作的体会。
- 12月　经3个月剿匪，共剿灭土匪1.2万人。
- 12月5日　组织在金寨召开第三次剿匪工作会议，会后将王树声的报告整理成党内文件发至县、营。
- 12月26日　兼任中南军区军政大学第二分校校长。

1950年　45岁

- 1月5日　与李先念、王宏坤、张广才、张才千、雷绍康联合签发1950年上半年湖北军区建军工作指示。
- 3月下旬　参加中南军区高级干部会议，研究部队生产、剿匪、整编等问题。
- 3月底　与王柱成一起签发《鄂豫皖边大别山剿匪指挥部调整部署的决定》，决定进行边缘区剿匪和越界剿匪。
- 4月　在湖北各界人民代表会议上作《关于军区工作的报告》。
- 5月2日　中南军区奉中央军委4月29日命令，下发命令，王树声任湖北军区司令员。
- 5月19日　与李先念联合签发向中南军区《关于湖北军区清匪部署的报告》。
- 6月中上旬　湖北军区召开第二届党代表会议，王树声作了《下半年军区部队任务》的报告和《总结报告》。
- 6月　湖北军区召开保卫工作会议，王树声作了《结合军区中心任务做好保卫工作》的报告。
- 8月21日　与李先念联合签发给宜昌、荆州分区党委并转当地政府及公安部门的指示。
- 8月28日至31日　湖北军区召开清匪肃特问题座谈会，王树声作《关于清匪肃特问题》的报告。
- 9月2日至11日　湖北军区召开首届英模代表会议，王树声作《一年工作总结与今后任务》的报告。
- 9月20日　湖北军区召开直属机关营以上干部大会，王访声作《关于整风问题的报告》。
- 10月　湖北军区召开军区高干会议，王树声作《关于目前军区工作》的报告。本月湖北军区与湖北省委联合发出关于扩军工作的指示。
- 12月5日　湖北军区召开第一届人民武装干部会议，讨论发展民兵和人民武装建设问题。王树声作了两次讲话，发表在《民兵工作通迅》上。

1951年　46岁

- 1月21日　在湖北军区高干会议上作《关于1951年军区工作》的报告。报告在分析形势的基础上，提出了军区工作的方针和任务，强调加强党委领导，加强团结，加强机关工作，改进工作作风。
- 1月31日　与李先念等签发1951年上半年清剿工作要求。
- 2月2日　与李先念等联合签发《清匪肃特指示》。
- 4月10日　湖北省委、湖北军区以王树声、陈一新、韩东山等10人组成清匪肃特委员会，领导湖北全省的清匪肃特工作。
- 4月19日　湖北军区召开首届参谋工作会议，王树声作了报告。强调军区的参谋工作应从思想建设、组织建设、工作方法、工作作风、参谋干部学习五个方面加强。
- 4月20日　湖北省委员会决定成立清匪治安委员会，王树声任主任。

- 5月3日　王树声在湖北军区召开的首届民兵代表会议上作报告，总结民兵建设的经验，提出了民兵建设的任务。
- 5月7日　与李先念联合签发命令，成立清匪指挥部。
- 6月3日　与李先念联合签发关于民兵建设的指示。
- 7月5日　与李先念联合签发《一九五一年团（县）轮训队军事教育计划》训令。
- 7月下旬　任中央访问南方老革命根据地人民代表团副团长兼鄂豫皖分团团长，赴武汉等地访问，9月底返回北京。
- 8月1日　《湖北日报》刊登王树声庆祝八一讲话"庆祝八一建军节，进一步加强军区建设"。讲话要求军区各部队要大力学习党三十年斗争历史和二十四年建军经验，学习毛主席军事思想，学习现代化的军事知识，提高军事技术水平。
- 9月1日　与李先念等联合签发关于整编工作的指示。

1952年　47岁

- 1月19日　王树声、李先念联合签发成立湖北省转业建设委员会的命令。李先念任主任委员，王树声、聂洪钧、叶明、黄宇齐为副主任委员。
- 3月15日　中南军政委员会决定成立荆江分洪委员会，李先念为主任委员，唐天际、刘斐为副主任委员，王树声为委员。同时成立荆江分洪工程总指挥部，唐天际为总指挥，王树声为副总指挥。
- 7月27日　在《湖北日报》发表《为建设一支强大的人民武装而奋斗》的文章。
- 9月1日　与李先念联合签发反空降、反细菌战斗争的指示。
- 9月6日至16日　湖北军区召开第三次党代表会议，王树声于14日在会上作了发言。
- 10月20日　在湖北军区第四届人民武装工作会议开幕式上作了《关于人民武装建设》的报告，主要论述了人民武装建设的成就、人民武装建设存在的问题、人民武装建设的基本经验、人民武装是军区工作的重心、人民武装建设的方针任务、领导上注意的几个问题等。
- 10月29日　王树声与李先念等联合签发命令，上调六三四团补充志愿军。
- 11月2日　在湖北军区第四届人民武装工作会议上作总结报告。
- 11月18日　与李先念等签发部队军事教育训练的指示。
- 11月30日　根据中央关于建立各级人民武装委员会的指示，湖北省成立了人民武装委员会，刘子厚为主任委员，王树声为副主任委员。
- 12月21日　在湖北省第二届各界人民代表大会上作关于人民武装建设的发言。

- 12月31日　中南军区党委转军委总政治部批示,以李先念、王树声、张广才、韩东山、叶明、张难为湖北军区党委常委,吴世安等为委员。

1953年　48岁

- 1月8日　王树声与李先念等签发湖北军区1953年1月至5月的军事教育计划。
- 1月27日至2月6日　湖北军区党委召开第四届扩大会议,2月6日,王树声作了总结报告,提出了军区1953年的工作方针与任务。
- 5月26日　与李先念等联合签发湖北军区1953年下半年军事训练指示。
- 12月26日　领衔署名给中央军委、中南军区首长报告《一九五三年度人民武装建设总结》。
- 12月29日　与李先念等签发湖北军区1953年作战情报工作总结。

1954年　49岁

- 2月　任中南军区第三副司令员兼湖北军区司令员。
- 本月　为湖北军区举办的战绩展览会剪彩。
- 5月3日　向中南军区做《认真贯彻共同条令,加强机关部队正规化建设》的汇报。
- 5月22日　在湖北军区党的活动分子会议暨党的干部会议上作总结报告。
- 5月30日　在湖北军区党委扩大会议上作《增强军区党的团结》的总结。
- 9月28日　任中华人民共和国国防部副部长。
- 11月2日　王树声、李先念、韩东山签发向中南军区关于整编工作的报告。
- 12月17日至29日　参加中共中央军委扩大会议,讨论实行三大制度、颁发勋章奖章、全国军区的划分、部队的军事训练和干部的培养、公安部队的整编、建立武装力量监察部等问题。

1955年　50岁

- 1月23日　王树声在湖北军区党委扩大会议上作《坚决贯彻三大制度,进一步加强军区建设》的总结报告。
- 3月14日　任中国人民解放军总军械部部长。
- 5月20日　在总军械部召开的军事代表会议开幕式上作报告。
- 7月14日　向总参谋长粟裕呈报总军械部编制的建议。
- 7月15日　向总参谋部呈报《请批示通信部雷达干扰及反干扰组交我部事》。
- 8月2日　向总参谋部呈报手榴弹生产比例。
- 8月11日　签署颁发《军械物资运输工作暂行规定》的通知。
- 8月17日　以总军械部党委名义向军委副主席彭德怀提出《关于改变军

- 8月24日　向训练总监部并总参谋部、总政治部、总干部部呈报《军械干部训练中的几个问题》的报告。
- 同日　提出总军械部与各总部工作关系的意见。
- 9月26日　给中央军委《请批准特种弹生产计划》的报告。
- 9月27日　在中南海怀仁堂被授予中国人民解放军大将军衔、一级八一勋章、一级独立自由勋章和一级解放勋章。
- 11月1日　主持起草以军械部名义给总政治部关于《对总军械部政委办公室编制的意见》。
- 11月3日至14日　与刘少奇、周恩来、邓小平、彭德怀、贺龙、陈毅、聂荣臻等一起参观在辽东半岛举行的抗登陆战役演习。
- 11月15日　关于目前兵工生产和验收情况给中央军委报告。
- 11月24日　向总参谋部请示报告《军区修械机构的建制问题》。
- 12月17日　签发从1956年1月起试行《中国人民解放军总军械部工作条例》。
- 12月20日　在全军军械部（处）长会议上作《全面加强军械工作建设》的总结讲话。

1956年　51岁

- 1月6日　向中央军委提出《开办在职干部短训班，培养现代化军械技术军官》的报告。
- 1月20日　以总军械部党委名义向中央军委报告《目前军械工作存在的问题及对今后工作的意见》。
- 1月23日　写信给总参谋长粟裕、副总参谋长陈赓，建议立即着手组织火箭、导弹的研制工作。
- 同日　关于气象器材的接管问题给总参谋部报告。
- 1月27日　向军委呈报1956年军械事业基本建设计划。
- 2月8日　向总参谋部上报军械靶场编制。
- 2月18日　向国防部呈报全军军械工作1956年中心工作计划大纲。
- 3月5日　向各军械技术学校、各技工学校、各军械预备学校发出指示，并通报《专家小组检查通县技校工作总结》情况。
- 3月　在3月6日至15日中央军委第二次扩大会议上作《关于加强与改进我军军械工作的几点意见》的发言。
- 4月10日　签发《关于执行军械物资运输工作暂行规定中的几个问题》的通知。
- 4月20日　王树声下达武昌修械技工学校第一期学兵开学命令。

- 4月30日　向总参谋长粟裕、副总参谋长张宗逊报告军械学校编制。
- 5月　在全军军械技术学校校长、政委、训练部长集训会议上讲话。
- 5月3日　向中央军委呈报弹药装配厂厂址计划。
- 5月23日　向国防部请示建库购地移民问题。
- 6月9日　在军械科学研究试验靶场建成开幕典礼上讲话。
- 6月11日　向总参谋部上报军械部所属雷达机构的编制。
- 6月12日　向总参谋部呈报军械科学研究所编制计划。
- 7月　在中国人民解放军《八一杂志》第105期上发表文章《我军军械装备必须保持良好的战斗准备状态》。
- 9月15日至17日　参加中国共产党第八次全国代表大会。
- 10月20日　在总部、各军种、兵种首长座谈会上发言。
- 11月23日　中国人民解放军总军械部颁发《驻国营工厂军事代表暂行工作条例（草案）》。
- 11月　任中共中央军委委员。

1957年　52岁

- 1月7日　向中央军委提出《关于地面雷达管理工作中几个问题的请示》报告。
- 1月7日至27日　参加中共中央军委扩大会议。
- 2月5日　主持军械部党委常委扩大会议，传达军委扩大会议精神。
- 2月8日　向中央军委请示建议在部队中建立"武器器材计划预防修理"制度。
- 2月20日　签发向总参谋部呈报《军械学校编制》报告。
- 4月24日　主持军械部党委常委扩大会议，总结赴南京等地调查研究情况，提出了存在的问题和解决的方法。
- 4月　在总军械部召开的军代表座谈会上作《发扬成绩克服缺点，把军事代表工作做得更好》的发言。
- 5月10日　主持总军械部党委研究、起草并亲自审定，领衔署名向中央军委报告《对改进军代表工作的意见》。
- 5月27日　全军军械先进工作者代表会议开幕，王树声致开幕词。
- 7月10日　主持军械部党委扩大会议，研究军械部编制问题。
- 9月16日　以军械部党委名义向中央军委请示《关于派驻工厂的军事代表制度问题》的报告。
- 9月23日　致信中央靶场场长和政委，要求靶场建设要适合中国情况。
- 9月25日　以总参谋部军械部委员会名义向各区、厂军代表室发出《坚决贯彻执行军委指示，改善和加强军代表工作》的指示，并向中央军委作了专题报告。
- 10月24日 在中央军委训练委员会扩大会议上作《对训练工作中军械工作的几点意见》的发言。
- 11月14日 参加军委扩大会议。
- 11月30日 签发《全国性军械物资运输工作暂行办法》。
- 11月 与陈再道、詹才芳联名撰写《从黄麻起义到鄂豫边割据》文章，载《星火燎原》(一)。
- 12月8日 与封永顺、涂锡道、陈文彪向总参谋部、总政治部、总干部部、训练总监部提出对军械部所属学校建设上的意见。

1958年 53岁
- 1月4日 主持军械部党委常委扩大会议，研究干部思想问题。
- 1月6日 主持军械部党委常委扩大会议，研究军械靶场工作情况。
- 2月21日 就《关于第一军械科学研究试验靶场基本建设经费缩减问题》给总参谋长粟裕、副总参谋长陈赓、张宗逊报告。
- 3月27日 与封永顺、涂锡道、陈文彪联合向总参谋部提出《关于雷达、探照灯管理的建议》。
- 3月至4月间 先后赴南京地区军械部所属学校进行调查研究。并就南京地区军械学校开展勤工俭学问题向中央军委作了专题报告。
- 4月7日 向中央军委提出《培养训练军械工作主管干部的建议》的报告。
- 4月18日 以军械部党委名义向总参谋部提出《在军械学校中贯彻执行勤俭办校勤工俭学方针》的报告。
- 4月28日 签署1958年军械工作计划。
- 4月30日 主持军械部党委常委扩大会议，传达军委扩大会议精神。
- 6月23日 主持召开军械部党委常委扩大会议，研究成立军械杂志社问题。王树声强调要发扬独创精神，学术研究要百家争鸣。
- 7月24日 致信来军械部的苏联枪械专家拉宾克，对他为中国人民解放军军械工作的贡献表示感谢。
- 9月3日 向总参谋长粟裕、副总参谋长陈赓报告为援越修械厂和修弹厂情况。
- 9月9日 致信驻中国人民解放军军械靶场的苏联专家斯捷诺夫，对他为中国军械科研所做的工作表示感谢。
- 9月26日 在总参军械部三级干部会议上作总结发言。总结了几年来军械工作的成绩，提出了要解决的问题和军械工作的方针。
- 11月3日 在总参军械部军代表室党的干部会议开幕式上讲话。
- 11月5日 向总参谋部呈报《炮击金门军械战勤工作综合报告》。

1959年　54岁

- 1月　签发建筑各类军械仓库的战术技术要求。
- 同月　签发武器、器材技术分级规则。
- 同月　签发关于民兵武器、弹药管理问题。
- 2月17日　签发关于1959年军械工作的要求。
- 同日　签发1958年军械工作总结。
- 4月24日　随彭德怀访问波兰、德意志民主共和国、捷克斯洛伐克、匈牙利、罗马尼亚、保加利亚、阿尔巴尼亚、蒙古人民共和国等国。6月13日回到北京。
- 7月　任中国工农红军第四方面军战史编辑委员会的副主任委员。
- 9月7日　在军委扩大会议上做书面发言。
- 9月17日　根据国务院命令，专任国防部副部长。
- 9月26日　中共中央组成新的军事委员会，王树声任军委委员。
- 11月23日　中央军委任命王树声为军事科学院副院长、党委第三书记。

1960年　55岁

- 1月15日　在全军军事科学研究工作座谈会（审修条令武汉专业会议）上致闭幕词。
- 4月16日　在编写中国人民解放军军师、团营战斗条令专业会议上作《以毛泽东军事思想为指针，编好我军合成军队战斗条令》的讲话。
- 5月11日　参加军事科学院党委会，研究落实1960年军委扩大会议要求军事科学院除进行学术研究外，还要进行国防建设和军队建设实际问题研究的指示。
- 10月24日至11月11日　军事科学院党委召开扩大会议，会议期间王树声作了报告。

1961年　56岁

- 3月24日　撰写《几点作战经验》刊登在中央军委条令验收委员会秘书处编印的内部文件《经验总结汇集》第17集。
- 7月5日　向军事科学院院长兼政委叶剑英及院党委常委作《关于军事技术直观教研馆基本建设和教学准备》的报告。

1962年　57岁

- 7月5日　为了加强军事技术直观教研馆的建设和领导，致信叶剑英和军事科学院党委常委，就成立"口子小组"问题作了汇报。"口子小组"由王树声、贺光华、曹宇光组成，王树声任组长。

1963 年　58 岁

- 9 月 25 日　就军事技术教研馆建设情况向叶剑英及军事科学院党委常委报告。
- 10 月 19 日　致信叶剑英和军事科学院党委，报告《技术教研馆筹备工作情况和提请筹委会研究决定的几个问题》。

1964 年　59 岁

- 率工作组赴河北省滦县搞"四清"工作。

1965 年　60 岁

- 2 月 27 日　在军事科学院技术教研馆干部会议上作《高举毛泽东思想伟大红旗，做好教研工作》的讲话。
- 6 月 1 日　为准备全军合成军队中高级指挥员军兵种知识集训，在研究审查教材会议上作《审查教材问题的指示》。

1966 年　61 岁

- 组织总结全军第一期军兵种知识集训的经验，进行第二期集训的准备工作。

1967 年　62 岁

- 5 月中旬　奉周恩来总理指示，与粟裕、向仲华率军事科学院 543 名干部、58 名战士进驻国防工办，实行军管。

1968 年　63 岁

- 3 月 24 日　完成军管任务回到军事科学院，实际主持军事科学院工作。

1969 年　64 岁

- 4 月 1 日至 24 日　参加中国共产党第九次全国代表大会。
- 5 月 7 日、10 日　向高等军事学院、军事科学院、总参三部同志传达中国共产党第九次全国代表大会精神。
- 7 月 4 日　在军事科学院全院大会上代表院党委作《中共军事科学院委员会关于无产阶级文化大革命中所犯错误的检查》。
- 9 月 9 日　就军事科学院工作向军委办事组汇报。
- 11 月 18 日至 30 日　与向仲华赴湖北襄樊军事科学院的"五七"劳动学校了解情况，解决问题。
- 12 月　在军事科学院全院大会上作加强战备的动员。

1970年 65岁

- 1月20日　向军委办事组请示有关军事技术直观教研馆移交问题。
- 3月2日至11日　组织召开全军修改条令、条例座谈会。作《修改我军战斗条令的几个基本原则》的讲话。
- 8月18日　就条令修改的问题赴部队调查情况向军委办事组报告。
- 9月17日　主持军事科学院党委会，研究"五七"学校建设问题。
- 10月27日　组织中共军事科学院党委会研究"关于搞好四好总评、总结十年经验、制定五年规划问题"。
- 11月10日　主持召开军事科学院全院大会，做《搞好四好总评、十年总结、五年规划》的动员讲话。
- 11月11日　主持中共军事科学院党委常委会，确定由王树声、向仲华主持党委的常务工作。

1971年 66岁

- 4月1日　在中共军事科学院党委"批陈整风"会议中作《加强院党委建设的措施》的报告。
- 4月13日　组织讨论关于审查、修改、选编中国人民解放军战例问题。
- 4月20日　向军事科学院外军部作《研究印度支那人民抗美救国战争经验》的指示。
- 6月16日至20日　参加中共军事科学院第一次党代表会议，并在大会上讲话。

1972年 67岁

- 3月底至4月上旬　赴南京地区部队进行调查研究。
- 5月　组织研究撰写赴南京地区部队调查报告。
- 6月22日　在中央"批林整风"汇报会议上作书面发言。
- 11月1日　任军事科学院第二政治委员。

1973年 68岁

- 3月24日　任军事科学院党委第二书记。
- 8月24日至28日　参加中国共产党第十次全国代表大会，并当选为中央委员会委员。

1974年 69岁

- 1月7日　在北京逝世。

后 记

《王树声传》是中央军委批准的研究课题，从1997年起列入军事科学院科研工作计划，由军事科学院军事历史研究部组成课题组具体承担编写。军事科学院分管军事历史研究部工作的四任副院长马凤桐、李运之、田书根、葛东升，军事历史研究部两任部长林登泉、王福成，军事历史研究部两任四位副部长曾庆洋、支绍曾、萧裕声、齐德学，军事历史研究部第一研究室三任主任陈伙成、周继强、华国富，对课题的研究先后给予不断指导和具体组织领导。

《王树声传》编写组的工作分为前后两个阶段。第一阶段，王淼生任课题组长，完成了资料的搜集，编辑出版了《王树声军事文选》，拟制了《王树声传》的编写提纲，主持完成了全书16章中的4章个人初稿。期间，课题组成员魏大庆、庹平等调走，后又有刘双才和温瑞茂加入。2001年5月，王淼生因退休原因退出课题组，不再承担编写组的工作。第二阶段，温瑞茂任课题组长，课题组成员为刘双才、王建强、张婉英、张从田，在编写组以前工作的基础上，调整、修改了原有的编写提纲，完成了全部书稿及评审和出版工作。具体编写分工是：

张从田撰写第一、第二章；

刘双才撰写第三、第四、第五、第十三、第十四、第十五、第十六章；

王建强撰写第六、第七、第八章；

张婉英撰写第九、第十章；

温瑞茂撰写第十一、第十二章。

个人稿全部完成后，编写组进行了集体讨论和修改，之后由温瑞茂对全书进行统改，形成征求意见稿。在此基础上，由军事历史研究部领导主持，邀请该部第一研究室原主任刘国语研究员为评委会主任，军事科学院科研指导部学术调研处处长张世平（现为科研指导部副部长）、研究员萧显社（现为军事科学出版社副社长），军事科学院政治部保卫部部长杨伯钧，军事历史研究部第一研究室主任华国富研究员和岳思平研究员，第二研究室鲍明荣研究员，《王树声传》编写组原组长王淼生研究员为委员，共8人组成评审委员会，对书稿进行了评审。原总后勤部军械部办公室副主任郭维民审读了第十五章书稿，军事科学院原副院长高锐审读了第十六章书稿。军事历史研究部还召开座谈会，听取老红军王恩厚，红四方面军战史修改办公室的谢庆山、张光本和程振声对书稿的意见。根据评审和座谈会的意见，编写组又对书稿进行了一次全面修改，全书由温瑞茂最后统稿。

本书在编写过程中，吸收了近年来的有关研究成果。解放军档案馆、总后勤部档案馆、广州军区档案馆、军事科学院图书馆、湖北省档案馆和山西省档案馆等单位为本书编写提供了大量资料；王树声的夫人杨炬、长子王鲁光对书稿的完成给予了很大的帮助，并委托高厚良、王淼生等对书稿提出了具体修改意见；杨伯钧、高秀用也给予了大力支持，在此一并表示感谢。

由于资料和水平有限，书中难免有不当和疏漏之处，欢迎有关当事人、专家和广大读者批评指正。

《王树声传》编写组

2003年2月